古文字研究

第三十四辑

中 国 古 文 字 研 究 会
西 南 大 学 汉 语 言 文 献 研 究 所 编
西南大学出土文献综合研究中心

中华书局

图书在版编目（CIP）数据

古文字研究. 第三十四辑/中国古文字研究会,西南大学汉语言文献研究所,西南大学出土文献综合研究中心编. —北京:中华书局,2022.9
ISBN 978-7-101-15866-3

Ⅰ.古…　Ⅱ.①中…②西…③西…　Ⅲ.汉字-古文字学-文集
Ⅳ.H121-53

中国版本图书馆 CIP 数据核字（2022）第 157453 号

书　　名	古文字研究(第三十四辑)
编　　者	中国古文字研究会
	西南大学汉语言文献研究所
	西南大学出土文献综合研究中心
责任编辑	张　芃
责任印制	陈丽娜
出版发行	中华书局
	(北京市丰台区太平桥西里 38 号　100073)
	http://www.zhbc.com.cn
	E-mail:zhbc@zhbc.com.cn
印　　刷	北京盛通印刷股份有限公司
版　　次	2022 年 9 月第 1 版
	2022 年 9 月第 1 次印刷
规　　格	开本/787×1092 毫米　1/16
	印张 38　插页 2　字数 782 千字
国际书号	ISBN 978-7-101-15866-3
定　　价	168.00 元

目 录

殷墟甲骨卜辞释读三则 .... 黄天树 1

读契札记四则 .... 李 发 5

"化"字补释——兼释甲骨文"兆"字的一种异构 .... 孟跃龙 13

甲骨、金文中的"奉"读"祷"说辨析 .... 刘 云 19

释甲骨文几个从"畀"的字 .... 宋华强 25

释"疡"和"殇" .... 孙亚冰 29

花东甲骨一例祝辞的含义试解 .... 王子杨 33

试说甲骨文隶作"似、姒"之字 .... 吴丽婉 38

说甲骨文中奉祀的"奉"字 .... 杨泽生 42

殷卜辞"㹜"字考 .... 张惟捷 47

释殷墟甲骨文中的"酌" .... 张玉金 53

《甲骨文合集》6 的校读 .... 李爱辉 65

"昌、名"二字本义考——兼论《诗经》"安且吉兮" .... 雷缙碚 69

出组定型化成组卜辞初探 .... 刘风华 75

甲骨卜辞中的祭祀对象"保" .... 刘 影 82

试论甲骨文是殷代正规文字的一种变体 .... 刘 源 87

无名组缀合一例及相关问题 .... 门 艺 93

从胛骨钻凿布局再谈师组、宾组、历组卜辞的关系 .... 赵 鹏 99

一版甲骨新缀及相关问题研究 .... 周忠兵 105

从不对称否定看卜辞中"惠"和"惟"的词义差别 .... 莫伯峰 112

商代夷方人名与古越语关系 .... 陈光宇 119

试论黄组卜辞十祀征人方发生在武乙时期 .... 王 森 126

一则新缀卜甲所见武丁时期的灾害 .... 张军涛 131

甲骨文"行"非军事组织补论 .... 赵 伟 135

师袁簋铭"牆旗"试解 .... 董莲池 143

释"䰇" .... 冯 时 148

射壶铭文及有关问题 …………………………………………………… 黄锡全　151

杨伯簋铭文考释 …………………………………………………………… 李春桃　161

金文札记二则 ……………………………………………………………… 任家贤　166

释酒务头墓地铜器铭文中的"翼" …………………………………………… 孙合肥　170

金文剩义四则 ……………………………………………………………… 陶曲勇　174

读铭札记三则 ……………………………………………………………… 吴良宝　180

大盂鼎铭文读札 …………………………………………………………… 吴毅强　185

两周金文中的"佐助"义动词——兼论先秦汉语中的"佐助"义动词 …………武振玉　张馨月　192

金文丛考(五) …………………………………………………………… 谢明文　199

西周金文考释五则 ………………………………………………………… 周宝宏　205

从金文"逆洀"论"洀""造"的并合问题 …………………………………… 邓佩玲　216

《商周青铜器铭文暨图像集成三编》释文校订 ……………………………… 单育辰　221

西周春秋金文同词异字的历史层次及其所揭示的商周雅言之历时音变 …………… 叶玉英　225

辽阳出土"和成夫人"鼎铭再考 …………………………………………… 董　珊　237

北白鹅"大保匽中"器铭与南燕 …………………………………………… 杨　博　242

南阳出土楚王戈考释 ……………………………………………………… 黄锦前　245

晋侯对铺铭文"脂食大饭"解说 …………………………………………… 何景成　249

释燕国铜器克罍、克盉中的□字 ………………………………………… 马　超　253

秦兵器地名校释二则 ……………………………………………………… 王　伟　259

旧释"郘氏左"戈铭文、国别再议 ………………………………………… 周　波　263

新见徐釐尹督簠与黄君子夎簠铭文辨伪 …………………………………… 于　淼　269

关于起右盘"倒置文字"产生的过程和机制 ……………………………… 崎川隆　272

西周王号谥称说申论 ……………………………………………………… 陈英杰　280

春秋梁国史补考三则 ……………………………………………………… 马立志　290

郭店简《六德》"宜颣弃而竂"新诠 ……………………………………… 范常喜　296

郭店简《老子》释读一则 ………………………………………………… 张富海　303

"槁木三年,不必为邦羿"新解 …………………………………………… 王志平　308

《性自命出》"古乐龙心,益乐龙指"解 ………………………………… 黄　杰　314

安大简《君子偕寿》与《毛诗》本对读 ………………………………… 顾史考　320

安大简《诗经》"怀(裹)"字及相关诸字 …………………………… 洪　飏　于雪　329

从安大简《诗经》与《毛诗》的用字比对来看诗的整理过程 ……………… 魏慈德　333

《诗经》"毋夵尔所生"新解 ……………………………………… 岳晓峰　339

重读《上博五·融师有成》 ………………………………………… 季旭升　342

上博简《容城氏》"柔三十夷"之"柔"字试释 ………………… 张新俊　346

谈谈楚文字中用为"规"的"夬"字异体——兼说篆隶"规"字的来源 …………………… 程　浩　352

清华简释读短札二则 ……………………………………………… 陈伟武　356

清华简《𢾭敚之命》的几个疑难问题 …………………………… 黄冠云　358

清华简《五纪》的"籰扬于箕"与"外"声字的唇喉通转现象 …………………………… 贾连翔　364

清华简《四告》"不卒纯"解 ……………………………………… 蒋　文　369

清华简《芮良夫毖》"猲懂"补苴 ………………………………… 鞠焕文　372

清华简字词考释两则——"穗"与"芳" …………………………… 苏建洲　375

《清华九》研读札记 ……………………………………………… 刘传宾　380

清华简《晋文公入于晋》校释拾遗 ……………………………… 魏　栋　386

《芮良夫毖》"莫之扶迿"解 ……………………………………… 马晓稳　392

关于清华简《四时》"征风"等词的训释 ………………………… 沈　培　394

《楚地出土战国简册合集》第三、四册读札 …………………… 李松儒　400

说战国文字"鼠"字的来源 ……………………………………… 石小力　404

楚简《五行》"埶"字异构试释 …………………………………… 孟蓬生　408

楚帛书甲篇第一章新诠 …………………………………………… 邬可晶　414

简帛"朵"字释义小议 …………………………………………… 肖晓晖　419

楚简"衰"字补释 ………………………………………………… 俞绍宏　424

楚文字中的"曰" ………………………………………………… 肖　攀　430

《老子》校读零札 …………………………………………… 李　锐　张　帆　436

秦汉简牍研读札记 ………………………………………………… 李洪财　441

汉简零拾(二则) …………………………………………… 乐　游(刘　钊)　445

读阜阳汉简《万物》札记三则 …………………………………… 方　勇　452

肩水金关汉简人名考析(六题) ………………………………… 魏宜辉　456

释马王堆汉墓遣策中的量词"括" ……………………………… 王　强　461

汉简牍《苍颉篇》校读零札 ……………………………………… 张传官　467

海昏《诗经》注释与毛传、郑笺对读琐记 ……………………… 王　辉　471

西北汉简书写讹误现象考察 ……………………………………… 白军鹏　476

释简帛医书方名"治……方"中的"治"——兼论句首语气助词"治"的来源 ……… 张显成　485

文王玉环"♀人"补议 …………………………………………………… 陈 絜 498

释温县盟书的"爵"字兼论盟书盟主和年代 …………………………… 汤志彪 501

新见齐国石磬铭文考论 ………………………………………………… 曹锦炎 504

东汉镇墓文中"解离"释读及相关问题研究 …………………………… 李明晓 513

释邿国陶文的"肰"字 …………………………………………………… 侯乃峰 519

《匋玺室藏古玺印选》释文补正 ……………………………… 李桂森 刘洪涛 524

"休月"小考 ……………………………………………………………… 张振谦 529

战国货币地名考辨二则 ………………………………………………… 徐俊刚 533

武汉博物馆藏东汉《硕人》镜校读一则 ……………………………… 萧 毅 539

汉镜铭讹混字研究 ……………………………………………… 焦英杰 徐正考 544

说左冢漆盘的"圣裕" …………………………………………………… 程少轩 551

战国秦汉文字中"俞"声字读为"降"补论 …………………………… 袁 莹 554

说"昏" ………………………………………………………… 孙 刚 李 瑶 558

释"玭" …………………………………………………………………… 段 凯 565

传抄古文特例浅说(一) ………………………………………………… 林志强 573

《篆隶万象名义》"幻,申字"新证 …………………………………… 刘伟浠 578

说叉——兼谈衣物疏几种发饰 ………………………………………… 陈美兰 582

汉字古今关系说略——以"其、箕"楷书异体来源为例 ……………… 商艳涛 590

新见唐兰先生遗墨与《名始》创作思路探微 ………………………… 杨 安 595

古文字研究（34）：1—4，2022

殷墟甲骨卜辞释读三则

黄天树

一　说人名"射鹿"

萧楠①《小屯南地甲骨·释文》2539释文如下：

（1A）丁未卜：象来涉，其呼麝射。

（1B）己未卜：象麝既其呼☑。　　　　　　　　　　　　　《屯南》2539，無名

例（1）中的"麝"字，学者释读不一，存在争议。所谓"麝"字，检视拓本，甲骨文原形作■。萧楠《小屯南地甲骨·释文》隶定为"麝"，未做说明②。裘锡圭在《读〈小屯南地甲骨〉》一文中说③：

> （屯）2539片有一个左作"鹿"右作"射"的字，当是一个表意字，也可能是合文，释文迳释为从"鹿""射"声的"麝"，是不妥当的。

萧楠在《关于〈小屯南地甲骨〉之体例及其相关问题——答裘锡圭同志》一文中回答说④：

> 我们再看原片，此字从"鹿"从"射"，为名词，不是动词。该辞云："丁未卜：象来涉，其乎麝射？吉。""麝"后面紧跟动词"射"，所以，"麝"不是合文。实则，"麝"应为射鹿人之专称。故我们的隶定并无大错。自然，也希望裘锡圭同志作出更好的隶定来。

裘锡圭在《关于〈小屯南地甲骨〉的讨论——答萧楠同志》一文中答复说⑤：

> 拙文指出《屯南》把见于2539片的左作"鹿"右作"射"的字"迳释为从'鹿''射'声的'麝'，是不妥当的"（10页）。萧文说："'麝'应为射鹿人之专称，故我们隶定并无大错，自然，我们也希望裘锡圭同志作出更好的隶定来。"（24页）这个"麝"究竟是不是"射鹿人之专称"，还需要研究。但是在这个字并非从"鹿""射"声的"麝"字这一点上，我们的意见看来已经一致了。《屯南》2539片释文对"麝"字毫无说明，很多读者，尤其是初学者，无疑会认为这就是见于一般字典的"麝"字。我指出这样写释文不妥当，又有什么不对呢？至于说到隶定方法，只要按这个字的原形把"鹿"和"射"写成左右并列，就可以免除误会。《屯南》释文是手写影印的，这样做毫无困难。

在讨论■字之前，我们先看一条与此有关的卜辞：

（2）贞：王其令呼■射。

　　　　　《合》26907正（《甲编》2471+2491+2501）+《甲编》2606，何一

屈万里《殷虚文字甲编考释》（第313页）2471在"贞于其令乎射鹿射"一句下考释说⑥，

"王"字误添注于"其"字之下。前射字，官名。鹿，当是此射官之私名。

屈说可从。卜辞常见"射+某"的人名格式，"射"是职官名，"某"是私名。例如：射齿（《合》163）、射佣（《合》13）、射午（《合》24156正）、射何（《怀特》962）、射发（《花东》416）等。合观例（1）（2）中的"射鹿"，可以知道，"射鹿"应该是人名。例（2）人名"射鹿"二字写作上下重叠的形式，而例（1）人名"射鹿"二字写作右左并列的形式。例（1）（2）人名"射鹿"之后出现第二个"射"字是动词，当"射猎"讲。现在，知道"射鹿"是人名，我们把例（1）（2）释文重新隶定如下，然后加以阐释。

（1A）丁未卜：象来涉，其呼"射鹿"（人名）射。

（1B）已未卜：象"射鹿"（人名）既，其呼☒。　　　　　　　　《屯南》2539，無名

（2）贞：王其令呼"射鹿"（人名）射。　　　　　　　　《合》26907正，何一

"射鹿"是人名，"射"是官名，鹿是射官之私名。例（1A）大意是说，丁未日卜问，野象前来涉水，商王命令臣属名字叫"射鹿"的人去射猎如何。例（1B）中的"象射鹿（人名）既"是受事主语句，谓野象被"射鹿"（人名）射中后，商王又呼令臣属去做其他的事情如何。例（2）中的"令呼"是同义词连用，又作"呼令"（《合》6623）。"王其令呼射鹿射"大意是说，王命令名字叫"射鹿"的人去射猎如何。

二　说"爵示"

甲骨文称：

（1）戊戌卜：〈img〉。　　　　　　　　　　　《合》21892=《乙编》793+1545，劣体

（2）[戊戌卜]：〈img〉。　　　　　　　　　　　　　《乙补》745，劣体

（3）戊戌卜：〈img〉。　　　《缀汇》778=《合》22019（《乙编》1548）+《合》22026

（《乙编》1438）+《乙编》7932+《乙补》1257，劣体

（4A）甲子：□止簋。

（4B）丙寅：呼止。

（4C）丙寅：止〈img〉。　　　　　　　　　　《合》21891=《乙编》634，劣体

（5A）甲子：子〈img〉。

（5B）甲子：止爵。　《合》21938下部（《乙编》1581）+《合》21942（《乙编》1158），劣体

宋雅萍《殷墟YH127坑背甲刻辞研究》对例（1）（2）中的〈img〉字，摹录原形，未作隶释，认为意义不明[⑦]。例（3）中的〈img〉字，蔡哲茂《甲骨缀合汇编——释文与考释》释作"裸"[⑧]。李春桃对例（1）至例（5）中的〈img〉作过讨论，他说："此字应分析成从示、从爵，可隶定成'禣'，我们认为此字应为'裸'字一种异体。"[⑨]甲骨文"裸"字习见，与〈img〉写法迥异。学者释"裸"，不可信。我认为，从例（3）《缀汇》778的拓本看，〈img〉和"示"这两个字之间相隔很远，不应当认为是一个

字而隶定成"禣"。我认为，𣂤当释作"爵"和"示"二字。查阅刘钊《新甲骨文编（增订本）》、李宗焜《甲骨文字编》书中"爵"字条中，均未收录此字。我认为，𣂤即爵字，象爵形，上有柱，前有流，下有三足或二足，演变到楷书中，其上爵柱讹作扁"爪"形。

现在，我对上引例（1）至例（5）这五条卜辞重新隶释如下，然后略作阐释。

（1）戊戌卜：爵示。　　　　　　　　　　　　　　　　　　　《合》21892，劣体

（2）［戊戌卜］：爵示。　　　　　　　　　　　　　　　　　　《乙补》745，劣体

（3）戊戌卜：爵示。　　　　　　　　　　　　　　　　　　　《缀汇》778，劣体

（4A）甲子：□止簋。

（4B）丙寅：呼止。

（4C）丙寅：止爵示。　　　　　　　　　　　　　　　　　　《合》21891，劣体

（5A）甲子：子爵示。

（5B）甲子：止爵。　　　　　　　　　　　《合》21938下部+《合》21942，劣体

例（1）至（5）字体皆属劣体类。"示"字，训为"神主"。例如：

（6）戊午：不祀，示咎。　　　　　　　　　　　《合》21987=《乙编》1519，圆体

例（6）中的"祀"，《尔雅·释诂》："祀，祭也。"示，神主。咎，《说文》人部："咎，灾也。"卜辞大意是说，不举行祭祀，神主会怪罪我吧。例（1）至（5）中的"爵"是一种酒器，在这里名词"爵"用作动词，指以爵盛酒祭祀。上引"爵示"一语既见于非王卜辞，又见于王卜辞。例如：

（7A）贞：爵示。

（7B）贞：勿爵示。　　　　　　　　　　　　　　　　　　　《合》6589正，典宾

命辞"爵示"是动宾结构，卜辞大意是卜问，是否要以爵盛酒祭祀神主。例（4）（5）中的"止"，本义为脚板，引申当"停止"讲。例如：《拼合集》193"止我巳（祀）"与"不止我巳（祀）"对举，"止"很明显是当"停止"讲。《合》24801"贞：今夕雨止"，"雨止"是讲"雨停了"。上引例（4）中的"止簋"，指停止以簋盛物的祭祀活动。例（5）中的"止爵"指停止以爵盛酒的祭祀活动。

三　说"王䋺"

请看下列卜辞：

（1A）辛未卜，宾贞：叀（惠）王䋺。

（1B）贞：呼䋺。　　　　　　　　　　　　　　　　　　　　《合》339，宾三

甲骨文"䋺"字，从丝叀（惠）声，其写法与石鼓文《銮车》"六䋺"之"䋺"形体相同，故释为"䋺"。古音"䋺"在邪纽质部，"叀（惠）"在匣纽质部，二字韵部相同，故"䋺"字可以"叀（惠）"为声符。《说文》丝部："马䋺也。从丝从曹。"本义是驾驭牲口的缰绳。所从之"曹"当是由甲

骨文"叀（惠）"字讹变而来的。上引例（1）中的"觺"字，在此当用作动词，当"驾驭牲口"讲。这对选贞卜辞贞问，是商王亲自驾驭，还是呼令臣属驾驭。姚孝遂在《甲骨文字诂林》"觺"字条按语中说："字当释'觺'。与石鼓文形体同。在卜辞为方国名及地名。"⑩今补充一种用法，即当"驾驭牲口"讲。

附记：本文为国家社科基金重大招标项目"殷墟甲骨拓本大系数据库建设"（15ZDB094）、国家社科基金重大委托项目"甲骨文图像数据库"（16@ZH017A1）、"古文字与中华文明传承发展工程"资助项目"甲骨刻辞类纂新编"（YWZ-J001）、"甲骨文字新编"（YWZ-J005）的阶段性成果。

（作者单位：清华大学出土文献研究与保护中心、
"古文字与中华文明传承发展工程"协同攻关创新平台）

注：

① "萧楠"就是"小"屯"南"地的意思。"萧楠"是中国社会科学院考古研究所小屯南地甲骨整理小组的笔名，其成员是刘一曼、温明荣、曹定云、郭振禄。

② 中国社会科学院考古研究所编《小屯南地甲骨·释文》下册第1分册第1024页，中华书局1983年。

③ 裘锡圭《读〈小屯南地甲骨〉》，《书品》1987年第3期，后收入《裘锡圭学术文集·杂著卷》第34页，复旦大学出版社2012年。

④ 萧楠《关于〈小屯南地甲骨〉之体例及其相关问题——答裘锡圭同志》，《书品》1989年第2期第24页。

⑤ 裘锡圭《关于〈小屯南地甲骨〉的讨论——答萧楠同志》，《汉字文化》1992年第1期，后收入《裘锡圭学术文集·杂著卷》第61页。

⑥ 屈万里《殷虚文字甲编考释》第313页第2471片（与《甲编》2491、2501拼合，见《殷虚文字甲编考释》图版108），史语所1961年。

⑦ 宋雅萍《殷墟YH127坑背甲刻辞研究》第263页，台北政治大学2008年硕士学位论文。

⑧ 蔡哲茂《甲骨缀合汇编——释文与考释》第179页，花木兰文化出版社2013年。

⑨ 李春桃《释子卜辞中的"裸"字》，东北师范大学文学院主办《新出土文献与古文字考释青年学者学术研讨会论文集》第50页，长春，2017年9月23—24日；李春桃《从斗形爵的称谓谈到三足爵的命名》，《史语所集刊》第89本第1分第98页，2018年。

⑩ 于省吾主编《甲骨文字诂林》第4册第3007页，中华书局1996年。

古文字研究（34）：5—12，2022

读契札记四则

李　发

读书过程中积累了些待思考的问题，现择要拣出四则，稍加整理，以求教于方家。

一　关于《花东》34"宜丁牝一"中的"丁"①

曹定云认为花东卜辞中的"丁"是两个人，一个是生者，一个是死者。二者曾见于同一版甚至同一卜辞，即《花东》34，该版第4辞云（释文、标点依曹文）：

> 甲辰：宜丁牝一，丁各仌于我，翌于大甲？用。一二

曹先生指出："上引第4辞中的'宜丁牝一'之'丁'因受'宜'祭，是死者；而该辞后面'丁各仌于我'之'各'有'进入'之意，故'丁各仌于我'之'丁'则为生者。"②曹先生认为《花东》255"甲寅卜：弜宜丁？一"之"丁"也是死者，理由是"该辞中'宜'为祭名，'丁'是被祭祀的对象，自然是死者"。这里凭祭名"宜"置于"丁"前就断定"丁"为死者的逻辑可商，因为文中对于祭名"卯（御）"的处理态度与此是有别的。文中举了《花东》56之卜辞："辛丑卜：卯丁于祖庚至一，鬯羌一人，二牢，至牡一，祖辛卯丁，鬯羌一人，二牢？"文中认为该卜辞是占卜主体"子"为"丁"举行"御祭"，目的在于祈求祖庚、祖辛保佑"丁"，被禳灾祸。显然，文中对祭名"宜"与"御"后的"丁"并未一视同仁。诚然，祭名后的人称有作祭祀对象的情况，如"又（侑）父乙"（《合》32721），但"宜"与祭祀对象之间用"于"相接最为常见，目的是用介词"于"为祭祀动词介绍出祭祀对象来③。如"宜于兄己"（《合》23472）、"宜羊于兄庚"（《合》23502）等。"宜"后省去介词"于"而接祭祀对象的现象鲜有存在，在含"宜"的350余条辞例中似仅一例，如"其宜河燎/弜宜河燎"（《爱博》182）。另有一例"宜司杀羌"（《合》113正甲），尽管"司"可为女性的身份称谓，但也可为祭祀动词④，故此例姑且除外。"宜"后通常接牺牲，如"宜惠羊"（《合》30120）、"沈二牛，宜牢"（《合》31005）、"宜大牢"（《合》31144）等。"宜"后常用"于"介引地名，如"宜于敦"（《合》38178）、"宜于殷（磬）京羌"（《合》318）、"宜于义京羌三"（《合》388）等。因此，像"宜丁牝一"这样的卜辞还很难就说"丁"一定是"宜"祭的对象。

我们认为，"宜"后的"丁"不是"宜"祭的对象宾语，而是为动宾语。喻遂生《甲骨文动词和介词的为动用法》指出："古代汉语中的为动用法，是指动词具有'为宾语而动'的意思，宾语不是动作的受事，而是动作为之而发的对象或原因。如'文嬴请三帅'（《左传·僖公三十三年》），意为文嬴为二帅请求；'邴夏御齐侯'（《左传·成公二年》），意为邴夏为齐侯驾车。"⑤这类传世文献的"为动用法"，一般的古汉语语法书中都有提到，至于甲骨文的"为动用法"，喻

先生虽早有专文讨论，但学界还不够重视。除了喻先生文中所举的一些为动用法之外，这里再补充几例：

　　（1）贞：御子渔于父乙，盂羊，〔晋〕殳。　　　　　　　　　　　　　　《合》713，典宾

例中"御"为祭名，"父乙"为祭祀对象，因此，作为人名的"子渔"不大可能也是祭祀对象，而只应该是为动宾语，即为子渔向父乙进行御祭，子渔应该是生者。

　　（2）贞：来甲□酚朕〔于〕上甲。十月。　　　　　　　　　　　　　　　《合》1196，典宾

例中"酚"为祭名，"上甲"为祭祀对象，"朕"为第一人称代词，不是祭祀对象，而是为动宾语，全辞大意是占问到甲□日为我向上甲进行酚祭是否得宜。可见这里祭名后的人称也是生者。

　　（3）贞：祷妇好于父乙。　　　　　　　　　　　　　　　　　　　　《合》2634正，典宾

例中"祷"为祭名，"父乙"为祭祀对象，因此，作人名的"妇好"不大可能也是祭祀对象，而应该是为动宾语，即为妇好向父乙行祷祭，妇好自然应该是生者。

　　因此，上揭《花东》34的"宜丁牝一"中的"丁"不能肯定就是死者，与同一辞中另一"丁"应该是同一个人。而且，令人无法理解的是，同一条卜辞中出现的两个丁，会解释成一个是生者，一个是死者。这在语言使用中是不合适的，因为违背了语言表述的明晰性原则。

　　此外，需要补充说明的是，刘源曾将《花东》中旧释为"丁"的"□"改释作"方"，读为"祊"，训为庙[⑥]。改释的理由是"□"一般刻写得较大，四角刻写得较方正；"丁"刻写得较小，也更扁狭，有的不太方正，整字略呈五边形，偶有作六边形（第131页）。刘文引述本文所论《花东》34.4的时候将两个"丁"均释为"方"（第149页）。我们与刘先生的看法略有不同，因涉及的是"方"与"丁"的问题，就不在这里讨论了。

二　关于《旅博》403的"鼋"

　　《旅博》403（《续存》下266＝《合》451）有一条较完整的辞例："贞：其用竹𡚸羌，叀（惠）酚乡用。"𡚸，释文一般作鼋，朱凤瀚改释为"臝（臝）"之异体，读作"献"[⑦]。从辞例文意来讲，读作"献"确实有助于理解卜辞，给人以启迪。但该字与"臝"的写法差别明显，最大的区别是臝有三个分档鬲形足，如𡚸（《合》4827）、𡚸（《合》863）等（《甲骨文字编》《新甲骨文编》等字书所收臝字均为三鬲足，无一例外）。虽然该字与这两例的上部写法相近，但下部显然不同。《合》452中也有该字，而且两辞的用法相同。《村中南》364+352（蒋玉斌缀）中也有一字，与该字形近，作𡚸，也当系鼋。《村中南》整理者对该字及其所在辞例的释文欠安，据李霜洁《殷墟小屯村中村南甲骨刻辞类纂》重新整理释文为："甲戌卜：于凵来鼋羊百、辛牛百、黄璧五。"用法与该字似有不同。我们认为该字仍当释"鼋"。

　　"鼋"字最早由胡光炜释出，惜未引起重视，后经刘钊申论，这一意见引起了广泛关注[⑧]。该字的典型写法作𡚸（《合》19124），本文所讨论之𡚸系其省形。从形体上能得证明，与蜘蛛之

形相似；从读音上亦可得补证，因有从 ⚱、⚱ 之字，作 🝩（《史购》333）、🝪（《史购》334）等。上揭两字形与 🝫（《京津》264）构形相同，只不过《京津》264所见字形下部为"黿"之残形而已。前引刘钊一文谓其为加注了声符的"黿"，这是非常正确的意见。方稚松也赞同这一意见，但不同意刘钊将其声符 ⚱、⚱ 都看作"束"，而谓其为"橐"，赞成陈剑（《说花园庄东地甲骨卜辞中的"丁"——附：释"速"》）所举证古文字中"东、束、橐"等字都与橐囊之物有关，在作偏旁时可通用的意见⑨。方稚松还指出《京津》264的"我黿□"之"黿"有进献、贡纳义，并认为《合》451（即本文前引的《旅博》403）、《合》452的 🝪 均可能释"黿"，有进献之义。这些看法都是可从的。

但是，方稚松说："这种表示进献、贡纳类含义的'黿'究竟该读为何字，甲骨文中的'黿'字还有其他哪些含义，这些问题我们现在还未能完全解决，有待今后探索。"方稚松训黿为进献、贡纳的意见与前举朱凤瀚释黿为膚读为献的意见有相通之处，只不过释字有别。董珊曾指出太保玉戈有"用黿走百人"、朱书玉章有"黿于丁"，并皆读为"酬"，有酬报义⑩。以下谈谈我们的看法。

前已从字的形、音角度锁定该字释作"黿"，其音当与"朱、束、橐"相近。循着这一思路，我们不难找到与其音近的"属"，它可能是"黿"的假借。"黿"为端纽侯部，"属"为章纽屋部，端纽为舌头音，章纽为舌上音，又钱大昕提出"古无舌头舌上之分"，章组字当读为端组，故二者声母发音极近，韵部侯屋对转。此外，"黿"从朱声，"属（屬）"从蜀声，朱声字与蜀声字可通。如《说文》"咮"字下段玉裁注："今人噣、咮、啄三字同音通用。"《广雅·释亲》"柴、噣、喙，口也"条下王念孙疏证："咮、注，并与噣同。"又，朱声字与属声字亦可通。《方言》十一："蝍蟉者，侏儒语之转。"《广雅·释训》："踟蹰，跢跦也。"王念孙指出"踟蹰、跢跦"与《诗经·邶风·静女》"搔首踟蹰"之"踟蹰"字异而音同。金文中时见以"朱"为声符之字，如"床"（《集成》2105）、"脒"（《集成》2103）被用为记录{厨}。此亦证"蹰、跦、蹰"音近可通。因此，从语音上讲，"黿"读作"属"是有可能的。"属"有"付与"义，如《仪礼·燕礼》："小臣以巾授矢，稍属。"胡培翚正义引盛氏曰："属，犹付也。"《楚辞·九章·惜往日》："属贞臣而日娭。"洪兴祖补注："属，付也。"又《七谏·自悲》："属天命而委之咸池。"洪兴祖补注："属，付也。"《吕氏春秋·上德》"我将属钜子于宋之田襄子"之"属"亦有交付、委付义。"属"也有入义，如《书·禹贡》"泾属渭汭"，孙星衍注疏引马融曰："属，入也。""属"还有注义，犹如液体灌注、不绝之意。无论是"付与"还是"注入"，均能够与记事刻辞中龟骨材料的"贡纳"很好地联系起来。因此，从这个角度上讲，读黿为属，既表示贡纳、交付，也有持续不断交付之意。

《清华十·四告》简23有"黿（黿）贛（贡）饔饔（饎）"，整理者训"黿"为进献、贡纳，并将其与卜辞（《合》9187等）、金文（琱生尊）联系起来⑪，可从。只是"黿"为何具有进献、贡纳义，并未深究。单育辰读其为"输"，也训为奉献、交纳⑫。侯乃峰则读其为"重"，训为多⑬。从上文举证朱声之字往往与蜀声之字相通的实例与用法来看,我们仍倾向于读为"属"。

拙稿草成后,才注意到方稚松已据董珊将记事刻辞中常见的"示(主)"读为"属"[14],主、𥅆、属音近可通。张惟捷在台湾发表的论文亦将"𥅆"读为"属"[15]。王宁则将记事刻辞的"示(主)"读为"注"或"输"[16],皆取声义皆近之字破读。其实,先秦汉语中,"属"与"注"也是相通的,《说文》尾部朱骏声通训定声:"属,假借为注。"例多不赘[17]。《说文》口部"嘱"字头下,段玉裁注也说朱声、蜀声同部,"咮"亦假借作"注"。因此,我们赞同董、方、张三位先生的意见,并认为读"𥅆"为"属"很可能是正确的。

三　"千遒"与"千嘆"

蔡哲茂《缀集》311和303图版作(图1、图2):

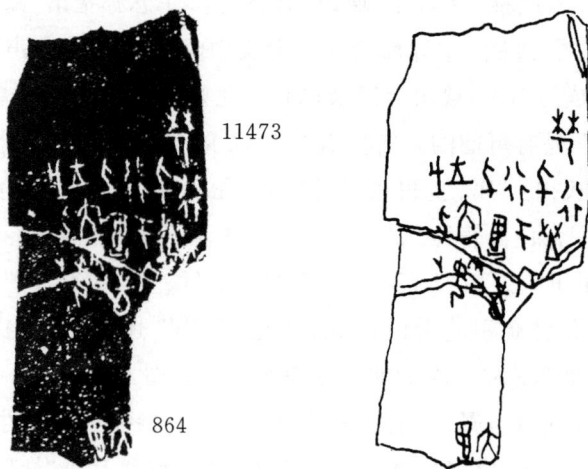

图1　《缀集》311

图2　《缀集》303

《缀集》对上揭两组缀合的释文为:

戊申☑千习☑戎卒(栌)。一月。

戊申☑千习☑🕺戎东迺自西比□于之卒。 《缀集》311

戊申,王🧍袼千习🕺行于⌒千🧍芶(苞)行☑

习☑🧍□ 《缀集》303

《缀集》303的释文与考释部分亦将两组缀合联系起来,虽然其所占的事件不一定相同,但均出现了"千习"("习"的隶定笔者并不赞同,详后)。《缀集》311是将左右首甲拼在一起,左首甲的"千"后一字作🔳(可隶作"嘆"[18]),右首甲的"千"后一字作🔳(即"迺")。左右首甲各有部分残辞,但互有相同的文字,因此,《缀集》释文将A、B视为了一组异体,并隶作"习"。《甲骨文字编》对嘆字专列了字头2361号,未作隶定,收有《合》11473(见《缀集》303)与《合》5860(见《缀集》311)的字形。《新甲骨文编》(增订本)则在第71页列有字头"嘆",收入三个字形,两个与《甲骨文字编》所收相同,另一例是《合》864(见《缀集》303)的一个残字,并注曰:"卜辞用为'翌日'之'翌'。"

《缀集》311右首甲的"千迺"与左首甲相对应的似乎是"千嘆",但由于"迺"与"嘆"字形有别,且左首甲上"东"下有残存的"迺"字,或许这个字才是照应右首甲的"千迺"。如此,则《缀集》311的释文当改为:

戊申☑千迺☑戎卒(栌)。一月。/戊申☑千嘆☑🕺戎东,迺自西比□于之卒。

"千"在此处理解为国族名,与军事活动有关。王子杨对《缀集》303、311有论[19],因文辞较残,辞义还可再酌酌。杨熠看过拙稿后提示笔者《缀集》311遥缀可疑,原因是左、右首甲卜辞字体大小有别,字数悬殊。若然,正可说明"千迺"与"千嘆"释文当作区分。

四 "䨱(副)"字补释

甲骨文中有个释读仍存争议的字,作🔳(《合》30947)、🔳(《屯》622)。该字目前仅此两见,由"畐"与"箙(菏)"两个部件构成,一般隶作"䨱"。其所在两版卜辞为同文例,较完整的辞例是:"☑[燮]岳辛丑其䨱酚有大雨。"因该字未见于《说文》及后世字书,金祥恒据于老的意见读其为"复",训为再,黄天树从之[20]。陈健则读为"备",意为完备[21]。连劭名将该字看作"箙"加注"畐"声的异体,读其为"副"[22]。总体上我们赞同连先生的意见,只是我们认为该字当为双声符字。释"副"之说发表虽近二十年,但近年的几本有影响的甲骨文工具书仍未采用,故为连先生的释读意见再作申论如下。

第一,"䨱"与"䨱(副)"义近。从用法来看,"䨱酚"连用,置于祭名酚前的䨱既有可能是祭礼类动词,也有可能是副词,如:"隹(祼)报酚/伐酚"(《合》190正)、"勿爰(还)先酚"(《合》712)、"翁酚"(《合》721反)、"既酚"(《合》808反)、"升酚伐"(《合》991正)、"乡酚"

（《合》1184）、"畚酦"（《合》15708）等，读"复"训再的意见只是从语音上作出的解释，与训"寻"为"复"有辞义推勘不同，故将"矗"理解为祭祀类动词亦无不可。另一方面，"畐"为"副"的籀文，《说文》刀部："副，判也。从刀，畐声。《周礼》曰：'副辜祭。'"段玉裁注："郑注《周礼》作畐，云：'畐，畐牲胸也。畐而磔之，谓磔禳及蜡祭。'"许氏所谓"副辜祭"，出自《周礼·春官·大宗伯》："以血祭祭社稷、五祀、五岳，以埋沉祭山林川泽，以畐辜祭四方百物。"可见，"畐"是对四方百物的一种祭祀行为，郑玄认为该祭祀是一种磔禳及蜡祭，这虽与卜辞所见祈雨时的祭祀行为似不吻合，但《周礼》所载与殷墟卜辞本就有些变化，正如上引《大宗伯》所载血祭对象为社稷、五祀、五岳，但在殷墟卜辞中血祭也常用于祖先神，如"盍牛于妣庚"（《英》1891）等。因此，通俗地讲，"畐"是一种磔牲之祭。

第二，从读音上讲，矗是双声符字。《说文》畐部谓畐读若伏，段玉裁将其归入第一部。《说文》牛部："犕，《易》曰：'犕牛乘马。'从牛，葡声。"段注："《毄辞》今作服。古音及声、葡声同在第一部，故服犕皆扶逼反。以车驾牛马之字当作'犕'，作'服'者假借耳。"孙诒让《契文举例》最早释出甲骨文的"箙"，并谓箙、葡声近字通[23]。《说文》谓"箙"从竹，服声，段注归入第一部；《说文》谓"葡"从用，苟省，段注亦归入第一部；《说文》谓"畐（副）"从刀、畐声，段注归入第一部。因此，矗与畐（副）音近。

第三，"剖开"这一词义是古今常见义，商代甲骨文也不例外。从"剖开"的同源词来看，有剖（掊）、副（畐、掰）、劈（鈈、薜）诸字[24]。"剖、副、劈"均为滂母，"剖"为之部，"副"为职部，"劈"为锡部，之职对转，职锡旁转，故诸字音近。《说文》刀部："剖，判也。"《广雅·释诂一》："剖，分也。"又《释诂四》："剖，半也。"《说文》刀部："副，判也。"《说文》刀部："劈，破也。"段注："此字义与副近而不同。今字用劈为副，劈行而副废矣。"这些字均为商代后起字形，商代甲骨文一定有记录"剖开"义的词，记录这个词的字一般认为就是"箙"字，王襄、于省吾、饶宗颐等均主张"箙"当读为"畐（副）"[25]。从累增声符角度考量，双声字"矗"可能也是记录该词的字。近出西周霸伯钛[26]铭有字，袁金平读为"副"[27]，可惜这一形体没有被后世继承下来；袁文中引述了《清华一·程寤》简4"副"作。再从字形演变的规律来看，"畐（副）"字极有可能是"矗"发生了形体改变的继承者，但这一形体在后世被扬弃了，原因可能是它跟大多数双声符字的命运一样，与汉字主流的"形声"二元结构相悖而被改造成了形声结构"畐"，再省减为"副"。只是很遗憾的是，目前还缺少更多出土文字材料显示这一发展线索，期待有更多相关的文字材料出现。

附记：论文草成后先后蒙友生唐英杰、袁伦强、李金晏、喻威、武亚帅、杨熠、李晓晓诸君及雷缙碚先生提出宝贵意见，谨致谢忱！

看校补记:《合》565有"丁丑卜,宾贞:翼己卯酚高妣己眔妣□。/贞隹🔲(犬寇",《甲骨文字编》《新甲骨文编》《殷墟甲骨文摹释全编》均释🔲为"備"。该字左边部件是"簏",右边是"勹(伏)",也是一个双声字,颇疑或当为"䕷"的异体,也可读为"䚢(副)",在这条卜辞中亦作用牲法。

2022年5月10日

本文引书简称表:《爱博》:《俄罗斯国立爱米塔什博物馆藏殷墟甲骨》;《村中南》:《小屯村中村南甲骨》;《合》:《甲骨文合集》;《花东》:《花园庄东地甲骨》;《京津》:《战后京津新获甲骨集》;《旅博》:《旅顺博物馆藏甲骨》;《拼三》:《甲骨拼合三集》;《史购》:《史语所购藏甲骨集》;《通》:《卜辞通纂》;《屯》:《小屯南地甲骨》;《续存下》:《甲骨续存下编》;《英》:《英国所藏甲骨集》;《缀集》:《甲骨缀合集》。

(作者单位:西南大学汉语言文献研究所)

注:

① 拙稿完成后经友生李金晏和武亚帅提示才注意到郑邦宏早就对此问题做出过解释,本文的观点与郑先生不谋而合,为了引起大家对为动用法的重视,依然不废此文。郑邦宏《甲骨语法研究对甲骨学研究的重要性举隅——从〈花东〉"宜丁牝一"谈起》,《汉语史研究集刊》第21辑,巴蜀书社2016年。

② 曹定云《论"殷墟花园庄东地甲骨"是小乙时代卜辞——从商代的"日名"说起(上)》,《甲骨文与殷商史》新8辑第26页,上海古籍出版社2018年。

③ 讨论古汉语及甲骨文中介词"于"用法的论著甚夥,可参郭锡良《介词"于"的起源和发展》(《中国语文》1997年第2期,收入氏著《汉语史论集(增补本)》第217—232页,商务印书馆2005年)、喻遂生《甲骨文介词"于"用法补议》《甲骨文动词和介词的为动用法》《甲骨文动词介词的为动用法和祭祀对象的认定》(分别参见氏著《甲金语言文字研究论集》第70—74、85—97、98—109页,巴蜀书社2002年)。

④ 姚萱《殷墟花园庄东地甲骨卜辞的初步研究》第150页,线装书局2006年。

⑤ 喻遂生《甲骨文动词和介词的为动用法》,见氏著《甲金语言文字研究论集》第85页。

⑥ 刘源《再谈殷墟花东甲骨卜辞中的"□"》,《甲骨文与殷商史》新1辑,线装书局2009年。

⑦ 朱凤瀚《释"🔲羌"》,《甲骨文与殷商史》新5辑第1—7页,上海古籍出版社2015年。

⑧ 刘钊《释甲骨文糒、羲、蟺、敖、裁诸字》,《吉林大学社会科学学报》1990年第2期,收入氏著《古文字考释丛稿》,岳麓书社2005年;又见于氏著《古文字构形学(修订本)》第241—245页,福建人民出版社2011年。

⑨ 方稚松《殷墟甲骨文五种记事刻辞研究》第62—64页,线装书局2009年。

⑩ 董珊(网名"战国时代")的意见参方稚松《甲骨文字考释四则》(复旦大学出土文献与古文字研究中心网2009年5月1日)文末"学者评论"第1楼,又见于陈鹏宇《太保玉戈的出土时地及铭文释读》(《出土文献》第14辑第62页,中西书局2019年)。

⑪ 清华大学出土文献研究与保护中心编,黄德宽主编《清华大学藏战国竹简(拾)》第119页,中西书局2020年。

⑫ ee(单育辰)《清华十〈四告〉初读》,简帛网2020年11月21日;单育辰《清华十〈四告〉释文商榷》(待刊稿),引自侯乃峰《清华简〈四告〉篇字词笺释》,见下注。

⑬ 侯乃峰《清华简〈四告〉篇字词笺释》,《出土文献综合研究集刊》第13辑第35—36页,巴蜀书社2021年。

⑭ 同注⑨第43—44页。

⑮ 张惟捷《古文字"䲵""阙""𠀡""田"论辨》，台北教育大学《北市大语文学报》第9期，2012年。

⑯ 王宁《说"主"、"示"》，《中国文字》新38期艺文印书馆2012年。

⑰ 宗福邦、陈世铙、萧海波主编《故训汇纂》第628—629页"属"字头，商务印书馆2003年。

⑱ 我们赞同将过去释"羽"的字改释为"翼"，参徐宝贵《"翼"字的穷尽考察与考释——兼论花东卜辞的年代》，《出土文献与古文字研究》第8辑第47—63页，上海古籍出版社2019年。

⑲ 王子杨《甲骨文"梦（鬱）"的用法》，《文史》2016年第3辑第55页。

⑳ 金祥恒《甲骨文字考释三则·释鬴》，《"中研院"第二届国际汉学会议论文集·语言与文字组》，1989年；收入《金祥恒先生全集》第4册第1725—1728页，艺文印书馆1990年；又收入宋镇豪、段志洪主编《甲骨文献集成》第13册第375页，四川大学出版社2001年。黄天树《甲骨文中的频率副词·畐（鬴）》，《首都师范大学学报（社会科学版）》2015年第1期；收入《黄天树甲骨学论集》第86页，中华书局2020年。

㉑ 陈健《谈甲骨文的"鬴"》，《甲骨文与殷商史》新9辑第297—302页，上海古籍出版社2019年。

㉒ 连劭名《殷墟卜辞中的"簏"》，《文物春秋》2002年第1期第26页。

㉓ 于省吾主编《甲骨文字诂林》第2555页，中华书局1996年。

㉔ 王力《同源字典》第102—103页，商务印书馆1982年。

㉕ 同注㉓第2556—2557页。

㉖ 整理者定名该器为"霸伯方簋"，王子杨据该器自铭钛，建议改称"霸伯钛"。马超在一篇未刊稿中据陈剑将 𠂤 旁改释为臾字的观点，改释该器自名为鍙。分别见谢尧亭、王金平、杨及耘、李永敏《山西翼城大河口西周墓地1017号墓发掘》（《考古学报》2018年第1期），王子杨《大河口霸国墓地M1017出土青铜铭文材料的几点认识》（中国社会科学院古代史研究所先秦史研究室网2018年3月9日），陈剑《甲骨金文用为"遊"之字补说》，《出土文献与古文字研究》第8辑，马超《霸伯方器自名考释及相关问题》（待刊）。

㉗ 袁金平《新出霸伯钛铭考释》，原载黄德宽主编《纪念甲骨文发现120周年：第七届中国文字发展论坛论文集》，中国文字博物馆2019年；后收入氏著《出土文献与古籍新诠》第63—75页，社会科学文献出版社2020年。

古文字研究（34）：13—18，2022

"化"字补释

——兼释甲骨文"兆"字的一种异构

孟跃龙

一

"化"字最早见于甲骨文：

《合》19769　　《合》137反

关于"化"字的构形本意，学者们有不同的看法，目前似乎还未能定于一尊。

最早对"化"字构形本意进行探讨的是许慎。《说文》匕部："化，教行也。从匕人，匕亦声。"这个解释一望而知不会是"化"字的构形本意。朱芳圃认为："化象人一正一倒之形，即今俗所谓翻跟头。"①但从古至今，"化"字记录的诸多义项中并没有"翻跟头"的义项。薛培武认为，甲骨文中"化"字为"过"字的象意初文，"过"字为后起形声字。张德付也有相近观点，提出"化"字象两人相过，其本义是"经过、过错"，与"过"字同，后来引申为"变化、教化"义，而"过"字保有其本义②。但两人相过何以一正一倒，难以有合理的解释。季旭升指出："'化'字从一正人、一倒人，会人变化之意。"③通常来说，甲骨文中带有方向性的形体，其方向应当符合客观物象，形体可以较为直观的反映意义④，而"人变化"的概念则过于虚泛。

与上述各家不同，从会形合成的构字方式入手探讨"化"字构意的有杨琳和郑慧生。杨琳指出："今谓化甲骨文作 （续存2215），象一人臀下有一倒人形，其本义当为生育。《大戴礼记·本命》：'人生而不俱者：目无见，不能食，不能行，不能言，不能化。……男以八月而生齿，八岁而毁齿，一阴一阳，然后成道，二八十六，然后情通，然后其施行。女七月生齿，七岁而毁齿，二七十四，然后其化成。'王聘珍注：'化，犹生也，育也。'即男施女受之施，谓男子御女，与此相对之'化'无疑指女子生育。'其化成'是说女子具备了生育的能力。"⑤郑慧生指出："甲骨文的'化'字，'象人一正一倒之形'，那实在是孕妇怀育胎儿的形象。胎儿在母体内发育待产，都应该脑袋朝下。因此'化'作正人、倒人之形。正人代表母体，倒人则胎儿，母体和胎儿一正一倒，此为化也。"⑥杨、郑二说都很好地解释了为何"化"字象"正人之下有倒人"之形⑦，但郑以"倒人"为"在母体内发育待产"的"胎儿"，则明显与构形不符。

我们认为，"化"字的构形本意应该放在甲骨文构形系统中加以考察，即以其构形为出发

其他汉字的构形方式加以对比，才能避免"人用己私，是非无正"（许慎《说文解字·叙》），从而有更客观和更深刻的认识。

杨琳指出"化"字构形方式与"毓（育）"字相似，其说精确不易。试比较：

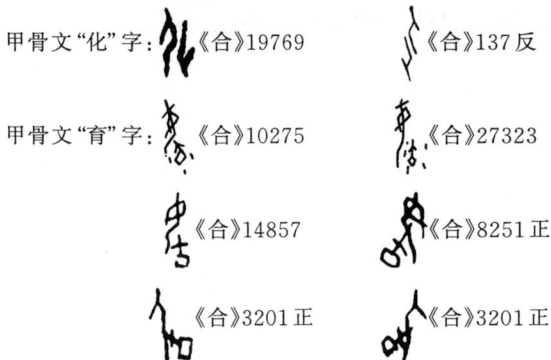

甲骨文"化"字：〔字形〕《合》19769　　　　〔字形〕《合》137反

甲骨文"育"字：〔字形〕《合》10275　　　　〔字形〕《合》27323

　　　　　　　〔字形〕《合》14857　　　　〔字形〕《合》8251正

　　　　　　　〔字形〕《合》3201正　　　　〔字形〕《合》3201正

通过上面的比较，我们可以知道，"化"和"毓（育）"两字的构形方式如出一辙。《说文》厺部："育，养子使作善也。从厺，肉声。《虞书》曰：'教育子。'毓，育或从每。"王国维根据甲骨文资料对"育"字的构形进行了正确的分析："此字（指毓）变化甚多，从女从〔字形〕（到子形，即《说文》之充字），或从母从〔字形〕，象产子之形。其从 [，] 或 [，]，则象产子时之有水液也。"⑧"化"字则是正人（象母体）位置偏上，倒人（子体）的位置相对偏下，只是用倒人形代替了倒子形而已。倒子或倒人都在母体之外，正象婴儿刚脱离母体之形。"化"和"毓（育）"一样，象女人"生育"之形，而非"怀胎"之形。

郑慧生把倒人理解为正在孕育中的胎儿，应当是受了一个特定辞例的影响。《吕氏春秋·过理》："剖孕妇而观其化。"高诱注："化，育也。视其胞里。"其实高注说得很清楚，"化"的本义是"生育"，引申为"胎儿"之义。实际上两者之间应该有一个过渡义，即指"所生之人（或物）"。"化"有"生育"义，又指"所生之人（或物）"，就象"育"（生育）和"育（胄）"（所生之人）的关系一样。"胎儿"之义当由"所生之人（或物）"进一步引申而来。

二

探讨"化"字的构形本意需要从汉字构形系统出发，而探讨"化"字的词义则需要从汉语词汇系统出发。

从汉语词汇系统出发探讨"化"字的词义，需要利用上古汉语语音知识，"引申触类，不限形体"。上引杨琳文"化"和"毓（育）"不仅形体相关，意义相同，而且语音相通。杨先生在文中主要从音韵学家的拟音或音理的角度解释了两字的语音关系，为了更为客观，笔者在这里尝试从汉字通用关系加以论证。

育声和由声相通。《说文》肉部："胄，胤也。从肉，由声。"《周礼·春官·大司乐》："使教焉。"郑玄注："若舜命夔典乐,教育子。"陆德明释文："育,本亦作胄。"《尚书·盘庚中》:"乃有不吉不迪,颠越不恭,暂遇奸宄,我乃劓殄灭之无遗育,无俾易种于兹新邑。"王引之《经义述闻·尚书上》:"今案育读为胄……是古育、胄同声而通用。"《鄂君启节》"油水"之"油",陈伟读为"淯"⑨。《上博五·三德》简17:"知天足以顺时,知地足以由材。"秦晓华读"由材"为"育材"⑩。《占梦书》简18:"梦蛇入人口,育不出,丈夫为祝,女子为巫。"袁莹读"育"为"抽"⑪。

由声和繇(繇)声相通。《尔雅·释水》:"繇膝以下为揭,繇膝以上为涉。"郭璞注:"繇,自也。"陆德明释文:"繇,古由字。"《汉书·律历志上》:"准绳连体,衡权合德,百工繇焉,以定法式。"颜师古注:"繇读与由同。由,用也。"西周师询簋铭:"亦则繇惟乃圣祖考。""繇"读为"迪"⑫。

繇声和化声相通,《说文》口部:"囮,译也。从口,化声。率鸟者系生鸟以来之,名曰囮,读若譌。圝,囮或从繇。"繇字古音或归幽觉部。《说文》言部:"詹,徒歌也。从言、肉。"戴侗《六书故》:"徐本《说文》无谣字。詹,辻歌也。从言、肉。唐本曰:'詹,从也。从言,从肉,肉亦声。'"《说文》缶部:"䍃,瓦器也。从缶,肉声。"又系部:"繇,随从也。从系,詹声。"大徐按:"今俗从䍃。"据《说文》"育"和"繇(繇)"同从肉声,囮从化得声,因此"育"和"化"、"圝"和"囮"构成完全平行的音转关系。

此外,上引郑慧生文认为有"生育"义的"化"字可能跟传世典籍表示庄稼"坐果、结实、秀籽"的"为"字相关:

> 巳在丁曰强圉敦(引者按——原文误作"郭")牂,岁大旱,蚕登稻疾,菽麦昌,禾不为,民食二升。

> 午在戊曰着雍协洽之岁……菽麦不为。

> 申在庚曰上章作鄂之岁……菽麦不为。

> 酉在辛曰重光掩茂之岁……麦不为。

> 戌在壬曰玄黓大渊献之岁……菽麦不为。

> 子在癸曰昭阳赤奋若之岁……菽不为。

"化"和"为"语音相通为大家所熟知,郑先生把"化"和"为"建立联系,从语音上看是没有任何问题的,但"生育"义和"秀实(坐果、结实、秀籽)"义是否相关,仍须更多积极证据。其实如果承认幽部字可以和歌部字相通,不如把这个"为"字直接跟"秀"字建立联系。

古音由声和秀声相通。《说文》手部:"揟,引也。从手,留声。抽,揟或从由。挼,揟或从秀。"《说文》衣部:"褎,袂也。从衣,采声。袖,俗褎从由。"睡虎地秦简《日书》乙种:"正月、二月,子采。三月、四月,寅采。五月、六月,辰采。七月、八月,午采。九月、十月,申采。"睡虎地秦简《日书》甲种"采"亦作"秀"。《说文》禾部:"采,禾成秀人所收也。从爪、禾。秀,俗从禾,惠声。"秀"为声训词。惠古音归质部,但其所从声符叀则在元部,与歌部为对转韵部。《史记·货殖列传》:"民俗懁急。"裴骃集解:"徐广曰:懁,一作惠。"懁从睘声,睘从袁声。《左传·桓公六年》:"使遠章求成焉。"《潜夫论·志姓氏》作"蔿章"。《左传·僖公二十七年》:"蔿贾尚幼。"《汉书·古今人表》作"薳贾"。《说文》艸部:"蔿,艸也。从艸,为声。"段注:"《左传》蔿薳错出,薳即蔿字。"郭店简《老子》甲22:"大曰逝,逝曰遠,遠曰反。"马王堆帛书、今本《老子》"遠"作"远"。"为"和"远(遠)"、"为"和"穗"可以构成平行互证关系,相应地,"秀"和"为"、"秀"和"穗(采)"也可以构成平行互证关系。

　　上举《说文》口部"囮"字,段玉裁注:"率,捕鸟毕也。将欲毕之,必先诱致之。潘安仁曰:'暇而习媒翳之事。'徐爰曰:'媒者,少养雉子,至长狎人,能招引野雉,因名曰媒。'"其实从语音的角度看,"圈、诱"古音相同,两词同源。"圈"和"囮"、"秀"和"穗(采)"、"秀"和"为"三组音转现象,可以构成平行互证关系。

　　"菽麦不为"犹言"菽麦不穗",亦即"菽麦不秀"。读"为"为"采(穗)"或"秀",不仅解决了传世文献"为"字的训诂问题,也有助于我们理解"化、毓(育)"同源。"毓"和"化"、"圈"和"囮"、"秀"和"穗(采)"、"秀"和"为"四组音转现象可以构成平行互证关系。

三

　　"化"字构形本意和词源意义的揭示,有助于我们理解甲骨文中"兆"字的一种异构。

　　《说文》卜部:"𤓱,灼龟坼也。从卜、兆。象形。兆,古文𤓱省。""兆"字在古文字中的写法,唐兰、于省吾、詹鄞鑫、沈培等曾有过详细的讨论[13]。"兆"字甲骨文写法有如下几种:

《合》8339　　《合》33178　　《合》33162　　《合》13517　　《合》36952

可以清楚地看到,兆字最初象两人(头部向上)相背形,但有部分字从一正人形和一倒人形,亦即从"化",这是为什么呢?我们认为"兆"字从"化"可以看作变形声化。

　　古音兆声、䍃(䍃)声相通。《战国策·燕策一》"莫如遥伯齐而厚尊之",《史记·苏秦列传》作"莫若挑霸齐而尊之"。"遥"与"挑"异文。《荀子·荣辱》"其功盛姚远矣",杨倞注:"姚,与遥同。"《荀子·王霸》"佻其期日",杨倞注:"佻与傜同,缓也。"睡虎地秦简《为吏之道》"不时怒,民将姚去","姚"读为"遥"。

　　兆声字据谐声古音当归宵部,然间与歌部字押韵。《列女传·许穆夫人》:"卫君不听,后果遁逃;许不能救,女作《载驰》。""逃"字古音在宵部,"驰"字古音在歌部,但根据《列女传》体例,两字一定是押韵的[14]。宵歌通转,最早是由汉代人杜子春、郑玄揭示的。其后,清代学者宋保(《说文谐声补逸》),现代学者章太炎、林义光,当代学者龚煌城、陈新雄、冯蒸、梅广、杨秀芳都曾专门讨论过，另有一些学者如季旭升、张宇卫、孟蓬生等在文章中也曾涉及这一问题⑮。笔者在博士论文中曾设专门章节讨论"宵歌通转"，其中也列举了兆声字与歌部字相通的一些例子，限于篇幅，这里不能展开，有兴趣的读者可以参看⑯。

如果从谐声的角度看，甲骨文"兆"从化声，与前举"育"和"化"、"圙"和"凹"、"秀"和"穗（采）"、"秀"和"为"等几组字构成平行关系。其实从古音的系统性着眼，幽微通转跟宵歌通转正好构成平行关系。事实上，幽微通转往往涉及歌部字，而宵歌通转也往往涉及微部字。现在甲骨文的考释进入瓶颈期，跟上古音或前上古音研究的局限性有关。从实际发生的音转现象出发而不是从现有古音体系出发来理解这些看起来较远的音转关系，对于古文字的考释应该可以产生一定的促进作用。

附记：本文为国家社会科学基金重大项目"汉字谐声大系"（17ZDA297）的阶段性成果。

（作者单位：北京师范大学民俗典籍文字研究中心）

注：

① 于省吾主编《甲骨文字诂林》第148页，中华书局1999年。

② 薛培武《试说甲骨文中"化"字为"过"的初文》，简帛网2013年7月20日；张德付《释化》，《出土文献》第7辑第299—304页，中西书局2015年。

③ 季旭升《说文新证》第662页，福建人民出版社2010年。

④ 刘钊《古文字构形学（修订本）》第9—10页，福建人民出版社2011年；黄德宽《古文字学》第56—57页，上海古籍出版社2015年。

⑤ 杨琳《训诂方法新探》第36页，商务印书馆2011年。

⑥ 郑慧生《释化》，《纪念王懿荣发现甲骨文110周年国际学术研讨会论文集》第116—118页，社会科学文献出版社2009年。

⑦ "化"有"胎儿"义，明末清初学者黄生已经指出。黄生《义府》云："《吕氏春秋》云：'纣剖孕妇，欲观其化。'化字甚新，盖指腹中未成形之胚胎也。"（黄生撰，黄承吉合按《字诂义府合按》第220页，中华书局2006年）

⑧ 罗振玉《增订殷虚书契考释》第487页，中华书局2006年。

⑨ 陈伟《〈鄂君启节〉之"鄂"地探讨》，《江汉考古》1986年第2期第88—90页。

⑩ 秦晓华《上博（五）〈三德〉释读一则》，简帛网2006年2月27日。

⑪ 袁莹《岳麓秦简〈占梦书〉补释二则》，复旦大学出土文献与古文字研究中心网2011年10月23日。

⑫ 沈培《西周金文中的"繇"和〈尚书〉中的"迪"》，《古文字研究》第25辑第218—224页，中华书局2004年。

⑬ 唐兰《天壤阁甲骨文存》第8页，北京辅仁大学1939年；于省吾《释兆》，《双剑誃殷契骈枝 双剑誃殷契骈枝续编 双剑誃殷契骈枝三编》第252页，中华书局2009年；詹鄞鑫《释甲骨文"兆"字》，《古文字研究》第24辑第123—129页，中华书局2002年；沈培《从西周金文"姚"字的写法看楚文字"兆"字的来源》，张光裕、黄德宽主编《古文字学论稿》第323—331页，安徽大学出版社2008年。

⑭ 这四句出自《列女传·许穆夫人》的颂，按照列女传的体例，每首颂都是韵文，偶数句押韵。

⑮ 章太炎《国故论衡》第96—99页，中华书局2011年；林义光《文源》第98页，中华书局2012年；

雄《古音学发微》第1082页，文史哲出版社1972年；梅广《训诂资料所见到的几个音韵现象》，台湾《清华学报》1994年第1期第1—43页；杨秀芳《从词汇史的角度看"关键"、"管钥"、"锁匙"的关系》，《台大文史哲学报》2008年第69期第79—97页；张宇卫《〈飞诺藏金〉〈新造秘冒〉"枭"字小考》，复旦大学出土文献与古文字研究中心网2014年1月12日；孟蓬生《汉语前上古音论纲》，《学灯》第1辑第1—44页，上海古籍出版社2016年。

⑯　孟跃龙《〈清华大学藏战国竹简〉（壹—伍）音韵研究》第125—150页，北京师范大学2017年博士学位论文。

古文字研究(34):19—24,2022

甲骨、金文中的"桒"读"祷"说辨析

刘　云

　　甲骨、金文中"桒"字的形、音、义,学者多有讨论①,但争议颇大,讫无定论。在关于"桒"的众多说法中,冀小军的说法接受者最多,影响最大,颇具代表性。下面我们着重分析一下冀先生的说法。

　　金文中有一个用为邾国之姓"曹"的字,冀先生同意孙诒让的观点,认为该字的声旁与"桒"为一字,也就是说"桒"与"曹"语音相近,然后据此认为甲骨、金文中表祈求义的"桒"应读为"祷"②。冀先生的说法有一定道理,但问题也是比较明显的,很多学者早已指出了冀先生的说法存在的问题。但这些商榷意见,大都侧重于字形方面,在辞例、词义等方面讨论得还不够详细。有鉴于此,本文仍不惮重复,对冀先生说法在辞例、词义等方面的问题再加分析,以期引起大家的注意。

一　"桒"与"祷"的辞例明显不同

　　"桒"在甲骨文中大量出现,一般作祭名,表祈求之义。根据其宾语的使用情况,可以作如下分类。

　　1.有宾语类

　　(1)目的宾语(或再加对象宾语)

　　　　贞:坐于大甲,桒年。　　　　　　　　　　　　　　　　　　　　《合》10114

　　　　己亥贞:桒禾于河,受禾。　　　　　　　　　　　　　　　　　　《合》33271

　　　　壬申贞:其桒雨,一羊。　　　　　　　　　　　　　　　　　　　《合》34214

　　(2)对象宾语

　　　　癸丑卜:桒祖丁、祖辛、父己。　　　　　　　　　　　　　　　　《合》22184

　　　　癸未卜,贞:其桒于妣辛。　　　　　　　　　　　　　　　　　　《合》27549

　　　　辛未卜:桒于土,雨。　　　　　　　　　　　　　　　　　　　　《合》33959

　　(3)原因宾语(一般再加对象宾语)

　　　　贞:桒妇好于父乙。　　　　　　　　　　　　　　　　　　　　　《合》2634

　　　　癸酉卜:其桒田于父甲,一牛。　　　　　　　　　　　　　　　　《合》28276

　　　　贞:桒舌方于岳,　牛。　　　　　　　　　　　　　　　　　　　《合》39859

2. 无宾语类

贞：于来乙巳桒。　　　　　　　　　　　　　　　　　　　　　　《合》376正

己巳卜：其寻桒，有大雨。　　　　　　　　　　　　　　　　　　《合》30047

桒，惠一牛用，王受佑。　　　　　　　　　　　　　　　　　　　《合》30612

比较"桒"的这两类辞例，我们可以发现，这两类"桒"没有实质性不同，只不过后者有的省略了前者的宾语，有的表示的是比较宽泛的祈求，不需加宾语说出具体的祈求内容[③]。"桒"的三类宾语中目的宾语数量最多，原因宾语数量最少。

金文中也有与卜辞中"桒"用法相似的"桒"（偶或作"祷"）。根据其宾语的使用情况，可以分为两类。

1. 有宾语类

季宁作宝尊彝，用桒福。　　　　　　　　　　　　　　　　季宁尊，《集成》5940

用桒寿，匄永福。　　　　　　　　　　　　　　　　　　　卫鼎，《集成》2733

用桒寿，匄永命。　　　　　　　　　　　　　　　　　　　杜伯盨，《集成》4451

2. 无宾语类

唯王初桒于成周。　　　　　　　　　　　　　　　　　　　盂爵，《集成》9104

唯王桒于宗周。　　　　　　　　　　　　　　　　　　　　叔簋，《集成》4132

唯十又四月，王酭大礿，桒在成周。　　　　　　　　　　　叔虞鼎，《铭图》2419

其中有宾语的"桒"，其宾语多为"寿、福"等目的宾语。

根据上述甲骨、金文中"桒"的辞例，如果将"桒"读为"祷"的话，不太符合古汉语中"祷"的习惯用法。先秦两汉古书中的"祷"极为常见，大都不加宾语。当然，也有数量不多的"祷"后加宾语的例子，不过，所加的宾语多是对象宾语和原因宾语，目的宾语十分罕见。根据宾语的使用情况，古书中的"祷"可以作如下分类。

1. 有宾语类

（1）目的宾语

《焦氏易林·复之井》："灵祝祷祉，疾病无患。"

《晏子春秋·内篇谏上》第十五标题："景公欲祠灵山、河伯以祷雨，晏子谏。"

（2）对象宾语

《山海经·中山经》："帝台之石，所以祷百神者也，服之不蛊。"

《仪礼·既夕礼》："乃行祷于五祀。"

《史记·楚世家》："卜而河为祟，大夫请祷河。"

（3）原因宾语（或再加对象宾语）

《论语·述而》："祷尔于上下神祇。"

《大戴礼记·千乘》："日、历、巫、祝，执伎以守官，俟命而作，祈王年，祷民命及畜谷、蜚征、庶虞草。"

《说苑·君道》："令尹、司马闻之，宿斋沐浴，将自以身祷之焉。"

2. 无宾语类

《逸周书·籴匡》："大荒，有祷无祭，国不称乐。"

《礼记·祭法》："显考祖考无庙，有祷焉，为坛祭之。"

《左传·成公十六年》："苗贲皇徇曰：'蒐乘补卒，秣马利兵，修陈固列，蓐食申祷，明日复战。'"

《论语·述而》："子疾病，子路请祷。"

《韩非子·外储说右下》："秦昭王有病，百姓里买牛而家为王祷。"

《史记·孝武本纪》："为兵祷，则太史奉以指所伐国。"

"祷"后加目的宾语的例子，在先秦两汉古书中我们只找到上揭两例。其中《焦氏易林》为汉代著作，时代略晚。《晏子春秋》中的"祷雨"见于章题。根据出土文献的体例，我们可以知道，很多古书最初是没有章题的，我们现在看到的传世古书中的章题多是后人添加的。出土文献中恰好有《晏子》，即银雀山汉简本《晏子》。该《晏子》中虽没有上揭《晏子春秋》中的对应篇章，但其中所载的各章均没有章题④，亦足以说明今本《晏子春秋》中的章题是后人添加上去的，而且极有可能是汉以后的人添加上去的。而且《晏子春秋》该章正文中并无"祷雨"二字出现，文中相关辞例是"祠灵山""祠河伯"，此亦可说明该章章题是后人所加。可见，"祷"后加目的宾语的例子不仅罕见，而且先秦时代似还未出现。

可见，"奉"与"祷"在用法上有相同之处，比如都既可以加宾语，又可以不加宾语。但区别也是很明显的，比如"奉"后加宾语的例子十分丰富，而且这些例子中的宾语多是目的宾语；而"祷"后不加宾语的例子特别丰富，加宾语的例子比较少见，而且"祷"后加目的宾语的例子更是少见，甚至先秦时代还未发现"祷"后加目的宾语的例子。

二 "祷"本无祈求之义

"奉"具有明显的祈求之义，而"祷"其实本无祈求之义。

"祷"本无祈求之义在下列例句中表现得十分明显：

《周礼·春官·小祝》："小祝掌小祭祀将事侯禳祷祠之祝号，以祈福祥，顺丰年，逆时雨，宁风旱，弥灾兵，远罪疾。"

《史记·韩世家》："秦之欲伐楚久矣，今又得韩之名都一而具甲，秦韩并兵而伐楚，此秦所祷祀而求也。"

《孔子家语·本姓解》："徵在既往，庙见，以大夫年人，惧不时有男，而私祷尼丘之山以……

祈焉。”

《孔丛子·问军礼》：“既毕，遂祷战，祈克于上帝，然后即敌。”⑤

《淮南子·泰族》：“然而郊天望山川，祷祠而求福。”

正因为“祷”本无祈求之义，所以上揭例句在“祷”之后，又添加表祈求之义的“祈、求”等字或相关短语，来说明所祈求的事项。

在出土文字资料中也有许多“祷”字出现。新蔡简的祭祷简中“祷”字更是集中大量出现，其中大多数“祷”与古书中的“祷”用法相似。现仅简选新蔡简中几条文辞较全且比较有代表性的简文转录于下⑥：

……祈福，举祷文君大牢…… 　　　　　　　　　　　　　　　　　　甲三419

举祷楚先老童、祝融、鬻熊各两牂，祈[福]…… 　　　　　　甲三188、197

……祈福于北方，举祷一佩璧。 　　　　　　　　　　　　　　　　　甲一11

上揭简文中的“祷”与“祈”同时出现，“祷”显然不具备祈求之义，祈求之义由“祈”来表示。

三　“祷”的核心义是“告事”

“祷”本无祈求之义，它的核心义是“告事”，也就是以言辞向鬼神报告事项的意思。《说文》示部：“祷，告事求福也。”虽然《说文》对“祷”的说解落脚在“求福”上，但在说解中已经点出了“祷”的核心义“告事”。《周礼·春官·大祝》：“作六辞，以通上下亲疏远近，一曰祠，二曰命，三曰诰，四曰会，五曰祷，六曰诔。”郑众注：“祷，谓祷于天地、社稷、宗庙，主为其辞也。”郑玄注：“祷，贺庆言福祚之辞。”《论语·述而》：“子疾病，子路请祷。”刘宝楠《正义》引郑玄注云：“祷，谢过于鬼神。”⑦

古书中有“祷书、祷辞、祷文”等说法，如：

《史记·鲁周公世家》：“成王发府，见周公祷书，乃泣，反周公。”

《论衡·感虚》：“祷辞曰：‘余一人有罪，无及万夫；万夫有罪，在余一人。’”

《后汉书·皇甫规传》：“所著赋、铭、碑、赞、祷文、吊、章表、教令、书、檄、笺记，凡二十七篇。”

这类说法无疑也证明“祷”和“告事”密切相关。

“祷”的“告事”之义，在下列文句中表现得十分明显：

《左传·襄公十八年》：“晋侯伐齐，将济河。献子以朱丝系玉二珏，而祷曰：‘齐环怙恃其险，负其众庶，弃好背盟，陵虐神主。曾臣彪将率诸侯以讨焉，其官臣偃实先后之。苟捷有功，无作神羞，官臣偃无敢复济。唯尔有神裁之！’沉玉而济。”

《荀子·大略》：“汤旱而祷曰：‘政不节与？使民疾与？何以不雨至斯极也！’”

《春秋繁露·必仁且智》：“楚庄王以天不见灾，地不见孽，则祷之于山川曰：‘天其将亡予耶？'"

在上揭例句中，"祷"之后随即出现了具体的祷辞，这充分说明了"祷"的"告事"之义。

上揭《春秋繁露·必仁且智》中的例句，在《上博五·竞建内之》简7中有可以对读的简文，该简文作："天不见害，地不生孽，则诉（质）[8]诸鬼神曰：'天地明弃我矣？'"《必仁且智》中的"祷"对应着《竞建内之》中的"质"，两者意思显然应是相近的。《竞建内之》中的"质"是诘问、询问的意思[9]，与言辞相关。这说明《必仁且智》中"祷"的含义也应该与言辞相关。"祷"的"告事"之义正符合这一要求。

"祷"与"祝"音义关系密切，是一对同源词[10]。"祝"的核心义与言辞密切相关。《尚书·金縢》"史乃册祝曰……"，孔颖达疏："祝是读书告神之名。"《礼记·礼运》"脩其祝、嘏"，郑玄注："祝，祝为主人飨神辞也。""祝"的核心义可证其同源词"祷"的核心义应是"告事"之义。

"祷"的核心义是"告事"，"告事"自然有所祈求，所以"祷"的词义中出现祈求之类的意思，也是完全可以理解的。上引《焦氏易林·复之井》文中的"祷祉"之"祷"，应该已经有了祈求之义。所以《说文》将"祷"理解为"告事求福"，以及古人在古书的注解中将"祷"训为求福之类的意思[11]，也自有它的道理。但单纯的求福义，在先秦两汉古书中用例极少。在我们翻检到的先秦两汉的"祷"的用例中，大都不是必须要理解为求福之义，而是完全可以用"告事"之义来解释的。

四 夆祭与祷祭的特点明显不同

观察上文所引关于祷祭的诸多辞例，不难看出，祷祭大都与凶事有关，如或为疾病而祷，或为罪责而祷，或为战争而祷，或为水旱之灾而祷，或为荒年而祷，而且祷祭之时，往往是凶事已然显现，欲借祷祭祓除凶事。而观察上文所引关于夆祭的诸多辞例，夆祭虽偶尔也有祷祭的上述特点，但夆祭主要是单纯地祈求年成、雨水、长寿等，没有证据表明是因凶事而举行这些夆祭，而更有可能是在结果还未出现之前，预先祈求好的结果出现。这一点可参下面的卜辞：

　　辛巳卜，亘贞：祀岳，夆，来岁受年。

　　贞：来岁不其受年。　　　　　　　　　　　　　　　　　　　《合》9658正

该组正反对贞卜辞，卜问的是"来岁"是否"受年"，也就是明年庄稼收成的好坏。该卜辞中的夆祭正是为"受年"举行的。为明年庄稼的收成进行祭祀，显然只能是预先祈求好的结果出现，而不可能是因为遇到了明年的灾情，而有针对性地举行祓除之祭。

根据以上论证，我们不难看出，将"夆"读为"祷"是不合适的[12]。

附记：本文蒙蒋玉斌先生审阅指正，谨致谢忱！

（作者单位：河南大学文学院、语言科学与语言规划研究所）

注：

① 参周法高主编《金文诂林》第6127—6153页，香港中文大学1974年；于省吾主编《甲骨文字诂林》第1474—1477页，中华书局1996年；李圃主编《古文字诂林》第8册第878—885页，上海教育出版社2003年；何景成编撰《甲骨文字诂林补编》第387—393页，中华书局2017年；陈英杰《西周金文作器用途铭辞研究》第457—476页，线装书局2008年；张振林《释"⿱木⿰⿱木"（本）、⿱木⿰（拔）"之我见》，《古文字研究》第30辑第468—473页，中华书局2014年。

② 冀小军《说甲骨金文中表祈求义的奉字——兼谈奉字在金文车饰名称中的用法》，《湖北大学学报（哲学社会科学版）》1991年第1期第35—44页。

③ 参龙宇纯《甲骨文金文⿱字及其相关问题》，《史语所集刊》第34本下册第409页，1963年。

④ 参银雀山汉墓竹简整理小组编《银雀山汉墓竹简（壹）》图版第53—61页、释文注释第87—106页，文物出版社1985年。

⑤ 《孔丛子》的这一句子中，"祷、祈"同时出现。《孔丛子·问军礼》中还说"战之所在有大山川则祈焉，祷克于五帝，捷则报之"，也是"祷、祈"同时出现。这两个句子语义相似，但"祷、祈"所处的位置正好相反。根据"祷、祈"在古书中的用法，后者显然将"祷、祈"的位置弄颠倒了。

⑥ 参宋华强《新蔡葛陵楚简初探》第418、423、427页，武汉大学出版社2010年。

⑦ 〔清〕刘宝楠撰，高流水点校《论语正义》第283页，中华书局1990年。

⑧⑨ 参高佑仁《释〈竞建内之〉简7的"则质诸鬼神曰：'天地明弃我矣？'"》，简帛网2008年5月31日。

⑩ 马叙伦、孟蓬生都曾提出类似看法。参李圃主编《古文字诂林》第1册第177页；孟蓬生《释"奉"》，《古文字研究》第25辑第270页，中华书局2004年。

⑪ 参宗福邦、陈世铙、萧海波主编《故训汇纂》第1614—1615页，商务印书馆2003年。

⑫ 有学者将甲骨文中的"⿱"，及从"辵"（或"止"）、"⿱"声之字读为"祷"（参于省吾主编《甲骨文字诂林》第1176—1178、2262—2263页；李圃主编《古文字诂林》第1册第175—177页），不知当否。

古文字研究（34）：25—28，2022

释甲骨文几个从"畀"的字

宋华强

《合集》6571（《丙编》302）有 字，字形如下：

所在辞例如下①：

（1）壬寅卜，㱿，贞：曰子商　癸敦。五月。

曰　甲敦。

曰子商于乙敦。

卜辞刻于右后甲和右尾甲，字体属宾组一类。该版其他卜辞都是关于子商攻伐屖方之事，上引卜辞"敦"后省略了宾语屖方。　字旧不识，2014 年出版的《新甲骨文编（增订本）》仍列入附录（页 991）。近来方稚松始有详考，认为　与"亞"字表示同一个词，皆从"丙"得声，读为"逢"，"这几条卜辞的辞意就是占卜子商是遇到癸（卯）这天进攻合适，还是遇到甲（辰），或是在乙（巳）这天进攻"②。按，"逢遇"之"逢"有不期而遇的含义（如"薄言往愬，逢彼之怒"），在确定无疑的日子（不是任何一个癸日、甲日，而是卜日壬寅的第二天癸卯、第三天甲辰）前面用"逢"并不恰当。方稚松在阐述这个观点之前，说他多年前"曾注意到'　癸、　甲'和'于乙'对应，　表示的应该是一个和'于'意思相类的词"，我认为这个被方先生放弃的看法更值得重视。　与"于"在辞例中处于相同位置，应该也是介词，而不应该是动词。从字形上看，　也不是只有从"丙"得声一种可能。方文已经联系甲骨文"畀"字的写法，指出　上部所从正象矢锋之形。我怀疑　上部所从就是"畀"字。甲骨文"畀"字多作 、 、 等形（《甲骨文字编》页 970），像矢形而突出其镞部，是表示宽扁型箭镞的象形字，古书或写作"匕"，裘锡圭曾有详细考释③。"畀"字头部中间的笔画除了有"X、Y、一"几种形态以外，宾组一类"畀"字或作 （《合》15931＝《乙编》3621）④，上部与　所从相同，头部中间写作一竖。据此，　可以隶定为"畀"。葛亮考证"丙"是"房俎"之"房"的象形初文⑤，其说可信。"畀"从丙、畀声，可能是为"烝畀祖妣"之"畀"造的专字。上述介词用法的"畀"疑当读为"比至"之"比"，临近、临到之义。古书本用"匕"字表示"畀"，从"畀"声之字用为"比"自无问题。甲骨文时间介词有"比、于"对举之例，如：

（2）辅叀邲格于　用，王受又。

于入自　用，王受又。

（3）其置镛鼓于既卯。

　　　　叀㘰卯。　　　　　　　　　　　　　　　　　　　　　　《合》30693

裘锡圭指出，"㘰"读为"比"，上引卜辞（2）"卜问是到王'格于🔹'的时候，或临近王'格于🔹'的时候就用辅好，还是等到王'入自🔸'的时候用辅好"，卜辞（3）"卜问究竟是在卯祭完毕时置钟鼓好，还是到卯祭的时候就置钟鼓好"⑦。从时间先后来看，总是较近的时间用"比"，较远的用"于"。卜辞（1）是在壬日卜问敦伐真方的时间，有三个日期选择，分别是癸、甲、乙，即壬日后的第一、第二、第三天。把🔺读为"比至"之"比"，则引介不同时间的介词一个用"于"，一个用"比"，与卜辞（2）（3）相同；在临近的癸、甲日前用"比"，在稍远的乙日前用"于"，也跟（2）（3）"比、于"的用法相同。

　　介词都是由动词虚化而来⑧。"比、密"同源⑨，"比"的动词义是并列、亲近，所指称的事物是紧挨着的，没有间隔，如"比肩"；虚化为副词就有接连、连续之义，如"比九世乱"。密迩无间，所以演变为表示近指的介词，引进紧邻的时间。殷墟卜辞介词"于"有远指的含义，学者多有论述⑩。"于"的动词义是"到……去"（《诗》"之子于归"，毛传："于，往也。"），由此之彼，再近也总要有一定间隔（时间或空间）才行，所以演变为表示远指的介词，引进隔了一段的时间。殷墟卜辞"于"作为介词含有"到"义⑪，裘锡圭指出，这是"于"的虚化程度明显不及后世的反映⑫。上引卜辞的介词"于"有"到了……的时候再……"的含义⑬，相对的"比"有"在……的时候就……"的含义。卜辞（1）贞的是：王是在癸日、甲日就命令子商敦伐真方，还是到了乙日再命令子商敦伐真方；（2）贞的是：王是在"格于🔹"的时候就用辅，还是到"入自🔸"的时候再用辅；（3）贞的是：王在卯祭的时候就置钟鼓，还是到卯祭完毕的时候再置钟鼓。

　　时间介词"比"用"㘰"字记录多见于无名类，属村南系；村北系出组用"祕"的初文，写作🔺字见于宾类，是不同时代和不同类组用字习惯不同的体现。

　　甲骨文另有以🔺为偏旁之字，见于《合》37387，用于指称一种马，不知是否可以读为"駜"。

　　甲骨文还有两个从"𣄼"之字：🔹、🔸，出现在战争卜辞。辞例如下：

　　癸丑卜，囗，贞：自今至于丁巳，我捷畓。王占曰：丁巳我毋其捷，于来甲子捷。旬有一日癸亥🔹，弗捷。之夕向甲子允捷。　　　　　　　　　　　　　　　　《合》6834

　　戊午卜，彀，贞：我其呼🔸畓，捷。

　　戊午卜，彀：我🔸畓，捷。　　　　　　《醉古集》350=《合》1027+《乙补》4919

《新甲骨文编（增订本）》把🔹字收在"车"字下（页783），🔸字收入附录（页1016）。黄天树、金赫认为🔹中的𡗗象装在冲车上用来攻城的锐器，黄天树认为𡗗同时声化为"白"，🔹读为"辚辐"之"辚"，🔸象以兵车辚辐攻城，应是"衝"字初文；金赫则从刘钊说把🔹释为冲车之"衝"，🔸是象用𡗗来打破城墙或城门之形的表意字，跟🔹字表示的很可能是同一个词⑭。

　　从辞例看，🔹、🔸记录的确有可能是同一个词。据上文所述，🔹、🔸可能从"𣄼"声，可以读为"㓚"。"㓚"属并母物部，与"畀"音近。"弗"声字与"弼"相通，"弼"与"畀"都属帮母质部。《说文》："㓚，击也。"《国语·齐语》："遂北伐山戎，㓚令支、斩孤竹而南归。""㓚"字用法与卜辞 ⿰、⿰ 相同。

（作者单位：武汉大学历史学院）

注：

① 学者对此版卜辞的排列次序不完全相同，此依葛亮《中国碑帖名品·甲骨文名品》第19页释文，上海书画出版社2015年。

② 方稚松《释〈合集〉6571中的 ⿰ ——兼谈占辞中"见"的含义》，《古文字研究》第32辑第75—82页，中华书局2018年。

③ 裘锡圭《"畀"字补释》，《古文字论集》第90—98页，中华书局1992年；《裘锡圭学术文集·甲骨文卷》第27—35页，复旦大学出版社2012年。

④ 这个字《甲骨文合集释文》释为"矢"，《殷墟甲骨刻辞摹释总集》释为"畀"，从矢镞部分的形体来看，释"畀"可从。此形《新甲骨文编（增订本）》《甲骨文字编》"畀"字下皆未收。

⑤ 葛亮《古文字"丙"与古器物"房"》，《出土文献与古文字研究》第7辑第50—70页，上海古籍出版社2018年。

⑥ 此版莫伯峰与《合》26980拼合（黄天树主编《甲骨拼合集》第244则，学苑出版社2010年）。又，相类卜辞又见于《屯南》2140。

⑦ 裘锡圭《裘锡圭学术文集·甲骨文卷》第65—66页。

⑧ "于"的虚化参看Edwin. G. Pulleyblank: The Locative Particles YÜ于, YÜ於, and HU乎, *Journal of the American Oriental Society*, Vol106.1, 1—12.; Edwin. G. Pulleyblank: *Outline of Classical Chinese Grammar*, UBC Press 1995, p.53; 洪波《"于""於"介词用法源流考》，《语言研究论丛》第5辑，南开大学出版社1988年，收入洪波《汉语历史语法研究》第323—348页，商务印书馆2010年；郭锡良《介词"于"的起源和发展》，《中国语文》1997年第2期，收入郭锡良《汉语史论集（增补本）》第217—232页，商务印书馆2005年；梅祖麟《介词"于"在甲骨文和汉藏语里的起源》，《中国语文》2004年第4期，收入梅祖麟《汉藏比较暨历史方言论集》第77—92页，中西书局2014年。

⑨ 王力《同源字典》第427页，商务印书馆1982年；王力主编《王力古汉语字典》第555页，中华书局2000年。

⑩ 陈梦家《殷虚卜辞综述》第227页，中华书局1988年。裘锡圭《释殷墟甲骨文里的"远""𢾸"（迩）及有关诸字》，《古文字论集》第1—2页，中华书局1992年；《裘锡圭学术文集·甲骨文卷》第168页。张宇卫《由卜辞"于"的时间指向探讨其相关问题》，收入邓章应主编《学行堂语言文字论丛》第2辑第44—64页，四川大学出版社2012年。

⑪ 沈培《殷墟甲骨卜辞语序研究》第150—151页，文津出版社1992年；张玉金《甲骨文虚词词典》第15页，中华书局1994年；裘锡圭《谈谈殷墟甲骨卜辞中的"于"》，《裘锡圭学术文集·甲骨文卷》第543—544页。

⑫ 裘锡圭《谈谈殷墟甲骨卜辞中的"于"》，《裘锡圭学术文集·甲骨文卷》第543—544页。

⑬ 梅广用"到……才"对译卜辞的时间介词"于"（《上古汉语语法纲要》第317—318页，上海教育出版社2018年），其实这个"才"应该加上"会"才能更符合现代汉语表示将来的用法。但是即便译为"到……才会"，针对梅书所举例句，这种译法也不是都合适。对于"甚于六月娩"（引按，"娩"梅书释为"冥"）（《合》116）、带具

于生一月令雷"(《合》14127正)是合适的,对于"王于八月入于商"(《合》7787)、"于生一月步"(《合》6949正)就不见得合适。因为现代汉语"到……才会"和"到……再"在叙述未来不确定的事情时有个区别:前者一般用于说话人不能决定的事情,后者一般用于说话人能决定的事情,试比较:"根据这个空气湿度,到下星期才会下雨","这星期太忙了,到下星期我再过去"。什么日子分娩、什么时候会打雷不是贞卜的主人(在所举例子中都是商王)能决定的,"其于六月娩""帝其于生一月令雷"两句卜辞可以翻译为"到六月才会分娩","到下个月才会打雷";商王什么时候入于商、什么时候步,是商王自己能够决定的,"王于八月入于商""于生一月步"两句卜辞应该翻译为"王到八月再入于商","(王)到下个月再步"。本文所引卜辞(1)(2)(3)说的事都是能够主动决定的,所以我把"于"译为"到……再"。

⑭ 黄天树《甲骨卜辞中关于商代城邑的史料》,《黄天树甲骨金文论集》第218—244页,学苑出版社2014年;金赫《释甲骨文中的"🜚"(冲)》,复旦大学出土文献与古文字研究中心编选《探寻中华文化的基因(一)》第125—131页,商务印书馆2017年。

古文字研究（34）：29—32，2022

释"疡"和"殇"

孙亚冰

一 释疡

加拿大的大维多利亚美术馆（Art Gallery of Greater Victoria）藏有一版龟腹甲（图1），位置属右后甲边缘部位，字体属宾三类，释文如下：

（1a）壬子卜，宾贞：辛亥王入自𠂤，王𤰔，屮梦，隹害。一月。

（1b）甲戌卜，宾贞：御王𠫦于子𡥀，祼册一犬。

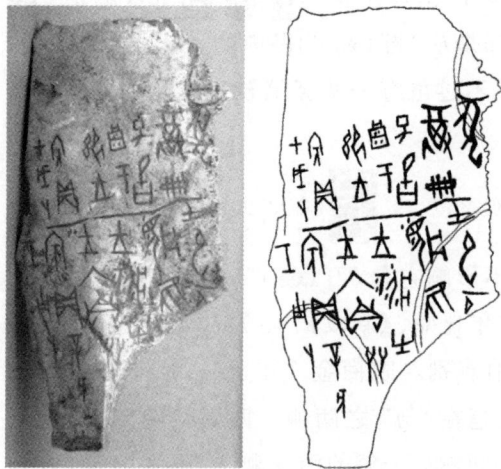

图1

与这版甲骨内容相关的有《合》5184（《京津》1583、北图2850）、《合》5392（《诚》381）+《合》17399（《前》6.32.2、《山珍》393部分）①。大维多利亚的这版甲骨，胡厚宣②、朱彦民③、蔡哲茂④、吴丽婉⑤都做过研究，其中蔡、吴二文考证比较详细，读者可参阅，本文只对其中有不同意见的字再做一考查。

首先，（1b）"册"后的字，蔡文初释作"夒"，后据网上公布的清晰照片改释为"虎"，谓"此'虎'字口中似有缺刻，虎爪亦未刻全，疑似虎字，可确定的是绝非'夒'字"；吴文摹释作𤞤，云此字"为某种动物之象形，身体部位与'犬'相类，上部概为兽首的轮廓，或可摹作𤞤，此为新见字。具体为何种动物，待考。𤞤在此指的是祭祀所用牺牲"。其实，此字"兽首"右侧并未封口，吴文摹释有误，蔡文疑为"虎"字，从辞意上看，不妥，（1b）大意是为禳除王𠫦向子𡥀祭祀，祼册某种牺牲，从整个殷墟卜辞看，这种祭祀不可能用老虎做牺牲，用老虎做牺牲的只有"飙"祭（《合》1606、26007、27339+27623［王子杨缀，《甲骨拼合续集》第422则］、32552）。此字刻在甲桥纵向盾纹上，因为土锈未清理干净，部分笔画与盾纹混淆或被土锈覆盖，以致被误认，笔者怀疑此字实为两个字："一犬"。"一"与"犬"字中象征犬首部的最上一笔中间是盾纹，其实并不相连，犬首部左下短斜笔因被土锈覆盖，不易分辨出来。这种凸显腹部的"犬"字写法，在宾二类卜辞中也是第一次见到，比较特别。

　　下面重点考证（1a）中的〿字。此字，胡厚宣、朱彦民误释为"疾"；蔡文初以为是《合》6778正中的〿字，后据清晰照片将其分析为从疾从〿，疑〿为"主"，属声符，推测这个字是驻跸养病的专字；吴文则认为"从彩照上看，右旁清晰，从爿，从人（人腿左右两边各附有小点），为'疒（疾）'；左旁稍显模糊，但仍可辨认出'丂'形笔画，'丂'的竖笔左边可见两小点，横笔上部似乎有两个或三个小点，或为'示'。从字形看，可能是一个与疾病相关的词"。

　　此字左边所从，实际上是丂形，竖笔稍斜，横笔上只有最右边的一点比较明确，但周围的点都应该与"人"有关，与丂无关。右边从"疒（疾）"，没有疑问，关键是左边的丂。此形与"示"形相似，但实际上很可能是"丂（易）"。

　　关于甲金文中的丂，学界已有较多讨论，并取得了很多成果，比如，王正、雷建鸽认为丂是"杖"的初文⑥，陈剑同意此说，并指出《说文》"苦浩切"的"丂"是从"考"字中截取分化出来的⑦。李春桃《甲骨文中"丂"字新释》提出甲金文中的丂字或偏旁都应释为"丂（易）"，"丂（考）"与"丂（易）"是不同时期的同形字，"丂（考）"出现较晚，"〿、〿、〿、〿（觞）""〿（易）""〿（荡或襄⑧）""〿（乎）""〿（杨）"等字都是从"丂（易）"得声的。李文总结丂的主要特征是：竖笔略弯，横笔上扬，多作倾斜状⑨。不过也有一些竖笔较直或横笔较平的例子，如：

〿《合》228　　〿《花东》312　　〿《花东》363　　〿《合》3390　　〿《合》41

因此，〿字中的丂横笔较平、竖笔稍斜的形体，并不影响它是"丂（易）"。丂左边的两点，似乎与〿（小臣宅簋，《集成》4201）、〿（杨）（四十二年逨鼎，《新收》745）或〿（颂鼎，《集成》2827）等字所从"丂"左边的两撇饰笔类似，但恐怕有别。晚商金文中已见带饰笔的"丂"，即小臣省壶（《集成》5394）中的〿（飘）字，不过饰笔在"丂"之两侧。西周以后，"丂"之两侧的饰笔才大都改在同一侧⑩。根据"丂"之饰笔先两侧后一侧的演变顺序，笔者认为丂左边的两点，不宜看作"丂"的饰笔，而应当归属为"疒"旁。要之，〿从"疒"，"丂（易）"声，当释作"瘍"。此字在春秋晚期的侯马盟书中作〿形，在战国楚简中作〿形（清华简《命训》9、11、《五纪》94）。

　　《说文》："瘍，头创也。"《诗·小雅·巧言》"既微且尰"，《尔雅·释训》解释说："骭瘍为微，肿足为尰。"郭璞注："骭，脚胫。瘍，疮也。"邢昺疏："孙炎曰：'皆水湿之疾也。'……膝胫之下有疮肿，是涉水所为，故郑笺亦云'此人居下湿之地，故生微尰之疾'。"《周礼·天官·疡医》："掌肿疡、溃疡、金疡、折疡之祝药劀杀之齐。"《礼记·曲礼上》："头有创则沐，身有疡则浴。"可见，"瘍"不限于头疮，身体上的疮都可以叫瘍。

　　（1a）辞大意是王从〿地进入某地，身上生了疮，可能是此疾引发了王做梦，问有无灾害。王身体上哪个部位长了疮，根据卜辞提供的信息，可以稍加推测。〿与〿，吴文认为是一繁一简的异体字,可从。Ψ作为地名,见于《屯南》173、2294,二者同文:"其豐在下Ψ,北向。"吴文认为"下Ψ"之"下"可能表示地势低下,"下Ψ"指Ψ的地势低洼之处。不过,也有可能Ψ地本就地势较低,故而又称"下Ψ"。王入自低洼潮湿的ΨΨ而生㾐,与膝胫之㾐为"水湿之疾"的说法暗合,或许王得的正是膝胫之㾐。此疾持续时间较长,22天之后的甲戌日,王仍然疼痛,所以才向子省裸册一犬禳除病患。

二　释殇

1999年安阳殷墟刘家庄北地M1046出土了18件墨书石璋,其中一件书有"殇子癸"的称呼(图2)[⑪]。殇字,李学勤释作"殇",认为此字从死,易声,"殇子"是夭折的子[⑫]。李先生的这一释读是正确的,"易"符中的"日"为圆圈,"丂"的竖笔与"彡"的上部连在了一起,也可以说是共用一笔。《说文》分析"殇"字"从歺,伤省声",不确。此字战国秦汉时省为"从歺,易声",小篆、楷书中"易"变为"𦐋"。《铭续》937著录了一件西周铜器,铭文如下(释文按笔者理解点断):

　　　克作禦于百殇日,辛卤黹宝尊彝。叔龟。

其中的殇,显然亦是从死、丂(易)声的"殇"字,《铭续》释为"歺、朽",不可信。"克作禦于百殇日"是作器时间,甲金文中"作禦"常见,"于"字后的"百殇"是祭祀对象,相似的例子,如作册嗌卣(《集成》5427)"作大禦于厥祖妣、父母、多神";"辛卤"应是作器者;"黹"[⑬]是动词,右下所从疑是中方鼎(《集成》2751、2752)"𢼪于宝彝"之"𢼪"的讹体,为此字声符。𢼪,陈剑读为"设"[⑭]。"黹宝尊彝"与"𢼪于宝彝"意思相同。

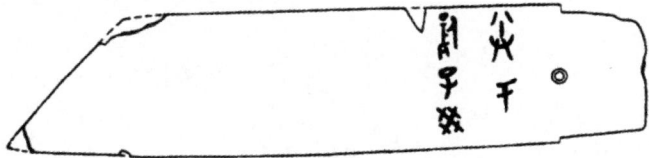

图2

　　附记:本文为"古文字与中华文明传承发展工程"资助项目"明义士《殷虚卜辞》再整理"(G3031)的阶段性研究成果。

（作者单位：中国社会科学院古代史研究所）

注：

① 孙亚冰缀,见《山东博物馆藏甲骨缀合一则》,中国社会科学院古代史研究所先秦史研究室网2020年1月5日。

② 胡厚宣《殷人疾病考》第52辞,《甲骨学商史论丛初集》下册第431页,齐鲁大学国学研究所1944年

③ 朱彦民《〈明义士家藏中国文物展〉中两片甲骨考释》,《文史哲》2001年第4期。

④ 蔡哲茂《加拿大维多利亚博物馆旧藏五片甲骨介绍》,《甲骨文与殷商史》新8辑,上海古籍出版社2018年;《加拿大维多利亚博物馆藏甲骨旧释补正》,《纪念甲骨文发现120周年国际学术研讨会会议论文集》,2019年10月18—19日。

⑤ 吴丽婉《大维多利亚美术馆藏一片卜甲再考释》,《文献》2021年第1期。

⑥ 王正、雷建鸽《柯史簋与柯国、唐国》,《中原文物》2015年第5期。

⑦ 陈剑在台湾政治大学"2018年深波甲骨学与殷商文明学术讲座"(2018年11月1日)中提出的。

⑧ 陈剑释此字为"荡"。张宇卫释为"襄",参《甲骨卜辞"粤"字新说》,《甲骨文与殷商史》新10辑,上海古籍出版社2020年。

⑨ 李春桃《甲骨文中"丂"字新释》,《甲骨文与殷商史》新10辑。相关文章还有《释甲骨文中的"觞"字》,《古文字研究》第32辑,中华书局2018年;《从斗形爵的称谓谈到三足爵的命名》,《史语所集刊》第89本第1分,2018年。

⑩ 西周早期耳尊(《集成》6007)中的 ![字] ,饰笔仍在"丂"两侧。

⑪ 中国社会科学院考古研究所安阳工作队《安阳殷墟刘家庄北1046号墓》,《考古学集刊》第15集,文物出版社2004年。

⑫ 李学勤《裸玉与商末亲族制度》,《史学月刊》2004年第9期。

⑬ 此字与甲骨文 ![字] (从执、臺声)相比,缺少上面的"之",应该不是一个字。关于 ![字] 字的释读,参蒋玉斌《甲骨文"臺"字异体及"鼙"字释说》,《古文字研究》第31辑,中华书局2016年。

⑭ 陈剑《金文"彖"字考释》,《甲骨金文考释论集》,线装书局2007年。

古文字研究（34）：33—37，2022

花东甲骨一例祝辞的含义试解

王子杨

　　商周祭祀活动中，卜、祝作为跟神鬼交互的巫术活动，关系自然十分密切，常常相伴而行。《墨子·耕柱》记录墨子回答巫马子关于鬼神和圣人谁更"明智"时说："昔者夏后开使蜚廉折金于山川，而陶铸之于昆吾，是使翁难雉乙卜于白若之龟，曰：'鼎成三足而方，不炊而自烹，不举而自藏，不迁而自行，以祭于昆吾之虚，上乡！'乙又言兆之由，曰：'飨矣！逢逢白云，一南一北，一西一东，九鼎既成，迁于三国。'"① 连劭名指出，"卜于白若之龟的命辞，又是祭于昆吾之墟的祝辞"②。从后世古书《仪礼》《礼记》中习见祝辞以"尚飨"煞尾的情形来看，连先生把这段话看作祝辞有合理的成分。然而，《墨子》这一段话文字讹误颇多，再考虑到繇辞内容，以"鼎成三足而方"起头的这部分文字的性质也可以有其他的可能性：比如这段话就是单纯的祝辞，命辞部分省略；再比如这段话是后人揑合了命辞和祝辞的文字而成。无论事实如何，《墨子·耕柱》这段文字启示我们，早期祝辞是有可能出现在占卜记录之中的，而位置大概跟命辞相次而在占辞之前。

　　连先生还认为，《合》20966版"曰在……"一段文字应该就是甲骨卜辞中所见的祝辞记录。现把《合》20966版卜辞引在下面：

　　（1）癸亥卜，王贞：旬。八日庚午有祝曰方在…

《合》20966（《京人》3099清晰），师小

　　裘锡圭联系《合》6665版，指出本辞"祝"之义近于"告"③。（1）辞验辞部分"曰"后有省略，是否应该看作祝辞，还不能断定。那么，甲骨卜辞中还有没有殷人祭祀过程中的祝辞记录呢？我们认为姚萱过去指出《花东》161版"子祝曰"后面的话"更像是在祭祀时'子'所说的'祝辞'"④，这个意见值得重视。辞例如下：

　　（2）辛未：岁祖乙黑牡一，权叕一。

　　子祝。曰："毓祖非曰云兕正，祖唯曰录（麓）畎（倾）不有釀（扰）。"

　　乙亥夕：岁祖乙黑牡一。子祝。

《花东》161

《花东》161局部

花东甲骨命辞中屡见"子祝""惠子祝","子祝"尤为常见,后面有时还跟着"在某"补出地点信息。(2)辞中"子祝"后面接的信息比较特殊,花东整理者认为"三个'曰'字,表示其后有三段占辞,可能对卜问之事,有三种判断"⑤。如果以三个"曰"领起三个分句,则每个"曰"后皆不成句,整理者的理解显然不可从。姚萱指出"非曰"与"唯曰"相对,将句子重新点断如上,并指出"子祝"后面的话可能是子在祭祀过程中的祝辞(姚萱把它划归为命辞部分),这些判断都是很有见地的,为我们正确理解这段话指明了方向。

从花东全部卜辞文例看,把"子祝"后面这段话理解为花东子组卜辞的族长祭祀时的祝辞最为合适。第一,"毓祖非曰云兕正,祖唯曰彔(麓)畎(倾)不有醷(扰)"语意相对,不适合充当命辞。我们知道,命辞无论有多复杂,其包含小句的文意都是一致的,相承接的,很少出现文意相对者。如果确实需要出现两种相反的意见,则需要以一组正反对贞的形式出现在两条卜辞里。第二,本辞命辞部分语意已经完足,意谓用一头黑色公牛和鬯酒一卣对祖乙进行岁祭,由子负责祝祷,是否合适。如果再把"子祝"后面的部分理解为命辞,就不知道命辞要占问什么事项了。第三,从"毓祖非曰云兕正,祖唯曰彔(麓)畎(倾)不有醷(扰)"的含义上看,也不能把它划入命辞。

下面我们就先讨论"子祝"后面由"曰"领起的这句话的含义。首先应该明确的是,这是以"非曰"和"唯曰"领起的两个分句,在语义上构成否定前者而肯定后者的一组判断复句。关于文献中"非(曰)"与"唯(曰)"句式,姚萱、新亭客都做了不少阐述⑥,这里不再赘述。特别是异簋铭文首句"非曰异好我,唯曰若我王",跟我们讨论的(2)辞非常相似,只是前者省略了主语而已。明确了该句的主体结构,则文意方向就基本锁定了。"毓祖非曰云兕正","毓祖",裘锡圭有很好的研究,指出"卜辞作为祭祀对象的'毓',指世次居后的,也就是跟时王的血缘关系比较密切的某些先王","肯定包括时王的祖父以下的先王,肯定不包括高祖(曾祖之父)以上的先王"⑦。裘说可信。"云兕"指云地之兕,"云"作为地名又见于下引卜辞:

(3)甲午卜:今日王逐兕,擒…兕…

乙未:今日王擒,在云。允擒兕。　　　　　《合》33375(《甲编》620),历一

(4)癸酉卜,在云奠□邑衍贞:王旬无忧。唯来征人方。　　　　《英藏》2525,黄类

云地可能多有兕牛出没,是商王擒获兕牛以祭祀先王的田猎之地。"正"可能是动词,用法跟下引之辞相同:

(5)贞:正祖乙。(以上正面)王占曰:"吉,正。"(以上反面)　　　《契合集》381,宾组

(6)酒。

弜酒,毋正祖乙。

酒。

毋正。　　　　　　　　　　　　　　　　　　　　　　　《花东》484

（7）贞：正唐（汤）。

贞：弗其正唐（汤）。   《合》11484正，典宾

（7）辞的"正"，于省吾认为应读作"禜"，指出殷代的正祭就是周代的禜祭[8]。赵诚从之[9]。虽然这种用法的"正"未必读作"禜"，但在卜辞里可以用为跟祭祀相关的动词则是可以肯定的。（2）辞"毓祖非曰云兕正"之"毓祖"，姚萱指出"毓祖"就是命辞中的"祖乙"，所言有理。如果是这样，则（6）辞的"祖乙"同属花东子组卜辞，也可能就是花东族长"子"的"毓祖"。综合上述，整个分句意思是说：祖乙非以云地兕牛作为"正"的牺牲。

下一分句"𡉚"，最早见于长沙子弹库楚帛书，形体作𡉚，刘洪涛将两者系联，认为"𡉚"当分析为从"皿"、"吴"声，乃"盈亏"之"亏"的形声本字，在花东卜辞中亦用为本义，表示山体、山麓滑坡等自然灾害[10]。后来安徽大学藏战国竹简《诗经》简6也出现了这个字，作𡉚，对应今本《周南·卷耳》"不盈倾筐"之"倾"，徐在国、管树强根据这条线索，详细论定这个字当释作"倾"，并指出《花东》161版"彔𡉚"即"麓倾"，指山麓倾塌[11]。清华简《邦家处位》两见此字，作𡉚，用为"倾昃"之"倾"，再次证实楚简的这个字就是"倾塌、倾侧"之"倾"。李聪对上述古文字"倾"的释读经过有详细的论述[12]，可以参看。因此，花东甲骨文"𡉚"也应该释作"倾"。

再看本分句"醓"，此字左部从"酉"，右部从"夒"，学界隶释作"醓"当不误。关于右部的"夒"旁，形体跟《合》21101、21102的"夒"字最为相近，试比较：

《花东》161 右部	《合》21101、21102

《合》21101、21102的"夒"字，邬可晶有十分详细的辨析，认为这种形体当是"猱/夒"的本字[13]，祛除了学者多年的疑虑。"醓"又见于西周早期的大盂鼎铭文，辞曰："畍酉（酒）无敢酤，有髭（祟）登（烝）祀无敢醓（扰）。"这是周人自己总结革殷命、敷有四方的原因：一是周人长期"酒无敢酤"，即不敢沉湎于饮酒；另一个是"有祟烝祀无敢扰"，即虔敬祭祀，不敢扰乱。相应地，殷人之所以遂命失国，原因也在于此。所以大盂鼎铭文接着说："我闻殷遂命，唯殷边侯甸雩殷正百辟，率肆于酒，故丧师。"这说的是第一方面，而这些思想跟《周书·酒诰》完全一致。清华简《系年》开篇就说"昔周武王监观商王之不恭上帝，禋祀不寅"[14]，这说的是第二方面，是扰乱祭祀的一个表现。"醓"学界多认为是从"酉"、"夒"声的形声字，认为是"扰乱"之"扰"，又碍于此字从"酉"，则一般理解为醉酒扰乱之意[15]。我们认为，诸家把"醓"读作"扰"是对的，但理解为祭祀中因醉酒而扰乱则不妥。此处的"扰"就训作"乱"。《左传·襄公四年》

记虞人之箴言曰"德用不扰",杜注:"扰,乱也。"⑯《尚书·胤征》"沈乱于酒,畔官离次,俶扰五纪",孔氏传曰:"扰,乱也。""有崇祟祀无敢扰"即言崇、祟之常祀不敢变乱,言外之意,即严格如期举行,不能扰断。(2)辞"祖唯曰麓倾不有扰"之"扰"同样当训作"乱",意谓毓祖强调的是,即便山麓倾崩,祭祀也不能扰乱。

两个分句"毓祖非曰云兕正,祖唯曰麓倾不有扰",大意是说毓祖要的并非祭祀都得用云地之兕(这样丰隆的祭品),要的是不要变乱禋祀,即便是山麓倾塌。这样的话无疑适合在祝祷的场合使用,折射的是当时殷人关于祭祀先祖的观念——祭品可以不丰厚,但必须如期举行,绝对不能变乱。这种观念导致的结果,就是殷人特别重视祭祀鬼神,即古书常说的殷人淫祀。

如果我们对(2)辞"子祝"后面的话理解合理,那么这样内容的语言看作祝辞显然最为合适。本辞命辞表现的是,花东族长"子"用"黑牡一"和"鬯一"祭祀祖乙,按照姚萱的理解,受祭对象祖乙就是祝辞中的"子"的毓祖、武丁的父亲小乙。我们查检花东全部甲骨卜辞发现,用黑牡(或黑牝)作为牺牲祭祀的先祖是祖乙和妣庚,未见到花东卜辞常见的祖甲,如果按照殷人尚白的观念,族长"子"在祭祀祖乙时,使用了在殷人看来并不是上等的牺牲,在此情形下,向毓祖乙祝祷,说出上面的祝辞也是比较合适的。

或有学者提出,(2)辞的这段话也有可能是占辞。我们知道,花东卜辞中占辞一般都是以"子占曰/子曰"开头的,这段话前面没有"子占曰"提示,而是以"曰"开头出现在"子祝"之后,这表明下面的文字是"子"在祝祷时所说的话,即古书屡见的祝辞。从甲骨卜辞看,商代当有各种不同的祝辞。如《合》30439有"惠祖丁祝用""惠父甲祝用",《合》10148有"惠年祝用",《合》8093有"惠上甲祝用",《合》30398有"惠高祖夒祝用"等。可见,祭祀不同的先祖可以用不同的祝辞,祈求年成或赛祷丰收,当时有"年祝"。祭祀环节少不了祝祷之辞,殷代刻手在刻写祭祀卜辞时,顺手抄写一段祝辞,是很好理解的。因此,我们同意姚萱对《花东》161版"子祝"后面一段话是祝辞的判断。但这不意味着所有出现在"子祝"后面的文字都是祝辞,要具体卜辞具体分析。

除了《花东》161,姚萱还举出《花东》372"子祝"后面的部分也是祝辞⑰。辞曰:

(8)甲午卜:岁祖□,惠祝。

甲午卜:惠子祝。曰:"非亏唯疨(疾)。"　　　　　　　　　　　　　　《花东》372

从形式上看,以"曰"领起的"非亏唯疾"确实跟前面讨论的(2)辞相似,视为祝辞并无不可。但是,考虑到其他类组卜辞中"非亏唯疾"(《合》13845)、"非忧唯若"(《合》33698)用为命辞的情形,则(8)辞"曰'非亏唯疾'"是否一定要看作祝辞,也可以再讨论,至少其为占辞的可能性并不能排除。

附记：本文系"殷墟甲骨拓本大系数据库建设（15ZDB094）"项目的阶段性成果。

（作者单位：清华大学出土文献研究与保护中心、
"古文字与中华文明传承发展工程"协同攻关创新平台）

注：

① 〔清〕孙诒让撰，孙启治点校《墨子间诂》第422—426页，中华书局2001年。

② 连劭名《殷墟卜辞中的"祝"》，《殷都学刊》2005年第3期第10页。

③ 裘锡圭《商铜鼋铭补释》，《中国历史文物》2005年第6期第5页。

④⑰ 姚萱《殷墟花园庄东地甲骨卜辞的初步研究》第46页，线装书局2006年。

⑤ 中国社会科学院考古研究所编著《殷墟花园庄东地甲骨》1622页，云南人民出版社2003年。

⑥ 姚萱《殷墟花园庄东地甲骨卜辞的初步研究》第46页；新亭客《异簋铭文寻证》，复旦大学出土文献与古文字研究中心网2017年12月13日。

⑦ 裘锡圭《论殷墟卜辞"多毓"之"毓"》，《中国商文化国际学术讨论会论文集》第450—458页，中国大百科全书出版社1998年；又收入《裘锡圭学术文集·甲骨文卷》第404—415页，复旦大学出版社2012年。

⑧ 于省吾《甲骨文字释林》第156—159页，中华书局1979年。

⑨ 赵诚《甲骨文简明词典——卜辞分类读本》第245页，中华书局1988年。

⑩ 刘洪涛《古文字中的盈亏之"亏"》，《"第二届小学专书与文献考订学术研讨会"论文集》第86—94页，中国人民大学国学院2017年10月28—29日。

⑪ 徐在国、管树强《楚帛书"倾"字补说》，《语言科学》2018年第3期第244—247页。

⑫ 李聪《战国简帛资料与甲骨文字考释》第51—53页，清华大学2021年博士学位论文。

⑬ 邬可晶《"霎"及有关诸字综理》，《第二届"商周青铜器与先秦史研究青年论坛"论文集》第211—238页，重庆2018年。

⑭ 清华大学出土文献研究与保护中心编，李学勤主编《清华大学藏战国竹简（贰）》第39、136页，中西书局2011年。

⑮ 周宝宏《西周青铜重器铭文集释》第241—258页，天津古籍出版社2007年。

⑯ 杨伯峻《春秋左传注（修订本）》第938页，中华书局1990年。

古文字研究（34）：38—41，2022

试说甲骨文隶作"㐱、㛄"之字

吴丽婉

甲骨文有以下几个字形：🔲、🔲、🔲，可分别严格隶定作"㑐、妠、俀"。陈剑在《释〈忠信之道〉的"配"字》一文中提到裘锡圭对这些字形的看法，裘先生认为殷墟甲骨文"妠"字及其异体"㑐、俀"，应当释为"妃"。从辞例看，这些都是指祭祀用的某种牺牲。从字形看，是一男一女"一对"人牲，"一对"义跟"妃、配"的"匹配、配偶"义有密切联系①。此外，圆体类卜辞的🔲、🔲（可隶作"仅、俀"），《新甲骨文编（增订本）》也置于"妃"字下②，是正确的。《合补》10650的🔲，可隶作"仅"，此版与《缀汇》16同文，相应之字即上述的"俀"，两者显然是一字异体，也应释作"妃"。

除上举字形以外，甲骨文里还有两个字形：🔲（《合》14588，下文隶定作"㐱"）、🔲（《合补》10901，下文隶定作"㛄"），我认为应该跟上举"妃"字是一字异体。兹略陈鄙见，以就教于方家。

㐱，释文类工具书都是按原形摹写，或按字形严格隶定；字编类工具书均将此字单独置于某一字号。可见大家都认为此字未识。

㛄，释文类工具书均释作"女人女"三字；甲骨字编均未收录此形，大概也是把它当作三个字。但将卜辞释作"弜女人女"，无法解读。把这个字形拆分为三个字，是因为字间刻写距离稍远。甲骨文有时会把一个字的各个偏旁刻写得较远，看似两个字，比如《合》33193的"㘭（防）"字，"方"旁与"止"旁离得非常远，以致于以前常误作二字。"㛄"三个偏旁离得稍远，不能作为释成三个字的理由。

以前我对于"㛄"是一个字还是拆分为几个字没有比较明确的看法，在看到裘先生释"妃"的观点以及"㐱"的字形以后，我觉得这个字应该与"㐱"构意相同，都是"妃"字。

"㑐、妠、俀"等字形都是以一男（字形中的"人"或"卩"）一女（字形中的"女"或"妾"）会意"一对人牲"。"㐱"字左右从二人，中间从女；"㛄"字与之相反，左右从二女，中间从人。两者的构意其实是相同的，都是左右两个相同的人，中间则是性别相反的一人，这与"妃"字用两个性别相反的人来表示"一对人牲"可以比拟。或许已释的"妃"字是用"一男一女'一对'"来表示"妃"的"匹配、配偶"义，而"㐱、㛄"则是用左右两个相同的人、中间一个与其性别相反的人来会此意。

在汉字里面，由同一偏旁组合的字常常含有"对、双"之义。陈伟武曾专门讨论同符合体字的形音义关系以及字义，这种形体结构的意义之一是"表骈偶义"③。陈先生所举字例里面，比如"珏"表示二玉;"朋"表示两串贝;"雠"表示双鸟,为"述匹"本义;"孖"表示双生子。汉字是表意文字,用同一偏旁组合而成的形体来表示"成双成对"之义,非常符合汉字的表意特征。甲骨文表示"配偶"的"奭"字有 ![字形]、![字形]、![字形]、![字形] 等多种不同写法,"大"形腋下两物写法多变,但不变的是,左右两物总是相同的,"奭"字的"配偶"义或许与此有关。甲骨文 ![字形] 字,旧释"竞",近来王子杨改释作"丽(俪)",象两个戴头饰之人偶对之形,表示比并、匹偶之义④。从形体结构来看,王先生的分析是有道理的。金文"杯"字,徐在国认为从二"不","不"亦声,疑为"副"字异体,"副"可用作量词,用于成对成套之物⑤。"杯"表示"成对成套"之义,固然与从"不"得声有关,但可能也与由二"不"组合而成的表意结构有关。

从形体结构分析,"伮、妭"是有可能释成"妃"字异体的。但也不排除另有造字意图的可能。甲骨文去古不远,"在殷墟甲骨文里可以看到接近图画的表意手法的一些残余痕迹。其中比较突出的一点,就是某些表意字往往随语言环境而改变字形"⑥。从二字的结构来看,也不能完全排除是用二男一女、二女一男来祭祀。

隶定作"郖、如、佟、伮"之字在甲骨文中都是用作祭祀牺牲,兹选取一些典型辞例罗列于下:

（1）丁巳卜,其燎于河牢,沉郖。　　　　　　　　　　　　　　　　《合》32161

（2A）王其侑母戊一郖,此受祐。

（2B）二郖。　　　　　　　　　　　　　　　　　　　　　　　　《合》27040

（3）戊寅卜,侑姚庚五如、十牢。　　　　　　　　　　　　　　　《合》32171

（4A）甲申,贞:其佟。

（4B）弜佟。　　　　　　　　　　　　　　　　　　　　　　　《缀汇》16

（5）[甲]申,贞:其伮。　　　　　　　　　　　　　　　　　《合补》10650

（6）贞:用佟析。　　　　　　　　　　　　　　　　　　　　　《合》22036

（7）庚戌:惠伮用析。　　　　　　　《合》21951+《乙》613+《乙》609⑦

"伮、妭"的辞例为:

（8）丙子卜,冗贞:伮、珏酻河。　　　　　　　　　　　　　　《合》14588

（9）弜妭。　　　　　　　　　　　　　　　　　　　　　　　《合补》10901

（8）是用"伮"和"珏"酻祭河神,再结合字形,可知伮是祭祀所用人牲,这一点已有多位学者指出。（1）贞问将"郖"沉入河中祭祀河神,与（8）用"伮"祭祀河神相类。（9）的辞例与（4B）完全相同。从辞例看,"伮、妭"与隶定作"郖"等的"妃"字用法相同,也说明有可能是一字。

将"伮"与"郖"看作一字,其实并非我一己之见,金祥恒早在1963年就提出这种观点⑧。或因其文在台湾地区发表,大陆较少关注,《甲骨文字诂林》失收此说,陈伟武在《〈甲骨文字诂林〉补遗》一文中已指出这一点⑨。

　　金祥恒把"㑉"释为"奴"。其文先讨论"郣"字,分析字形结构为"疑为男女二人也。🔲,男奴也。🔲,女奴也。……故知🔲为一男一女也",并释为"奴",进而讨论"㑉"字,"殆即从人从🔲之㑉。㑉字虽不见于许书,然《集韵》尚有其字,注勤力也。一曰劲力。盖㑉为隶役勤力或劲力而事事也。日本影印《篆隶万象名义》第八卷人部下有仅,乃都反,奴也。《集韵》云:'与孥同,殆㑉之省也。'……此片以㑉为牲也。"⑩

　　其实在金祥恒之前,饶宗颐也对"㑉"字作过考证,《甲骨文字诂林》亦未录。饶宗颐在1959年出版的《殷代贞卜人物通考》中将"㑉"释为"奴"。他把本文(8)辞释写作"丙子卜,方贞:㑉(奴)珏,酚河",并谓:"按此以璧及奴祭河……《说文》奴古文从人作仗。此从二人。"⑪后来又对"㑉"字作了补充:"唐写本《甘誓》:'孥戮',字作'仗',与《说文》古文同。"⑫

　　两位先生的共同之处在于均把"㑉"释为"奴",不同之处在于金祥恒除了释"㑉"为"奴"以外,把"郣"也释作"奴"。

　　金祥恒和裘锡圭对"郣"的字形结构分析基本相同,均认为是一男一女,但考释意见不同。从辞例看,释"妃"或"奴"均讲得通。但如果把以上所有字形放在一起综合考虑形体结构,似乎释"妃"之说更合适。此外,甲骨文有一字作🔲(《合》8251正),学者一般当作"奴"字,此字在卜辞中的意思不易理解,是否后世"奴"字,还有待验证。如果从文字发展的连贯性来看,🔲似乎比"郣"更适合放进"奴"字的演变序列。

　　"妭、㑉"是两个不被注意的字形,第一个历来被拆成三个字,第二个除了饶宗颐和金祥恒以外,似乎未见别人有明确讨论。而两位先生之说,半个世纪以来鲜为人知。本文把相关资料和考释意见汇集起来,略陈固陋,观点尚难完全证实,权当引玉之砖。

　　附记:本文为国家社科基金青年项目"甲骨文对读材料的收集、整理与研究"(2020CYY040)、国家社科基金重大委托项目"大数据、云平台支持下的甲骨文字考释研究"子课题"清华大学藏甲骨的综合整理与研究"(16@ZH017A4)阶段性研究成果。

　　　　　　(作者单位:中山大学中文系、"古文字与中华文明传承发展工程"协同攻关创新平台)

注:

① 陈剑《释〈忠信之道〉的"配"字》,原载《国际简帛研究通讯》第2卷第6期,2002年;后收入氏著《战国竹书论集》第20—21页,上海古籍出版社2013年。

② 刘钊主编《新甲骨文编(增订本)》第689页,福建人民出版社2014年。

③ 陈伟武《同符合体字探微》,原载《中山大学学报》1997年第4期;后收入氏著《愈愚斋磨牙集》第244—245页,中西书局2014年。

④ 王子杨《甲骨金文旧释"竞"之字皆当改释为"丽"》,《出土文献》创刊号第24—36页,中西书局2020年。

⑤ 徐在国《谈铜器铭文中的"不环"》,《纪念于省吾先生诞辰120周年、姚孝遂先生诞辰90周年学术研讨会论文集》第54页,吉林长春2016年7月10—11日。

⑥ 裘锡圭《汉字的起源和演变》,原载《中国古代文化史(一)》,北京大学出版社1989年;后收入氏著《裘锡圭学术文集·语言文字与古文献卷》第121页,复旦大学出版社2012年。

⑦ 蒋玉斌《蒋玉斌甲骨缀合总表(300组)》第68组,中国社会科学院古代史研究所先秦史研究室网2011年3月20日。

⑧ 金祥恒《释"佽"》,《中国文字》第12册第1—8页,台湾大学文学院古文字学研究室1963年。

⑨ 陈伟武《〈甲骨文字诂林〉补遗》,原载《甲骨文发现一百周年学术研讨会论文集》第273页,文史哲出版社1999年;后收入氏著《愈愚斋磨牙集》第2页。

⑩ 同注⑧第5—6页。

⑪ 饶宗颐《殷代贞卜人物通考》第270页,香港大学出版社1959年;后收入《饶宗颐二十世纪学术文集·卷二》第186页,中国人民大学出版社2009年。

⑫ 饶宗颐《殷代贞卜人物通考》,《饶宗颐二十世纪学术文集·卷二》第759页。

古文字研究(34)：42—46,2022

说甲骨文中奉祀的"奉"字

杨泽生

李宗焜《甲骨文字编》所收2623号字有以下两类写法[①]：

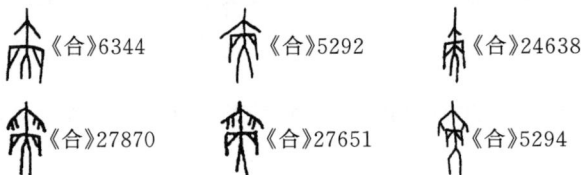

《合》6344　　《合》5292　　《合》24638

《合》27870　　《合》27651　　《合》5294

此字过去有释"燕""内""舞"等多种不同意见，张玉金《释甲骨文中的"𡗗"》一文（以下简称"张文"，后面简称仿此）有介绍和商榷[②]，并指出第一类写法是第二类字形的省形，即"省去了手形"，而第二类写法"手的形状都很明显"，"在人的形象上突出'手'形，是有目的的，应是为了表示手的动作"；认为该字"像人双手用力，捧持'丙'的形状"，很可能就是"捧"的初文"奉"；并说其根据有三：一是学者们在甲骨文中还没有释出"奉"字，二是"丙"和"奉"音近，三是𡗗和"奉"一样，可以跟"献"连用，如卜辞中的"𡗗见"就是古书中常说的"奉献"。张文在解释说明有关卜辞后说："总之，卜辞中的'𡗗'，还可以作'𡗗'。从𡗗（常省为𡗗），从丙。'𡗗'像人正面而立，突出手形，表示人手的捧、持、把等动作；'丙'像承物的底座，表示人所捧持之物，同时也有表音的作用。"当然，张文因为"甲骨文中的'𡗗'跟金文里的'𡗗'相差较远，难以衔接"，所以对此字是否就是"奉"字也不很自信，认为"也有另一种可能：'𡗗'是跟'秉'、'把'音近义通的字"，"但是从它跟'见（献）'连用来看，可能释为'奉'更好一些"，或者"保守地说，'𡗗'也是一个跟'奉'或'秉'、'把'音近义通的字"。

而根据新近有关研究成果，笔者赞同张文将此字释为"奉"的基本结论和认为所从"丙"有兼表音义作用的说法，只是它应该是供奉、奉祀、奉神的"奉"而非"捧"的初文"奉"。

先看所从"丙"的形义。关于古文字的"丙"，过去郭沫若认为是鱼尾的象形，于省吾认为象承物的底座，而近年王宁《说甲骨文中的"案"》和葛亮《古文字"丙"与古器物"房"》都认为是房俎之房的象形[③]。

王文认为郭、于二说并不矛盾，说"古代有种案几类的用具上为平板，下有柎足呈两个相连的倒三角形而外撇如'八'……正面视之若鱼尾形，故亦名曰'丙'，不过到了周代已经不称'丙'，而是称'房'"，"'丙（房）'即俎类，所谓'房俎'者也"。王文还说《合》12505作𡗗的此字"实象人正立手抚丙（房）之形，而非是捧昪之形"，而这种写法"象人张双手向下立丙上，犹证非是捧昪，而是会手抚丙（房俎）之意，故'丙'在人下。此是'案'字之初文，也是'按'字。盖房俎中间用以放置食物,手抚之则按其两端,惯性动作是箕张两臂双手向下握持两端桌沿如平端状,故'按'引申为'下'义,……若以名词言之,其初必是房俎两端称'案',谓手所按之处也,后来用以命名一种几,《说文》:'案,几属'……大约先秦时所谓的俎类用器都可以称为'案',可能是一种俗称,到了秦汉以后就统称之为'案',故其典籍中已罕用'房'或'俎'之名"。又认为金文中用为国族名或族徽的⚅、⚅、⚅等形,"象'丙'形两旁有手或弧点",说"此字当亦'案'字,乃其省形,第一个字形在'丙'两边还保持着手形,后面的两个字形在其两旁或在上的两笔当是双手之变,已简化为指事符号,表示其两端可抚按"。王文指出此字"非是捧昇之形"是很对的,但《合》12505这种"象人张双手向下立丙上"的写法其实很难"会手抚丙(房俎)之意",而其他第二类写法字形也很难说一定是体现"手抚"的意思,至于⚅形之字,葛文认为和辽宁义县出土的商末周初"双铃俎"相似,"中间部分可能象其器身,也就是'丙(房)',左右两点则可能象其双铃"。

葛文在梳理、分析"丙"字字形之前先厘清了族氏金文⚅与"丙"的关系,根据其与⚅未见同出一墓和没有明确互作之例的情况,指出"此字可能从'丙',也可能是整体象某物之形";而根据传世文献的记载,认为"'房'是一种与俎类似的祭器",又根据有关考古报告和李家浩的研究,列出多个楚墓所出"大房""小房"的图像,如:

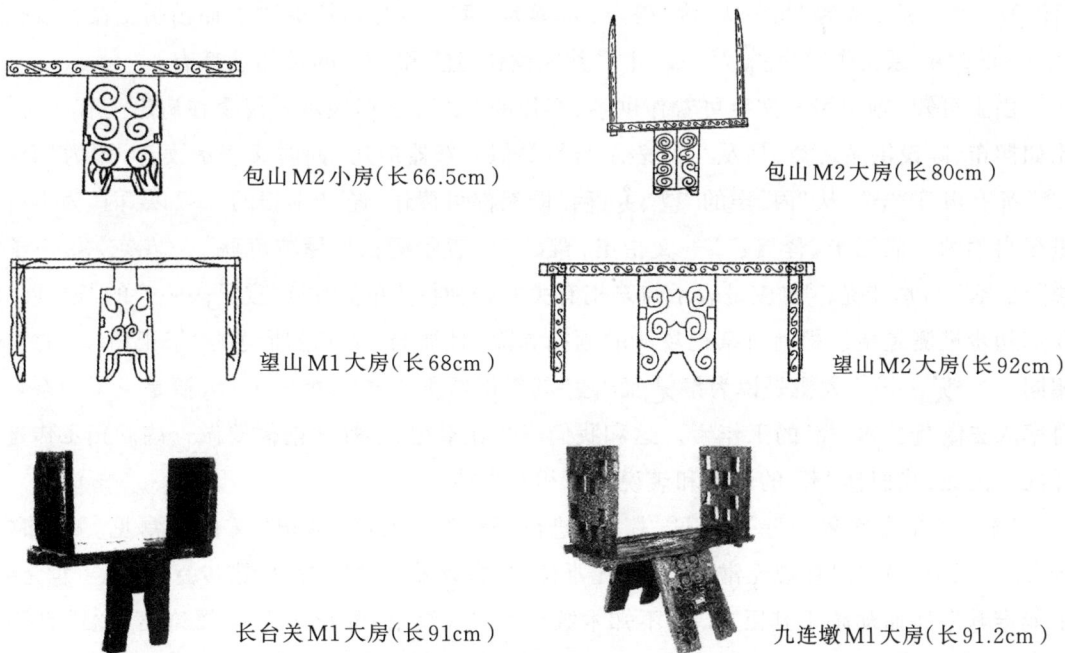

包山 M2 小房(长 66.5cm)　　包山 M2 大房(长 80cm)

望山 M1 大房(长 68cm)　　望山 M2 大房(长 92cm)

长台关 M1 大房(长 91cm)　　九连墩 M1 大房(长 91.2cm)

葛文还参考于省吾的考释,指出甲骨文⚅、⚅、⚅等形是"进荐之'荐'的本字,其字形象双手执一牲首置于'丙'上。其中的牲首以'廌'字的头部表示,兼有表音功能","于是,从甲骨文'荐'的构形看，'丙'的字义也可以跟'笾豆房俎''周用房俎'之'房'对应起来了"。总之，"从形、音、义三方面看，'丙'当是为古器物'房'所造的字"。

再看从"丙"得声之字的用字习惯。最近十来年，有多篇论文证实从"丙"得声的甲骨文应该读为"逢"。首先是单育辰《释□》一文④，"认为甲骨文中的'□'应从'丙'得声，可读为'逢'。'丙'上古帮纽阳部，'逢'上古并纽东部，帮、并皆属唇音，阳、东二部旁转，可互通，比如阳部的'方'可通东部的'邦'、阳部的'康'可通东部的'庸'等，又如阳部的'庚'作东部的'庸'的声符"。通过对有关"□"字辞例的解释说明，很好地验证了"□"应读"逢"的说法。比如《合》190："贞：王其逐兕，隻（获）？弗□兕，隻（获）豕二。贞：其逐兕，隻（获）？弗□兕。""这里的'逢'义非常明显。"单文正式刊发之前曾在复旦大学出土文献与古文字研究中心网站发表，所以后来葛亮《甲骨文田猎动词研究》中有《"□"字补释》的名目，肯定单文对"□"字的释读⑤。其后是方稚松《释〈合集〉6571中的□——兼谈占辞中"见"的含义》一文，认为□上面的"□"正象矢锋之形"，"或可看作'锋'之本字"，而将卜辞"曰子商□癸敦、曰□甲敦、曰子商于乙敦"中的□读作"逢"，无疑非常合适，而"'逢癸、逢甲'这种'逢+干支'的用法在后世文献中也极为常见，特别是数术类文献"⑥。再后是黄天树《读〈甲骨文合集〉札记两则》一文，将《合》20709"庚辰卜：菱（焚）从柚，□虎。弗□虎"和《合》20781"□，隻（获）。允□，[隻（获）]"中的□和□读作"逢"，认为"此字从'丙'得声，可读为'逢'，当'遇到'讲"⑦。而前引王文论及《合》12505的□字，原文作："贞：□雨。二月。"其应读作"逢"和"奉"的可能性都有。

由上可知，前引甲骨文字可看作供奉、奉祀的"奉"，字形表示人用手在房俎上有所动作，比如摆布、陈设供品之类，所从"丙"表示与俎类似的祭器房几，同时又表示读音，因为"奉"和"逢"都有声符"丰"，从"丙"声的"□、□、□"既然都可读作"逢"，奉祀的"奉"以"丙"为声符也是很自然的。裘锡圭《释"□"》一文指出，"□"字"表示洒扫房屋或庭院"，《花东》391"子□□"的"□"与□并提，"也应是表示与祭祀有关的一种行为的，当与'□兄……'的'□'同义，我们初步推测是指祭祀前对祭祀场所的洒扫粪除，性质与《周礼》所说的'祭祀脩寝'的'脩'相同。'□兄……'大概是说为祭兄而'□'其祭祀场所，'子□□……'大概是说子为祭祀亲自率人去做'□'和'□'的工作"⑧。这和我们当今在奉祀、奉神之前需要做一些洒扫工作是一样的。因此，我们释"奉"的说法和裘说正可相互支持。

"奉"字在古文献中除了常见"捧着、进献"等义，"供奉、奉祀"义也很常见。比如《左传·昭公三十二年》："社稷无常奉，君臣无常位，自古以然。"《汉书·晁错传》："窃观上世之君，不能奉其宗庙而劫杀于其臣者，皆不知术数者也。"《汉书·郊祀志上》"置寿宫神君"注引臣瓒曰："寿宫，奉神之宫也。"奉神、奉祀需要摆设供品，所以表示捧着的"奉"和表示供奉、奉祀的"奉"尽管意义上有一定联系，但实际上也并不相同，它们应该看作不同的两个词，所以较早时候用不同来源的字形来表示，即奉神、奉祀的"奉"用□，表示捧着意义的"奉"用□。

关于卜辞中"奉"字的意义，张文说其所列卜辞（3）到（17）中的"奉"字"都是动词，都是表示奉献这样的意思"，这我们也基本赞同，但从《合补》9539"贞：王往于夕裸，不遘雨，奉，叀吉"等卜辞和张文所举文例（17）"裸奉"连用的情况来看，"奉"和"裸"同样都是祭祀。因此"奉献"改为"奉祀"会准确一些。张文又说："在卜辞中，有些'奉'应该看作名词，例如：（18）贞：翌乙亥赐多射奉？（《合》5745）此处的'奉'应是动词用作名词。'奉'作动词时是奉献的意思，而用作名词，则应是指奉献之物。""（19）甲申卜，設贞：勿乎（呼）帚（妇）妌以奉先于羧？（《合》6344）……中的'奉'很可能指奉献之物。"[9]此"奉"是泛指奉献之物还是确指某种实物，恐怕不能肯定，如果是后者，其读作"房俎"之"房"的可能性也不能排除。而值得注意的是，焦智勤《殷墟甲骨拾遗·续六》著录的兽骨记事刻辞有"甲申王易（赐）小臣奉"之语[10]，而奉字刘钊主编《新甲骨文编（增订本）》释作"奉"[11]。这和文例（18）正可相互印证，对我们上面的释读也很有利。至于张文说《粹》537、538"其又于奉示"的"奉示"是"祭祀对象"，或可从，但释"示"并不可靠。《粹》537、538即《合》27652、27651，所谓"示"字前者作壬，后者作壬，张文说"郭沫若释为'壬'"。原释当是。只是此"奉壬"是怎样的祭祀对象，有待进一步研究。

最后说一下《屯》2358从"雨"从"奉"的字。此字凡两见，拓片作如下之形：

上半表示雨滴的竖点略有残泐，下部为上文所释"奉祀"的"奉"，这里姑且隶作"霪"。有关文例如下：

丁酉卜：王其棋田，不遘雨。大吉，兹允不雨。

弜棋田，其遘雨。

其雨，王不霪。吉。

其霪。

比较张文所举文例（14）"己子（巳）卜，何贞：王往于日，不遘雨；奉，惠吉？允雨，不遘。四月"（见《合》27863、《合补》9539），都是没有遇到雨就吉利，"霪"似乎可读作"逢"[12]。而陈天逸告诉笔者，此"霪"字可能只是加了个意符用来表示在雨中奉祀，在卜辞中仍用作"奉祀"的"奉"。其说当可从。

附记：本文得到国家社科基金项目"殷墟甲骨文与战国文字结构性质的比较研究"（16AYY011）的资助。成稿后又蒙张飞兄提宝贵意见，谨志谢忱。

（作者单位：中山大学中文系、出土文献与中国古代文明研究协同创新中心）

注：

① 李宗焜编著《甲骨文字编》中册第789—790页，中华书局2012年。

② 张玉金《释甲骨文中的"𢎥"》，《古文字研究》第28辑第36—40页，中华书局2010年。以下所引张文均出此处。

③ 王宁《说甲骨文中的"案"》，简帛网2014年5月14日；葛亮《古文字"丙"与古器物"房"》，《出土文献与古文字研究》第7辑第50—70页，上海古籍出版社2018年。以下所引王文、葛文均出此两处。

④ 单育辰《释亞》，《出土文献》第10辑第14—18页，中西书局2017年。

⑤ 葛亮《甲骨文田猎动词研究》，《出土文献与古文字研究》第5辑第81—87页，上海古籍出版社2013年。

⑥ 方稚松《释〈合集〉6571中的𢎥——兼谈占辞中"见"的含义》，《古文字研究》第32辑第75—82页，中华书局2018年。

⑦ 黄天树《读〈甲骨文合集〉札记两则》，《出土文献综合研究集刊》第11辑第55—57页，巴蜀书社2020年。

⑧ 裘锡圭《释"𡘊"》，《古文字研究》第28辑第25—35页，中华书局2010年。

⑨ 此贞人"殸"实应释作"𣪊"，参看黄博《甲骨文"南"及相关字补说》，《出土文献》2020年第4期第24—37页。

⑩ 焦智勤《殷墟甲骨拾遗·续六》，《甲骨文与殷商史》新2辑第264、290页，上海古籍出版社2011年。

⑪ 刘钊主编《新甲骨文编（增订本）》第143页，福建人民出版社2014年。

⑫ 孙亚冰《由一例合文谈到卜辞中的"𢎥叀吉"》（《甲骨文与殷商史》新2辑第157页）认为该字是多加了意符"雨"的𢎥字，"意思是止雨的舞蹈祭仪"，当非是。

古文字研究（34）：47—52，2022

殷卜辞"㫊"字考

张惟捷

本文要讨论的是一个卜辞中习见的地名／氏族名用字，为方便论述，以下将此字称为 A，这里先根据字形特征尽量列举出两种主要类型①。

A1	《合》6848 师宾间	《合》6850 师宾间类	《合》14161 正 宾组	《合》1532 正 宾组	《合》8143 宾组	《合》8151 宾组	《合》24364 出组	《屯》4049 历组
A2	《合》20600 师组	《合》20017 师组	《合》1532 正 宾组	《合》22364 正 劣体类	《合》8141 正 宾组	《合》25 宾组	《合》22473 午组	《屯》2691 历组

可以看到，A 字形大致作直竖一笔贯穿Ｗ形与否的两种类型，而此二类型在卜辞中的用法并无不同，《合》1532辞例"王其归。宋于Ｗ女／易宋于Ｗ女"两种字体对贞可以很好地说明这点，无须多论。关于此字的考释，前人已有不少意见，例如丁山曾指出：

> （此字）殆即斻字，读为偃。当今河南偃师县。

李孝定认为：

> 按，字上所从Ｐ乃斻字，下从Ｗ象植之架，隶定之当作㫊。丁说宜存疑。

白玉峥认为：

> 从Ｗ象下垂之旗幅，疑即今字之旛。说文解字……字于卜辞中之为用，则多为地名；
> 然当今之何地，尚待考定。

以上三说皆引自《甲骨文字诂林》第四卷②，编辑者按语对各家考释持保留态度，仅肯定此字的地名特征。其考虑是有道理的，卜辞自有斻字，作Ｐ（《合》22758）、Ｐ（《合》6948）等形，象旌旗飘扬之貌，其后世演变清楚有序，确为 A 字所从，但诚如李孝定所指出，与斻实有别。另，所谓Ｗ形象"下垂之旗幅"，也只是望图生义，无法说明为何旗幅下垂不写作Ｎ反而强调其两端作Ｗ。李孝定虽仅严格隶定此字，未进一步探究，然而他所指出Ｗ形"象植之架"的想法，从字形结构上来看十分合理，相当具有启发性。

试从字形结构上来判断：A 字以斻与Ｗ状物的组合来会意，清楚地表现出了把飘扬着旌

旗的长竿固定在 状物（以下用"B字"代称）上的概念，而考虑如何将沉重旌旗固定在一个物品上的方法，大概只能是"插植、贯穿"的形式较为合理，这也可以从刻意画出底部有穿出杆形的 、 等部分字例来加以肯定。因此全字的构型重点显然应着眼于B字之字源，李孝定视之"象植之架"，虽未必完全正确，但应该较为准确的把握住了其所会之意。

　　此字习见于武丁至祖甲时期的卜辞中，晚商中期以后见于金文，但进入了西周以降便未见此字再被使用，从其曾被广泛用为氏族／地名的情形看来，是一个富有文化意涵的常用字／词，全然消失颇为不合情理。笔者认为，此字其实仍存在于后代文字之中，并未埋灭，只是尚未被识出。事实上从此字的构型特征来看，我们应当将A字与两周金文、石刻中的"訧"字联系起来研究。下面列举出材料中"訧"字独、合体的字例：

独体	旇鼎，《集成》2347，西周早期	訧伯盘，《铭图》14365，西周早期	曾子訧鼎，《集成》2757，春秋早期	戎生钟，《新收》1614，春秋晚期	晶羌钟，《集成》158.1，战国早期
	韩氏私官方壶，《集成》9583.1b，战国晚期	三年令韩谯戈，《集成》11319b，战国晚期	四年令韩谯戈，《集成》11316b，战国晚期	□年邦府戈，《集成》11390b，战国晚期	
合体	夋父鼎"翰"，《集成》2205，西周中期	"垣"，《集成》5906，西周早期	"垣"，《铭图》2426，西周早期	石鼓文《吾水》"翰"，春秋晚期	晋公盆"翰（鞯）"，《集成》10342，春秋中期

与卜辞A字相同，以上独体字例早期一般也被误归入"扻"字，近年学者或据字形特征、辞例比对改释为"訧"，追根溯源，这是从晶羌钟等春秋战国文字的考释开始的③。近年诸如刘洪涛、谢明文、门艺等学者更对西周金文中的"訧"有精辟深入的剖析，这便在前贤的基础上更进了一步④。对西周早中期"訧"字，刘洪涛从《集成》5906 字的研究出发，有较早的综合考释意见，他根据冯时、张亚初等学者观点，将 、、 等字形释为"訧"及"訧"旁的字，认为"訧"字的字形构造像旗杆之形，其字下部后来裂变为"也"字形，"也"形所从的"口"变为圆形就成为"子"字形，"子"字形的圆中加点就变作"早"字形（如 ），一般认为此字从"日、旦、早、㫐"诸说都是据此讹变之形立论，不可信，最后由此推断《集成》5906等的 可能是当姓氏讲的"韩"字异体⑤。

　　谢明文认同其说，并做了很好的补充（捷按：引文"○"即 ）⑥：

　　石鼓文《吾水》"輪（翰）"字作"▨"，晋公盆（《集成》10342）"晋邦唯翰"之"翰"作"▨"（韓），它们皆从"〇"。戎生钟（《近出》28，《新收》1614）"用𣏢不廷方"之"𣏢"作"▨"，与"〇"形相近，区别只在于前者圈形中间加了小点，而这是古文字中习见的现象。清华简《系年》"韓"用作"▨"（简71），▨（冠？）▨（《铭图》03356）"用作父壬宝▨彝"之"▨"作"▨"，从"鼎"、"〇"声，这些皆可证"〇"即"𣏢"字初文。从以上"〇"字以及从"〇"诸字来看，刘洪涛先生认为"𣏢"字的字形构造像旗杆之形这无疑是对的。"〇"应该就是"旗杆"之"杆"的表意初文，中间的圈形是指示符号，指示"旗杆"之所在。戎生钟（《近出》28，《新收》1614）"𣏢"作"▨"，圈形中间已经加了小点，圈形及其下端部分与"旗"的初文"㫃"分离则演变成了"▨（▨）"（▨羌钟，《集成》158.1）这一类形体。甲骨金文中习见的"旋"字一般作"▨"类形，后来"史"形与"㫃"分离则作"▨"、"▨"（中山王𧻗鼎，《集成》02840），其演变方式与"𣏢"字相类。

门艺的观点与上面两位学者接近，同样肯定金文"𣏢"的存在，她指出[⑦]：

　　"𣏢"包含有又长又直的意思，是我们根据从"𣏢"的一组字合并义素而来的。王筠说"𣏢"象旗杠形，是很有意义的，如果"𣏢"是旗杆，则非常符合又长又直的特点。徐中舒曾阐释过"𣏢"为旗杆，只是所用字形不当，论述也有失误，致使这一结论没有得到应有的重视，……旗杆是旗的一部分，要想表示旗杆的意义，最简单的方法是在▨上指示出来旗杆就可以了。甲骨文中没有发现这样的字形。

他们共同认可的"旗杆说"及门女士所谓甲骨文中没有此类字形，虽有待商榷，但三位学者的说法仍可谓精审，其指出东周金文中习见"𣏢"用作"韩"，"𣏢（垣）伯"之"𣏢（垣）"似乎当读作"韩"，尤为有识。不过对于谢先生指出"𣏢"从所谓"口""圈形"，或"指示旗杆之所在"，恐怕是有问题的。首先，该物在西周初期写法并不做圈形，而是左右上端伸起的类似口形，如▨，明显象某一种实际对象，作为承载旌旗的意象甚明确，以这类口形符号作为特别指示某部位的用途，就汉字的构型规律而言实属罕见，尤其从未见到在"中"字以外有用圈括符号指示长竿的任何其他字例，单就此来看，金文"𣏢"象"旗杆"之说恐怕难以成立。

　　审视字形，让我们剥离西周时期𣏢字所从之所谓"口"，如▨、▨、▨、▨、▨等形（均引自前文金文字例），可以看到该物着重突显其左右两上端的突起，并呈现平底的形态。这与B字▨、▨、▨、▨、▨等（取自甲骨A1字例）的特征是一致的，甲骨文中该物的外型更加形象。试比较二者便可以清楚看到这种形体承继的迹象，只不过晚商早期文字偏向实绘的描写，虚廓的尖角形明显，到了第五期黄组卜辞中A字写作▨（《合》36775），该部件已逐渐类化于口形，到了西周，线条化更为严重，这是古文字演化的一种自然体现。旧说或以为金文此▨象嘴口之形，显然也是有问题的，这由该物后来写作▨、▨可以得知，毕竟古文字中的"口"部件演变为纯粹之圆廓的情形极其罕见。

　　此外，西周金文"叡"字的一大特征，是将旌旗插进该"口形物"、旗杆或该物向下延伸突出底部，事实上这种形态亦早见于甲骨文中，可见前引▯（《合》14161正）、▯（《合》1532正）等形，这个形态应该是A字的最繁写法，此种写法明确显示出透过此"口形物"（B字）乃得以将既重且长的旌旗安稳直树于地的意念。

　　如果前述推论大体可信，接下来问题在于，此▯（甲骨）、▯（金文、石刻），究竟是何物之象？何物可以插植旌旗（㫃），并由之会意？笔者认为，从这种器物能插入并固定竖直的长杆来看，其性质与文献中所载用来承载长兵的"镈／镦"是十分接近的。《说文》金部："镈，矛戟柲下铜镈也。从金尃声。""镦，柲下铜也。从金尊声。"段玉裁注曰："锐底曰镈，平底曰镦。"[8] 由此可知，镈或镦是一种承载戈、矛、戟等古代长兵器杆柄下端的圆锥形金属套，可以插入地下，作为固定用途。从古音关系来看，两字语源可能一致，只不过浑言不分，析言有别，后世分别一为尖底，一为平底。孙机曾有过细致的分析，可参看[9]。

　　值得注意的是，这种插植柲杆的"柲下铜"另有一种称呼。扬雄《方言》第九："镈谓之釬。"郭璞注："音扞，或名为镦，音顿。"[10] 可知这种柲下金属套另有一类语源，可惜《方言》未载其地域。釬字上古音匣母元部，扞字见母元部，见匣同属舌根音，通转的情形极多。而叡字上古音见母元部，韩字匣母元部，与釬古音全同；笔者认为，"釬"字保留的古音义可能给我们更深入理解"叡"的本义提供了重要证据。如前所述，从字形上分析，卜辞A字与两周叡字是一脉相承的，所表示的应即旗杆插植之"底座"，此物有孔銎能够固定旌旗于地面，从字形上看具有单尖底与鼎足无尖底的两种类型，如▯（出自侯家庄1001大墓石斧，"A"侯）、▯（《合》4936）[11]，其本质无异于插植干戈矛戟的金属套，都是作为固定长杆的用途，因此在语言称谓上具有一致性是很自然的[12]。扬雄当时去古已远，所记载的虽未必为原始面貌，但应有所承。

　　作为构字部件，卜辞《合》8149有▯字（宾组，辞残不全）。此字从A从凵，"凵"即坎陷之坎，此义早经杨树达等学者阐明，裘锡圭曾就甲骨文中该字的用法有过针对性论述[13]。颇疑"凵"在此字中可能作为后加音符以表声，可视为古文字中习见的象形加声之结构。凵（坎）的上古音是溪母谈部，与釬、叡声母同属舌根音，韵部元、谈稍隔，然先秦屡见通假，例如坎从欠（谈部），但同从欠的次（羨）是元部字；元谈通假在楚文字中有不少确凿无疑的例子，苏建洲有详细论述，可参看[14]。透过这个字例，很可能表明A字不仅在字形上，于字音上也与"叡"具有密切关系。

　　由以上分析可知，A字在商代以后以及"叡"字在西周之前的形态演变，以往旧说是空白一片的。而透过本文的讨论，我们认为确实存在将此前后时代二形联系起来的可能性，A字即叡字初文的推测应该得到重视，而作为氏族方国用的卜辞A字也应联系"叡"的形音义来考虑其地望所在[15]。

　　最后对传统说法稍作讨论。《说文》叡部："▯，日始出，光叡叡也。从旦㫃声。"《玉篇》

作"日光出叞叞也",直承《说文》而来。按,"叞叞"云云,疑为汉代习语,这里用作叞字的声训。此语历来无说,饶炯在《说文部首订》中认为:"叞叞,日光貌,谓其烟灼,如旌旗游之㫱蹇。"⑯ 以为是形容日光的一种状态,这从语言层面上来看没有太大问题,与许氏原意应该是相近的,但落实到造字初谊上,透过前文对古文字材料的分析,就显得毫无根据。前文已述及,小篆叞字所谓的从"旦"显然是由东周以后♀、♀等写法讹变而来,☉与下部的旗竿、横画饰笔发生裂解,遂与旦形趋近。叞字或体作"㫱",其谊阙,学者一般认为是籀文,可信;此字形"从三日在㫱中",可见径将☉形(也就是本文所讨论的卜辞B字)视作日的情形在晚期秦系文字中就已存在了。而许慎的释字思路受到这些后起形体的影响,进而迁就字形以声训的方式加以牵合,以音近之口语来加以说解,遂得出此禁不起推敲的说法,其中因由是我们应该加以认清的。

附记:本文是2018年度国家社科基金重大项目《甲骨文大辞典》(18ZDA303)、2019年度国家社会科学基金冷门绝学和国别史等研究专项"史语所藏殷墟一至十五次挖掘甲骨目验整理与研究"(19VJX113)的阶段性成果⑰。

（作者单位:厦门大学中文系）

注:

① 字形、分类皆引自刘钊、洪飏、张新俊编纂《新甲骨文编》第981—982页,福建人民出版社2009年。李宗焜编著《甲骨文字编》第1188—1190页,中华书局2012年。

② 于省吾主编《甲骨文字诂林》第4册第3069页,中华书局1999年。

③ 高明、涂白奎《古文字类编(增订本)》第550页,上海古籍出版社2008年;张亚初编著《殷周金文集成引得》第47页5.2757释文,中华书局2001年。单育辰亦认同此说,见《叞伯丰鼎考》,《历史语言学研究》第10辑第217—220页,商务印书馆2016年。此外,历来对晶羌钟▨(叞)字的考释也值得参考,可参孙稚雏《䮵羌钟铭文汇释》,《古文字研究》第19辑第102—114页,中华书局1992年。但晶羌钟研究者多未能掌握此字的早期渊源,以致在追寻字源上所得观点多不可信,例如徐中舒于《䮵氏编钟图释》认为金文中的▨、▨等字即叞的初文,旗杆顶端的♀后演变为晶羌钟▨的日形,其说论证稍嫌不足,▨应释旅字较妥,这点门艺亦已提及。

④ 刘洪涛《释"韩"》,《古文字研究》第31辑第140—143页,中华书局2016年;谢明文《释西周金文中的"垣"字》,《中国文字学报》第6辑第69—72页,商务印书馆2015年,上引合体的▨、▨释垣即从谢说;门艺《"叞"字形义考》,世界汉字学会第四届年会"表意文字体系与汉字学科建设"会议论文集第194—199页,韩国釜山庆星大学、韩国汉字研究所2016年6月24—28日,此文从《说文》出发,论字义流变甚详,惜未引及刘、谢意见。

⑤ 刘洪涛《释"韩"》,《古文字研究》第31辑第140—143页。我们此处的简介转引自苏建洲《〈上博八〉考释十四则》之九(《楚文字论集》第543页,万卷楼图书股份有限公司2011年),并稍作修改。

⑥ 谢明文《释西周金文中的"垣"字》,《中国文字学报》第6辑第70页。事实上,早在师宾间卜辞中,A字便已能

见到圈形中加点画的现象了,如 (《合补》6738甲)。

⑦ 门艺《"𣃔"字形义考》,世界汉字学会第四届年会"表意文字体系与汉字学科建设"会议论文集第197页。

⑧ 〔汉〕许慎撰,〔清〕段玉裁注《说文解字注》第718页,洪叶出版社1999年。

⑨ 孙机《汉代物质文化资料图说》第124—126页,文物出版社1991年。

⑩ 〔汉〕扬雄撰,〔晋〕郭璞注《方言》第109页,中华书局2016年。另,《说文》金部:"釬,臂铠也。"此说应另有渊源。

⑪ 字例转引自孙亚冰、林欢《商代地理与方国》第324页,中国社会科学出版社2010年。

⑫ 和镦、镈的不同,可能在于此物专门用于安置旗杆,体积显然大于安置戈矛的金属套甚多,器形应该较高,銎具有一定深度,且底部接地面积较大,较为平坦,当然可能也会有所纹饰。

⑬ 裘锡圭《甲骨文字考释(八篇)·释"坎"》,《裘锡圭学术文集·甲骨文卷》第82—83页,复旦大学出版社2012年。

⑭ 苏建洲《〈上博三·仲弓〉简20"玫析"试论》,《简帛研究2010》,广西师范大学出版社2012。

⑮ A字(𣃔)在卜辞中均表氏族/方国义,习见于武丁、祖庚时期,历二类字体材料中有一系列关于是否奠" 侯商"的贞问,见《屯》1059、《合》32811等,裘锡圭、朱凤瀚已有精辟的分析,可参看。见裘锡圭《说殷墟卜辞的"奠"——试论商人处置服属者的一种方法》,《裘锡圭学术文集·古代历史、思想、民俗卷》第178页;朱凤瀚《殷墟卜辞中"侯"的身份补证——兼论"侯"、"伯"之异同》,《古文字与古代史》第4辑第4—6页,史语所2015年6月。

⑯ 丁福保编纂《说文解字诂林》第8册第6878页,中华书局2014年。

⑰ 本文初稿曾宣读于安阳文字博物馆"第六届中国文字发展论坛",2017年5月。

古文字研究(34):53—64,2022

释殷墟甲骨文中的"酓"

张玉金

本文拟在前人和时贤研究的基础上,对殷墟甲骨文中"酓"的字形、音义做进一步的探究。

一　以往的研究

依据刘钊主编的《新甲骨文编(增订本)》(福建人民出版社2014年),殷墟甲骨文中的"酓"作:🍶(《合》19806)、🍶(《合》22184)、🍶(《合》11497正)、🍶(《合》34564)、🍶(《合》22659)、🍶(《合》28275)、🍶(《屯》4240)、🍶(《合》36169)等形。

此字十分常见,故对其进行考释的专家学者很多,异说也不少。概括起来,有以下十说:

1.释为"酒"。持此说的有孙诒让、罗振玉、王襄、孙海波、李孝定、张政烺[①]、王永昌[②]等。孙诒让认为,这个字好像就用为"酒"字,所从的"彡"不是"彡"字而是"水"的省变。罗振玉认为,此字像酒由尊中挹出的形状,就是《说文》中的"酒"字。在甲骨文中都用作祭名。王襄认为,此字像尊形旁有点滴,是溢出的酒。古文字中的"酒",或作"酉",像尊形;还有作"酓"的,像酒自尊中溢出,后来滋乳为"酉、酒"两个字。这个字在卜辞中用为祭名。孙海波认为,此字从酉从彡,与"酒"同。李孝定认为,此字是酒祭的专名。其字从酉、从彡。从彡,像"酒滴沃地以祭"。终嫌与"彡"字易混,所以篆文变从彡为从水。从酉,它本是酒尊,也就是古"酒"字,后用来表支名。"酓"字日久嫌于从彡(彡),于是写成了从水之"酒"字,而"酓"字就被废弃了。张政烺释为"酒",认为是用酒祭祀。王永昌认为此字取象于盛酒的酒坛子,旁边的三点是酒坛子溢出的酒滴。所以应当将"酓"隶定为"酒"。但是它的意义不是后世的"酒"义,在卜辞中它是指一种利用酒举行祭祀的活动。此外,明义士也认为其字像酒自尊中挹出之形[③]。

2.释为"酹"。持此说的有陈德钜、金祖同[④]、陈佩芬[⑤]等。金祖同引陈德钜的说法,认为这个字就是"酹"字。认为字中的"彡"像酒由尊中挹出的形状。陈佩芬认为,这个字是酒滴沃地以祭。所从的"彡"与"彡"字有别,可释为"酹"字。"酹"字从酉、寽声,是形声字;而"酓"像以酒滴洒地,是会意字。甲骨文中的"酹"是酒祭,是单独的祭名,也可以是多次祭祀的一个环节。

3.释为"酎"。持此说的是阮元[⑥]。金文中有"酓"字,阮元认为即是古"酎"字,其所从的"彡"并非"彡"字,其实是"水"的变形。罗振玉释甲骨文中的"酓"为"酒"字,认为就是"酎"的本字[⑦]。

4. 释为"酬"。持此说的是许敬参、吴秋辉[8]。许敬参说，"彡酉"字也是祭名。吴秋辉释为"酬"，认为就是旅酬的"酬"字。

5. 释为"歆"。持此说的是徐中舒[9]。徐中舒认为它表示荐酒之祭，饮先王或神祇以酒，以祈求福祐。

6. 释为"祼、灌"。持此说的有夏渌、朱凤瀚[10]、葛英会、李永徽[11]等。夏渌认为，这个字从酉，是酒罐子的象形字；从彡，是表示倾注酒液以祭，整个字是象形表意字。"彡酉"字形声化之后，写成了"灌"和"祼"两个形声字。朱凤瀚认为，这个字应是"祼"字。卜辞中的"酉"可读作"彡酉"，说明"彡酉"与"酉"同音。"彡"可以理解为是由"酉"（即大口尊形器）中倒出的酒。"彡酉"以"彡"和"酉"组合，无疑是表示从酉（大口尊）中倾出酒液。"彡酉"是祭名，指一种倾酒的祭仪。这种祭仪往往是在其他祭仪之前进行，是先要举行的一个必要仪式、一种先导。古时进行祭祀时，第一要先举行祼（灌）礼，第二在祼礼举行完毕后要荐牲血、荐牲体。上述"祼"的两点内涵，恰与上文分析的"彡酉"的字义和"彡酉"祭的特点多有相合之处。所以可以认为卜辞中的"彡酉"祭应即是祼祭。葛英会、李永徽认为，"彡酉"字从酉从彡，酉即酒，从彡，则像泼酒浆沃地之形，即古"祼"字。"彡酉"与后起的"祼"是异体字，前者为会意字，后者为形声字。

7. 读为"酋（酒）"或释为"酋（酒）"。持此说的有郭沫若[12]、饶宗颐、周国正[13]、鲁实先[14]、马如森[15]等。郭沫若认为"彡酉"就是"酒"字，但可读为"酋"。饶宗颐也认为"彡酉"就是"酒"字，或可解为燔柴之"酋"。"酋"同"酋"。周国正从郭沫若之说。鲁实先把"彡酉"释为"酋"。马如森从之，他认为"酋"字从木从灬从酉，从灬者可能是"彡酉"字"彡"旁标示火点的变体。甲骨文"彡酉"字所从的"彡"是标示火点的，"酉"或在右，或在左。从形体上看，"彡酉"是一个简省"木"的写法，后加"木"才写作"酋"。"彡酉"与"酋"是从酉的声系。

8. 释为"彡酉"。持此说的有叶玉森[16]、朱芳圃、赤塚忠[17]等。叶玉森认为，"酉"即古文之"酒"字，从"彡"，疑即卜辞彡（肜）日之"彡"，"彡酉"可能是肜日酒祭的专名，有时与"肜"祭并举。朱芳圃认为，此字即指彡祭之日。赤塚忠认为，此字是在"酉"旁加上表示酒的香气发散的符号。

9. 释为"肜（肜）"。持此说的是唐兰[18]、李立新[19]。唐兰认为，金文中的"彡酉"就是"肜"字。"肜"隶变作"肜"，"肜、肜"本为一字。卜辞中常见"彡酉"字是祭名。"彡酉"从"彡"声，就是"彡"字的繁文，是"肜、肜"的本字。卜辞"肜日"字都只作"彡"，而"彡日"和"翌日"连在一起的总称则是"彡酉"，"彡酉"和"彡"略有区别，其实是一个字。李立新认为"彡酉"是"鼓缶、击缶"古俗的写照，"酉"是陶质酒器，"彡"乃是敲击酒器所发出的声音的标符。"彡酉"正是鼓缶为乐的会意字，被专用作以音乐祭祀的祭名，乃"彡"字的繁文，即后世的"肜"字。

10. 释为醳。持此说的是陈年福（见陈先生开发的数据库）。

把"彡酉"释为"酒"可疑。理由有三：一是甲骨文中有"酒"字，写作（《合》28231）形。

字在卜辞中或用作地名，如：“在酒盂田，受禾？”（《合》28231）或为饮酒义，如：“甲子卜，㱿贞：𢀛酒在疾，不从王古？/贞：其从王古？”（《合》9560）如果字是“酒”，则字形、意义和用法不同的“酌”就不应释为“酒”。二是甲骨文中“酌”所从的“彡”，不是像水滴或酒滴形，详见下文。三是在金文中也有“酌”字，作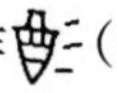（《集成》5·2594）、（《集成》11·5894）形，它所表示的也是祭名。在金文中表示“酒”这个词的，是“酉”字，如：“王饗酉（酒）。”（《遹簋》）。正因如此，于省吾、陈汉平、《诂林》按均说：“酌”非“酒”字[20]。

把“酌”释为“酹”亦不可从。理由如下：其一，“酌”字并不像以酒滴洒地，所从的“彡”并不像酒由尊中挹出的形状。其二，“酌”与“酹”的上古音并不相近。前面说过，朱凤瀚认为“酌”与“酉”音同，此说可从。“酉”的上古音是馀纽、幽部，“酹”的上古音是来纽、月部。两者的声纽虽然相近，但其韵部相隔较远。

把“酌”释为“酎”，信从者甚少。首先，“酌”所从的“彡”并不是“水”的变形。其次，“酎”与“酌（酉音）”上古音虽然比较相近（“酎”的上古音定纽、幽部，“酎”和“酌”的声纽为准旁纽，其韵部为叠韵），但是其意义并不相同。“酎”在先秦传世文献中一般都用作名词，指反复多次酿成的醇酒；而“酌”在甲骨文中都用作动词，指一种祭祀。再次，甲骨文中的“酌”是从“彡”的，并不是从“寸”的。

把“酌”释为“酬”，信从者也不多。“酬”同“酧”，这个词在先秦传世文献中主要有两个义项，一是指客人向主人祝酒后，主人再向客人进酒，由此引申出另一个义项“酬报、报答”。用这样的意义解释卜辞中的“酌”并不合适，卜辞中的“酌”都是指对先人举行的祭祀。“酬”与“酌（酉）”的上古音还比较相近，“酬”的上古音是禅纽、幽部，它与“酌（酉）”声纽都属舌面音，其韵部为叠韵。

把“酌”释为“歓”，更不可信。因为在甲骨文中另有“歓”字，作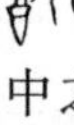（《合》10405反）、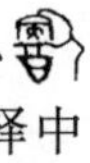（《合》10406反）、（《合》10137正）等形，像人手持酉张口伸舌饮酉中之酒。古文字考释中有一个重要的原则，就是如果甲字已经被考释出来了，那么与甲字形体不同的乙字则不能再释为甲字。因此，既然已经把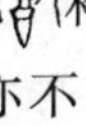释为“歓”，则不能把与其形体不同的“酌”也释为“歓”字。

把“酌”释为“祼、灌”，亦不可信。在传世文献中，“祼”也作“灌”，是指一种祭祀仪式：将酒浇灌在白茅上，像神饮酒一样。甲骨文中已有“祼”字，作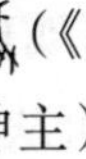（《合》27861）、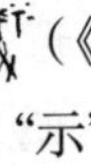（《合》30927）等形，并不像将酒浇灌到白茅上，倒像是将酒浇灌到“示（神主）”上或浇灌在“示”之前。既然已有“祼”字，就不能把形体不同的“酌”也释为“祼”。卜辞中有“雚”字，但不能读为“灌”，而应读为“观”[21]。

把“酌”读为“槱（𥛱）”或释为“槱”，亦有困难。传世先秦文献中可以见到“槱”，指聚柴燃烧以祭神灵。《说文》木部：“槱，积火燎之也。从木、从火，酉声。《诗》曰：‘薪之槱之。’《周礼》：‘以槱燎祀司中司命。’𥛱，柴祭天神，或从示。”段注改为“积木燎之也”，“𥛱，槱或从示，

柴祭天神也"。段说可从。由此可见,传世文献中的"禷(禝)"是祭天神的,可是卜辞中的"彡"一般都是祭祀祖先的。还有,卜辞中的"彡"常常于室内举行,如果它是指一种聚柴燃烧以祭的祭祀,这是不可想象的,会把建筑物烧了。"彡"在室内举行的例子如:"☑其又彳岁于大乙,其宗彡?"(《合》27097)"贞:勿于新宗彡?"(《合》13547)"甲子卜:于南室口彡匚?"(《合》13557)

认为"彡"是指肜日酒祭或者把"彡"释为"肜",也有问题。前面说过,叶玉森认为"彡"可能是肜日酒祭的专名,有时与"肜"祭并举。针对叶玉森的说法,李孝定批驳到:该字不是从"彡(肜)",叶说非是。叶氏引"彡、彡"并见之辞来论证他的说法,窃以为适得其反。如果真的如叶氏所言,彡为肜日酒祭,那么,在"彡"下再言"彡",难道不是画蛇添足?"彡、彡"并举,正见彡字之义与"肜日"无涉[22]。甲骨文中"彡"的写法和"彡"所从的"彡"并不同形,不是一字,详见下文。释"彡"为"彡(肜)"不可从。

二　甲骨文"彡"字之形

此字由两部分构成,一是"酉",二是"彡"。关于"酉"字,李孝定说:"古文酉实酒尊之形,上像其颈及口缘(非提梁),下像其腹有花纹之形。"[23]此说可从。

关于"彡"旁的考释,则众说纷纭。概括起来,有以下几种说法:

1."彡"像酒滴之形,或是"水"的省变。把"彡"释为"酒、酎、祼、灌、醑、歆"的学者,大抵持此观点。

2."彡"即卜辞彡(肜)日之"彡"。把"彡"释为肜日酒祭之专名或"肜"的学者,大抵持此观点。

3."彡"是标示火点的变体。马如森持此观点[24]。

4."彡"是敲击酒器所发出的声音之标符。李立新持此观点[25]。

5."彡"是表示酒之香气发散的符号。赤塚忠持此观点[26]。

第1种说法不可从。甲骨文"彡"所从的"彡"并不像酒滴形,也不是"水"之省变。叶玉森指出,先哲造字,挹出的酒滴完全可以作小直点的形状,何必与"彡"字相混[27]?《诂林》按也指出,甲骨文中像水滴形状的,无作"彡"形者。的确如此,甲骨文🈂(祼)中的酒滴形,从不作"彡"形。因此,于省吾明确指出,"彡"非"酒"字[28]。

第2种说法亦不可从。陈佩芬指出,"彡"所从的偏旁"彡"有作"彡"形的,但是与"彡"的作彡或彡形显然有别[29]。陈说可从。考甲骨文中的"彡",确有作彡形的,但是多作彡形,也有作彡形的,而"彡"所从的"彡"从无作此形者,可见,"彡"所从的"彡"并不是"彡(肜)"。

第3说亦可商榷。如果"彡"字所从的"彡"确实是标示火点的,那么它应跟"尞"所从的火点形相类。"尞"在卜辞中作※、※、※等形,前两个字形是从火点形、从木,后一个字形是从火点形、从木,再从火。由这个字形来看,甲骨文中的火点形并不作"彡"形。

第 4 种说法，若仅着眼于字形，还不能说没有根据。如果把"酛"字所从的"彡"和"彭"字所从的"彡"相比较，应知两者是同形的。卜辞中"彭"可作 🝓、🝓 等形，可与甲骨文中"酛"字的写法相比较。"彭"字从壴、从彡，"壴"是古代鼓的象形，"彡"则像鼓发出来的声音。李孝定说："彭之音读即象伐鼓之声，从壴，即鼓之初字，彡，卜辞或作彡，为鼓声之标示。"㉚此说可从。但是"酛"中的"酉"像酒尊形，是装酒的，不是用来敲击发出声音的。李立新认为"酛"是击缶的写照，因而认为"彡"表声音。可是甲骨文中有"缶"字，作 🝓、🝓 等形。若是击缶发出声音，应作在 🝓 旁加"彡"才是。再说商代是否有击缶的习俗，还需要加以证明。

我们认为，第 5 种说法是可信的。"彭"中的"彡"表示敲击"壴"后发出的声音，"酛"中的"彡"表示打开酒尊后酒所散发出来的香味。两者的造字原理是相同的。

在古代，人们常用谷物和酒鬯的香味来祭祀神灵。《左传·僖公五年》中有这样一段文字：

公曰："吾享祀丰絜，神必据我。"对曰："臣闻之，鬼神非人实亲，惟德是依。故《周书》曰：'皇天无亲，惟德是辅。'又曰：'黍稷非馨，明德惟馨。'又曰：'民不易物，惟德繄物。'如是，则非德民不和，神不享矣。神所冯依，将在德矣。若晋取虞，而明德以荐馨香，神其吐之乎？"

这里的"公"指虞公，"对曰"者是宫之奇。由这段文字可以看出，古人认为，黍稷是馨香的，他们用黍稷来祭祀鬼神，鬼神前来享用祭品的香气。《毛诗注疏》曰："周人尚臭。"其实不但周人如此，殷商时代的人亦如此，也用黍稷的馨香祭祀神灵。卜辞或言："乙亥登囧黍祖乙？"（《合》1599）可以为证。《左传》那段文字说，黍稷并不是馨香，光明的德行才是馨香，这就是说只有有德行的人才能得到神灵的保佑。但这是周人的观点，殷商时代的人并没有"德"的概念，他们认为，向鬼神献上黍稷，神灵享用黍稷的香气，就会保佑祭祀者。

殷商时代的人不但用黍稷的香气祭神，也用"酒"的香气祭神。罗振玉说："考古者酒熟而荐之祖庙，然后天子与群臣饮之于朝。"㉛"酒熟而荐之祖庙"跟"黍熟而荐之祖庙"是一个道理，后者用黍的香气祭祀鬼神，前者用"酒"的香气祭祀鬼神。甲骨文中的"酛"正是这种祭祀的图解。白川静在解释"酛"的意思时说："以酒的馨香让神灵闻到。"㉜这样的解释是正确的。卜辞或曰："其登黍祖乙，惠翌日乙酉酛，王受祐？"（《屯》618）这是卜问：将要向祖乙奉献黍子了，如果在明天即乙酉日举行酛祭，王会得到祐助吗？这个例子说明，殷商时代的人，有时同时用黍稷的馨香和酒的香气祭祀祖先。

卜辞中已经有"鬯"字，它是用黑黍和郁金香草酿制而成的酒，这种酒是用来祭祀的，目的是"降神"。这种酒有很浓郁的香气，当时的人用这种酒祭鬼神，鬼神来享用这种鬯酒的浓郁香气。殷商时代的人在献鬯的同时，有时还要举行酛祭，例如："☒登鬯父己，惠今日己亥酛？"（《合》27406）

在篆文中有"鬱"字，《说文解字》鬯部的解说是：

芳艸也。十叶为贯，百廿贯筑以煮之为鬱。从臼、冖、缶、鬯；彡，其饰也。一曰：鬱鬯，
百艸之华，远方鬱人所贡芳艸，合酿之以降神。鬱，今鬱林郡也。

在上面的解说中，许慎把"彡"解释为"其饰也"，意思是这个"彡"旁表示盛鬱器物上的装饰物。
这种解说，在今天看来是可以商榷的。我们认为，这个字中的"彡"表示的是香气，是代表香气
的符号，而不是"其饰"。对于"鬱"字其余的偏旁，杨树达的《文字形义学》分析为："从臼、缶、
冖、鬯者，谓人两手和鬯，盛之于缶，以冖覆之也。"其说可从。

由上述看来，甲骨文中的 🖋 应释为"酻"。它跟"彭"的构字原理类似，"彭"所从的"彡"表
示敲击鼓所发出的声音，而"酻"所从的"彡"表示打开酒尊后酒所散发出来的香味。

三　甲骨文中"酻"的音与义

关于"酻"字的音，应该是读如"酉"的。朱凤瀚指出，卜辞中的"酻"字有时可以写作"酉"[33]。
例如：

（1）甲子卜，扶：酻卜丙御？

　　甲子卜：酻大戊御？

　　甲子卜：酉丁中御？　　　　　　　　　　　　　　　　　　　　　《合》19838

（2）戊辰卜，衍贞：酻卢豕，至豕龙母？

　　戊辰卜，衍贞：酉小宰，至豕后癸？　　　　　　　　　　　　　　《合》21804

（3）□□卜：彡酻有事？　　　　　　　　　　　　　　　　　　　　《合》21797

（4）乙亥卜：彡酉有事？　　　　　　　　　　　　　　　　　　　　《合》21796

（5）癸丑王卜贞：今囚巫九备，其酻彡日自上甲至于多毓，卒，亡蚩在畎？在十月又二。王
固曰：大吉。隹王二祀。　　　　　　　　　　　　　　　　　　　《合》35432

（6）癸未王卜贞：酉彡日自上甲至于多毓，卒，亡蚩自畎？在四月，隹王二祀。

　　　　　　　　　　　　　　　　　　　　　　　　　　　　　　《合》37836

（7）癸未王卜贞：旬亡畎？王固曰：吉。在［十］月又一。甲申岁酉祭上甲。

　　　　　　　　　　　　　　　　　　　　　　　　　　　　　　《合》37840

（8）辛亥酉，受祐？　　　　　　　　　　　　　　　　　　　　　　《合》41536

（9）戊午贞：酉祷禾于岳，燎三豕，卯☒？　　　　　　　　　　　　《屯》2626

（10）酉于夒？兹用。　　　　　　　　　　　　　　　　　　　　　《英》2443

朱凤瀚指出，将上引例（1）中的三条卜辞、例（2）中的两条卜辞相互对比，并将例（3）和例
（4）、例（5）和例（6）相互对比，都可以证明"酻"也可以写作"酉"，例（7）至例（10）各条卜辞
中的"酉"都应当读为"酻"。这说明"酻"与"酉"音同，"酻"字从"酉"又是以其为声旁的。朱
先生的说法可从。

"酓"字在周代金文、战国文字中也可以见到。在周代金文中，"酓"一般都用作祭名，跟卜辞中"酓"的用法相同。在战国文字中，也可以见到"酓"字，它一般是读为"酉"的。例如：

（11）☐萎苦受女于楚之岁，觊（远）棠（栾）之月，丁酓（酉）之日☐。　　　葛陵甲三42

（12）☐□戊申臣（以）记（起）己酓（酉）祷之☐。　　　葛陵乙二6、31

（13）王遷（徙）于鄀郢之岁，八月辛酓（酉）☐。　　　葛陵甲三259+零315

（14）☐酓（酉）之日祭之，大牢馈之于黄李。占之，吉。　　　葛陵甲三304

很明显，上引各例中的"酓"皆当读为"酉"，用作地支名。所以，从语音上说，认为"酓"读如"酉"是正确的。

总之，"酓"就是一个会意兼形声字，字从酉、从彡，酉亦声。"酉"像酒尊之形，"彡"像打开酒尊后酒所散发出来的香味。这个字的本义，应该就是指用酒的馨香气味祭祀（鬼神）。

卜辞中的"酓"，一般都是用作祭祀动词，表示本义的。这种"酓"后可以出现先人名，构成"酓+祭祀对象名"的结构。例如：

（15）贞：酓王亥？

　　　贞：翌乙未酓成？

　　　癸卯卜，殷：翌甲辰酓大甲？

　　　贞：甲辰勿酓大甲？　　　《合》672正

　　　贞：来辛酉酓王亥？　　　《合》942

（16）贞：酓黄尹？

　　　贞：勿卒黄尹，戠？　　　《合》945正

（17）贞：于来乙酉酓下乙？

　　　勿于来乙酉酓下乙？　　　《合》1670

（18）贞：翌丁巳酓祖丁？　　　《合》1865

上引例（15）中的"酓王亥"，就是指用酒的馨香祭祀王亥。其余诸例类此。

祭祀对象名前可以出现介词，这样构成"酓+介词+祭祀对象名"的结构。例如：

（19）贞：翌丁丑酓于祖丁？　　　《合》1864

（20）庚子贞：甲辰酓于上甲？　　　《合》31987

（21）丙寅贞：惠丁卯酓于𡧛？　　　《屯》1062

（22）贞：酓自上甲？　　　《合》22645

"酓+祭祀对象名"中的祭祀对象名还可以前置于"酓"，这时要在"祭祀对象名"前加"惠"，标示其后的"祭祀对象名"是语句焦点，构成"惠+祭祀对象名+酓"的结构；或在"祭祀对象名"前加"勿唯"，"唯"标示其后的"祭祀对象名"是语句焦点，构成"勿唯+祭祀对象名+酓"的结构。例如：

（23）惠母己罪子癸酯？　　　　　　　　　　　　　　　　　　　　《合》27633

（24）戊戌卜，㱿贞：惠成先酯？

　　　　戊戌卜，㱿贞：勿唯成先酯？　　　　　　　　　　　　　　《合》1351

（25）惠兄先酯？

　　　　惠母先酯？

　　　　惠父先酯？　　　　　　　　　　　　　　　　　　　　　　《合》27489

（26）惠示壬先酯？

　　　　惠上甲先酯？　　　　　　　　　　　　　　　　　　　　　《合》28272

上引例（23）中的"祭祀对象名"是一个联合短语，其中的"罪"是并列连词。例（24）、（25）、（26）中的祭祀动词"酯"前都出现了副词"先"，都是卜问先酯祭谁的。

"酯+祭祀对象名"中的"祭祀对象"可以省去，这时"酯"就在一个小句中单独作谓语的中心。例如：

（27）于丙酯，王受祐？

　　　　于丁酯，王受祐？　　　　　　　　　　　　　　　　　　　《合》27209

（28）惠甲酯，有大雨？　　　　　　　　　　　　　　　　　　　　《屯》3137

（29）贞：于来乙〔酉〕酯？　　　　　　　　　　　　　　　　　　《合》313

（30）惠丁卯酯？

　　　　惠丁丑酯？　　　　　　　　　　　　　　　　　　　　　　《合》30820

"酯"之后，可以出现其他祭名，这时构成"酯+祭名"结构。例如：

（31）丁巳卜：惠今月酯宜？

　　　　丁巳卜：于木月酯宜？

　　　　丁巳卜：惠今月酯宜？

　　　　丁巳卜：于木月酯宜？　　　　　　　　　　　　　　　　　《合》32216

（32）于来乙酯伐于祖〔乙〕？　　　　　　　　　　　　　　　　　《合》956

（33）惠辛巳酯〔燎〕？

　　　　于辛巳酯燎？　　　　　　　　　　　　　　　　　　　　　《合》34511

（34）贞：翌乙巳勿酯祷？　　　　　　　　　　　　　　　　　　　《合》7455

（35）☐于甲寅酯御？　　　　　　　　　　　　　　　　　　　　　《合》15696

（36）惠乙丑酯告？

　　　　于乙亥酯告？　　　　　　　　　　　　　　　　　　　　　《合》34498

对于这种"酯+祭名"结构，可以分析为动宾结构，这是因为"祭名"可以前置于"酯"、又在"祭名"前加"惠"，构成"惠+祭名+酯"结构。这时的"祭名"跟前述的"祭祀对象名"一样，是受

"酚"支配的。例如：

　　（37）丁巳卜：惠宜酚？　　　　　　　　　　　　　　　　　　　　　《合》32216

　　（38）惠彳伐先酚？兹用。

　　　　　彳伐，惠今日甲酚？

　　　　　于乙卯酚彳伐？　　　　　　　　　　　　　　　　　　　　　　《合》32252

　　（39）惠伐酚于祖乙？　　　　　　　　　　　　　　　　　　　　　　《合》190正

　　（40）惠岁先酚？

　　　　　惠燎先酚？　　　　　　　　　　　　　　　　　　　　　　　　《屯》639

　　（41）乙未卜，争贞：来辛亥酚萑匚于祖辛？七月。

　　　　　来辛亥惠萑匚酚祖辛？　　　　　　　　　　　　　　　　　　　《合》190正

把上引例（37）和前引例（31）比较（为同一组卜辞），应知例（31）中的"宜"是作"酚"的后置宾语的，而在例（37）中作"酚"的前置宾语。上引例（38）其实也是在一组卜辞里，"酚彳伐"是动宾结构，"惠彳伐先酚"是"惠＋宾＋动"结构（动词"酚"前出现副词"先"）。例（39）中的"惠伐酚"和前引例（32）中的"酚伐"相比较，"惠伐酚"是宾语前置，"酚伐"是宾语后置。例（40）卜辞跟例（38）中的"惠彳伐先酚"是一样的结构。例（41）的两条卜辞可以相互比较，"酚萑匚"是动宾结构，"惠萑匚酚"则是"惠＋宾＋动"结构。

　　对于"酚＋祭名"或"惠＋祭名＋酚"这样的结构该如何解释呢？我们认为，其中的"祭名"都是作"酚"的为动宾语。即以"酚宜"为例，这是说为宜祭而举行酚祭，就是指在进行宜祭的仪式中举行酚祭。"惠宜酚"也是这个意思，只不过"宜"是语句焦点，前置于动词，又加上了"惠"这个焦点标记而已。

　　周国正把祭祀动词分为甲类祭祀动词和乙类祭祀动词[34]。前者如"告、御"，后者如"燎、卯、沈"等。由上引例（31）至（36）来看，"酚"作为一种辅助祭仪，可以在举行甲类祭祀时举行，也可以在举行乙类祭祀时举行。

　　动词"酚"有时以人名（活着的人）为宾语，构成"酚＋人名"结构。例如：

　　（42）乙丑卜，㱠贞：酚子同于祖丁五宰？

　　　　　［乙］丑卜，㱠贞：先酚子同父乙三宰？

　　　　　　贞：先酚子同父乙三宰？　　　　　　　　　　　　　　　　《合》3216

　　（43）乙巳酚子渔？　　　　　　　　　　　　　　　　　　　　　　《合》2988

　　（44）乙未卜：西子同酚？　　　　　　　　　　　　　　　　　　　《合》22294

上引例（42）中的"子同"是人名，"子"是宗族族长的通称，"同"是私名。"酚子同"是为动用法，即为子同而举行酚祭。"先酚子同父乙三宰"是说先用三头圈养的羊为子同向父乙举行酚祭。上引例（43）可作同样的解释。例（44）的通常语序应是"酚子同西"，即为子同向西方的方神举行酌祭。这个例子中的"西"和"子同"都置于动词之前。

"酌"后还可以出现"祭牲名",这时构成"酌＋祭牲名"结构,例如:

（45）贞：于宗酌三十小宰？　　　　　　　　　　　　　　　　　《合》13549

（46）贞：来乙巳勿酌五宰？　　　　　　　　　　　　　　　　　《合》15784

（47）惠庚酌五牛？　　　　　　　　　　　　　　　　　　　　《合》15787

（48）己未卜,贞：酌三宰,亡囚？　　　　　　　　　　　　　　　《合》22294

"酌＋祭牲名"结构可以和"用牲动词＋祭牲名"结构并列,例如:

（49）丙午卜,宁贞：血八羊眔酌三十牛？　八月。　　　　　　　　《合》16223

（50）酌尽、卯宰？

　　　卯一牛？　　　　　　　　　　　　　　　　　　　　　　《合》717

"酌＋祭牲名"后还可以出现"祭祀对象名"。在"祭祀对象名"前还可以加介词"于"。例如:

（51）［丁亥卜,贞］：今日用三羖于成？

　　　丁亥卜,贞：翌戊用三羖于成？

　　　酌六羖于祖乙？

　　　丁亥卜：于翌戊子酌三羖祖乙,庚寅用？　　　　　　　　　《合》1526

（52）乙亥子卜：来己酌羊妣己？　　　　　　　　　　　　　　　《合》21547

（53）☑酌五宰于祖丁？　　　　　　　　　　　　　　　　　　《合》1862

（54）☑贞：今日酌小宰于父［乙］？　　　　　　　　　　　　　　《合》2215

（55）惠九宰酌大甲？

　　　惠小宰又五酌大甲？　　　　　　　　　　　　　　　　　《合》1445

上面都是"酌"带"祭牲名"的例子。祭牲名可以出现在动词后,也可以出现在动词前。由这类例子似乎可以得出"酌"是用牲法动词的结论。如果"酌"是用牲法,那么前面我们对"酌"形义的考释就值得怀疑。前面说过,一些学者把"酌"读为"櫑（酒）"或释为"櫑",除了两者音近、字形有相同的偏旁之外,就是因为"酌"后可带"祭牲名"。

对于这类现象该怎样分析呢？朱凤瀚指出,对这类句式的最好解释,是将这种句式理解为省去用牲法,而不是"酌"本身含有各种用牲法的内容。对此,朱先生还做了论证。

我们认为,上引各例中的"酌"可以理解为"酌祭时使用"这样的意思。如例（51）"酌六羖于祖乙",虽然可以理解为用六头公猪酌祭祖乙,但根据其所在的语法位置,理解为酌祭时使用六头公猪给祖乙,则更好一些。也就是说,这种"酌"在具体的语言环境中含有"用"的意思。例（51）很说明问题,这组卜辞中前有"用三羖于成"的句式,"三羖"是"用"的受事；后有"酌六羖于祖乙",其中省去了或隐含着"用"。

卜辞中的祭祀动词有这样的用法。如"御"是禳除、祓除之义[35]，不是用牲法，但是它的后面也可以带祭牲名。例如：

（56）辛丑卜：中母御小宰？ 《合》22258

（57）丁巳卜：御三牢妣庚？ 《合》22294

（58）庚子子卜：惠小宰御龙母？

庚子子卜：惠小宰尻司？

辛丑子卜贞：用小宰龙母？

辛丑子卜贞：用小宰尻司？ 《合》21805

（59）惠豕御帚妊妣壬？ 《合》21725

上引例（57）"御三牢妣庚"应该解释为御祭时用三头圈养的牛给妣庚，余例类此。把例（58）中的"惠小宰御龙母"和"用小宰龙母"相比较，应知"惠小宰御龙母"中省略或隐含了"用"。把"御三牢妣庚"和例（52）"酓羊妣己"相比较，应知"御"和"酓"有同样的用法。

卜辞中有"御"和"用"连用的例子：

（60）乙巳卜，何贞：亚旁以羌，其御用？

乙巳卜，何贞：其奠？ 《合》26953

很明显，这个例子是问，亚旁带来了羌俘，应该在御祭时使用吗？上引例（56）至（59）中的"御"可以理解为"御用"，或者认为在上下文中省略了"用"。同样，前引例（45）至（55）中的"酓"，应该理解为"酓用"或在上下文中省略了"用"。

前面说过，朱凤瀚把卜辞中的"酓"释为"祼"。他说，古文献显示，在祼礼行毕要荐血牲、荐牲体。卜辞中有时在提到"酓"后即接用牲法及牲名，或径接牲名，都反映了古文献所讲的灌祭之后要杀牲这一套程序。朱先生上面这段话，除了把"酓"释为"祼"之外，我们是基本赞同的。殷商时代，在以酒之馨香祭祀鬼神之后或同时，有时要杀牲。"酓"后接祭牲名，就反映了这样的祭祀活动。

四 小结

总之，卜辞中𝕬字很常见。以往对这个字的考释，有释为"酒、酢、酎、酬、歆、祼、灌、橺（酒）、彤（肜）、酓"等各种说法。

本文认为，这个字应释为"酓"。其字从"酉"、从"彡"，"酉"亦声，是会意兼形声字。"酉"像酒尊之形，而"彡"表示打开酒尊后酒所散发出来的香气。整个字表示以酒之馨香祭祀的意思。

卜辞中的"酓"是动词。它的后面可以接祭祀对象名；祭祀对象名前可以加介词"于、自"等；祭祀对象名也可以前置于"酓"，其前再加焦点标记"惠"；也可以省略。这时"酓"都是表示本义的。

　　动词"酳"后可以再出现其他祭名，包括甲类祭祀动词和乙类祭祀动词；其他祭名还可以前置于"酳"，其前再加"惠"。这时其他祭名都是作"酳"的宾语的，动词"酳"是为动用法，是为助成其他祭祀而举行酳祭的意思。动词"酳"还可以用人名（表示活着的人）为宾语，这种"酳"也是为动用法。

　　动词"酳"后还可以出现祭牲名，这时的"酳"可以理解为"酳用"（酳祭时使用）的意思，即认为这时的"酳"在上下文中含有"用"的意思，也可以理解为它是"用……酳"的意思，即认为省略了一个用牲法动词或"用"。这种用例反映了当时举行酳祭之后或同时要荐血牲、荐牲体的祭祀礼仪。

　　附：本文是笔者2017年获批的国家社会科学基金重大项目《殷墟甲骨文译注与语法分析及数据库建设》（17ZDA299）的阶段成果。

（作者单位：华南师范大学文学院）

注：

①⑤⑦⑬⑱⑳㉘㉙　于省吾主编《甲骨文字诂林》，中华书局1996年。

②　王永昌《甲骨文"酳"字构形再思考》，《殷都学刊》2015年第4期；王博《甲骨文字诂林再补》，天津师范大学2020年硕士学位论文。

③⑨⑭⑰㉖㉜　松丸道雄、高岛谦一编《甲骨文字字释综览》，东京大学出版会1994年。

④⑥⑧⑫⑯㉒㉓㉗㉚㉛　李孝定编述《甲骨文字集释》，史语所专刊之五十，1965年。1970年再版，1974年三版，1983年由北京光华书店翻印。

⑩⑮㉔　何景成编撰《甲骨文字诂林补编》，中华书局2017年。

⑪　葛英会、李永徹《卜辞裸祭与卜祭用日》，王宇信、宋镇豪主编《纪念殷墟甲骨文发现一百周年国际学术研讨会论文集》，社会科学文献出版社2003年。

⑲㉕　李立新《甲骨文"酳"字新释》，《中原文物》2011年第1期。

㉑　张玉金《释甲骨文中的"裸"和"麻"》，《中国文字研究》第2辑，大象出版社2007年。

㉝　朱凤瀚《论酳祭》，《古文字研究》第24辑，中华书局2002年。

㉞　周国正《卜辞两种祭祀动词的语法特征及有关句子的语法分析》，国际中国古文字学研讨会《古文字学论集（初编）》，香港中文大学1983年。

㉟　张玉金《释甲骨文中的"御"》，《古文字研究》第24辑，中华书局2006年。

古文字研究（34）：65—68，2022

《甲骨文合集》6的校读

李爱辉

《甲骨文合集》①6上契刻有两条关于"子徕"的卜辞：第一条是契刻于右后甲的"辛卯卜宾贞以子徕逸不殟六月"（下文用A代表）；第二条是契刻在左前甲的"辛卯卜宾贞子徕有疾"（下文用B代表）。从现有的释文来看，这两条卜辞不仅在释读次序上存在差异，在关键字词的解读上也有所不同。本文将从上述两个方面对A、B进行校读，以消解歧义。

一 释读次序的校读

关于A和B的释读次序主要有如下三种：

第一种，A→B：

辛卯卜，宁，贞氏子徕赴，不死。六月

辛卯卜，宁，贞子徕疾。 《甲骨文合集释文》②

辛卯卜，宁，贞以徕赴，不凶。六月。

辛卯卜，宁，贞以徕止疾。 《甲骨文校释总集》③

辛卯卜，宾贞：以子徕逃，不殟。六月。

辛卯卜，宾贞：子徕止疒。 《殷墟甲骨文摹释全编》④

第二种，B→A：

辛卯卜，宁（宾）鼎（贞）：子徕止（有）疒（疾）。

辛卯卜，宁（宾）鼎（贞）：以子徕赴，不凶（殟）。六月。一 汉达文库

第三种，A→B，但A和B被多条卜辞间隔开（参见《殷墟甲骨刻辞摹释总集》⑤）。

本文认为第二种释读次序是正确的，理由如下。

1.从文例层面分析，《合》6是一版相对完整的宾三类龟腹甲。宾组三类的贞人在用龟时，一般最先启用中部或下部⑥，先左腹甲后右腹甲。由《合》6上所契刻卜辞的干支分布来看，这版甲骨上最先契刻的卜辞是位于右后甲（近胯凹处）的"己酉"，其后依次为甲戌（右前甲）→丁丑（右后甲）→辛卯（右后甲）→辛卯（左前甲）→癸巳（右前甲）→甲午（右前甲）→甲午（左后甲）→丁酉（右前甲近千里路）→丁酉（右前甲）→癸卯（右后甲）→癸亥（右前甲）→乙丑（右前甲）→辛未（右后甲）→戊寅（右前甲）→癸未（右后甲）→癸未（右后甲）→庚寅（右甲桥）→辛卯（左甲桥）。从上述干支次序可以看出，《合》6上甲骨卜辞的契刻不存在"跳例"现象：同一事类均遵循先右腹甲后左腹甲，如果契刻在同一侧龟腹甲上，则先在近千里路处契

刻,后向甲桥方向分布。因此卜问对象和干支相同、事类相关的A和B,其占卜顺序亦应符合上述规律,即B先于A。

2.从事类的角度来看,"疾"和"𤞤"见于同一版甲骨且占卜的对象相同时,一般是"疾"在前,"𤞤"在后。

(1a)贞:王疾身,唯妣己害。一 二 三

(1b)贞:[不]唯妣己害。一 二 三

(1c)唯妣己。四 五

(1d)不唯妣己。四 五

(1e)贞:唯妣庚。一 二 二告

(1f)不唯妣庚。一 二

(1g)贞:不𤞤。一 二告 二告 二 三

(1h)贞:不𤞤。一 二 三   《合》822正,典宾

(2)丙午[卜],囗贞:囗有疾不𤞤。   《合》13794,典宾

(3)囗丑卜,[贞]:有疾囗𤞤。   《合》13795,午组

"疾"和"𤞤"的这种分布规律应是与感情色彩有关,即词义轻重的差异。综上,A、B两条的释读顺序当为B→A。

二 "逸"字的校读

张玉金在《殷墟甲骨文动词"以"研究——兼论殷墟甲骨文"以"是否虚词的问题》一文中曾写到:"'辛卯卜,宕贞:以子徕逸不𤞤? 辛卯卜,宕贞:子徕有疾?'(合集6)这是问带给子徕的逃逸奴隶不会暴死吗? 子徕的逃逸奴隶会有病吗?"[7]文中明确指出"逸"在A中是动词用作名词,指逃逸的奴隶。

王子杨在《说甲骨文中的"逸"字》一文中,对《合》6中的"逸"字亦作了较为详尽的考释,其原文如下[8]:

> 命辞部分不必点断,可作一句读。"子徕逸"的结构可以参考卜辞中"子商臣"(《合集》636、637)、"子效臣"(《合集》195)、"子商妾𤔲"(《英藏》[9]125正)等。从辞例上看,"子徕逸"前可以理解为刻手漏刻"以"字。"以子徕逸"即致送给子徕的奴隶。这条卜辞是占问致送给子徕的这些奴隶有疾病吗? 会"𤞤"吗?"逸"在这里似乎相当于名词成分,但并不是说"逸"是名词。

王文中指出"逸"非名词,本文是赞同的,但其文中提到的"子徕逸"的结构可参考"子商臣、子效臣、子商妾𤔲"等,似又与"非名词"这一观点相悖,因为这三种结构均为"名+名"。

(4)丁丑卜,争贞:令囗以子商臣于盖。   《合》637,宾三

（5a）☑以子商臣于盖。　　　　　　　　　　　　　　　　　　《合》638，宾三

（5b）☑子商臣。

　　　　　《合》639+17878+《乙补》⑩4842+4850+4879（R038694），典宾

（6）贞：取子商臣☑。　　　　　　　　　　　　　　　　　　　《合》640，典宾

（7a）丙寅卜，子效臣田，获羌。一 二 三

（7b）丙寅卜，子效臣田，不其［获］羌。　　　　　　　　　　《合》195，师宾间

（8a）□寅卜，宾［贞］：子商妾𡥞娩，嘉。三

（8b）贞：子商妾𡥞［娩］，不其嘉。

　　　　　《合》663+14074+40384+《东文库》⑪114⑫，典宾

（8）中"子商妾𡥞"为夫名＋身份＋私名⑬。

　　　（9）贞：乎取蔡臣二十。　　　《合》767正+938正+《乙补》1771（《缀汇》258），典宾

（9）中的"取蔡臣"与（6）中的"取子商臣"结构相应，可知"子某＋臣"也是"名＋名"的结构。

　　　本文认为"逸"的词性当是动词而非名词，理论依据有如下两点。

　　　1.从事类的角度分析，甲骨中"问疾"的卜辞较多，但为奴隶"问疾"的极少，如若卜问，则占卜焦点多是"殟"否之类。简言之，问卜者对于奴隶的健康并不重视，他们只在乎奴隶的"生与死"。引文中，王子杨多释了个"逸"字（B条）。张玉金所作释文虽未出现"逸"，但在其译文中出现了短语"逃逸的奴隶"。细审拓片，B条"有"字上方模糊不清，不好判断是否存在刻字。如B中确有"逸"字，那"逸"的动词词性就确凿无疑了。A的命辞全意或为"以（疾）子𢓊逸，不殟"。

　　　2.源自笔者新缀合的一组甲骨：《合》17073（《德瑞荷比》⑭146照片清晰）+《合》39688（《英藏》133）。《合》17073和39688这两片甲骨卜辞的字体同属典宾类，其上有两个残字🌿和🏠可拼合，拼合后齿缝亦可咬合，故缀合是成立的。典宾类龟腹甲的占卜顺序一般是由龟腹甲上部至下部契刻，即"先上后下"，所以缀合后甲骨上的释文如下：

（10a）☑贞☑。

（10b）贞：逸子🌿于🏠。

（10c）□酉卜，宾贞：子🌿不殟。一 二告 二

（10d）贞：于寻☑。一 二告

（10b）的占卜焦点是介词结构"于🏠"，主人公为"子🌿"，"逸"为动词，这三点是确定无疑的。"逸子🌿"的语法结构存在两种可能性：第一种是主谓结构，即主语后置，"子🌿"为施事者；第二种是动宾结构，即"子🌿"为

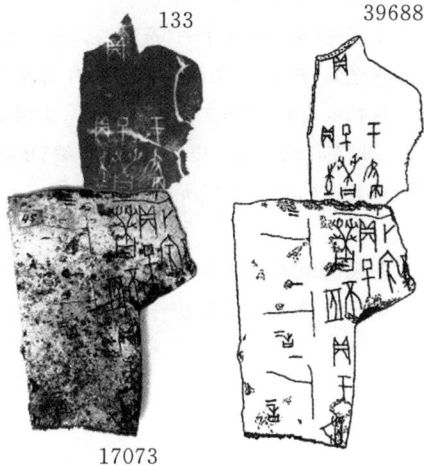

133　　　39688

17073

受事者,可理解为"使子🦌逸"。因为甲骨中关于"子🦌"的卜辞较少,"子🦌"和"逸"同见一条的也仅此一例,所以"逸子🦌"的语法结构暂难确定。(10c)是在(10b)基础上的进一步贞卜,占卜的焦点由逸的地点转变成了逸的"后果"。根据语境义,可将(10c)的内容补全为:"□酉卜,宾贞:逸子🦌于🦶,不㱿。"拟补后的(10c),其命辞部分与A的命辞部分基本对应,只是"主人公"由"子🦌"变成了"子🦌",A中的"逸"位置后移且多出一个"以"字。所以A中的"逸"亦当为动词,之所以用"以"字领起,或与B句的"有疾"相关。

　　A、B两条卜辞的校读提示我们,在读卜辞时要从干支、文例和事类等多个方面综合讨论,正确的卜辞次序有时直接影响着我们对卜辞中字词的理解。

　　附记:本文为北京社会科学基金青年项目"甲骨背面刻辞的整理与研究"(18YY017)、"北京大学藏甲骨整理、保护与研究"(19ZDA312)的成果之一。

(作者单位:首都师范大学甲骨文研究中心、

"古文字与中华文明传承发展工程"协同攻关创新平台)

注:

① 郭沫若主编《甲骨文合集》,中华书局1978—1982年。下文简称《合》。

② 胡厚宣主编《甲骨文合集释文》第1页,中国社会科学出版社1999年。

③ 曹锦炎、沈建华编著《甲骨文校释总集》第3页,上海辞书出版社2006年。

④ 陈年福《殷墟甲骨文摹释全编》第1页,线装书局2010年。

⑤ 姚孝遂主编《殷墟甲骨刻辞摹释总集》第1页,中华书局1988年。

⑥ 何会《殷墟王卜辞龟腹甲文例研究》第142页,中国社会科学出版社2020年。

⑦ 张玉金《殷墟甲骨文动词"以"研究——兼论殷墟甲骨文"以"是否虚词的问题》,《中国文字学报》第9辑第19页,商务印书馆2018年。

⑧ 王子杨《说甲骨文中的"逸"字》,《故宫博物院院刊》第1期(总第153期)第49页,故宫博物院2011年。

⑨ 李学勤、齐文心、艾兰《英国所藏甲骨集》,中华书局1985年。

⑩ 钟柏生主编《殷虚文字乙编补遗》,史语所1995年。

⑪ 〔日〕东洋文库古代史研究委员会编《东洋文库所藏甲骨文字》,东洋文库1979年。

⑫ 蔡哲茂《〈东洋文库所藏甲骨文字〉新缀第四则》,中国社会科学院历史研究所先秦史研究室网2008年8月13日。

⑬ 赵鹏《殷墟甲骨文人名与断代的初步研究》第73页,线装书局2008年。

⑭ 雷焕章《德瑞荷比所藏一些甲骨录》第99页,台北利氏学社1997年。

古文字研究（34）：69—74，2022

"昌、名"二字本义考

——兼论《诗经》"安且吉兮"

雷缙碚

汉字系统里，指事字所占的比例虽不大，但其本身却含有诸多小类。其中以"口"作指事符号的一类，在以往的研究中受到的重视不是很充分。虽然此类字形在甲骨文里并不罕见，但由于这种造字法后来几乎不再使用，以致被忽视，故而后世字书多将这种本为指事符号的"口"误分析为"口舌"之"口"，从而使得某些字形长期得不到正确的解释。现将由指事字的类型论及以"口"作指事符号的指事字，进而分析"昌、名"二字的构字理据及其本义。

一 指事字分类

关于指事字的分类，诸多文字学类著作都有所论及，在此不赘述。笔者以为首先可以分出两个大类，即"刻画指事类"与"指事符号＋字符类"。"刻画指事类"仅由指事符号构成，如 ⌒（上）、⌄（下）、一、二、三、亖等。"指事符号＋字符类"主要存在三个小类，由于汉字含有形、音、义三个要素，此三小类正好与这三要素相对应。1.因形指事，即借助一个字符的形加指事符号以得新字。如 ⼤（《合》16013）、⼤（《合》12724），此"亦"字，即"腋"字初文，借"大"表人形，指其腋窝所在。又如 ⽊（《合》36743）、⽊（《合》37363），此"朱"字，即表示树干的"株"的初文，借"木"表树形，指其树干所在。这类指事字与其所依托的字符之间一般来说表示局部与整体的关系。2.因声指事，即借助一个字符的音加指事符号以得新字。如 ⊖（《合》1115正）、⊘（《合》20250），此"百"字。于省吾："百字的造字本义，系于⊖字中部附加一个折角的曲划，作为指事字的标志，以别于白，而仍因白字以为声。"[①] 又如 ⽖（《合》1137）、⽖（《合》3298），于省吾："咠为退退之初文。"[②] 此字当分析为"贝"字下加"口"，作为指事字的标志，而仍因贝字为声。这类指事字与其所依托的字符之间一般来说仅有语音的联系。3.因义指事，即借助一个字符的义加指事符号以得新字。如 ⼾（《合》9339）、⼾（《合》4113），此"启"字。"户"下加口，作为指事符号的标志，以表达"户"的一个功用"启"。这类指事字与其所依托的字符之间一般说来存在某种意义上的联系。当然，也有综合音义两个要素的情况，可视为兼类，例证详下文。

在此补充说明一点，汉字中另有如"彭"字（⿰，《合》8283）、"曰"字（⼞，《合》6081）这种使用抽象点画表现意象的字，如将其看作特殊的合体象形字或者称为象意字，即表现意中之形,那么,这类字可以排除在指事字之外;如将其看作指事字,则上述指事字的分类可相应增加一小类。这不是本文论述的重点,在此不多论。下面将着重讨论甲骨文里"指事符号+字符类"中以"口"作指事符号的情况。

二 以"口"作指事符号的指事字

以"口"作指事符号的指事字,其中的字符"口"起区别字形的作用,也可将其称作"区别符号"。这类指事字一般不用来表现某种名物之局部,所以,也就没有上文所说"因形指事"。就甲骨文来看,这种指事字存在三种情况,即因声指事、因义指事以及综合二者的因声兼因义指事。

第一,因声指事类。以"口"作指事符号,所依托的字符仅表音,除上文所举"昌"外,甲骨文里另有以下诸字。

"㕚"字,甲骨文作 ,用作地名。文、㕚二字叠韵,皆属文部。

"昏"字,甲骨文作 、、等形。于省吾:"![字形]或![字形],![字形]所从之![字形],乃毛之初文。""甲骨文毛字孳乳为舌、䇷,均应读为砥。"[3]![字形]可分析为在"毛"下加"口",仍因"毛"以为声,表示砥(典籍多用碟字)的意思。

"由"字,甲骨文作 、、等形。陈剑分析为从口从十(针的初文)得声[4]。此字可理解为因十为声的因声指事字。

"鲁"字,甲骨文作 、、等形。姚孝遂:"'鲁'字所从之'口',亦与'口舌'之'口'无关,纯粹是一个区别符号。"[5]

"沓"字,甲骨文作 、、等形。《说文》曰部:"沓,语多沓沓也。从水,从曰。辽东有沓县。"此说不足信。我们认为这里的"水"起表音的作用。"水"属书母微部,"沓"属定母缉部。其声相近(古人多舌音),韵亦可通。古籍多有缉部字与微部字相通的例证。如缉部字"莅"可通微部字"涖"。《老子》第六十章:"以道莅天下。"《经典释文》:"莅,《说文》作涖。"又中山王𬺛壶:"述定君臣之谓。""谓"从微部字"胃"得声,学界将其释作缉部字"位"。"沓"(沓)在甲骨文中用作地名,很可能就是一个从口、因水为声的表地名的专字,"语多沓沓"非其朔义。

"朁"字,甲骨文作 、、等形。此字朱德熙释"朁"[6]。陈剑释作"皆",分析![字形]所从的![字形]为"从![字形],声"[7]。要之,"朁"所从的![字形]若![字形]为声符,所从的"口"为指事符号。至于"朁"与"皆"是否本身就是异体字的关系,可以继续讨论。

"同"字,甲骨文作 、、等形。此字所从的![字形],裘锡圭认为:"大概本是筒、桶一类东西的象形字。"[8]"同"可分析为从口,因![字形]为声的因声指事字。

此外，"唐"字甲骨文作🤚（《合》558）、🤚（《合》952）、🤚（《合》13405）等形，刻辞用作成汤的专名或者地名。"召"字甲骨文🤚（《合》33181）、🤚（《合》14807）、🤚（《合》33030）等形，刻辞用指方国名。此二字如果最初就是表示人名、地名的专字，也应归入因声指事字一类。

第二，因义指事类。以"口"作指事符号，表现与其所依托的字符相关的某个意义，除上文所举的"启"外，甲骨文里另有以下诸字。

"咸"字，甲骨文作🤚（《合》20098）、🤚（《合》1248）、🤚（《合》32164）等形。高亨："余谓咸之初义当训斩也。"⑨ 姚孝遂："'咸'乃'戌'之孳乳分化字，增口以示区别。与'鲁''唐'诸字同。"⑩ 综合高、姚二氏之说，"咸"字当分析为戌加指事符号口，以表戌之功用{斩}。

"喜"字，甲骨文作🤚（《合》21207）、🤚（《合》36483）、🤚（《合》527白）等形。唐兰："象以口盛壴，壴即鼓形也。"⑪ 壴（鼓）字自有底座，无需再以口盛之，口应为区别符号。从壴加口，表示义与壴相关，即喜。"壴"表名物，"喜"表与之相关的性状。

"石"字，甲骨文作🤚（《合》22408）、🤚（《合》6952正）、🤚（《合》7695正）等形。"石"字所从的🤚为最初的"石"字，亦为"磬"字初文。李孝定："颇疑像石磬之形。"⑫ "磬"为名物，"石"为制成此名物之质料。名物有形可象而质料无形可绘，文字上便借用表名物的字形以表相关的质料。徐宝贵："本来'磬''石'都用🤚形来表示。后来则增加偏旁使其分化。" "'石'字所增加之'口'只起区别分化的作用。"⑬

"占"字，甲骨文有从口从卜的字形，如🤚（《合》20333）、🤚（《合》19886），可分析为因义指事字。"卜"加区别符号"口"，表示"占"是与"卜"相关的一种行为。另有从口从肩的字形，如🤚（《屯》930），亦可分析为因义指事字，表示"占"是与卜骨（肩）相关的行为。甲骨文"占"还有其他异体，在此不论。

"执"字，甲骨文有一种从口从卒的字形，如🤚（《合》20379）、🤚（《合》20379）。王子杨："劣体类卜辞用'🤚'表示{执}。"⑭ 这个字应该就是"执"的一种异体。"卒"加区别符号"口"，表示卒的功用"执"。

第三，因声兼因义指事类。以"口"为区别符号所形成的指事字，与其所依托的字符音义皆有联系，甲骨文里有以下诸字。

"古"字，甲骨文作🤚（《合》19184正）、🤚（《合》945）、🤚（《合》5906）等形。裘锡圭："我们认为'古'是坚固之'固'的古字。'古'所从的'毌'象盾牌。盾牌具有坚固的特点，所以古人在'毌'字上加区别性意符'口'，造成'古'字来表示坚固之'固'这个词。"⑮ "毌"属见母元部，"古"属见母鱼部。二者双声，又元部字与鱼部字古音可通，如元部字"虜"便从鱼部字"虍"得声。可见，"毌、古"语音亦有联系。

"吉"字，甲骨文作🤚（《合》5251）、🤚（《合》5264）、🤚（《合》27840）等形。此字与上述

"古"字造字理据相仿。其所从的△,劳榦、王辉等以为象玉圭之形⑯。圭有坚硬的性质,加"口"为"吉"字,表示坚固的意思。朱剑心:"周代彝器之铭,多曰'吉金';吉,坚结之意也。"⑰"吉金"一词,即指质地坚硬之铜。"圭"属见母支部,"吉"属见母质部,语音极近。

"高"字,甲骨文作🏠(《合》376反)、🏠(《合》2360)、🏠(《合》26991)等形。此字取象于🏠(京),"京"表名物,将其下部改作"口",以别于京,而表京之性质"高"。"京"与"高"为名物与性质的关系。"京"属见母阳部,"高"属见母宵部,二者存在双声关系。

"君"字,甲骨文作🖐(《合》9503)、🖐(《合》24133)、🖐(《合》24135)。裘锡圭:"'尹''聿'二字就应该是由一字分化的。"⑱"尹"属余母文部,"君"属见母文部,语音接近。"君"字可分析为在"聿"若"尹"字下加"口"而成的指事字,其音义皆与"聿"若"尹"相关。

"啻"字,甲骨文作🖐(《合》8755正)、🖐(《合》17106)、🖐(《合》18136)等形。王国维:"啻乃🖐之繁文,亏、啻又一字矣。亏字当从《说文》哼字读,读如檗,即'天作孽'之孽本字。"⑲裘锡圭:"'亏'本象一种刀类工具。根据它的音义推测,'亏'应是'乂'的初文。'乂''孽'都是疑母祭部字,古音极近。"⑳今结合王、裘二氏之说,知"啻"可分析为从口从亏,因亏为音义的指事字。

在此,我们可将上举甲骨文以"口"作指事符号的指事字例字概括如下表:

表1 以"口"作指事符号的甲骨文指事字例字表

	因声指事							因义指事					因声兼因义指事				
例字	(昌)	(吝)	(昏)	(由)	(鲁)	(杳)	(彝)	(同)	(启)	(咸)	(喜)	(石)	(占)	(古)	(吉)	(高)	(君)	(啻)
依托字符																		

以上所举甲骨文例字,其中具体某个字形的构字理据或许还可以继续讨论,但"口"可作为指事符号(或者称为区别符号)而与其他字符构成指事字,且这种指事字整体上讲存在着上述讨论的三种情况是可以肯定的。下面,我们将在此基础上分析"昌、名"二字的结构及其本义。

三 "昌、名"结构解说及本义分析

"昌"字甲骨文作🗒(《合》19924),从日从口。《说文》日部:"昌,美言也。从日,从曰。一曰,日光也。《诗》曰:'东方昌矣。'🗒,籀文昌。"小篆的"昌"已由从"口"讹变为从"曰"。籀文"昌"依然从口,保留了较古的字形。俞樾《儿笘录》:"'昌'者,'唱'之古文也。口部:'唱,导也。从口,昌声。'夫昌之籀文本从'口'……而'唱'又从'口',此必后出字而非古字矣。其古字盖止作'昌',从'日'从'口'会意。盖夜则群动具息,寂然无声,至日出而人声作矣。故其字从'日'从'口',而其义则为'导'也。"现在有不少文字学家便信从俞樾此说。然将昌解作从日从口会意,所谓"日出而人声作矣"之说甚觉牵强,而且无由证明古人唱一定要在日下。再看许慎"美言"之训,乃据讹变了的字形为说,自不足信。不过,其"一曰,日光也"之训倒很可能就是"昌"字的本义,或者与本义极近。我们认为"昌(昌)"所从的"口"非口舌之口,而是上述用作区别符号的"口"。"昌"(昌)的造字理据应分析为在象物字"日"的基础上,加指事符号"口"以表与日相关的某一性状,指日光或者日光之明。

"名"字甲骨文作 🔶(《合》2190正),从月从口。《说文》口部:"🔶,自命也。从口,从夕。夕者,冥也。冥不相见,故以口自名。"许以"名"的常用义解说字形,甚不可信。若"夕者,冥也。冥不相见,故以口自名"云云,可谓怪诞不经,古人造字之理据,未有如此迂曲者。我们认为,"名"之本义与"昌"相对,当指月光之明。所从之"夕"乃"月",甲骨文"月、夕"二字常互用。"名"所从之"口"亦为区别符号,起区别字形的作用。"月"加区别符号"口"成"名"字,以表月的某一性状,即月光之明。"月"与"名"为名物与性状之关系,"月"为名物,"名"为性状。

考察文献用例,"名"确有表示光明的用法。《诗经·齐风·猗嗟》首章有"猗嗟昌兮,颀而长兮",第二章言"猗嗟名兮,美目清兮"。这是一个很好的例证,"猗嗟昌兮"即谓"多么辉煌啊,太阳的光芒";"猗嗟名兮"则是说"多么明亮啊,月亮的光辉"。在此"名"与"昌"分别出现在相同的位置,应该都是表示某性状的形容词。陈奂《诗毛氏传疏》:"名,与明通。"甚确。

又《墨子·明鬼下》"敢问神名",孙诒让《墨子间诂》:"毕本'名'作'明'。"《经籍籑诂》庚韵:"冀州从事郭君碑:'卜商噭咷,丧子失名。'以名为明。"以上皆"名、明"相通之证。朱骏声《说文通训定声》:"名,叚借作明。"实则明乃"名"字本义,名称之名当为"名"之假借义。

上文论证了"名"的本义为月光之明,还得再说一下从日从月的"明"字。甲骨文有字形"明",如 🔶(《合》2223)、🔶(《合》6037反)。此字并非"光明"之"明",仅仅是与之同形,而非一字。王玉哲释此字形为"朝"[21]。姚孝遂也指出:"至于卜辞'🔶''🔶'诸形,与'🔶'字之用法迥然有别,旧均释为'明'。实则'🔶'与'🔶'当释'朝'。"[22]

"光明"之"明",其最初字形从囧从月作"𥁕"。此字见于甲金文,如 🔶(《合》11708)、🔶(《合》21037)、🔶(矢方彝)、🔶(毛公鼎)等。从日从月的"光明"之"明",产生较晚,就出土文献而言,最早见于战国时期,如 🔶(黸羌钟)、🔶(中山王𰋊壶)。这一字形一直沿用至今。最初,"名"与"𥁕"的本义肯定是极近的,都可以表示光明,至于二者是完全同义的异体字关系还是所指略有区别,由于材料受限,尚不能贸然下结论。

要之,古文字里存在一种以"口"作指事符号(或者称作区别符号)而与其他字符相组合而成的指事字。这种指事字与其所依托的字符之间存在或者音、或者义、或者音义兼备的联系。"昌(昌)"和"名"二字就属于这类。其所从的"口"为指事符号,非口舌之口。其字义与其所依托的的字符"日、月"有意义上的联系,分别表示日光之明与月光之明。

四 《诗经》"安且吉兮"

　　《诗经·唐风·无衣》:"不如子之衣,安且吉兮。""吉"是常用字,以其常用义"吉利、美好"来解释,在此似乎就能直接读通,所以以往的注释家对"吉"字一般都不单独作注。然而这样理解这里的"吉"字是存在问题的。此诗第二章接着说"不如子之衣,安且燠兮"。安指舒适,燠指温暖。如果"吉"指美好,而美好的意义显然与舒适、温暖不在同一层面上。美好可以概括舒适、温暖;而舒适、温暖属于相对具体的美好。所以,我们认为这里的"吉"应该与金文习语"吉金"的"吉"同意,指坚固、牢靠。这样"吉、安、燠"所表达的意义就处在同一层面上了。"安且吉兮""安且燠兮"即是说"既舒适又牢靠""既舒适又暖和"。

(作者单位:衡阳师范学院文学院)

注:

① 于省吾《甲骨文字释林》第450—451页,中华书局2009年。

② 于省吾《双剑誃殷契骈枝续编》第214页,中华书局2009年。

③ 同注①第168页。

④ 陈剑《释"屮"》,《出土文献与古文字研究》第3辑第11—12页,复旦大学出版社2010年。

⑤ 姚孝遂《再论古文字的性质》,《古文字研究》第17辑第315页,中华书局1989年。

⑥ 朱德熙《朱德熙文集》第5卷第93页,商务印书馆1999年。

⑦ 陈剑《甲骨金文考释论集》第189—201页,线装书局2007年。

⑧ 裘锡圭《裘锡圭学术文集·甲骨文卷》第36页,复旦大学出版社2012年。

⑨ 高亨《周易古经今注》第249页,中华书局1984。

⑩ 于省吾主编《甲骨文字诂林》第2420页姚孝遂按语,中华书局1996年。

⑪ 唐兰《殷虚文字记》第68页,中华书局1981年。

⑫ 李孝定《金文诂林读后记》第354—355页,史语所1982年。

⑬ 徐宝贵《甲骨文考释两篇》,《古文字研究》第26辑第87页,中华书局2006年。

⑭ 王子杨《甲骨文字形类组差异现象研究》第115页,中西书局2013年。

⑮ 裘锡圭《裘锡圭学术文集·金文及其他古文字卷》第417页。

⑯ 劳榦《古文字试释》,《史语所集刊》第40本上册第43页;王辉《殷墟玉璋朱书文字蠡测》,《文博》1996年第5期。

⑰ 朱剑心《金石学》第4页,浙江人民美术出版社2015年。

⑱ 同注⑮第413页。

⑲ 王国维《观堂集林》第139页,河北教育出版社2003年。

⑳ 同注⑧第72页。

㉑ 王玉哲《甲骨、金文中的"朝"与"明"字及其相关问题》,《殷墟博物苑苑刊》1989年创刊号。

㉒ 同注⑩第1121页姚孝遂按语。

古文字研究(34):75—81,2022

出组定型化成组卜辞初探

刘风华

出组卜辞出土于殷墟小屯村北,因有贞人名"出"而得名。"定型化成组卜辞"是我们在前辈学者的建议下,受沈之瑜《甲骨学基础讲义》[①]、林宏明《小屯南地甲骨研究》[②]的启发,暂时对一种成套卜辞的命名,以别于成套甲骨、同文卜辞等。笔者曾撰文说明历组、无名组定型化成组卜辞的特点及其应用价值等[③],未涉出组定型化成组卜辞,此即尝试略作弥补。

一　出组非定型化成组卜辞、定型化成组卜辞

出组既有一定数量的非定型化成组卜辞,也有一定数量的定型化成组卜辞。前者或者在占卜思路上、或者在书写形式上有别于后者,下面各举一例进行说明:

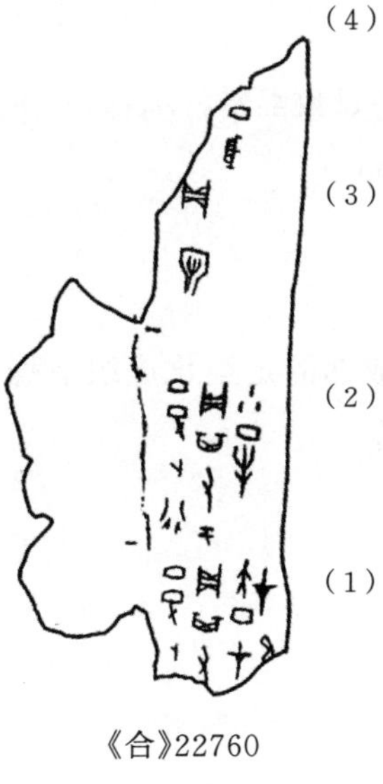

《合》22760 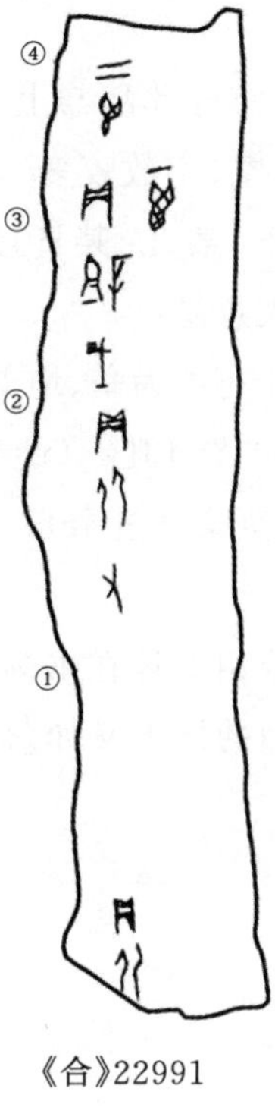　　　　《合》22991

注:为便区别,图中标注①②③④等序号,表示某一套定型化成组卜辞的占卜思路顺序;标注(1)(2)(3)(4)等,表示该骨现有卜辞的编号。下同。

例一:《甲骨文合集》(简称《合》)22760版,见4辞:

　　(1)丁巳卜,□鼎(贞):其又(侑)□大丁。才(在)□。才(在)自(师)□。

　　(2)丁巳卜,行鼎(贞):其又(侑)于小丁牛。

　　(3)鼎(贞):牢。

　　(4)……丁岁(刿)。

　　第(1)(2)辞前辞干支一致、命辞中皆有祭祀动词"又(侑)",可知其占卜主题围绕同日对大丁、小丁举行侑祭,然二者既非正反对贞、又非选择贞。故其形式上与"定型化成组卜辞"之间还有一定距离。成熟的祭祀类定型化成组卜辞中,第一层次卜问是否祭祀某祖神,第二层次卜问如何致祭。

　　本版的占卜思路有别于成熟的定型化成组卜辞,类似的例子又如《合》22605、25056等。

　　例二:《合》22991版,见4辞,请参上图:

　　(1)鼎(贞):弜…

　　(2)鼎(贞):弜又(侑)。

　　(3)鼎(贞):且(祖)辛岁(刿),一卣。

　　(4)二卣。

图中第一辞未标序号,意即此辞与上方诸辞非属同套卜辞。图中①与②、③、④辞内容相关,属于同套,因其卜辞完整、字数较多,写于卜骨左侧,惜骨折而辞缺。据同版文字与类似甲骨内容,可拟之为:辛某卜,某贞:某日且(祖)辛岁又卣。

　　本版成组卜辞的大意是:

　　(1)在某日(天干可能为辛、地支不明)是否对祖辛举行刿祭,并进奉卣酒。

　　(2)不举行这样的祭祀吧。(此辞未被采纳)

　　(3)对祖辛举行刿祭,(进奉)一(卣)卣。

　　(4)二(卣)卣。

　　本版所见定型化成组卜辞在书刻形式上与成熟的定型化成组卜辞有显著差别,在文字内容上已经很接近。相似的例子又如《合》25064等。

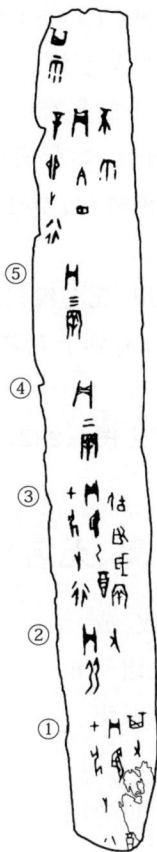

《合》23002局部　　　《合》23155　　　《合》23227　　　《合》23262

　　出组定型化成组卜辞数量不多，文辞、形式上与成熟的定型化成组卜辞也还有一定的差距，可以以《合》23002为例。该版见10辞：

　　（1）庚子卜，行曰鼎（贞）：翌辛丑其又（侑）彳岁（刿）于且（祖）辛。　一

　　（2）鼎（贞）：母（毋）又（侑）。才（在）正月。

　　（3）鼎（贞）：翌辛丑其又（侑）且（祖）辛宰。一

　　（4）鼎（贞）：二宰。一

　　（5）鼎（贞）：翌辛丑且（祖）辛岁（刿）勿牛。一

　　（6）鼎（贞）：弜勿。一

　　（7）己巳卜，行鼎（贞）：王宆藝禣，亡囚。二

　　（8）鼎（贞）：亡尤。才（在）十一月。二

　　（9）庚午卜，行鼎（贞）：王宆藝禣，亡囚。二

　　（10）鼎（贞）：亡尤。才（在）十一月。二

前六辞属同套定型化成组卜辞,分两个层次,第(1)(2)为正反对贞,卜问是否对祖辛行祭。第(3)至(6)辞属第二层次,卜问以何祭品对祖辛致祭,又可下分两层:第(3)(4)辞为选择贞,卜选祭品数量;第(5)(6)辞为正反对贞,卜问是否用勿牛致祭。

与无名组常见的成熟的定型化成组卜辞相比,本版成组卜辞有如下特点:

第一,成组卜辞内容详细、文字较多、省刻较少,异于无名组仅保留关键词的做法,如:牢、二牢、叀勿、弜勿。

第二,其否定词并用"母(毋)"和"弜",历组、无名组仅用"弜"。

第三,其同版既有卜牲辞,还有王宔卜辞,有别于无名组同版内容单一的作法,与同版内容驳杂的历组更相似。

《合》23155、23227、23262(以上三版请参上图)、23274、23474等亦含逻辑思路清晰的定型化成组卜辞。限于篇幅,兹不赘述。

二　历组所见非定型化成组卜辞、无名组所见定型化成组卜辞

历组所见非定型化成组卜辞比例不在小数,成熟的定型化成组卜辞数量则并不特别多,与出组一致。无名组则呈现出另外一种面貌,其定型化成组卜辞比例特别高。

下文依次举例说明历组所见非定型化成组卜辞、无名组所见定型化成组卜辞。

(一)历组所见非定型化成组卜辞

《小屯南地甲骨》(简称《屯南》)2282版仅缺少部分骨扇,文字繁密,是难得的大版。其上刻卜辞18条,第19辞为署辞:

(1)丁卯卜:今日雨。一

(2)丁卯卜:取(樵)岳雨。

(3)乙亥卜:取(樵)岳,受禾。兹用。

(4)不受禾。

(5)己卯卜:□□门□岳。兹用。

(6)己卯卜:于立岳雨。一

(7)……立岳。不。

(8)己卯卜:莘雨于□亥。一

(9)己卯卜:莘雨于……不。

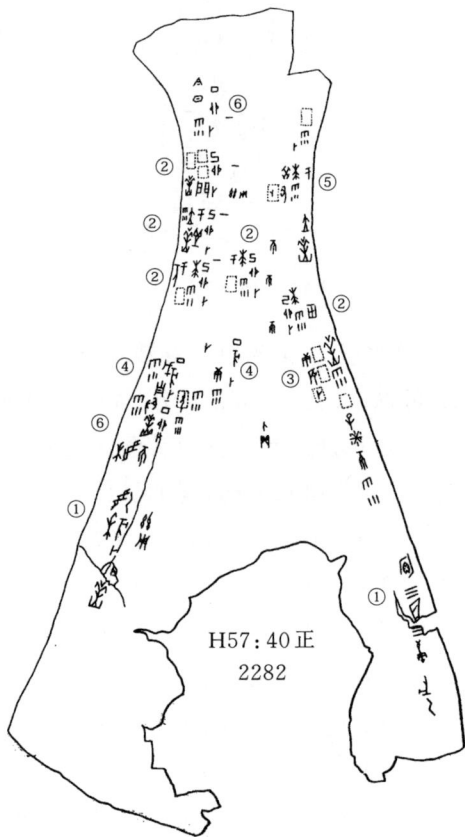

H57:40正
2282

《屯南》2282[④]

（10）己卯卜：桒雨于上甲。不。

（11）庚辰卜：……岳雨。

（12）□巳□：寮不雨。

（13）丁亥卜：戊子雨。允雨。

（14）丁亥卜：庚雨。

（15）□□卜：……雨。

（16）癸丑卜：桒雨于……

（17）□□卜，贞……

（18）□□卜：……雨。

（19）乙亥戋乞骨三旬。

本版卜辞18条，前辞涉干支7个：丁卯、乙亥、己卯、庚辰、□巳（辛巳）、丁亥、癸丑。下面依次考察其占卜内容：丁卯日包括第（1）（2）两辞，二者一问今日是否下雨，一问是否积薪燔柴以求雨⑤，二辞之间有联系，但从语辞上看，其联系并不特别密切。乙亥日2辞，为正反对贞。己卯日6辞。卜二事：其中第（5）（6）辞为选择贞，卜问在何处对岳神致祭；（8）至（10）辞位置比邻，卜选对王亥、上甲等（第9辞残）三位神明中的哪位致求雨之祭。庚辰（第11辞）、□巳（辛巳，第12辞）二干支皆仅有一辞，非成组卜辞。第（13）至（15）辞中，第（15）辞残，从现有内容推测，可能皆卜来日是否下雨。综上，本版18辞中，即使内容最丰富的己卯日所卜之第（5）至（10）辞，也未形成那种先问是否做某事、后问如何做某事的定型化成组卜辞。

本版7干支所涉各辞多数位置相邻，或上下相邻，如第（3）（4）辞；或遥相呼应，如第（1）（2）辞；或左右、上下交织，如第（5）至（10）辞。

位置上下相邻的成组卜辞，文辞省略，如第（3）（4）辞；其余距离较远者文辞多不省刻，或许这就是同日所卜之辞星散分布的原因，此亦非定型化成组卜辞之显著特征。

历组卜辞所见非定型化成组卜辞还可举《屯南》611+《合》34062、675、750、751、774、783、857、866、874、890、900+1053、917、923、2953、3571、3673+3723+《合》32114、3674、3763、4048、4049、4100+《合》33327、4103+《合》33021、4331、4360、4362、4530等。

历组卜辞所见较为成熟的定型化成组卜辞，可举《屯南》601、639、755、856+2155、2142+4321、2293、2295+H57：57、2366、2457、3675、4397等，数量不是特别多。

（二）无名组所见定型化成组卜辞

无名组定型化成组卜辞数量很多，限于篇幅，仅举一例：《殷墟甲骨辑佚》（简称《辑佚》）552。

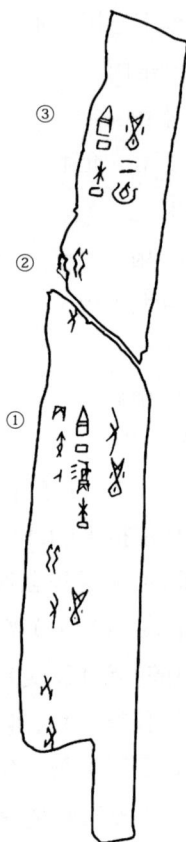

《辑佚》552 　　　　　《合》27301+32453

《辑佚》552版为切角在左的残卜骨之骨条,上存6辞:

（1）癸巳卜:父甲莫（暮）𠬝（磔）［又（侑）羌］。兹用。

（2）弜又（侑）羌。

（3）其又（侑）羌三人。

（4）五人,王受又=（有佑）。

（5）岁（刿）二牢,王受又=（有佑）。

（6）三牢,王受又=（有佑）。

第（1）（2）辞属于第一层次,为正反对贞,前者为领辞,后者为属辞,卜问是否日暮时对父甲行磔羌之祭典。第（1）辞后段卜辞残失,根据其属辞可拟补二字"又羌"。第（3）至（6）辞为第二层次,又可下分为两个层次:第（3）（4）辞为选择贞,卜选祭品是三羌还是五羌;第（5）（6）辞亦为选择贞,卜选祭品是二牢还是三牢。

本版第一个层次即卜问是否对父甲举行某种祭仪,第二个层次卜问致祭。其占卜思路非常明晰、有条理。本版的行款特征是：卜辞集中在骨条及其邻近的骨面；其文辞特征是：领辞文字完备，属辞仅保留贞人认可的"关键词"；其逻辑：层次分明、思路严谨。

无名组所见定型化成组卜辞的比例特别高，所见大版之卜辞基本都可以方便地考察出其清晰明朗的逻辑关系，内容涉祭祀、田猎、战争等，极为流行：如《屯南》106+4584、594+673、606、618、619、621、624、625、628、651+671+689、657、658、662、704、748、762、766、822、2386、2406、2445、2531、2542、2557、2623、2710、2851+897、2951+《合》32458、2971+3599、3009、3027、3034、3054、3060、3088、3109+3149、3550、3709、3759、3778、3794、4022、4025、4091、4396、4451、4452、4455、4554、4562，《合》27301+32453（请参上图）等。

综上，本文列举了出组、历组所见非定型化成组卜辞，出组、历组、无名组所见成熟的定型化成组卜辞，通过对比，可知出组定型化成组卜辞存在如下特征：

（1）出组所见定型化成组卜辞占比较小，与历组一致，迥别于无名组。

（2）出组所见定型化成组卜辞与无名组相比尚不成熟，同历组，迥别于无名组。

（3）出组所见定型化成组卜辞同版内容驳杂，同历组，迥别于无名组。

附记：本文是教育部重点研究基地项目"河南历年出土甲骨文、金文研究大系"、国家社科基金重大委托项目"甲骨文全文数据库开发及商代语言文字释读研究"、国家社科基金重大委托项目子课题"清华大学藏甲骨的综合整理与研究"、国家社科基金重大项目"甲骨学大辞典"、河南省社科规划项目"殷墟甲骨历组与无名组卜辞字、词、句对比研究"，系列"古文字与中华文明传承发展工程"规划项目等的阶段性成果。

（作者单位：郑州大学汉字文明研究中心、
"古文字与中华文明传承发展工程"协同攻关创新平台）

注：

① 沈之瑜《甲骨学基础讲义》第81页，上海古籍出版社2011年。

② 林宏明《小屯南地甲骨研究》第29页，台湾政治大学2003年博士学位论文。

③ 刘风华《一版错误甲骨缀合引起的思考》，出土文献与中国古代文明再认识青年学术论坛上宣读，开封，2016年；刘风华《殷墟卜辞"弜又""叀辥"两类成套占卜的相关对比研究》，第二届中国古代文明研究前沿论坛上宣读，贵阳，2018年；刘风华《一种成套卜辞的文例分析及应用》，纪念中国古文字研究会成立40周年国际学术研讨会上宣读，长春，2018年，后刊于《殷都学刊》2019年第2期。

④ 《屯南》2282摹本取自《小屯南地甲骨》下册第二分册第1400页，中华书局1983年。

⑤ 王辉编著《古文字通假字典》第208页，中华书局2008年。

古文字研究（34）：82—86，2022

甲骨卜辞中的祭祀对象"保"

刘　影

"保"字在甲骨文中主要有以下三种字形：

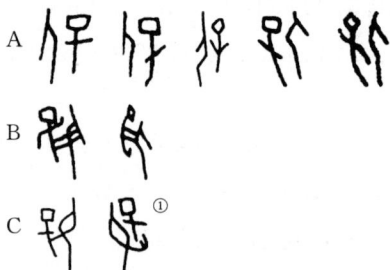

武丁晚期及祖庚时期的卜辞中，有一个经常被祭祀的"保"，字形只见 A 形。如以下卜辞：

（1）乙丑卜，宁（宾）鼎（贞）：屮（侑）匚（报）于保。　　　　　　　　　　　《合》6，宾三

（2）鼎（贞）：屮（侑）［于］保五牛。八月。　　　《合补》6127（《合补》8630 重），宾出

（3）☑其屮（侑）于保。　　　　　　　　　　　　　　　　　《合》40455，宾出

（4）☑于保☑小牢。　　　　　　　　　　　　　　　　　　《合》11383，宾出

（5）□未卜，□鼎（贞）：其□于保。　　　　　　　　　　　《合》18965，宾三

（6）☑今日夕屮（侑）于保。用。九月。　　　　　　　　　《合》15409，宾出

（7）丙寅［卜］，出鼎（贞）：［今日］夕屮（侑）［于］保。用。九月。《合》26094，出一[②]

（8）庚戌卜，出鼎（贞）：屮（侑）［于］保三牛。　　　　　　《合》25039，出一

（9）丙午卜，出鼎（贞）：今夕屮（侑）于保一小牢。　　　　《合》25040，出一

（10）□午卜，出［鼎（贞）］：屮（侑）于保牛。八月。　　　　《合》4111，出一

（11）□□［卜］，出［鼎（贞）］：☑保☑牢。五月。　　　　《拾遗》[③]290，出一

（12）戊戌卜，出鼎（贞）：其屮（侑）匚（报）于保，于🤲室酌。　《合》24945，出一

（13）癸未卜，出鼎（贞）：屮（侑）于保，惠辛卯酌。　　　　　《合》25038，出一

（14）丁酉卜，出鼎（贞）：其屮（侑）于保，于母辛宠宕酌。

　　　　　　　　　　《合》23432+《合》18217+《合》23611[④]，出一

（15）丁酉［卜］，□鼎（贞）：翼（翌）［戊戌］酌匚（报）于［保］。　　《英藏》2175，出一

吴其昌曾依据"保于母辛"之辞，认为"保"可以用为祀名，原文如下[⑤]：

　　"保于母辛"者，"保"亦殷代之祀名；保祀，盖犹"衣祀"也；"保于母辛"犹"衣于母辛"也。所以知者，《礼记·月令》"参保介之御间"，郑康成注："保，犹衣也。"（贾公彦疏，"保犹

衣者,保即襁褓,所以衣覆小儿,故云保犹衣也。")可证。然则保祀实为衣祀之别称,其显而易知;所不易知者,乃为殷代何以而常假借此衣褓之名,以名其祀典?则尚未可解达耳。

吴氏所言"保于母辛"之辞见于上引《合》23432,卜辞不全,笔者将其加缀《合》18217、23611,可将其补充完整,即上文之第(14)辞,由此可见,"保"并非祭名,"保"与"于母辛"不能连读,应当从"保"后断开,"保"属前读,是被侑祭之对象。"于母辛"后接"亥"字,"于"所介引的宾语不是祭祀对象"母辛",而是"亥"这个处所。

饶宗颐曾认为"保"是神巫,且可"以保为尸,故为祭祀对象",原文如下[⑥]:

> 《诗·楚茨》"神保降福。"《九歌·东君》"思灵保兮贤婍。"洪兴祖云:"灵保,神巫也。"《书·召诰》言:"天迪从子保",《君奭》言:"陈保",凡此类之保,均是神巫;古亦以保为尸,故为祭祀对象,辞言"出于保"可证。

沈培通过对相关古文字材料的考察,认为甲骨材料中"'尸'实际上都指人牲。因此殷墟甲骨文中没有直接证据证明当时有'用尸'制度……对比殷墟甲骨文,似可说明商代祭祀用神主而不用'尸'"[⑦]。沈先生引用的材料详实,论证充分,可从。以上卜辞中,用为祭祀对象的"保",都是指死去的"保",卜辞中没有以"保"为"尸"的制度。武丁中晚期卜辞中的"保",有一部分是"生称",用作职官名,如以下卜辞:

(16)丙子保𝌆示三屯。𝌆。　　　　　　　　　　　　《合》17634,宾出

(17)甲申卜,宂(宾)鼎(贞):令家弋(代)保□。　　　《合》18722,宾三

(18)[癸]未卜,古鼎(贞):[弓(勿)]令保□易(赐)𠂤□吕。　《合》3823,宾三

(19)壬寅卜,鼎(贞):令保☒。　　　　　　　　　　《中历藏》[⑧]1075,宾出

(20)□亥卜,☒保暜乎(呼)小多马[羌]臣。二。　　　《拾遗》188,宾三

(21)丁亥鼎(贞):王令保暜葬□侯商。　　　　　　　《屯南》[⑨]1066,历二

(22)☒令保暜葬☒。　　　　　　　　　　　　　　　《屯南》1082,历二

这些卜辞中的"保"都有一个特征——保+私名的组合式。如(16)辞中的"保𝌆","保"为职官名,𝌆为私名,又如(20)辞之"保暜",另有一辞作"丁亥卜,宂(宾)鼎(贞):叀(惠)暜乎(呼)小多马羌臣。十月",两辞关系密切,"暜"与"保暜"所处位置相当,"暜"是一个人,"保暜"是另一人。"保"为职官名,"暜"为私名。林沄指出"多马羌的统领军官称为小多马羌臣"[⑩],从卜辞来看,"暜"与"保暜"的地位应当高于多马羌的统领军官。虽然(17)(18)(19)辞"保"后均有缺文,但可以推知"保"字后面当有私名。卜辞中这些生称的"保某"亦不可与《诗经》《楚辞》《尚书》中的"神保、灵保、陈保"等相比附。

另饶氏引卜辞"癸未卜,出贞:出于保,[东室]。辛卯…酌"[⑪],即本文前引之第(13)辞,饶氏所补的"东室"二字不确,"东"实当为"惠"字,与之后的"辛卯酌"连读,"辛卯"与"酌"之间无缺文,卜辞当为:"癸未卜,出贞:出于保,惠辛卯酌。"所以卜辞所见并无在"东室"祭祀保

者。上此第（1）至（15）辞所见祭祀保的地点有："昍室"与"宎"。

"昍室"见本文前引之第（12）辞。"宎"字从"宀"从"亥"，陈梦家在《殷虚卜辞综述》中将"宎"归入先王先妣的宗庙，又在"宎"字条后说："左传昭四注云'个，东西厢'，'宎'即个。又说文曰'陔，阶次也'。"⑫宋镇豪也认为宎"是宫室宗庙建筑之一部，也可能指建筑构设，为宫室宗庙台基前的踏阶"⑬；冯时在《甲骨文"震"及相关问题》一文中，提到"《合集》24951版又有'司宎'之名。'宎'为宗庙藏主之所，故'司宎'也属'司室'，乃为享祀旧臣之祭所"⑭。以上意见虽然对"宎"的具体指称有不同意见，但是"宎"指祭祀场所应该没有问题。因此，《合》23432卜辞中，虽然"宎"后的"宕"字具体辞义不明，但是不影响上文得出的"于"所介引的宾语是"宎"这个处所的结论。

作为祭祀处所的"宎"字只见于出组卜辞，可能是"宁"字所从之"万"讹混为从"亥"，所以《甲骨文字编》将"宎"字看作"宁"字异体，放在2562号条下⑮，是很有道理的。出组卜辞中，"宎、宁"均为祭祀先妣之场所，出现在相似的辞例中，如以下卜辞：

（23）☑母辛宁奈☑。　　　　　　　　　　　　　　　　《合》23431，出一⑯

（24）☑同母辛岁，于㪳宁，以束。　　　　　　　　　　《合》24951，出一⑰

（25）□□[卜]，□鼎（贞）：㝹（勿）于母辛宁酌。　　　《合》23448，出二

（26）庚申卜，旅鼎（贞）：先匕（妣）庚宁岁蝮。才（在）十二月。　《合》23372，出二

（27）[丙午卜]，出[鼎（贞）]：翼（翌）丁未其奏𡦦子母于㞢（有）宁，若。

　　　　　　　　　　　　　　　　　　　　　　　　　　《合》26010，出一

"保"在母辛的祭祀场所以及"昍室"被祭祀，可能是因为没有独立的宗庙。卜辞中在"乙日、丙日、丁日、戊日、辛日"都有要不要祭祀"保"的卜问记录。通过卜辞"丁酉卜，出鼎（贞）：其㞢（侑）于保，于母辛宎宕酌"，还可以看出，"保"可以在母辛的宗庙接受祭祀。有时候卜辞虽然未点明祭祀场所，但言"㞢（侑）于保，惠辛卯酌"（《合》25038），很可能也是为了与母辛合祭（因为辛日是专祭母辛的日子），这是一个值得关注的现象。祭祀对象"保"，与母辛的关系应该非常密切，否则不可能在母辛的祭祀场所被祭祀。

朱凤瀚在《殷墟卜辞所见商王室宗庙制度》中提到"《屯南》2742即卜祝祭父己、父庚（即祖己、祖庚）于丁宗，又卜辞可见祭兄于父、母之宗"，这是一个很重要的启示，卜辞中确有相关例证，如：

（28）甲申卜，即鼎（贞）：其又（侑）于兄壬于母辛宁。　《合》23520，出二

（29）辛酉卜：㞢兄丁于父宗。　　　　　　　　　　　　《合》32766，历二

上引卜辞《合》32766"㞢兄丁于父宗"的"㞢"，方稚松认为是陈、设之类的含义，并说："从'㞢'后多跟'兄丁''母戊''母辛''妇妊'等离自己关系较近的对象来看，其所祭祀对象很可能是去世不久（花东卜辞中对"妣庚"祭祀极为频繁，或是与妣庚作为武丁之母，花东"子"

之祖母去世未远有关），这类卜辞或与古代丧葬中的立主、迁主于庙等制度有关。"⑱方先生对
"祅"字含义的分析很到位，"祅＋祖先示"类卜辞所反映的商代宗庙制度的结论也非常令人信
服。"祅兄丁于父宗"即"在父丁的宗庙设置兄丁的示主"，由此可以推知，兄丁没有独立的宗
庙，其示主在父丁的宗庙，他是可以与父丁合祭的。那么，"兄壬"与"保"均在母辛的宗庙接
受祭祀，是不是意味着他们的示主在母辛的宗庙呢？我们认为这是大概率事件。"兄壬"之于
"母辛"，"兄丁"之于"父丁"都是直系亲属的关系，据卜辞所反映的商代宗庙制度，逝去之兄可
以在父或母的宗庙接受祭祀。

　　"武丁的年寿，相传是一百岁，他在位五十九年，即位时已是四十二岁，所以假定他的王后
生育，在他即位后的二十或三十年之内，至少可以说在此期间生育的子女比较的多。"⑲武丁
的真正年寿已不可考，但从甲骨卜辞中关于生育的卜辞来看，武丁子嗣众多是毋庸置疑的，出
组卜辞常见三兄、四兄、多兄之辞，如下：

　　（30）壬辰卜，大鼎（贞）：翼（翌）己亥虫（侑）于三兄。十二月。　　《英藏》1976，出二

　　（31）□午卜，□鼎（贞）：卯（禦）于四兄。　　　　　　　　　　　　《合》23526，出二

　　（32）乙未卜，［旅］鼎（贞）：其卯（禦）于多兄。　　　　　　　　　　《合》23527，出二

　　除卜辞所见"兄己、兄庚、兄壬"外，商王祖甲应当还有不少其他兄辈之人。所谓的"多兄"
在死后不大可能每人都有独立的宗庙，但一定有示主，其示主具体在父亲的宗庙还是在母亲
的宗庙，需要更多的材料才能具体分析。

　　由于传世文献中商代史料的缺失，我们对商代宗庙制度的认知非常有限，很多学者用
周代宗庙制度上推商代，这种做法值得商榷。探讨商代宗庙制度，最根本的方法还是要从
甲骨卜辞中寻找证据。高岛谦一从甲骨卜辞中发现商代有这样的宗庙制度："活着的人临
时移动或者重置一个神灵的牌位（神主），把它从地位较低的位置移动到地位较高的位置，
以接受被招待的礼仪（It was some human agency who temporarily moved or relocated a
certain deity in its original niche, from lower to higher, in order to receive the hosting
ritual）。"⑳这是一项重要的商代宗庙制度。上文朱凤瀚提出的殷人可"祭兄于父母之宗"也
是一项重要的商代宗庙制度。二者合观，可以推知，直系亲属是可以被合祭的。合祭的方式
有两种：一种是有独立宗庙的地位较低的先王的示主，被迁移至地位较高的先王宗庙中，他
们一起接受祭祀；另一种是没有独立宗庙的未即位之兄的示主，被设置在父亲或母亲的宗庙
中，与父亲或母亲一起接受祭祀。

　　综上，从已知的商代宗庙制度及高度相似的文例（"其虫（侑）于保，于母辛亥"与"其又
（侑）于兄壬于母辛宁"辞例几乎完全相同），本文得出一个这样的结论："保"或可能是"多兄"
之一，大概率是妇好所出，其示主被设置在母辛的宗庙中，经常与母辛一起接受祭祀。但为何
不称兄某，而称"保"，则是遗留给我们的可以继续探讨的问题。

　　附记：本文是国家社科基金重大招标项目"殷墟甲骨拓本大系数据库建设"（15ZDB094）、国家社科基金重大委托项目"甲骨文图像数据库"（16@ZH017HA1）的阶段性成果。

（作者单位：首都师范大学甲骨文研究中心、"古文字与中华文明传承发展工程"协同攻关创新平台）

注：

① 李宗焜编著《甲骨文字编》第179页，中华书局2012年。

② 《合》15409与《合》26094为同文卜辞。

③ 宋镇豪、焦智勤、孙亚冰编著《殷墟甲骨拾遗》，中国社会科学出版社2015年。本文简称《拾遗》。

④ 见黄天树主编《甲骨拼合集》第165则，学苑出版社2010年；黄天树主编《甲骨拼合四集》第838则，学苑出版社2016年。下文中出现此组缀合出处均同此。

⑤ 于省吾主编《甲骨文字诂林》第172页，中华书局1996年。

⑥ 饶宗颐《殷代贞卜人物通考》第867—868页，香港大学出版社1959年。

⑦ 沈培《关于古文字材料中所见古人祭祀用尸的考察》，《古文字与古代史》第3辑第1—52页，史语所2012年。

⑧ 宋镇豪、赵鹏、马季凡编著《中国社会科学院历史研究所藏甲骨集》，上海古籍出版社2011年。本文简称《中历藏》。

⑨ 中国社会科学院考古研究所编《小屯南地甲骨》，中华书局1980年。本文简称《屯南》。

⑩ 林沄《商代兵制管窥》，《林沄学术文集》第155页，中国大百科全书出版社1998年。

⑪ 同注⑥第867页。饶氏所引此条卜辞出处为《续存（上）》1091，不确，《续存》本身将号码1601误为1091所致误，此版即《合》25038。

⑫ 陈梦家《殷虚卜辞综述》第472页，中华书局1988年。

⑬ 宋镇豪《甲骨金文中所见的殷商建筑称名》，《甲骨文与殷商史》新3辑第20页，上海古籍出版社2013年。

⑭ 冯时《甲骨文"震"及相关问题》，《甲骨文与殷商史》新3辑第45页。

⑮ 同注①第771—774页。

⑯ 陈梦家认为此片（《续》2.9.9）为武丁或祖庚卜辞，从"母辛"称谓来看，本文认为应划归为祖庚卜辞。

⑰ 《合》24951左侧拓面不全，造成"宐"左侧笔画缺失，学者或认为是"宗"字，由《前》1.30.5更完整之拓面观之，字非"宗"，而是"宐"。

⑱ 方稚松《甲骨文"㝅"字含义探析》，《语言科学》2021年第1期第92页。

⑲ 董作宾《殷虚文字乙编·序》第7页，史语所1948年。

⑳ 〔日〕高岛谦一《商代配祀之构拟》，王宇信、宋镇豪、徐义华主编《纪念王懿荣发现甲骨文110周年国际学术研讨会论文集》第316页，社会科学文献出版社2009年；又收于〔日〕高岛谦一《安徽大学汉语言文字研究丛书·高岛谦一卷》第73页，安徽大学出版社2013年。

古文字研究（34）：87—92，2022

试论甲骨文是殷代正规文字的一种变体

刘　源

　　裴锡圭根据唐兰的意见，将古文字分为商代文字、西周春秋文字、六国文字和秦系文字四类①。其中的商代文字，就是武丁至帝辛时代的文字，我们称之为殷代文字，以区别于商代早期零星出现的刻画符号和少许文字。裴先生指出，殷代正规文字是毛笔书写的，金文大体上可以看作当时正体；而殷墟甲骨文因为契刻的缘故，既有字形上的简化，也有笔画上的变化，即变圆为方，变粗笔为细笔，变填实为勾勒轮廓，故可将甲骨文看作当时一种特殊的俗体字；宰丰骨等非卜辞的兽骨刻辞，其书风与金文相似②。以上裴先生的意见，很好地说明了甲骨文与殷代正规文字的关系，有助于考释古文字工作中正确认识殷代文字的字形。蒋玉斌进一步指出，不同组类的甲骨文字体，与正体文字相比，其各种具体情况或接近、或俗简③。我们想结合阅读殷代文字材料的体会，再细谈一下甲骨文是正规文字之变体这个问题。

　　裴先生说，甲骨文是殷代一种特殊的俗体字。他将俗体定义为：日常使用比较简便的字体。以卜辞为主的甲骨文是否殷代日常使用的字体，尚可进一步讨论；但绝大多数甲骨文是刻出来的，为了刻字方便，其字体和笔画确实有普遍简化乃至变化现象；而且甲骨文主要是占卜记录，殷王朝的普通平民，甚至史官阶层以外的一般贵族，基本不会接触和使用，其刻写也主要由经过训练的刻手完成。从此角度看，为了记录占卜内容而契刻出来的甲骨文，是殷代正规文字的一种变体。和殷代正规字体相比，这种变体字变化的规律，正如裴先生所说，不仅字形结构有简化，还有笔画上的变化，如变圆为方，变实心为轮廓，总之其目的都是为了方便在坚硬的甲骨上刻写。在实际刻写过程中，刻手并非只简单地变动单个文字，出于追求效率的动机，他们甚至改变整条卜辞、整版文字的契刻方式，这与用毛笔书写文字时一个字一个字地写完全不同。整版刻写文字时，刻手往往"先刻竖画，再刻横画"，有时因缺刻横画，还会产生一竖行、乃至几列文字没有横画的现象，其典型例子如早期的《契合集》51（典宾）、《合》24440（宾组），与晚期的《合》36528反（黄组）。故从契刻角度来看，甲骨文并不能用简化或简体来概括，也不好直接说成是日常使用的俗体。以下我们论述殷墟甲骨文的特点都使用"变体字"这一概念，不再用俗体字的说法。事实上，变体这一概念也便于解释清楚为什么一些简化变形的甲骨文字在殷代和西周早期正体金文中始终未见，其原因就在于，甲骨文变体只是为了方便刻写而存在，不会出现在毛笔书写的场合，对后世的文字演变也就没有发生实际的影响。契刻的甲骨文作为殷代文字的变体，其典型例证除大家常举的"丁"字一例以外，尚可举出作为地支的"子"字、城邑的"邑"字等，详见附表1。当然，有的字一经简化，已与原来的正体分化成两个字,如鼎和贞,就不能再简单以正体、变体来分析了。以下谈谈甲骨文作为变体的三个问题。

一　模仿正规文字契刻的甲骨文

广义殷墟甲骨文,实际上包括卜辞、五种记事刻辞、记录田猎重大收获与战争重大胜利的记事刻辞、干支表。其中与田猎和战争有关的铭功类记事刻辞,方稚松称之为"五种外记事刻辞"[④],其典型材料如裘先生所举宰丰骨之例(《合补》11299反)。铭功类记事刻辞多依据当时正规文字契刻,比较忠实地模仿毛笔书写的字体,如史语所收藏的鹿头骨刻辞、牛头骨刻辞、牛距骨刻辞等材料;更有在字口中镶嵌绿松石者,如怀特氏所藏的虎腿骨刻辞(《合》37848反、《怀特》1915),反映其契刻是郑重其事,不怕费时费事的。

殷墟卜辞中有少数毛笔书写的文字,也基本属于当时的正规字体。宋镇豪主编的《中国法书全集·先秦秦汉》一书中集中著录一批殷墟卜龟、卜骨上的朱书、墨书文字材料,其书风与陶、玉、石器等载体上朱书、墨书文字相近[⑤]。有的毛笔书写文字存在先写后刻的情况,但其字形则接近契刻的变体,与正规文字存在较大差异,如《乙编》5867"丁未卜永",其"丁"字就先写、后刻成方形[⑥]。

殷墟卜辞中时代较早的师组大字(也有学者称"肥笔"),其文字虽是契刻,但也模仿当时的正规字体,即笔画较粗且圆转,像毛笔书写的一样。师组大字的字形,有的忠实于正规字体,如王字填实、丁字未填实但刻成圆形(《合》20577);有的则在正规字体基础上发生变化与简化,如王字、在字只勾勒轮廓,地支的子字略有简化(《合》19946反)。但整体上看,师组大字还是能反映当时正体字的特点,具有早期甲骨刻写的面貌,然不宜将之称为原始形态,因为字形结构和语法行文都是成熟的,只是刻字时不追求效率,不强调变化,比较忠实地模仿正体文字。师组大字的这种风格也有助于正确辨识一些形近的字,如丁、祊有别,《合》20354的"令小臣取祊羊鸟",其中祊字刻作方形,未刻成圆形,就不宜释为"取丁羊鸟"。而师组之后的宾组、历组等王卜辞,以及花东类非王卜辞中,祊字就刻成方形,与丁字很难区分了。与师组大字不同,宾组大字虽然看上去非常接近毛笔书写的正体[⑦],但其文字简化、由圆转变为方折的现象已比较明显,如《丙编》1、207中,甲子的子字、贞字、酉字均已简化;丁字刻写得接近方形;王字勾勒轮廓,这些字体特征与正体已有较大区别。要之,宾组大字和当时正体已有较大区别,具有典宾类文字刻写极简的特点,只是刻得较大,笔画较粗且圆转弯曲,故给人一种正体字的错觉,这是研究殷代文字时特别需要注意的。

二　各组类甲骨卜辞与殷代正规文字的关系

殷墟卜辞早、晚期的字体,均有正体与变体,或者说繁体与简体。我们不能简单地认为晚期字体是正体或繁体，而早期用变体或简体。殷墟卜辞最早和最晚两阶段，其字体都接近正体，即师组、黄组都存在模仿毛笔书写文字的现象。上文已述师组大字的特点，实际上黄组也有意识在字形、书风上与正体保持一致，如《合》35588、35589、35590的王、才（在）等字可证。李学勤早已看到黄组字体的这种接近正体的风格，在清华大学讲授甲骨文课时，就先从黄组卜辞讲起。

　　过去有一阶段，学者们认为甲骨文字形早、晚期有较明显区别，如晚期子丑寅卯的子用正体、癸字四角出头等。现在经过对师组、花东等卜辞材料的考察，我们知道武丁时代也是兼用正体、变体的。大致来说，师组、花东等组卜辞常用正体，而宾组、历组常用变体。宾组普遍使用简化的变体，历组则兼用少数正体。如"酉"之字形，宾组极简，历组接近正体。而帝辛时代，如上文所言，其风气又是常用正体。故我们在利用字体进行卜辞分组分类工作时，要考虑到每类字体与殷代正规文字的关系，特别是在列举每个组类的典型字时，应结合正体来说明其字形特点，以便学界可以普遍操作和实践。目前，在辨析各类甲骨文字体与正体的异同方面，蒋玉斌已有很好的研究，他以"子、屯"字形为例，指出：师肥笔、师小字与正体最接近，但师小字已有简省；师宾间、宾一、历一、历二等类与正体尚近，但已有明显省变，其中宾一和历二的一部分出现较剧烈省简；典宾类与宾出类是最俗简的写法；无名类、黄类仍保持与正体的联系，黄类字体接近正体[8]。蒋先生这一成果有很好的示范作用，在今后的字体分类研究过程中，在归纳各类的典型特征字时，均应细致考察其与正体字的联系和差别程度，这应该是字体分类与断代工作今后需要重视和加强的课题。事实上，不同组类的甲骨文与殷代正体关系是较复杂的，以历组为例，有的字刻写极简，如甲子的子、贞，有的字又保持正体面貌，如酉、午，可参见附表2。故不能笼统地说某类字体简化，某类字体用正体，在考察研究过程中还需要具体问题具体分析，最好逐字探讨。

三　研究甲骨文字形要尽量结合金文等正体

　　甲骨文的各类字体与殷代文字正体或接近，或简化变形，在分析其字形结构时需要参照金文正体。此外，甲骨契刻还存在漏刻横画造成字形不完整的情况，最典型的例证如"月一正曰食麦"（《合》24440）这则材料。此版揭示，当时契刻整版甲骨文是统一刻好竖画（斜画）再来刻横画的。这种契刻习惯对甲骨文字形的简化、讹变也有较大影响，其中最明显的一点是，刻手会尽可能将文字的笔画改造为竖、斜、横三大类，以方便契刻。而且整版刻写的甲骨文，也自然就谈不上笔顺问题。我们研究甲骨文字形结构及特点时，一定要考虑到殷墟卜辞这种契刻方式所带来的巨大影响。

　　考释甲骨文字或分析其字形结构时，最基本的要求就是要尽可能参考其对应的金文正体，或玉石器等载体上用毛笔书写的正体。当然，由于目前材料的限制，也有相当多数量的甲骨文并无金文等其他正体可以对比研究。因此，统计甲骨文与金文等正体的对应情况也是一项重要工作，哪些有正体，哪些没有正体，也要调查清楚。西周早期金文字体与殷代正体文字基本一致，在研究甲骨文过程中也可参考。最典型的例子，可举目前学界关注的从害从壬之壹字，其字形在金文正体中相对固定，如昔鸡簋铭文之例，但在殷墟卜辞中字形变化就较多而复杂，学者考释此字的突破点，也正在于认识到其正体的字形结构，避免了甲骨文变体的影响，方得出正确结论[⑨]。通过对比甲骨文壹与金文正体字形（参见附表3），我们可以进一步看出武丁、祖庚时期契刻甲骨文时改造字体的一些规律：第一阶段，是笔画直线化，如变1。第二阶段，是部分横画或全部短横改为斜笔，方便刻写，如变2、变3宝的最下两笔，及变4宝的全部横画。第三阶段，是简省掉部分横画或全部横画，如变5宝只存一横画，变6宝完全没有横画，这样做显然更便于刻写，然也有漏刻横画的可能性。

　　将甲骨文与正体结合研究时，还要注意殷金文字形本身早晚期也有变化。典型的例证为戈字或从戈之字的秘部那一竖笔，在武丁前后金文写作一直竖，至帝辛时代金文已写作一斜弯笔，这是因为即使毛笔书写，弧线也较直线好写。通过附表4的对比可知，甲骨文从戈之字显然也是借鉴正体，早期秘部刻成一竖笔，晚期则也变成了斜画。历组戈字或从戈之字秘部刻成直竖，显然是早期甲骨文的特征，由此亦可佐证历组时代确实是定在武丁、祖庚时期较为妥当。

　　有的字金文正体也有多种字形，较为复杂，与甲骨文联系起来反而便于梳理。如附表5的庚字，甲骨文变体除了宾组、历组的极简写法外，圆体类、花东、无名组、历组的写法都比较一致，可以反观在金文正体的几种写法里，正2才是通行正体，也就是甲骨文效法的字体，而正1、正3都稍有变化，正4则是罕见形式，在探讨庚字结构时，正4的参考价值也最小。因此，金文虽是毛笔书写的正体，但偶尔也会出现一些字形特殊的变体，甚至是讹误，在考察分析时反而可以借鉴甲骨文中接近正体的字形。如殷与西周早期金文中表示地支的子字，有的字形变化较大，像周初利簋中甲子的子，字形为𦥑，是一种夸张的装饰性写法，要看清楚它的结构，还需要参考甲骨文中较正规的字形，如黄组的𦥑、𦥑。

　　总之，研究殷代文字，甲骨文、金文是两宗数量最大的材料，殷墟甲骨文数量据葛亮统计有16万片左右[⑩]，殷代青铜器铭文据严志斌统计有5454件[⑪]，只有将两者结合起来，正确判定甲骨文与殷代正规文字的关系，才能更好地利用甲骨文材料去研究殷代文字的特点。在分析甲骨文字形时，我们要充分考虑其与金文等正体文字的关系，应认识到有的甲骨文变体在文字演变过程中并没有实质性作用，只是为了方便刻写而在一定历史阶段使用过。在进行卜辞字体分类工作时，我们也应考虑不同组类与正体文字的关系，并探索其简化变形规律，以更好地促进和细化卜辞断代的研究，总结发现字体组类差异的规律。

附表 1　殷代金文正体与甲骨文变体对照举例

	金文正体	甲骨文变体	变化规律	正体是否采用变体	变体对文字演变的影响
邑	〔字形〕	〔字形〕	变圆为方	未采用	无
丁	〔字形〕	〔字形〕	变圆为方 勾勒轮廓	未采用	无
丙	〔字形〕	〔字形〕	勾勒轮廓	采用	有
午	〔字形〕	〔字形〕	勾勒轮廓	未采用	无
酉	〔字形〕	〔字形〕	简化	未采用	无
贞	〔字形〕	〔字形〕	简化	未采用	无
子（地支）	〔字形〕	〔字形〕	简化	未采用	无

附表 2　历组卜辞使用正体文字举例

	殷金文	宾	历	无名	黄
酉	〔字形〕	〔字形〕	〔字形〕	〔字形〕	〔字形〕
午	〔字形〕	〔字形〕	〔字形〕	〔字形〕	〔字形〕
出处	《金文编》第997、1000页	《新甲骨文编》第832、835、836页			

附表 3　甲骨文"㞢"与金文正体之对照

	金文正体	变1	变2	变3	变4	变5	变6
时代或字体	周早	宾	宾	宾	宾	历	历
字形	〔字形〕	〔字形〕	〔字形〕	〔字形〕	〔字形〕	〔字形〕	〔字形〕
出处或合集号	昔鸡簋	17055 正	68	10579	6030	32770	32897
字形	〔字形〕				〔字形〕	〔字形〕	〔字形〕
出处或合集号	昔鸡簋				6046	32901	32899

附表 4　甲骨金文"戊、戍"字形之对照

时代或字体	金文正体		甲骨文变体				
	武丁	帝辛	宾	历	何	无名	黄
"戊"字形							
出处或合集号	司母戊鼎	父戊尊	6177 正	33241		28024	37544
"戍"字形							
出处或合集号		何尊	248 正	34381	31621		37673

附表 5　殷代"庚"字的正体、变体之比照

字体	殷金文				甲骨文					
	正 1	正 2	正 3	正 4	宾	圆体	花东	历	无名	黄
字形										
出处	《金文编》第 969 页				《新甲骨文编》第 813—814 页					

（作者单位：中国社会科学院古代史研究所）

注：

① 裘锡圭《文字学概要（修订本）》第 45 页，商务印书馆 2013 年。

② 同上注第 47—48 页。

③ 蒋玉斌《释甲骨金文的"蠢"兼论相关问题》，《复旦学报（社会科学版）》2018 年第 5 期第 128 页。

④ 方稚松《殷墟甲骨文五种外记事刻辞研究》，上海古籍出版社 2021 年。

⑤ 宋镇豪主编《中国法书全集·先秦秦汉》第 6—30 页，文物出版社 2009 年。

⑥ 李宗焜《当甲骨遇上考古——导览 YH127 坑》第 70 页，史语所 2018 年。

⑦ 同上注第 66—68 页。

⑧ 同注③第 127 页。

⑨ 刘钊《古文字构形学》第 178 页，福建人民出版社 2006 年；何景成《新出昔鸡簋与甲骨文"害"字考释》，《青铜器与金文》第 2 辑，上海古籍出版社 2019 年。

⑩ 葛亮《一百二十来甲骨文材料的初步统计》，《汉字汉语研究》2019 年第 4 期。

⑪ 严志斌《商代青铜器铭文研究》第 602 页，上海古籍出版社 2013 年。

古文字研究（34）：93—98，2022

无名组缀合一例及相关问题

门 艺

现阶段的 AI 缀合主要是采用"人机耦合"的方式[①]，在计算机跑完计算结果之后，需要人工的验证，我们正在努力建设一个比较完善的网站，将计算结果提供给大家，依靠更多的人进行缀合结果的验证，挑选可能的缀合结果，由藏骨单位进行实物验证，给甲骨文研究提供更多的完整资料。现阶段我们主要计算了卜骨，在进行验证工作的过程中，计算机提供的正确缀合大多为前人已经缀合过的结果，即复缀情况比较多，据前期的结果计算复缀率可达85%[②]。再加上人工验证人力时间有限，所以发现的新缀比较少。现就其中一例新缀进行解说，并讨论关于无名组占卜及卜辞涉及内容的相关问题。

一　缀合与释文

《合》30050+（《合》27281+《合》26980）（图1）

《合》27281+《合》26980为莫伯峰缀合[③]，AI提示《合》30050与《合》27281之间上下断口的密合度为97%，在将两张拓片放一起考察时，发现左右断口亦能合符，占卜内容相关联，此三片均为清华藏骨，来源单一，当为确缀无疑。

缀合后的此版为一较完整的牛胛骨，臼角在右，仅残缺骨扇下部。因无法看到背面钻凿情况，从卜辞和兆痕推断，沿对边钻凿应为一列8个或多于8个，臼边及骨扇上部，与对边上数第三个钻凿相对应，向下有一列3个或多于3个钻凿[④]。卜辞均守兆，大部分位于兆干之侧向背离兆枝的方向行进，或直行而下不转行。臼边上数第三个兆干之侧因被第二兆痕的卜辞占据，卜辞刻写在了兆枝一侧的臼边边缘。整版卜辞分布与背面钻凿应大致如《屯南》2172。残缺的骨扇部分，在无名组中大部分是没有卜辞的。全版释文如下：

（A1）甲寅卜：其用虢（虏），王受又。

（A2）叙替。

（A3）虢叀卿各于祼用，王受又。

（A4）于入自祼用，王受又。

30050

27281

26980

图1

（A5）其同（興）于且（祖）丁舌，王受又。大吉

（A6）弜同。用。吉

（A7）今夕雨。吉

（A8）今夕不雨，入。吉

（A9）乙夕雨。大吉

（A10）自乙至丁又大雨。

（A11）丁亡其大雨。

整版仅第（A1）条卜辞有前辞，为甲寅日占卜，其余10条均未记占卜日期，为一日内占卜的可能性很大。内容上来看，也是就某次祭祀而进行的连续卜问，是由4组不同主题的卜辞组成的一套卜辞。（A1）（A2）就是否用虞进行卜问，（A3）（A4）就用虞在祭祀中的具体时机进行卜问，（A5）（A6）就是否使用"同"这种祭祀手段进行卜问，（A7）至（A11）就甲寅夕至丁巳的天气情况进行卜问。商代多有对天气情况如雨的占卜，有一些可能与灾害有关，如久旱或雨不止，还有一些可能是为了便于祭祀、出行等活动。此版中的卜"雨"，即应是为祭祀活动而进行的占卜。

二　关于"叙龏"

（A2）辞"叙龏"是何组、无名组中常见的一个卜辞习语。于省吾在《甲骨文字释林》中将此习语与黄组中的"征龏"类比，认为"即延长福祉之义"，学界之后对此习语少有讨论。2007年刘风华在其博士论文中对其字形和用法进行了讨论，总结其用法有四：1.通常位于骨版第二辞的位置；2.通常做附属卜辞；3.偶有占辞；4.有时作命辞的一部分。2019年刘风华又通过辞例对比，认为"叙龏"与"弜又"意义相近，有否决、改换之意⑤。从"叙龏"一语在卜辞中的出现和使用情况来看，刘风华的观点很值得重视。对于"叙龏"的用法和意义，我们将修订补充以下几点：

1. 刘风华所总结的四点，其中1、2、4这三点可以总结为一点，即"叙龏"通常出现在第二卜。有些有兆序，兆序即为"二"。如：

辛…贞…一／贞：其叙龏。二　　　　　　　　　　　　　　　　《合》31871，何组

庚…／叙龏。二　　　　　　　　　　　　　　　　　　　　　《合》32325，无名组

有些直接点明为二卜，如：

叀…遘…大吉／叀二卜用。叙龏。吉／叀一卜用。遘蒦又大乙，有正。吉／叀二卜用。叙龏，有正。　　　　　　　　　　　　　　　　　　　　　　　　　《辑佚》617，无名组

有些兆序虽残，从与比较完整的第一卜的关系可以看出，如：

贞…叙…／己酉卜，暊贞：其又中己？／贞：其叙龏？　　　　　《合》27385，何组

此骨上残余三条卜辞，中间的第二条是一条完整的卜辞，应为第一卜，第三条是与其对应的第二卜。第一条可据第三条补足为："贞：其叙豙？"其下一定有与其相应的第一卜。

有些可以根据位置判断，在骨版上位于紧接首刻卜辞的第二辞，在龟腹甲上的"叙豙"几乎都是在千里路的左边。按照龟甲上先右后左的占卜顺序，也表明其第二卜的地位。如《合》31854为首甲左半，《合》29683、31857为尾甲左半，此外还有《合》30822、31856、31860等均为龟腹甲左半⑥。

2."叙豙"是命辞，相当于正反对贞的反面卜辞。"叙豙"在何组中多有"贞"字领属，为命辞无疑。无名组中虽然多不加"贞"字，但占据一个卜兆，也是单独的一次占卜，此外还偶尔有占辞和用辞（《合》31858）。关于相当于正反对贞反面卜辞这一点，刘风华已经举出一些例子，并进行了论证，这里强调一下《合》28218这一版：

（B1）庚子卜：其用，受[年]。

（B2）叙豙。弜用，受年。

这一版的第二卜既有"叙豙"，又有反面卜辞"弜用，受年"。一般情况下，"叙豙"或者单独使用，或者用贞领属，就已经表示与第一卜相反的意思。而（B2）在用了"叙豙"之后，还刻写了完整的反贞卜辞，是因为"其用，受年"这一占卜的焦点很不好区分，反贞既可以是"弜用"，也可以是"不受年"，而用了"叙豙"之后，很可能会有误解，因此加刻卜问的实际情况，使"叙豙"的意义更加明确。

3."叙豙"代表的是卜问的焦点。"叙豙"与一般的命辞不同，并不陈述要占卜的事项，只是用这一个词语代替其要占卜的焦点，表示与第一卜的焦点行为相反的意思。如《合》26975：

（C1）庚戌…辛亥…一

（C2）庚戌卜，何贞：匕辛岁。其叙豙。二

（C3）庚戌卜，何贞：其于来辛酉。三

（C4）庚申卜，何贞：翌辛酉虢用，隹。一

（C5）庚申卜，何。二

（C6）庚申卜，何。三

（C7）庚申卜，何。四

（C8）庚申卜，何。五

六

此片为何组卜骨，共有9个兆序8条卜辞，前三条为一组，后六条为一组，兆序和占卜日期使其界线分明，兆序"六"旁的卜辞残缺，还有一些干支表刻辞，此从略。同一组卜辞的占卜主题一般都是一样的，即焦点相同，此版第一组卜辞的焦点从（C3）来看应为占卜祭祀日期。

（C2）有两个内容："匕辛岁"和"其叔鰲"，焦点应该是"其叔鰲"，这从"叔鰲"之前有提示焦点的虚词"其"也可以看出。此外如果是"匕辛岁"的话，这一组占卜的焦点就会不一致。（C1）辞残，焦点也应该是祭祀日期，若补全大致为："庚戌卜，何贞：叀辛亥岁匕辛。"即占卜在辛亥这一天岁祭妣辛，（C2）是（C1）行为相反的卜问，因此"其叔鰲"代表的是不在辛亥这一天岁祭妣辛。岁祭妣辛的事实不变，只是占卜要不要在辛亥这一日进行。此次占卜的结果可能是（C2）吉，不在辛亥这一日祭祀，于是就有了第（C3）卜，再择吉日下一旬的辛酉来进行祭祀。这与《仪礼》所记士冠礼、特牲馈食礼、少牢馈食礼的筮日不吉，"则筮远日如初仪"类似。本版也的确记录了下一旬辛酉之前一日庚申为岁祭妣庚所做的占卜，第二组卜辞即是，只可惜第二组只有第一辞较全，其余各辞均未刻写命辞内容，大约是就祭牲种类、数量等进行的占卜。

《合》28218既有"叔鰲"，又有反面贞问，像这样的属于少数。大多是如《合》26975这样，只是把占卜背景记下，用"叔鰲"代表焦点的反面卜问。《合》30169中的"又大雨"、《合》30444中的"其雨"、《合》31849中的"若"、《合》31867中的"于之若"等应都是占卜背景，而"叔鰲"所代表的应该是当次占卜的焦点，即与第一卜相反的具体行为等。叔鰲并没有把命辞直接记明，内容与第一卜息息相关，因此刘风华认为其为第一卜的附属卜辞，也是有一定道理的。

4. 刘风华将"叔鰲"与"弜又"类比，将意思理解为否决、改换之意，这是对这一占卜习语的整体理解，"叔、鰲"这两字又该如何解释呢？

从字形上看，"鰲"字甲骨文与西周金文以及后世文字是可以接续得上的，因此前人认为即《说文》中的"鰲"，此观点可以接受。而"叔"在字形上比较难分析，释"肆"等说法均有未安。用法方面，除了"叔鰲"之外，卜辞中还有"征鰲"（《合》37382）、"徝鰲"（《屯南》47），与"叔鰲"的卜辞地位相同，都是第二卜，但意义与"叔鰲"有所不同。"鰲"前面的词可以更改，可见"鰲"应该是一个中心动词。

"鰲"字《说文》训为"引也"，在卜辞中讲不通，如果读为"釐"，在传世文献中"釐"的动词意义主要有"理也"和"改也"两个义训[⑦]。提及"改"，无名组、何组、黄组等卜辞中还有"弜改"一个卜辞习语，也常常单独做命辞，是与第一卜关系密切的第二卜。沈培在《甲骨文"巳"、"改"用法补议》一文中认为，"弜改"等"应当都是承接正面贞问的，也就是说，正面提出一种行动方案，接着是用'勿巳'、'弜巳'或'弜改'再贞问一次，目的是加以确认，意在卜问对于正面贞问所提出的行动不要更改"[⑧]。我们非常赞同沈先生对"弜改"意义用法的解说和分析，参考"弜改"，"叔鰲"的结构和用法与其类似，但意义是不一样的。"弜改"在第二卜是肯定和强调不要改动第一卜的占卜内容，"叔鰲"则是采取与第一卜相反的行动。如果将"鰲"理解为"改"，那么"叔"就将是一个无实义的虚词，而"征鰲、徝鰲"中的"征"和"徝"显然不是无实义的虚词一类，并且在"其叔鰲"中，"其"后直接跟虚词的语法现象也不多见。"鰲"理解为"改"

是有问题的。

朱骏声《说文通训定声》认为釐的本义为治邑、理邑，是由釐字从"里"出发，文献用例多解释为"理也"，如《书·尧典》"允釐百工"，《周语》"釐改制量"，《后汉书·张曹郑列传》"釐我国祭"等⑨，现代可理解为"治理、整理、处理"等意思。甲骨文此处的"釐"训为"理"，可以用"做"来理解，即做第一卜所述。"敊釐"就是反着做，"征釐"就是继续做，"㝵釐"就是晚点做。因此"敊"的意义大致为"相反"。

《合》30173中还有一个"戠"后接"釐"，或也与上述三词类似：

（D1）于丁卯酚。—

（D2）戠辛酚。—

（D3）甲子卜：其奉雨于东方，禭若南方。⑩

（D4）庚午卜：其奉雨于山。

（D5）戠釐。雨。丝用。

（D6）庚午卜，贞：坴丁至于祈卣入甫。丝用。

（D7）坴弜于甫。哭乎🗡。

此版臼角在左的牛肩胛骨，右边的对边骨条相对完整，缺少位于最下端的卜辞。有卜辞7条，内容上可分为4组，彼此之间联系不大。（D4）和（D5）为一组，庚午日卜求雨之辞。（D5）比较难理解，因此断句有很多种。我们将"戠釐"放在一起理解为"等一下做"，即第一卜占卜要向山进行奉雨之祭，第二卜占卜"等着奉雨于山"，隐含有先不要奉雨于山的意思。"雨"不能上读，独立成句，可能是验辞。

三　关于商代占卜的系统性

商代的甲骨占卜是一种连续性、系统性的行为，占卜常常连续进行，纯粹的单贞卜辞很少见，并常常随着上一次占卜的结果，决定继续下一次的卜问内容。例如《合》6484反面有一系列卜问祖先的卜辞："隹父甲／不隹父甲／隹父庚／不隹父庚／隹父乙／不隹父乙／隹父辛／不隹父辛"，这些占卜实际与正面的疒齿之卜有关，在得到父庚实是这次病齿始作俑者的结果之后，正面就有了"贞：出犬于父庚，卯羊？"这样的祭祀卜辞来，然后还有以病齿祭祷的占卜等。这一系列卜辞虽然在龟腹甲上的位置有正反之分，距离也较远，却是同一组占卜主题的卜辞，最好放在一起来理解。

同版之间卜辞的关系相对比较容易判断，但有时连续的占卜并不在同一版上，而分布于不同的版面之中。例如本文缀合的这一版，虽然版面比较完整，但从第（A1）条卜辞开始，就稍嫌突兀，直接从是否用牲开始占卜，在占卜这部分内容之前，是否还有其他相关内容的占卜呢，这就需要更为细致和广泛的研究对比才可以得出结论。

　　学者们总结卜辞的辞式如正反对贞、选贞、定型卜辞、成套卜辞、成套甲骨、成组卜辞、不对称对贞等，都对甲骨占卜系统性的特点有所揭示。但由于甲骨残碎破败、卜辞残断简省等原因，卜辞和卜辞之间的关系不易看出，全面了解商代甲骨占卜的系统性也就比较困难。通过甲骨缀合，尽可能地恢复甲骨原貌，可以通过比较完整的甲骨形态查看同版卜辞之间的关系，找到占卜的规律，更为深入地了解甲骨文的内容。

　　附记：本文为冷门"绝学"和国别史等研究专项"殷墟甲骨文疑难辞例疏证"（2018VJX076）的成果之一。本文在写作过程中，得到刘凤华女士和张然同学的帮助，在此谨表感谢！

（作者单位：河南大学黄河文明与可持续发展研究中心）

注：

① 莫伯峰、张重生、门艺《AI缀合中的人机耦合》，《出土文献》2021年第1期。

② 张重生《首款AI甲骨缀合产品——成果发布会》，河南大学承办中国古文字研究会第二十三届学术年会，2020年10月31日。

③ 莫伯峰《新拼合无名组甲骨卜辞五则》，中国社会科学院古代史研究所先秦史研究室网2010年1月26日，又见黄天树主编《甲骨拼合集》第268页第244则，学苑出版社2010年。

④ 由于现阶段的甲骨著录有背面照片的很少，而目验实物的机会更少，因此背面的钻凿及烧灼情况只能根据正面卜辞的位置和兆痕进行判断。卜辞的有无与烧灼更为密切，甲骨中有很多钻凿而不灼的情况，导致钻凿数量和分布与正面卜辞并不一致。因此新的甲骨著录以清晰的彩色照片形式展示正反面，对甲骨各方面的研究定有益处。

⑤ 刘凤华《殷墟村南系列甲骨卜辞整理与研究》，郑州大学2007年博士学位论文，又见《殷墟村南系列甲骨卜辞整理与研究》第424—426页，上海古籍出版社2014年；刘凤华《一种殷墟成组卜辞的文例分析及应用》，《殷都学刊》2019年第2期第47—52页。

⑥ 《合》30757中的"叙瞽"也是位于龟腹甲的左半，但关于此辞的从属有些疑问，或可通过背面钻凿烧灼情况释惑，今且存疑。

⑦ 〔清〕阮元编《经籍籑诂》第54—55页，成都古籍书店1982年。

⑧ 沈培《甲骨文"巳"、"改"用法补议》，《第四届古文字与古代史国际学术研讨会——纪念董作宾逝世五十周年论文集》第294页，2013年11月22—24日。沈培将有"弜改"的这种卜辞称为"不对称对贞"卜辞，从形式上来看，"叙瞽"也应该是"不对称对贞"卜辞。

⑨ 〔清〕朱骏声《说文通训定声》第189—190页，中华书局1984年。

⑩ 关于此版的释文，各家所释不一。前三条释文参考了刘影的释文，见《殷墟胛骨文例》第224页，首都师范大学出版社2016年。

古文字研究（34）：99—104，2022

从胛骨钻凿布局再谈师组、宾组、历组卜辞的关系

赵 鹏

一 殷墟王卜辞两系说的理论建构过程

殷墟甲骨分期两系说是现代甲骨学的一个重要理论。这一理论在几代学者的努力下得以不断发展完善。其理论建构过程大致如下：李学勤（1957）提出一个重要的分期思想："同一王世不见得只有一类卜辞，同一类卜辞也不见得属于一个王世。"[①] 随着殷墟妇好墓的科学发掘，李学勤（1977）指出："历组卜辞其实是武丁晚年到祖庚时期的卜辞。"[②]（1981）指明："殷墟甲骨至少有两大系统：第一系统：宾组、出组、何组、黄组。第二系统：师组、历组、无名组。"[③] 林沄（1981）构建的两系说框架为：先是师组大字，其后分两系发展：一系发展为师组小字、师宾间组、典型宾组、宾组晚期、出组、何组，一系发展为师历间组、历组一类、历组二类、无名组、无名组晚期、黄组，并认为何组也发展到无名组晚期、黄组[④]。黄天树（1991）同样认为何组发展到无黄间类，再发展到黄组[⑤]。李学勤、彭裕商（1996）指出："师组卜辞村南、村北均有出土，是两系共同的起源，师宾间组只出村北，师历间组只出村南，才开始分两系发展，往后宾组、出组、何组、黄组为村北系列，历组、无名组、无名黄间类为村南系列，无名黄间类以后，村南系列又融合于村北系列之中，黄组成为两系共同的归宿。"[⑥] 以上研究确定了殷墟甲骨分期两系起于师组、终于黄组的框架。李学勤（2008）认为，从所谓"师历间组"到历组，再到无名组和无名组晚期，构成了小屯村中、南甲骨的一贯系列，与村北的系列平行并存[⑦]。

由"两系说"理论的发展过程可以看出，最早李学勤提出的"两系"思想为村北系的"宾、出、何、黄"与村中村南系的"师、历、无名"。其后发展为师组为两系的起点，黄组为两系的终点。再发展到两系各有终点：村北系终于黄组，村南系终于无名组晚期。对于两系说的终点，虽然目前没有明确的赞同或反对意见，但是从殷墟甲骨文中同时期的异组同人名、胛骨文例、钻凿布局[⑧]的整理研究情况来看，都可以佐证李学勤提出的两系各自终结，不必合到黄组（即村北系宾、出、何、黄，村南系师历、历、无名）的理论。当然，两系不必同时结束，黄组可以结束得略晚，无名组晚期可以结束得稍早，无名组不必再发展到黄组。这种发展脉络应该比较符合殷墟甲骨卜辞在形式与内容方面体现的实际情况。

关于两系的开始，黄天树（1991）认为师小字一部分发展为师宾间类，一部分独立存在

到与典宾类甚至宾出类同时并存；师历间类与师小字关系密切，但未明确指出二者的发展关系。李学勤、彭裕商（1996）认为师大字为两系的共同起源；师小字一类一部分以贞人师为主，发展为师小字二类、师宾间类；一部分以贞人扶为主，发展为师历间类。

本文旨在通过梳理武丁时期的师组、师历间类、历组一类、师宾间类、出类、宾组一类胛骨反面钻凿布局的发展序列探讨两系的起点。

二　师组胛骨钻凿布局

胛骨钻凿大致分布在反面的骨首骨颈、颈扇交界、对边骨条及正面骨扇四个部位。师组胛骨有师组肥笔类与师组小字类。其钻凿布局分布大致如下：

(一) 骨首骨颈部位

师组肥笔类与师组小字类胛骨骨首骨颈部位有单个及两列两种钻凿布局类型。

1. 单个钻凿布局。师组肥笔类《合》19812、《合》20354、20577+骨首骨颈部位1个单独钻凿。师组小字类《合》22466骨颈中下部1个钻凿。师组肥笔类《合》19813、师组小字类《合》20113骨首骨颈部位2个钻凿。师组肥笔类《合》19798、师组小字类《合》20970骨首骨颈部位可以看作复合钻凿区。

2. 两列钻凿布局。师组肥笔类《合》20576、师组小字类《合》20878骨首骨颈部位两列钻凿。颈扇交界部位，师组肥笔类钻凿布局较稀疏，师组小字类布局密集。师组肥笔类骨首骨颈部位两列钻凿布局直接影响了后世"对边一列、臼边半列"的沿骨边布局模式。村南系历组一类以后、村北系出组二类以后钻凿的基本布局皆沿袭于此，或者说这是晚期钻凿沿骨边布局的肇端。

(二) 对边、臼边骨条及颈扇交界部位

1. 师组肥笔类与师组小字类对边骨条部位基本都会有一列小圆钻或小圆钻间有长凿。师组肥笔类《合》19812、师组小字类《合》20113沿对边骨条一列小圆钻。

2. 颈扇交界部位近臼边有时有半列或多半列的钻凿。师组肥笔类《合》20463、师组小字类《合》20970近臼边部位半列钻凿。

3. 颈扇交界部位以下、骨扇中上部有时有多列或较密集钻凿布局。师组肥笔类《合》20440+[9]近对边部位，师组小字类《合》21093、22536、32156近臼边、颈扇交界部位以下、骨扇中上部钻凿较密集。

(三) 正面骨扇部位

师组胛骨正面骨扇部位有稀疏与密集两种钻凿布局类型。

1. 正面骨扇下部钻凿稀疏时，排列多成行成列，较为有序。师组肥笔类《合》20980、19761以及师组小字类《缀汇》903正面骨扇部位钻凿布局成行成列，较为有序。

2.正面骨扇下部钻凿密集时,排列无序,较为杂乱。师组肥笔类《合》19946正面骨扇下部钻凿密集,排列杂乱无序。

综上,师组胛骨钻凿布局骨首骨颈部位以单个钻凿为主,也有两列布局。沿对边多有一列小圆钻或小圆钻间有长凿。骨首骨颈部位与骨条部位的钻凿分区一般较为明显。颈扇交界部位近臼边有时有半列或多半列钻凿。师组小字类胛骨颈扇交界部位密集钻凿布局情况多于师组肥笔类。正面骨扇部位钻凿布局多稀疏有序,师组肥笔类有密集无序排列。师组钻凿有时灼烧方向不定。

三　师历间类、历组一类、屮类胛骨钻凿布局

师历间类、历组一类、屮类胛骨钻凿布局大致如下:

(一) 骨首骨颈部位

师历间类、历组一类、屮类胛骨骨首骨颈部位有单个(或无)、两列钻凿布局,历组一类有三列钻凿布局。

1.单个(或无)钻凿布局。师历间类《屯南》2173骨首骨颈部位无钻凿,类似前文师组小字类《合》22466。师历间类《合》20928最上1个长凿,《合》20038最上2个长凿,这两版胛骨的钻凿布局类似前文师组肥笔类《合》19798及师组小字类《合》20970,可以看作复合钻凿区。师历间类《合》21007、历组一类《屯南》772、屮类《合》21471骨首部位2个钻凿。

2.两列钻凿布局。师历间类《合》32187、《合补》6926以及历组一类《屯南》751、2352骨首骨颈部位两列钻凿。这种钻凿布局类似于前文师组小字类《合》20878。师历间类《村中南》355、历组一类《屯南》2400、屮类《合》20576骨首骨颈部位两列钻凿。

3.历组一类的骨首骨颈部位三列钻凿。历组一类《屯南》2525、2604骨首骨颈部位三列钻凿,类似于宾组一类、典宾类胛骨钻凿布局。历组一类胛骨骨首骨颈部位的钻凿有二列和三列布局,其中以二列钻凿为主,有极个别的单个钻凿。

(二) 对边骨条及颈扇交界部位

1.沿对边有一列连续或非连续的钻凿。师历间类《合》21007、22404以及历组一类《屯南》751、2368沿对边一列小圆钻或长凿。

2.颈扇交界部位钻凿多密集。师历间类《合》34991、35257、33081,历组一类《屯南》2150,尤其是师历间类颈扇交界部位钻凿一般较为密集。类似前文师组小字类《合》32156、21093、22536。其中《合》35257颈扇交界部位钻凿布局排列整齐,类似典宾类颈扇部位钻凿布局。

(三) 正面骨扇部位

师历间类胛骨正面骨扇部位施加钻凿的材料很少,历组一类胛骨正面骨扇部位多施加钻

凿，一般稀疏有序。师历间类《村中南》451，出类《合》19773，历组一类《村中南》380、《屯南》2541、《屯南》663、《合》33025正面骨扇下部钻凿布局稀疏有序，类似于师组小字类。

(四)"对边一列，臼边半列"钻凿布局

历组一类，《屯南》2601沿对边一列9个钻凿，臼边半列6个钻凿；《屯南》2288沿对边一列钻凿，臼边半列3个钻凿，其下颈扇交界部位缀6个钻凿。类似于师组肥笔类与出类共版的《合》20576骨首骨颈部位的钻凿布局。村南系历组一类胛骨出现明确的"对边一列、臼边半列"钻凿布局。

综上，师历间类、历组一类、出类胛骨反面钻凿布局，骨首骨颈部位有单个（或无）钻凿和两列钻凿两种布局。历组一类以两列钻凿布局为主，也有三列钻凿布局。颈扇交界部位以下沿对边骨条有一列小圆钻或长凿。颈扇交界部位的钻凿通常较为密集。正面骨扇下部，师历间类钻凿材料比较少，历组一类多施加钻凿，且布局稀疏有序。历组一类出现明确的"对边一列、臼边半列"钻凿布局。

四　师宾间类、宾组一类胛骨钻凿布局

师宾间类、宾组一类胛骨钻凿布局大致如下：

(一) 骨首骨颈部位

师宾间类、宾组一类胛骨骨首骨颈部位有三列、两列和单个钻凿布局。

1. 三列钻凿布局。师宾间类《合》11770、宾组一类《缀集》201骨首骨颈部位三列钻凿。师宾间类《合》11972、宾组一类《合》8592骨首骨颈部位三列钻凿，最上一行两个钻凿。骨首骨颈部位三列圆钻包摄长凿是师宾间类胛骨典型钻凿布局。这种钻凿布局的最上一行有时施加1个或一行2个钻凿。

2. 两列钻凿布局。师宾间类《拼集》148、宾组一类《合》2136骨首骨颈部位两列钻凿。师宾间类《合》9758反面有与臼边平行的两列圆钻包摄长凿。这种钻凿布局是师宾间类独有的。

3. 单个钻凿布局。师宾间类《合》106、宾组一类《英藏》1231骨首骨颈部位1个钻凿，这种钻凿布局通常用异版成套的方式进行占卜。师宾间类《英藏》1763最上2个一列钻凿，其下沿对边骨条一列长凿，沿臼边也施加钻凿。这种钻凿布局在师宾间类胛骨上偶见，类似于前文师组肥笔类的《合》19798、师组小字类的《合》20970、师历间类的《合》20928。

(二) 对边骨条及颈扇交界部位

1. 沿对边有一列钻凿。师宾间类《合》72、5945、12843，宾组一类《合补》1147沿对边骨条有一列小圆钻、长凿或圆钻包摄长凿。

2. 颈扇交界部位钻凿密集。师宾间类《合补》2523、4537，宾组一类《合》1820、11743颈扇交界部位钻凿较为密集，与骨首骨颈部位钻凿浑然一体。

(三) 正面骨扇部位

师宾间类、宾组一类胛骨正面骨扇下部施加钻凿的材料很少，基本稀疏有序。师宾间类《合》72、宾组一类《合》18910正面骨扇下部钻凿稀疏有序。

综上，师宾间类、宾组一类胛骨反面的钻凿布局，骨首骨颈部位主要有三列、两列和单个三种类型。其中，师宾间类以三列圆钻包摄长凿为主要类型，宾组一类以单个和两列钻凿为主要类型。沿对边骨条一列钻凿。颈扇交界部位钻凿较为密集，一般与骨颈部位浑然一体。正面骨扇下部的钻凿材料较少，基本稀疏有序。

五　从师组、宾组早期、历组早期胛骨钻凿布局
看三组卜辞的发展脉络

从师组、师历间类、历组一类、师宾间类、宾组一类胛骨反面骨首骨颈部位的钻凿布局来看，师组与历组有更为密切的发展演变关系。

胛骨反面骨首骨颈部位单个钻凿布局，师历间类的《合》20928、20038类似于师组肥笔类的《合》19798、师组小字类的《合》20970。胛骨反面骨首骨颈部位两列钻凿布局，师历间类的《合》32187、《合补》62，历组一类的《屯南》751、2352类似于师组小字类的《合》20878。师历间类的《村中南》355、历组一类的《屯南》2400类似于师组肥笔类与𡧈类共版的《合》20576。对于骨首部位来说，无论是单个钻凿布局，还是两列钻凿布局，师历间类、历组一类与师组肥笔类、师组小字类的关系都较为密切，钻凿布局类型较为一致，可以找到从师组肥笔类、师组小字类继承绵延下来的脉络。𡧈类胛骨反面钻凿布局与师组、师历间类也较为一致。

师宾间类、宾组一类胛骨反面骨首骨颈部位有三列、两列和单个钻凿布局。师宾间类以三列圆钻包摄长凿为主要钻凿布局类型。宾组一类以两列和单个钻凿布局为主要钻凿布局类型，也有一些三列钻凿布局。宾组一类胛骨反面骨首骨颈部位单个钻凿布局时，已经很稳定地使用异版成套的形式进行占卜。就目前材料来说，师组与师宾间类胛骨反面钻凿布局的联系只是偶见。从师组到师宾间类，胛骨反面骨首骨颈部位的钻凿布局类型跨度很大，或者说师宾间类胛骨反面骨首骨颈部位的钻凿布局从师组绵延下来的痕迹很模糊，二者差异较大。

胛骨反面骨首骨颈部位的钻凿布局，师组与历组早期较为一致，与宾组早期差异较大。从钻凿布局的角度来看，师组与历组的关系较为密切，是继承与发展的关系，村南一系从师组继承发展下来。师组与宾组的关系稍远，师宾间类与宾组一类有继承发展的痕迹可循。因此，不排除宾组是武丁中期以后，由于政治、神权、王权的发展，商王武丁另外建立的一支新的占卜机构。这支占卜机构在村北逐渐发展壮大起来。当然，武丁时期的师组、师历间类、师宾

间类、历组一类、宾组一类、出类有同文卜辞,各类卜辞的占卜内容在时间上有着明确的同时共存或交错关系。这种共时与交错并不影响两系的存在与各自发展。

钻凿布局只是反映殷墟甲骨分期两系的一个视角。这个角度不一定全面,但对于探讨两系缘起来说,有一定作用。

（作者单位：中国社会科学院古代史研究所、
"古文字与中华文明传承发展工程"协同攻关创新平台）

注：

① 李学勤《评陈梦家〈殷虚卜辞综述〉》,《考古学报》1957年第3期第124页。

② 李学勤《论"妇好"墓的年代及有关问题》,《文物》1977年第11期第37页。

③ 李学勤《西周甲骨的几点研究》,《文物》1981年第9期第10页。

④ 林沄《小屯南地发掘与殷墟甲骨断代》,《古文字研究》第9辑第142页,中华书局1984年。

⑤ 黄天树《殷墟王卜辞的分类与断代》,台北文津出版社1991年。

⑥ 李学勤、彭裕商《殷墟甲骨分期研究》第305—306页,上海古籍出版社1996年。

⑦ 李学勤《帝辛征夷方卜辞的扩大》,《中国史研究》2008年第1期第20页。

⑧ 赵鹏《殷墟甲骨文人名与断代的初步研究》,线装书局2008年;刘影《殷墟胛骨文例》,首都师范大学出版社2016年;赵鹏《殷墟有字甲骨钻凿布局与占卜形式探研》,待出版。

⑨ 《合》20440+3.2.0205+3.2.0615,陈逸文《〈甲编〉缀合26例》第18例,中国社会科学院古代史研究所先秦史研究室网2014年3月6日。

古文字研究（34）:105—111,2022

一版甲骨新缀及相关问题研究

周忠兵

《甲》2591(《合》28148正)上有一字作■，其辞例为"戊寅卜,王贞:弜^①■"。几种常见甲骨工具书对之的释读意见如下:

表一　■字的考释

《旧编》381 页	《综类》42 页	《类纂》116 页	《新编》813 页	《字编》102 页
苟	■		■	祝

这几种观点哪种可信呢? 可从一版甲骨的缀合来判断。刘影曾将《合》27456正(《美》414[《佚》257+266]+《甲》2799)与《合补》10222正(《甲》2777)相缀【反面为《合》27456反(《佚》266反[<《美》415])+《合补》10222反(《甲》2778)】^②,缀合后补足"瓒"字,准确可信。此缀合甲骨上有以下几条卜辞:

(1)壬^③子卜,何:其祝,之祝。

(2)戊寅卜,王贞:其祝^④。

(3)戊寅卜,□贞:其祝。

这三辞中的"祝"作■形,与一般的祝形(■)相比突出覆手形。■与此类"祝"相比,只是上方的"口"形缺刻了横画,且■所处卜辞占卜时间亦为"戊寅",与第(2)(3)辞的联系是显而易见的,所以《字编》将■释为"祝"最可能是正确的。

刘影缀合的这版甲骨其缀合历史可略作说明。《合》27456正由《佚》257+266正+《甲》2799相缀而成。其中《佚》257+266正为唐兰所缀^⑤,这两版甲骨原为施氏(Ernest K. Smith)1932年购藏,现藏于美国哥伦比亚大学东亚图书馆^⑥,此缀合版的正反拓片、照片分别著录在《美》414、415(拓片),《北美》42正反(照片)。

郭若愚在此基础之上加缀《甲》2799^⑦(《合》27456,详见表二),不过屈万里曾对这一加缀表示怀疑^⑧,李棪亦认为:"予曾目睹两地实物,并详记其色泽、厚薄、兆璺位置等之异同;惟尚不能确定其果相连属,或竟是一版之折也。《屯乙》之片有界画,序数井然;此片则杂乱无章,此种情形,似不应在同版中发生者。且从反面验之,当中近上边有两个双联凹穴,经已灼过,但正面卜兆未经刻画;第十辞又复犯兆,反面左边尚存四个双联凹穴之半;除非将此片制成石膏模型,与《屯乙》实物试缀之外,无法臆断矣。"^⑨

表二　《合》27456的缀合图示

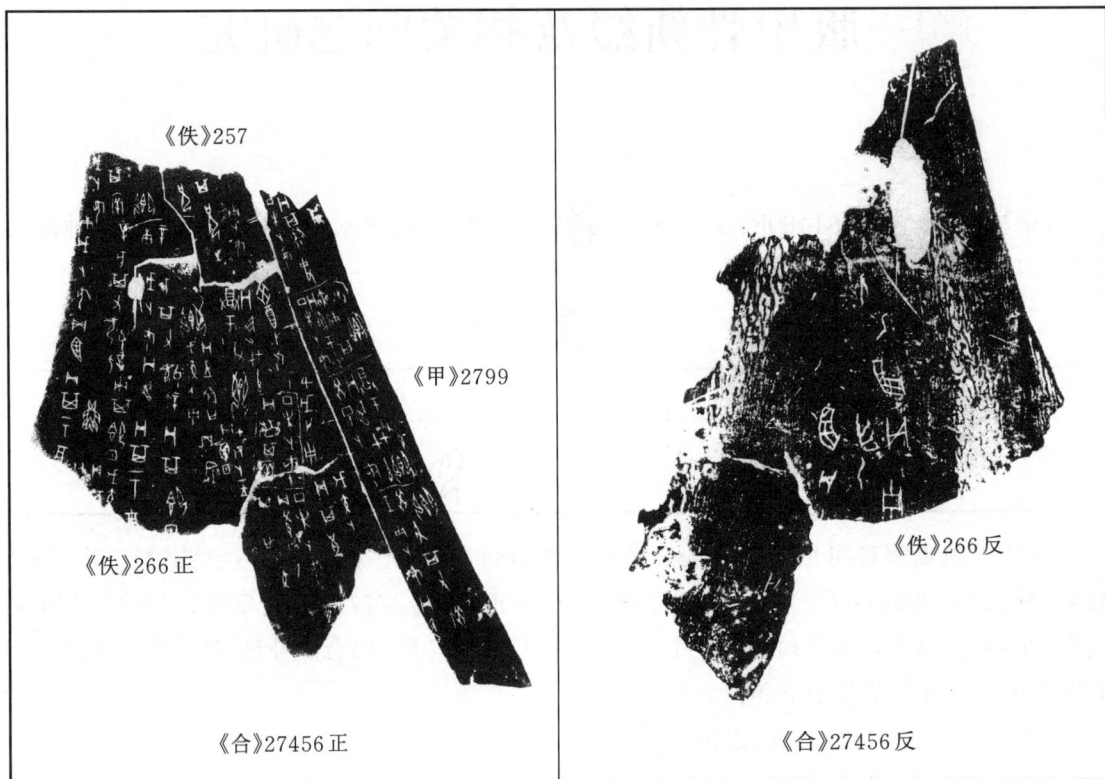

《合》27456正　　　　　　　　　　　《合》27456反

　　从表二所录缀合图可以看出,郭若愚加缀的《甲》2799与《佚》257+266正的缀合仅靠接缝,故易被怀疑其缀合的准确性。另《合》27456反所录拓片只是《佚》266的反面,未采用还包括《佚》257反面的《美》415,亦不太科学。郭若愚加缀的《甲》2799为1929年第三次科学发掘所得,刘影加缀的《甲》2778亦同,这似可说明郭若愚的加缀还是很可能成立的。

　　我们在考察 𐊀 为何字时,发现其实《甲》2591、2592可加缀在刘影缀合的《合》27456+《合补》10222上,缀合图版如表三所示⑩。从我们所作照片、拓片(《甲》2799因背面没有文字,故无反面拓片)缀合图可以看出《佚》257+266与《甲》2799、2777(2778反面)之间的缀合很密合。特别是将《甲》2591与2799缀合后可补足"翼(𐊀)"字。可证《佚》257等甲骨之间的缀合可信。

表三 新加缀图示

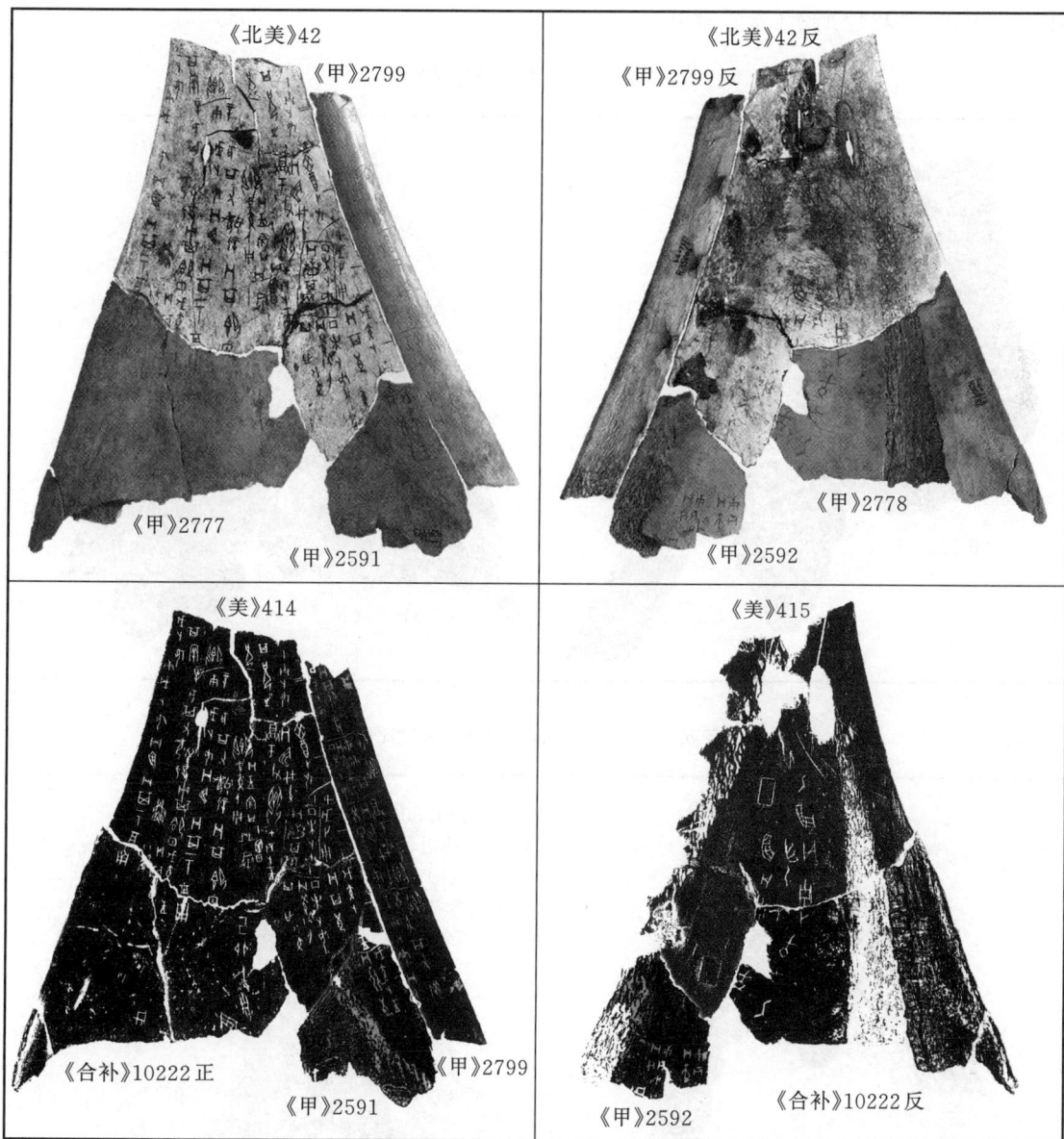

不过，将《合》所录《佚》257+266+《甲》2799缀合图版与我们所作图版相比较（参看表四），不难看出我们将《甲》2799的位置略微向下移动了一些，这样处理后使得《甲》2799上的"翼"字残画能与《甲》2591上的"翼"字残画密合，且《甲》2799上的壬子等辞与《佚》257+上相应卜辞的兆序位置关系更为合理。由此可见，郭若愚虽准确地判断出《甲》2799可与《佚》257+相缀，但所作缀合图中两甲骨的位置关系处理得并不合适。这样骨边与骨面可缀合但

位置关系有误的例子如《合》32501，其右侧骨边的位置亦需向下移动，两者间准确的缀合位置关系应如《醉》247所示（参看表五）。

表四 《甲》2799缀合位置对比图

表五 《合》32501右半缀合位置对比图

如此一来，与《佚》257+相缀的《甲》2799、2777、2591三版皆为第三次科学发掘所得甲骨，《佚》所录施氏藏品可与第三次科学发掘品缀合的例子及原因董作宾已有很好的论述[11]：

施氏之一批材料果何自来乎？施氏得之厂肆，余所知也。然更究其原，则不能不旧事重提，溯及既往。前言第三期卜辞，出于大连坑为多，施氏之甲骨，不但贞人与大连坑出土者全同，而最重要之证据，则在二五六"上甲"一版适与吾人第三次发掘所得之一骨版相合，合之而成本书九八六之一版。此九八六之左上方即二五六，其下方之一版，乃四骨合成（三·二·〇〇六三、三·二·〇〇七四、三·二·〇〇七七、三·二·〇一二〇），盖同出于横十三丙北支一坑，而散在四处。横十三丙北支者，大连坑西南之一部分也。二五六一版既可与之衔接，其同出甲骨又多与大连坑第三期贞人吻合，则此一批材料之必出于村北大连坑，无可疑矣。大连坑附近，吾人第三次工作始发掘之。及河南民族博物院之争执起，此停彼作者兼旬。继乃复由吾人开大连坑，得第三期甲骨甚多。前乎此，固未尝有人开掘之也。民族博物院所采获者旋被盗窃，失去盛放甲骨文字之绿布小箱一件，事经轩、邱两人手，其所居五洲旅馆主人畏罪逃，馆舍查封者累月，事实昭然，县府有案，可覆稽也。施氏一批材料之渊源，大抵如此。

通过我们的加缀，《甲》2591上的 字，其所在卜辞与其上方的"戊寅卜，王贞：其祝"（此辞中的"王"因上方有卜兆，故与其辞中的"卜"相距较远）形成正反对贞，由此可以肯定 字应为"祝"之缺刻横画，《合》27456正最上方壬子之辞中的"壬"亦缺刻横画，与之相似。故《字编》将之归入"祝"，准确无误[12]。

最后，据《北美》42所录《佚》257+的清晰照片，可纠正以往学界对其上两个文字的误摹误释，其一为 ，辞例为"丁未卜，何贞： 其二宰"。几种常用甲骨文字工具书对此字的摹录如表六所示，其中《类纂》《总表》《字表》《新编》皆将之释为"莫"，其他几种只是摹录字形。由 的清晰照片可知，这些工具书对之的摹录皆不准确，释为"莫"亦误。此字左侧为"夗"，右下为"目"，乃 、 之异体[13]。另，表七所录对此辞的几种释文亦皆不准确，如未辨识出 、缺释"二"字。

表六　 字的摹录

《旧编》 647页	《综类》 186页	《类纂》 505页	《总表》 75页	《字表》 72页	《字编》 487页	《新编》 34页

表七　丁未辞的释读

	释文
《佚》	丁未卜▲，贞▲其宰。
《合集》	丁未卜，何，贞▲其宰。
《摹释》611 页	丁未卜何贞莫其宰。
《校释》3096 页	丁未卜，何，贞莫其宰。
《全编》2460 页	丁未卜何贞莫其宰。

其二为▲，辞例为"甲辰卜，王贞：翼日其▲"。此字在甲骨上倒刻为▲（其上方的"其"亦倒置作▲），应将之正作▲，从示、乇（斜笔未穿过竖笔，刻写不到位）、口（右侧竖笔加小短横），与之构形相同的字如▲（《甲》2655＝《合》27282），皆为祜之异体。表八所示相关工具书皆将之倒置摹入，且字形皆不准确，并误作不识之字。另表九所录对此辞的几种释文，亦皆不准确，如未辨识出▲、多将"其"误为"丙"。

表八　▲字的摹录

《旧编》739 页	《字编》1342 页

表九　甲辰辞的释读

	释文
《佚》	甲辰卜，王贞翌日丙▲。（下从午疑即午字之繁变）
《合集》	甲辰卜，王，贞翌日丙▲。
《摹释》611 页	甲辰卜王贞翌日丙……
《校释》3096 页	甲辰卜，王，贞翌日其□。（"其"字倒刻）
《全编》2460 页	甲辰卜王贞翼日丙□。

附记：本文为"古文字与中华文明传承发展工程"资助项目"双剑誃藏甲骨拓本整理"（G1002）、吉林大学基地重大项目（2020XXJD07）的阶段性成果。

（作者单位：吉林大学考古学院古籍研究所）

注：

① 此字作 [图]，一般释为"从"，其实应为"弜"，类似形体的"弜"如 [图]（《合》31046）。

② 刘影《甲骨新缀第181组》，中国社会科学院古代史研究所先秦史研究室网2014年8月10日，又收入黄天树主编《甲骨拼合四集》第875则，第74—77（图版）、265—266（释文）页，学苑出版社2016年。

③ "壬"字缺刻横画，商承祚认为是"甲"之缺刻（《佚存考释》第40页，金陵大学中国文化研究所丛刊甲种1933年），不妥。

④ 此辞中的"其祝"，刘影释文作"其叀（？）祝"（《甲骨拼合四集》第265页），误将"祝"释为"叀"，且将此辞左侧的"丁（缺刻横画）未"两字误为"祝"。

⑤ 参看《佚存考释》第40页的说明文字。

⑥ Hung—hsiang Chou. *Oracle Bone Collections in the United States*，第17—18页，University of California Press 1976。

⑦ 郭若愚、曾毅公、李学勤《殷虚文字缀合》第20页第51组，科学出版社1955年。

⑧ 屈万里《殷虚文字甲编考释·自序》第2页，史语所1961年。

⑨ 参看李棪《北美所见甲骨选粹考释》，《香港中文大学中国文化研究所学报》1970年第3卷第2期第316页。

⑩ 缀合图中《甲》2592、2778、2799三者的照片采自"考古资料数位典藏系统"。

⑪ 董作宾《殷契佚存·序》第5页，金陵大学中国文化研究所丛刊甲种1933年。

⑫ 最早将此字看作"祝省形"者应该是饶宗颐，参看其《殷代贞卜人物通考》第18页，香港大学出版社1959年。

⑬ 刘影已怀疑此字为"智"（《甲骨拼合四集》第265页。）

古文字研究（34）：112—118，2022

从不对称否定看卜辞中"惠"和"惟"的词义差别

莫伯峰

  "惠"和"惟"是甲骨语法学研究的热点之一[①]，"它们在卜辞中都十分常见。若不把它们研究清楚，就很难真正理解卜辞"[②]。纵观"惠"和"惟"的研究历史，所涉内容很多，包括词性、词义多少等等。而最核心的研究题目，无疑是辨析二者的差别。裘锡圭曾指出："'惠'和'惟'应该是一对音、义皆近的虚词，二者的区别究竟在哪里还有待研究（原注：很多古文字学者认为甲骨文"惠"、"惟"用法无别，是不对的）。"[③]义近有别，这应该代表了学界的一种广泛共识，因此辨析"惠"和"惟"差别的论文很多。有学者认为"惠"是特指的强调，常用于选择场合，而"惟"是确指的强调，常用于单一肯定的场合[④]。还有学者认为"惠"表肯定的提示，而"惟"表判断、拟测，既可以是肯定的，也可以是否定的[⑤]。观点纷纭，但都未中肯綮。

  这些研究中，张玉金的意见尤为值得注意。张先生硕士学位论文《先秦汉语"唯"字研究》即以"惟"为研究对象[⑥]，而后又发表了《甲骨卜辞中语气词"唯"与"惠"的差异》[⑦]和《甲骨卜辞中"惠"和"唯"的研究》[⑧]等多篇论文专门讨论此问题，在《甲骨文虚词词典》等论著中也专门对"惠"和"惟"进行了详细的分析[⑨]，对此问题的研究非常深入。在《甲骨卜辞中"惠"和"唯"的研究》一文中，他曾提出："'唯'和'惠'这两个卜辞中常见的词有同有异，它们的基本性质都是语气副词，它们的基本语气都是强调，但是，'惠'字一般强调主观意愿，而'唯'字一般强调客观事实，两者在语气上有细微差别。"[⑩]而在《20世纪甲骨语言学》一书中，他对上述观点进行了反思和否定，提出了一种新的辨析角度，应该代表了最后比较成熟的一种观点。他认为："**'惠'有着强烈的肯定语气**，只出现在肯定句中。'惠'字的语气就是强调，在这种语气中有着对意愿的肯定。而'唯'字在肯定句和否定句中都常用，在'唯'的语气中并**无强烈的肯定色彩**。所以在与'惠'字句相对的否定句中使用的焦点辅助标记是'唯'。这种'唯'字，是替代'惠'字而使用的。"[⑪]

  我们认为张玉金最终的观点是非常可取的，已经洞悉了二者的实质性差异。但由于在《20世纪甲骨语言学》中只是简单的评述，没有系统地展开论证，所以还有两方面问题需要进一步讨论：1.产生这种差异的原因；2.这种差异对卜辞理解产生的影响。

一

只能出现在肯定句中，就具有"强烈的肯定语气"；亦可出现于否定句中，便没有"强烈的肯定色彩"。这是基于大量卜辞语义理解所获得的一种感性认识。事实上，肯定句与词语"强烈的肯定语气"之间并不能简单地画等号，只有对其中的机理进行较为透彻的分析，才能真正确认并理解这种差异。下文我们将从肯定与否定的不对称性方面对此进行论证。

几乎所有研讨"惠"和"惟"关系的学者都注意到，在宾组等早期卜辞中，"惠"字句的对贞卜辞中会用"惟"来代替"惠"，兹略举几例如下[12]：

（1）惠王往。

    勿惟王往。   《合》7352正，典宾

（2）贞：惠王往伐舌方。

    贞：勿惟王往伐舌方。   《合》614，典宾

（3）贞：惠王比望乘。

    贞：勿惟王比望乘。   《合》7531，典宾

（4）贞：王惠沚啟比伐巴方，帝受我祐。

    王勿惟沚啟比伐巴方，帝不我其受祐。   《合》6473正，典宾

卜辞中这种现象初看起来非常独特，学者普遍认为这是由于"'惠'不与否定词结合，但在对贞之辞中又必须与否定结合，在这种情况下，'惠'就须用与其同音的'唯'来代替"[13]。但"惠"为什么不能与否定词结合？孙常叙曾试图从语音的角度来进行解释，认为"勿"和"惠"连起来发音很拗口，而"勿"和"惟"连起来发音则比较顺畅，所以"勿"与"惠"不能连接[14]。不确[15]。实际上，这是语言中一种较常见的现象——肯定与否定的不对称，现代汉语中经常能见到，比如以副词"就"为例：

（5）就人工智能可以辅助古文字研究。

不能通过对"就"的否定，形成对称的否定句式：

（6）*不就人工智能可以辅助古文字研究。

不能对称否定是汉语中一种非常普遍的现象。石毓智曾据此将现代汉语的副词分为三种类型[16]：

    （一）可用"不"否定的，如"很、十分、太、过于、亲自、仅、只"等。

    （二）可用"没"否定的，如"亲自、互相、立刻、马上、一直、始终、全都"等。

    （三）既不能用"没"又不能用"不"否定的，如"最、极、刚、才、便、就、又、忽然、比较、陆续、曾经、顿时、暂且、仍旧、难道、究竟"等。

而论及现代汉语上述三种类型副词的根本差异时，石毓智同样强调了"肯定"语气的关键

作用[17]:

> 所有只用于或多用于否定结构的词语都是语义**肯定程度极低**的。……那些语义**肯定程度极高**的词语用法正好相反,是只用于或多用于肯定结构;语义**肯定程度适中**的词语,其肯定和否定就是自由的。

可以看到,虽然所分析的语料截然不同,但张玉金与石毓智对同一现象所做分析的结论完全吻合,可谓殊途同归。

当然,对现代汉语中这种差异的辨析是否适用于几千年前的甲骨文,还需要进一步论证。这涉及语言中为什么有些词汇不能进行否定这一根本问题,这正是认知语言学所关注的内容,石毓智认为[18]:

> "不"和"没"上述的否定含义,要求所否定的概念在量上必须具有一定的伸缩性,即能够表达在一定的数量幅度上变化的义项,以便能够容下被否定后的义项"少于、不及"。这种在量上具有一定伸缩幅度的词后文称为非定量词。该类词都可以用"不"或"没"否定,从而将其肯定式变为否定式。那些在语义上只表示一个点的词,没有空间容下否定后的含义"少于、不及",就称为定量词,它们都不能用"不"或"没"将其肯定式变为否定式。

由此可见,词语能否进行否定,有着深层的认知原因,这种认知规律应不易受时间差异、甚至语言差异的影响。对贞卜辞中"惠"不能进行否定,而是与"惟"形成对立,也同样源于这一认知规律。

基于以上分析,我们便能对对贞卜辞中"惠"和"惟"的语义差别有更深层的认识——二者基本词义是相似的,但"惠"表示的肯定程度极高,是一个定量词,其语义上只表示一个点,不能在量上具有伸缩幅度,所以不能对其进行否定;"惟"表示的肯定程度则不高,是一个非定量词,可以在量上具有伸缩幅度,所以可以对其进行否定。

由于"惠"不能进行直接否定,所以进行对贞时总会存在一定困难。除了通过更换为"惟"进行否定外,后来还通过不平行的结构来实现对贞。沈培在这方面进行了很好的总结,他指出[19]:

> "惠OV"形式从第一期到第五期都被使用,但"勿/弜惟OV"的形式到第二期以后就不被使用了。这大概主要是由于正反对贞的形式发生变化而引起的。在第一期里,"惠OV"与"勿惟OV"形成大量的结构平行的正反对贞,但是也出现了少量的结构不平行的正反对贞;后来,这种结构不平行的正反对贞逐渐增多,特别是反贞往往不把宾语提前,而采取一般否定句的形式即"否定副词+V+O"来与正贞"惠OV"形成正反对贞。可以说"勿+惟+OV"的形式后来被"弜+V+O"这种形式替代了。在"否定副词+V+O"彻底替代"否定副词+惟+O+V"的形式之前,很可能存在过"否定副词+O+V"(弜+O+V。原注)的过渡阶段。

沈先生推论非常正确,通过以下相同内容的卜辞(7)(8)可清晰看到这种转换的痕迹。

(7)癸酉卜争贞:惠方为。

贞:勿惟方为。

贞:惠方为。

[勿]惟方为。　　　　　　　　　　　　　　　　　《契合集》276,典宾

(8)丁卯[卜殻]贞:我惠方为。

丁卯卜殻贞:我勿为方。

乙丑卜殻贞:我惠方为。

乙丑卜殻贞:我勿为方。　　　　　　　　　　　　《合》15179,典宾

这种不平行结构的否定在现代汉语中也同样成立,假如要对例(5)进行否定,还可以形成如下对立句式:

(9)人工智能不可以辅助古文字研究。

二

通过上文分析可以看到,"惠"和"惟"确实存在意义差别,而且这种差别的原因是可以解释的。那么这种差别对于卜辞意义的理解又将产生什么样的影响呢? 由于后世文献中的"惠"和"惟"并不存在不对称否定,因此卜辞中的"惠"和"惟"一定具有不同于后世文献词义的方面。基于这种认识,我们总的思想只能是在后世文献中找一个类似的词语,以辅助我们对"惠"和"惟"词义的理解。以下便是我们基于这种思想,认为两种可以考虑的思路。

1.第一种思路。"惠"表示强烈的肯定语气和判断语气[20],词义类似于"就是、必须是";而"惟"表示程度适中的肯定,词义类似于"只是、仅是"。这样二者能够在一定程度上形成语义对立。比如例(5)便可形成如下的对立句式:

(10)不只是人工智能可以辅助古文字研究。

按照这种思路,例(1)卜辞可以理解为"就是商王前往"和"不只是商王前往";例(2)卜辞则可以理解为"贞问:就是商王前往伐舌方"和"贞问:不只是商王自己前往伐舌方"。例(3)卜辞可以理解为"贞问:就是王配合望乘"和"贞问:不只是王配合望乘"。例(4)卜辞可以理解为"贞问:王就是配合沚戓征伐巴方,帝会保佑我"和"王不只是配合沚戓征伐巴方,帝不会保佑我"。

这种形式的对贞其实并不是意义截然对立的一种对贞,类似沈培曾提出过的"不对称对贞":"一、在形式上,正面贞问和反面贞问是不对称的……二、在语义上,正面贞问和反面贞问不是一正一反的对称关系。反面贞问其实看作是对正面贞问的确认或补充。"[21]

这种思路可取之处在于,"惟"所表示的"只是、仅是"意义,在后世文献中可以找到一致

的用例。而且在卜辞中确实有一些"惟"既存在肯定形式又存在否定形式,说明"惟"可以表示程度适中的肯定。如:

（11）贞:惟祖庚。

贞:不惟祖庚。

贞:惟羌甲。

贞:不惟羌甲。 　　　　　　　　　　　　　　　　　　《合》1822正,典宾

（12）贞:惟祖丁若。

贞:不惟祖丁若。 　　　　　　　　　　　　　　　　　《合》811反,典宾

但要注意,管燮初很早就提出过"惟"应当分为两组,一组是"勿惟"的"惟",一组是与"不"和"非"连用的"惟"。前一组用法的"惟"只能同"勿"配合使用[22]。后一组用法的"惟"才既存在肯定形式,又存在否定形式,表示程度适中的肯定。

2.第二种思路,也是我们比较倾向的思路。"惠"表示强烈的肯定语气和判断语气,词义类似于"就是、必须是";而"惟"表示程度极低的肯定语气和判断语气,"勿惟"词义类似于"绝不是、绝非"。之所以更倾向于这种思路,是因为我们认为上引管先生的观点是非常正确的,虽然存在大量"惟"与"不惟"的对贞,但是与"勿惟"形成对立的句子从来不使用"惟"。比如下面的例句(13)至(19),即便对贞的句子正面没有"惠",也依然不使用"惟"[23]。

（13）[癸]卯[卜]宍贞:今夕用羌。

贞:勿惟今日用羌。 　　　　　　　　　　　　　　《醉古集》454,典宾

（14）贞:王今丁巳出。

贞:勿惟今丁巳出。 　　　　　　　　　　《合》7942=《合补》3127,典宾

（15）贞:于翌辛丑燎。

翌辛丑勿惟燎。 　　　　　　　　　　　　　　　《合》376反,典宾

（16）贞:翌甲申步。

贞:勿隹甲申步。 　　　　　　　　　　　　　　　　《合》4284,典宾

（17）王比沚戜。

贞:勿隹王比戜。 　　　　　　　　　　　　　　　　《合》7495,典宾

（18）乙巳。

贞:勿惟乙巳。 　　　　　　　　　　　　　　　　《合》12398,典宾

（19）乙卯卜[王]贞:令凼取暊。一月。

乙卯[卜]王贞:勿惟凼取暊乎凼出目。 　　　　　《英藏》1781,师小

因此,我们认为上述卜辞中所使用的"惟",其实也存在着不对称否定的情况。这里的"惟"与前文可以用"不"否定的"惟"存在显著的词义区别,是一个不能存在肯定形式的副词。

现代汉语中也存在这种没有肯定形式的副词,石毓智曾指出"绝(绝对)、毫(一点儿)、断(绝对、一定)、毫发(比喻极小的数量)、压根儿"都是只用或多用否定式的副词[24]。

如果这种"惟"不能存在否定形式,那么"惟"的这种词义就只是在甲骨文中特有的词义。"勿惟"与"绝不是、绝非"应该没有直接的词义演变关系,二者只是在某方面具有相似性。"惟"字这一词义的消失可能就发生在甲骨文的中后期,因为"勿惟"这种形式只出现于宾组等早期卜辞中,后期卜辞中就已经没有了。同时,我们认为如果"惟"跟现代汉语的"绝(绝对)、毫(一点儿)"这种词语意义类似,那么它可以跟"惟"的"只、仅"意义联系起来。"只、仅"表示范围很小,而"绝(绝对)、毫(一点儿)"这些表示范围极小,所以二者可以具有一定的联系。

而从占辞中"勿惟"的使用来看,第二种思路也更优。比如下面例(20)(21)中的"勿惟",恐怕都不适合理解为"不只是、不仅是",而理解为"绝不是、绝非"就非常恰当了[25]。

（20）王占曰:吉。勿惟囚。　　　　　　　　　　　　　　《合》17396,典宾
（21）王占曰:吉。勿惟有左。　　　　　　　　　　　　　《合》17397反,典宾

综上,我们认为卜辞中"惠"的词义类似于"就是、必须是",表示一种强烈的肯定语气和判断语气。而"惟"的词义可分为两类情况:一类可以与"不"形成对称否定,词义类似于"只是、仅是",表示一般程度的肯定语气和判断语气,所有肯定形式的"惟"都属于这种情况;另一类只存在用"勿"来否定的"惟",没有肯定形式,"勿惟"词义类似于"绝不是、绝非",表示一种强烈的否定语气。只有肯定形式的"惠"与只有否定形式的第二类"惟",从形式和内容上都形成了非常契合的对立关系。

裘锡圭曾经提出:"'巳'和'異'古音极近。它们之间的关系跟卜辞常见的虚词'惠'和'惟'的关系很相似。'惠'和'惟'音义都很接近。……这跟'勿～弜'后面总是用'巳'不用'異'的情形是平行的。所以'巳'应该是意义跟'異'很接近的一个虚词。'惠、惟'、'異、巳'这种音义都极为接近的成对虚词的存在,其原因究竟是什么? 这是需要另作研究的问题。"[26] 我们相信,"惠"和"惟"词义区别的廓清,对于"巳"和"異"的词义辨析也是有帮助的。

附记:本文为国家社科基金项目"利用神经网络进行甲骨卜辞字体分类的初步研究"阶段成果。

（作者单位:首都师范大学甲骨文研究中心、
"古文字与中华文明传承发展工程"协同攻关创新平台）

注:

① 学者过去的讨论中,"惠"或作"叀、吏"等形,"惟"或作"隹、唯"等形,为便于指称,除所涉论文题目不作统一,本文行文和引述中都统一为"惠"和"惟"。

② 张玉金《二十世纪甲骨文语法研究的回顾暨展望》,《古籍整理研究学刊》2002年第1期。

③ 裘锡圭《阅读古籍要重视考古材料》，原载《文史知识》1986年第8期（刊出时稍有删节），收入《裘锡圭学术文集·语言文字与古文献卷》第409页，复旦大学出版社2012年。

④ 李曦《惠隹辨》，中国古文字研究会第六届年会论文，1986年。

⑤ 张书锋《殷墟卜辞"惠"、"隹"》，《广西师范大学学报（哲学社会科学版）》1988年第2期。

⑥ 张玉金《先秦汉语"唯"字研究》，辽宁师范大学1984年硕士学位论文。

⑦ 张玉金《甲骨卜辞中语气词"唯"与"惠"的差异》，《辽宁师范大学学报（社科版）》1985年第6期。

⑧⑩　张玉金《甲骨卜辞中"惠"和"唯"的研究》，《古汉语研究》1988年第1期。

⑨ 张玉金《甲骨文虚词词典》第193—213、92—116页，中华书局1994年。

⑪ 张玉金《20世纪甲骨语言学》第191页，学林出版社2003年。

⑫ 限于篇幅，这里仅以在名词前的情况为例。在动词前的情况相同，此不烦举。

⑬ 姜宝昌《卜辞虚词试析》，山东社会科学院语言文学研究所编，程湘清主编《先秦汉语研究》，山东教育出版社1982年。

⑭ 孙常叙意见转引自张玉金《甲骨卜辞中语气词"唯"与"惠"的差异》，《辽宁师范大学学报（社科版）》1985年第6期。

⑮ 沈培《殷墟甲骨卜辞语序研究》第39页，文津出版社1992年。

⑯ 石毓智《肯定与否定的对称与不对称》第184页，北京语言文化大学出版社2001年。

⑰ 同上注第375页。

⑱ 同注⑯第28页。

⑲ 同注⑮第44页。

⑳ 关于"惠"和"惟"的判断语气，参《卜辞中"不惟"与"非"同义》（待刊稿）

㉑ 沈培《甲骨文"巳"、"改"用法补议》，《古文字与古代史》第4辑，史语所2015年。

㉒ 管燮初《甲骨金文中"唯"字用法的分析》，《中国语文》1962年第6期。

㉓ 《合》10408正有卜辞：戊午卜宁贞：王梦惟我凵。《合集释文》曾拟补其对贞之辞为：[贞王梦勿惟]我凵。很多其他释文也跟从了这一意见。我们认为应当拟补为：[贞：王梦不惟]我凵。还没有看到确切的"惟"与"勿惟"对贞的辞例。

㉔ 同注⑯第57页。

㉕ 占辞里"勿"的用法比较特殊，"似乎不能翻译成'不要'，但是可能带有说话者主观愿望的色彩，有待进一步研究（原注。参看吕叔湘《中国文法要略》224页）"。（参裘锡圭《说弜》，《裘锡圭学术文集·甲骨文卷》第16页注2，复旦大学出版社2012年）

㉖ 裘锡圭《卜辞"異"字和诗、书里的"式"字》，《裘锡圭学术文集·甲骨文卷》第227页。

古文字研究(34):119—125,2022

商代夷方人名与古越语关系

陈光宇

一 商代方国人名与汉字记音

历史上汉字记音的语料可以扩大我们对古代汉语集团与非汉语集团语言交流的历史认知。传世文献《越人拥楫歌》是公元前528年以楚汉字记录的越人歌唱语音。当时也以楚辞形式翻译了越语歌词,成为破解古越语的钥匙。《越绝书·吴内传》的《维甲令》是公元前484年越王句践对吴国宣战的动员令,晦涩难懂,幸而文中夹杂汉文注释,成为破译关键。《越人拥楫歌》以及《维甲令》留存的古越语经过韦庆稳、郑张尚芳、周流溪等学者的研究可以确定属于古侗台语系[①]。先秦文献及出土铜器铭文所见吴越人名也存有汉字记音的宝贵语料。郑张尚芳将十数个吴越人名及地名与古越语相关的亲属语言如泰语等比较,得以揭示这些记音名字的本意[②]。叶玉英进一步从古越语多音节黏着语的特性分析吴越人名及文献上人名异文的解读[③]。学界从汉字记音的视角所作研究可以确定春秋时代吴越使用的古越语与今日华南、东南亚使用的侗台语系有关,可以视为与古南岛语同源的古侗台语。

商代甲骨卜辞及铜器铭文是目前所知最早的汉字出土文献。商代四境,方国林立,征伐不断。甲骨卜辞的第一、四、五期均有与夷方来往的记载。帝辛十祀征伐夷方的记录见于黄组及无名组卜辞,可以按日排谱,数量达上百条。《左传》昭公四年,"商纣为黎之搜,东夷叛之";昭公十一年,"纣克东夷而殒其身"《吕氏春秋·仲夏季》:"商人服象,为虐于东夷。"这些先秦传世文献所称东夷应该就是卜辞的夷方。夷方虽是晚商主要征伐对象,但有关夷方人种、语言等问题,资料缺乏,所知极少。比照春秋时代汉字记音的吴越诸例,我们推测如果夷方族群语言不同于殷商,也许可以在甲骨金文中发现汉字记夷音的蛛丝马迹。殷人多用单名,兒氏家谱十一世人名以及上百的商代贞人全为单名。一些方伯也用单名,如危方美、帷伯印(《合》36481),孟方伯炎(《合》36509),玫伯麓(《合》21069),等等。对比之下,春秋吴越人名却极少为单名。因此,在出土商代文献中如果发现人名不是单字,并且无法用职官、亲属、氏族来理解时,也许就可以从汉字记音的角度作进一步考察。我们遍查商代甲骨金文得到如下夷方人名:夷方无攸(《集成》944),夷方矛(《集成》5417、4138,《上博藏甲骨》54806),濰伯夗首乇(濰伯盉M18:46),夷方虩(《合》36492)。图1列出从铭文及刻辞拓片截取的夷方首领名字,以方框圈示。就此原始材料,我们逐一检视这些夷方人名是否可以作为汉字记音的语料。

无敄 《集成》944 | 网每 《集成》5417 | 网每 《集成》4138 | 网每 《上博》54806 | 殉首乇 滩伯盉M18：46 | 虢 《合》36492

图1 见于商代出土文献的夷方首领名字

二 夷方无敄

作册般甗(《集成》944)有铭文20字:“王宜夷方无敄咸王赏作册般贝用乍父己尊来册。”前半部分“王宜夷方无敄咸”,诸家释读颇有不同。笔者就“宜”字在商代卜辞中的用法,以及甗器的蒸煮功能,论证此器之“夷方无敄”确为夷方首领,被擒之后用作为宜祭之人牲[④]。作册般甗的“夷方无敄”与无敄簋(《集成》3664)、无敄鼎(《集成》2432)的作器者“无敄”不是同一人。新见无名类残辞有“作册般”三字,时间定在武乙前期,“作册般”此人可能跨越文丁、帝乙、帝辛三朝为官[⑤]。考虑晚商征伐夷方的时间,作册般甗的作器时间应该在乙辛时期。

春秋吴越铜器多有“无某”之名,如无寿、无需、无夔、无畀、无忌、无叀、无龙、无者、无土、无伯彪、无恤、无臭、无锗,其中无需、无土等确为西周东夷人物。传世文献所见自春秋战国以迄汉初以“无”为名首的人多为越国君长,《竹书纪年》《吴越春秋》越国君王由夏少康所封无余以降14人,其中6位君王取名以“无”为名首:无余、无壬、无瞫、无余、无颛、无强。春秋时期吴越人名多带前加或后加派生词。通过与侗台语系的亲属语言比较分析,往往可以发现这些派生词实为中心词,有实质意义。“无”的上古音诸家拟音为*maa,与侗台语系亲属语言古泰语中表示尊称的语音maʔ相近,可以确定“无”是古越语表示尊敬的人名词头之一,有主人、先生、君等意味。以“无”字作人名词头,反映古越语音节的汉字记音,也符合古越语中心词在前的规律[⑥]。

　　作册般黿的"夷方无斁"，取名明显不同于殷人单名习俗。比照吴越人名，"无斁"极有可能是商代汉字记音的例子。也显示夷方语言与春秋吴越所操古越语相同或相近。作册般黿之"无斁"以及吴越铜器铭文所见之"无某"之"无"，字形均作"舞"字。甲骨卜辞的"无"也作"舞"字，象古巫舞蹈之形，多作动词"舞"，而不作"有无"之"无"解。夷方无斁之名选取"无"字表示君长，除了汉字记音外，是否有古巫舞蹈的意涵，有待进一步探讨。

三　夷方网每

　　小子𡥀卣（《集成》5417）、文父丁簋（《集成》4138）以及《上博藏甲骨》54806.2牛胛骨残片刻辞等三件商代文物都记有"夷方罞"。常玉芝、韦心滢等认为此三件文物都记述有关帝辛十四、十五年伐夷方的事迹[⑦]：帝辛十四祀十月乙巳进行"望夷方罞"（小子𡥀卣），帝辛十四祀十四月癸巳进行"伐夷方罞"（文父丁簋），帝辛十五祀一月丙戌进行与"夷方伯罞"的交战（上博刻辞）。三件出土文献分别讨论如下。

　　小子𡥀卣有铭文43字，全文为："乙巳，子令小子𡥀先以人于𤉯，子光赏贝二朋，子曰贝隹丁蔑汝历。用作母辛彝，在十月。月隹子曰令望夷方罞。"器盖铭："举母辛。"大意是：乙巳日，子令小子𡥀带人先至𤉯地，为此子犒赏小子𡥀二朋贝币，子说贝是王给你的嘉赏勉励。小子作彝器纪念母辛，在十月。此月正是子命令去侦察夷方罞。器盖铭是举族族徽及母辛二字。此器"隹丁"二字，"隹"下之符，两旁竖笔没有出头，不是"口"字，所以不宜释读为"唯"。邓飞以为"丁"指文丁[⑧]，李学勤论证释为"辟"，"辟，君也"，用来指时王[⑨]。

　　文父丁簋有铭文33字，全文为："癸巳猒赏小子某贝十朋，在上鲁，隹猒令伐夷方罞，宾贝，用作文父丁尊彝，在十月四。〔举〕"大意是：癸巳日猒在上鲁赏赐小子某贝十朋。命令部队讨伐夷方罞，宾贝，作彝器献给文父丁。此器原件照片及拓本多处漫漶。首句"赏小子某"之"某"处字迹残缺，无法释读，只能存疑。小子某可能就是《集成》5417器的小子𡥀。幸而"令伐夷方罞"五字字迹清楚，可以确定征伐对象是夷方首领罞。

　　《上博藏甲骨》54806.2：此片为牛胛骨残片，可见13字刻辞，上下阙文。刻辞为：（比）多侯甾伐夷方伯…夷方伯罞率…。刻辞中的"罞"字与上举两件铜器铭文的"罞"字写法不同，学者或以为不是"罞"字，或以为是"罞"的同文异体[⑩]。就所见甲骨拓片，此字上部从"网"无疑，下部字形不清，但就笔顺及整版刻划技巧而言，笔者赞成此字为"罞"的同文异体。

　　关于"夷方罞"有两个问题需要厘清：其一，"罞"是地名还是人名？小子𡥀卣称"望夷方罞"，或以为"望"之宾语当为地名[⑪]，但文父丁簋称"令伐夷方罞"，卜辞称"夷方伯罞"，足以证明"夷方罞"当指为夷方首领之名。其二，"罞"是单字还是复字？《说文》："罞，网也。从网，每声。"所以学者多视"罞"为一字。但是考察甲骨卜辞所用"网"字或者从"网"之字的用例，以及审视三件文物拓片"罞"字的字形（见图1），笔者认为"夷方罞"应该读为"夷方网每"，理由如下。

1. 甲骨田猎卜辞有网鹿(《合》10666、10976)、网雉(《合》10514)、网鸟(《合》10514)、网兔(《合》10744、10745、10746)、网隹(《合》880、6016)的记述,其中"网"作动词,表示以网捕获某种动物。刻辞中的"网"字与被捕获的对象如"鹿"的刻字往往相距甚近,乍看之下,像是一个单字或合文。例如《合》10666的"网鹿"有似"麗"字。然而《合》10976"壬戌卜,殼贞:呼多犬网鹿于葰"中,"网"与"鹿"二字分居两行,明显不是合文单字。所以"麗"字实为"网鹿"。又如《甲骨文字诂林》一书列为字号2832的"瞿"字,实为"网隹"。比照这些例子,"夷方䍘"之"䍘"完全可以视为复字"网每"或合文"网每"。

2. 文父丁簋(《集成》4138)的铭文虽然拓片模糊,但是"令伐夷方䍘"数字尚称清晰可见。其中"䍘"字的"网"和"每"明显分开(见图1),完全可以读为"网每"二字。另外,小子䚸卣器(《集成》5417)之"䍘"字所占位置明显超过该器铭文任何二字的平均间距,完全可以视为"网每"二字的合文。

3. 部分学者已经将"䍘"直接读为"网每"两个字,他们以为"网"通"亡","每"通"悔","网每"即是卜辞习语"亡悔",即不会反悔之意[⑫]。释读小子䚸卣及文父丁簋的"网每"为"亡悔",显然错误,但是将"䍘"字视为"网每"合文或复字却是正确的。

如果确定此三件出土文献的"夷方䍘"确为"夷方网每",我们就可以考虑"网每"这个名字是汉字记音的可能性。"有无"的无字在出土文献和典籍中多假借"亡"为之。楚简"网"有从"亡"声的异体。《说文》:"网或从亡。"下表比较诸家对此三字所拟上古音[⑬]:

	郑张尚芳	白一平、沙加尔	许思莱
无	maa	*ma	*ma？
网	mlaŋ？	*maŋ？	*maŋ？
亡	maŋ	*maŋ	*maŋ

"无"与"网"上古音声母均是m–,拟音与"亡"近。所以"无秋"的"无"和"网每"的"网",应该是音近的两个汉字,"无"与"网"二字在殷商时代用作汉字记音的功能与意义,可能无分轩轾。换言之,殷人用商代汉字记录古越语词头尊称语音maʔ时,"无"或"网"可能都是选项,因为二字上古音与泰语尊称的发音相近。若然,"网每"当可视为殷人以汉字记音表示的夷方首领名字。

四　夷方滩伯与夷方虤

夷方滩伯的名字见于1994年山东滕州前掌大M18墓出土之奉盉(M18:46),铭文16字:

"奉擒夷方滩伯夗首毛,用作父乙尊彝,〔史〕。"⑭冯时认为"夗首毛"的"夗"与"顽"字音近可通,释读"夗首"为"顽首",意即顽酋。言殷周与夷狄交战而掳获其首,常记录私名,如盂方伯炎、卢方伯巢等,所以认为毛是私名⑮。但是假"夗"为"顽",卜辞、金文俱无他例,而既称滩伯再称其为顽酋,也嫌多余。另一个可能是"夗首毛"是商周所谓的复合氏名,内含父母族氏名称。但夗、首二字俱不见用为商代氏名的例子,所以此说难以成立。学者构拟"夗"与"宛"字的上古音作qonʔ或ʔjwan⑯。"夗"与"宛"字上古音与百越语的"人"字音近。秦时百越地名有宛温、宛陵、宛胊(今山东菏泽),其中"宛"字即古越语"人"的汉字记音,意即某类人所居之地⑰。而属于侗台语系的泰语khon²的意思也表示人。泰语khun¹的意思是"将,帅,首领"⑱,有见于泰语发音的khon²与khun¹都与"夗"的上古音接近。将夷方滩伯之名"夗首毛"理解为三音节名字,将"夗"字视为名首,表示某将军或某人,完全符合古越语语法。

夷方虤名字见于《合》36492。此片与《合》36969及《合补》11309缀合之后全文为:"丙午卜,在攸贞:王其乎在片牧延执胄夷方虤,焚伯椃,弗每。在正月。隹来正夷方。弜执。辛亥卜,在攸贞:大左族有擒。不擒。"记述帝辛十一祀一月夷方虤被执,伯椃被焚之事⑲。学者多将夷方首领的名字隶定为"虤",虽然拓片所见该名字笔画不清,不过该字明显可见由左右两个部件组成,考虑古越语人名多为双音节或三音节,则"虤"字可能是"录虎"二字合文,也可以视为是汉字记古越语的留存。如果"夷方虤"读为"夷方录虎",则紧接的"焚伯椃"的"伯椃"可能就是指夷方虤。因为既称之为伯,为了契刻方便就将词头"录"省略了。

五 商代夷方的语言与人种

在郑张尚芳、李锦芳、叶玉英等诸位学者对春秋吴越人名的研究基础上,我们检视商代铜器铭文所见夷方无殳、夷方罞、夷方滩伯夗首毛,以及卜辞所见夷方伯罞、夷方虤等人名(图1)是否能够作为汉字记音的例证。考量下列分析结果:1."无殳"与文献所见吴越众多"无某"的人名相似,均用"无"为名首;2.古越语与侗台语的关联;3."网每、夗首毛、录虎"等名字可能符合多音节粘着语的古越语特征。我们认为以上四个夷方人名很可能是殷商汉字记录夷音的留存,据此推测商代夷方所操语言应当是古越语或者是古越语的前身。如果这个想法正确,殷商时代的夷方将是第一个确知由古越语族群建立的方国。

依据乙辛时代记录征伐夷方的黄组、无名组卜辞,夷方地望在山东的中部、东部,都邑在淄潍之间的鲁北地区⑳。山东颇存有一些具备春秋吴越特色的地名,例如"莱州、东莱、莱芜"的"莱"字对应的是古越语指郊野的"野"字,而"夫于、夫钟"的"夫",对应的古越语是指丘陵地形;另外也有山东地名南迁吴越之例,如"禹封泰山,禅会稽"之会稽山;姑蔑南移至浙之龙游,潍水南迁为淮水㉑。这些地名联系的现象间接地证明商代夷方所在的山东地带可能就是越人故地,夷越同源,史籍所载东夷族群可能与侗台诸族同源或为近亲。

古越语指春秋时代或更早时期的吴越人所操语言,也是古代百越民族的共同语言。百越族群与今日分布于华南、东南亚的侗台语族群的先民相同,所以古越语应该就是古侗台语。历史语言学、分子人类学以及考古学的科际整合研究,已经指出侗台语与今日分布东南亚、南洋群岛、大洋洲群岛的南岛语系同源[22]。近来分子人类学利用古DNA检测追踪Y染色体特定突变点得到不同的单倍型类群(haplogroup),可以用来构建人类谱系树,厘清人类族群的亲缘关系。例如属东亚人种特征的O单倍群,其中O1–M119与O1b–M110分支是侗台语族群的特征型。在良渚遗址出土遗骸有O1单倍群亚型,表示古良渚人群与操古侗台语或南岛语的族群有共同祖源的遗传关系[23]。如果商代夷方所操语言确为古越语,那么夷方人可能与操侗台语、南岛语的族群有血缘关系。未来如能在山东的夷方考古遗址取得遗骸展开Y染色体单倍群、粒腺体DNA及全染色体DNA等系统的检测工作,不但可以进一步厘清夷方人与侗台、南岛语族群的遗传关系,也可以追踪商代以后夷方或东夷人的迁移途径。

附记:此项研究承王士元教授、叶玉英教授提供文献资料意见,助益良多,十分感谢。

(作者单位:新泽西州罗格斯大学东亚文化语言系)

注:

① 韦庆稳《越人歌与壮语的关系试探》,载《民族语文论集》,中国社会科学出版社1981年;郑张尚芳《越人歌的解读》,《东亚语言学报(C.L.A.O.)》第20卷No.2第159—168页,1991年;周流溪《越人歌解读研究》,《外语教学与研究》1993年第3期;郑张尚芳《句践"维甲"令中之古越语的解读》,《民族语文》1999年第4期。

② 郑张尚芳《古吴越地名中的侗台语成分》,《民族语文》1990年第6期第16—18页;李锦芳《论百越地名及其文化蕴意》,《贵州民族研究》1995年第1期第78—84页;郑张尚芳《古越语地名人名解义》,《温州师院学报》1996年第4期第8—13页。

③ 叶玉英《春秋时期古越语的音节结构与吴越铜器中国名、人名的解释》,《古文字研究》第31辑第177—187页,中华书局2016年。

④ 陈光宇《夷方无致与古越人名》,《甲骨文与殷商史》新11辑第325—334页,上海古籍出版社2021年。

⑤ 孙亚冰《论一版新见无名类卜辞中的作册般》,《古文字研究》第33辑第136—139页,中华书局2020年。

⑥ 郑张尚芳《古越语地名人名解义》,《温州师院学报》1996年第4期第8—13页。

⑦ 常玉芝《商代周祭制度(增订本)》第322页,线装书局2009年;韦心滢《海外殷末青铜器见帝辛十五祀征夷方史事》,《中国国家博物馆馆刊》2015年第3期第43—53页。

⑧ 邓飞《小子逢卣铭文释读辨考》,《江汉考古》总第147期第104—109页,2016年。

⑨ 李学勤《补论花园庄东地卜辞的所谓"丁"》,《故宫博物院院刊》2004年第5期第40—42页。

⑩ 沈之瑜《介绍一片伐人方的卜辞》,《考古》1974年第4期第263页。

⑪ 欧波《商末伐人方铜器中的雪和无致》,《邢台学院学报》2017年第1期第124—126页。

⑫ 武振玉《两周金文"亡"字用法初论》,《古籍研究》2006年卷上第111—117页。

⑬　三家拟音见古音小镜网。

⑭　中国社会科学院考古研究所编《滕州前掌大墓地》上册第300—302页，文物出版社2005年。

⑮　冯时《殷代史氏考》，《黄盛璋先生八秩华诞纪念文集》第19—31页，中国教育文化出版社2005年。

⑯　上古音构拟见古音小镜网。郑张尚芳、潘悟云拟音为qonʔ，周法高拟音为ʔjwan。

⑰　牛汝辰《百越语地名文化研究》，《中国地名》2020年第4期第18—22页。

⑱　陈孝玲《侗台语核心词研究》第26—27页，巴蜀书社2011年；邢公畹《汉台语比较手册》第429页，商务印书馆1999年。

⑲　李学勤《帝辛征夷方卜辞的扩大》，《中国史研究》2008年第1期第15—20页。

⑳　李学勤《商代夷方的名号和地望》，《中国史研究》2006年第4期第3—7页。

㉑　郑张尚芳《"蛮"、"夷"、"戎"、"狄"语源考》，《扬州大学中国文化研究所集刊》第1辑第96—111页，江苏古籍出版社1998年。

㉒　蒙斯牧《侗泰语与南岛语的历时比较研究》，《贵州民族研究》1995年第2期第76—91页；潘汁《侗台语民族、百越及南岛语民族关系刍论》，《广西民族研究》2005年第4期第131—140页；叶玉英《从古越语到现代侗台语——语言类型转换的实例》，《东方语言学》第19辑第14—37页，上海教育出版社2019年。

㉓　李辉、金力《Y染色体与东亚族群演化》第207—211页，上海科技出版社2015年；李辉《分子人类学所见历史上闽越族群的消失》《广西民族大学学报》2007年第2期第42—47页；Hui Li et. al. Y chromosomes of prehistoric people along the Yangtze River, *Human Genetics* 第122卷，第3—4期 第383—388页，2007年。

古文字研究（34）：126—130，2022

试论黄组卜辞十祀征人方
发生在武乙时期

王　森

　　黄组卜辞中的十祀征人方史事记载非常引人注意，许多学者曾试图通过排谱系联对其进行研究，得出了很多结论，但是对于该事件发生的时代，却存在很多分歧。董作宾、岛邦男、常玉芝、郑杰祥、罗琨、孙亚冰、林欢、徐凤先、李凯、李发认为在帝辛时代，郭沫若、李学勤、邓少琴、温少峰、罗琨、张永山、徐明波、门艺认为在帝乙时代，陈梦家、钟柏生、王恩田、陈秉新、李立芳认为在乙辛时代，未指明具体何王[①]。

　　我们认为上述观点都是存在问题的，本次征人方应该发生在武乙时期，首先看字体证据，笔者在博士论文中曾根据字体将黄组卜辞分为黄一A、黄一B、黄一C、黄一D、黄二A、黄二B、黄二C等两大类七小类[②]，各小类的主要特征字对比如下表：

类别\例字	黄一A	黄一B	黄一C	黄一D	黄二A	黄二B	黄二C
庚							
丑							
寅							
辰							
申							
戌							
亥							

续表

类别 / 例字	黄一A	黄一B	黄一C	黄一D	黄二A	黄二B	黄二C
贞							
王							
旬							
亡							
㞢							
占							
吉							
翼							
彡							
月							
牢							

　　所有与十祀征人方事件相关的卜辞均为黄组一A类字体，非常统一。其典型片可举《合》36482、36484、36487、37852、《合补》11232等。黄组一A类字体的最大特点是：笔画很粗，带有明显的早期意味，字体结构饱满扎实，刻写态度认真。其特征字如已字头部近矩形；戌字修长，呈高扬状；贞字裆部很高，鼎足显得很长，且粗笔特征明显；王字下部粗笔填实，和无名组字形接近；旬字卷曲幅度大，整体轮廓比较圆满；亡字轮廓也是饱满形，弧笔向左下方延伸；㞢字笔画硬朗，"囗"字的内部是"卜"字形，"犬"字头部上扬，非常有力

道；占字 、 既有上端封口的，这种被黄组一B类继承，也有上端朝上开口，呈两竖笔形，这一种被黄组一D类继承；吉字 上部呈伞状，这一点被黄组一C类继承；往字 上部为中空的止形，下部和王字保持一致，填实处理；翼字 轮廓较舒展，笔画为网格状；乡字 为三长两短五斜笔，这一点被黄组一B类继承；九字 弯曲有劲；月字 轮廓饱满，内部有一竖短笔；隹字 呈挺胸状，显得有气势；牢字 外面的"宀"形竖笔自然下垂，没有曲笔。总体来说，黄组一A类字体与无名组、何组晚期字体有很多相似之处，在风格上也能看出受到无名组、何组的影响。同时，在黄组卜辞内部也能看出黄组一A类字体对其他小类字体的影响，由此可以推测，黄组一A类字体是黄组卜辞中时代最早的。

我们认为十祀征人方发生在武乙时期，还有更为直接的证据。《合》37853为黄组一A类字体，其释文为"丁未卜，贞：父丁礿其牢？才十月又一。兹用。隹王九祀。"其中有"父丁"称谓和"王九祀"的记载。由于过去很多学者没有细察征人方卜辞的字体特点，因此便无法判断还有哪些卜辞与十祀征人方卜辞字体一致，便容易忽视《合》37853的内容是发生在十祀征人方的前一年。根据"父丁"这一称谓，十祀征人方有可能发生在武乙时期，即武乙称呼康丁为"父丁"，也可能发生在帝乙时期，即帝乙称呼文丁为"父丁"。那么这两种可能性哪个正确呢，下面两版卜辞会给出答案。

《合》35345（黄一A）：

（1）弗戋？吉。

（2）不雉众？王占曰：引吉。

（3）其雉众？吉。

（4）壬申卜，才攸贞：右徹邑告启，王其平成比龠伐，弗每？利？

《屯南》2320（无名三）：

（1）甲辰卜，才爿，徹征启又…邑…才潽。引吉。

（2）弜每？吉。

（3）癸酉卜：成伐，右徹邑启人方，成有戋？引吉。

（4）右成有戋？引吉。

（5）中成有戋？

（6）左成有戋？吉。

（7）亡戋？

（8）右成不雉众？

（9）中成不雉众？

（8）左成不雉众？

《合》35345是黄组一A类字体，又有地名攸，是明确的十祀征人方卜辞。其记载壬申日，在攸这个地方，右徙臿向商王报告要进行"启人方"这一活动，门艺认为"启"是出兵或者先行出发的意思③，我们赞同这一观点。商王听取报告后，派遣戍、菕配合右徙臿前往先行征伐人方。《屯南》2320为无名组三类字体，记载了壬申日的第二天癸酉日，戍和右徙臿与人方展开战争，并分别贞问戍的右军、中军、左军是否能获得胜利或者损失人员。

这两片卜辞日期前后两天相连，人物、事件相同，用词如"戋、菕众、引吉"也相同，尤其是"菕众"这一用词，我们遍查殷墟甲骨文的释文，发现这一用词除了在黄组早期字体卜辞中出现外，还出现于何组三B类、无名组一B类、无名组二类、无名组三类中，何组和无名组的这几类卜辞均为武乙时期字体，所以可证上述两版卜辞为同时之卜，是发生在武乙时期的战争。除此之外，黄组一A类字体中还有一片卜辞为《合》36481：

　　…小臣墙比伐，禽弁髦…人廿人四，馘千五百七十，百…两，车二两，櫓百八十三，函五十，矢…用右白麐于大乙，用**𢦔**白印…于祖乙，用髦于祖丁，儁甘京易…

该版卜辞字体风格和征人方卜辞完全相同，其特点都是喜用粗笔。其内容为小臣墙攻伐弁方，擒获了弁方首领髦及很多战利品，商王用这些战利品祭祀了祖先，尤其用髦作为人牲祭祀了祖丁。下面几版无名组、何组卜辞也涉及这一事件。

《合》28088（何三B）：

　　[□□]卜，狄[贞]：弁方髦…曹于[之]，若。

《合》27011（何三B）：

　　…叀…尹伐…髦…

《合》33008（无名一C）：

　　其执髦…

何组三B类和无名组一C类都是武乙时期的字体类型，这三版都记载了与弁方髦的战争，也可以证明黄组一A类的时代是在武乙时期。另外，《合》36481中的小臣墙还出现在《合》27886（无名二）、27888（无名一B乙）之中，这两片无名组卜辞的时代也是在武乙时期。综合上述种种因素，黄组卜辞的时代上限在武乙时期。李学勤在1981年使用上述材料曾论证"何组、无名组同黄组有一段相并存的时间"④。黄天树曾经从占卜事项上考察无名组、何组二类和黄组之间的关系，认为"真正的武乙、文丁卜辞，除了'无名黄间类'之外，主要是何组二类（即我们所说的何组三B类⑤）、无名类的晚期卜辞和黄类的早期卜辞。也就是说，在何组二类、无名类卜辞中，凡是各方面与黄类卜辞比较接近的，时代已晚到武乙，以至文丁之世。同样，在黄类卜辞中，凡是和何组二类、无名类卜辞比较接近的，时代应早到文丁，以至武乙之世"⑥。我们对黄组一A类征人方卜辞时代的判断也符合这一结论。过去学者们没有正确认识到十祀征人方的年代，其原因，一是受到史书、铭文中记载的帝辛与夷方战争的影响，二是受到错误复原的周祭祀谱的影响，因而对卜辞本身体现的字体特征和史料内容采取了回避的态度,这也再次证明对殷墟甲骨文研究之前,首先对其进行字体分类的重要性。

　　需要附带说明的是,在黄组中,还有一些卜辞涉及征人方的内容,但与黄组一A类字体的十祀征人方事件无关,其字体可以分为黄组一类和黄组二类。涉及到黄组一类字体的有《合》36507(黄一C)、《合》36489(黄一B)、《缀汇》662(黄一C)、《合》36493(黄一C)、《合》36805(黄一C)、《契合》192(黄一B、黄一C两种字体同版)、《合》36495(黄一C)等,涉及黄组二类字体的有《缀汇》609(黄二C)、《辑佚》689(黄二B)等。在过去的研究中,许多学者将上述这些黄组一类、黄组二类卜辞排谱系联到武乙十祀征人方卜辞中,因而产生了一些错误的结论。由于不同字体所处的时代有所区别,因此可以判断,在黄组卜辞的记载中,商代末期至少发生过三次征人方战争。

(作者单位:徐州工程学院人文学院)

注:

① 诸家观点见以下文献:董作宾《殷历谱》,《董作宾先生全集·乙编》第2册第723—735页,艺文印书馆1977年;岛邦男著,濮茅左、顾伟良译《殷墟卜辞研究》第749—771页,上海古籍出版社2006年;常玉芝《商代周祭制度(增订本)》第310—318页,线装书局2009年;郑杰祥《商代地理概论》第352—387页,中州古籍出版社1994年;罗琨《商代战争与军制》第310页,中国社会科学出版社2010年;孙亚冰、林欢《商代地理与方国》第376页,中国社会科学出版社2010年;徐凤先《商末周祭祀谱合历研究》第57—65页,世界图书出版公司北京公司2006年;李凯《帝辛十祀征夷方与商王巡狩史实》,《中国历史文物》2009年第6期第40—47页;李发《殷卜辞所见“夷方”与帝辛时期的夷商战争》,《历史研究》2014年第5期第4—27页;郭沫若《卜辞通纂·序》第12页,科学出版社2002年;李学勤《殷代地理简论》第37—41页,科学出版社1959年;邓少琴、温少峰《论帝乙征“人方”是用兵江汉(上)》,《社会科学研究》1982年第3期第67—71页;邓少琴、温少峰《论帝乙征“人方”是用兵江汉(下)》,《社会科学研究》1982年第4期第56—62页;罗琨、张永山《中国军事通史·第一卷·夏商西周军事史》第195—202页,军事科学出版社1998年;徐明波《殷墟黄组卜辞断代研究》第88—94页,四川大学2007年博士学位论文;门艺《殷墟黄组甲骨刻辞的整理与研究》第163—178页,郑州大学2008年博士学位论文;门艺《黄组征人方卜辞及十祀征人方新谱》,《黄河文明与可持续发展》第8辑第56—77页,河南大学出版社2013年;陈梦家《殷虚卜辞综述》第301—309页,中华书局1988年;钟柏生《殷商卜辞地理论丛》第214—219页,艺文印书馆1989年;王恩田《人方位置与征人方路线新证》,《胡厚宣先生纪念文集》第104—116页,科学出版社1998年;陈秉新、李立芳《出土夷族史料辑考》第41—89页,安徽大学出版社2005年。

② 王森《黄组卜辞分类整理与系联研究》第17—32页,四川大学2021年博士学位论文。

③ 门艺《殷墟黄组甲骨刻辞的整理与研究》第152页。

④ 李学勤《小屯南地甲骨与甲骨分期》,《文物》1981年第5期第31页。

⑤ 我们使用的何组三B类名称,是根据李学勤、彭裕商《殷墟甲骨分期研究》(上海古籍出版社1996年)一书中的命名。

⑥ 黄天树《殷墟王卜辞的分类与断代》第287页,科学出版社2007年。

古文字研究（34）：131—134，2022

一则新缀卜甲所见武丁时期的灾害

张军涛

笔者在整理殷墟甲骨过程中新缀宾组腹甲一则，即《合》18792+《合补》2294+《合》18795+《合》13377+《北珍》1005+《合补》4670[①]。该新缀腹甲的内容较为特别、重要，有必要就其形制、释文及卜辞刻写方式等进行探讨。

《合》18792+《合补》2294+《合》18795+《合》13377为何会缀合[②]，笔者加缀《北珍》1005、《合补》4670（如图1所示）。《北珍》1005为傍中缝、跨第三道盾纹的右前甲残片。《北珍》1005与《合》13377折口密合，其折口缘兆枝而成，折口右端较为竖直的边沿恰为同一卜兆之兆干所在。《北珍》1005与《合》

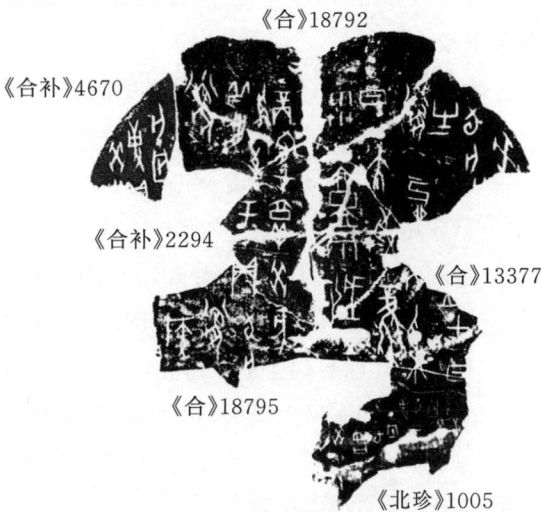

图1　新缀腹甲拓片

13377上残字断笔对接，"采"字完整，"日"字部分复原。《合补》4670为左首甲残片，与《合》18792沿兆干及其上延长线断开。《合补》4670卜辞粗笔大字刻写，与《合》18792等残甲上卜辞字形及刻写方式一致。

六块残甲均非科学发掘品，现至少分散于国内外五处，其来源情况见下表：

序号	著录				原甲
1	《合》18792	《龟》2.15.8+2.15.9			三井旧藏
2	《合补》2294	《合》7962	《珠》1202	《东大》68	三井旧藏
		《合》17947	《龟》2.2.18	《白简》17	三井旧藏
3	《合》18795	《簠杂》115	《簠拓》515	《续》6.7.7	天津博物馆
4	《合》13377	《历拓》6935	《山博》751		山东博物馆
5	《北珍》1005				北京大学
6	《合补》4670	《安明》1504			加拿大安大略博物馆

　　殷墟出土卜用龟甲大部分属中国花龟，少部分属乌龟，中国花龟与乌龟的腹甲结构近似。一般而言，殷墟出土卜用腹甲的构造、相应部位的比例一致③。新缀腹甲与《花东》125形制、尺寸相仿。按1∶1的比例，将新缀腹甲拓本嵌入《花东》125摹本的相应位置，效果如图2所示。

　　图2中《花东》125的摹本经过了去除其上卜辞、卜兆等信息的处理。《花东》125腹甲长30.7厘米，宽22.3厘米④，由此推测，新缀原整版腹甲的长度在30厘米左右。殷墟出土卜用腹甲的长度多在30厘米之下⑤，因此，新缀原整版腹甲属殷墟卜用腹甲较大者。

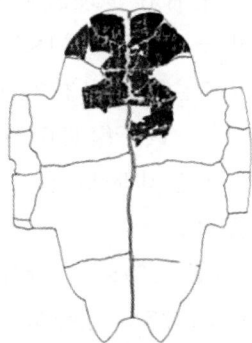

图2　新缀腹甲拓本与《花东》125摹本比对示意图

　　为论述的方便，先把新缀合腹甲的释文罗列如下：

　　　　（1）癸卯卜，古〔贞〕：旬〔亡〕㕢？一

　　　　（2）癸〔□卜〕，史〔贞：旬亡㕢？〕

　　　　（3）□月。

　　　　（4）〔癸□卜〕，史〔贞〕：旬〔亡〕㕢？四月。

　　　　（5）癸亥〔卜，□〕贞：旬亡〔㕢〕？☑鼠☑侯☑

　　　　（6）癸〔酉卜，□〕贞：旬亡〔㕢？王〕占曰：其〕㞢〔来嫭〕。七日鼠己卯〔大〕采日大骤风，雨就伿。五〔月〕。

　　　　（7）癸〔未卜〕，史贞：〔旬〕亡㕢？〔□日〕鼠〔□□〕秋〔大〕再，至于商。六月，在敦。

　　辞（5）有“侯”字，甲骨文、金文习见，字形变化不大。裘锡圭认为：“卜辞所见的侯，一般都已经具有诸侯的性质。”⑥辞（5）为卜旬残辞，侯所涉之事属验辞，其事不详。一般而言，殷墟卜旬之验辞常记祸患，关涉人事者多为人祸，如《合》137、584为敌对方国寇边，《合》10405为田猎时的意外车祸。推测辞（5）“侯”所涉之事可能与人祸相关。

　　辞（6）前辞干支为癸酉，此由“七日……己卯”可知。“七”上字残，残存似器皿底座形，考虑到“旬”左边有“㞢”字，“旬”与“㞢”及“㞢”与“七”之空间，参之宾组命辞、占辞中常见的“其㞢来嫭”习语，推测此即“其㞢来嫭”之残余。何会将“㞢”与“七日”连读⑦，不妥。“就”下一字，学者多隶作伿⑧，用作与气象关系密切的动词。新近，王子杨释其为“殄”字，“表示跟风雨相关的一类自然行为”，有夷杀、殄灭之义⑨，近是。宾组卜辞中有“其㞢来嫭”语者，若存验辞，多无好事，非天灾即人祸。“大采”属白天的时辰，大致在上午的前半段⑩。辞（6）详细记载了殷历五月己卯日的“大采”时段，由一场狂风暴雨所致的天灾。

　　辞（7）“秋”后有“再”，两者尚存空间，鉴于宾组卜辞习见“秋大再”（《合》13538、19536等），推测“秋、再”之间可能有一“大”字。甲骨文中的“秋”除用表季节外，还可指一种有害昆虫（可能是蝗虫）。“秋大再”即蝗虫大举飞来，是发生蝗灾的一种表述⑪。“商”为地名，其地望说法不一，所在空间范围应不出狭义的中原地区⑫。辞（7）详述殷历六月发生于中原商地的蝗灾。

图3 新缀腹甲摹本

一般而言，宾组卜旬腹甲上一钻凿一卜兆相应一卜旬辞，卜旬辞多自下而上布局。或旬旬相续不断，如《合》16696+16714+16705+16672+《合补》4835+4836+《英藏》1598[⑬]、《合》16776+16742+16773+16756+《京人》205[⑭]；或有间隔，如《合》16828+16686+《安明》471+《东文研》73[⑮]。该新缀上卜旬辞似乎旬旬连续不断，自下而上布局。

加缀《北珍》1005后，新缀卜甲"刮削重刻"现象明朗起来，辞（5）至（7）皆经刮削重刻，字体大小、整条卜辞占用空间均较辞（1）至（4）常规卜旬辞大。辞（6）处刮削范围包括其原卜辞"癸酉卜，囗贞：旬亡囚？五月"，辞（4）上半部之干支、贞、亡四字，辞（3）局部（详情因卜甲缺损而难知），其他整条卜旬辞（不止一条卜旬辞，具体涉及几旬不好确认）。然后，不避多数卜兆，粗笔大字重刻辞（6）原卜辞，并追刻占辞及验辞。辞（6）之"采、日"等字犯兆。辞（5）（7）经刮削重刻，均刮削其原卜辞"干支卜，囗贞：旬亡囚？囗月"及其他卜旬辞（具体几旬不好确认）后，多不避卜兆，粗笔大字重刻其原卜辞，并追刻相应内容。辞（5）追刻验辞，是否追刻占辞不好说，辞（7）追刻了验辞和占卜地点。辞（5）之"亡"字犯兆。

新缀有三条界划线，辞（1）（2）与（4）的界划线为原刻，辞（5）与（7）、辞（3）（4）与（6）的界划线为刮削后的重刻，重刻的界划线较原刻粗大。

新缀卜甲与《合》11485刮削重刻性质相似，处理方式相近[⑯]。两者所在的整个腹甲尺寸较大，长度皆在30厘米左右，均因原版面上一旬一兆一辞，旬旬密集分布，为了就近突显发生的重大事件，故刻手有意打破当时卜辞不犯兆的常规，刮去原卜旬辞及他辞，以开拓更大的展现空间，然后，采用大字刻写的表达方式，占用了较原卜辞更大的空间，不但重刻原卜辞，且追加、补记了验辞等重要内容。其刮削重刻之辞，无论形式还是内容，均颇具同时代青铜记事铭文之意韵。

　　新缀使离散于国内外多地的腹甲残片得以局部复原，据此蠡测其原整版腹甲长度在30厘米上下，属于殷墟卜用腹甲较大者。新缀再现了武丁时期发生的天灾人祸，记录形式别致，内容重要。时人为突显发生了的重大事件，打破腹甲上卜辞刻写的常规，刮削其原卜辞及相邻卜辞后，以较大字体、不避卜兆、占用更大空间，重刻原卜辞，并追记验辞等重要信息。新缀为殷商史研究提供了新材料，尤其是对殷商自然灾害研究弥足珍贵。迄今，殷商岁首问题众说纷纭，新缀所反映出的"五月"狂风暴雨及"六月"蝗灾，为深入探讨殷商岁首问题提供了可资参考的重要材料。

　　附记：本文为国家社科基金重大委托项目子课题"甲骨文语料数据库开发及其文字释读研究"（16@ZH017A2）的阶段性成果。

（作者单位：河南师范大学历史文化学院）

注：

① 张军涛《殷墟甲骨新缀第82、83则》第82则，中国社会科学院古代史研究所先秦史研究室网2019年3月9日。

② 何会《龟腹甲新缀第三十七则》，中国社会科学院古代史研究所先秦史研究室网2010年12月24日；黄天树主编《甲骨拼合续集》第176页，学苑出版社2011年；何会《殷墟王卜辞龟腹甲文例研究》第393—394页，中国社会科学出版社2020年。

③ 叶祥奎、刘一曼《河南安阳殷墟花园庄东地出土的龟甲研究》，《考古》2001年第8期。

④ 中国社会科学院考古研究所编著《殷墟花园庄东地甲骨》第6册第1609页，云南人民出版社2003年。

⑤ 数据源于史语所"考古资料数位典藏资料库"、中国社会科学院考古研究所编著《殷墟花园庄东地甲骨》。

⑥ 裘锡圭《裘锡圭学术文集·古代历史、思想、民俗卷》第164页，复旦大学出版社2012年。

⑦ 黄天树主编《甲骨拼合续集》第400页；何会《殷墟王卜辞龟腹甲文例研究》第394页。

⑧ 于省吾主编《甲骨文字诂林》第190页，中华书局1996年；李宗焜编著《甲骨文字编》第58页，中华书局2012年。

⑨ 王子杨《释甲骨文中的"殄"字》，《古文字研究》第33辑第103—109页，中华书局2020年。

⑩ 宋镇豪《试论殷代的纪时制度》，《考古学研究（五）——庆祝邹衡先生七十五寿辰暨从事考古研究五十周年论文集》，科学出版社2003年；常玉芝《殷商历法研究》第156—157页，吉林文史出版社1998年。

⑪ 彭邦炯《甲骨文农业资料考辨与研究》第563页，吉林文史出版社1997年；张军涛、刘星营《殷商中原地区蝗灾探析》，《自然科学史研究》2018年第4期。

⑫ 李民主编《中原文化大典·总论》第17页，中州古籍出版社2008年。

⑬ 张军涛《宾组卜旬腹甲试缀一则及考释》，《博物院》2019年第6期。

⑭ 张军涛《新缀宾组卜甲一则及试读》，《出土文献综合研究集刊》第12辑，巴蜀书社2020年。

⑮ 张军涛《殷墟甲骨新缀第133则》，中国社会科学院古代史研究所先秦史研究室网2020年1月1日。

⑯ 张军涛、王蕴智《〈合集〉11485"刮削重刻"及相关成套卜甲的复原考察》，《甲骨文与殷商史》新11辑，上海古籍出版社2021年。

古文字研究（34）：135—142，2022

甲骨文"行"非军事组织补论

赵　伟

一　引言

殷墟甲骨文中，"行"前可冠以方位名词"东、上、中"，也可冠以地名，如"排、亩、義、大、可"等。这两种用法的"行"意义是否一致，分别应当如何解释，学界尚未能达成一致。

1970年，饶宗颐在Some Chinese Oracle Bones from Collections in The Main Museums of Europe，America and Asia之附录二《李棪斋所藏甲骨简介》中将"中行、大行、上行、东行"与"左旅右旅、立中"等一并视为与军旅有关，但未给出具体解释①。金祥恒误认为饶文以"中行、大行、上行"等为"军旅名称"，并详加申论，谓卜辞"出行"即"右行"，"东行、上行"相当于"左行"，殷有"三行"犹春秋晋之"三行"②。此后研究商代军制的学者多从金说，间有补充或修正，例如：寒峰谓"上行"指"左行"，"东行"指"右行"，"大行"为"军行的较大的编制"，"地名＋行"是"由地名或族名组成的军行名称"③；严一萍谓"方位名词＋行"为"行军之部绪……非正常之军制"④；宋镇豪认为"行"是指"步兵队列"，"大行"指左中右三个步卒方阵⑤。

同时我们注意到，肖楠的《试论卜辞中的师和旅》、刘钊的《卜辞所见殷代的军事活动》以及李发的《甲骨军事刻辞整理与研究》均未采信金说，但也未对此类"行"作出解释⑥。实际上，李学勤已于1959年释"地名＋行"之"行"为道路⑦。刘风华则认为，两种用法的"行"均"表道路，不作'军队'讲"。她对"军事组织"说提出了三点质疑：1.商代军队未见以地名作为命名和编制依据；2.此类"行"可与动词"用、复"和介词"从"搭配，释"军事组织"不通；3."行"可用"戍、师"作主语，释"行"为"军事组织"则成"军旅、行伍或军队""用"某军队，于义理不通⑧。

武丁卜辞中屡见"人名＋师"的说法，如"雀师、弜师、呇师"等⑨。除第一点外，刘说基本可信。此类"行"不论释为"军旅名称"还是释为"行列、方阵"，在相关辞例的释读中均显得窒碍不通，释为"道路"义则文从字顺。在"出行、大行"以及一些辞例的释读上，我们尚有一些与刘说不同的看法。今对甲骨文中"方位名词＋行"和"地名＋行"再作梳理，不足之处，尚祈方家指正。

二　方位名词＋行

"行"前冠以方位名词者辞例如下：

（1）叀旐用东行，王受又（佑）？

（2）叀𩗲从上行左旐，王受又（佑）？

（3）叀🐍又（右）旐，王受又（佑）?　　　　　　　　　　　　　　　《补》10387，无名组

（4）戊戌卜，𢆉：缶中行𡆥方?九日丙午𧌛。

（5）戊戌☒缶自☒。　　　　　　　　　　　　　　　　　　　　　　《怀》1504，师组

（1）至（3）辞同版，是围绕旐和🐍的行动而展开的占卜，内容紧密相关。关于此三辞的释读，诸家在字词和句读方面均有分歧。这无疑影响着人们对"东行、上行"的理解。

旐字从人持㫃，从㫃，另见于师组的《合》20698、宾组的《英》593和何组的《合》28011，均用作人名。此应是陈剑所论𣃚组异体字之一[⑩]。旧或隶作从步，或隶作从癹，或隶作从冉，或隶作从㫃，或谓其字为旅，或径释为旗，均与实际不符[⑪]。陈梦家、金祥恒亦误摹其字，但释其为人名则是正确的[⑫]。1995年和2006年，安阳殷墟郭家庄商代墓葬M26和M5曾先后出土了两批带有该族族徽的铜器。这两座墓葬同属殷墟二期，除了出土鼎、甗、觚、爵等青铜礼器外，还出土有钺、戈、矛、镞等兵器[⑬]。这与殷墟甲骨文军事刻辞中的旐可以相互印证。

🐍字原拓作📷，从隹，爪下作📷形，仅见于《补》10387，也是人名用字。旧或释雍，或释隹，均不可信[⑭]。

（1）辞中"叀旐用东行"，与"成用某地行"结构相同（详下文）。"叀"出现在主语前，表示主语是句子的焦点[⑮]。（2）（3）两辞依次位于（1）辞之正上方，是在（1）辞的基础上所做的进一步占卜。或将"左旐、右旐"与前文断开，分别释为"在左侧举旗"和"在右侧举旗"[⑯]，不可据。"叀🐍从上行左旐"，指🐍经由上行为旐之左翼。"叀🐍右旐"指🐍为旐之右翼，经由地点省略。以后世之"三军"或"三行"例之，🐍为旐之左翼或右翼，则旐当属中军或中行，这显然与（1）辞之"用东行"是矛盾的。

卜辞言某人为某人之左翼或右翼者较为少见，下揭辞例或与此有关：

（6）乎般比圭左[⑰]?

（7）弜（勿）乎般比圭左?　　　　　　　　　　　　　　　　　　　《合》371反，宾组

（8）乎繐同龙圭?一二　　　　　　　　　　　　　　　　　　　　《合》371正，宾组

"般"与"繐"均为人名，辞中为呼令对象。"比圭左"与"同龙圭"相对应。卜辞中有不少"地名＋某"和"国族名＋某"的称名方式[⑱]。"龙"可用作国族名和地名，故"龙圭"与"圭"应指一人。"比某左"与表示会同义的"同"相类，很可能是"为某之左翼"的意思。西周金文中也有类似的说法，如班簋（《集成》4341）铭文曰：

王令吴白（伯）曰："以乃自左比毛父。"王令吕白（伯）曰："以乃自右比毛父。"

这里"左比毛父"的吴伯和"右比毛父"的吕伯，与（2）（3）两辞所卜是"左旐"还是"右旐"的🐍相当。

"中行"一语仅见于（4）辞。此与同版的（5）辞占卜日期相同，事类相关。两辞主语均为"缶"，一言"中行𡆥方"，一言"自☒"。"自"下有残字作📷，不可识。"中行"与"自某"语法地

位相当,也应是表地点的名词。莫伯峰认为:"'从'所介引的对象(处所、方位坐标系)不是主体所在,'自'所介引的对象(处所、方位坐标系)则就是主体所在。"[19]此论甚为精当。缶不可能同时身处两地,故"中行"前很可能是省略了介词"从"。"缶从中行㞢方"与(2)辞之"🐎从上行左旟"在结构上是一致的[20]。

学者所谓"右行"在卜辞中实作"㞢行",见于下列各辞:

(9)贞:弜(勿)乎征复㞢行从㹿?　　　　　　　　　　　　　《英》834,宾组

(10)乙酉卜,宁贞:乎征复㞢行? 十月。

(11)乙酉卜,贞:征复㞢[行]☑。　　　　　《拼》2=《英》835+《合》4037,宾组

(9)辞"㹿"为田猎地名,此种用法另见于《合》28799。(11)辞"行"字残作🖊,《合》40076、《拼》2均漏摹。"复"为"行故道"之义,其后一般不带宾语。"㞢行"作为动词"复"的宾语,其义只能是与道路有关,而非军事组织。刘凤华将其读作"右行",亦不可取[21]。

严一萍曾指出,卜辞"㞢"可用作语助词,表词头,如"㞢族、㞢师、㞢邑"等皆属此类[22]。金祥恒释"㞢行"为"右行"、"㞢子族"为"右子族"[23]。刘钊曾对此评论说[24]:

金祥恒认为族分左右,"㞢子族"即"右子族",这是错误的。卜辞"㞢"可借为"又",但在表示"左""右"之义时,只用"又",绝不用"㞢"。

李发也有类似的说法[25]:

卜辞中,"㞢"读作"有""又"或"侑",未见它作"右"。

刘、李之说均为可信。

以左中右三者言之,卜辞仅见"中行",既无"左行",也无"右行"。"中行、东行、上行"均是附加方位的地点名词。殷人在战争和田猎的过程中,已经十分注重战略地形的研判,如"令多马卫于北"(《合》5711)、"王立于上"(《合》27815)、"王于东立"(《合》28799)、"子立于又(右)"(《花》50)、"子立于左"(《花》50)等。"东行、上行"应分别与"王于东立、王立于上"相类,不得与"左行、右行"相比附。

三　地名+行

"行"前冠以地名者辞例如下:

(12)贞:排行用,㞢戈,不雉众?　　　　　　　　　　　　　　《合》26887,何组

(13)贞:弜用排,叀𰚴行用,㞢戈羌人于之,不雉人?　　　　　《合》26896,何组

(14)☑戌叀齹行☑。

(15)叀亩行用,㞢戈羌☑。　　　　　　　　　　　　　　　　　《合》27978,无名组

(16)戌叀義行用,遘羌方,又(有)戈?

(17)弜用義行,弗遘方?　　　　　　　　　　　　　　　　　　《合》27979,无名组

（18）☑義行☑羌☑又（有）戕☑。　　　　　　　　　　　　　　《合》27980，何组

（19）丙寅贞：行叀戕🔾用，若？　　　　　　　　　　　　　　《合》32934，历组

（20）叀大[行]用，及方？　　　　　　　　　　　　　　　　　《补》8971，历组

（21）辛酉卜：叀大行用？　　　　　　　　《补》9632+《京人》2289⑳，历组

（22）□可行用□方？　　　　　　　　　　　　　　　　　　　《屯》3245，历组

（23）☑午从酉行来，☑菁方，不隻？　　　　　　　　　　　《合》20447，师组

（24）叀□行[用]，从☑。　　　　　　　　　　　　　　　　《合》28836，无名组

上揭辞例中，"排、亩、義、大、可"等皆卜辞习见之地名。（13）辞"排"下无残字，或误补"行"字㉗。𥾓仅见于《合》26896，原拓作▨，旧多误释为从示从心，李学勤隶作䤾，陈剑释惑㉘，今暂依原篆摹写。"酉"习用作祭名，作为地名另见于《村中南》375。此类"行"多以"叀某行用"的形式出现。"行叀某用"仅见于（19）辞，亦即"用某某行"之意。"行"为受事主语。"戕🔾"应是地名。（20）辞"行"仅残存右上构件乀形，旧皆缺释。

（21）辞正上方有一辞曰："自叀律用？""自叀律用"另见于《屯》119，其下有二残字，整理者读作："叀☑用？"此"叀"后所缺很可能也是"大行"二字。"律"旧或释为律令义㉙，或释为音律义㉚。刘风华认为律字从彳，其本义很可能与道路有关㉛。我们认为这里的"律"应是地名。"自叀律用"即"自叀律行用"。"行"字承下方一辞中的"大行"而省略，亦或因"律"本从彳而省刻。（13）辞"弜用排"，"行"字承后省略，可为参照。

如前文所述，卜辞中没有表示军事组织的左中右三行，那么把"大行"释为"军行的较大的编制"也就不能成立。刘风华谓"大行"之"大"是"表示道路的广阔程度"㉜，说亦可商。此种意义的"大行"不见于商周古文。"大"在卜辞中可用作方国名、族地名和人名。何组卜辞有贞人名"大"。故"大行"应与"排行、亩行、義行"等相类，结构属"地名+行"。李雪山已将"大行"之"大"与人名、族地名相联系，然其释"大行"为"大所率领的行列"则不足取㉝。

除刘风华所论之外，以下两点也能说明"地名+行"是表地点。

首先，战争和田猎类卜辞言"遘"或"及"，每见有地点名词或短语与之相应。例如：

（25）乙未卜：王往求犾，从☑，菁？　　　　　　　　　　　《拼》178，历无名间

（26）乙酉卜：子于翌日丙求阤南丘豕，遘？一二三四　　　　　　　　《花》14

（27）乙未卜：子其田，从至求豕，遘？用。不豕。一二三　　　　　　　《花》50

（28）丁卯卜：子其往田，从阤西斿，菁兽？子占曰：不三其一。叩。一二三

　　　　　　　　　　　　　　　　　　　　　　　　　　　　　　　《花》289

（29）癸丑卜，贞：夲往追龙，从朱西，及？一　　　　　　　《合》6593，宾组

路线的选择，对"遘"和"及"起决定作用。（16）（17）两辞中，"叀義行用"对应"遘羌方"，"弜用義行"对应"弗遘方"，可见"義行"之用与能否"遘羌方"密切相关。陈梦家将此两辞误分作

三条:"弜用,義行弗遘方""戍義遘方""叀行用羌,又戈",则全然看不出"用某行"与"遘羌方"的内在联系㉞。(20)辞"叀大行用"、(23)辞"从酉行来",分别与"及方"和"菁方"相对应。黄天树释(23)辞"酉行"为道路名㉟,非常正确。

其次,"之"作介词宾语,一般用来指代处所㊱。(13)辞"甼羌人于之"说明,"排"和"𣃥行"只能是表地点。如释其为某地之军事组织,则"甼羌人"之路线和战争地点全无着落,不能与"于之"形成呼应。试比较下列辞例:

(30)己亥卜,内贞:王屮(有)石在庙北东,乍邑于之? 一　　　　　《合》13505正,宾组

(31)王于得史人于髦,于之及伐望,王受又=?　　　　　　　　　《合》28089正,无名组

(32)☑戍辟立于寻,自之奔羌方,不雉人?　　　　　　　　　　　《合》26895,何组

(33)于潯帝(禘),乎御羌方于之,甼?　　　　　　　　　　　　《缀汇》14,无名组

这里的"庙、髦、寻、潯"皆地名。"介词+之"可置于动词之前,如(31)(32)辞;亦可置于动词之后,如(30)(33)及(13)辞。学者指出,近指和已然用"在",远指和未然用"于"㊲。这与"地名+行"类占卜属事前路线之选择也是吻合的。

李学勤曾将"亯行"与"亯土"相联系,谓"'亯土'当即'亯行'及危方所奠的亯"㊳。这非常具有启发意义。"用某地行"实际上就是经由某境。后世文献中有不少关于战争"假道"的记载,如《左传》僖公二年"晋荀息请以屈产之乘与垂棘之璧假道于虞以伐虢",僖公二十八年"晋侯将伐曹,假道于卫",宣公十四年"过我而不假道,鄙我也",成公八年"晋侯使申公巫臣如吴,假道于莒"等。不同之处在于,春秋时期各诸侯国属独立的个体,相互过境不得不"假",而卜辞中"地名+行"的使用者是商王或其派出将领,故可径言"用"或"从"。

四　"行"与"师、旅、族"之比较

"师、旅、族"是卜辞常见的军事组织。从具体用法上看,我们所讨论的"行"与"师、旅、族"均有着明显的不同。

在名词性短语中,"师、旅、族"分别有"王师"(《合》36443)、"我师"(《合》11274正)、"王旅"(《合》5823)、"我旅"(《合》1027正)、"王族"(《合》34131)等搭配。"师"分左中右(《合》33006),"旅"有左右(《屯》2328)。这些用法"行"都不具备。《合》24445有辞曰:

(34)乙巳卜,出[贞]:王行逐☑。

这里的"行"当是"逐"之修饰语。"行逐"与战争卜辞中的"步伐"(《合》6461正)相类。或释"王行"为属于王室的步兵队列㊴,非是。

在用作主语时,"行"仅见于(19)辞,作为受事主语与动词"用"搭配。"师"可与动词"㠯、媵、屎"等搭配,如"自于弖㠯"(《合》5813)、"旬壬申中自媵"(《合》5807)、"今夕自不屎"(《英》2528)。"旅"可与介词"从"及动宾短语"雉众"搭配,如"旅从嗓方于☑"(《屯》2701)、"又

（右）旅［不］雉众"（《屯》2064）。"族"则可与动词"辜、禽"及动宾短语"雉王众"搭配，如"王族其辜人方邑隹"（《屯》2064）、"大左族又（有）禽"（《补》11309）、"五族其雉王众"（《缀集》10）。

在用作宾语时，"行"可与动词"用、复"及介词"从"搭配。"师"可与动词"伐、涉、作"等搭配，如"☒来告大方出，伐我自"（《合》27882）、"其涉自于西兆"（《屯》1111）、"王乍三自：又（右）中左"（《合》33006）。"旅"可与动词"合、戋、遏、奉"等搭配，如"王其以众合又（右）旅☐☐旅弅于隹"（《屯》2350）、"王辜缶于蜀，戋又（右）旅"（《怀》1640+《合》32782⑩）、"翌日丁丑王其遏旅"（《合》38177）、"缶其奉我旅"（《合》1027正）。"族"可与"令"搭配，如"叀王族令"（《合》34131）。

此外，军事组织"旅、族"还有不少兼语的用法，如"王令伐旅帚（归）"（《合》20505）、"翌日王其令又（右）旅罘左旅弅视方"（《屯》2328）、"弓（勿）乎王族同于疫"（《合》6343）、"令王族追召方"（《合》33017+32815+33014⑪）等。

通过比较不难看出，"师、旅、族"可与"屰、辜、禽、伐、合、戋、归、令、来、同、追、雉众"等表示行为的动词或短语搭配，"行"却没有这样的用法。可见"行"并非是军事（或田猎）行为的施事主体。这也可以解释为什么"行"基本上用作宾语，而不是主语。李发指出："军事刻辞中动作的施事者一定是战争的主体，要么是商王，要么是商王派出的军事首领，要么是军队，要么是敌方……施事者一般在军事刻辞的句子中作主语。"⑫此论可信。

五　结语

综上，殷墟卜辞中"方位名词+行"和"地名+行"之"行"均应释为道路义，而非军事组织。《孙子兵法·九地篇》云："兵之情主速，乘人之不及，由不虞之道，攻其所不戒也。""用某行"的占卜属于战前谋划，是殷人战争方式和军事思想的一种体现。

林沄曾在《商代兵制管窥》中指出，甲骨文与军事有关的"行"，"充其量只能与后代文献对照之后推断商代军队已有一定的队列，非要从《周礼》有'行司马'而去考证每行有多少人，未免穿凿附会"⑬。我们虽然不同意把"行"释作行列，但非常赞同林先生这里提到的应当审慎地将甲骨文与后世文献进行联系。在利用甲骨卜辞研究商代历史文化的过程中，忽略卜辞具体语境的联系无疑是危险的。

附记：本文属于国家社科基金重大委托项目子课题"甲骨文全文数据库开发及商代文字释读研究"（16@ZH017A2）阶段性研究成果，写作过程中得到孙亚冰、刘凤华两位先生的帮助。张军涛先生曾对本文提出不少宝贵的修改意见。在此一并致谢！

（作者单位：河南大学黄河文明与可持续发展研究中心）

注：

① 该文后以《楗斋甲骨展览序》收入《饶宗颐二十世纪学术文集》第4册第1833—1838页，台北新文丰出版股份有限公司2003年。

②㉓ 金祥恒《从甲骨卜辞研究殷商军旅中之王族三行三师》，《中国文字》第52册第5659—5706页，1974年。

③ 寒峰《甲骨文所见的商代军制数则》，胡厚宣等《甲骨探史录》第400—449页，生活·读书·新知三联书店1982年。

④ 严一萍《殷商军志》，《中国文字》新7辑第30页，1983年。

⑤ 宋镇豪《商代军事制度》，胡庆钧主编《早期奴隶制社会比较研究》第197页，中国社会科学出版社1996年。持"军事组织"说者尚有以下论著：罗琨、张永山《夏商西周军事史》，军事科学院主编《中国军事通史》第1卷第131—133页，中国军事科学出版社1998年；李雪山《商代军制三论》，《史学月刊》2001年第5期第28—31页；孙亚冰、林欢《商代地理与方国》第42、77页，中国社会科学出版社2010年。

⑥ 肖楠《试论卜辞中的师和旅》，《古文字研究》第6辑第123—132页，中华书局1981年；刘钊《卜辞所见殷代的军事活动》，《古文字研究》第16辑第67—140页，中华书局1989年；李发《甲骨军事刻辞整理与研究》第265—305页，中华书局2018年。

⑦ 李学勤《殷代地理简论》第78—79页，科学出版社1959年。

⑧ 刘风华《殷墟村南系列甲骨卜辞整理与研究》第445—448页，上海古籍出版社2014年。另参作者同题博士学位论文第308—310页，郑州大学2007年。赵鹏释"上行、中行"之"行"为路，说见氏著《谈谈殷墟甲骨文中的"左""中""右"》，《甲骨文与殷商史》新4辑第135页，上海古籍出版社2014年。

⑨ 参见李发《甲骨军事刻辞整理与研究》第277—281页。

⑩ 陈剑《殷墟卜辞的分期分类对甲骨文字考释的重要性》，《甲骨金文考释论集》第402—404页，线装书局2007年。

⑪ 严一萍《殷商兵志》释旅（《中国文字》新7辑第29页），宋镇豪《商代军事制度》释旗（胡庆钧主编《早期奴隶制社会比较研究》第200页），李雪山《商代军制三论》亦释其义为"旗帜"（《史学月刊》2001年第5期第30页）。另，金祥恒《从甲骨卜辞研究殷商军旅中之王族三行三师》指出，饶宗颐所谓"左旅右旅"即指本文（2）（3）两辞（《中国文字》第52册第5672页）。

⑫ 陈梦家《殷虚卜辞综述》第509—510页，中华书局1956年；金祥恒《从甲骨卜辞研究殷商军旅中之王族三行三师》，《中国文字》第52册第5673页。

⑬ 中国社会科学院考古研究所安阳工作队《河南安阳市郭家庄东南26号墓》，《考古》1998年第10期第36—47页；安阳市文物考古研究所《河南安阳市殷墟郭家庄东南五号商代墓葬》，《考古》2008年第8期第22—33页。

⑭ 宋镇豪《商代军事制度》释雍（胡庆钧主编《早期奴隶制社会比较研究》第200页），李雪山《商代军制三论》释佳（《史学月刊》2001年第5期第30页）。

⑮ 张玉金《甲骨文虚词词典》第93页，中华书局1994年。

⑯ 赵鹏《谈谈殷墟甲骨文中的"左""中""右"》（《甲骨文与殷商史》新4辑第135页）。此说与宋镇豪所释"以军旗引麾"同，参见宋镇豪《商代军事制度》（胡庆钧主编《早期奴隶制社会比较研究》第200页）。刘风华《殷墟村南系列甲骨卜辞整理与研究》第445页亦将"左某、右某"与前文断开；曹锦炎、沈建华编著《甲骨文校释总集》第7146页（上海辞书出版社2006年）将"左某"与前文断开，"右某"与前文连读。

⑰ 林沄释"左"为"力"，谓"坒力"为人名，说见氏著《王、士同源及相关问题》，《林沄文集·文字卷》第110页，上海

古籍出版社 2019 年。曹锦炎、沈建华编著《甲骨文校释总集》、胡厚宣主编《甲骨文合集释文》及李宗焜编著
《甲骨文字编》第 312 页均释其字为"左"。姚孝遂主编《殷墟甲骨刻辞摹释总集》读作"佐"。陈年福《殷墟甲骨
文摹释全编》释"又"。

⑱ 赵鹏《殷墟甲骨文人名与断代的初步研究》第 91 页,线装书局 2008 年。

⑲ 莫伯峰《甲骨文处所介词"自"和"从"意义差别的原因》,《古文字研究》第 33 辑第 117—124 页,中华书局 2020 年。

⑳ "中"在商周金文中可用作族氏名,参见何景成《商周青铜器族氏铭文研究》第 443—444 页,齐鲁书社 2009
年;在卜辞中可用作人名,见于《合》14832 曰。故"中行"之"中"也存在是地名的可能。

㉑ 刘风华《殷墟村南系列甲骨卜辞整理与研究》第 446 页。

㉒ 严一萍《说"屮"》,《中国文字》第 47 册第 5191—5192 页,1973 年。

㉔ 刘钊《卜辞所见殷代的军事活动》,《古文字研究》第 16 辑第 77 页,中华书局 1989 年。

㉕ 李发《甲骨军事刻辞整理与研究》第 268 页。

㉖ 周忠兵缀,见氏著《历组卜辞新缀十组》,《中国文字研究》第 12 辑第 60—62 页,大象出版社 2009 年。

㉗ 参曹锦炎、沈建华编著《甲骨文校释总集》第 3044 页;陈年福《殷墟甲骨文摹释全编》第 2804 页。

㉘ 李学勤《殷代地理简论》第 78 页;陈剑《甲骨金文考释论集》第 377 页。

㉙ 肖楠《试论卜辞中的师和旅》,《古文字研究》第 6 辑第 124 页;中国社会科学院考古研究所《小屯南地甲骨》下
册第 1 分册释文第 845 页,中华书局 1983 年。

㉚ 连劭名《卜辞语辞丛释》,《华夏考古》1995 年第 1 期第 101—108 页;刘钊《卜辞"师惟律用"新解》,张永山主
编《胡厚宣先生纪念文集》第 140—143 页,科学出版社 1998 年。

㉛ 刘风华《无名组的战争类卜辞刍论》,《黄河文明与可持续发展》第 8 辑第 44—55 页,河南大学出版社 2013 年。

㉜ 刘风华《殷墟村南系列甲骨卜辞整理与研究》446 页。

㉝ 李雪山《商代军制三论》,《史学月刊》2001 年第 5 期第 30 页。

㉞ 陈梦家《殷虚卜辞综述》第 515 页。

㉟ 黄天树《甲骨文介词"由""自""从"补说》,《上古汉语研究》第 1 辑,商务印书馆 2016 年,收入《黄天树甲骨学
论集》第 105—121 页,中华书局 2020 年。

㊱ 同注 ⑮ 第 322 页。

㊲ 黄天树《再谈甲骨卜辞介词"在""于"的搭配和对举》,《汉语言文字研究》第 1 辑,上海古籍出版社 2015 年,收
入《黄天树甲骨学论集》第 98—104 页。

㊳ 李学勤《殷代地理简论》第 79 页。李先生所谓"亯土"见《合》26898。"亯"系蠤字误释,参见刘钊《释甲骨文
耤、蓑、蠤、敔、栽诸字》,《吉林大学社会科学学报》1990 年第 2 期第 8—13 页。

㊴ 宋镇豪《商代军事制度》,胡庆钧主编《早期奴隶制社会比较研究》第 201 页。

㊵ 周忠兵缀,见氏著《历组卜辞新缀十一例》,中国社会科学院古代史研究所先秦史研究室网 2008 年 12 月 26 日。

㊶ 《合》33017+32815 为蔡哲茂缀,周忠兵加缀《合》33014,参见周忠兵《甲骨新缀四例》,中国社会科学院古代
史研究所先秦史研究室网 2010 年 11 月 7 日。

㊷ 李发《甲骨军事刻辞整理与研究》第 495 页。

㊸ 林沄《商代兵制管窥》,《吉林大学社会科学学报》1990 年第 5 期,收入《林沄文集·古史卷》第 86—98 页,上海
古籍出版社 2019 年。

古文字研究（34）：143—147，2022

师寰簋铭"牆旐"试解

董莲池

传世的西周晚期师寰簋计两器，其中一器有盖，器盖对铭，器铭117字，盖铭较器铭漏掉"辱、我、齐、折"四字，存113字。另一器失盖，只存器铭，也是117字，与有盖之器铭完全相同。器盖对铭者最早著录于清吴荣光的《筠清馆金文》3.35—36，没有载述出土时、地信息，著录采用摹本方式，字形摹得精确神似，对照拓本可知（见图1）：

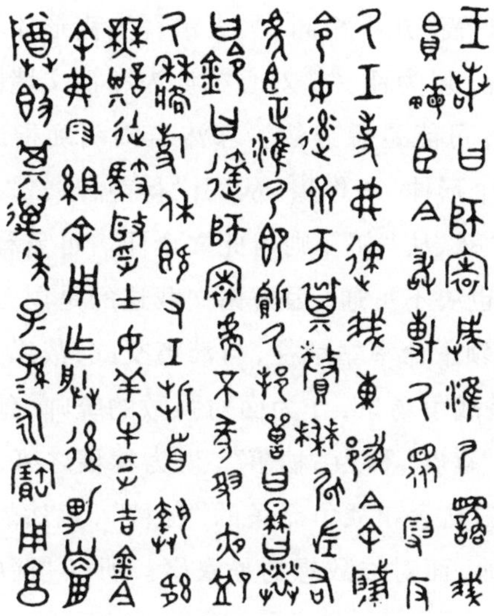

《筠清馆金文》3.36器 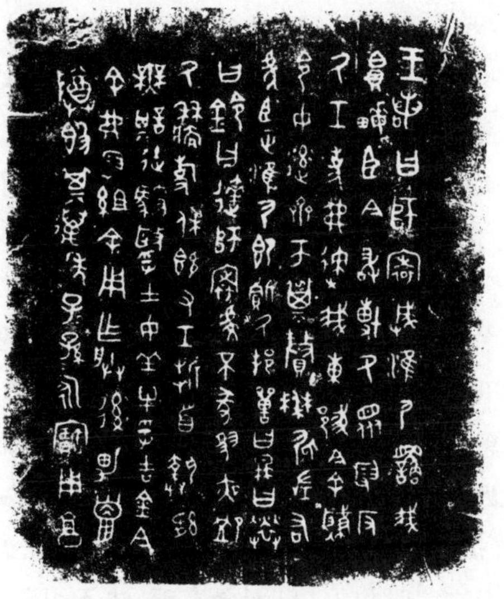　　　　　　　　《殷周金文集成》4313.2器

图1

吴荣光据器铭作了下面释文（释文中的"□"为吴荣光释文原有者，是用来表示无法隶释的字形）：

王若曰师寰威淮人□我□晦臣今敢博乃众叚（本文作者按：据下文所隶，当作"叚"）反乃工事弗速我东域今余肇令汝達齐师其赘□□左右虎臣正淮人即□乃邦酉曰冉曰萃曰铃曰达师寰虔不坠夙夜恤乃□事休既又工折首执□无諆徒驭驱辱士女羊牛辱吉金今余弗叚组余用作朕后男鼹尊敦其万年子=孙=永宝用享

览其释文，对照今天学界对该铭的研究成果，可以发现吴荣光未能准确释出的威（盖铭）、朕（器铭），逮（盖铭）、逮（器铭），了（盖铭）、尸（器铭），虢（盖铭）、虢（器铭），昌（盖铭）、昌（器

铭)、𣂁(盖铭)、𣂁(器铭)，𣔙(盖铭)、𣔙(器铭)，𣂁(盖铭)、𣂁(器铭)，𣂁(盖铭)、𣂁(器铭)，𣂁(盖铭)、𣂁(器铭)，𣂁(盖铭)、𣂁(器铭)等字，今皆有定释或新的考释意见。如𣂁为古文"蠢"①，𣂁释为"鎐"，𣂁为古文"迹"，𣂁隶作"員"，𣂁隶作"員"，𣔙释作"樊"，𣂁释作"贲"，𣂁释作"展"②，𣂁隶作"贄"③，𣂁释作"豦"④等。但吴荣光没有释出的𣔙，今人虽有释，却一直没有定说，而𣔙字之后的"旋"，吴荣光释为"事"，今人皆从之，认为十分正确，其实并不见得，这两个字，本人认为都有重新研究的必要。

先来研究𣔙字。

此字盖铭写作𣔙。吴大澂首先考定即"啬"字，旋，释为"事"，认为"啬事"即稼穑之事，谓"言征伐而勿害农时，恤民事也"⑤。今考啬字，《说文》小篆作"啬"，从"来"从"㐭"，会谷物入仓之意，即"穑"的初文。这个字也见于西周中期的墙盘铭，写作𣂁，也从"来"从"㐭"，用为稼穑之穑，和小篆全同。而此文除了从"㐭"，其余所从和"啬"并不相同，吴大澂释为啬形体不合。刘心源也释为"穑"，云："从爿，《说文》籀文墙字如此，用为穑。"⑥刘心源认为和籀文墙同形，知道它不是"啬"，但说用为"穑"，却没有说明根据，可能是想当然。郭沫若则明确指出"𣔙乃籀文墙字"⑦。考《说文》"墙"字，重文收籀文有两个形体，一作𣔙，从"爿"得声，从二"来"从"㐭"，此文无法与之认同；一作𣔙，从"爿"得声，从"秝"从"㐭"，则与此文全同。可见释墙极是，释啬于形不合。而释啬，解为稼穑之事，于铭意也决不可通，因为铭文载述的是周王命令师袁率领齐师征伐淮夷，师袁是这次征伐的统帅，他领王命率军前往，与淮夷交战，战果是"折首执讯"，大获全胜，是一连串的过程，所涉及的都是战争场景，作为面对强敌的统帅，他头脑当时想的也只能是如何运筹去战胜强敌，而现在把"𣔙旋"释为"穑事"，说为稼穑之事，就得理解为统帅师袁在大战之际不去运筹制胜，而是时刻恤念和战争无关的"稼穑"，竟然靠这个"折首执讯"，这怎么可能？古今中外绝无这样的统帅，面对强敌想的是农事。所以"穑事"之说既无文字学根据，也不合事理，决不可从。

郭沫若读"𣔙"为"将"，释"旋"为"事"，云："'恤乎𣔙事'，与追簋'恤乎死事'同例。死通尸，主也，谓慎所主持之事，𣔙则读为将，《春秋》墙咎如，《公羊》作将咎如，即二字同音通用之证。《论语·宪问》：'阙党童子将命'，即此𣔙字义。"但"将命"，朱熹集注云"谓传宾主之言"；以郭云与追簋"死(尸)事"同例，但"将"和"尸"也未见互通同用他例；而且"旋"和"事"形体并不相同，在西周金文它到底对应什么词，也必须认真研究。

下面就来研究"旋"字。

旋，商代金文见小子𤔲簋，是职官名"卿旋"用字，铭云："卿旋易(赐)小子𤔲贝二百。"也见于西周金文。这个字，吴大澂释作"事"，云："象手执简立于旗下，史臣奉使之义。此事之最古者。"又云："古文事、使为一字。"⑧其他学者也基本都认为"旋"就是"事"字。一些工具书都把它收在"事"字头下，看作"事"的异体。但"旋"字出现在西周早期的扬方鼎铭，铭云"珥视旙于彭"，2见用同，作"视"的宾语使用"旙"字，而同期匽侯旨鼎铭又有"匽侯旨初见事于宗周"，作"见"的宾语使用"事"字；"旙"也见于西周早期矢令方尊、方彝铭，有9见之多，和"事"字同现一铭。来看下面列出的矢令方彝铭：第二行，"尹三事四方"作"事"（见图2白圈儿标注，下同），"卿旙寮"作"旙"（见图2白方框标注，下同）；第三行、第五行"卿旙寮"作"旙"，第五行"三事令"作"事"；第十一行"以乃友事"作"事"。尊铭所用亦同，划然不乱，区别分明。而对照上举扬方鼎和匽侯旨鼎铭也能说明这一点。这都表明在西周早期金文中，"旙"和"事"字已不是异体，二者并非一字，对应并非一词。"卿旙"，郭沫若云"固即卿士"⑨。而主张释为"事"的学者也认为，"卿事"对应的即文献上的"卿士"，这应该是正确的，这种对应说明了"旙"有"士"的音。既然卿士之"士"金文用"旙"，绝不用𢀴，我们就完全有理由推定金文中"旙"就是西周"士"一词的书写符号之一（金文或用"士"形，故云之一），也就是说它是"士"的范围有限的异体，而不是"事"一词的书写符号。不注意这种区别把它冒然释作"事"是不符合金文用字实际的，是错误的。关于这一点，从它在西周晚期的使用也完全可以看得出来（西周中期不见用）。西周晚期，这个字作"卿旙寮"之"旙"1见，见于毛公鼎，鼎铭中"事、旙"区分也非常清楚严格。"旙"绝不写作"事"，"事"也绝不用"旙"。此外，26见用作人名"师旙"之"旙"，"旙"也无一例是用"事"表示的。在本器，用在"牆"后组成"牆旙"，见于三铭，也绝不用"事"，而铭自有"事"，见"反乎工事"，亦绝不用"旙"，这都足以说明"旙"与"事"在勒铭者那里肯定是不同词的书写符号，把"旙"看同"事"字无别、释"牆旙"为"墙事"，肯定乖于事实，未能真正揭破谜团（西周晚期番生簋铭"卿旙"被写作"卿事"，在全部铭文中仅此一见，属于孤例，极有可能是形近致误，因为"旙"与"事"的区别只在一笔旁出的"游"，这一笔写丢就成了"事"，这就如同"乎、又"形近，"又"有时讹成"乎"，如《殷周金文集成》4269县妃簋"十又二月"之"又"，"乎"有时讹成"又"，如《殷周金文集成》688"彝作乎母辛鬲"之"乎"。我们不能说"乎、又"音近或异体，同样，也不能在孤例情况下认为"旙、事"音近或异体。另外，在西周早期的克罍、克盉铭中有𢀳，又写作𢀵，旧或视同"旙"，严格来说，彼此形体并不相同，而且"旙"绝无省作𢀵例，其究竟对应什么词，有待研究，暂不论）。

上面论证了"旙"不是"事"，在"卿旙寮"官

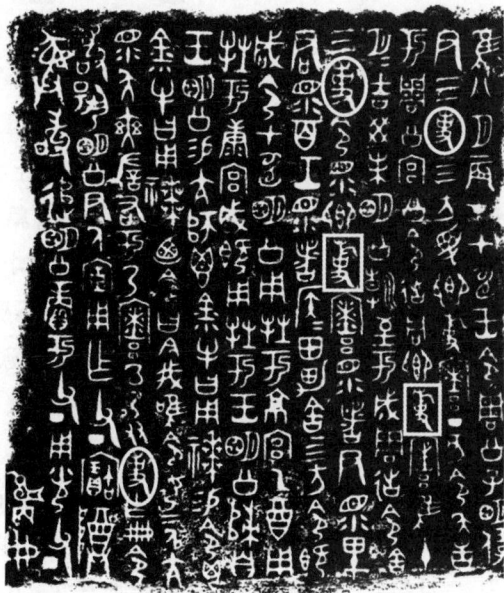

《殷周金文集成》9901.1

图2

名中对应文献上的"士"，它在扬方鼎铭中对应的也应该是"士"。在本铭中它应该对应什么词合理？考虑到它在西周晚期器毛公鼎中仍然对应"士"一词，说明它作为"士"的异体，是得到了整个西周时期共认的，因此读音也是固定的，用法也已经形成了习惯，据此，本文认为在本铭中也应读"士"的音，对应"士"一词。旧所谓"稽事、牆事"应释为"牆士"。上举郭沫若说曾提出"牆"（墙）可读为"将"，今考"牆"（墙）上古音阳部从纽，将，阳部精纽，二字同部，精、从旁纽，古音的确相近，读为"将"绝无问题。"牆"读为"将"，则"牆士"对应的词就是"将士"。将士，就是武装集团中的"将"和"士"。《说文》："将，帅也。"《孙子·谋攻》："夫将者，国之辅也。"是"将"即帅兵的将领。士指甲士，用甲兵武装起来的战斗员，甲士见先秦典籍。《左传·闵公二年》："齐侯使公子无亏帅车三百乘甲士三千人以戍曹。"又，据《左传》，"甲士"是兵车配备之兵，乃部队精锐者，为击敌主力。本铭之"甲士"亦当此类。从语法上看，"将士"是动词"恤"的宾语，"恤"，先秦有怜惜、爱惜义，《战国策·齐策》"叶阳子无恙乎？是其为人，哀鳏寡，恤孤独，振困穷，补不足，是助王息其民者也"即其用。则"恤将士"就是爱惜"将"和"士"。如此解释，还有一个问题必须回答，即怎么解释本铭下文"士女"之"士"。本文认为，这个"士"，其所用和"女"相对，指男人，士女就是男女，与"将士"之甲士义的"士"无关，彼此是完全不同的词，不同的词自有不同的用字，将士之"士"用"旋"字，士女之"士"用"士"字，这十分正常。而且"甲士"义的"士"文献用"士"也是后来循音借字，不是其本字，也不是其古字，"士"字初文取象于斧钺，作 ✝（嗷尊）、⬆（臣辰卣），本是治狱之官"士"的表意字，因此士女之"士"与表示将士之"士"的"旋"出现在同铭，不构成把"旋"释读为"士"的反证。

　　既然"牆旋"的确可以读为"将士"，而"夙夜恤乎牆旋"原是被作为"折首执讯"、战胜淮夷的原因句使用的，那么释读为"将士"也正合其用。古代战争使用刀枪剑戟，人的因素第一，决定胜负的关键是人的勇敢，怎样才能让将士拼命？主帅关爱将士是一种重要方式。《孙子兵法》曾总结当时的战争经验，在《地形》篇中指出："视卒如婴儿，故可与之赴深溪；视卒如爱子，故可与之俱死。"《十一家注孙子》引李筌注："若抚之如此，得其死力也。"梅尧臣注："抚而育之，则亲而不离；爱而勖之，则信而不疑。故虽死与死，虽危与危。"王皙注："以仁恩结人心也。"⑩上引《孙子兵法》上的这几句话意思是说，带兵的将帅爱护下属如同爱护婴儿一般，就可激发下属报答长官的热情而赴汤蹈火，爱护下属如同爱护爱子，就可以激发他们为长官战斗的决心去同生共死，形成强大战斗力。而《史记·孙子吴起列传》也曾记载军帅吴起关爱士兵的史事，其云："起之为将，与士卒最下者同衣食，卧不设席，行不骑乘，亲裹赢粮，与士卒分劳苦。卒有病疽者，起为吮之。卒母闻而哭之。人曰：'子卒也，而将军自吮其疽，何哭为？'母曰：'非然也。往年吴公吮其父，其父战不旋踵，遂死于敌。吴公今又吮其子，妾不知其死所矣。是以哭之。'"这则史实更生动地说明了爱下属是战斗力高昂的关键。那么把"牆旋"释为"将士"，把"夙夜恤乎将士"视作师寰战胜淮夷的关键因素，不但有文字学上的根据，也合于古代战争的实际。由此可以悟知，这篇铭文不仅仅赞扬师寰个人，也是在宣扬战场上克敌制胜的一个真理，就是将帅如果能用人世间父子血肉相连般的情感关爱感化将士，那么就可以激发将士的斗志，在战场上与军帅一心一德，同生共死，形成坚不可摧的血肉长城，夺取战争的胜利。这也是铭文的社会价值所在。

（作者单位：山东大学文学院）

注：

① 蒋玉斌《释甲骨金文的"蠢"兼论相关问题》，载《复旦学报》2018年第5期。

② 刘钊《古文字考释丛稿》第101页，岳麓书社2005年。

③ 邬可晶《说金文"賮"及相关之字》，载《出土文献与古文字研究》第5辑第216页，上海古籍出版社2013年。

④ 陈剑《金文"彖"字考释》，载《甲骨金文考释论集》第243页，线装书局2007年。

⑤ 吴大澂《愙斋集古录释文賸稿·师寰敦》，据刘庆柱、段志洪、冯时主编《金文文献集成》第12册收录本，线装书局2005年。

⑥ 刘心源《奇觚室吉金文述·师寰敦》第317页，朝华出版社2018年。

⑦ 郭沫若《两周金文辞大系考释·师寰簋》第146页，科学出版社1957年。

⑧ 吴大澂《说文古籀补》第15页，中国书店1990年。

⑨ 郭沫若《令彝令殷与其它诸器物之综合研究》，载《殷周青铜器铭文研究》第33页，人民出版社1954年。

⑩ 〔春秋〕孙武撰，〔三国〕曹操等注，杨丙安校理《十一家注孙子》第203页，中华书局2012年。

古文字研究（34）：148—150，2022

释"齂"

冯　时

　　毛公鼎铭文（图1）有言"勿壅键庶人齂"（《集成》2841），其中的"齂"字写作：

此字为旧所不识，《金文编》收入附录，今试为考释。

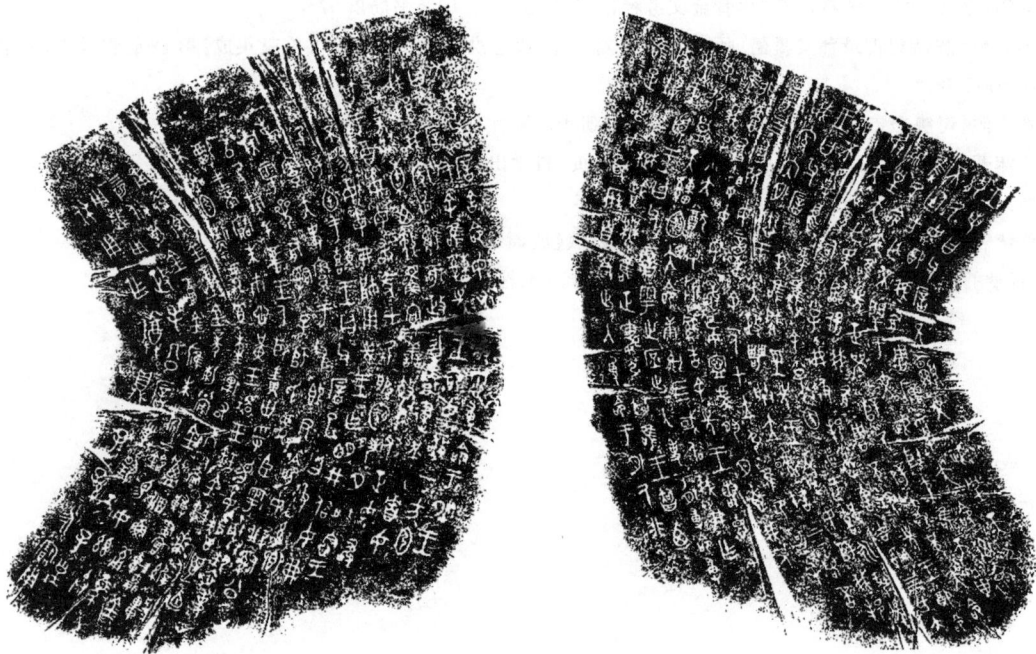

图1　毛公鼎铭文拓本

　　此字之形构实作从"叕"从"自"，且"叕"在"自"字的上端。"自"字也见于毛公鼎铭文"历自今"，其形作，与此字下部字形的写法相同，而"叕"字则见于交君子瑚，字形作或（《集成》4565）。显然，"叕"字下端的两笔如果借用"自"字的笔画，即可形成毛公鼎铭文的字。很明显，对毛公鼎铭这个未识字的形构做这样的分析应该没有问题。

　　《说文》叕部："叕，叕联也。"段玉裁注："联者，连也。""自"是鼻子的象形文，而鼻子是人体的嗅觉器官，所以金文的"齂"字从"自"从"叕"会意，其字形结构所体现的意义显然是要将鼻子与外界的气味联叕起来,所以此字显然就是"齂"的本字。因此,金文"齂"字的本形可以分析为从"自"从"叕"、"叕"亦声。

《说文》鼻部:"齂,以鼻就臭也。从鼻,从臭,臭亦声。读若畜牲之畜。"经韵楼本改"畜"作"嘼"。其训"齂"字为"以鼻就臭",这一意义正与金文字形所体现的鼻子与外界气味叕联之象吻合,准确而生动。晚起的"齂"字以"臭"字兼声,字读同"嘼",而金文"齂"字则本以"叕"兼声,两者表音的部分唯同音互换而已。上古音"叕"在端纽月部,"嘼"在透纽觉部,音近可通。《玉篇》"齂"字作"嗅"。《论语·乡党》:"三嗅而作。"《玉篇》引"嗅"作"齂"。今知"齂"之本作以鼻叕就臭味之形,此与"齂、嗅"则呈现为古今雅俗之别也。

齂是以鼻子辨别气味,这是人体中最敏锐的感觉,所以人们常以嗅觉形容对事物危机的洞悉,如习语所说嗅到危险。《汉书·叙传上》:"不絓圣人之罔,不齂骄君之饵。"师古注:"齂,古嗅字也。饵谓爵禄。君所以制使其臣,亦犹钓鱼之设饵也。"饵料气香可诱鱼上钩,可为鱼最先感知。而庶民之所嗅者,必关乎其生活之甘苦,其或以民谣俗谚传播,故古有采诗之官,以观民风,进知为政之得失与庶人之疾苦。而毛公鼎铭之"勿壅键庶人齂",意即言此。

鼎铭之"壅键"本作"雝建",读为"壅键",意即壅塞闭锁。《左传·昭公元年》"勿使有所壅闭湫底",孔颖达正义:"壅谓障而不使行,若土壅水也。"《楚辞·七谏·沉江》"不忍见君之蔽壅",洪兴祖补注:"壅,塞也。"此"壅闭、蔽壅"意思显然就是壅键。《礼记·月令》"修键闭",郑玄注:"键,牡;闭,牝也。"《太玄·玄摛》"叩其键",范望注:"键,闭也。"段玉裁《说文解字注》:"键,引申之为门户之键闭。"是知"壅键"意即壅塞封闭。

大盂鼎铭云:"人鬲自驭至于庶人。"以"庶人"为奴隶。而毛公鼎铭载宣王所言之"庶人"则显然不是奴隶,"庶"当训众,故此"庶人"当言众人、国人。西周至厉王即位,初立时即显现出了雄才与抱负,其力求中兴图强、改变自穆王以来疲弱国势的愿望十分强烈,本应是一位有作为的君主。这一点丁厉王自作的胡钟、五祀胡钟和十二祀胡盨铭文中都反映得非常清楚。然而终因其急功近利、于利专擅、用人不当、壅塞言路,终于酿为大祸,国人暴动,自己也被逐出王庭而流于彘,造成了周室更大的动乱。

在厉王一系列的错误施政中,壅塞言路是最终引发国人暴动的直接原因。清华大学藏战国竹书《系年》曰:

厉王大虐于周,卿士、诸正、万民弗忍于厥心,乃归厉王于彘,共伯和立。

《论语·八佾》:"八佾舞于庭,是可忍,孰不可忍也?"《说文》心部:"忍,能也。""忍"是能狠之词,与厉王之谥的"厉"字意义相近。《说文》心部"忍"字之后的"愻"即以厉为训。《逸周书·谥法》:"致戮无辜曰厉。"西周金文作为谥法的"厉"字本作"剌"。《逸周书·谥法》:"不思忘爱曰剌。愎佷遂过曰剌。"孔晁注:"去谏曰愎,反是曰佷。"按《唐会要》卷八十引《王彦威于頔谥议》引《谥法》作"杀戮不辜曰厉。愎佷遂过曰厉"。此厉谥所反映的也皆壅键口齂、杜塞言路之谓。竹书所言"弗忍于厥心",足可见厉王为政之酷虐。

《诗经》变《大雅》之《民劳》《板》《荡》《抑》《桑柔》五篇,世以为刺厉王之作,言其为政多敝。是否如此,学者向有不同的看法,然诗中体现之民怨多矣确是事实,其中也可见壅键鼇闻之虐政。

文献有关厉王止谤而壅塞言路的记载,最详备的莫过于《国语·周语上》,文云:

> 厉王虐,国人谤王。邵公告曰:"民不堪命矣!"王怒,得卫巫,使监谤者。以告,则杀之。国人莫敢言,道路以目。王喜,告邵公曰:"吾能弭谤矣,乃不敢言。"邵公曰:"是障之也。防民之口,甚于防川。川雍而溃,伤人必多,民亦如之。是故为川者决之使导,为民者宣之使言。故天子听政,使公卿至于列士献诗,瞽献曲,史献书,师箴,瞍赋,矇诵,百工谏,庶人传语,近臣尽规,亲戚补察,瞽史教诲,耆艾修之,而后王斟酌焉。是以事行而不悖。民之有口也,犹土之有山川也,财用于是乎出。犹其有原隰衍沃也,衣食于是乎生。口之宣言也,善败于是乎兴。行善而备败,所以阜财用衣食者也。夫民虑之于心而宣之于口,成而行之,胡可雍也?若雍其口,其与能几何?"

王不听,于是国人莫敢出言。三年,厉王流于彘而罹难。此壅口之说,其意显然就是毛公鼎铭文所言的"壅键庶人鼇",此乃王政之大敝,故不可为也。因此"勿"训不能,其否定的程度更甚于"毋",鼎铭于二字的差异表现得非常清楚。《论语·颜渊》:"非礼勿视,非礼勿听,非礼勿言,非礼勿动。"《论语·卫灵公》:"己所不欲,勿施于人。"是鼎铭所言在于告诫毛公为政切勿壅闭百姓之口鼻,庶民所嗅之甘苦,必导之而使其言。显然,鼎铭不能壅闭其鼇的意义实际就是不可杜防民口,此为宣王广开言路之举,这当然是他从厉王的败政中汲取的教训。

（作者单位：中国社会科学院考古研究所）

古文字研究（34）：151—160，2022

射壶铭文及有关问题

黄锡全

中国国家博物馆2004年4月入藏的射壶，铭文内容对于了解两周之际蔡侯兴及有关史实非常重要。材料公布后，已有学者作了深入研究与讨论，但仍存在某些分歧。本文拟就有关问题再作些补充与讨论，敬请读者不吝指正。

此器由朱凤瀚最先报道①。壶两件，西周晚期至春秋早期器，又见吴镇烽编著《金文通鉴》12443（甲壶）、12444（乙壶）②。盖、器铭文基本相同（见图1、2），只是盖铭"甲寅"后缺"皇君"2字；器铭"易之金"和"萬"，盖铭作"易余金"和"徝"。器铭60字（其中重文2）。朱先生释文如下：

隹（惟）九月初吉甲/寅，皇君尹弔（叔）命/射嗣贮，乃事东（董）/逞（征）其工，乃事述。/迢（追）念于蔡君子/兴用天尹之龗（宠），/弋（式）穮（蔑）射暦（历），易（赐）之/金。用乍（作）朕（朕）皇考/隋壶，其万年子子/孙孙永宝用。

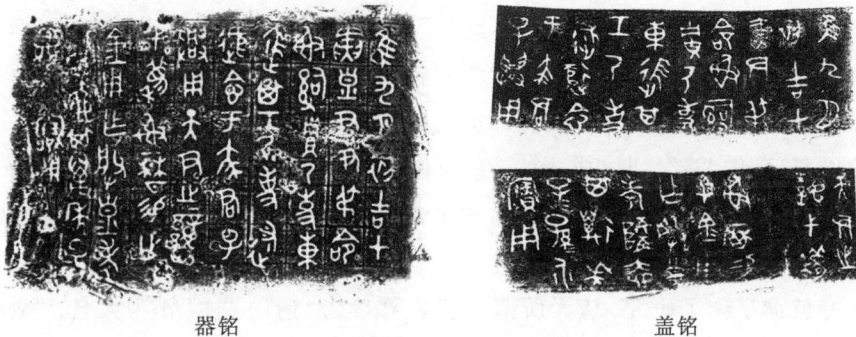

器铭　　　　　　　　　　　　盖铭

图1　射壶甲铭文

器铭　　　　　　　　　　　　盖铭

图2　射壶乙铭文

　　朱先生的研究扫清了不少障碍，并就有关时代、字句等问题发表了高见，认为壶的年代为西周末，但其形制的下限或可能已入春秋初；尹叔应是尹氏贵族，行辈为叔；"射当是尹叔之家臣"；主张或释"贾"的字还是以释"贮"为好，但其字义当与买卖之商业行为有关，"司贮"即主管其宗族之商业；前面的"乃事"义为"你的职事"，后面的"乃事述"是"你的职事要遵循以上所指示的去做"，"述"义为循；"东"读作"董"，义为"督正"，"征"为查询、审查，"董征"相当于"董察"，即是督察；逳为"追"，所从"自"上端作"旡"之上部形，皆属于"自"的繁化；"用"可理解为"承受"之意；"天尹"当是尹叔之先人；寵，可读为"宠"；蔡君子兴为蔡君之子兴，子兴则是蔡侯之公子，射可能是公子兴之子。"天尹"之"尹"非指尹氏，而是族长、家主之称，"应是尹叔的长辈，可能即是尹叔之父"，或即蔡姞簋的"德尹"；弍，读作"式"，句首虚词，这里有"要"的意思；器名隔，隶定作"隔"，疑读为"再"，训"两、重"，"隔壶"是言"一双壶、一对壶"。

　　朱先生将壶铭意释如下：

　　　　在九月初吉甲寅日，皇君尹叔命令射司理贮事，说："你的职事是审查有关贮的工作。你的所为要遵守规矩。"尹叔因追念当初射之先人蔡君之子兴曾受到天尹之尊宠，故奖励射，赐给他铜。射因此作了祭享我皇考的一对壶，万年子子孙孙永远宝用之。

　　材料公布后，有学者对此器的时代、字句等进行讨论，或提出不同意见[③]。

　　黄锦前认为：射壶的年代当在春秋早期前段左右；蔡君子兴不是蔡君之子，而是蔡侯兴；"司贮"即主管储藏职事；"董"似以解释为"主持、主管"一类的意思更为妥帖；第一"事"字意为"使"；"工"应读作"贡赋"之"贡"，意即征收其贡赋，"征其工"与士山盘"征……服"类似；"乃事述"之"述"读作"遂"，训"成、终"，意为你的职事圆满完成；射应系"蔡君子兴"之后，或系其子"；"追念"，回忆、回想，相当于金文中常见的"追孝"及"追诵"；"天尹"应即"皇君尹叔"；"隔"字或从再声，读作"尊"。

　　谢明文专就遣字作了研究，认为所谓"追"应释读为"遣"，"述"作为人名，"遣念"语法结构犹如"作念"；"乃使述遣念于蔡君子兴"是一个兼语式结构，意思是"于是让述这个人致送对蔡君子兴（射的先人）的思念"。在110页注1中说到，所谓"追"字，董珊、陈剑二位也认为是"遣"字，陈剑认为"述遣"作人名。在111页注2中认为，"遣"字"如何准确解释则还有待进一步研究"。此外，还认为射壶中的"天尹"与"皇君尹叔"应该是一人。

　　郭晨晖在朱先生研究的基础上，对某些字句作了补充修正，如暂从释"遣"之说；认为"乃事董征其工"之"事"，似仍以用作"使"字为宜，"乃"表前后承接之意；"乃事述"则如朱凤瀚所言是尹叔命射时所说的内容，表示叮嘱射要遵守规矩之意；"天尹"一词意为"大尹、大君"，用于称呼地位崇高之人，且从已有用例看，均为对生者之称，未见用于先人，而"天尹"可以作为尊称，非为天之尹的意思，也并不是借"天"字为修饰词以表达尊崇之意，而是因为其中"天"实为"大"字，以"大"作为"尹"的修饰语，以此表达对其官职的尊重；"遣念于蔡君子兴，用天尹之宠"中间可以断开,意思为(射)对自己的先人蔡君子兴致以怀念之情,想到他当时深受尹叔的尊崇。

吴镇烽曾指出,"天尹是西周时期对主要执政大臣尊隆的别称"④。周忠兵对金文中的"宠光"做过研究,认为其义就是"恩宠光耀"。韩胜伟主要研究与器名有关的![字],认为左旁从阜,右旁当是"丽"字中鹿角的省形,可隶定为"陋",就是"丽"字异体,铭中训为"偶、两","丽壶"就是"一双壶、一对壶"。杨欣认为![字]字应读为贾,"司贾"即表示管理商贾买卖事宜;"其工",即指前文所言之贾事;![字]字似从"阜"从二"再"。

经过诸位先生的讨论,可以看出,壶铭内容虽大体明了,但分歧也是明显的。首先是有关铭文及中间一段文字释读理解的问题,这是壶铭的关键。

![字],见于甲骨、金文,过去多释读为贮⑤。李学勤根据杨树达对西周格伯簋(倗生簋)"![宝]疑读为贾,即今价值之价"的研究意见,将其肯定为"贾"字。认为其字在古文字中有四种含义:1.名词,读为价,如卫盉、格伯簋;2.动词,义为交换,如五祀卫鼎;3.名词,即商贾,如颂簋、兮甲盘;4.名词,国名。此说得到裘锡圭、彭裕商、陈剑等学者的认同⑥。高明曾经做过较为系统的研究,认为其字还是应当释为贮,贮字既是表达积藏又是表达经商的多义词⑦。朱先生采纳了高先生的意见。

若将此字一律释读为"贾",的确符合文义,但古文字中因此就没有对应的"贮"字,也是一个问题。《说文》分别收录贮、贾二字。"贮,积也。从贝,宁声。""贾,市也。从贝,两声。一曰:坐卖售也。"贮,义为储存。贾,义为做买卖,义近音别(贮,端母鱼部。贾,见母鱼部。声母有别)。由此,裘锡圭对从凸的"贾"字与秦汉文字中的"贾"字之间的关系提出三种可能:1.后者由前者讹变;2.二者是同一字改换偏旁的异体;3.二者本为不同的字,但可以通用。认为"第一种可能性似可否定。实际情况究竟是第二种还是第三种,有待研究",倾向"在有新的发现之前,直接释![字]为'贾'是比较妥当的"。

根据李学勤、裘锡圭等学者的意见,我们倾向将其释读为"贾"。《周礼·地官·司市》"以商贾阜货而行布",郑玄注:"通物曰商,居卖物曰贾。"射壶"司贮(贾)"可以理解为主管商储买卖。

兮甲盘(《金文通鉴》14539)铭文中的"贾"很能说明这个问题:

……王令田(甲)政虧成周三(四)方賫(积),至于南淮=尸=(淮夷。淮夷)旧我員(帛)晦人,母(毋)叡(敢)不出其員(帛)、其賫(积)、其进人,<u>其贾</u>母(毋)叡(敢)不即餝(次)即夺(市)。叡(敢)不用令(命),剠(则)即井(刑)厮(扑)伐。其隹(唯)我者(诸)厌(侯)、百生(姓),厗(厥)<u>贾</u>母(毋)不即夺(市),母(毋)叡(敢)或入緣(蛮)宄(宄)<u>贾</u>,剠(则)亦井(刑)。(据杨树达、李学勤、高明等的断句与解释)

大意是:周宣王命令兮甲管理成周四方的财物,到达南国淮夷。淮夷久为周朝入贡布帛的臣民，不敢不缴纳布帛、粮草、供服役人众，商贾不敢不至规定的市场交易。如果不遵守命令，就要用军队征讨。就是我周人方面的诸侯百姓，其商贾没有不就市者，没有敢入蛮邦从事商业买卖者（或解释为：没有敢乱入市场从事非法交易者），否则也会受到刑法处治。

东，读为"董"，可备一说。我们以为"东"不一定要读为董，而是表示方位。如"伐东夷⑧、东征⑨、东至于京师⑩、省自东⑪"等。

两周之际的"贡纳"（献贡）情况目前还不是很清楚。根据有关记述，贡与赋是有区别的。如《尚书·书序》："禹别九州，随山浚川，任土作贡。"孔氏传："任其土地所有，定其贡赋之差。"将赋税与土质分为九等。《尚书·禹贡》："济、河惟兖州……厥田惟中下，厥赋贞，作十有三载乃同。厥贡漆丝，厥篚织文。"⑫贡主要是向君主进献珍贵土特产品或重要物品。《广雅·释言》："贡，献也。"《左传·僖公四年》："尔贡包茅不入。"《周礼·天官·太宰》："五曰赋贡，以驭其用。"释文："赋，上之所求于下；贡，下之所纳于上。"《国语·鲁语下》："昔武王克商，通道于九夷百蛮，使各以其方贿来贡，使无忘职业。"《左传·昭公十三年》："昔天子班贡，轻重以列。列尊贡重，周之制也。"也就是地方诸侯及受王朝统治区域根据不同等级需要上贡土特产品。射壶的"工"可能当读为"贡"。此句是尹叔使射征收东部地区需要上贡的地方土产品（多余者也可囤积入市买卖）。"其工（贡）"之"其"，指尹叔需要进献的贡品⑬。

前后两处"乃是"意思不同。前一"乃"是连词，表示顺接，于是、便。于是使射征收东部之贡。后一"乃"为指示代词，这样、如此，指负责的这件事。述即遂，表示顺利、成功。今本《老子》九章："功成身退。"郭店楚简《老子》作"攻（功）述（遂）身退"⑭。《礼记·月令》"百事乃遂"，郑玄注："遂犹成也。""乃事述"就是派射东征贡品之事顺利完成。

"遭"或"追"字，谢明文经过具体分析，认为应该释读为"遭"。我们倾向此铭似可读为"遭念"，金文及传世文献首见，根据文意，应有眷念、怀念之意。遭，溪母元部。眷，见母元部。韵同声近。

遭，可读为缱。《说文》新附："缱，缱绻不相离也。从糸，遭声。"《诗·大雅·民劳》："无纵诡随，以谨缱绻。"孔颖达疏："缱绻，牢固相着之意。"《左传·昭公二十五年》："缱绻从公，无通外内。"杜预注："缱绻，不离散。"本意指牢结、不离散，引申为情谊深厚。如《集韵》准韵："缱，缱绻，缠绵也。"宋陆游《满江红》："缱绻难忘当日语，凄凉又作他乡客。"

《说文》："眷，顾也。"段注："眷者，顾之深也。"《广雅·释诂》："眷，回视也。"《诗·大雅·皇矣》："乃眷西顾。"郑玄笺："乃眷然运视西顾。"《小雅·大东》："睠言顾之，潸焉出涕。"释文："睠，本又作眷。"《文选》束皙《补亡诗》："眷念庭闱，心不遑安。"李善注："眷念，思慕也。"唐元稹《莺莺传》："长安行乐之地，触绪牵情。何幸不忘幽微，眷念无斁。"眷也有"恩顾"之意。如《晋书·忠王尚之传》："蒙眷累世。"

殷寄明谈到缱（缱绻）之"缠"义，认为："其缠义当为遭声所载之语源义。遭声可载缠义，则'卷'可证之。"遣、卷旁纽、叠韵。"凡物卷曲如缠绕,卷、缠皆做圆周运动。"眷,"回视,即回首而视之谓。回首则即人首作圆弧运动"⑮。因此,缠、卷义近。遣、缱、绻、卷、眷诸字音近意联。故"遣(缱)念"似可读为"眷念"。由此可见,尹叔、蔡侯兴、射之关系非同一般(其中含有亲情关系,见下)。

天尹,郭晨晖引述诸家分析后认为是用于称呼地位崇高之人,均为对生者之称,未见用于先人。李学勤则认为,"射壶称尹叔为'天尹',无疑是王朝卿士的称呼"⑯。这里需要明确的是,遣念蔡君子兴的是尹叔,而不是射。尹叔赏赐射的原因,一是射顺利完成使命,二是眷念蔡侯兴曾予己以"天尹"之宠。是尹叔受到"天尹"之尊宠,而不是蔡君子兴受到"天尹"之宠。金文"天尹",除射壶外,只有下列三见:

作册大鼎:公赏乍(作)册大白马,大氒(扬)皇<u>天尹</u>大(太)停(保)宧。

《金文通鉴》2390

公臣簋甲:公臣撵(拜)頔(稽)首,敊(敢)𩰀(扬)<u>天尹</u>不(丕)显休。《金文通鉴》5183

𧊒鼎:𧊒曰:不(丕)显<u>天尹</u>,匍保王身,谏辞三(四)方,在朕(朕)皇高且(祖)师娄、亚且(祖)师夆、亚且(祖)师寰、亚且(祖)师仆、王父师彪…… 《金文通鉴》2439

可见,"天尹"不是指王或侯,而是称呼地位崇高之人。射壶中所指是"尹叔",因是国舅(详下),地位显赫。"用"当为介词"以"。

此句是说,使射东征贡品之事顺利成功,尹叔眷念蔡侯兴(对己)以天尹之宠,嘉勉赏赐射。如果将"乃事述"与"遣(追)念于蔡君子兴用天尹之宠"连读,理解为是尹叔使(安排或派遣)述(人名)去致送对蔡君子兴(射的先人)的思念云云,觉得不够贴切,似乎也没有必要特意安排他人去表达思念。

关于"蔡君子兴"的称谓,我们同意就是蔡侯兴,"子兴"是名或字。下列三器可为佐证。

1. 山东临朐出土齐侯子行匜(《金文通鉴》14939),铭文如下⑰:

齐侯子行,作其宝匜。子子孙孙,永宝用享。

齐侯子行,我们认为即齐庄公赎,名赎,字子行。如此,蔡共侯兴之"兴"也可能为字。

2. 曾侯子昃剑,见《通鉴续编》31350,2010年夏出现在浙江绍兴,现藏湖北长江博物馆。剑格正反面铸铭文各8字,首有错金银鸟篆铭文12字,共28字:

格正面铭:曾侯子昃(昃)   曾侯子昃(昃)

格正面铭:自乍(作)甬(用)佥(剑)   自乍(作)甬(用)佥(剑)

剑首铭:矢(昃)乍(作)自之,吉玄铝,侯曾佥(剑)之甬(用)

吴镇烽"备注":剑首铭文省减、错乱,应读为"矢自乍(作)之,吉[金]玄铝,侯曾佥(剑)之甬(用)"。曹锦炎认为,"曾侯子昃",即"曾侯昃",史籍无载,"子"为美称。"侯曾"即"封侯于曾"⑱。

　　铭文可能错位,本即"曾侯"。"侯曾剑之用"当为"曾侯之用剑"。曾侯子炅剑当为春秋晚期或战国早期器,与曾侯炅戈时代相当[18]。曾侯子炅,即曾侯炅。

　　3. 蔡臧(庄)君之孙子雌盘,2007年河南南阳市卧龙区八一路6号墓出土,现藏南阳市文物考古研究所,见《通鉴三编》41210,春秋晚期器。内底铸铭文23字:

　　　　帯(蔡)臧(庄)君之孙、子數之子雌自乍(作)盥盘,

　　　　才(其)釁(眉)鬡(寿)无瑡(期),永保用之。

黄锦前原以为"蔡庄君"可能是指楚灭蔡后在蔡地设置的县公,综合考虑后认为此处的"君""应当理解为蔡国的国君,'蔡臧君'即'蔡庄侯',名甲午"。庄侯在位34年(前645—前612),为春秋中期。此器铭文偏晚,属于典型的春秋晚期风格,与郑臧公之孙鼎、申文王之孙簠等相似。我们推测其最小的孙子可能晚到春秋晚期前段[20]。

　　射壶铭文称"蔡君",此盘称"蔡庄君",两相比较,"君"应该相当于"侯"。"蔡君子兴"即蔡共侯兴。他国国君称君者,如"宋君夫人[21]、郾(燕)君子噲(哙)[22]、番君召[23]、樊君夔(?)[24]"等。

　　《史记·管蔡世家》:釐侯"四十八年,釐侯卒,子共侯兴立。共侯二年卒,子戴侯立"。釐侯四十八年为公元前762年。公子兴壶作于釐侯在位之时,射壶稍晚。元释觉岸《释氏稽古略》"兴"作"与",是二字形近误记。

　　共侯兴在位仅仅两年,是否与宫廷内部争斗有关,不得而知。蔡公子兴壶铭文之"兴"被刮去(见图3),怀疑是器物易主所致[25]。另一蔡侯壶铭文被破坏(见图4),黄锦前疑为蔡侯兴器,也有可能。

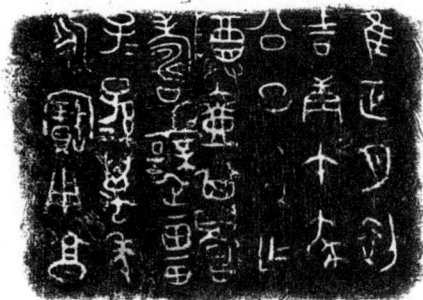

图3　蔡公子兴壶　　　　　　　　　　图4　蔡侯兴壶

根据射壶，可以确定射为蔡侯兴之子。根据蔡姞簋，得知尹叔为蔡姞之兄长。其中相互关系可据二器做进一步推测。

蔡姞簋，见《金文通鉴》5216，出自山东蓬莱县（今蓬莱市），原藏潘祖荫，失盖。子口内敛，鼓腹圜底，矮圈足，腹部有一对龙首半环形耳，下有象鼻形垂珥。口下饰变形夔龙纹，腹部和圈足均饰垂鳞纹。内底铸铭文50字（其中重文2，见图5）：

希（蔡）姞乍（作）皇兄尹弔（叔）隬（尊）䵼（簋）彝，尹弔（叔）用妥（绥）多福于皇考德尹、叀（惠）姬，用蘄（祈）匃賏（眉）壽（寿）、绰窠（绾）、永令（命）、彌（弥）氒（厥）生，霝（令）冬（终），其（其）万年无彊（疆），子=（子子）孙=（孙孙）永宝用亯（飨）。

图5 蔡姞簋

郭沫若认为，蔡姞"乃姞姓女嫁于蔡者，故称为蔡姞，犹鄂女适王称王姞，楚女适江称江芈之类"[26]。张政烺认为，"蔡姞簋大约是蔡君之妻为她娘家的哥哥尹叔作祭祀用的礼器"[27]。张亚初认为："据《潜夫论·志氏姓》载，尹是南燕姞氏之别，此铭之尹正是姞姓。姞姓女子嫁到蔡国，就称蔡名。尹氏既为南燕支裔，大概它就在河南一带。这件器是西周晚期器。这时蔡在河南上蔡。所以与其邻近的尹族通婚。尹叔的母亲称惠姬，当不排除为姬姓蔡国之女的可能。如果这种推测成立，就说明蔡尹世为婚姻。"[28]陈昭容认为，蔡姞通过转赠兄长来祭祀父母可能是因为女子出嫁后不便参加母家祭祀，蔡姞嫁到蔡国，夫家地位明显高于母家，因而有能力作器赠予母家，在铜器铭文中较为特殊[29]。朱凤瀚认为，"此铭也表现了同射壶相同的尹氏与蔡国的关系。尹叔是蔡姞之兄，则蔡姞是尹氏宗室之女出嫁给蔡国国君，由此可知尹氏与蔡国不仅有吸纳蔡国贵族为家臣之人事上的联系，而且有通婚之谊。……蔡姞簋铭中，蔡姞与尹叔的'皇考德尹'或即射壶铭文中之'天尹'"。

　　此簋是蔡姞为其兄长尹叔作器，祭祀其父母"皇考德尹、惠姬"，说明其母是来自姬姓的女子。称其为"惠姬"而不称"蔡姬"，可能是用谥称，表示敬意。如曹兆兰所说，"惠姬"的"惠"是"具有道德评价色彩的谥号"[30]。

　　根据蔡侯兴、射、尹叔、蔡姞、德尹、惠姬相互关系，不由得不考虑到有关问题，即蔡侯兴之子为何要到尹叔家，尹叔为何收留并委以重任，尹叔为何受到蔡侯兴以"天尹"之宠，又为何遣（眷）念蔡侯兴？综合考虑，最好的解释就当如张政烺所云："蔡姞簋大约是蔡君之妻为他娘家的哥哥尹叔作祭祀用的礼器。"这位蔡君，据射壶显然就是蔡侯兴。若的确如此，蔡侯兴与蔡姞就是夫妻，射为其子，尹叔就是射的舅父，德尹、惠姬就是射的外公外婆。换言之，蔡姞是射的母亲，惠姬是蔡姞的母亲，也不排除惠姬就是蔡侯兴的姑姑（蔡侯兴与蔡姞就是姑表亲）。如此理解，通达无碍。蔡侯兴在位仅仅两年，如果与宫廷争斗有关，其子射投奔舅父尹叔，当然是最好的选择。娘舅家能够收留射，并安然无恙，说明尹氏家族的地位显赫，蔡国继位者不会对其轻举妄动。舅父尹叔委射以重任，视其有功，眷念蔡侯兴在位对己不薄，勉励嘉奖射，也顺理成章。如果蔡侯兴两年退位与宫廷争斗无关，射至舅父尹叔家属于正常工作，射与蔡戴侯就是弟兄关系，射帮助尹叔筹措贡品，也属正常。

　　综合诸家意见，重新断句释读射壶铭文如下：

　　　　佳（唯）九月初吉甲寅，皇君尹弔（叔）命射嗣（司）贾，乃事（使）东遣（征）甘（其）工（贡）。乃事述（遂），遣（缱、眷）念于希（蔡）君子兴用天尹之龗（宠），弋（式）穟（蔑）射暦（历），易（锡）之金。用乍（作）朕（朕）皇考雕（丽）壶，甘（其）万年子=（子子）孙=（孙孙）永宝用。

意译为：在九月初吉甲寅日，皇君（善美的人）尹叔令（安排）射主管商储买卖，于是使射征收东部贡纳（贡品）。此事顺利完成，尹叔眷念蔡侯兴曾（对己）以（极高的）"天尹"之宠，嘉勉射，赐给他铜。射以此作了祭享其父亲的一对壶，万年子子孙孙永远宝用。

　　射壶的发现确定了西周晚期至春秋早期早段铜器断代的标准器，如射壶、公子兴壶、蔡侯壶、蔡姞簋等[31]；明确了蔡侯兴的有关史实，如射与蔡君子兴，射与尹叔、德尹、惠姬、蔡姞的相互关系，以及尹氏家族在当时的势力与地位，"蔡侯"亦可称"蔡君"等；丰富了金文内容，如两次出现"乃事"，新出现"遣念"一词，新见有关器名"隔"字，有的文字书写特别等，其研究价值很高。有关问题，还值得进一步挖掘与深入探讨。

　　附记：本文系国家社科基金重大项目"甲骨学大辞典"（18ZDA303）、"古文字与中华文明传承发展工程"项目（G3026）的阶段性成果。

（作者单位：郑州大学汉字文明研究中心、
"古文字与中华文明传承发展工程"协同攻关创新平台）

注：

① 朱凤瀚《射壶铭文考释》，《古文字研究》第28辑第224—235页，中华书局2010年。

② 吴镇烽编著《商周青铜器铭文暨图像集成》，上海古籍出版社2012年；吴镇烽编著《商周青铜器铭文暨图像集成续编》，上海古籍出版社2016年；吴镇烽编著《商周青铜器铭文暨图像集成三编》，上海古籍出版社2020年。为方便引录，文中主要利用了吴镇烽编撰的《商周金文资料通鉴》（电子版）2013年，简称《金文通鉴》；《商周金文资料通鉴续编》（电子版），2016年，简称《通鉴续编》；《商周金文资料通鉴三编》（电子版），2020年，简称《通鉴三编》；为方便查阅，编号前仍保留"3"（续编）、"4"（三编）。文中不另加注。

③ 周忠兵《说金文中的"宠光"》，《文史》2011年第4期第37—43页；谢明文《固始侯古堆一号墓所出编镈补释》补记：射壶所谓"追"字的释读，《出土文献与古文字研究》第4辑第109—111页，上海古籍出版社2011年；黄锦前《射壶的年代与史事》，中国古文字研究会第二十一届年会散发论文，2016年；郭晨晖《略论"射壶"铭文中的"天尹"》，《青铜器与金文》第1辑，上海古籍出版社2017年；韩胜伟《释西周射壶中的"𢼮"字》，《中国文字研究》第28辑，上海书店出版社2018年；杨欣《陈蔡两国铜器铭文整理及相关问题研究》，华东师范大学2018年硕士学位论文。以上诸位论著，文中涉及不另加注。

④ 吴镇烽《𩰬鼎铭文考释》，《文博》2007年第2期第16页。

⑤ 可参见下列高明《西周金文"𩫖"字资料整理与研究》文。

⑥ 杨树达《积微居金文说（增订本）》卷一《格伯簋跋》，中华书局1997年。李学勤《重新估价中国古代文明》，原载《人文杂志》增刊《先秦史论文集》，1982年；《兮甲盘与驹父盨》，原载《人文杂志丛刊》第2辑《西周史研究》，1984年，二文均收入李学勤《新出青铜器研究（增订版）》，人民美术出版社2016年；《鲁方彝与西周商贾》，《史学月刊》1985年1期，收入《当代学者自选文库·李学勤卷》，安徽教育出版社1999年。裘锡圭《释"贾"》，见《裘锡圭学术文集·金文及其他古文字卷》第440页，复旦大学出版社2012年。彭裕商《西周金文中的"贾"》，《考古》2003年2期。陈剑《释"琮"及相关诸字》，收入其著《甲骨金文考释论集》第273—316页，线装书局2007年。

⑦ 高明《西周金文"𩫖"字资料整理与研究》，原刊北京大学考古系编《考古学研究（一）》，文物出版社1992年，收入《高明论著选集》，科学出版社2001年。

⑧ 𪾢鼎，《金文通鉴》2364。

⑨ 昔须麤，《金文通鉴》3349："昔须罦趚（遣）东征，多匋（钧、勋）工（功）。"史密簋，《金文通鉴》5327："王令（命）师俗、史密曰：'东征。'敂南尸（夷）肤虎会杞尸（夷）、舟尸（夷）蓲不折，广伐东或（国）齐自（师）、族土、述（遂）人，乃执啚（鄙）寡亚。"

⑩ 克钟，《金文通鉴》15292："王𦣞（亲）令克，遹（遹）泾东至于京自（师）。"

⑪ 臣卿鼎，《金文通鉴》2139："公违眚（省）自东，才（在）新邑，臣卿易（锡）金，用乍（作）父乙宝彝。"

⑫ 可参阅夏剑钦主编《十三经今注今译》第152页（周秉钧注译），岳麓书社1994年。

⑬ "征贡"也见于后世记述，如：《旧唐书》卷一七四："时准赦不许进献，逾月之后，征贡之使，道路相继……"《旧五代史》卷六二："……又遣安重诲驰书于璋，以征贡奉，约以五十万为数……"

⑭ 荆门市博物馆编《郭店楚墓竹简》简甲39，文物出版社1998年。

⑮ 殷寄明《汉语同源词大典》下册第1598—1599页"遭"，中册第1235页"眷"，复旦大学出版社2018年。

⑯ 李学勤《〈大诰〉尹氏及有关问题》，《人文中国学报》2017年第1期。

⑰ 孙敬明、何琳仪、黄锡全《山东临朐新出铜器铭文考释及有关问题》，《文物》1983年第12期。

⑱ 曹锦炎《鸟虫书通考(增订本)》第426、430页,上海辞书出版社2014年。

⑲ 黄锡全编著《湖北出土商周文字辑证(增补本)》第1078页"剑"与第488页"戈",武汉大学出版社2019年。

⑳ 黄锡全《蔡器铭文中侯、公子、公孙之名探析》,《华学》第13辑,待刊。

㉑ 《金文通鉴》2222宋君夫人鼎。

㉒ 《金文通鉴》2517中山王鼎。

㉓ 《金文通鉴》5914—5919番君召簠。

㉔ 《金文通鉴》6261樊君夒盆。

㉕ 黄锡全、刘江声《襄樊团山墓地出土一件蔡公子加戈》,《华学》第9、10辑(一),上海古籍出版社2008年;收入黄锡全著《古文字与古货币文集》,文物出版社2009年。

㉖ 郭沫若《两周金文辞大系图录考释》第177—178页,上海书店出版社1999年。

㉗ 张政烺《矢王簋盖跋——评王国维〈古诸侯称王说〉》,《古文字研究》第13辑第175页,中华书局1986年。

㉘ 张亚初《蔡国青铜器铭文研究》,《文物研究》1991年第7辑第340页。

㉙ 陈昭容《周代妇女在祭祀中的地位——青铜器铭文中的性别、角色与身份研究》,李贞德、梁其姿主编《妇女与社会》第35页,中国大百科全书出版社2005年;原载于《清华学报》2003年新31第4期。

㉚ 曹兆兰《周代金文嵌姓的称谓结构模式》,《古文字研究》第24辑第487页,中华书局2002年。

㉛ 可参见注㉑。

古文字研究（34）：161—165，2022

杨伯簋铭文考释

李春桃

　　吴镇烽编著的《商周青铜器铭文暨图像集成》及《商周青铜器铭文暨图像集成续编》二书收录了两件杨伯簋[①]，编号分别为4302、347，簋上铸有铭文，两件铭文内容相同，吴先生书中所附释文如下[②]：

　　　　杨伯自作馈簋。

铭文篇幅不长，却出现了一个新见字，即"簋"前面一形，两篇铭文中原篆分别作：

吴镇烽隶定作"馈"，李树浪从之[③]，两位学者都是只做隶定，并未交代其为何字。石小力认为形体右部所从与"见"有别，并以阙疑处理[④]。汤志彪认为上录第一形右部所从为"鬼"，在形体中表声，可读为"馈"[⑤]。按，此形右部显然不是"见"旁，无需赘论。汤志彪的意见恐亦存在问题，金文中"鬼"旁常见，上部都作闭合状，结合上录两形来看，其右部所从呈分叉形，实非"鬼"旁。可见此字尚有讨论的余地。

　　此形从厂、从食是十分明确的，释读的关键在于右部偏旁的辨认。本文认为该旁整体为戴有帽饰的人形，只是上部作分叉状不易辨识，而古文字中恰好有类似形体出现。山东青州苏埠屯墓地出有很多青铜器，青铜器上带有族氏铭文，同时甲骨文中也存在同类字形，相关形体写法如下：

《集成》11443	《集成》11439	《合》36824	《合》36419
《集成》3178	《集成》3333	《集成》3331	《集成》7784

以往多把这些形体释成"醜"，并不可信。董珊总结前人说法，认为其像人酌酒之形，是"酌"字初文，与繁体的"召"字为一字分化，至于形体中的形，董先生认为"像一个头戴冠饰的人物"，并以东周针刻画像纹铜器饰有戴冠的人物形象作为比较（参图1a、b、c）[⑥]。这一描述是比较客观的，此类人物图像还有一些，早年刘建国曾有总结，刘先生云[⑦]：

　　　　春秋刻纹中人物的冠饰见有四种类型：三叉冠、双叉平巾冠、三叉平巾冠及多叉冠。三叉冠,侧视类似"山"字形;双叉平巾冠及三叉平巾冠,一端似翘起的牛角形成"山"字形……

a 江苏六合程桥 M1 出土盘画像纹　　　b 江苏谏壁王家山东周墓　　　c 故宫博物院藏盘画像纹
　　　　　　　　　　　　　　　　　　　　　出土舟画像纹

图 1

这些冠饰类似"山"字而作分叉状。除此之外,还可提及的是宝鸡茹家庄 2 号墓出土的铜人头上也戴有形状相似的冠饰(参图 1d)⑧。茹家庄 2 号墓的时代为西周时期,说明西周时期人们也佩戴"山"字形冠饰,而这些冠饰形状与 ⿰ 形上部相合。回头再看本文所讨论的杨伯簋铭文,其右部分别作 █ █,其与 ⿰ 基本相同,只是前者上部分叉状多出了歧出笔画而已,而 █ 形右上部也有横画穿出,这可能跟冠饰本身形制不同有关(也可能是酌酒与备食之人的冠饰本就存在差异)。从整体性、一致性上考虑,将 █ 与 ⿰ 当成同一类形体应该是合理的。

d 宝鸡茹家庄 2 号墓出土的铜人

着眼于整体构形, █ 下部从人从食,当为会意关系。上文所论之"酌"字诸形,其中第二类形体作 █ ,将手形放在酒樽之下,像人取酒之状;对比可知第一类中不把手形放入酒樽之下的 █ 形,表意也应该相同。而 █ 右面应该与 █ 右部表意相近,所以本文怀疑 █ 下部从食、从人表意,像人备食设饪之形,应当释作"饎"。

《说文》:"饎,设饪也。从丮、从食,才声。读若载。"目前甲骨文、金文中都出现了"饎"字,其形体作:

　　　　　　　　　　

《合》26899　　　《合》26899　　　《合》30659　　　　《集成》3585　　　《集成》3746

诸形中声符或作"才"、或作"甾",这是因为"才、甾"二字读音都与"饎"字相近,故可作为后者的声符。上录形体去掉声符后从食、从廾[9]，裘锡圭曾指出："凡是形旁包含两个以上意符，可以当作会意字来看的形声字，其声旁绝大多数是追加的。也就是说，这种形声字的形旁通常是形声字的初文。"[10]同时，裘先生在《文字学概要》中也有类似意见，认为："最早的形声字不是直接用意符和音符组成，而是通过在假借字上加注意符或在表意字上加注音符而产生的。"[11]而以上"龢"字去掉声符后，从廾、从食会意，应该是一个独立的表意字，赵平安、陈剑等都认为，从廾从食，表示双手陈设食物，其应该是"龢"的表意初文，而"甾、才"为后来追加的声符[12]，这一观点显然是合理的。陈剑还提及甲骨文中有形，"才"旁写在下面，"其'加注声符'的性质更为明显"[13]。甲骨文中有形体作：

《合》18033

形体从廾、从簋会意，《新甲骨文编（增订本）》将其收在"龢"字下[14]，其说可信。那么杨伯簋铭文中的形下部也像人备食设饪状，将其释为"龢"是比较直接而自然的。但形见于商代甲骨文，而杨伯簋的时代属于西周时期，两者时代略有差异，将两者直接相比，学者可能会提出质疑。其实两周金文中也存在从食从人形的"龢"字。毛公旅方鼎铭文（《集成》2724）有如下语句：

毛公旅鼎亦惟簋，我用罙我友饱。

其中形，刘心源、于省吾、李孝定、吴闿生、郭沫若、白川静、唐兰等将其看成"龢厚"两字[15]，认为上部的是"龢"字。近来董珊撰文，认为形应该代表一个字，形体上部的"食"和"廾"相结合构成"龢"字，左下之"厚"为类增之意符[16]：

此字所从"毚（厚）"、"龢"两部分都有可能作声符。但鼎铭"用"下应接动词，所以这个字应分析为从"毚（厚）"、"龢"声，读为是"龢"，意思就是设饪。……"厚"有厚祭的意思，《论衡·解除》："祭祀，厚事鬼神之道也。""厚"是表示设饪丰厚的意思，这是以字义（假借义）来表意，而不是以字形来表意。

可见这一时期仍然存在会意写法的"龢"。从整个铭文的结构布局来看，毛公旅鼎铭文每行五字，十分匀称，形占据一个字的位置，将其看成一个字更为合理，而且辞例上释"龢"也极为通顺。退一步说，即使该形代表"龢、厚"二形，也说明从食、从人形的为"龢"字[17]，只是字中人形作张大嘴巴并突出喉咙状。而毛公旅鼎属于西周时期器物，与杨伯簋时代相同。其实东周时期也存在从人形的"龢"字，如陈喜壶铭文中"龢"字作（《集成》9700），清华简《摄命》中作（20号）、（23号），简文中的"卩"旁表意与人形相近。所以将杨伯簋中形下部释为"龢"字从时代上看也是可以成立的。另外，选钟铭文里"龢"字作（《铭图》15251），右面所从为"尤"形。"尤"形来源有两种可能，一是"尤"旁为"又"旁的讹混，而"又"旁是"廾"旁的同义替换；另一种可能是

"尤"旁即来源于上戴三叉冠的人形。如果后一种可能属实的话,该形可与本文所论形体互证。

至于▨形上部的"厂"旁,其来源有两种可能:一种可能是"厂"为"厚"形的省体,对比▨、▨二形,也许前者是在后者基础上略掉了▨形,并置"厂"旁于上部;另一种可能是"厂"为意符,即起到表意作用的偏旁。设饪备食自当处于一定的场所,而"厂"字正好相符,与饭食相关的场所"庖、廚"二字都从广,上乐廚鼎中"廚"字作▨(《集成》2105),便以"广"为意符,而"厂、广"二旁表意相近,所以在表设饪意的"䭈"字上加上"厂"形也是可以理解的[18]。

由以上论述可知,▨形从厂,从"䭈"字表意初文,应该是"䭈"字异体。从辞例上看,▨形用作"簋"的器名修饰语,强调的是器物功用,而簋类器物的主要功能便是盛放食物,正好用于设饪,金文中器名簋的修饰语也正有"䭈"字,铭文如下:

敏寏敔用作询辛䭈簋。　　　　　　　　　　　　　　敏寏敔簋,《集成》3746

嬴霝德作䭈簋。　　　　　　　　　　　　　　　　　嬴霝德簋,《集成》3585

这两例"䭈"字用法明确,都是作为簋的修饰语,这正好可与杨伯簋铭文互证[19]。而上引毛公旅鼎铭文:"毛公旅鼎亦惟簋,我用䭈罙我友饱。"另有它簋铭文(《集成》4330):"作兹簋,用䭈飨己公。"两篇铭文都说明簋具有䭈的功能。可见从辞例上看,将杨伯簋铭文中▨形释为"䭈"是极为通顺的。

"䭈"作为器名修饰语,一些学者曾有讨论,如董作宾依据"䭈"在甲骨文中的用法,将器名前的"䭈"解释为"䭈祭"[20]:

上表旬辛簋铭文云:"敏寏敔用乍旬辛▨殷,腐册。"此器自名为"殷",又称"▨殷",盖祭所用之器也。又表中所列之沈子簋,其铭文有"作兹簋,用䭈飨己公"语,嬴霝簋亦称"䭈簋",是䭈祭用殷与簋之明证也⋯⋯而▨祭用之,此"▨"为黍稷食物以享祖妣之祭之确证也。

这种可能性当然是存在的。杨树达在跋敏寏敔簋铭文时云[21]:

此铭之▨,盖▨之省作,铭文云▨殷,与金文他器言"䵼彝"或"鐼殷"者相类,《说文》䭈训设饪,义适相合。甲文以▨为祭名,与《说文》义亦无忤也。

是杨树达认为金文中"䭈"字即用作《说文》的"设饪"意。除此之外,《金文形义通解》[22]、《金文常用字典》[23]等书也认为器名修饰语"䭈"即用此意。而本文所讨论的杨簋铭文云:"杨伯自作䭈簋。""䭈"也作为器名修饰语,用法与前文所列诸例金文相同,也应解释为设饪之意。

附记:本文是"古文字与中华文明传承发展工程"资助项目"古文字人工智能识别系统的建设"(G3829)、国家社科基金项目"出土文献视野下的先秦青铜器自名、定名、功用研究"(18BYY135)的阶段性成果。

(作者单位:吉林大学考古学院古籍研究所)

注：

① 吴镇烽编著《商周青铜器铭文暨图像集成》，上海古籍出版社2012年，本文简称《铭图》；吴镇烽编著《商周青铜器铭文暨图像集成续编》，上海古籍出版社2016年。

② 本引用古文字材料时，除了与本文相关及特殊用法外，释文尽量使用宽式，多数直接按破读之字释写。

③ 李树浪《新见杨国铜器及相关问题》，《出土文献》第11辑第46页，中西书局2017年。

④ 石小力《〈商周青铜器铭文暨图像集成续编〉释文校订》，《商周青铜器与先秦史研究论丛》第145页，科学出版社2017年。

⑤ 汤志彪《晋系铜器铭文考释五则》，《中国文字研究》第27辑第16页，上海书店出版社2018年。

⑥ 董珊《释苏埠屯墓地的族氏铭文"亚醜"》，《古文字与古代史》第4辑，史语所2015年。三幅针刻画像纹的出处也可一并参考该文。

⑦ 刘建国《春秋刻纹铜器初论》，《东南文化》1988年第5期。

⑧ 深圳博物馆、宝鸡青铜器博物院、宝鸡市周原博物馆编《周邦肇作——陕西宝鸡出土商周青铜器精华》第237页，文物出版社2018年。

⑨ 最后一形省略孔形，或说"甾"形与"食"形中间为手形，参后文引赵平安、陈剑文章。

⑩ 裘锡圭《释殷墟甲骨文里的"远""狋"（迩）及有关诸字》，《古文字论集》第3页，中华书局1992年。

⑪ 裘锡圭《文字学概要》第151页，商务印书馆1989年。

⑫ 赵平安《金文考释四篇》，《语言研究》1994年第1期；陈剑《释"由"》，《出土文献与古文字研究》第3辑第8—9页，复旦大学出版社2010年。

⑬ 陈剑《〈释殷墟甲骨文里的"远""狋"（迩）及有关诸字〉导读》，《中西学术名篇精读·裘锡圭卷》第250页，中西书局2015年。

⑭ 刘钊主编《新甲骨文编（增订本）》第160页，福建人民出版社2014年。

⑮ 诸家意见可一并参考张振林《〈毛公旅鼎〉考释》，《容庚先生百年诞辰纪念文集》，广东人民出版社1998年。

⑯ 董珊《毛公方鼎韵读》，《青铜器与金文》第1辑第180页，上海古籍出版社2017年。

⑰ 当然若其为两字，旧说理解成"酓厚"也是不通的。从语法位置上看，🔲与"我友饱"之间以连词"罙"连接，说明两者为并列关系，而"我友饱"实为"饱我友"之倒装，是为了趁韵才把"饱"字置于句末。而"酓"的对象无论是"我友"，还是毛公之先祖（铭文已省略），作为状语的"厚"都需放在动词"酓"之前才合适，旧说"酓厚"的语序显然是不符合语法结构的。

⑱ 另，录𣪘（《集成》4357—4358）铭文自名"𣪘𣪘"，其中"𣪘"字四见，均作🔲类形体；引𣪘铭文（《铭图》5299）"𣪘"字作🔲，前者从厂，后者从广，这些形体固然可理解成"厩"，在铭文中假借为"𣪘"，但是把"厂"或"广"当成"毁"字上所累加的意符的可能性也存在，若是后者属实，这种写法可与杨伯𣪘铭文相对比。

⑲ 同时金文中还有其他假借为"酓"的字，也用作器名修饰语，此不赘举。

⑳ 董作宾《殷历谱》卷三第15页，巴蜀书社2009年。

㉑ 杨树达《积微居金文说》第136页，中华书局2004年。

㉒ 张世超、孙凌安、金国泰、马如森撰著《金文形义通解》第609页，中文出版社1996年。

㉓ 陈初生编纂，曾宪通审校《金文常用字字典》第310页，陕西人民出版社2004年。

古文字研究（34）：166—169，2022

金文札记二则

任家贤

一　说"光"

金文中的"光"字，普遍认为有荣宠、赏赐两种意义。诸家大致都据"光"所接宾语为别，将后接具体赏赐物的"光"解释成赏赐，且往往举出金文"光赏"连言以证成之。

"光"表荣宠义是常训，然赏赐义是怎么来的呢？杨树达读为贶[①]，视为通假，不失为一说，但也有学者认为不必破读，原因一是有"光赏"连言之例[②]，二是可能认为荣宠可以引申出赏赐义[③]。

然笔者以为不能无疑。首先，"光赏"连言，未必就只能是同义连用的关系，如后世说光临、光顾，并不能认为光与临、顾同义。其次，光若接赏赐物就训为赏赐，金文中有些语例的解释就有了分歧，比如叔夨鼎（《新收》915），前言"王乎殷夲士岁弔夨以𠦪衣、车、马、贝卅朋"，后言"其万年扬王光夲士"，铭中赏赐物虽不直接作光的宾语，但赏赐与后"光夲士"是一事，于是李伯谦释为赏赐[④]，而李学勤、陈剑则训为荣宠[⑤]。

笔者以为"光"的荣宠义实可贯通带赏赐物的文例，无论单用还是"光赏"连用；因此与"光临、光顾"一样，"光赏"也是偏正关系而非并列关系。这可以从以下文例中得到印证：

敢追明公赏于父丁，用光父丁。　　　　　　　　　　　　　　矢令方彝，《集成》9901

这里光、赏分言，且所涉对象是已去世的父亲，很能说明问题。"追明公赏于父丁"乃为了"光父丁"，"光"自不能释成赏，而只能释成荣宠了。此例也说明，光、赏有别，只是赏赐也可以作为显示荣宠的一种方式。

统观金文用例，示荣宠的方式确实是多样的，如：

辟井侯光夲正事，酬于麦窎，易金。　　　　　　　　　　　　麦方彝，《集成》9893

周师光守宫，使𩰫……易守宫丝束……守宫对扬周师釐。　　守宫盘，《集成》10168

前者以宴饮示荣宠，后者则以使参与典礼示荣宠。赏赐既亦荣宠之一种，似无必要单将赏赐看成光的一个引申义，这样不但叔夨鼎的语例可以得到确定的解释，"王光宰甫贝五朋"、"王光商（赏）剄贝"等例，亦应释作"王以贝五朋荣宠宰甫"、"王荣宠地赏赐剄贝"[⑥]。"光"作状语的用法，实乃后世"光临、光顾"的源头。

值得注意的是，赏赐以示宠，早期多见于商末器。目前只有叔夨鼎是西周晚器。守宫盘以"对扬周师釐"呼应"易守宫"，可见赏赐与前"光守宫"是分为二事的（则麦方彝的"易金"亦应与"光乎正事"分列）。这或者是观念和制度上的变迁。因此，叔尸钟铭（《集成》275）所称：

> 余用登屯厚乃命……余命女萩差正卿……余易女马、车、戎兵，釐仆三百又五十家，……尸用或敢再拜稽首，膺受君公之易光。

易、光应是并列结构，光呼应任命，易呼应赏赐。这和"光赏"连言不能等同视之。

二 说"閑"

金文中閑字见于毛公鼎和中山王鼎，释读意见很多。2017年，李春桃发表《古文字中"閑"字解诂》一文⑦，对诸家意见作了收集辨析，且结合新见的清华简《子犯子馀》中的閑字，认为金文与简文的閑字应统一读为"閑"。中山王鼎"燕王哙……閑於天下之勿"的閑，从朱德熙、裘锡圭读"閑习"之"閑"；《子犯子馀》"不閑良䂓（规）"、毛公鼎"亡不閑于文武耿光"的閑，则读为《广雅》"閑，遮也"的閑，训为遮蔽。

笔者以为，李先生对诸家说解的辨析去取是妥当的，然所论似未达一间。

首先，李先生所"统一"读作的"閑"，只是典籍中"统一"用"閑"字记录的两个不同的词，事实上并没有真正将"閑"的释读统一起来，正如"𢼸"字在中山王器里既用为"在"，也用为"哉"，我们不能说其释读是统一的一样。当然，古文字中一字记录多词的情况很普遍，"閑"字在不同语例中记录不同的词，也属寻常，故这一点不足为李先生病。中山王鼎的"閑"从朱、裘说读为閑习的閑，笔者也是认同的。问题在于，"閑，遮也"的遮，是遮拦的遮，并不是遮蔽的遮。"遮"可兼遮蔽、遮拦二义，因乃一事之两面，正如"受"之于授、受，"学"之于教、学。然二者终究有别，遮蔽义所接宾语为被蔽者，遮拦义所接则是进犯者，并不能互换。"閑"字从木在门中会意，本义是用于遮拦阻隔的栅栏，故它对应的是"遮"的遮拦义⑧；它又引申表保卫义、限制义⑨，但终没有普通的遮蔽义。故将"閑"读为训"遮也"的閑，似有未安。

笔者认为，毛公鼎和简文的"閑"，读为扞的意见是值得重视的。问题在于，读扞者或被其常用义所干扰，故未能服人而已。

"扞"字本有遮蔽义，如《荀子·议兵》："若手臂之扞头目而覆胸腹也。"扞、覆对言，扞乃具体的遮蔽义而非抽象的保卫义，是比较明显的。另《韩非子·存韩》"韩事秦三十余年，出则为扞蔽，入则为席荐"，则扞蔽连言。这直到东汉仍有其例，如《说文》："盾，瞂也。所以扞身蔽目。"⑩遮蔽义和保卫义的关系自然很密切⑪，而扞在典籍中常见的就是保卫义，如《左传·文公六年》"亲帅扞之，送致诸竟"即是。《子犯子馀》中閑、蔽对言（与《荀子》《说文》略同），且语例偏贬义；而遮蔽义褒、贬皆可，保卫却是褒义的，故閑读为表遮蔽义的"扞"更合适。石小力在《子犯子馀》的释读补正中引《存韩》例谓"閑当读为扞，与蔽同义"，是，但下谓"当训为屏藩，即保护之意"，则似囿于常用义，与简文文意有隔⑫。

至于毛公鼎的语例，以遮蔽义解之，亦文从字顺，这一点李春桃文和其所引及的张崇礼、石帅帅等学者都已经指出。既然扞本有此义,要找表示遮蔽义的词,并从统一释读的角度考虑,似也不必舍"扞"而他求[13]。故吴大澂读毛公鼎的閈为捍,离通读实只有一步之遥。捍当是扞的分化字,在记录捍卫、抵御、抵触等引申义时可与扞互用,但却不表示遮蔽义;吴说谓"读如捍卫之捍,……今作扞,同,閈亦古扞字也",可见其正是在常用义的影响下,忽略了捍、扞的差别。为了曲就捍卫义,吴说不得不把被动句解成了主动句,以致"于文意终觉扞格"(石帅帅《毛公鼎铭文集释》按语),殊为可惜。不过吴大澂在述毛公鼎此句大意时,大概意识到"率怀不廷方"与"虽不庭之国閈不来卫也"之间不免有欠缺因果关系的突兀感,故在前特添"言文武之明德光被四方"以弥合,却客观上已把不廷方被覆于文武耿光的意思整体道出,虽歪打正着,但前人涵咏文意之功,似也不应抹杀。

毛公鼎与简文閈读为扞的意见之所以不能被完全接受,主要就是扞被释成了保卫义。这除了保卫义太常用外,遮蔽义与之不易区分,或者也是原因之一。如将《韩非子》和《说文》的用例释为保卫,似也并无不可,此甚或可怀疑遮蔽义之有无。然而毛公鼎的閈只能释为遮蔽义而不能释为保卫义,且能与《子犯子馀》遥相统一(差别也就是语义上的一褒一贬而已),恐怕不是偶然的,这说明扞的遮蔽义确实是存在的。

(作者单位:华南师范大学文学院)

注:

① 见《宰甫簋跋》《守宫尊跋》,杨树达《积微居金文说》第92、136页,中国科学院1952年。

② 陈剑《释"琼"及相关诸字》,《甲骨金文考释论集》第289页,线装书局2007年。陈先生还引及《晏子春秋》"君赐之卿位以尊其身,宠之百万以富其家",虽是论证宫读为宠的,然此例赐、宠对言,与光、赏连言相似,似亦有未始不能移证光可训赏的意思。

③ 如李伯谦释叔夨鼎时说"光字有光宠意,可作赏赐解",见《叔夨方鼎铭文考释》,《文物》2001年第8期第40页。

④ 李伯谦《叔夨方鼎铭文考释》,《文物》2001年第8期第40页。

⑤ 李学勤《谈叔夨方鼎及其他》,《文物》2001年第10期第69页;陈剑《释"琼"及相关诸字》,《甲骨金文考释论集》第289页。

⑥ 《铭文选》对"光赏"即注为"宠赏"(见小子蠚卣注),基本是准确的,不过没有详细说明宠与赏的关系,"宠赏"读起来可能会略有不词之感(当然本文的翻译亦未必很符合白话文的习惯,但这主要是由于类似的表达在白话文中事实上已经不存在,对译就比较困难,即使要翻译光顾、光临,同样也会显得生硬。只要明确光与赏的关系,意思还是能理解的)。这样连同《晏子春秋》的"宠之百万"亦不必赘以"宠赐"的解释了。

⑦ 李春桃《古文字中"閈"字解诂》,《出土文献研究》第16辑第37—44页,中西书局2017年。

⑧ 李先生文中所引的《说文》"閈,阓也"、《玉篇》"閈,防也"及诸多古注中扞御、禁防等训释,实均指向遮拦义。

⑨ 前者如《孟子·滕文公下》:"吾为此惧,閈先圣之道。"后者如《尚书·毕命》:"虽收放心,閈之惟艰。"

⑩ 只是《说文》在扞字下则训"忮也",学者多疑为有误,如段玉裁说:"忮当作枝。枝持字古书用枝,……忮训很,

非其义。"(〔汉〕许慎撰,〔清〕段玉裁注,许惟贤整理《说文解字注》第1059页,凤凰出版社2007年。)

⑪ 至于二者孰为初义,孰为引申,则未易断言。

⑫ 见《清华七整理报告补正》,清华大学出土文献研究与保护中心网2017年4月23日。网友们就此纷纷改释,认为扞当是扞御、阻蔽等消极意义,固然大体不误,但与遮一样,扞表遮蔽、保卫义的宾语是被遮蔽、保卫者,表抵御义的宾语则是进犯者,故遮蔽、保卫与抵御,意义虽近,抵御义与前二者的界限要更明显一些,在同一个语境里当是不能共存的。虽然在《子犯子馀》中,遮蔽、抵御(网友们或说抵制)义都可通,但事实上只能存其一。从扞、蔽对言的情况看,释遮蔽义较合理。

⑬ 张崇礼谓典籍中閈有训闭,认为此閈实为闉之借,由閈有闉的读音,进而阐述毛公鼎的閈读为奄。(张崇礼《释金文中的"閈"字》,复旦大学出土文献与古文字研究中心网2012年5月28日)然而閈字从干,构字与閑相似,其训为闭,于形亦通,未必一定是由于声转。且閈、闉、奄辗转相通,亦不如读为扞直接。

古文字研究（34）：170—173，2022

释酒务头墓地铜器铭文中的"翼"

孙合肥

新近公布的山西闻喜酒务头商代墓地出土青铜器有铭文 ，见于斝、方彝、觥、罍、瓿、卣等器物，未见释。其具体形体如下：

《铭图三》928
（《酒务头》208页）①

《铭图三》929
（《酒务头》204页）

《铭图三》1145
（《酒务头》200页）

《铭图三》1152
（《酒务头》190页）

《铭图三》1153

《酒务头》194页

（反书）
《铭图三》1165
（《酒务头》212页）

《铭图三》1164

《铭图续》685②

《铭图续》846③

以上诸字作 形，从形体上看，此形应是虫翼之象形。

"翼"字形体见于商代文字，见于甲骨文④，亦见于金文⑤。"翼"字商代甲骨文主要形体有如下几类：

 《合》⑥33　　 《合》1590　　 《合》27456

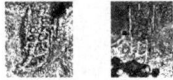 《合》9816反　　 《合》24502

《合》1248正　　 《合》1075正　　 《合补》⑦315　　 《合》4048　　 《合》23004

《合》8398 正

《合》6834 正

《合》34680　　　《合》324　　　《屯》991　　　《合》22741　　　《合》28099 反

《合补》6574　　　《合》12373

《合》35406

《合》37844

《合》35812

以上几类“翼”字皆象虫翼之形，形体或有繁简之别，或有正反之别。

甲骨卜辞中“翼”用为“翌日”之“翌”。或增“日”，为“翌日”之“翌”的专字。或增“立”，卜辞亦用为“翌日”之“翌”。

或认为以上商代甲骨文所见形体兼有羽、翼二义⑧。

“翼”字商代金文形体主要有如下几类：

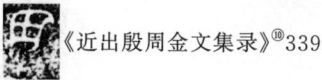

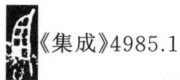

《集成》⑨5413.3　　　《集成》5413.3

《集成》5414.1　　　《集成》5414.2

《近出殷周金文集录》⑩339

《集成》9105.1

《集成》4985.2　　　《集成》4985.1

《集成》8954　　　《集成》3080

《集成》8239 《集成》8861

《集成》10683

《集成》9049

以上金文中的“翼”字亦用为“翌日”之“翌”。

关于“翼”字古形，叶玉森有详细考证。叶氏谓：“谛督、、三形。并象虫翼。上有网膜。当即古象形翼字。《书·武成》《金縢》翼日之翼乃本字。昱、翌并后起。变作、等形。遂无从索解。又变从日。始当为翼日合文。后渐沿讹为翼。即昱之所由孳。再变从立。似象一人立于翼侧。其会意为辅翼。即翌之所由孳。”[11]

酒务头商代墓地青铜器铭文字，从形体上看亦应释“翼”。对照甲骨文“翼”字作形，可以发现形与形比较接近，应当是一字异体，不同的是甲骨文形体左右两侧有曳出的饰笔。此外值得注意的是，西周早期的小盂鼎铭文“昱”字作（《集成》2839B）形，从立从日从翼，除去字形中的“日、立”后，剩下的“翼”形作。若将字形翻转后则为。与形体非常接近。因此，我们认为形应释为“翼”。刘钊指出：“甲骨文字相对来说还比较原始，许多形体还没有最后定形，所以一个字常常有许多异写。”[12]由商代金文“翼”字众多的异体来看，商代金文的情形也是如此。

酒务头商代墓地的“翼”字在铭文中皆为单字，应当是族名。该墓地铭文字形多与商代金文常见字形有别，如“匿”字作、、、[13]，“文”字作[14]，是值得注意的现象。

商代金文中有“子翼”铭文铜器：

子翼。	《集成》1318
子翼，父乙。	《集成》8861
子翼，父壬。	《集成》8954
子翼，父乙。	《集成》5725
子翼，父己。	《集成》5743
子翼，父庚。（盖）子翼，父庚。（器）	《集成》5080

或释“子翌”[15]，当释“子翼”，为复合族氏铭文。

铭文“子翼”或作合文：

《集成》1318

《集成》5725

《集成》5743

《集成》5080

商代玺印有"翼子"玺[16]，玺文如下：

玺文或释"瞿甲"[17]，不确。李学勤认为玺印面文为族氏，应释作"翼子"。玺文"'翼'象形，为对称而左右分列。其下'子'字头部不显，疑有缺损。类似的族氏，金文屡见，见《金文编》附录上243。发掘品有山西长子旺村的鼎、安徽屯溪奕棋的尊，时代也是商末周初"[18]。

此玺为合文，李学勤将玺文二字释作"翼、子"是非常有见地的。从所见商代金文来看，玺文或读作"子翼"。

（作者单位：烟台大学文学与新闻传播学院）

注：

① 吴镇烽编著《商周青铜器铭文暨图像集成三编》，上海古籍出版社2020年，简称"《铭图三》"。高振华、白曙璋、马昇主编《山右吉金：闻喜酒务头商代墓地出土青铜器精粹》，山西人民出版社2020年，简称"《酒务头》"。

② 吴镇烽编著《商周青铜器铭文暨图像集成续编》，上海古籍出版社2016年。简称"《铭图续》"。此器《铭图续》录铭文图像及释文摹本倒置，并将时代定为西周早期前段。从形制和铭文上看，疑此觚时代应为商代晚期。

③ 此器《铭图续》录铭文图像及释文摹本倒置，并将时代定为西周早期前段。从形制和铭文上看，疑此卣时代应为商代晚期。

④ 刘钊主编《新甲骨文编（增订本）》第664—666页，福建人民出版社2014年。

⑤ 毕秀洁编著《商代金文全编》第525—526页，作家出版社2012年。

⑥ 郭沫若主编《甲骨文合集》，中华书局1978—1982年。简称"《合》"。

⑦ 中国社科院历史研究所编《甲骨文合集补编》，语文出版社1999年。简称"《合补》"。

⑧ 季旭升《说文新证》第824页，艺文印书馆2014年。

⑨ 中国社会科学院考古研究所编《殷周金文集成（修订增补本）》，中华书局2015年。简称"《集成》"。

⑩ 刘雨、卢岩编著《近出殷周金文集录》，中华书局2002年。

⑪ 李圃主编《古文字诂林》第9册第434页，上海教育出版社2004年。

⑫ 刘钊《古文字构形学（修订本）》第49页，福建人民出版社2011年。

⑬ 高振华、白曙璋、马昇主编《山右吉金：闻喜酒务头商代墓地出土青铜器精粹》第20、26、38、44页。

⑭ 同上注第50页。

⑮ 吴镇烽编著《商周青铜器铭文暨图像集成》第1卷第369页，上海古籍出版社2012年。

⑯ 于省吾《双剑誃古器物图录》第127页，中华书局2009年。

⑰ 杨勇《先秦古玺赏析100例》第4页，江西美术出版社2015年。

⑱ 李学勤《玺印的起源》，《缀古集》第81页，上海古籍出版社1998年。

古文字研究（34）：174—179，2022

金文剩义四则

陶曲勇

一

2012年6月陕西省宝鸡市渭滨区石鼓镇石嘴头村石鼓山西周墓（M3.81）出土有一件西周早期的中臣鼎（《铭图续》[①]93），上有铭文2行6字，挖掘者释读为："中臣登鼎辛司。"并做了相应的考释[②]：

"登"通"烝"。陈侯因资敦有："以登以尝。"《诗经·小雅·楚茨》："絜尔牛羊，以往烝尝。""登"、"尝"本是两种祭祀的专名，《礼记·祭统》："凡祭有四时：春祭曰礿，夏祭曰禘，秋祭曰尝，冬祭曰烝。"《春秋繁露》："四祭：冬曰烝，烝者，以十月进初稻也。"铭文"登"，并非特指冬祭，乃泛指祭祀。如《诗经·小雅·信南山》："是烝是享。"也泛指祭祀。此鼎铭文可以解释为：中臣作了专门祭祀用的鼎，用来祭祀辛。

李学勤则释中臣鼎最后两字为"帝卮"，并考释曰[③]：

"卮"字从"后"声，在此即读为"后"。"帝后"一词曾见于1976年陕西扶风庄白出土的庚姬尊、卣（《集成》5997、5404），其铭中有"帝后赏庚姬贝卅朋，……用作文辟日丁宝尊彝"等语。按商周礼制，已亡故的王称"帝"，如《礼记·曲礼下》云"君天下曰天子，……措之庙、立之主曰帝"，《大戴礼记·诰志》也有类似记载。"帝后"即已故王的配偶，是女性，因而庚姬受其赏赐而为其亡夫作器。……《说文》说："中，内也。""中臣"当即《周礼》书里的"内小臣"。……内小臣有管理王后祭祀等活动的职责。鼎铭"中臣尊鼎，帝后"，是讲这件鼎系内小臣所司，供帝后祭事之用。

按，李先生所提到的庚姬尊和庚姬卣，马承源主编的《商周青铜器铭文选》有注释，该书于"帝司"下断句，并括注为"禘祠"，注曰："禘祠，亦即禘祀。古祠、祀通。"[④]而早期司、后二字反正无别，故王文耀《简明金文词典》从唐兰说释为"帝后"，举《礼记·曲礼》"天子之妃曰后"为证，释"帝后"一词为"天子、帝王之妃"[⑤]。

裘锡圭曾据甲骨卜辞指出："从卜辞看，商王只把死去的父王称为帝，旁系先王从不称为帝。……所以《诰志》和《曲礼下》的说法并不完全可信。"[⑥]而且，商周金文中称呼时王的王后一般多用"天君"，如下举各例（为排印方便，除了需要讨论的字，其他铭文皆以通行字表示）：

（1）并鼎：内史令并事，赐金一钧、绯琭。曰：内史靠朕天君。其万年用为考宝尊。

《铭图》2291

（2）公姞鬲：唯十又二月既生霸，子仲渔复池。天君蔑公姞历，使赐公姞鱼三百，拜稽首，对扬天君休，用作齌鼎。 　　　　　　　　　　　　　　　　　　　　　　　　　　《铭图》3035

（3）尹姞鬲：穆公作尹姞宗室于繇林，唯六月既生霸乙卯，休天君弗忘穆公圣粦明妣事先王，格于尹姞宗室繇林，君蔑尹姞历，赐玉五品，马四匹，拜稽首，对扬天君休，用作宝齌。 　　　　　　　　　　　　　　　　　　　　　　　　　　《铭图》3040

（4）遗盂：唯正月初吉，君在潦既宫，命遗使于遂土，隰其各姒司寮女寮：奚、微、华，天君使遗使沬，敢对扬，用作文祖己公尊盂，其宝用。 　　　　　　　　　　　　　　　　　　《铭图》6228

金文中迄今未见确定的以"帝后"称呼王后的例子。朱凤瀚曾经讨论卜辞和商周金文中的"司／后"字的内涵[⑦]，裘锡圭在此基础上指出，"姷／姒"在商代甲骨、金文中是用作一种女性称谓的，"姒"本有"姊"义，为女子年长者之称，《尔雅·释亲》："女子同出，谓先生为姒，后生为娣。"在母系社会中，年长妇女地位最尊，"姷／姒"在上古当为女子之尊称，犹宗法社会中以"宗子"之"子"为男子之尊称。商王之配偶中，其尊者当可称"姷／姒"，卜辞中之"姷／姒"可能多为此种人，但其他贵族配偶之尊者应亦可称"姷／姒"[⑧]。此外，裘锡圭亦曾论证卜辞、金文中的"帝"字可以读为"嫡"，是强调直系继承的宗族长地位之崇高的一种尊称[⑨]。

古文字中，人、女两旁常有义近通用之例，高明曾举毓、执、嬴等字加以论证[⑩]，故"卹"或可直接释为"姷"，"帝后／卹"当读为"嫡姷"，是指作器者直系继承的宗族长配偶之尊者。金文中不乏宗族的女性尊长赏赐下属之例，如珊生器中有"妇氏"，林沄以为即"宗妇的变称"，是召族的宗妇幽姜[⑪]。故石鼓山西周墓（M3.81）出土的这件中臣鼎或应理解为内小臣所司，供宗族女性尊长祭事之用。

二

癲钟（2式）甲有铭文作："用追孝享祀昭各乐大神，大神其陟降严祜，业绥厚多福。"（《铭图》15593）"严"字本义当为"多言、夸譀"，对于"严祜"一词，陈英杰引《读书杂志·史记第六·日者列传·夸譀》"夫卜者多言夸严以得人情"王念孙按："严亦与譀同。"认为："多、大义通，'严祜'即大福也。"[⑫]

按，严字从吅，本义是强调其多言，从"多言"引申到"大"，似乎并不妥帖。仔细考察癲钟的上下文，前文言"用追孝享祀昭各乐大神"，后文紧接着是"陟降严祜，业绥厚多福"，这与逨钟"用追孝卲各喜侃前文人，前文人严在上，叡叡夐夐，降余多福"（《铭图》15634）、晋侯苏钟"用昭各前文人，前文人其严在上，翼在下，叡叡夐夐，降余多福"（《铭图》15309—15311）比较，句意近似，"陟降严祜"与"严在上""严在上，翼在下"相对[⑬]。对于金文习见的"严在上，翼在下"一语，学者们倾向于认为"严"字当理解为"敬"[⑭]；而对于"陟降"一词，王国维曾考证曰："犹今人言往来，不必兼陟与降二义。《周颂》'念兹皇祖，陟降庭止'、'陟降厥士，日监在兹'，意以降为主，而兼言陟也。"⑮可见"陟降"实是一个偏义复词。

《诗·商颂·殷武》："天命降监，下民有严。"毛传："严，敬也。"《诗·大雅·下武》："昭兹来许，绳其祖武，于万斯年，受天之祜。"郑笺："祜，福也。"颇疑癲钟的"严"字还是应该理解为敬，"祜"字则训为福，癲钟此句是说神灵降下需恭敬接受的福祐。

三

金文中屡见"畯保"一词，如：

（1）㦷钟：胡其万年，畯保四国。　　　　　　　　　　　　　　　《铭图》15633

（2）南宫乎钟：先祖南公、亚祖公仲、必父之家，天子其万年眉寿，畯永保四方，配皇天。

　　　　　　　　　　　　　　　　　　　　　　　　　　　　　　　《铭图》15495

（3）晋姜鼎：用享用德，畯保其孙子，三寿是利。　　　　　　　　《铭图》2491

孙诒让《古籀拾遗》曰："凡金刻之言畯者，并当读为骏。《尔雅·释诂》：'骏，长也。'盂咮钟'畯惠在位'，言长顺在位也；剌公敦'畯在位'，言长在位也；宗周钟'畯保三国'，言长保三国也；颂鼎、追敦'畯臣天子'，言长臣于天子也。"⑯

按，《诗·小雅·雨无正》："浩浩昊天，不骏其德。"毛传："骏，长也。"郑笺："此言王不能继长昊天之德。"2009年湖北随州市曾都区文峰塔曾国墓地（M1.5）新出的曾侯与钟（《铭图续》1034）B3有："余永用畯长，难老黄耇，弥终无疆。"畯、长同义连用；南宫乎钟（《铭图》15495）也有"畯永保四方"的语句，畯、永连用，均证明孙诒让之说可从。

金文中又有"黏保"一词，如：

　㦷簋：用康惠朕皇文烈祖考，其格前文人，其频在帝廷陟降，申固皇帝大鲁命，用黏保我家、朕位、㦷身。　　　　　　　　　　　　　　　　　　　　　　　《铭图》5372

张亚初释曰："（黏）假为'令'，训善，'黏保'即善保。"⑰按，令字古音在来母耕部，畯字古音为精母文部，其声符"允"为喻母，中古音属于喻四，上古音中喻四归定，定母与来母均属舌头音。又令声字可与文部之"堇"声字相通，如《战国策·韩策》："勇哉，气矜之隆！"《淮南子·泛论训》："而乃始立气矜。"两"矜"字皆通"懂"。懂，勇也。王念孙《读书杂志》："懂与矜，古同声而通用。"又《汉书·陈胜项籍传》："鉏櫌棘矜，非铦于钩戟长铩也。"颜师古注："矜，与㦷同。"《方言》："矛，其柄谓之矜。"郭璞注："矜，今字作㦷。""矜"实为"矜"字之讹，可见令声字可与文部字相通，故黏与畯或可相通，"黏保"或可读为"畯保"。

又，大克鼎（《铭图》2513）有"保辥周邦，畯尹四方"之语，《说文》又部："尹，治也。"段注："尹治天下。"故"畯尹四方"亦与"畯保四国"同意。

四

颂鼎、颂簋、颂壶以及卅三年逨鼎皆有"用宫御"一词，如：

颂壶：命汝官司成周贾二十家，监司新造贾，用宫御。　　　　　　　《铭图》2492—2494

卅三年逨鼎：昔余既命汝胥荣兑总司四方虞林，用宫御。　　　　　《铭图》2503—2511

"贾"字旧或释为"贮"，王国维《颂壶跋》曰："按'贮'、'予'古同部字，'贮廿家'犹云'锡廿家'也，'贮用宫御'犹云'锡用宫御'也。"[18]郭沫若同意王国维的观点，并进一步考释曰："'御'者《大雅·崧高》'王命傅御'毛传云：'御，治事之官也。'故'贮用宫御'乃谓锡用宫中之执事者。"[19]

杨树达则不同意王国维的观点，辨析曰："彝铭记赏赐之事，言商，言易，言休，无言予者。且鼎铭于'贮用宫御'之下即云：'易女玄衣黹纯、赤市、朱黄、鸾旗、攸勒，用事。'果如王说，则铭文重复凌杂无理甚矣，其说亦非也。余谓贮当读为纻。命女官司成周纻廿家，监司新造贮，用宫御者，王命颂掌治成周织纻之户廿家，监司新造纻之事，以备宫中之用也。《楚辞·涉江》云：'腥臊并御。'王注云：'御，用也。'《荀子·大略》云：'天子御珽，诸侯御荼，大夫服笏。'杨注云：'御服皆器用之名，尊者谓之御，卑者谓之服，'知御有用义也。"[20]

按，所谓"贮"字，李学勤改释为"贾"[21]，并得到许多研究者的承认，如彭裕商在此基础上指出："颂鼎铭文'令女官司成周贾廿家，监司新寤贾'，这里的贾字为名词，即贾正、贾师和周朝官府内部的贾人一类人物，意即王命颂管理这些人员"，"前一个贾字应即上文所举《左传》中的贾正和《周礼》中的贾师一类人，为直接管理商贾的市官之属；后一个贾字应即《周礼》中官府内部主管市买的贾人，'新寤'应为职官名。"[22]所以，颂器、逨器中的"用宫御"是指上级策命作器者担任某项官职后，对其承担职责的进一步说明，即以备宫中之用，"用"是用以之用，"御"当从杨树达说释为"用"。

与此句式类似的还有西周中期的祭姬簋：

祭姬作父辛尊簋，用作乃后御，孙子其万年永宝。　　　　　　　　《铭图》4900

春秋晚期的莒太史申鼎：

隹（唯）正月初吉辛亥，樊仲[23]之孙莒大史申，作其造鼎十，用征以作，以御宾客，子孙是若。　　　　　　　　　　　　　　　　　　　　　　　　　《铭图》2350

"用作乃后御""以御宾客"，这些"御"字均应理解为"用"。洹子孟姜壶"用御天子之事""御尔事"（《铭图》12449）等句，"御"字大概也应照此理解。

两周金文中还屡见"御"字后面接各类器名的情形，如"御器"（王后鼎，《铭图》1488）、"御簋"（盛君蒡簋，《铭图》5780）、"御敦"（滕侯敦，《铭图》6057）、"御匜"（邵方豆，《铭图》6113；滕太宰得匜，《铭图》14879）、"御瓶"（仲濒儿瓶，《铭图》14035）、"御缶"（彭射缶，《铭

图》14058）、"御盘"（鲁正叔盘,《铭图》14466；仲濒儿盘,《铭图》14504）、"御会匜"（唐子
仲濒儿匜,《铭图》14975）、"御鉴"（吴王夫差鉴,《铭图》15059）等,这些语词中的"御"皆应
理解为"用"。黄旭初、黄凤春在讨论唐子仲濒儿匜时,曾将"御"字读为"讶"或"迓",释为"迎
接",认为这是迎娶之器,是男方"唐子"专为婚礼迎娶所铸之器[24];闫华、徐今不赞同此说,指
出铭文"御盘、御沬匜、御鈚"中的"御"字当释为"用"[25],闫、徐之说可从。

　　　　附记:本文为国家社科基金冷门绝学研究专项"两周金文的义化、声化及分化研究
（20VJXG042）"阶段性成果。

（作者单位:中国人民大学文学院）

注:

① 本文所引用的铭文编号皆出自吴镇烽编著《商周青铜器铭文暨图像集成》（上海古籍出版社2012年）及《商周
　青铜器铭文暨图像集成续编》（上海古籍出版社2016年）,分别简称为《铭图》《铭图续》,下文不再出注。

② 辛怡华、王颢、刘栋《石鼓山西周墓葬出土铜器初探》,《文物》2013年第4期第60页。

③ 李学勤《石鼓山三号墓器铭选释》,《文物》2013年第4期第57页。

④ 马承源主编《商周青铜器铭文选（三）》第94页,文物出版社1988年。

⑤ 王文耀《简明金文词典》第252页,上海辞书出版社1998年。

⑥⑨　裴锡圭《关于商代的宗族组织与贵族和平民两个阶级的初步研究》,《裴锡圭学术文集·古代历史、思想、民
　俗卷》第123页,复旦大学出版社2012年。

⑦ 朱凤瀚《论卜辞与商周金文中的"后"》,《古文字研究》第19辑第422—443页,中华书局1992年。

⑧ 裴锡圭《说"婣"（提纲）》,《裴锡圭学术文集·甲骨文卷》第525页,复旦大学出版社2012年。

⑩ 高明《古体汉字义近形旁通用例》,《高明学术论集》第580页,上海古籍出版社2013年。

⑪ 林沄《珂生簋铭新释》,《古文字研究》第3辑第124—126页,中华书局1980年。

⑫ 陈英杰《西周金文作器用途铭辞研究》第446页,线装书局2008年。

⑬ 有学者认为"严"有"严格、威严"之意,引申为灾咎。"陟降严祜"应读为"陟严降祜",升上灾祸,降下福佑,免
　灾降福之意。参冯华《〈诗经〉"陟降"新解》,《陕西师范大学学报（哲学社会科学版）》2006年第2期第123页。
　此说恐不可从。

⑭ 参看王人聪《西周金文"严在上"解——并述周人的祖先神观念》,《考古》1998年第1期第72—74页;陈剑
　《金文"豪"字考释》,《甲骨金文考释论集》第243—272页,线装书局2007年;陈英杰《西周金文作器用途铭辞
　研究》第373页;张德良《金文套辞"严在上,翼在下"浅析》,《齐鲁学刊》2009年第1期第44—46页。

⑮ 王国维《与友人论诗书中成语书》,《观堂集林（外二种）》第32页,河北教育出版社2003年。

⑯ 李圃主编《古文字诂林》第10册第380页,上海教育出版社2004年。

⑰ 张亚初《周厉王所作祭器㝬簋考——兼论与之相关的几个问题》,《古文字研究》第5辑第157页,中华书局
　1981年。

⑱ 王国维《颂壶跋》,《观堂集林（外二种）》第647页。

⑲　郭沫若《两周金文辞大系图录考释》第73页,上海书店出版社1999年。

⑳　杨树达《积微居金文说(增订本)》第5页,中华书局1997年。

㉑　李学勤《重新估价中国古代文明》,《当代学者自选文库·李学勤卷》第9页,安徽教育出版社1999年。

㉒　彭裕商《西周金文中的"贾"》,《考古》2003年第2期第57—61页。

㉓　周忠兵《莒太史申鼎铭之"樊仲"考》,《吉林大学社会科学学报》2014年第1期第20—25页。

㉔　黄旭初、黄凤春《湖北郧县新出唐国铜器铭文考释》,《江汉考古》2003年第1期第9—15页。

㉕　闫华、徐今《唐子仲濒儿盘、匜"咸"字新解及铭文补释》,《大连理工大学学报(社会科学版)》2014年第3期第133—136页。

古文字研究（34）：180—184，2022

读铭札记三则

吴良宝

一

河北省易县燕下都文物保管所收藏的一件战国有铭铜戈，最早收录在赵荣等主编《熠熠青铜 光耀四方——秦晋豫冀两周诸侯国青铜文化》一书（陕西旅游出版社2016年），命名为"十六年戈"（图1），年代标示为"东周（前770年—前221年）"。据说明文字，该戈"长26.7厘米"，系"捐赠"品（第195页）。该书仅公布了铜戈的全形图，没有释文。将图片放大之后，只能看到一行铭文，可辨认出"十""侖郢坯""司寇韩"等字。

图1   图2

赵其国主编、韩智慧编《保定市可移动文物精品·综合卷》（中国文史出版社2019年）也收录了这件"十六年"铭文铜戈，编为第94号，年代标示为"战国（公元前475年—前221年）"。书中专门给出了铭文照片及释文，"刻铭二行共二十字，一行'十六年，邺侖（令）埶（刑）丘□，司寇韩'，一行'犬，左库工帀（师）成绣，冶□'"（第116页）。

吴镇烽编著《商周青铜器铭文暨图像集成三编》（上海古籍出版社2020年）第4卷1489号收录了这件十六年戈，命名为"司寇韩戈（十六年戈）"，将《熠熠青铜 光耀四方》书中的彩图转为黑白照片，并将内部铭文截图、处理。据说明文字，"内部有铭文10字以上"，释作"十六年□□□□司寇虰(韩)……",年代则改定为"战国晚期"(第126页)。

从铭文"令、司寇、工帀、冶"体现的监造制度来看,这件有铭铜戈应该是战国晚期韩桓惠王十六年时的兵器[①],唯一不确定的是铸造地名。从清晰图片(图2)[②]来看,戈铭共有2行21个字(其中"屯留""工帀"作合文形式):

　　十六年,屯留=俹邦坁偌、司寇韩东、左库工帀=成缔、冶朔。

其中,铸造地名的"屯"字很清楚,"留"字还能看出左半边。由此可知《保定市可移动文物精品·综合卷》给出的释文多数是准确的。

澳门珍秦斋收藏一件二十二年屯留令戈(《铭像》17358),内部刻有3行23字铭文("二十""屯留""工帀"作合文形式):"二十=二年,屯留=俹邦坁偌、司寇奠含、右库工帀=緜□、冶匋造。"整理者将此戈的铸造年代定为韩釐王二十二年(前251)[③],实为韩桓惠王二十二年(前251)的兵器。这两件戈的铭文多有相同之处,比如监造制度、铸造城邑"屯留"、县令"邢丘附"等。两相比照可知,在桓惠王十六年到二十二年的七年时间里,韩国屯留县的县令大概率都是由邢丘附这个人担任的。

<h2 style="text-align:center">二</h2>

三晋文字内部的差异,裘锡圭、黄盛璋、李家浩等学者曾有涉及。即以"帀"字为例,裘锡圭曾谈到部分三晋器铭中"帀"字的国别,推测《古鉴藏印》收录的"上□帀"印、《季木藏匋》31下"虞与帀"陶印文可能是赵国之物,《尊古斋古玺集林》第一集2·16"□阳帀"印可能是韩国之物,《簠斋古印集》49下"焦帀"印(图3a)可能为两周印,后又提出河南荥阳故城发现的"向匋亲帀"印文(图3b)与"焦帀"印文"帀"字相近,"荥阳陶文当属韩国,焦帀印也有可能属韩国";从邢丘遗址陶文"郍"字所从的"舟"旁"有两种颇为不同的写法"来看,"三晋'帀'字有两种颇为不同的写法并不奇怪"[④]。裘文的这些国别判断意见很少被学界注意、引用[⑤]。

从出土地来看,"向匋亲帀"陶文出土于河南荥阳、郑州(据《陶文图录》第1780、1835页图注),应是韩国之物,裘文将"向匋亲帀"陶印文中的"帀"字定为韩国文字的写法是可信的。韩国兵器宜阳戈(《铭像》17214,图3d)中的"帀"字也和上举陶文、兵器写法一致。由此也可以确定四年辛帀令戈(《铭像三》1512,图3c)也是韩国之物,陶文"向匋亲帀"中的"亲帀"实为地名[⑥]。目前能够确认的韩国文字"帀"字的写法就是如此。

图 3

　　《古玺汇编》332 "□阳市" 印文（图 4a）也见于《古陶文汇编》9·4 陶文以及《盛世玺印录续壹》16 地名印文，裘文原释读为 "汝阳"、在今河南商水县西北，战国时曾属韩，最新或改释作 "原阳"、治今内蒙古呼和浩特市东南⑦，这是一方赵国官印。又，山西五寨县曾发现 "郛市" 陶文（图 4b、c），"郛" 治今山西五寨县境内⑧，还见于赵国尖足小布（《货系》1184）、元年郛令戈（《铭像》17198 戈）等，可见从土的 "坜" 是赵国 "市" 字写法之一。

　　印陶文 "邺市"（图 4d）中的邺在今河北临漳县西南，战国时期多数时间内属魏国。从《赵世家》悼襄王六年（前 239）"魏与赵邺"、九年 "秦攻邺，拔之" 来看，邺地短时间内曾属赵，不能排除陶文属于赵国的可能性。"邺市" 陶印文是魏物的可能性很大。从《步黟堂古陶文集存》"市·斗" 陶文的 "斗" 字来看，应是魏国之物。"郛市" "邺市" "市·斗" 陶文资料，说明魏、赵两国的 "市" 字都可以写作图 4 的 "坜"。

图 4

　　综上所述，韩国 "市" 字作图 3 所示之形，赵、魏两国 "市" 字作图 4 所示之形。这两种写法都是从裘文所考春秋晚期平肩弧足空首布币上的 "市" 继承而来的。

　　三晋文字中还有 "虡与市"（《陶文图录》5·86·2）、"上□市"（《古玺汇编》4224）、"青堵市"（《古玺汇编》3443）、"市□"（《盛世玺印录续壹》9）以及 "蒇余市"（《大风堂古印举》）、

"坼"(《盛世玺印录续贰》13）等资料。其中的"虏与"，裘文读为"阏与"，在今山西和顺县西北，战国时为赵邑。今按，赵国三孔布币地名"疋与"(《货系》2480），或读为"阏与"⑨，或读为"夷舆"、治今北京市延庆区东北⑩。由于这几个地名不能确考，其国别待定。

再比如，施谢捷根据五年郑令戈、五年郑令矛(《铭像》17334、17691）等韩国兵器"长"字写作，将《鹤庐印存》《中国玺印集萃》《赫连泉馆古印续存》等谱录中的几方姓名私玺(图5a、b）定为韩国之物⑪。从后来公布的二年梁令矛、十年汝阳令戈(《铭像》17703、17353）、□阳令戈(《铭像三》1520）等韩兵刻铭"长"字写作　、　来看，其说当是。由此也可知，从"长"字写法来看，"长安"方足小布(《货系》1535—1537，图5c）旧定为赵币，实为韩国之物。

赵国四年相邦春平侯钶(《铭像》18047）、上城氏钶(《铭像三》1616）刻铭的"长"字作　、　，据此，《古玺汇编》716、719等姓名私玺(图5d、e）可能是赵国之物(《铭像》14788的韩器长陵盂"长"字与此写法也很相似）。魏国文字中的"长"也有特殊写法，见于《铭像》17231五年龚令戈，作　形。

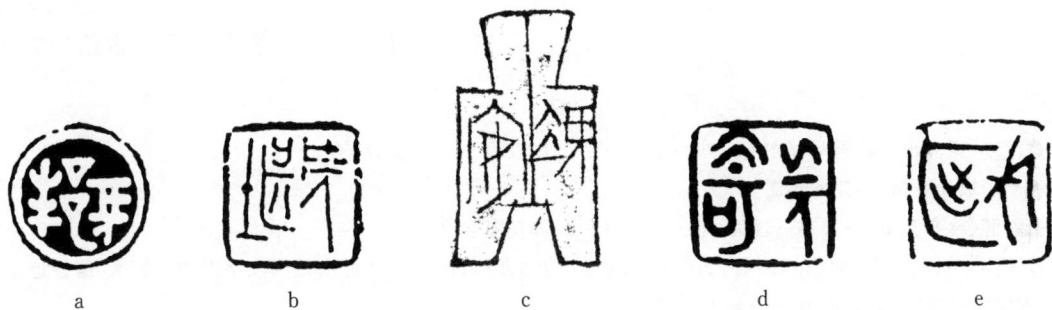

图5

三

近见一件私家收藏的有铭残戈，仅存的内部一面刻有3行18字(其中"工帀"作合文形式）："十二年，大梁司寇緘、左库工帀＝□、眂事看、冶□。"从地名"大梁"判断，应是一件魏国兵器。这是兵器刻铭中首次出现"眂事"一职。

职官"眂事"还见于三十五年虘令鼎(《铭像》2163）、十七年坪阴鼎盖(《铭像》2162）等魏国铜器，分别实行"令、眂事、冶"和"工帀、眂事、冶"的监造制度。高纪年数字的虘令鼎是魏惠王前元时(前335）器⑫，坪阴鼎盖可能是魏襄王或魏昭王时器。另外，实行"眂事、冶"二级制的信安君鼎(《铭像》2421），信安君是魏襄王时的封君，该鼎最有可能是魏襄王十二年(前307）或魏昭王十二年(前284）时器。可见，带有"眂事"一职的魏器年代不出魏惠王、襄王之时，最晚也就是昭王之世。

魏兵三十三年大梁左库工帀戈(《铭像》17151)实行"工帀、冶"二级监造制,七年大梁司寇戈(《铭像》17195)实行的是"司寇、工帀、冶"。十二年大梁司寇戈实行"司寇、工帀、眡事、冶"的监造制,比这二者都要复杂,因此有可能是魏惠王后元十二年(前323),或者魏襄王十二年铸造的。这为研究战国中期魏国兵器的监造制度提供了新史料。

附记:本文是吉林大学青年学术培育计划资助项目"战国古玺资料整理与研究"(2019FRLX08)、国家社科基金重大项目"出土先秦文献地理资料整理与研究及地图编绘"(18ZDA176)的阶段性成果。

引书简称:《铭像》——吴镇烽编著《商周青铜器铭文暨图像集成》,上海古籍出版社2012年;《铭像三》——吴镇烽编著《商周青铜器铭文暨图像集成三编》,上海古籍出版社2020年;《货系》——汪庆正主编,马承源审校《中国历代货币大系·1先秦货币》,上海人民出版社1988年。

(作者单位:吉林大学考古学院古籍研究所)

注:

① 黄茂琳《新郑出土战国兵器中的一些问题》,《考古》1973年第6期第377页。

② 承严志斌先生帮助,谨此致谢。

③ 萧春源《珍秦斋藏金·吴越三晋篇》第240—245页,澳门基金会。

④ 裘锡圭《战国文字中的"市"》,《考古学报》1980年第3期第293—294页;《战国文字中的"市"》"编校追记",《古文字论集》第467页,中华书局1992年。

⑤ 陈光田《战国玺印分域研究》第24页,岳麓书社2009年;刘刚《晋系文字的范围及内部差异研究》第24—25页,复旦大学2013年博士学位论文;汤志彪编著《三晋文字编》第778页,作家出版社2013年;萧毅《古玺文分域研究》第189、191页,崇文书局2018年。

⑥ 孟娇、虞同《战国兵器铭文札记五则》,《出土文献研究》第17辑第47—48页,中西书局2018年。

⑦ 邬可晶、郭永秉《从楚文字"原"的异体谈到三晋的原地与原姓》,《出土文献》第11辑第228—234页,中西书局2017年。

⑧ 郭效生、朱和森《古"垮"置县新考与"五王城"建城考略》,山西文博网2018年6月1日。

⑨ 裘锡圭《战国货币考(十二篇)》,《北京大学学报(哲学社会科学版)》1978年第2期第76页。

⑩ 黄锡全《新见三孔布简释》,《中国钱币》2005年第2期第6页。

⑪ 施谢捷《古玺汇考》第251、288页,安徽大学2006年博士学位论文。

⑫ 裘锡圭《〈武功县出土平安君鼎〉读后记》,《考古与文物》1982年第2期第53页;李学勤《论梁十九年鼎及有关青铜器》,《古文字论集(一)》(《考古与文物》丛刊第二号)第2—3页,1983年。

古文字研究(34):185—191,2022

大盂鼎铭文读札

吴毅强

大盂鼎自清代道光年间出土以来,诸多学者已对其作了深入研究,但对个别文句的理解,学界仍存在不少分歧。笔者在研读大盂鼎时也有一些想法,现就分歧较大的地方简述诸家观点并略陈己见,望学界批评指正。

1. 古(故)天異临子,灋保先王,[匍]有三(四)方。

異,读为翼,佑助之意。《诗·大雅·卷阿》"有冯有翼",郑玄笺:"翼,助也。"临,《诗·大雅·大明》"上帝临汝",临为护视之义①。王辉指出:"異典籍通作翼,《左传·昭公九年》:'翼戴天子。'杜预注:'翼,佑也。'"临,《说文》:"监也。"即从天上面看着,监护着②。

子,于省吾读为"慈",引《墨子·兼爱中》:"天屑临文王慈。"与铭文为同类句子③。王辉赞同于先生说,并引《礼记·乐记》"则易直子谅之心,油然生矣"、《韩诗外传》三"子谅"作"慈良"为说④。虽然"子、慈"可通,但此处应本字读,"子"指本铭的"王",即康王。康王回顾周的建国是天命所集,以及文武二王的功绩,因自己勤于祭祀,故得到天的佑助,效灋先王,因此能统治四方。后世"天子"之说,或肇源于此。

灋,王国维、于省吾、《大系》、《铭文选》等皆读为"废",训大。王国维云:"異,读为'翼'。灋,读为'废'。废,大也。《诗·小雅》:'废为残贼。'《释诂》:'废,大也。''天翼临子,灋保先王'者,犹《召诰》云'天迪从子保'矣。"⑤于省吾云:"王云《诗·小雅》:'废为残贼。'《释诂》:'废,大也。'"⑥《大系》云:"文中两灋字均读为废,唯义有别。上之'灋保先王'乃'大保先王',废,大也。"⑦《铭文选》云:"灋、废通用。《尔雅·释诂》:废,'大也'。"⑧王辉说同⑨。

不过也有不同意见,如张亚初即读"灋"为"法"⑩。秦永龙亦读"法",指出:"所谓'法保',就是排斥(拒绝保佑)无德之人而专一佑助有德之人。下文'勿法朕令'乃是金文恒语,其法字取抵触之义则更明显。'勿法朕令'就是'不得违抗我的命令'。长期以来,此'灋'(法)字不得其解,学者多破读为'废',前者训大,后者训弃,似乎可通,实为不切。"⑪高明译作"故天在辅佑和监临他的儿子,保护着先王。"⑫应是将"灋"训为"辅佑"。

笔者认为,灋,本字读即可,为灋则、型灋、效灋之意。目前所见西周金文,"灋"字尚未有通"废"训"大"之辞例,多数皆用于册命金文"勿灋朕命"语境,读为"废",废弃之意。传世先秦文献,以《尚书》为例,"废"多为"荒废、废弃"之意,亦未有训"大"之例。

据《故训汇纂》,所谓"废"训"大"的文献,主要为《诗·小雅·四月》"废为残贼"毛传"废,忕也",陆德明释文"忕一本作废,大也";《逸周书·官人》"华废而诬"朱右曾集训校释;《列子·杨朱》"废虐之主"张湛注;《尔雅·释诂上》;《广韵》废韵^⑬。下面一一检核这些用例。

《诗·小雅·四月》:"废为残贼,莫知其尤。"毛传:"废,忕也。"郑玄笺:"尤,过也。言在位者贪残,为民之害,无自知其行之过者,言大于恶。"陆德明释文:"废,如字。一音发。忕,时世反,下同。又,一本作'废,大也'。此是王肃义。"孔颖达疏:"由此在位之人惯习为此残贼之行,以害于民,莫有自知其所行为过恶者,故令民皆病。……《说文》云:'忕,习也。'恒为恶行,是惯习之义。定本'废'训为'太',与郑不同。"可见"废为残贼",毛传原作"废,忕也",并非"废,大也"。"废"训"大",据陆德明之说,为东汉王肃之说,毛传、郑笺及孔疏皆不作此解。

毛传"废,忕也",阮元校勘记:"'废忕也',小字本、相台本同。案:释文:'忕,时世反。下文一本作废,大也。此是王肃义。'正义云'定本废训为大,与郑不同',标起止云'传废忕',定本当是依王肃申毛也。"

又,郑笺"言大于恶"之"大",阮元校勘记:"闽本、明监本、毛本同,小字本、相台本'大'作'忕',《考文》古本同。案:忕字是也。《列女传》引《诗》云:'废为残贼,言忕于恶。'可证。《六经正误》云:'《释文》忕作忕',误。"说明郑笺原应作"言忕于恶"。

毛亨、郑玄、孔颖达、陆德明等对《四月》"废为残贼"的解释,皆没有把"废"训为"大"。

马瑞辰《毛诗传笺通释》:"《尔雅·释诂》:'废,大也。'郭注引《诗》'废为残贼'。《列子·杨朱篇》'废虐之主',张湛注:'废,大也。'《说文》:'奔,大也。'奡与奔同字,《广雅》《玉篇》并云:'奡,大也。'奔与废一声之转,毛传训废为大,知废即奔之假借也。《列女传·霍夫人显传》引《诗》:'"废为残贼,莫知其尤",言忕于恶,莫知其为过。'则训废为忕,义同郑笺,盖本《韩诗》之说。正义言'定本废训为大,与郑不同',是郑本作忕之证。今毛本笺作'言大于恶'者,误也。此诗正义及《左传·桓十三年》正义并引《说文》'忕,习也',今《说文》作'愢,习也',愢即忕之变体。春秋公山不狃字子洩,洩亦当为汰之变。古大与世通用,大室即世室也,大子即世子也,大叔即世叔也。从大之字亦通作世,《荀子·荣辱篇》'桥泄者,人之殃也',即'骄汰'异文;《贾子》'简泄不可以得士',亦以泄为汰也。忕字盖通作世,唐人避讳,遂改从曳,犹泄、继之改作洩、絏也。《一切经音义》卷十二曰:'习忕又作愢。'卷十三又云:'忕又作洩。'引《字林》'洩,习也',是矣。惟废之训忕,他处少见,仍从毛传、《尔雅》训大为允。"^⑭

马瑞辰已把问题说得很明白。所谓训"大"之"废",乃"奔"之通假字。此处"废"应训为"忕",习也。今本作"愢",《说文》心部:"愢,习也。从心,曳声。余制切。"

《逸周书·官人》:"华废而诬,巧言令色,皆以无为有者也。"卢文弨云:"《大戴》无'废'字。"^⑮朱骏声云:"'废'当作'庬',字之误也。"卢文弨云:"《诗》'废为残贼',王肃云:'废,大也。'张湛注《列子·杨朱篇》同此,亦当作大解。"陈逢衡云:"华有虚义。《后汉·马融传》注:'华誉,虚誉也。'"朱右曾云:"诬,无实也。"^⑯从卢文弨、朱骏声的注解可知,《逸周书》原本此处可能并非"废"字,朱骏声认为是"庬"之误,《说文》广部:"庬,广也。从广,庬声。"卢文弨引

《诗》为说，现经前文的考辨，"废"训"大"之说已失去了理据。

　　《列子·杨朱》"凡此诸阏，废虐之主"，张湛注："废，大也。"《释文》云："废虐，毁残也。"⑰《释文》为唐人殷敬顺所纂，宋人陈景元所补（参《列子集释·例略》第7页），已不把"废"训为"大"。

　　《尔雅·释诂上》：废，"大也"。郭璞注引"废为残贼"，即出自上引《诗·小雅·四月》。邵晋涵《尔雅正义》："废者，《墨子·非命篇》：'废以为刑政。'"⑱邵晋涵认为《墨子》这里"废"训为"大"。实则，这种解释是有问题的。孙诒让《墨子间诂》："卢云：'废，置也。中篇作发。'王云：'卢说非也，废读为发，故中篇作发而为刑政，下篇作发而为政乎国。发、废古字通。'"⑲可见，"废以为刑政"句中，孙诒让是不认同"废"训为"大"的。

　　关于《尔雅·释诂上》"废"训为"大"，多数研究者认为，这里的"废"是"奔"（或作"奚"）、"佛"的假字。除上引的马瑞辰之说，还有如郝懿行《尔雅义疏》："废者，奔之假音也。《说文》云：'奔，大也。'《玉篇》作奚，又作犾，同。通作佛。《诗》云'佛时仔肩'，毛传：'佛，大也。'孔颖达不知假借之义，故云：'佛之为大，其义未闻。'"⑳应该说是可信的。

　　又，《广雅·释诂一》：奚，"大也"，王念孙疏证："奚者，《说文》：'奔，大也。从大，弗声。'《玉篇》作'奚'。《周颂·敬之篇》'佛时仔肩'，毛传云：'佛，大也。'佛与奚通。《尔雅》：'绋，緷也。'孙炎以为大索。《缁衣》：'王言如丝，其出如纶；王言如纶，其出如綍。'郑注云：'言言出弥大。'义与奚同也。《尔雅》：'废，大也。'郭璞引《小雅·四月篇》：'废为残贼。'废与奚亦声近义同。"㉑

　　综合上述分析，《尔雅》"废"训大，"废"应是"奚、奔、佛"等字的通假字，这些字皆是音近通假关系。《说文》大部："奔，大也。从大；弗声。读若'予违汝弼'。房密切。"段玉裁注："此谓矫拂之大。《周颂》'佛时仔肩'，传曰：'佛，大也。'此谓佛即奔之叚借也。《小雅》'废为残贼'，毛传一本'废，大也'。《释诂》云：'废，大也。'此谓废即奔之叚借字也……《玉篇》作奚，作犾。"

　　总之，《诗经·小雅·四月》"废为残贼"之"废"，应训为"忕"（即"忕"），"惯习"之义。后世注家用《尔雅》来证明《四月》废训大，不明《尔雅》"废"实为"奚、奔、佛"等的通假字。即使退一步讲，"废"通"奔"，可训大，但由"瀍"通"废"，再通"奔"，似乎太过辗转。所以，大盂鼎"瀍保先王"之"瀍"不能通"废"。

　　瀍，刑、则、常之意。《周礼·天官·大宰》："大宰之职，掌建邦之六典，以佐王治邦国：一曰治典，以经邦国，以治官府，以纪万民。"郑玄注："典，常也、经也、瀍也。王谓之礼经，常所秉以治天下也；邦国官府谓之礼瀍，常所守以为瀍式也。"

　　保，持、守、安之意。《尚书·胤征》："圣有谟训，明征定保。"孔传："保，安也。圣人所谋之教训，为世明证，所以定国安家。"《咸有一德》："常厥德，保厥位。"孔传："人能常其德，则安其位。"《召诰》:"天迪格保,面稽天若。"孔传:"言天道所以至于保安汤者,亦如禹。"《尚书》中"保"多训"安"。

瀺保先王,即以先王为瀺式,遵循持守先王的治国方略。我认为,这种理解和大盂鼎铭文、以及传世文献是契合的。先看本铭开头一段:

佳(唯)九月,王才(在)宗周,令(命)盂,王若曰:"盂,不(丕)显玟(文)王,受天有大令(命),在珷(武)王嗣玟(文)乍(作)邦,⿱⿰甶廾(辟)厇(厥)匿(慝),匍有三(四)方,畯正厇(厥)民,在雩(于)御事。歔(嗟)!酉(酒)无敢酖,有柴登(烝)祀,无敢酻(扰)。古(故)天異(翼)临子,瀺保先王,[匍]有三(四)方。

大盂鼎铭文首先总结文王受天命,武王灭商,治理国家,要戒酒,勤于祭祀。下文提到殷亡的原因在于"酒"。故康王要谨记这一教训,并诰教臣下。唯文王受天命,故天能佑助护视着康王,让其以文王、武王为瀺式,来治国安邦。这在文献上有类似说法,《尚书·康诰》:王若曰:"孟侯,朕其弟,小子封。惟乃丕显考文王,克明德慎罚,不敢侮鳏寡,庸庸,祇祇,威威,显民。用肇造我区夏,越我一二邦以修。我西土惟时怙冒,闻于上帝,帝休。天乃大命文王,殪戎殷,诞受厥命,越厥邦厥民,惟时叙。乃寡兄勖,肆汝小子封,在兹东土。"《康诰》是周公称成王命,册命康叔为侯。这段话首先回顾文王能够明德慎罚,具体措施是"不敢侮鳏寡,庸庸,祇祇,威威,显民",孔传解作:"不慢鳏夫寡妇,用可用,敬可敬,刑可刑,明此道以示民。"正因如此,故而能受天命灭商。

《尚书·顾命》王曰:"呜呼!疾大渐,惟几。病日臻,既弥留,恐不获誓言嗣,兹予审训命汝。昔君文王、武王,宣重光,奠丽陈教则肆。肆不违,用克达殷,集大命。在后之侗,敬迓天威,嗣守文武大训,无敢昏逾。"《顾命》是成王临终命群臣相康王所作,亦是回顾文武受命克殷,并要求其后嗣,敬迎天之威命,继守文武之大教,无敢昏乱逾越。与大盂鼎"故天翼临子,瀺保先王"可合观。

《酒诰》王若曰:"明大命于妹邦。乃穆考文王,肇国在西土。厥诰毖庶邦庶士越少正、御事,朝夕曰:'祀兹酒。'惟天降命,肇我民,惟元祀。"孔传:"文王其所告慎众国众士于少正官、御治事吏,朝夕敕之:'惟祭祀而用此酒,不常饮。'惟天下教命,始令我民知作酒者,惟为祭祀。"

此外,从《尚书·酒诰》"文王诰教小子有正有事,无彝酒""我西土棐徂邦君、御事、小子,尚克用文王教,不腆于酒。故我至于今克受殷之命"也可看出,文王对"酒"非常重视,亦把"酒"与克殷联系起来,和大盂鼎铭"酉(酒)无敢酖,有柴登(烝)祀,无敢酻(扰)"正相符合。《酒诰》亦是周公以成王命诰康叔,按孔传的说法:"康叔监殷民,殷民化纣嗜酒,故以戒酒诰。"

综上,《顾命》的"嗣守文武大训",《酒诰》的"克用文王教",与大盂鼎开头一段非常吻合。

此外,本铭之"先王",过去一般认为指文王、武王,但郭沫若认为指成王,说云:"如依旧说为指文武，则辞语犯复，且不得言故。细心读之，自能知其然。"㉒我认为"先王"仍应指康王之前的文王、武王，并非指"成王"。郭沫若认为"故"字是一个考虑因素，很正确。实则，"故"正是对上文提及的文王、武王的照应。时王在册命盂时，仍在强调文武的建国功绩与方略，与前引《康诰》《顾命》等有共通之处。自当解为文王、武王，否则前文"故天翼临子"之"子"就无法落实。

康王在命盂的时候，也不忘继续回顾他自己要效瀍文王之正德，如本铭云："今我隹（唯）即井（型）䐨（禀）于玟（文）王正德。"可以看作本铭"瀍保先王"的最好呼应。

2. 王曰："盂，䍙（绍）夹死嗣（司）戎，敏谏罚讼，

敏，敏捷、迅疾之意，《尚书·大禹谟》："后克艰厥后，臣克艰厥臣，政乃乂，黎民敏德。"孔传："敏，疾也。"

谏，原篆作▢（《集成》2837A），王国维释"谏"㉓。于省吾、郭沫若、张亚初、王辉等均隶作"諫"，于省吾读为"敕"，云："谏、敕通，言对于罚惩讼狱须明敏整饬。"㉔郭沫若亦读为"敕"㉕。王辉云："谏，通速，及时，迅速，《说文》：'铺旋促也。'《广雅·释言》：'促也。'"㉖

该字应释为"谏"。金文如大克鼎（《集成》2836）"谏辟王家"，谏作▢，臣谏簋（《集成》4237）作▢，人名。或许是认为该字所从的"柬"少了中间两点，实则，细查原拓字形，"柬"右侧之点清晰可辨。有些拓本少了中间两点，应是不同的拓本所致，如《集成》2837B所收拓本作▢，即没有中间两点。但我认为这不影响该字释"谏"。

本铭前文有"敏朝夕入闌（谏）"㉗。入谏，于省吾读为"纳谏"㉗。《铭文选》译作"要敏快而不懈怠地进献直言"㉘。罚讼，王辉指出为狱讼案件㉙。这些都是正确的意见。番生簋盖（《集成》4326）："番生不敢弗帅井（型）皇祖考不（丕）坏（丕）元德，用䚔（申）䐇（恪）大命，甹（屏）王立（位），虔夙夜，尃（敷）求不暬德，用谏四方。"叔夷钟（《集成》272）、叔夷镈（《集成》285）："余命女（汝）政于朕三军，肃成朕师旟之政德，谏罚朕庶民，左右毋讳。"上引大克鼎"谏辟王家"、番生簋盖"用谏四方"及叔夷钟、镈"谏罚朕庶民"与大盂鼎"敏谏罚讼"意思接近，尤其是叔夷钟、镈，均提到谏与罚。

番生簋和叔夷钟、镈皆是册命铭文，番生簋中，"王令觐（总）嗣公族、卿事（士）、大史寮"，可见其职掌是比较高的。王命番生辅佐自己，"用谏四方"，可能是负责搜集各地的信息，向周王纳谏。叔夷钟中，"女（汝）尃余于艰恤，虔恤不易，左右余一人，余命女（汝）织（职）差正卿，为大事，觐（总）命于外内之事，中尃盟（明）井（刑），女（汝）台（以）尃戒公家"，由铭文可知，其职掌为"总命于外内之事"，"谏罚朕庶民"，应该是负责纳谏、处理狱讼之事，和大盂鼎中"盂"的职掌也很接近。

重臣有纳谏之责，在传世文献中也有相关记载，如：《尚书·说命上》："朝夕纳诲，以辅台德。若金，用汝作砺；若济巨川，用汝作舟楫；若岁大旱，用汝作霖雨。启乃心，沃朕心。若药

弗瞑眩，厥疾弗瘳；若跣弗视地，厥足用伤。惟暨乃僚，罔不同心，以匡乃辟。俾率先王，迪我高后，以康兆民。"孔传："言当纳谏诲直辞以辅我德。……开汝心以沃我心。如服药必瞑眩极，其病乃除。欲其出切言以自警。跣必视地，足乃无害。言欲使为己视听。"《尚书·说命上》："惟木从绳则正，后从谏则圣。后克圣，臣不命其承，畴敢不祗若王之休命？"孔传："言木以绳直，君以谏明。君能受谏，则臣不待命，其承意而谏之。言王如此，谁敢不敬顺王之美命而谏者乎？"

上引《说命上》"朝夕纳诲"之"诲"，可读为"谋"，金文中例子较多，如史墙盘（《集成》10175）"井（型）帅宇（吁）诲（谋）"，王孙遗者钟（《集成》261）"诲（谋）猷丕（丕）飤（饬）"。《说命》已将臣下纳谏的道理说得很明白。整句话，《铭文选》译作"协理有关兵戎的事务，要审慎处置惩罚和争讼的事"[30]。据近年湖北随州新出曾国金文，进一步明了"盂"为"南公氏"，是周初南宫括的后嗣，与周王室关系密切，受封为重臣也在情理之中[31]。

谏官、纳谏在传世文献中也有相关记载，《尚书·舜典》："命汝作纳言，夙夜出纳朕命，惟允！"孔传："纳言，喉舌之官。听下言纳于上，受上言宣于下，必以信。"《尚书·胤征》："先王克谨天戒，臣人克有常宪，百官修辅，厥后惟明明。每岁孟春，遒人以木铎徇于路，官师相规，工执艺事以谏。其或不恭，邦有常刑。"孔传："百工各执其所治技艺以谏，谏失常。言百官废职，服大刑。"又《周礼·地官·司徒》有"保氏"，"掌谏王恶"。郑玄注："谏者，以礼义正之。"又有"司谏"，"掌纠万民之德而劝之，朋友正其行而强之，道艺巡问而观察之，以时书其德行道艺，辨其能而可任于国事者。"

虽然虞夏时期是否有"纳言"之官可存疑，但《尚书》的记载或多或少反映了先秦臣下有进谏之责，应设有类似的职官。《胤征》这段话，或许可以解释大盂鼎"敏谏罚讼"，叔夷钟、镈"谏罚朕庶民"，"谏罚"为何连用的问题。

附记：本文得到2021年度国家社科基金一般项目"清代民国学者商周金文拓本题跋研究"（21BZS045）资助，特此致谢！

（作者单位：四川大学历史文化学院）

注：

①⑧ 马承源主编《商周青铜器铭文选（三）》第39页，文物出版社1988年。

②④⑨ 王辉《商周金文》第68页，文物出版社2006年。

③ 转引自王辉《商周金文》第68页。案：屑，《墨子间诂》作"屑"，孙诒让引《后汉书·马廖传》李注云"屑，顾也"。参〔清〕孙诒让撰，孙启治点校《墨子间诂》第110页，中华书局2018年。

⑤ 王国维《观堂古金文考释》，谢维扬、房鑫亮主编《王国维全集》第11卷第327页，浙江教育出版社、广东教育出

版社2010年。

⑥ 于省吾《双剑誃吉金文选》第117页,中华书局2009年。

⑦㉒ 郭沫若《两周金文辞大系图录考释(二)》,《郭沫若全集·考古编》第8卷第86页,科学出版社2002年。

⑩ 张亚初编著《殷周金文集成引得》第54页,中华书局2001年。

⑪ 秦永龙《西周金文选注》第31页,北京师范大学出版社1992年。

⑫ 高明《中国古文字学通论》第378页,北京大学出版社1996年。

⑬ 宗福邦、陈世铙、萧海波主编《故训汇纂》第711页,商务印书馆2003年。

⑭ 〔清〕马瑞辰撰,陈金生点校《毛诗传笺通释》第685—686页,中华书局1989年。

⑮ 语出《大戴礼记·文王官人》,参方向东《大戴礼记汇校集解》第1024页,中华书局2008年。

⑯ 黄怀信、张懋镕、田旭东《逸周书汇校集注》第774页,上海古籍出版社2007年。

⑰ 杨伯峻《列子集释》第234页,中华书局2018年。

⑱ 〔清〕邵晋涵撰,李嘉翼、祝鸿杰点校《尔雅正义》第26页,中华书局2017年。

⑲ 〔清〕孙诒让撰,孙启治点校《墨子间诂》第265页。

⑳ 〔清〕郝懿行撰,王其和、吴庆峰、张金霞点校《尔雅义疏》第12页,中华书局2017年。

㉑ 〔清〕王念孙《广雅疏证》第5—6页,中华书局1983年。

㉓ 同注⑤第328页。

㉔㉗ 同注⑥第119页。

㉕ 同注⑦第85页。

㉖㉙ 同注②第70页。

㉘㉚ 同注①第40页。

㉛ 详参小文《新出金文与曾国分封问题》(未刊稿)。

古文字研究（34）：192—198，2022

两周金文中的"佐助"义动词

—— 兼论先秦汉语中的"佐助"义动词

武振玉　张馨月

　　"佐助"义动词是指表示"辅佐、佑助、帮助"等义的动词。两周金文中有"佐、佑、左右、辅、相、召、夹、匹、比、弼、义、翼、迷、胥、保、伖、侑、会、御、歷、迺"21个此类动词。其例如[①]：

　　（1）王睗（赐）乘马，是用左（佐）王，睗（赐）用弓，彤矢其央，睗（赐）用戉，用政（征）緐（蛮）方。

16·10173虢季子白盘，西晚

　　（2）子犯佑晋公左右，来复其邦……子犯佑晋公左右，燮诸侯，囗朝王。

子犯编钟，春秋后期，《近出殷周金文集录》第1册第16页

　　（3）虔恤不易，左右余一人。……齐侯左右，毋疾毋已。　　　1·285叔夷钟，春晚

　　（4）不（丕）显文武雁（膺）受天令（命），亦劓（则）於女（汝）乃圣且（祖）考，克尃（辅）右（佑）先王。

8·4342师訇簋，西晚

　　（5）天不臭（斁）其又（有）忨（愿），速（使）夏（得）孚（贤）在（才）良猷（佐）赒，目（以）辅相厈（厥）身。

15·9735中山王礜壶，战早

　　（6）盂，乃鼟（召）夹死（尸）嗣（司）戎，敏諫罚讼。　　　5·2837大盂鼎，西早

　　（7）丕显朕皇高祖单公，桓桓克慎厈（厥）德，夹甼（召）文王、武王。……则緐唯乃先圣祖考夹甼（召）先王，恭堇（谨）大命。

逨盘，西晚，《近出殷周金文集录二编》第3册第262页

　　（8）零朕皇高祖公叔，克逑匹成王，成受大令。　　　　逨盘，西晚

　　（9）王令吴白（伯）曰：目（以）乃自（师）左比毛父。王令吕白（伯）曰：目（以）乃自（师）右比毛父。

8·4341班簋，西中

　　（10）懲学桓桓哉弼王佐（宅），宩攺庶戜（盟），台（以）祗光朕立（位）。

1·120者汈钟，战早

　　（11）隹（唯）天畣（将）集厈（厥）命，亦隹（唯）先正畧辥（义）厈（厥）辟，恭堇（谨）大命。肆皇天亡昊（斁），临保我又（有）周。

5·2841毛公鼎，西晚

　　（12）乃且（祖）克葬（逑）先王，异（翼）自它邦，又（有）峀于大命。

8·4331乖伯归夆簋，西晚

（13）昔在尔考公氏,克逨(逑)文王,肆文王受兹大命。　　　　　　11·6014何尊,西早

（14）王乎内史尹册令师兑:疋(胥)师龢父司左右走马　　　　　　8·4276豆闭簋,西中

（15）肆克龏(恭)保乒(厥)辟龏(恭)王,諌(敕)辥(乂)王家。

5·2836大克鼎,西晚

（16）交从兽(战),遶即(佽)王,易(赐)贝,用乍(作)宝彝。

4·2459交鼎,西早

（17）唯正月初吉丁亥,王在鼏,飨醴。应侯见工侑,赐玉五瑴、马四匹、矢三千。

应侯见工簋一,西中,《近出殷周金文集录二编》第2册第99页

（18）雩朕皇高祖新室仲,克幽明厥心,柔远能迩,会召康王,方怀不廷。雩朕皇高祖惠仲
盠父,盭龢于政,有成于猷,用会昭王、穆王,讨政(征)四方,扑伐楚荆。

逨盘,西晚

（19）隹(唯)六月既生霸,穆穆王才(在)蒡(镐)京,乎(呼)漁(渔)于大池,王卿(飨)酉
(酒),遹御亡遣,穆穆王窥(亲)易(赐)遹韗。　　　　　　　　　8·4207遹簋,西中

（20）女(汝)敬共(恭)辝命,女(汝)雁(膺)鬲(歷)公家。

1·285叔夷钟,春晚

（21）已卯,公才(在)口,保员逦。犀公易(赐)保员金车。曰:用事。

保员簋,西早,《近出殷周金文集录》第2册第368页②

例(9),杨树达谓:“文云左比毛父,右比毛父者,《易·比卦彖传》云:‘比,辅也。’《诗·唐
风·杕杜》云:‘胡不比焉?’郑笺云:‘比,辅也。’《尔雅·释诂》云:‘比,俌也。’”③例(11),杨
树达谓:“鼎铭襄辥乒辟,与《君奭》‘用乂厥辟’语意正同。襄字有赞襄之义,实假为辅相之
相。辥假为乂,义亦训相。襄辥二字同义连文”;于省吾谓:“凡金文辥皆是协辅之义”;高亨
谓:辥疑当读为乂,《尔雅·释诂》“乂,相也”,口辥即辅佐之义;陈梦家谓:“襄辥义当与‘夹
召’‘左右’相近。”④例(12),于省吾谓:“翼,辅也,言自他邦来辅先王也。”⑤例(15),郭沫
若谓:“‘肆克龏保乒辟龏王’句谓故能敬辅其君恭王”;杨树达谓:“古人保傅连言,傅之为言
辅也,保傅义近,知保亦有辅义。”⑥例(16),陈剑谓:“‘次’有‘亚’、‘副貳’一类意思,引申
之则意为‘辅助’、‘佐助’。”王辉引《长甶盉》作:即(佽)井(邢)白(伯)大祝射……以遶(仇)
即(佽)井(邢)白(伯),谓:“即读为佽。《广韵》:‘佽,助也。’”袁俊杰同意陈剑、王辉说⑦。例
(18),董珊谓:“‘会召’,《书·文侯之命》‘汝肇刑文武,用会绍乃辟,追孝于前文人’作‘会
绍’,‘会’当训‘匹’、‘合’(见《尔雅·释诂》),与‘逨匹’义近。”王伟谓:“会,本象敦簋等器皿
有盖相合之形,有合、集义。引申有仇匹,辅弼义。”⑧例(20),郭沫若谓:“雁通应若膺,当也,
任也。鬲读为歷,《尔雅·释诂》‘歷,傅也。’故雁鬲谓担戴辅弼。”杨树达谓:“二孙读鬲为歷,
诚是。惟仲容训歷为试,则于文义殊不密合。余谓《尔雅·释诂》云:‘乂,歷,……相也。’文谓

汝应辅相公家也。"⑨

上述21词的出现频次依次为胥₁₅、佑₁₂、召₁₁、左右₁₀、佐₉、保₈、辅₇、侑₆、夹₅、匹₅、述₅、屏₅、佽₃、御₂、比₂、会₂、相₁、弼₁、乂₁、翼₁、歷₁、遾₁。可以看出,出现频次均不高。同时见于西周和东周器的有"佐、佑、左右、辅、召、匹、保"7词,仅见于西周器的有"夹、比、乂、翼、述、胥、佽、侑、会、御、遾"11词,仅见于春秋器的有"歷"1词,仅见于战国器的有"相、弼"2词。除了"胥"只见于西周器外,其他出现频次稍高的词均同时见于西周器和东周器,但仍以西周器为主。句法方面的特点是基本都带宾语,且宾语基本为指人名词,只有"佑"带宾语和不带宾语的比例相等。形式上或有同义连用,如"召"11例,7例为同义连用(召夹1、夹召4、召匹2);"夹、匹"各5例全部为同义连用(召夹1、夹召4、述匹3、召匹2);"述"5例,3例同义连用(述匹)。

传世先秦文献中有"佐、佑、佐佑、辅、相、昭、夹、比、弼、乂、翼、保、屏、佽、侑、会、助、赞、奉、补、襄、将、奖、亮"24个"佐助"义动词⑩,其例如:

　　(1)《荀子·大略》:赙、赗所以佐生也,赠、禭所以送死也。

　　(2)《左传·昭公元年》:是谓近女室,疾如蛊。非鬼非食,惑以丧志。良臣将死,天命不佑。

　　(3)《周礼·秋官·士师》:士师之职,掌国之五禁之法,以左右刑罚。

　　(4)《尚书·汤誓》:尔尚辅予一人,致天之罚,予其大赉汝。

　　(5)《诗经·大雅·生民》:诞后稷之穑,有相之道。

　　(6)《尚书·君奭》:亦惟纯佑秉德,迪知天威,乃惟时昭文王迪见。

　　(7)《国语·鲁语上》:女股肱周室,以夹辅先王。

　　(8)《周易》比卦《象传》:比,吉也。比,辅也,下顺从也。

　　(9)《荀子·臣道》:故谏争辅拂(弼)之人,社稷之臣也,国君之宝也。

　　(10)《诗经·小雅·鸳鸯》:乘马在厩,摧之秣之。君子万年,福禄艾之⑪。

　　(11)《孟子·滕文公上》:劳之来之,匡之直之,辅之翼之,使自得之,又从而振德之。

　　(12)《尚书·顾命》:尔尚明时朕言,用敬保元子钊,弘济于艰难,柔远能迩,安劝小大庶邦。

　　(13)《荀子·儒效》:武王崩,成王幼,周公屏成王而及武王以属天下,恶天下之倍周也。

　　(14)《诗经·唐风·杕杜》:嗟行之人,胡不比焉。人无兄弟,胡不佽焉……嗟行之人,胡不比焉。人无兄弟,胡不佽焉。

　　(15)《周礼·天官·膳夫》:王日一举,鼎十有二物,皆有俎。以乐侑食。

　　(16)《尚书·文侯之命》:汝克绍乃显祖,汝肇刑文武,用会绍乃辟,追孝于前文人。

　　(17)《庄子·大宗师》:是之谓不以心捐道,不以人助天。

（18）《战国策·魏策四》：王以国赞嫪毒，以嫪毒胜矣。王以国赞嫪氏，太后之德王也，深于骨髓。

（19）《战国策·燕策一》：今王奉仇雠以伐援国，非所以利燕也。

（20）《晏子春秋·问下》：今君之游不然，师行而粮食，贫苦不补，劳者不息……有所谓君子者，能不足以补上，退处不顺上……有智不足以补君，有能不足以劳民。

（21）《尚书·皋陶谟》：皋陶曰：予未有知，思曰赞赞襄哉。

（22）《诗经·大雅·桑柔》：国步蔑资，天不我将[12]。靡所止疑，云徂何往。

（23）《左传·襄公十一年》：救灾患，恤祸乱，同好恶，奖王室[13]。

（24）《尚书·尧典》：咨！汝二十有二人，钦哉！惟时亮天功[14]。

以上各词的出现频次依次为：助162[15]、赞107[16]、相95[17]、佐92[18]、辅90[19]、奉46[20]、佑24[21]、补22[22]、弼9[23]、昭7[24]、佐佑6[25]、夹6[26]、翼5[27]、将5[28]、奖5[29]、屏5[30]、乂3[31]、侑3[32]、亮3（《尚书》）、比2[33]、保2（《尚书》）、依2（《诗经》）、会1（《尚书》）、襄1（《尚书》）。语料分布为："助"见于15部文献中，其中《左传》43例、《战国策》21例、《墨子》19例，《吕氏春秋》《孟子》《韩非子》《国语》也均在10例以上；"辅"见于15部文献中，其中《左传》16例、《国语》14例、《战国策》17例，超过10例；"相"见于12部文献中，其中《周礼》28例、《仪礼》19例、《国语》15例，其余均在10例以下；"佐"见于11部文献中，其中《周礼》25例、《国语》16例、《战国策》14例，其余均在10例以下；"赞"见于9部文献中，其中《周礼》56例、《仪礼》22例，其余各书不明显（文献色彩较浓）；"补"见于8部文献中，均不超过10例；"佑"见于7部文献中，只有《周易》10例，其余均10例以下；"奉"见于6部文献中，《左传》24例、《战国策》14例，其余不超过10例；"佐佑"见于5部文献中；"弼"见于4部文献中；"昭、夹、翼、屏、侑"皆见于3部文献中；"将、奖、乂、比"皆见于2部文献中；"亮、保、依、会、襄"只见于1部文献中。综合出现频次和语料分布，可以看出：（1）此类词在文献分布和出现频次上表现出较为明显的一致性，如："助"的出现频次和文献分布均居第一；"相"均居第三；"佐"均居第四；"佑"均居第六；"奉"频次居第六，分布居第七。又如："辅"分布居第一，频次居第五；"补"频次居第八，分布居第六，则是因为各书出现频次相差不大。（2）出现频次低的各词，文献分布也同时有限。（3）特别的唯有"赞"一词，其出现频次居第二，文献分布居第五，集中见于《周礼》中。句法功能方面，各词皆以带宾语为主（占绝对多数），不带宾语的只占很小比例。带宾语的形式中，除"赞"外，其余各词皆以带指人名词宾语为主（包括连动式）；此外还有带指地名词宾语、抽象名词宾语、动词宾语等。就单个词而言，"助"的句法功能最丰富，有带指人名词宾语、抽象名词宾语、指地名词宾语、指物名词宾语、动词宾语、双宾语以及充当宾语、定语、主语等用法。词义方面，虽然各词均属于"佐助"义义场，核心义素都是"助"，但是词义侧重点还是有一定的差异，比如"佐"侧重下对上，故其后宾语多为天子、上帝、先君、三王、明君、君、王、卿、周公、禹、尧、舜等；"佑"则侧重自上而下，含有"佑护"义；"辅"的词义范围较广，既可以表示下对上（如带指人名词宾语先王、平王、成王、王、成景、其君、五君、主、孤主、齐侯、贤、桀等），也可以表示上对下（如带一般指人名词宾语弱者、孺子等），还可以带抽象名词宾语（如仁、志、行、道、赏、祸乱、曲、俗、公叔之议、天地之宜、令、王命等）；"相"的词义范围也较广，可以指下对上的佐助（如带名词宾语后稷、尧、舜、禹、鲁君、天子、武丁、君、楚君、二君、三君、晋侯等），也可以指上对下的佑助（如带名词宾语我后人、民、我受民等），还可以指一般的佐助（如宾语余、崔氏、人、一人、子、工、少师、上工、医）等，也可以带抽象名词宾语（如礼、小礼、尸礼、王之大礼、丧祭之礼、诸侯之礼、德、法、事、法事、出入之事等）；"助"可以指下对上的佐助（如带名词宾语天、上帝、王、成王、公、寡人等），也可以指上对下的佑助（如带名词宾语凶人、哀者、不给、不给者、所不给等），还可以指一般的佐助（如带名词宾语予、女、余、我、吾、人、子、祝史、竖牛、陈鲍等），此外佐助的对象还可以是国家（如之［指国］、人［指魏］、魏、赵、燕、秦等），这后一点与前面各词不同，故"助"的词义范围是最广的；"奉"可以表示下对上的佐助（如宾语为君、王、公、卫侯辄、太子、公子重耳、公子小白、公子纠、公子咎、予一人、我一人等），也可以表示一般的佐助（如宾语为汝众、雠、贼、仇雠，或人名等指人名词）；"补"主要表示上对下的佑助（如宾语为民、不足、贫穷、乏），但也表示下对上的佐助（如宾语为上、君、三君、所贤之主），此与后世用法有所不同。

比较两周金文和传世先秦文献，可以看出此类动词的下述特点。（1）词目方面：多数动词相同，不同的有"胥、述、匹、歷、御、迺"6词不见于传世文献，"助、赞、奉、补、襄、将、奖、亮"8词不见于两周金文。（2）出现频次：金文各词出现频次均不高，超过10次的仅有"胥、佑、召、左右"4词，超过5次的有"佐、保、辅、侑、夹、匹、述"7词；传世文献有出现频次较高的词，如超过100次的有"助、赞"2词，超过50次的有"相、佐、辅"3词，超过20次的有"奉、佑、补"3词。总体而言，除个别词外，该类的总体出现频次并不很高。比较金文和传世文献还可以发现，传世文献中出现频次最高的"助、赞"和较高的"奉、补"并不见于金文，而金文中出现频次最高的"胥"的同样用法也不见于传世先秦文献。（3）句法功能：因为特定的词义关系，金文中此类动词以带宾语为主（"佑"除外），且宾语高度集中于指人名词。不同的是金文各词句法功能相对固定，而传世先秦文献中各词的句法功能更丰富些，如除了带指人名词宾语，还可以带指地名词宾语、抽象名词宾语、动词性宾语以及充当定语等。（4）词义差别：金文因为特定内容的关系，此类动词多表示下对上的佐助，而传世先秦文献则表现出词义的多样性，既有表示下对上的佐助，也有表示上对下的佑助，更有表示一般意义的帮助（即没有明显的上下对象差异）。

附记：本文为国家社会科学基金重大项目"出土两汉器物铭文整理与研究"（16ZDA201）子课

题"出土两汉器物铭文语言研究"的阶段性成果。

（作者单位：吉林大学文学院）

注：

① 相关引例参见华东师范大学中国文字研究与应用中心编《金文引得》（殷商西周卷，广西教育出版社2001年；春秋战国卷，广西教育出版社2002年）；刘雨、卢岩编著《近出殷周金文集录》（中华书局2002年）；刘雨、严志斌编著《近出殷周金文集录二编》（中华书局2010年）。例句后依次为中国社会科学院考古研究所编《殷周金文集成》（中华书局1984—1994年）编号、器名、分期（"西晚"指西周晚期，其他同此）。"□"表示残渺不清或难以隶定的字。

② 另《尹光鼎》（5·2709殷）有"王卿（飨）酉（酒），尹光逦，隹各，商（赏）贝"句。于省吾《双剑誃吉金文选》（第288页，中华书局1998年）解释《尹光鼎》"王飨酒，尹光逦"，谓"佐匹侑酒者也"。张光裕《新见保员殷铭试释》（《考古》1991年第7期第651页）谓："逦字曾见乙亥父丁鼎，铭云：王乡酉，尹光逦。……按逦实有并行、襄助之意。"谢明文《〈大雅〉〈颂〉之毛传郑笺与金文》（第49页，首都师范大学2008年硕士学位论文）谓："释此铭之逦与尹光鼎之逦为佐匹侑酒者，可从。"

③ 杨树达《积微居金文说（增订本）》第104页，中华书局1997年。

④ 分别见杨树达《积微居金文说（增订本）》（第16页）、于省吾《双剑誃吉金文选》（第125页）、高亨《毛公鼎铭笺注》（《高亨著作集林第九卷·文史述林》第467页，清华大学出版社2004年）、陈梦家《西周铜器断代》（第293页，中华书局2004年）。

⑤ 于省吾《双剑誃吉金文选》第182页。

⑥ 郭沫若《两周金文辞大系图录考释（二）》（《郭沫若全集·考古编》第8卷第260页，科学出版社2002年）、杨树达《积微居金文说（增订本）》（第16页）。

⑦ 陈剑《据郭店简释读西周金文一例》（《甲骨金文考释论集》第28页，线装书局2007年）、王辉《商周金文》（第107—108页，文物出版社2006年）、袁俊杰《两周射礼研究》（第149、219页，科学出版社2013年）。

⑧ 分别见董珊《略论西周单氏家族窖藏青铜器铭文》（《中国历史文物》2003年第4期第42页注3）、王伟《眉县新出青铜器铭文综合研究》（第5页，陕西师范大学2005年硕士学位论文）。

⑨ 郭沫若《两周金文辞大系图录考释（二）》（第434页）、杨树达《积微居金文说（增订本）》（第33页）。

⑩ 传世先秦文献的调查范围为：《尚书》《诗经》《论语》《老子》《孟子》《墨子》《庄子》《荀子》《韩非子》《左传》《国语》《战国策》《周易》《仪礼》《周礼》《晏子春秋》《吕氏春秋》。

⑪ 马瑞辰《毛诗传笺通释》（第737页，中华书局1989年）："《尔雅·释诂》：'艾，相也。相，辅也。'艾之，谓辅助之。"《汉语大词典》（第9卷第270页，汉语大词典出版社1992年）亦释为"辅佐"义。

⑫ 向熹《诗经词典（修订本）》（第291页，四川人民出版社1997年）释为"扶助"，蒋书红《西周汉语动词研究》（第157页，暨南大学出版社2013年）释为"辅佐、扶持"。

⑬ 陈克炯《左传详解词典》（第527页，中州古籍出版社2004年）释为"赞助、助成"，《汉语大词典》（第2卷第1561页，汉语大词典出版社1988年）释为"辅助"。

⑭ 《汉语大词典》（第2卷第367页）释为"辅助"，引《书·舜典》"惟时亮天功"孙星衍疏："亮为相者，《释诂》云：'亮，相道也。'"周民编写《尚书词典》（第131页，四川人民出版社1993年）释为"辅助"。

⑮《尚书》2 例、《诗经》4 例、《论语》1 例、《孟子》13 例、《墨子》19 例、《庄子》7 例、《荀子》2 例、《韩非子》11 例、《左传》43 例、《国语》12 例、《战国策》21 例、《周易》3 例、《周礼》2 例、《晏子春秋》8 例、《吕氏春秋》14 例。

⑯《尚书》1 例、《左传》8 例、《国语》14 例、《战国策》2 例、《仪礼》22 例、《周易》1 例、《周礼》56 例、《晏子春秋》2 例、《吕氏春秋》1 例。

⑰《尚书》6 例、《诗经》2 例、《论语》1 例、《孟子》9 例、《墨子》2 例、《庄子》1 例、《荀子》1 例、《左传》9 例、《国语》15 例、《仪礼》19 例、《周易》2 例、《周礼》28 例。

⑱《诗经》4 例、《墨子》9 例、《庄子》1 例、《荀子》1 例、《韩非子》4 例、《左传》8 例、《国语》16 例、《战国策》14 例、《周礼》25 例、《晏子春秋》2 例、《吕氏春秋》8 例。

⑲《尚书》1 例、《论语》1 例、《孟子》6 例、《老子》1 例、《墨子》5 例、《庄子》1 例、《荀子》8 例、《韩非子》7 例、《左传》16 例、《国语》14 例、《战国策》17 例、《周易》3 例、《周礼》5 例、《晏子春秋》2 例、《吕氏春秋》3 例。

⑳《尚书》3 例、《荀子》1 例、《左传》24 例、《国语》3 例、《战国策》14 例、《吕氏春秋》1 例。

㉑《尚书》2 例、《诗经》5 例、《孟子》1 例、《墨子》1 例、《左传》3 例、《国语》2 例、《周易》10 例。

㉒《孟子》4 例、《荀子》1 例、《墨子》1 例、《韩非子》1 例、《国语》3 例、《晏子春秋》6 例、《战国策》4 例、《周礼》2 例。

㉓《尚书》5 例、《国语》1 例、《孟子》1 例、《荀子》2 例。

㉔《尚书》3 例、《国语》1 例、《周礼》3 例。

㉕《尚书》1 例、《周易》1 例、《周礼》1 例、《墨子》2 例、《晏子春秋》1 例。

㉖《尚书》1 例、《左传》3 例、《国语》2 例。

㉗《尚书》3 例、《孟子》1 例、《吕氏春秋》1 例。

㉘《尚书》2 例、《诗经》3 例。

㉙《左传》4 例、《国语》1 例。

㉚《墨子》1 例、《荀子》3 例、《左传》1 例。

㉛《尚书》2 例、《诗经》1 例。

㉜《诗经》《仪礼》《周礼》各 1 例。

㉝《周易》《国语》各 1 例。

古文字研究（34）：199—204，2022

金文丛考（五）

谢明文

一　十一年皋落戈"太"字补释

十一年皋落戈（《铭图》17303）"十一年，佫（皋）著（落）△命（令）少曲㚢（夜），工帀（师）舒憙，冶午"，其中△作如下之形：

△，蔡运章、杨海钦在发表十一年皋落戈铭文时释作"太"，认为其上部与鄂君启节、大賸簋"大"字构形相近，下部所从疑即太字下部所从之点的变体。战国陶文太下所从的一点作，与此构形相近，可以为证。太命，读如太令，是对县级政府最高长官的尊称。这在其他兵器铭刻中多作"令"，唯八年新城戈铭作"大命"（读如太令），与此戈铭的辞例相同。县令称为"太令"，犹如郡守称作"太守"一样，都是一种尊敬的称呼①。

关于△字的释读，后来又有"会、罙、守、大"等新释，周波赞成"大"的释法，认为："该字从字形笔划来看，应当就是作五笔书写的'大'字，这种写法三晋文字比较常见。'大'字由于刻写较为草率，中间竖笔及右部捺笔皆出头，遂不易辨识。"②《新金文编》置于附录二0664号作为不识字处理③。

我们认为蔡运章、杨海钦释作"太"是正确的，但其字形分析有误。十一年皋落戈，《洛阳出土青铜器》《河洛文明展》皆公布了其铭文的清晰彩照④，其中△作，可摹作。

战国楚简文字中，习见类字形，其异体或作形，后者即是把前者手臂上的那一小笔写到腋下并添加一饰笔变作类似"卜"形而来。十一年皋落戈（㚢）所从"夜"形的腋下小笔添加一饰笔变作类似"卜"形可资参考。形，李零曾释作"太"⑤。我们认为此说可从。以此形作为声旁的字，或有从"大"的异体⑥，这说明"、大"音近。《清华大学藏战国竹简（柒）·越公其事》简61"此乃誣（属）邦政于夫＝（大夫）住（种），乃命軓（范）罗（蠡）、太甬大扃（历）雩（越）民"，整理者注："太甬，清华简《良臣》作'大同'。"⑦太甬、大同，传世文献又作"舌庸、曳庸、洩庸、泄庸"等⑧。"太甬"之"太"原作，它与楚简文字中习见的类形无疑是一字。从《良臣》作"大同"来看，亦可知"、大"音近。《越公其事》简61、（大）同见，且同篇中"大"字亦多见，两者用法不同。《清华大学藏战国竹简（陆）·郑文公问太伯》、（大）亦同见一篇，且用法亦不同，整理者把前者释作"太"⑨。以上所论说明"、大"应该是形音皆有密切联系但又是不同的两个字。一般认为"太"是由"大"分化而来，因此我们认为把 ⚡ 类形释作与"大"音义关系非常密切的"太"应该是最为合理的。

⚡ 是 ⚡ 的异体（参看前文），而十一年皋落戈之 ⚡ 与 ⚡ 无疑是一字异体，两者只是类似"卜"形的部分一个在左腋下，一个在右腋下而已，因此 ⚡ 亦当释作"太"。八年新城戈铭"大命"应读如"太令"[⑩]，它们当如蔡运章、杨海钦所言，县令称为"太令"，犹如郡守称作"太守"。

二　宁女鼎铭文补释

西周早期的宁母鼎（《集成》2107，《铭图》1391）铭文，《引得》《集成（修订增补本）》释作"宁母又母剌"[⑪]，《集成释文》释作"宁母□又母剌"[⑫]，《铭图》释作"寍（宁）母又母剌"[⑬]，"殷周金文暨青铜器资料库"释作"宁女又母刵"[⑭]，华东师范大学"金文数据库"释作"寍（宁）女又母刵"[⑮]。

据目前诸家释文，所谓宁母鼎的铭文大意并不清楚。"寍（宁）"下一字原作 ，此乃"女"形，虽然商周时期"女"形既可用作"女"，亦可用作"母"，但据同铭"又母"之"母"作 来看，"寍（宁）"下一字宜释作"女"。"寍（宁）女"是女子之名，此鼎应改称"宁女鼎"。

从《集成》《铭图》所录宁女鼎拓本来看，铭末有一残字作 ，应是"彝"字，旧多漏释。"女"下应有一字，作 形，虽不是特别清楚，但据轮廓犹可辨识，此应即金文中习见的"宔"字。"宔"在金文中主要有两类用法，一是与"休、易（锡、赐）"等字相类；二是用为作器动词，与"作、铸"等字相类，这些已经为研究者熟知[⑯]。宁女鼎"宔"字属于第二类用法。

"又母"后一字原作 形，可隶作"刵"，此字多见于殷墟甲骨文，象以刀刑鼻形，研究者多已指出此即"劓"字象形初文。《说文》："劓，刑鼻也。从刀、臬声。《易》曰：'天且劓。'劓，劓或从鼻。"金文中"劓"字见于西周中期的辛鼎（《集成》2660，《铭图》2271）"用㛮（榖）厥劓多友"与春秋晚期的叔弓钟、镈（《铭图》15557、15829）"达而俙劓"，研究者一般认为这三处"劓"是"友僚"之义。殷墟甲骨文未见"劓"字，但有 与 类形[⑰]，研究者一般将前者释作《说文》训作"射准的也"的"臬"字，将后者释作从"水""臬"声的"渜"。根据此说以及"臬、刵（劓）"两字出现的时代较"劓"字早得多来看，"劓"最初可看作系"刵（劓）、臬"两字因音近而产生的糅合之形，后来专用作"刵（劓）"的形声异体[⑱]。

鼎铭"刵（劓）"当是"母"之私名，亲属称谓后加私名，商周文字中不乏其例。殷墟甲骨文中如"姒戊妌"（《屯南》[⑲]4023）、"姒甲嬹、姒癸娱"（《英藏》[⑳]2271）、"姒戊妭、姒戊娅、姒癸娴"（《合》[㉑]22301）等。金文中如西周早期的女姬矗（《总集》5574）"女姬作厥姑妙（妙？）宝尊彝"之"姑妙"亦是亲属称谓＋私名之例[㉒]。御正良爵（《集成》9103，《铭图》8584）"用作父辛鑫尊彝"之"鑫"似是私名。商牺尊盖（《集成》5828）"商作父丁 尊"之 ，研究者认为是父丁的私名㉓，这亦是类似的例子。

鼎铭"又母"之"又"与西周早期的舝鬲（《集成》688，《铭图》2907）"用作又母辛尊彝"之"又"用法完全相同，当读为"有"，其义与厥相当㉔。奰方鼎（《集成》2702，《铭图》2257）"扭商（赏）又正奰婴贝，在穆，朋二百"之"又"，我们曾认为亦当读作"有"，其义与厥相当㉕。按照我们的意见，宁女鼎铭文释文应作"宁（宁）女宝又母剐彝"。铭文大意是讲"名叫宁女的女子为她私名叫剐（剐）的母亲作了一件彝（即该鼎）"。

三　释义子曰鼎"义"

河南南阳市出土的所谓郑子曰鼎（《中原文物》2006年第5期第8页图1，《铭图》2310）盖、器同铭，《中原文物》《铭图》仅仅著录了器铭，"子曰"前一字，它们所录器铭拓本作〔图〕，《中原文物》径释作"养"㉖，《铭图》释作"郑（养）"㉗。《吉金墨影》40号同时著录了盖铭、器铭，该字分别作〔图〕、〔图〕，《吉金墨影》释文径作"养"㉘。从字形看，此字下部与"永"有别而与"我"接近，它应是"义"字，鼎名应改称为义子曰鼎。义伯簋（《集成》3619，《铭图》4456）有人名"义伯"，义仲鼎（《集成》2338，《铭图》1785）有人名"义仲"，义叔闻簋（《集成》3695，《铭图》4567）有人名"义叔闻"，"义"皆是国族名，鼎铭"义子曰"之"义"用法与之相同。

四　说叔易父盘"蓥"

《山西珍贵文物档案（8）》一书首次公布了一件山西曲沃北赵晋侯墓地出土的叔易父盘㉙，其铭作：

弔（叔）易父乍（作）宝般（盘）△，其万年宝用。

其中用△表示之字，原作〔图〕，下部从两"糸"之形，上部从"荧"之初文"焚"。金文中"縈（萦）"字，萦叔卣（《集成》5382，《铭图》13290）作〔图〕，萦叔尊（《铭图》11768）作〔图〕，申簋盖（《集成》4267，《铭图》5312）作〔图〕，壬卯簋（《铭图续》433）作〔图〕㉚，又古文字中偏旁常单复无别，因此叔易父盘△似可径看作"萦"字异体。但由于此字形下部从类似两"糸"之形，且两"糸"形与"焚"的下部两端相连，与一般的"縈（萦）"字明显不同，恐怕其下部不能简单地看作是"糸"形的重复书写。从两"糸"形与"焚"的下部两端相连来看，△宜分析为"焚、絲"两部分（它们共用部分笔画）。"絲"即"戀"所从声符，"絲"是元部字，"焚"是耕部字，上古汉语中，元、耕两部有的字关系比较密切㉛。如"瞏"字，上古音一般归耕部，但金文中"瞏"所从之"目"或可变形声化作元部的"萈"㉜，从"瞏"声的"還、擐、環"等字，研究者一般归入元部。因此，我们认为△似可看作是将"縈（萦）"字下部的"糸"变形声化作"絲"而来。

出土文献中虽然没有发现"絲、焚"直接通假的例子，但可以找到一些它们间接相通的例子。前些年面世的一枚环钱铸有"環鼻"二字，黄锡全认为即《左传》所载的"荧泽"㉝。出土简帛文字中,罢与焚、還与榮、還与禁、環与榮皆有相通之例[34]。焚、榮、禁皆从"焱"声。而"關"与"攌"可通[35],安大简《诗经》中"關"写作从以"兹"为基本声符的"纞"得声[36]。这是"焱、兹"辗转相通之例。虽不是直接证据,但可资旁证。更何况,变形声化由于要将就已有字形,它在语音方面的要求应远不如通假严格。

　　△在铭文中应读作"盨"。"盨"是一种水器,功用与"盂"相当。师轉盨(《集成》9401,《铭图》14712)、作公盨(《集成》9393,《铭图》14713)、弭伯盨(《集成》9409,《铭图》14726)等铭文以"焱"为"盨",△从"焱"声,自然可读作"盨"。叔易父盘器形为盘,而自名为"盘盨",同样的情形见于弭伯盘(《集成》10064,《铭图》14367)、旅盘盨(《铭图续》917)等,这是因为"盘、盨"常搭配使用,因此自名时连类而及出现了器名连称[37]。可见,结合字形与辞例,△读作"盨"是可以肯定的。

　　综上所述,叔易父盘△将"縈(縈)"下部所从的"糸"写作"兹",可能含有变形声化的因素,它在铭文中读作"盨"。

　　附记:本文前三则写于2017年,最后一则写于2019年。后翻检得知《奈良国立博物馆藏品图版目录——中国古代青铜器篇》(奈良国立博物馆2005年,第53页)已释出了第二则宁女鼎铭文中的"彝"字,并将"宁女"后面旧一般漏释的字隶作"宝"。本文为国家社科基金冷门绝学研究专项学术团队项目"中国出土典籍的分类整理与综合研究"(20VJXT018)、国家社科基金一般项目"商周甲骨文、金文字词关系研究"(21BYY133)的阶段性研究成果。

　　看校补记:第一则观点曾见于《出土文献与古文字研究青年学者访谈020:谢明文》("古文字微刊"公众号2020年8月29日;复旦大学出土文献与古文字研究中心网2020年8月29日)。第二则内容曾于2021年在研究生课程《殷周金文选读》上讲授。第四则观点曾见于何满福《山西出土商周有铭铜器汇编》(第486页,复旦大学2020年硕士学位论文)。近来管文韬著文《试说商周文献中读为"肆"的"卣(鹵)"字》(《出土文献综合研究集刊》第14辑第61—67页,巴蜀书社2021年)亦释出了第二则宁女鼎铭文中的"宣""彝",与本文观点相同,但将一般看作是表意字的疑母字"卣(鹵)"分析为从"自"声而读作"肆",则与本文有别,读者可以参看。

(作者单位:复旦大学出土文献与古文字研究中心、
"古文字与中华文明传承发展工程"协同攻关创新平台)

注:

① 蔡运章、杨海钦《十一年皋落戈及其相关问题》,《考古》1991年第5期第414页。后改题为《十一年皋落戈与伊阙之役》,收入蔡运章《甲骨金文与古史研究》第195页,中州古籍出版社1993年。

② 上引诸说参看周波《战国韩地名"皋落、上皋落"考证》,《古文字研究》第31辑第212—213页,中华书局2016年。

③ 董莲池编著《新金文编》下册《附录二》第117页,作家出版社2011年。

④ 洛阳师范学院、洛阳文物局编《洛阳出土青铜器》第254页,紫禁城出版社2006年;洛阳博物馆编《河洛文明展》第141页,中州古籍出版社2012年。

⑤ 李零《包山楚简研究(占卜类)》,《中国典籍与文化论丛》第1辑第425—448页,中华书局1993年。李零指出,在尚未发表的资料中,此字或用为骄泰的泰(李零《待兔轩读书记(二则)》,《文史》2017年第1辑第274页)。

⑥ 董珊《楚简中从"大"声之字的读法》,《古代文明》第8卷第285—312页,文物出版社2010年。

⑦ 清华大学出土文献研究与保护中心编,李学勤主编《清华大学藏战国竹简(柒)》下册第146页,中西书局2017年。

⑧ 参看广濑薰雄《释清华大学藏楚简(叁)〈良臣〉的"大同"——兼论姑冯句鑃所见的"昏同"》,复旦大学出土文献与古文字研究中心网2013年4月24日,又载《古文字研究》第30辑第415—416页,中华书局2014年;石小力《据清华简(柒)补证旧说四则》,清华大学出土文献研究与保护中心网2017年4月23日;胡敕瑞《"太甫""大同"究竟是谁?》,复旦大学出土文献与古文字研究中心网2017年4月26日。

⑨ 参看清华大学出土文献研究与保护中心编,李学勤主编《清华大学藏战国竹简(陆)》下册第199—200页,中西书局2016年。

⑩ 上皋落戈(《铭图》17304)"命"上之字残损,只剩下部笔画,很可能也是"太",但也不排除是"大"的可能。

⑪ 张亚初编著《殷周金文集成引得》第34页,中华书局2001年;中国社会科学院考古研究所编《殷周金文集成(修订增补本)》第2册第1115页,中华书局2007年。

⑫ 中国社会科学院考古研究所编《殷周金文集成释文》第2卷第160页,香港中文大学中国文化研究所2001年。

⑬ 吴镇烽编著《商周青铜器铭文暨图像集成》第3卷第87页,上海古籍出版社2012年。

⑭ http://bronze.asdc.sinica.edu.tw/rubbing.php?02107

⑮ 刘志基等"金文数据库",2019年版。

⑯ 陈剑《释"琮"及相关诸字》(《甲骨金文考释论集》第273—316页,线装书局2007年)一文曾对"宣"与相关诸字有详细讨论,并对诸家说法有介绍,读者可参看。

⑰ 李宗焜编著《甲骨文字编》第229页,中华书局2012年;刘钊等编纂《新甲骨文编(增订本)》第363、643页,福建人民出版社2014年。

⑱ 字形糅合有时与变形音化并不能截然区分,"剚"也可看作是把"削(劓)"左边变形音化作形近的"桌"而来。

⑲ 中国社会科学院考古研究所编《小屯南地甲骨》,中华书局1980年。

⑳ 李学勤、齐文心、艾兰《英国所藏甲骨集》,中华书局1985年。

㉑ 郭沫若主编《甲骨文合集》,中华书局1978—1982年。《合》22301另有多例"妣某"后加私名之例。

㉒ 王出女叔方彝(《铭图》13518)"王出(侑?)女(母)叔(肆)"之"叔",我们认为是"母"之私名,亦属于亲属称谓后加私名之例(参看谢明文《商代金文的整理与研究》上编第528页第468号,复旦大学2012年博士学位论文)。

㉓ 黄铭崇《论殷周金文中以"辟"为丈夫殁称的用法》注53,《史语所集刊》第72本第2分第413页,2001年;陈英杰《西周金文作器用途铭辞研究》第219页,线装书局2008年。

㉔ "有"有代词用法,中外有不少学者讨论到。比较近的讨论可参看袁金平《新蔡葛陵楚简"大川有汜"一语试

解——兼论上古汉语中"有"的特殊用法》,《语言学论丛》第42辑第367—378页,商务印书馆2010年;蒋玉斌《从卜辞"有某"诸称看"子某"与商王的关系》,第二届古文字学青年论坛论文,台北,2016年1月28—29日。

㉕ 谢明文《商代金文的整理与研究》上编第175页第132号。

㉖ 林丽霞、王凤剑《南阳市近年出土的四件春秋有铭铜器》,《中原文物》2006年第5期第8—9页。

㉗ 吴镇烽编著《商周青铜器铭文暨图像集成》第5卷第61页,上海古籍出版社2012年。

㉘ 刘新、刘小磊《吉金墨影——南阳出土青铜器全形拓》第80—81页,河南美术出版社2016年。

㉙ 山西省文物局编《山西珍贵文物档案(8)》第134页,科学出版社2019年。

㉚ 此铭文疑伪。

㉛ 参看裘锡圭、李家浩《曾侯乙墓竹简释文与考释》,湖北省博物馆编《曾侯乙墓》上册第517—518页,文物出版社1989年;汪启明《先秦两汉齐语研究》第135页,巴蜀书社1998年;黄树先《汉语耕元部语音关系初探》,《民族语文》2006年第5期第4—11页;冯胜君《试说东周文字中部分"婴"及从"婴"之字的声符——兼释甲骨文中的"瘿"和"颈"》,《出土文献与传世典籍的诠释——纪念谭朴森先生逝世两周年国际学术研讨会论文集》第67—80页,上海古籍出版社2010年。

㉜ 陈剑说,参看谢明文《试说商周族名金文中"𢀖"的简省及相关问题》,《商代金文的整理与研究》下编之十六第683—695页。

㉝ 黄锡全《解析一枚珍稀环钱——出土文献、传世文献、古币文字互证之一例》,《出土文献》第4辑第149—155页,中西书局2013年。

㉞ 白于蓝编著《简帛古书通假字大系》第1244—1246页,福建人民出版社2017年。

㉟ 同上注第1194页。

㊱ 安徽大学汉字发展与应用研究中心,黄德宽、徐在国主编《安徽大学藏战国竹简(一)》第69页,中西书局2019年。

㊲ 金文中相关现象可参看陈剑《青铜器自名代称、连称研究》,《中国文字研究》第1辑第335—370页,广西教育出版社1999年。

古文字研究(34):205—215,2022

西周金文考释五则

周宝宏

一 释具鼎"鞂(蒸)"字

吴镇烽编著《商周青铜器铭文暨图像集成续编》第1卷具鼎铭文拓片如下(见图1)[①]:

图1

第2行有一个字作：图，吴镇烽"铭文释文"释为"尚異(登)"二字。前一字"尚"属于隶定字形，实为不识字。铭文的图与西周金文"尚"字形体相近，但实际有区别。具鼎的时代，吴镇烽定为西周中期前段，这个断代从器形、特别是从铭文形体看是可信的。但是，西周时代"尚"字形体上部写法与此有别[②]，如

西周早期：图(尚方鼎)图(弔趨父卣)

西周中期：图(瘨方鼎)图(仲伐父甗)

西周晚期：图图(丰伯车父簋)

春　　秋：图(者减钟)图(者尚余卑盘)

战　　国：图(中山王壶)图(廿年距末)

　　▨形上部与金文"尚"字上部之作－－（西周早期），作－－、✓丶（西周中期），作✓丶（西周晚期），形体区别明显。春秋战国作▨形，也不作▨形。由此可见，此形▨不是"尚"字。如果将▨形与铭文异形联系在一起考虑，作▨形，作为一字看，那么它应该是习见西周金文的羹字，典籍作烝或蒸。羹的西周金文字形如下③：

　　西周早期：▨ ▨（大盂鼎）

　　西周中期：▨（段簋）

　　西周晚期：▨（大师虘豆）

　　具鼎铭文之▨形，实为金文"米"字，金文"米"字旁见于下列诸字：

　　粱：▨（伯公父匜，西周晚期）

　　　　▨（曾弔尃父匜，西周晚期）④

　　糧：▨（胡簋，西周晚期）⑤

上引"米"字旁与具鼎▨形是接近的，▨只是将"米"字中间的"一"与下边的▨形两边的两笔连写在一起了，因此与"米"字的正常形体有了差别。但是将▨形与▨形放在一起考虑，而释为"羹（烝、蒸）"是可信的。具鼎铭文"霸、敢"等字形都写得很长，那么将▨视为一个字也就很容易理解了。

　　　　具鼎："唯九月既生霸甲申，具尊厥京羹（烝），敢即䙗于公，公……"

　　"尊"为动词进献之义，西周昭王时代的作册夨令簋铭文："唯王于伐楚伯，在炎，唯九月既死霸丁丑，作册夨令尊宜于王姜，姜赏令贝十朋，臣十家，鬲百人。"其"尊"字正用为"进献"之义。而殷末四祀邲其卣铭文"尊文武帝乙宜"之"尊"也用为"进献"之义，只不过用在对已死祖先的进献，因此多训为祭名，是不准确的。尊字在甲骨文中用为进献、奉承之义⑥。

　　"羹（烝）"也不是常见的祭名之义。大盂鼎"有柴烝祀"、段簋"唯王十又四祀十又一月丁卯，王鼎（在）毕烝"、《诗经·小雅·天保》"禴祠烝尝，于先公先王"、《楚茨》"絜尔牛羊，以往烝尝"等之"烝"当训为举行烝祭（即冬祭）之义。

　　姚孝遂在《甲骨文字诂林》"聂（蒸）"字条后"按语"说⑦：

　　　　其基本形体为从収从豆会意，象持豆以祭之形。……

　　　　聂字形体之进一步演化，则增米作▨，象盛米粱于豆进祭之形。……

　　　　其一种涵义为祭名，相当于典籍中之"冬祭曰烝"之烝。《春秋繁露》："蒸者以十月进初稻也。"甲骨文作▨，象双手捧豆进祭之形。其所进者为"米"、为"穧"、为"秚"、为"黍"、为"邑"，不限于稻。

　　由上引姚孝遂"按语"及甲骨文"异南囷米、异秚、异穧、羹"等辞例看，具鼎之"羹"，当为用于烝祭的某种谷物，但为名词，不是动词，词义非常具体，与甲骨文"羹"和"异南囷米、异穧"等用法相同。因此具鼎之"具尊厥京羹"即具进献他的京地所产生的谷物（用于烝祭）。

二　汸卣"其"字形体献疑

中国国家博物馆编《中国国家博物馆馆藏文物研究丛书·青铜器卷(西周)》[⑧]下册有汸卣,盖、器皆有铭文,有盖、器铭文的照片和拓片,并有X光透视两幅,见图2—4:

图2　汸卣盖铭照片及拓本

图3　汸卣器铭照片及拓本

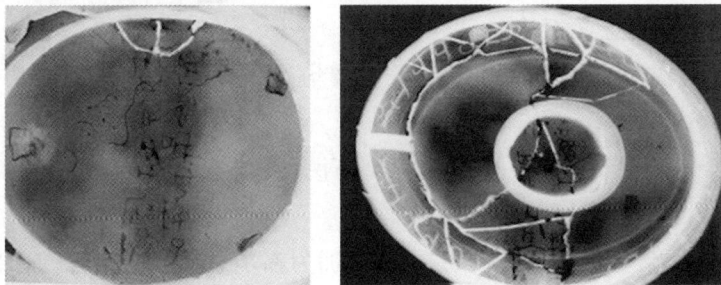

图4　汸卣X光透视图

汸卣,2015年征集,被定为西周早期器。编撰者对汸卣铭文有详细的考释。

汸卣铭文字体与西周早期铭文的字体非常相似,与西周早期器形、纹饰的年代也似吻合。但是,汸卣盖、器铭文中的"其"字作,下部作冂形,却与西周早期"其"字的形体截然不符。请看下列西周金文"其"字形体的演变[⑨]:

商　　代:(讵其卣)(四祀邲其卣)

西周早期:(比甗)(叔夨方鼎,《文物》2001.8)

西周中期:(夨王簋盖)(郱其簋)

　　　　　　　　■（獄鼎，《考古与文物》2006.6）
　　　　　　　　■（五年琱生尊乙）■（五年琱生尊甲）
　　　西周晚期：■■（弭向父簋）■（元年师旋簋）
　　　　　　　　■（鄂侯簋）■（兮甲盘）

下部与其字字形相同的还有"奠"⑩：
　　　西周中期：■（免卣）■（免尊）
　　　西周晚期：■（克钟）■（弭向父禹簋）
　　　　　　　　■ ■（寰盘）■（郑伯筍父甗）

此外还有"典"⑪：
　　　西周早期：■（燹劳作周公簋）
　　　西周中期：■（六年琱生簋）

"其"与"奠"二字下边的变化在时代上是一致的，即西周早期作"一"，中期作▬▬，西周中期偏晚作■，西周晚期作■。

汜卣铭文"其"字作■，上部与殷末"其"字形体相同，而下部作■，最早见于西周中期偏晚而习见于西周晚期，这就与汜卣的时代属于西周早期根本不符，因此汜卣其字作■十分可疑。从盖、器铭文的照片、拓片、X光透视片看，"其"字也绝不是后补。

其次，汜卣铭文字形可疑的还有"妹"字的"女"旁，作■，也就是"女"字的身体形作很直的一竖笔，也与西周早期金文不符。

汜卣铭文"者鲁戊公"，考释者将"者鲁"与清华简《厚父》篇"者鲁"联系在一起。《厚父》篇说：

　　　厚父拜于天子稽首曰："者鲁天子，古天降下民，设万邦，作之君，作之师，惟曰其助上帝乱下民。"

汜卣铭文考释者说：者，读为都，用为大之义；鲁训为嘉美之义。卣铭与《厚父》篇中的都鲁作为形容词，取至善至美之义，分别修饰戊公和天子，组成偏正短语，和墙盘中"宪圣先王、渊哲康王、宏鲁昭王"等结构相同。

史墙盘铭文为西周中期恭王时器，铭文为史官所作，文词典雅，但汜卣为西周早期，铭文简短，此时不见墙盘铭文那样典雅词语，二者实不相符。

关于清华简《厚父》篇的时代，本人有《从语言角度看清华简〈厚父〉和〈封许之命〉的写成时代》⑫一文，但仍未公开发表，因此引用其部分如下：

　　　在《厚父》篇中还有些词语只见于春秋战国金文和传世春秋战国文献，比如：
　　　在夏之哲王，廼严寅畏皇天上帝之命
　　　周按："严寅畏皇天上帝之命"类似的词语见于春秋战国秦公簋："秦公曰：十又二公不

坠在下,严恭寅天命。"又见于《尚书·无逸》篇:"周公曰:呜呼,我闻曰:昔在殷王中宗,严恭寅畏天命……"《无逸》篇现在学术界一般也认为写成于春秋时代,但可以肯定地说,它绝对不可能写成于西周早期。"严寅畏"这三个同义词叠加在一起表示恭敬之意绝不见于西周金文和西周文献,这说明这种用法不是西周时代的用法,而是春秋时代的用法。

《厚父》篇中又有下面的词语:

其在时后王之卿,或肆祀三后,永叙在服,惟如台?

兹小人之德,惟如台?

周按:上引"如台"一词,意同"如何",未见于西周金文和西周文献。但见于《尚书·商书》:

予惟闻汝众言,夏氏有罪。予畏上帝,不敢不正。今汝其曰:"夏罪其如台?"(《汤誓》)

不能胥匡以生,卜稽曰:其如台?(《盘庚》上)

天既孚命正厥德,乃曰:其如台?(《高宗肜日》)

大命不挚,今王其如台?(《西伯戡黎》)

《汤誓》《盘庚》《高宗肜日》《西伯戡黎》的写成时代绝不可能在商代,其历史内容有可能来源于商代,但应该是春秋时代的人根据当时的传说撰写而成,其写成时代应该在春秋时代。有人据上引四篇文献中的"其如台"证明《厚父》篇也为商代文献,是不可信的。西周春秋文献如《诗经》不见"如台",但习见"如何"一词,但基本见于《国风》和《小雅》。总之"如台"一词应该是春秋时代的用语。

《厚父》篇又有下面的词语:

王曰:钦之哉,厚父!

周按:"钦哉"一词习见于《尚书·尧典》(凡6见)、《皋陶谟》(凡3见)。《尧典》虽然保存了见于商代甲骨文的"四方风"方面的资料,但其写成时代目前学术界公认在春秋时代,《皋陶谟》也应该是春秋战国时代撰写而成,目前还没有人认为《尧典》《皋陶谟》是夏代时写成。"钦哉"和上文"如台"一样,都不见于西周金文和可靠的西周文献,甚至不见于《诗经》的《国风》和《小雅》,只能说明它产生的时代在春秋战国。

清华简《厚父》篇撰写时代应在春秋时代或西周晚期,所用词语"都鲁"又与沃卣铭文"都鲁"相同,作为西周早期器的沃卣铭文是十分令人生疑的。

三　师大簋"般"字考[13]

《中国国家博物馆馆藏文物研究丛书·青铜器卷(西周)》上册53号师大簋共两件,分簋甲、簋乙,皆有铭文照片及拓片,见图5—6:

图5　师大簋甲铭文照片及拓片

图6　师大簋乙铭文照片及拓片

据释文有"敂(勾)宫"一名称,簋甲只有"宫"字,残去"敂"字,簋乙只有"敂"字,残去"宫"字。考释者对"敂宫"作了考释,读"敂"为"勾","勾宫"可能是天子祈福之宫。

师大簋"敂"字左旁"勾"作[图],与西周金文中所有的"勾"字形体区别明显[14]:

西周早期:[图](启卣)

西周中期:[图](伯陶鼎)[图](师大奎鼎)

　　　　　[图](臣谏簋)[图](紫弔卣)

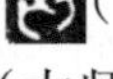

西周晚期:[图](克钟)[图](大师虘豆)

以上所选"勾"字形体多为略有讹变、且接近师大簋所谓"勾"字旁,其实西周金文"勾"字形体非常多,大多形体非常规范,所从"亡"字旁作[图]形。师大簋[图]左边所从之[图],不但与西周金文习见"勾"字所从之亡([图])形体区别明显,而且与上引已略有讹变的字形区别也十分明显,因此很难将[图]与西周金文"勾"字所从之"亡"形体挂勾。

　　吴镇烽编著《商周青铜器铭文暨图像集成续编》第 2 卷 447 号师大簋只有铭文照片（见图 7），与《中国国家博物馆馆藏文物研究丛书·青铜器卷（西周）》上册师大簋乙铭文照片和拓片比较，二者大多铭文字体基本相同，甚至锈蚀之处也相近。但也有不同。如《商周青铜器铭文暨图像集成续编》师大簋铭文之"井"字锈蚀掉了，而国家博物馆师大簋乙的"井"字还清晰可见。二者的"事"字、"令"字等在某个笔画上也有区别。因此，可知吴书之师大簋与国家博物馆师大簋乙似不应为同一器。即使二者为同一器，也不影响吴书的师大簋铭文作为证据，因为最关键的证据是吴书师大簋铭文"般"字与上引图 6 师大簋乙铭文所谓"敓"字也略有不同，很能说明问题，详下文。

图 7　《商周青铜器铭文暨图像集成续编》师大簋

　　《商周青铜器铭文暨图像集成续编》之师大簋般字（吴书释文释为"般"）左旁作 ▮ 形，与国家博物馆师大簋乙之所谓"敓"字的"勾"旁作 ▮ 基本相同，但也有一定区别，吴镇烽《商周青铜器铭文暨图像集成续编》之"般"字更接近西周金文的"般"字[15]。如：▮（弢伯盘）、▮（免盘）、▮（士山盘）。此外，俞之作 ▮（不其簋）[16]，朕之作 ▮（曶鼎）、▮（五祀卫鼎）、▮（追簋）、▮（师虘钟）、▮（无臭簋盖）[17]等，所从"舟"字旁基本相同。又盤之作 ▮（殷穀盘）[18]也相近。总之，从字形上看，《商周青铜器铭文暨图像集成续编》师大簋之般、国家博物馆师大簋乙之所谓"敓"释为般是可信的。国家博物馆师大簋乙之般所从之"舟"只是略有讹变而已。

　　般宫在西周金文已见于下列铭文[19]：

　　七年趞曹鼎：唯七年十月既生霸，王在周般宫，旦，王各大室，井入右趞曹立中廷北向。

　　利鼎：唯王九月丁亥，王客（各）于般宫，井伯内（入）右利立中廷，北向，王乎作命内史册命利。

邵簋：唯正月初吉甲寅，王客（各）于般宫，井伯内（入）右邵，王令邵……

七年趞曹鼎和利鼎，一般定为恭王时器，吴书三编之邵簋定为西周中后段，国家博物馆之师大簋定为西周中期，吴书二编之师大簋定为西周中期前段。总之，趞曹鼎、利鼎、师大簋、邵簋皆有般宫，皆有邢伯入右某入中廷，可见时代相同或相近，也证明国家博物馆师大簋之"般宫"确为般宫，不是"敂宫"。

四　说伯斿簋"斿于奠"

《中国国家博物馆馆藏文物研究丛书·青铜器卷（西周）》上册有伯斿簋，铭文照片和拓片见图8[20]：

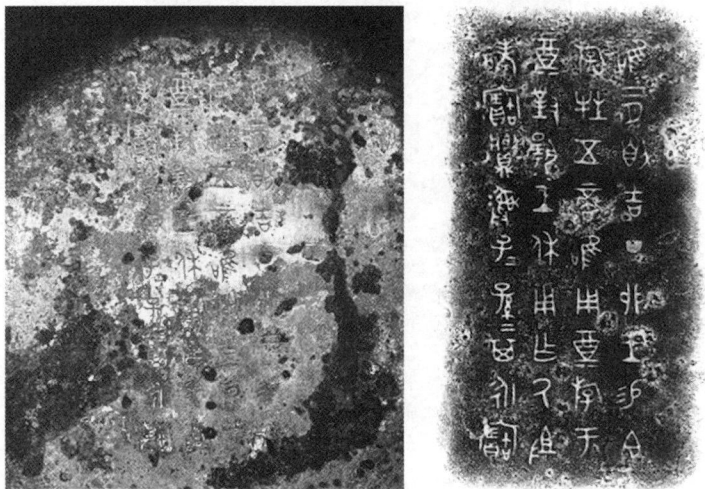

图8　伯斿簋铭文照片及拓片

考释者释文为："唯二月肵（初）吉丁卯，王易（锡）白（伯）斿牲五，帝（禘）唯用奠（奠），斿（游）于奠（奠），对龏（扬）王休……"考释者认为"啻（禘）唯用奠"之"奠"为《说文》"奠，置祭也"之义，而"斿于奠"之"奠"为地名西郑之郑，并且读"斿于奠"之斿为"游"。并解释上段铭文为："某年的二月初吉丁卯日，周王出游来到郑地，赏赐伯斿五只牲畜，作为祭祀的祭品……"

周按：考释者将同一篇铭文的两个"斿"和两个"奠"各解释为两种不同的用法，不可信。考释引用了康簋铭文作对读，康簋铭文见于《商周青铜器铭文暨图像集成三编》[21]第2卷504号，释文为：

唯三月初吉己亥，王在奠（郑），锡康牲七、龖牛，曰："用肇祀于奠（郑）。"康既龖事……

根据康簋铭文,伯舿簋铭文之"舿于奠"当为"伯舿用牲五禘祭于郑"之省,即"舿于奠"与"(康)用肇祀于奠(郑)"在用词用语上是相同的,只是铭文有省略而已。同理,伯舿簋之"啻(禘)唯用奠"也就是康簋"用肇祀奠(郑)"的意思。伯舿簋"啻(禘)唯用奠(郑)",即"禘祭用牲五于郑",原铭文"用"后省略了"于"字,而"舿于郑"之"于"字前省略了"用"字。"啻(禘)唯用奠(郑)"是用王赐伯舿牲五后所命令伯舿的话,而"舿于奠(郑)"主语是伯舿,叙述的是伯舿接受周王赐牲五和命令后遵照周王之命所做的事情。不存在什么用"奠"祭的事,也不存在游于郑的事情。

考释者说伯舿簋之"舿于郑"是周王游于郑,此句是作为地点状语后置。按此种说法,簋铭此处正常的语序是:"唯二月朏(初)吉丁卯,(王)舿于郑,王锡伯舿牲五,啻(禘)唯用奠,对扬王休……"如果按照考释者认定的语序,是后置,对于伯舿簋这么短的铭文又有几句常见的套语,恐怕是不符合事实的。

考释者对郑地作为"穆王以下都于西郑"所引证的西周金文资料甚详,说明周王本身就住在郑都的郑宫中,郑都(陪都)除了周王宫殿之外,可能其他地方不但小,更没有什么可游的,因为周王对此地太熟了。

五　毳尊卣铭文补释

《古文字研究》第33辑有曹锦炎《毳尊卣铭文考释》[22],释文为:

> 唯四月,王初征裸于成周。
>
> 丙戌,王各于京宗。王赐宗
>
> 小子贝,毳罘丽赐。毳对
>
> 王休,用作薛公
>
> 宝尊彝。唯王五祀。

曹锦炎认为"毳"与"丽"为两个宗"小子"的名,黄锦前《新见毛卣及其价值》[23]也是相同的看法。毳是该器的制作者,是因为作为宗小子一员被周王赏赐而作器,记录此事刻铭于器,为何强调毳与丽一起受赐,不符合西周金文的惯例。其实,"毳罘丽赐"之"罘"不必解释为连词,可以解释为动词参与之义,即毳参与了丽赐。"丽赐"当然指王赐,"丽"修饰"赐",其具体含义还不清楚。"罘"用为动词参与之义,见沫司徒疑簋铭文"沫司徒疑罘啚"之"罘",已为公认的看法。

黄锦前《新见毛卣及其价值》总结到:

> 综上所述,新出现的毛卣铭文所记时间、地点、人物及事件等与何尊及传世的"周甲戌方鼎"皆吻合无间,三者应系同时所作;卣铭虽较尊铭简单,但可印证和补充何尊的记载,有重要史料价值;何尊、毛卣、"周甲戌方鼎"及德方鼎铭文皆可互相印证和补充,构成一个完

整的史料链。据器形、纹饰、铭文及同时期的德方鼎与"周甲戌方鼎"等有关铜器,何尊为成
王时器,可为定谳;毛卣、"周甲戌方鼎"及德方鼎等,亦皆为成王五年所作。尊、卣及鼎铭
的"京室""京宗"应指一地,"京"系"都"义,指成周,"京室""京宗"指成周内的宗庙;"王"
指成王。

黄锦前认为毛卣与何尊为成王时器,确不可易。这里令人深思的是,毛卣"王初征裸于成周"、
何尊"唯王初迁宅于成周,复再武王裸自蒿"、甲戌方鼎"唯四月,在成周,丙戌王在京宗……",
都是周王在成周祭祀或赏赐,这个周"王",学界又都认为是成王,而"成周"一词又是由成王
而得名。但是,以上四篇却都只称"王"而不称"成王"。因此有人据周王称号为死谥,定何尊
铭文为康王时器,因为有"成周",而"王"只能是"今王"康王,如李学勤《何尊新释》[⑳],当然李
学勤后来又改变了以前的看法,认为何尊为成王时器。王恩田力主何尊为康王时器[㉕],此论
并未获得学术界认同。那么,毳尊卣、何尊、德方鼎、甲戌方鼎之王既然为成王,而又有"成
周"一词,我们可以悟出如下3个事实:1. 成王在世时已经有了"成王"之称,此四器只不过习
惯称"王";2. 称为"成王"的铜器不一定全是其死后所制作,因为"成王"活着的时候也可以
称"成王";3. 目前已见金文,称"成王、穆王"而又叙事当时之事者,可以肯定是活着时候的美
称,不是死谥,当然死后也称"成王、穆王"。

(作者单位:天津师范大学文学院)

注:

① 吴镇烽编著《商周青铜器铭文暨图像集成续编》第1卷第295—296页第229号,上海古籍出版社2016年。

② 董莲池编著《新金文编》第89页,作家出版社2011年。

③ 同注②第577页。

④ 同注②第975页。

⑤ 同注②第976页。

⑥ 详于省吾主编《甲骨文字诂林》第3册第2693页"尊"字条后姚孝遂"按语",中华书局1996年。

⑦ 于省吾主编《甲骨文字诂林》第2册第966—967页。

⑧ 中国国家博物馆编《中国国家博物馆馆藏文物研究丛书·青铜器卷(西周)》下册第374—379页,上海古籍出
版社2020年。

⑨ 同注②第518—523页。

⑩ 同注②第525—526页。

⑪ 同注②第524页。

⑫ 见《纪念清华简入藏暨清华大学出土文献研究与保护中心成立十周年国际学术研讨会论文集》第456—459
页,2018年11月17—18日。

⑬ 同注⑧下册第149—153页。

⑭ 同注②第1753—1757页。

⑮ 同注②第1217—1220页。

⑯ 同注②第1207页。

⑰ 同注②第1208—1214页。

⑱ 同注②第731页。

⑲ 吴镇烽编著《商周青铜器铭文暨图像集成三编》第2卷第57—67页,上海古籍出版社2020,邵簋共甲、乙、丙三器。

⑳ 同注⑧上册第120页。

㉑ 同注⑲第2卷第31—32页。

㉒ 曹锦炎《毳尊卣铭文考释》,《古文字研究》第33辑第273页,中华书局2020年。

㉓ 黄锦前《新见毛卣及其价值》,《文博》2021年第2期第85—90页。

㉔ 李学勤《何尊新释》,《中原文物》1981年第1期第37—41页。

㉕ 见王恩田《"成周"与西周铜器断代——兼说何尊与康王迁都》,张光裕、黄德宽主编《古文字学论稿》第40页,安徽大学出版社2008年。

古文字研究（34）：216—220,2022

从金文"逆洀"论"洀""造"的
并合问题

邓佩玲

一

"逆洀"一辞见于西周早期及晚期金文，多位于"用作"句之后，前后文有"出入、吏、飨"等语：

（1）用乡（飨）王逆 $\square$（洀）吏 坰簋,3731,西周早期

（2）用乡（飨）王逆 $\square$（造） 作册矢令簋,4300、4301,西周早期

（3）用乡（飨）王逆 $\square$（造） 伯者公簋,3748,西周早期

（4）女（汝）㫃（其）用乡（飨）乃辟軝侯,逆 $\square$（洀）出内（入）吏人

叔趯父卣,5428、5429,西周早期

（5）用酈侯逆 $\square$（洀）,遟（将）明令 麦尊,6015,西周早期

（6）用乡（飨）公逆 $\square$（洀）吏 保员簋,西周早期

（7）用乡（飨）王逆 $\square$（洀）吏人 伯密父鼎,2487,西周中期

有关"逆"后一字，学者多隶定为"洀"，但在释读上意见较为分歧。早期学者曾提出"方、舟、般、汎"等说法[①]；吴闿生、郭沫若、于省吾、李学勤释为"造"[②]，唐兰读地名"洀"为"般"[③]，而"逆洀"之"洀"则读作"周"[④]；黄盛璋隶定该字为"盘"，解释作"还"[⑤]；何琳仪读"逆洀"为"逆盘"[⑥]；后来，吴匡、蔡哲茂援引张持平的意见，认为"舟"旁短笔表示"舟在水上行时翻了"，加上"复"声后变成后来之"覆"字，"逆洀"即《周礼》里的"复逆"[⑦]；张乐认为"逆洀"之"洀"是"沿"字，读"延"[⑧]。

"逆复"说有文献证据支持，现已为大部分学者接纳。虽然如此，前人在"洀"字的释读上仍然未达成共识。例如，汤余惠注意到古文字"覆、复、洀"的字形并不相似，认为"吴、蔡二氏释'洀'为'复'固不可据"，并从古音解释"洀、复"乃音近通假[⑨]。"洀"在《管子》中出现，其他先秦文献未见用例。究竟古字"洀"该如何解释？本文尝试结合字形及用法进行讨论。

二

学者普遍隶定为"洀"之字，早期写法多从"水"，甲骨文有 $\square$（《合》20272）、$\square$（《合》11478）、

（《英》2264）等，西周早期保员簋书作。但是，古文字"洀"亦有不从"水"的例子，如甲骨文"洀"作（《合》27996）、（周原FQ3），金文"洀"作（坰簋）、（麦尊）等，皆由"舟"与短撇构成⑩。另外，金文部分"洀"增益"辵"作（伯者公簋），又或累增"宀"作（叔趞父卣）。有关的短撇，郭沫若认为与"彡"的省声有关⑪。其实，类似短撇于金文其他字中亦有出现，如（俞）之短撇是"水"之省，（保）之短撇是"手"之省⑫，故之短撇或可理解为"水"的省形。

金文"造"从"宀"从"舟"，构形与"洀"有相似之处，过去学者曾释"洀"为"造"，如于省吾提出："逆，迎；造，至，逆造，犹言徒从左右。"⑬虽然"徒从左右"的训释较为费解，但于氏释"洀"为"造"的说法却值得注意。《说文》辵部云："（造），就也。从辵、告声。""造"古文作，从舟。小篆"造"字从"告"，陈剑指出古文字"造"之声符非"告"，乃是来源于甲骨文之、、，乃古"遭"字："'造'字诸形所从基本声符上半的中竖常向左屈头，'告'字中竖皆为直头。"⑭

陈剑已清楚考辨金文（造）之声符与"告"并不相同，读音近于"遭"。金文从"宀"从"舟"从，"造、舟"上古同属幽部，学者大多视"舟"为声符。倘若据此，把解释为由"舟、"组成的双声符字，似乎亦无不可；不过我们认为该说在构字原理上仍欠妥贴。"造"在《广韵》中有两个读音，分别是解释为"作"之"昨早切"（上声晧韵），以及训"至"之"七到切"（去声号韵）。"造"字从"辵"，经学家一般认为具有"到、去"的意思，《诗·周颂·酌》："踽踽王之造"，陆德明《经典释文》释"造"为"诣"。《仪礼·士丧礼》"造于西阶下"，郑玄注："造，至也。"值得注意的是，金文中可确定为"造"的字大多指制造、铸造，未见有表示"到、去"的例子。金文"造"的最早用例是西周晚期颂器之"监嗣新造"，"造"分别有（颂鼎、颂簋）、（颂簋）两种写法⑮。"新造"是管理生产制造的官名，在战国楚简文献中多次出现⑯。金文"造"的其余例子主要见于东周兵器铭文，部分省去"宀"作（羊子戈，11089）、（敀之造戟，11046），亦有从金作（曹公子沱戈，11120）。

在传世文献中，"造、舟"二字关系密切，古书有"造舟"之说，《诗·大雅·大明》云："文定厥祥，亲迎于渭。造舟为梁，不显其光。"经学家尝训"造"为制造，惟《左传·昭公元年》记秦后子享晋侯，造舟于河，十里舍车。《尔雅·释水》记有"天子造舟，诸侯维舟，大夫方舟，士特舟"之制，可知"造舟"乃指在河里排列多只船作为浮桥⑰，"造"已演化为用船制度。"造"字从"舟"，文献里"造舟"的出现令人联想到"造"的本义或与船有关。殷墟卜辞"洀"可指船行，如"辛未卜，今日王（洀），不风"（《合》20273），"洀"指泛舟而行。甲骨文类似的辞例尚有："庚寅卜，王（洀），辛卯易（赐）日？"（《合》20272）"弜（洀）舟？"（《合》33691）于省吾援引《管子·小问》尹知章注，认为是古"盘"字⑱，但汤余惠不同意于说，改释"洀"为"汎"⑲。事实上，古"盘、汎"均从"凡"，与从"舟"之"洀"有别。纵然如此，汤余惠提出"洀""正是舟船浮行水上之形象，应该是表意字"，其分析是相当正确的。从字形可知，"洀"指船的前进，类似用法见于西周金文，如西周早期中甗（949）：“中省自方、登（邓），（洀）邦，在噩𠂤（师）𠂤（次）。”西周晚期晋侯穌钟：“王親（亲）令晋侯穌：遳（率）乃𠂤（师）左（洀）𨖷北（洀）□，伐夙（宿）夷。”[20]学者曾释上述例子之“洀”为“汎、覆”[21]；然而，倘若把铭文中之“洀”解释为“去、到”，亦无碍于通读：中甗记中省视方、邓，到邦，并在噩𠂤驻扎；晋侯穌钟之“左洀、北洀”可理解为向左方、北方前进。由是可见，金文“洀”引申为“去、到”的意思，不一定局限于船行。因此，“洀、造”两字皆有“去、到”的古义，我们因而怀疑“洀”极有可能是表示“去、到”义之“造”的本字。

从字形发展来说，“洀、造”在时间上有承接关系：殷墟卜辞“洀”大多从“水”从“舟”，部分省“水”形为短撇，其中较为特别的字形有，“洀”上再加两手，“象推舟入水之形”[22]。金文沿袭甲骨文写法，但仅出现于西周早期及中期铭文，例子见卬簋、麦尊、伯密父鼎铭文。或许，由于短撇含义较为模糊，金文部分“洀”字在的基础上再累增“水”，成为（保员簋）、（启尊，5983）等。至于“洀”与“造”的字形关系，则可以从西周早期偏旁累增的现象说起。伯者公簋所见是在上增益“辵”，作册夨令簋更省去“舟”旁短撇作。在同一时期，“洀”亦累增“宀”作（荣作周公簋）、（叔𧽊父卣）、（麦尊）。事实上，“洀”字在西周晚期或以后的铭文里已经很少出现，迄今见到的例子仅有西周晚期之（𠑇匜）及（晋侯穌钟），以及清华简《赤鹄之集汤之屋》之[23]，其余的“洀”字用例均是在东周燕国文字中作为地名[24]。然而，在西周晚期“洀”开始式微之际，“造”字却大量出现，颂器之从“宀”从“舟”从，而则省“舟”加“辵”。西周金文动词“造”基本上均指制造、铸造，未有表示“去、到”的例子[25]。因此，综合上述字形发展的轨迹来看，今日的“造”字极有可能源自两个古字：一个是表示“去、到”之“洀”，即后来中古音去声之“造”；另一个是表示制造之“造”，中古音读上声晧韵。“洀”与“造”上古同属幽部，构形相当接近，遂并合统一写作“造”。在出土材料中，书写为“造”而明确表示“到、去”义的例子出现较晚，最早者应该见于楚简文献，由此可判断两字的并合时期大概出现于东周。包山楚简137反“仆军（造）言之”，整理者考释引《广雅·释言》“造，诣也”云：“此谓向左尹复命。”[26]类似例子尚有高台古井群出土的战国楚简“☐胃（谓）郊（鄢）既逾邑造以告”（简2）、“仆驼造告郯陵公郢公”（简3），“造以告、造告”可理解为“飞奔到某地（或某官府）告诉某事”[27]。又清华简《系年》简91“𠂤（师）造于方城”，整理者引《说文》释为“就”，并谓“晋师遂侵方城之外”[28]，简文“造”亦可理解为到达。

三

金文“洀”有“去、到”的意思，接近于船行的本义。“洀”为“造”之古字，上古属幽部，我们需要注意古文字“造”与觉部字之间的关系。幽、觉二部对转，郭店简《尊德义》简7“戚父之駍（御）马”，简文觉部“戚”字读为“造”。在另一方面，出土文献之“复”亦与幽部字相通，如《周易》"孚"于马王堆帛书及阜阳汉简本多作"复"㉘。因此,从上古音的角度,金文"汸"读"复"的说法是可以成立的㉚。

金文"逆汸"亦作"逆酉"(瘐壶,9726、9727,西周中期)、"逆者"(卫鼎,2831,西周中期),"酉"上古属幽部,"者"是鱼部字,幽、鱼旁转,故"逆酉、逆者"皆即"逆汸"。此外,较为特殊的是西周早期仲再"用乡(飨)王逆[字]"(3747),裘锡圭释[字]为"衍"。"衍"是元部字,与幽部"汸"在读音上差距较大,裘先生读"衍"为"延",训"进",认为"逆延"也许是"指王派来迎逆延请臣下的使者"㉛。此意见与前述"汸"本义为"去、到"的说法有不谋而合之处。师同鼎"用[字](造)王羞于[字]"之"造"指献纳、奉纳㉜,与"逆衍(延)"之"衍(延)"的用法相似。由此看来,裘先生的说法是值得重视的。再者,疑尊、卣有"公姒(姒)乎(呼)遘逆中(仲)氏于[字](侃)"一语㉝,"侃、衍"二字相通,"逆……于[字]"有可能是"王逆[字]"之变式。

西周金文"汸"可读为"授","汸、授"同属幽部,如荣作周公簋"鲁天子[字]毕(厥)濒福"(4241),[字]即"汸",读"受"。"受福"于两周金文习见,如"昌(以)受大福"(秦公钟,263)、"其并受毕(厥)永匋(福)"(乃子克鼎,2712)、"永受其福"(王子午鼎,2811)。至于麦尊"冬(终)用[字](汸)值(德),妥(绥)多友"(6015),旧释[字](汸)为"造"㉞或"周"㉟,[字](汸)其实亦当读为"受",秦公钟镈云"龏(翼)受明德"(262、267),可资印证。最后,《管子·小问》"意者君乘驳马而汸桓",尹知章读"汸"为"盘",大概是由于金文"盘"尝从"汸"从"皿",如弤伯盘(10063)"盘"作[字],部件"舟"乃自"凡"讹变而来。

附记:本论文为香港特别行政区大学资助委员会优配研究金(General Research Fund)资助研究成果之一(RGC Ref No 17600121),谨此致谢。

(作者单位:香港大学中文学院)

注:

① 参于省吾主编《甲骨文字诂林》第3171—3173页,中华书局1996年;周法高编撰《金文诂林补》第3394页,史语所1982年。

② 吴闿生《吉金文录》第173页,香港万有图书1968年;郭沫若《金文丛考》第306页,人民出版社1954年;于省吾《双剑誃吉金文选》第154页,中华书局1998年;李学勤《释"出入"和"逆造"——金文释例之一》,《传统文化研究》第16辑第32—34页,群言出版社2008年。

③ 唐兰《论周昭王时代的青铜器铭刻》,《古文字研究》第2辑第72页,中华书局1981年。

④ 唐兰《西周青铜器铭文分代史征》第249—250、254页,中华书局1986年。

⑤ 黄盛璋《新发现的"羕陵"金版及其相关的羕器、曾器铭文中诸问题的考察》,国家文物局古文献研究室编《出土文献研究续集》第116页,文物出版社1989年。

⑥ 何琳仪《释汸》,《华夏考古》1995年第4期第104—109页。

⑦　吴匡、蔡哲茂《释金文🔲、🔲、🔲、🔲诸字》，吴荣曾等《尽心集：张政烺先生八十庆寿论文集》第137—152页，中国社会科学出版社1996年。

⑧　张乐《"🔲"（洀）字小议》，《中国书法》2017年第10期第149—151页。

⑨　汤余惠《洀字别议》，广东炎黄文化研究会编《容庚先生百年诞辰纪念文集（古文字研究专号）》第164—171页，广东人民出版社1998年。

⑩　甲骨字形参刘钊《新甲骨文编（增订本）》第640页，福建人民出版社2014年。

⑪　仲再簋（3747）有"逆🔲"一语，郭沫若释为"造"，并谓🔲从从、肜省声。（郭沫若《金文丛考》第307页）

⑫　参季旭升《说文新证》第708、652—653页，福建人民出版社2010年。

⑬　于省吾《双剑誃吉金文选》第154页。

⑭　陈剑《释造》，《甲骨金文考释论集》第132页，线装书局2007年。

⑮　"造"书作🔲的器号包括2828—2829、4332—4336、9731—9732，书作🔲的器号包括4337—4339。

⑯　参陈颖飞《楚官制与世族探研：以几批出土文献为中心》第183页，中西书局2016年。

⑰　郭璞《尔雅注》："比船为桥。"孔颖达《毛诗正义》引李巡《尔雅注》："比其舟而渡曰造舟，中央左右相维持曰维舟，并两船曰方舟，一舟曰特舟。"又引孙炎注："造舟，比舟为梁也。"

⑱　于省吾《释洀》，《甲骨文字释林》第93—94页，中华书局1979年。

⑲㉒　同注⑨第167页。

⑳　马承源《晋侯穌编钟》，《上海博物馆集刊》第7期第4页，上海书画出版社1996年。

㉑　参黄锡全《"安州六器"及其有关问题》，《古文字论丛》第67页，台北艺文印书馆1999年；马承源《晋侯穌编钟》，《上海博物馆集刊》第7期第15页。

㉓　陈月娥读"洀"为"盗"。（陈月娥《说〈清华（叁）〉〈赤鹄之集汤之屋〉之"洀"》，简帛网2013年1月8日）

㉔　参黄德宽主编《古文字谱系疏证》第510—511页，商务印书馆2007年。

㉕　金文尚有从🔲的字，陈剑认为与"造"字有关，与🔲是一字异体。（陈剑《释造》，《甲骨金文考释论集》第164—175）但金文从舟之"造"字从未见有从🔲，故本文暂不讨论。

㉖　刘彬徽、彭浩等《包山二号楚墓简牍释文与考释》，湖北省荆沙铁路考古队编《包山楚墓》第491页，文物出版社1991年。

㉗　单育辰《新见白起破鄢的楚简》，《江汉考古》2019年第6期第143—145页。

㉘　清华大学出土文献研究与保护中心编，李学勤主编《清华大学藏战国竹简（贰）》第178页，中西书局2011年。

㉙　白于蓝编著《简帛古书通假字大系》第134页，福建人民出版社2017年。

㉚　白一平于"复"字的拟音有两个，分别为*[N]–pruk–s及*m–p(r)uk。（Baxter, William H., and Laurent Sagart. 2014. *Old Chinese: a new reconstruction*. New York: Oxford University Press）

㉛　裘锡圭《释"衍"、"侃"》，《裘锡圭学术文集·甲骨文卷》第386页，复旦大学出版社2015年。

㉜　陈世辉《师同鼎铭文考释》，《史学集刊》1984年第1期第4页。

㉝　董珊释"侃"为地名。（董珊《疑尊、疑卣考释》，《中国国家博物馆馆刊》2012年第9期第71—80页）

㉞　郭沫若《两周金文辞大系图录考释》第40—42页，上海书店1999年；于省吾《双剑誃吉金文选》第154页。

㉟　唐兰《西周青铜器铭文分代史征》第249—250页，中华书局1986年。

古文字研究（34）：221—224，2022

《商周青铜器铭文暨图像集成三编》
释文校订

单育辰

近期出版的《商周青铜器铭文暨图像集成三编》收录了2015年6月至2020年12月间发现的青铜器等铭文1772件①，其书面世后，虽然已有不少学者对其进行订正，但仍有可补充之处。此书的一个新的体例，就是附录六为"首次著录器物名录"，把该书首次著录的铭文的号码列出，有多达1043件铭文以前未被著录（但也有一些铭文其实已经发表过）。小文对该书释文的订正，仅限于"首次著录器物名录"中所收之器，下面分别条列于下。

第122号《县盈鼎》，相关器亦见于1111号《县盈卣》，原释文皆释为"楮（县）盈尊彝"（无异议字直接破读，下同），所谓的"楮盈"应为一字（见图1，下以A代称），其中从"首"从"女"之形即象人形（也可隶定为"页"），又从"木、水、皿"，"木"旁之形（下以B代称）即黄杰、徐在国等与楚简中如 🀫（包山简260）、🀫（《安大一·诗经》简84）、🀫（长台关简2—8）等（除去"水"或"鸟"之形）相联系的形体②。黄杰文中已引蒋玉斌说指出《集成》6428有 🀫 字，象沐发之形③。现在看来与A就是一字异体，略微不同的是A又多一"水"与"木"形而已。从文字构造来看，A中的"木"更可能是赘加的声符，而其中的 🀫 本也表音，黄杰把相应字释为"沐"应该无误（🀫、🀫 也可能是由 🀫 与 🀫 形糅合而成）。B的来源现在难以完全肯定，徐在国认为是"矛"形的意见确实值得考虑。

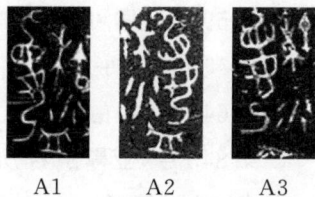

A1　　A2　　A3
图1

第139号《胥乳子鼎》，原释文为"胥乳子贞（鼎）"，其所谓的"贞"作 🀫，下从"土"，非"贞"字甚明。此字可对比《清华一·楚居》简9的 🀫 形，但左右两点拉长，且"曰"形中间变为二横而已，在楚文字中一横变为二横是很常见的。以前我们根据学术界的成果，把《楚居》相应字释为"甾（笱）"，在《子陵□之孙鼎》（《集成》2285、《颂续》图十六）中亦有相应字，铭文作"子陵□之孙▢行甾"，我们试读该铭的甾为"盏"④，《胥乳子鼎》的甾显然也是器物自铭，从器型来看，二者也是极为相近的（见图2）。

《铭三》139　　《颂续》图十六
图2

第164号《史██鼎》，██字该书只按原形摹写，其字实从两"止"从"水"，但略有变形，应释为"涉"。

第189号《罹子鼎》，原释文作"罹子□□之厨鼎"，其未释两字应是"赤耳"。

第271号《膚子鼎》，原释文中的"釁（眉）𩈭（寿）无諆（期）"，从图片看，所谓的"眉"应是"其"的误释。

第404号《██卒祖辛簋》，原释文作"██卒且（祖）辛"，所谓的"██卒"应合为一字，即"执"字，"且"为"父"之误释。

第469号《伯□父簋》，器主"伯□父"中间的缺字作██，比较清晰，为"林"字。

第508号《圣簋》，原释文中的"邢仲黠道子圣，戲□终畏戲忌"，所谓的"子"头部有一小弧笔，应改释为"孔"，其后的缺释作██，可以看出有"母"形，从辞例上看有可能是"敏"字。据此，该句应断读为"邢仲黠道孔圣戲（且）敏，终畏戲（且）忌"，器名也应调整为《邢仲黠道簋》。

第595号《樊可忌敦》，器主亦见于《铭图》6152，原释文中的"男子□□□咎"，第一个缺字应是"母（毋）"字。

第640号《兽爵》，所说的兽形应直接释为"虎"。

第843号《亚鷺觚》，所谓的"鷺"应改释为"雟"，在甲骨文中其字作██（《合》15944）、██（《屯南》341）等形。

第1069号《曾伯霥壶》，原释文中的"孔武元犀（迟）"，"元"字之释应是采用了沈培的意见⑤，此字拓本作██，不算清楚，然而"金文通鉴"电子版彩图中（书中未收此彩照）作██，确是"下"字，董珊已指出《曾子斿鼎》（《铭图》2388）"温龙（恭）下犀"，亦有"下犀"一词，"下"应从董先生读为"舒"⑥。另外，《嬭加编钟》（《江汉考古》2019年第3期）"余灭（晜）没（勉）下犀"，学者已言"下"亦应读为"舒"⑦。

第1241号《厝厝觊盉盖》，铭文"厝厝觊作召公祖乙尊彝"中的"觊"应该是副词，辞例可参看《史楳簋》（《集成》3644）"史楳觊作祖辛宝彝"、《帅鼎》（《集成》2774）"帅唯懋觊念王母堇（勤）旬"、《叔趯父卣》（《集成》5428）"余觊为汝兹小郁彝"、《作册嗌卣》（《集成》5427）"觊铸彝"等，此铭尤其与《史楳簋》辞例相近，"觊"应即典籍中的"况"字⑧。

第1250号《楚媿归母匜》，所谓的"媿"从字形上看是"嬭"，读为"芈"。

第1351号《戎散戈》，所谓的"戎"应改释为"成"。

第1461号《鴅子圙燹戟》，原释文中"鴅子圙燹之所戟"，"圙燹"二字不是很清楚，其中的"所"可读为"御"，郭店《尊德义》简24"为邦而不以礼，犹燹之亡策也"，陈剑把"燹"读为"御"⑨，即"所、御"相通之证。

第1480号《合阳戈》，"合"应隶定为"亼"，读为"合"。

第1496号《亭阳啬夫鉴戈》，原释文"冶倡"的"倡"应改释为"晶"，左侧笔画有磨损。此戈曾被吴良宝著录，但亦未出"晶"字，且有误摹[⑩]。

第1506号《疾曹令狐啬戈》，所谓的"疾"作形，应改释为"虤"。所谓的"曹"作形，上从"甫"或"更"，下从"止"，不过全字也可能是"寠"字之变。所谓的"任更"似应改释为"长眚"。吴良宝曾提及一件私家收藏的"□年虤曹令戈"[⑪]，或即此件。曹磊则认为是"曹"之误刻。

第1577号《成阳剑》，所谓的"成"应改释为"戎"。

第1666号《莫赵絮权》，原释文为"莫赵絮，一斤"。从图片文字排列看，应断为"莫赵，絮一斤"。这应该是量絮用的权，《问陶之旅——古陶文明博物馆藏品掇英》第148页著录一枚新蔡故城出土战国封泥（见图3），原书释为"紋垣"，实应改释为"絮盐"，即絮和盐[⑫]，可见絮在先秦社会是一种重要物资。

图3

第1673号《大府量》，是罕见的楚国长篇刻铭，非常重要，可惜图版清晰度不高，且多为锈掩，在"长江文明馆"网站亦录有其器图片，但未展示全，清晰度亦不佳[⑬]。书中原释文为："秦客张义狟（桓）楚之岁□月丙戌（？）之日，□□都宛尹邡□竞□□集易铸冶毂（谷）于大府其□少（筲），□易（阳）。"其中有些字可以勉强辨出，另外还可根据辞例补出被铜锈遮盖的一些字。王磊曾对此量作过考释[⑭]，他所释读的"仪、宰、为、安阳"皆可从，但仍有一些问题未得到解决。我们认为此铭文可改释如下："秦客张义（仪）迵楚之岁，□月丙戌（？）之日，郏（？鄢）都銮（宰）尹邡命竞（景）□为安易（阳）铸削（半）毂（谷）于大府，其昔（措）才（在）安易（阳）。"其中"狟（桓）"及"都"前多一"□"之误，本书的电子版"金文通鉴"因后出，已据王磊文改正。"命"字可据文例补出，如《鄂君启舟节》（《铭图》19181、19182）："大司马卲阳败晋师于襄陵之岁，夏层之月，乙亥之日，王居于蔵郢之游宫，大工尹脽以王命命集尹悼糈、箴尹逆、箴令阢。"《郾客量》（《集成》10373=《铭图》10307）："郾客臧嘉问王于蔵郢之岁，享月已酉之日，罗莫嚣臧师、连嚣屈上，以命工尹穆丙、工佐竞之、集尹陈夏、少集尹葬赐、少工佐李癸。"这些记载铸造某器原由的记事刻辞的谓语动词都是"命"。"削（半）"是量器名，如《郾客量》"铸二十金削，以益故爵"，其"削（半）"亦是量器名。

附记：本文受到2021年国家社科基金重点项目"清华简佚《书》类文献整理与研究"的资助。本文承蒙曹磊同学核验，删去一些学者已经发表过的意见，特此致谢。

（作者单位：吉林大学考古学院古籍研究所、
"古文字与中华文明传承发展工程" 协同攻关创新平台）

注：

① 吴镇烽编著《商周青铜器铭文暨图像集成三编》，上海古籍出版社2020年。在图版质量上，2020年12月发售的"金文通鉴"电子版要更清楚，以下图片皆来源于此。

② 黄杰《释古文字中的一些"沐"字（摘要）》，复旦大学出土文献与古文字研究中心网2015年12月2日；又，黄杰《释古文字中的一些"沐"字》，《中国文字》新43期，艺文印书馆2017年；徐在国《试说古文字中的"矛"及从"矛"的一些字》，《简帛》第17辑，上海古籍出版社2018年。

③ 详见蒋玉斌《说与战国"沐"字有关的殷周金文字形》，《战国文字研究的回顾与展望》第46—49页，中西书局2017年。

④ 单育辰《释甲骨文"甶"字》，《清华简〈系年〉与古史新探》第497—511页，中西书局2016年。

⑤ 沈培《新出曾伯桼壶铭的"元犀"与旧著录铜器铭文中相关词语考释》，复旦大学出土文献与古文字研究中心网2018年1月23日。

⑥ "御简斋"《曾伯桼壶铭简释》，复旦大学出土文献与古文字研究中心网2018年1月17日。

⑦ "夏立秋"《嬭加编钟铭文补释》，复旦大学出土文献与古文字研究中心网2019年8月9日；"小新"《新见嬭加编钟铭文补说》，复旦大学出土文献与古文字研究中心网2019年8月9日。

⑧ 参单育辰《作册嗌卣初探》，《出土文献研究》第11辑，中西书局2012年。

⑨ 参看苏建洲《也说〈君人者何必安哉〉"人以君王为所以器"》，复旦大学出土文献与古文字研究中心网2009年1月10日。

⑩ 吴良宝《战国兵器铭文四考》，《商周青铜器与先秦史研究论丛》第6—8页，科学出版社2017年。

⑪ 同上注第2页。

⑫ 参单育辰《楚地战国简帛与传世文献对读之研究》第103页，中华书局2014年。

⑬ http://www.changjiangcp.com/view/8627.html。

⑭ 王磊《新见楚"秦客铜量"考》，简帛网2020年11月19日。

古文字研究(34):225—236,2022

西周春秋金文同词异字的历史层次及其
所揭示的商周雅言之历时音变

叶玉英

我们知道,西周金文文字系统承袭了殷商文字系统,记录的是西周雅言。西周雅言与殷商雅言也是一脉相承的。西周雅言较之于殷商雅言,无论是语音、词汇还是语法都是发展变化的。因此,同一个词,在殷商时代用 A 来记录,到了西周时期,由于语音的变化,则可能用 B 来记录。但由于语言文字的继承性,在西周金文中 A 和 B 都在用。有时 A 和 B 在语音上还有演变关系。这种现象在现代汉语中也很常见,如"父"与"爸"、"母"与"妈"、"怖"与"怕"、"茶"与"荼"等①。陈梦家在《殷虚卜辞综述》第二章第四节"甲骨文字与汉字的构造"中指出:"卜辞中的官名如'多尹'即西周金文的'者尹'、《周书》的'庶尹',后来写成'诸'。西周的《周书》只有多方、多士诰殷人之篇用'多',别处用'者''庶'。"②虞万里考察了甲骨刻辞"多"字结构以及金文中"多"和"者"(诸)的用例后认为,以殷商语言为主的"多"字结构之"多",在改朝易姓过程中逐渐为以姬周为主的、由方言上升为雅言的"诸"所替代,两千多年前周族语音系统中知章系的音值可能是舌尖后塞音或舌面中塞音③。我们虽然不完全同意虞先生对"多、者"语音关系的解释,但我们支持陈先生和虞先生将甲骨文中的"多"字结构与西周金文的"者"字结构联系起来,视为同一个词在不同时代的用字差异。西周金文中同类的现象不少,本文略举数例,试图揭示西周金文字词关系的一个侧面,并进一步探寻商周雅言语音中所发生的历时演变线索。

一 西周春秋金文同词异字之概念的界定

田炜《西周金文字词关系研究》第三章讨论的西周金文一词用多字的现象有:由异体造成的一词用多字、由假借造成的一词用多字、由一字分化造成的一词用多字、由文字讹误造成的一词用多字、由多种因素造成的一词用多字等。第五章第二节指出了一个词在商代、西周、春秋和战国时代的用字差异,如西周金文中"疆土、疆界"之{疆}一般都是用"彊"字来表示,西周晚期还用"畕"字来记录,春秋、战国文字沿袭西周的用字习惯,也用"彊、畕"二字来表示{疆},同时还用"畕、疆"二字来表示{疆},或又易"疆"字所从之"土"为义近形旁"阜",用"隍"字表示{疆};西周金文用"孝、考"二字表示{孝},春秋金文除了沿用"孝、考"外,又用"丂、耆"二字表示{孝};商代甲骨文用"泠、沿、潧、崟"四字表示{陰},西周金文用"隆、潧、墜",东周文字用

"陰、险、淦、酓"；在西周金文中，"乌(於)"字表示叹词"呜呼"之{呜}，"于"字用作介词，两者分工明确，从不相混，在出土春秋、战国文字资料中，"乌(於)、于"二字皆可用作介词[④]。本文所谓西周春秋金文同词异字是指：西周或春秋金文共时层面中的两个或两个以上的字记录的实际上是同一个词，且这几个字之间在语音上是有联系的，其中一个是沿袭商代的用字习惯。由于这几个字后来分化为不同的字，以往我们常常把这些字视为通假字。然而，当我们把这些字的字词关系历史梳理清楚后就会发现，它们其实是同一个词在不同时代、不同地域的用字差异。这一方面反映了同一个词在商代文字与西周春秋文字的用字差异，是历时的一词用多字的现象；另一方面，由于西周春秋金文沿用了商代文字，所以从表面上看，似乎是共时的一词用多字现象。因此需要我们离析西周春秋金文中一词用多字的历史层次。

二　西周春秋金文同词异字例及其所揭示的字词关系的历史层次

(1){無}："亡"*maŋ与"無"*ma[⑤]

否定词{無}，表示"没有"之义，甲骨文作"亡"，字作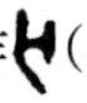(《合》22067)、(《合》369)。在以下辞例中，皆表"没有"义，如：

壬子卜，贞：髟伯亩亡疾。　　《合》20084
惠奐田，亡灾，擒。　　《屯南》2761
甲子卜，□贞：翌乙丑我酌，卒，亡害。三月。　　《合》26039
壬申卜，尹贞：王宾兄己𡆥眔兄庚𡆥祟，亡吝。　　《合》22624
乙卯卜，何贞：㞢升岁于唐，王亡蚩。　　《合》27153
癸未王卜，贞：旬亡忧。王占曰："大吉。"　　《合》35641
…西土亡熯。　　《合》10186
弜用黑羊，亡雨。　　《屯南》2623
癸□〔卜〕：令冢伐冕，终亡不若，允翦。　　《合》6564
□卯子卜，贞：我亡咎。　　《合》21835

甲骨文有"無"字，字作(《合》15996)、(《花》391)、(《合》27891)、(《合》12826)，乃"舞"字初文，在卜辞中用作本义，皆指祈雨之舞。

李孝定早已指出甲骨及早期金文"有無"字皆作"亡"，后始以"無"为之[⑥]。可惜语焉不详！西周金文中表示"没有"义的字，有时是沿袭甲骨文的用法，仍作"亡"，但有时则用"無"。如西周早期的繁卣、献簋、麦尊中的"亡尤"，西周中期的静簋和𢦚簋作"無眈"；西周晚期金文中常见的"無疆"，有时也写作"亡疆"(西周中期的辛鼎、任鼎，西周晚期的士父钟、遅父钟)；西周早期的麦尊"亡终"，西周早期的井侯簋作"無终"。西周早期前段的何尊"亡识"，西周中期的豳公盨"亡悔"，西周中期的师望鼎、西周晚期的大克鼎和兮甲盘"亡愍"，西周中期的再簋

"亡匄（害）"，西周中期前段的史墙盘"亡斁"，西周晚期的宗周钟"亡境"，西周晚期的毛公鼎"亡智"等，没有对应的"無♯"组合。从西周金文来看，西周早期就有用"無"表示"没有"义了，但是大量地用"無"替代"亡"表"没有"义则要到西周晚期以后。如春秋时期{無期}一词很常见，{無}皆写作"無"，没有作"亡"的。

上古音"亡"为 *maŋ，"無"为 *ma。我们认为"亡"在殷商时期被用来记录表"没有"之义的{無}这个词，到了西周时期，因为鼻音的脱落，读音变作 *ma，所以周人假借"無"来记录它。以往我们把"亡"和"無"当作一对通假字是不妥的。西周金文"亡"和"無"都被假借来记录表"没有"之义的{無}这个词，其中"亡"是承袭殷商时代的用字。西周早中期"亡"仍比"無"常用，西周晚期以后"無"逐渐占优势。以马王堆帛书为例，马王堆帛书中"亡"多用作"存亡"之"亡"，有的用作"逃亡"之"亡"，没有一例用作否定词的，否定词{無}在马王堆帛书写作"无"的比"無"多[⑦]。有时同一支简上"无"和"無"并现。如《老子·德篇》："以正之国，以奇用兵，以無事取天下。吾何以知其然也哉？夫天下多忌讳，而民弥贫……是以圣人之言曰：'我无为而（19）民自化……（20）'"由于汉代以后"亡"不再用作否定词，但典籍中又有存古的写法，因此"亡"被视为"無"的假借字。

（2）{我}："我" *ŋalʔ 与"吾" *ŋa 及"虖"

第一人称代词"我、吾"记录的其实是同一个词，只是时代或地域不同。甲骨文用"我"；西周金文中第一人称代词"我"很常见，但"吾"作第一人称代词仅见于西周早期的沈子它簋盖（《集成》4330），其铭曰："敢敃昭告朕吾考……公克成绥吾考……吾考可渊……""吾"皆用作定语。郭沫若认为沈子它簋盖中"吾"乃"缶"字异文"午"变形为 🀄，下从之"口"非"口"字，乃缶形。"缶"假借为"宝"[⑧]。唐兰也认为"吾"当读为"宝"[⑨]。张玉金支持郭氏和唐氏之说[⑩]。我们认为郭沫若说不可信。沈子它簋盖"吾"凡3见，作 ◆、◆、◆，字形清晰，没有任何变形，与缶字作 ◆、◆ 等形并不近。唐兰认为"吾"假借为"宝"，在语音上难以令人信服。于省吾认为"朕吾"乃复词，引少民剑"朕余名之"为证[⑪]。我们支持于省吾之说，认为"吾"在沈子它簋盖铭文中用作第一人称代词。"吾"在西周金文中仅见于沈子它簋盖铭文，虽然是孤例，但这可能是方音变体，即{我}这个词在西周的某个方言的语音里发生了 *ŋalʔ>*ŋa 音变。"吾"作第一人称代词见于睡虎地秦简《日书》甲种："狼恒呼人门曰：'启吾。'（三三背叁）""主君勉饮勉食，吾（一五九背）岁不敢忘。（一六〇背）"马王堆帛书"吾"用作第一人称代词有119例，可见"吾"作为第一人称代词是在汉初才开始被普遍使用的。春秋金文还见"虖"为第一人称代词的，如栾书缶铭曰："虖以祈眉寿。""虖"字作 ◆。林氏壶铭曰："虖以宴饮。""虖"字作 ◆。

（3）{乃}："乃" *nɯɯʔ 与"而" *njɯ

第二人称代词{乃}见于甲骨文，字作 ◆（《合》8986反），即"乃"字。在以下辞例中皆用作第二人称代词，有的作主语，有的作定语：

王讯曰："曰乃曰吉乩。"　　　　　　　　　　　　　　　　　　《合》1824 反

戊戌卜，㱿贞：王曰："侯豹，逸！余不尔其合，以乃史归。"　　　　《合》3297 正

乙卯卜，宾贞：曰以乃邑…　　　　　　　　　　　　　　　　　《合》8986 反

西周金文中"乃"作第二人称代词也很常见，亦有作主语和定语两类[⑫]。春秋金文中出现"而"作第二人称代词的例子，如鲍子鼎铭"其寿君毋死，保而兄弟"，叔夷钟（《集成》272）铭"宦执而政事，余引厭乃心，余命女（汝）政于朕三军"。鲍子鼎和叔夷钟都属齐系。吴王光残钟（《集成》224.1）铭："敬夙而光。"学者多认为这些"而"假借为第二人称代词"爾"。上古音"爾"为脂部字，"而"为之部字，"乃"亦为之部字。我们认为"而"与"乃"记录的是同一个词，只是时代和地域不同。

（4）{殷}："衣"*ʔɯl 与"殷"*ʔɯr>*ʔɯn[⑬]

王国维曾指出，甲骨文有些"衣"是表示殷祀的。如"辛巳卜，贞：王宾上甲扱至于多毓衣，无毞"（《合》35436）、"癸丑卜，贞：王宾上甲至于多毓衣，无忧"（《合》35437）、"癸未王卜，贞：彤彡日自上甲至于多毓，衣，无茧。自猷。在四月。惟王二祀"（《合》37836）、"丁酉卜，贞：王宾执自上甲至于武乙衣，无毞"（《合》35439）、"丁丑卜，贞：王宾自武丁至于武乙衣，无毞"（《合》35816）、"甲辰卜，贞：奉祖乙、祖丁、祖甲…康…祖丁、武乙，衣，无毞"（《合》35803）。王国维认为这些用例中的"衣"与大丰敦（天王簋）"王衣祀于丕显考文王"中的"衣"一样，都指殷祀。王氏引《尚书·康诰》"殪戎殷"，《中庸》作"壹戎衣"，郑玄注"齐人言殷声如衣"，《吕氏春秋·慎大》"亲郼如夏"高注："郼读如衣，今兖州人谓殷氏皆曰衣"，证明上引卜辞中的"衣"和大丰敦（天亡簋）中的"衣"皆假借为"殷"[⑭]。

西周金文沿袭甲骨文的用法作"衣"的例子，除了西周早期的天亡簋（《集成》4261）外，还有西周中期前段的剌鼎（《集成》2776）："唯五月，王在衣（殷），辰在丁卯，王禘。"

西周金文以"殷"记录{殷}的情况比较多，如西周早期的大盂鼎（《集成》2837）"我闻殷坠命，唯殷边侯甸与殷正百辟"，西周早期的小臣谜簋（《集成》4239）"白懋父以殷八师征东夷"，西周中期前段的史墙盘（《集成》10175）"武王既翦殷"，西周晚期的禹鼎（《集成》2834）"王□命西六师、殷八师曰"。

白一平、沙加尔据郑玄注和高诱注，认为"殷"读 *ʔər 是齐方言的读音[⑮]。从甲骨文和西周金文的用字现象来看，{殷}这个词在商代的读音 *ʔɯr，与"衣"*ʔɯl 音近，所以假借"衣"来记录它。汉代齐方言{殷}还保留 *ʔɯr 这个读音。西周金文{殷}出现"衣"和"殷"两种用字现象，是因为一方面沿袭了甲骨文的用字，另一方面{殷}这个词的读音在西周时期的雅言里发生了 *ʔɯr>*ʔɯn 的音变，所以改用"殷"字来记录。

（5）{多}："多"*klaal 与"者"*taʔ

据虞万里统计，甲骨文中"多先祖、多祖、多父、多妣、多母、多兄、多女、多子、多毓、多公、

多侯、多尹、多君、多伯、多亚、多田、多任、多奠、多臣、多老、多万、多犬、多马、多射、多生、多方"等"多"字结构的词有50余式，430多条。金文中"多"字结构有"多宗、多君、多友、多朋友、多者友、多亚、多正、多公、多弟子、多神、多高□"共16例。"者"字结构有"者尹、者监、者考、者兄、者老、者侯、南者侯、者侯百姓、群邦者侯、者父、者子、者生、者士、百者婚媾"。对照金文"多、者"用例可以发现，"多"字结构中有的为商代晚期铭文所有，其他用例也在康王及西周早期之间，虽然其中不排除有周民族的用例，但可以认为这是两个民族在交替时期的一种模仿或承袭。相反，"者"字结构始见于成康时期，往下一直沿用至春秋战国，与今存先秦文献"诸"相衔接。虞先生整理出来的《尚书》《诗经》《三礼》《三传》《论语》《孝经》《孟子》中的"诸"字结构有"诸夏、诸戎、诸侯、诸伯、诸任、诸华、诸卿、诸公卿、诸史、诸司、诸臣、诸士、诸大夫、诸君子、诸达官、诸公大夫、诸从者、诸侍御、诸桓、诸宰、诸祖父母、诸祖父、诸祖姑、诸舅姑、诸父、诸父昆弟、诸父兄弟、诸父昆弟姑姊妹、诸父兄师友、诸母、诸母兄弟、诸妻、诸妇、诸妇诸母、诸姬、诸姑、诸娣、诸兄、诸舅、诸子、诸儿、诸男、诸子诸孙、诸友"等共1376例[16]。

"多"声系字的中古音有影母字"黟"、溪母字"够"、以母字"移、栘、迻、扅"、章母字"侈、眵、敁"、昌母字"眵、姼"、船母字"跢"、书母字"奓、奊"、禅母字"姼"、知母字"奓"、彻母字"哆、蓼"、澄母字"趠、誃、陊"、端母字"多、哆、跢"、透母字"痑"、定母字"陊"、泥母字"袤"等。因此"多"的上古音最初当为 *klaal。

"者"声系字的中古音有章母字"者、诸、煮、渚"、禅母字"署、阇"、书母字"书、暑"、知母字"豬、褚、著、箸"，彻母字"楮、褚"、澄母字"屠"、端母字"都、赌、堵、覩"、邪母字"绪"等。"者"声系字与喉牙音无关，因此，"者"的上古音当构拟为 *taʔ。

从甲骨文"多"字结构与金文"者"字结构的交替情况来看，"多"在西周时期已经发生 *klaal > *taal 音变。春秋文字中，楚系鄝奢鲁鼎"奢"字作 $\overset{\uparrow}{\underset{\circ}{\circ}}$，诅楚文《秋渊》作 多，可证"奓"的声母已经变成 *t-，此时"奢"也还不是擦音，而是送气塞音 *tʰ-。

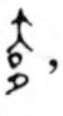

（6）{祈}："乞" *kʰɯd 与"祈" *gɯl

{祈}在甲骨文中用"乞"表示，如：

贞今⋯王占曰：疑兹乞雨，之日允雨。三月。	《合》12532 正
辛丑乞自⋯	《英国所藏甲骨集》2000
⋯乞自昷二十屯，小臣中示。掔。	《合》5574
甲申乞自雩十屯。	《合》1961 白
⋯亥乞自橐十。	《合》9419 反
丁卯，臾乞肩三。	《合》35183
⋯臾乞肩七自 �。	《合》35214

乙未酌乞自雩十屯。小曼。　　　　　　　　　　　　　　　　　　　　《合》13523 臼

甲骨文"靳"字作（《合》946正）、（《合》7912）、（《合》7914）。毛祖志认为以下两条卜辞中的"靳"当读为"祈"⑰：

乙酉卜，亘贞：作御，靳（祈），庚不殟。　　　　　　　　　　　　《合》17086

□□卜，争贞：王梦，唯靳（祈）。　　　　　　　　　　　　　　　《合》17389

我们认为这两例中的"靳"也可能是指祭祀行动，未必表"祈求"义。

西周金文{祈}皆假借"旂"为之，字作（伯梫簋）、（追簋）、（颂鼎）、（师器父鼎）等。西周早期的伯梫簋（《集成》4073）"唯用祈祷万年"，西周中期的师器父鼎（《集成》2727）"用旂（祈）眉寿、黄耇、吉康"，西周中期的追簋（《集成》4223）"用祈眉寿用命"，西周晚期的柞伯鼎（《文物》2006年第5期第68页图1）"用旂（祈）眉寿万年"。

春秋金文仍有以"乞"表{祈}的，如郘公缄鼎（《集成》2753）："用乞眉寿，万年无疆。"春秋时期的三兒鼎（《集成》4245）："用祈万年眉寿。"春秋晚期的洹子孟姜壶（《集成》9729）"用乞嘉命，用旂（祈）眉寿"，"乞"和"祈"并用。

从春秋金文用字来看，"乞"和"祈"意义全同。从语音上说，"乞"的上古音 *kʰɯd 和"祈"的上古音 *gɯl 音相近。因此我们有理由相信，"乞"和"祈"是{祈}这个词在商周的用字之别。

（7）{夜}："夕" *lʲag 与"夜" *lags

甲骨文{夜}这个词都用"夕"来记录，如：

其惟今夕雨。　　　　　　　　　　　　　　　　　　　　　　　　《合》1052正

旬壬申夕月有食。　　　　　　　　　　　　　　　　　　　　　　《合》11482反

庚戌卜，叀贞：今夕启。　　　　　　　　　　　　　　　　　　　《合》13084

贞：今夕雨，之夕启风。　　　　　　　　　　　　　　　　　　　《合》13351

周原甲骨"夜"字作（H11：56）。因缺乏前后文，难以判定这片甲骨中"夜"字是否表示"夜晚"之义。

西周金文中"夙夕"和"夙夜"显然记录的是同一个词。二者都很常见。"夙夕"见于应公鼎（西周早期后段，《集成》2554）、历鼎（西周早期前段，《集成》2614）、师訇鼎（西周中期前段，《集成》2830）、伯百父簋（西周中期前段，《集成》3920）、卌三年逨鼎甲（西周晚期宣王世、《陕西金文集成》第6册第120页）、毛公鼎（西周晚期，《集成》2841）、作册封鬲甲乙（西周晚期、《历史文物》2002年第2期第4页）等。

"夙夜"见于效尊、效卣（西周早期后段，《集成》6009、5410），老簋（西周中期前段，《考古与文物》2005年增刊第65页图2），戜鼎（西周中期前段，《集成》2824），伯姜鼎（西周中期，《集成》2791），大克鼎（西周晚期，《集成》2836），复封壶甲乙（春秋早期，《铭图》第22卷第

412页），叔夷钟（春秋晚期，齐，《集成》272），怀后石磬（春秋晚期，秦，《文物》2001年第1期第53页）等

我们认为"夕"和"夜"记录的是同一个词，即{夜晚}的{夜}，只是用字的时代不同。"夕"记录的是殷商时代{夜}这个词，"夜"则是西周时期{夜}这个词的语音发生变化后新造的词。{夜}这个词的上古音为 *laɡs，西周金文用"夜"来记录它。《说文》："夜，舍也，天下休舍也。从夕，亦省声。""亦"的上古音为 *laɡ。商代文字用"夕"来记录{夜}，表明"夜"原本不是以母字，即"夜"的上古音发生过 *lʲaɡs > *laɡ 音变。

（8）{寿}："考"*kʰluuʔ 与"寿"*ɡlus

《说文》："寿，久也。""考，老也。"《诗经·鲁颂·闷宫》"三寿作朋"，毛传："寿，考也。"甲骨文"考、老"同字，作 𦥑（《怀特氏等收藏甲骨文集》S1517）、𦥑（《合》20293）、𦥑（《合》21321）。甲骨卜辞中就有"考"表"长寿"之义的例子，如：

……日己……婦……子……延考。　　　　　　　　　　　《怀特氏等收藏甲骨文集》S1517

西周金文"寿"字作 𦥑（不寿簋）、𦥑（耳尊）、𦥑（瘨钟）等形。西周金文中，"考"和"寿"都可表"长寿"之义，"寿考、考寿"乃同义联言。西周金文中常见的{眉寿}之{寿}，亦有作"考"的例子，如杞伯每亡壶（春秋早期，《集成》9688）："其万年眉考，子子孙孙永宝用享。"

"寿考"见于耳尊（西周早期，《集成》6007）、牧簋（西周中期，《集成》4343）、伯弘父盨（西周中期后段，《中原文物》2016年第4期第68页图14）、跳簋（西周中期，《集成》3700）、西周晚期的向智簋（《集成》4034）等。

"考寿"见于叔夷钟七（春秋晚期，《集成》278）、叔夷镈（春秋晚期，《集成》285.8）、蔡侯申盘（春秋晚期，《集成》10171）。

西周金文中"考"与"寿"都可以记录{长寿}之{寿}，"考"是承袭了甲骨文的用字，"寿"则是西周以后才出现的用字。上古音"考"为溪母幽部字，上古音为 *kʰuuʔ，"寿"为禅母幽部字。古文字资料表明，"寿"的上古音是 *ɡlus。郭店楚简《尊德义》有字作 𦥑（简26），从"戈""昌"声，可隶作"戵"。"昌"为"咠"之繁文，"咠"乃"田畴"之"畴"的初文。简文"弗爱，则戵（雠）也"，"戵"读作"雠"，表"仇敌"之义。郭店楚简《语丛四》有字作 𦥑（简1），从"贝""昌"声，可隶作"賹"。简文"非言不賹（雠），非德无复"，"雠"表"雠答"义。郾王职壶有字作 𦥑，董珊、陈剑、陈斯鹏等学者都释为"戵"，认为铭文"东戵吱国"之"戵"当读为"讨"。陈斯鹏还指出：若"戵"后面的残字是"敌"字，则"戵"亦可读为"雠"，当"报复"讲[⑱]。"讨"从"肘"省声。"雠"与"仇"同源，因此，"雠"的上古音为 *ɡju。甲骨文"肘"可假借"九"为之，因此"肘"的上古音当为 *kruʔ。《说文》："犓（犜），牛羊无子也。从牛，㿝声。读若糗粮之糗。"上古音"糗"属溪母幽部，为 *kʰuʔ。据《说文》可知"犓"在东汉许慎时代还不是透母字。"犓"的上古音当拟为 *kʰlu。"寿"*ɡlus 与"考"*kʰluuʔ 的读音非常接近。

（9）{邦}："方"*paŋ 与 "邦"*p^{r}ooŋ

{邦国}之{邦}，在甲骨文中用"方"记录。孙亚冰、林欢对158个商代方国作了考订。其中西方有舌方、鬲方、沚方、𦤇方、戜方、绛方、羌方、召方、巴方、龙方、商方、鬼方、周方、马方、亘方、基方、井方、祭方、湔方、亚方、戈方、兹方、盂方等，北方有土方，东方有人（夷）方、林方、危方、旁方等，南方有虎方、𦥑方、**中**方，还有地望待考的有鬱方、兴方、宣方等[19]。西周春秋金文中有"蛮方"（虢季子白盘，《集成》10173）、"虎方"（中方鼎，《集成》2751）、"鬼方"（小盂鼎，《集成》2839）。甲骨文中"多方"，西周金文作"多邦"，如西周早期的荆子鼎（《文物》2011年第11期第17页图21）"王赏多邦伯"。西周金文还常见"万邦"，如西周中期前段的史墙盘（《集成》10175）"迨受万邦"，盠尊（《集成》6013）"万年保万邦"。甲骨文中的"某方"，在两周金文中作"某邦"，如"周邦"（西周中期前段，史墙盘，《集成》10175）、"刑邦"（西周晚期，禹鼎，《集成》2833）、"郑邦"（春秋晚期，哀成叔鼎，《集成》2782）、"晋邦"（春秋早期，晋姜鼎，《集成》2826）、"黄邦"（春秋早期，曾侯簠，《集成》4598）、"楚邦"（春秋中期，晋公盆，《集成》10342）、"邾邦"（春秋晚期，邾公华钟，《集成》245）、"曾邦"（春秋早期，曾伯克父簠）、"荆邦"（春秋晚期，曾侯与钟，《江汉考古》2014年第4期第17—22页）、"吴邦"（春秋晚期，吴王余眛剑，《集成》245）、"齐邦"（战国中期，陈侯午簋，《集成》4145）、"越邦"（战国中期，越王差徐戈，《故宫院刊》2008年第4期第26页图2）、"夷邦"（战国中期，越王诸稽不光剑，《文物》2000年第1期第71页图1.4）、"秦邦"（战国晚期，诅楚文《秋渊》）等。金兆梓曾怀疑"方"一名是殷方音，故为殷人所习用；"邦"则是周的方音[20]。

上古音"方"为帮母阳部字，"邦"为帮母东部字。西周金文韵文中东、阳合韵的例子有很多[21]，其中有不少是"方、邦"押韵或"方"与其他东部字押韵以及"丰"声字与其他阳部字押韵的例子，如：

大克鼎（《集成》2836）："天子其万年无彊（阳），保辥周邦（东），畯尹四方（阳）。"

大盂鼎（《集成》2837）："丕显文王（阳），受天有大命（耕），在武王嗣文作邦（东），辟厥匿，抚有四方（阳），畯正厥民……迺召夹死戎（冬），敏諌罚讼（东），夙夕召我一人烝四方（阳）。"

录伯茲簋盖（《集成》4302）："录伯茲，繇自乃祖考有爵于周邦（东），佑闢四方（阳）。"

师克盨（《集成》4467）："师克，丕显文、武，膺受大令（耕），抚有四方（阳），则繇唯乃先且考又爵于周邦（东），干害王身，乍爪牙。"

史墙盘（《集成》10175）："曰古文王（阳），戾和于政（耕），上帝降懿德大屏（耕），匍有上下，会受万邦（东）。訊圉武王（阳），遹征四方（阳），达殷畯民，永不巩（东），狄虘微，伐夷童（东）。宪圣成王（阳），左右绥糪刚鯀，用肇彻周邦（东）。渊哲康王（阳），分尹意彊（阳）。宏鲁卲王（阳），广笞楚荆（耕），唯貫南行（阳）。"

癲钟(《集成》251)："抚有四方(阳),会受万邦(东)。"(《集成》246)："癲趫趫,夙夕圣爽(阳),追孝于高且辛公、文且乙公、皇考丁公龢林钟(东)。"

师询簋(《集成》4342)："今日天疾威降丧(阳),首德不克规,故亡承于先王(阳),向汝彶纯恤周邦(东)。"

伯硕父鼎："用道用行,用孝用享于卿事、辟王、庶弟、元兄(阳),我用聿司蛮戎眔方(阳)。伯硕父申羌受万福无疆(阳),蔑天子历,其子子孙孙永宝用(东)。"

禹鼎(《集成》2833)："丕显桓桓皇祖穆公(东),克夹绍先王(阳),奠四方(阳),肆武公亦弗遐忘朕圣祖考幽大叔、懿叔,命禹肖朕圣祖考,政于邢邦(东)。"

卌二年逨鼎："抚有四方(阳),则繇唯乃先圣祖考,夹绍先王(阳),恭勤大命,奠周邦(东)。"

作册封鬲："作册封异井秉明德,虔夙夕恤周邦(东),保王身,谏辥四域,王弗遐忘(阳),享厥孙子,多赐休。"

虢季子白盘(《集成》10173)："丕显子白,壮武于戎工(东),经纬四方(阳),搏伐猃狁,于洛之阳(阳)。"

逨盘："雩朕皇高祖公叔,克逨匹成王(阳),成受大命,方狄丕享(阳),用奠四域万邦(东)。"

两周金文中还有一些阳耕合韵、耕东合韵、阳蒸合韵、东耕阳合韵的例子[22]。在西周雅言的语音里,阳部的音值应该是ɒŋ,是后低圆唇元音,耕部eŋ因主要元音e受后鼻韵尾ŋ的影响而变得偏后、偏低,近似ʌŋ,东部oŋ在当时的实际音值应该偏低,类似ɔŋ,因此在听感上很接近,可以押韵。两周金文中用"某邦"替换甲骨文中的"某方",一方面是因为西周采用分封制打破了殷商时代方国林立的格局,其封国称"邦";另一方面则是因为音义的分化,"方"多表示"方向、方形"等义,少数表示"方国"义的则是沿袭了商代的用字习惯。"邦"的音义都与"方国"之"方"接近,因此周人就用"邦"替换了"方"。

(10){登、陞}:"陟"*tɯŋ与"登"*tɯɯŋ、"陞"*tʰɯŋ

《说文》:"陟,登也。"段注:"《释诂》曰:'陟,陞也。'毛传曰:'陟,升也。''陞'者,'升'之俗字。'升'者,'登'之假借。"

《说文》:"登,上车也。"段注:"引申之,凡上陞曰登。"《尔雅·释诂下》:"登,陞也。"《玉篇》癶部:"登,升也。"

"陞"最早见于《玉篇》。原本《玉篇》残卷:"陞,始绳反。《仓颉篇》:'陞,上也。'"宋本《玉篇》:"陞,上也,进也。与'升'同。"

{陞}这个词的读音,在商周雅言里还不是擦音,而是塞音,当为*tʰɯŋ,在甲骨卜辞中用"陟"来记录,"陟"字作𨊠(《合》1667)、𨒬(《合》15366),从"阜"、从"步",会"登高"之义,卜

辞有用作本义的例子,如:

　　　贞:降陟,十月。　　　　　　　　　　　　　　　　　　　　　　　　　《合》15377

　　　辛未☑癸酉王陟山

　　　壬申卜,王陟山亢(岗)。癸酉易日。　　　　　　　　　　　　　　　　《合》20271

　　　乙酉卜,争贞:今夕令敖以多射先陟自☑　　　　　　　　　　　　　　《合》5738

　　西周金文中"陟降"乃沿袭甲骨文,如西周中期后段的瘌钟:"大神其陟降严祜。"西周晚期的猷簋:"其濒在帝廷陟降。"

　　甲骨文"登"字作 (《合》205)、(《合》8564)。卜辞中"登"没有用作"登升"之义的例子。西周早期的圤父簋(《集成》3464):"圤父作车登。""车登"当为登车用的器具。西周金文用"登"来表"登、升"义,当为周人的创新。西周晚期散氏盘"内陟刍,登于厂淉……陟岗三封,降","陟、登"同义。

　　"陞"字见于战国齐系文字和晋系文字,"阼、陞、进"见于楚系文字,作 (《包山楚简》37)、(《包山楚简》40)、(《清华七·晋文公入于晋》5)、(《古玺汇编》1912)、(《古陶春录》2·191·1)。"陞"在齐陶中用作人名,在晋玺中用作人名或地名。楚简"陞"表"登、升"义,如《上博六·三德》"入墟毋乐,陞(陞、登)(11)丘毋歌(12)",《上博二·容成氏》"高山陞(陞、登),蓁林(31)入(4)……陞(陞、升)自戎遂,入自北(39)门(40)",《上博七·凡物流形》乙本"进(升)高从埤,至远从迩(7)",《清华七·晋文公入于晋》"乃作为旗物,为陞(升)龙之旗师以进,为降龙之旗师以退(5)",《清华七·越公其事》"□□□□□□□□□□□□□□□赶陞(登)于会稽之山(1)"。包山楚简常见"阼门有败"一语,葛英会认为"阼"即"登、上"之义,"阼门"即"登闻、上闻",上报治狱簿籍文书以便司寇听讼弊狱[23]。《清华七·越公其事》"陞"还假借为"徵",表"徵召"义(见简44、48、50)。从楚简用字来看,"陞"在战国楚方音里也还不是擦音,而是塞音,读 *tʰɯŋ。

三　西周春秋金文同词异字的历史层次所揭示的商周雅言之历时音变

　　以上诸例表明,西周春秋金文同一个词往往由两个音相近、意义相同的字来记录,其中一个字是沿袭商代甲骨文的字词关系,另一个字则是西周以后才出现的字词关系对应。两个字之间语音相近,揭示的是商周雅言语音的历时音变。如表"没有"义的{無},在商代雅言里的读音是 *maŋ,用"亡"来记录。西周金文中既用"亡",也用"無","亡"与{無}的对应关系是沿袭了甲骨文的用字习惯。在西周时期的雅言里{無}这个词的读音变成 *ma,所以改用"無"来记录。第一人称代词{我},在商代的读音是 *ŋalʔ,用"我"字来记录。西周时期的雅言语音中{我}这个词的读音发生音变,变成 *ŋa,因此出现了"吾"这个第一人称代词。

"我"和"吾"记录的其实是同一个词，只是有历史层次的不同。第二人称代词"乃"，在商代的读音是 *nɯɯʔ，到了春秋时期，齐系文字和吴越文字里出现了第二人称代词"而"。我们认为"而"记录的也是{乃}这个词，只是由于语音的变化，即第二人称代词{乃}的读音发生了 *nɯɯʔ>*nʲɯ 音变，所以出现新的字词对应关系。{殷}这个词在商代的读音是 *ʔɯr，所以假借"衣"来记录它。到了西周时期，由于西周雅言里{殷}这个词的读音发生了 *ʔɯr>*ʔɯn 音变，所以出现新的字词对应关系，用"殷"来记录它。{多}这个词，在商代的读音是 *klaal，用"多"来记录它。到了西周时期，由于西周雅言中"多"的读音发生了 *klaal>*taal 音变，因此改用"者"来记录它，即出现了新的字词对应关系{多}与"者"。

有的例子表明西周春秋金文中的用字所记录的音更古老，这可反过来证明商代甲骨文金文中所用之字的读音有更古老的来源。如{夜}这个词，在商代是"夕"字来记录它，西周金文中出现了新的字词对应关系{夜}与"夜"。上古音"夜"为 *lags，"夕"为 *lʲag。从语音演变规律来看，*lags 可因为颚化和 -s 尾脱落而变成 *lʲag，但不可能从 *lʲag 变成 *lags。由此看来，"夕"在商周时期的雅言里还不是邪母字。又如{陞}这个词，在商代的读音是 *tɯg，用"陟"字来记录它。西周雅言里的读音则是 *tɯɯŋ，用"登"字来记录它。在战国楚方音里读 *tʰɯŋ，用"阩、陞、迖"等字来记录。从语音演变规律来看，*tʰɯŋ 最古老。*tʰɯŋ 的送气特征失落可变成 *tɯŋ，*tɯŋ 的鼻韵尾失去鼻化特征可变成 *tɯg。

有的字例说明一些用字只是音近假借。如{祈}这个词在商代假借"乞"字来记录它，"乞"的上古音为 *kʰɯd，与"祈"*gɯl 音近。

四　结语

唐兰曾指出，商周两个时代的文字有很多地方是截然不同的[21]。陈英杰强调做商周文字形义系统的对比研究，他认为在研究周金文形义系统时，要注意把游离于此系统之外的、属于商文字系统的因素除开。也就是说，对于周金文形义系统的研究，要多角度、多层次（包括时代层次、地域层次、族属层次），不可笼统地置于同一平面上进行讨论[22]。虽然陈先生关注的是周金文形体的层次性，而我们关注的是字词关系的时代层次差异所揭示的语音问题，但他所指出的周金文中字词关系的时代层次、地域层次、族属层次问题是非常重要的，对于我们今后进一步研究两周金文的字词关系及其所揭示的音变颇具启发和指导意义。

附记：本文是福建省社科基金一般项目"安大简《诗经》与战国语言研究"（FJ2020B125）的成果之一。

（作者单位：厦门大学文学院）

注：

① 李新魁《从"同音"现象看语音与文字的某些关系》，《词书与语言》第91—92页，湖北人民出版社1985年。

② 陈梦家《殷虚卜辞综述》第81页，中华书局1988年。

③⑯ 虞万里《榆枋斋学术论集》第439—491页，江苏古籍出版社2001年。

④ 田炜《西周金文字词关系研究》第107—167、249—259页，上海古籍出版社2016年。

⑤ 本文标注的上古音是笔者分别吸收郑张尚芳《上古音系》、白一平和沙加尔《上古汉语新构拟》、潘悟云《历史音韵学（第二版）》中的部分观点后所作的构拟。参看郑张尚芳《上古音系（第二版）》，上海教育出版社2013年；白一平、沙加尔《上古汉语新构拟》，上海教育出版社2020年；潘悟云《历史音韵学（第二版）》，未刊稿。

⑥ 李孝定《金文诂林读后记》第222页，史语所1982年。

⑦ 参看刘钊主编，郑健飞、李霜洁、程少轩协编《马王堆汉墓简帛文字全编》第665—666、1330—1336页，中华书局2020年。

⑧ 郭沫若《两周金文辞大系图录考释（三）》第47页，科学出版社1957年。

⑨ 唐兰《西周青铜器铭文分代史征》第340注3，上海古籍出版社2015年。

⑩ 张玉金《西周汉语代词研究》第44—46页，中华书局2006年。

⑪ 于省吾《双剑誃吉金文选》第173—174页，中华书局2009年。

⑫ 参看张世超等撰著《金文形义通解》第1117—1119页，中文出版社1996年。

⑬ 在白一平和沙加尔的上古音系统里，微部的主要元音有ə和u两类，韵尾有-r、-j两类。其中ər的韵尾中古变成-n；在郑张尚芳的上古音系统中，微部的主要元音有ɯ和u两类，韵尾为-l。关于中古影母的来源，白一平和沙加尔认为如果谐声系列里中古是纯一色的影母字，这类影母字的上古音就构拟为ʔ-。如果谐声系列里中古除了影母字，还有其他喉音字，那么这类影母字的上古音则构拟为小舌音*q-。郑张尚芳则把中古所有的影母字的上古音都构拟成小舌音*q-。声母和韵尾的构拟，我们采纳白一平和沙加尔的观点，而主要元音的构拟，我们则采用郑张先生的构拟，因此我们构拟"殷"的上古音为 *ʔɯr>*ʔɯn。参看白一平、沙加尔《上古汉语新构拟》第58、352—370页；郑张尚芳《上古音系（第二版）》第70、72页。

⑭ 王国维《王国维遗书·殷礼征文·殷祭》，上海古籍书店1983年。

⑮ 白一平、沙加尔《上古汉语新构拟》第368—370页。

⑰ 毛祖志《甲骨文常用词词典》第716页，复旦大学2021年博士学位论文。

⑱ 董珊、陈剑《郾王职壶铭文研究》，《北京大学中国古文献研究中心集刊》第3辑第37—38页，北京大学出版社2002年；陈斯鹏、石小力、苏清芳编著《新见金文编》第366页，福建人民出版社2012年。

⑲ 孙亚冰、林欢《商代地理与方国》第259—473页，中国社会科学出版社2010年。

⑳ 金兆梓《封邑邦国方辨》，《历史研究》1956年第2期。

㉑ 参看杨怀源、孙银琼《两周金文用韵考》第115—119页，人民出版社2014年。

㉒ 同上注第119—122页。

㉓ 葛英会《〈包山〉简文释词两则》，《南方文物》1996年第3期。

㉔ 唐兰《古文字学导论（增订本）》第231页，齐鲁书社1981年。

㉕ 陈英杰《商周文字形义系统对比研究浅探》，收录于氏著《金文与青铜器研究论集》第174—187页，上海古籍出版社2020年。

古文字研究（34）：237—241，2022

辽阳出土"和成夫人"鼎铭再考

董　珊

　　1993年在辽阳市东电四公司出土的一件战国铭文铜鼎（见图1），现在收藏在辽阳市博物馆。此鼎最初由李智裕发表[①]，认为"铭文应为战国燕文字"，释为"𥝖成夫人"，第一字先阙释，后又怀疑释为"相成（平）夫人"，"相平"读为襄平。后来孙合肥又撰写文章[②]，进一步肯定鼎铭是战国燕文字的观点，并且将铭文的第一字与李家浩旧释的"𥝖"字相联系，认为此字从"禾"、"𦣞"声，应释为"𥝖"，读鼎铭"𥝖成"为"宛城"，又认为战国燕官玺"𥝖阳都邍驲"之"𥝖阳"为河北临漳县（今邺城县）西阌马台的

図1

"宛阳"，认为鼎铭"𥝖成"或者与"宛阳"有关，但文末又作游移不定之辞，说："此宛城夫人鼎的发现，说明燕国徙居辽东后其属地或有名宛城者。"

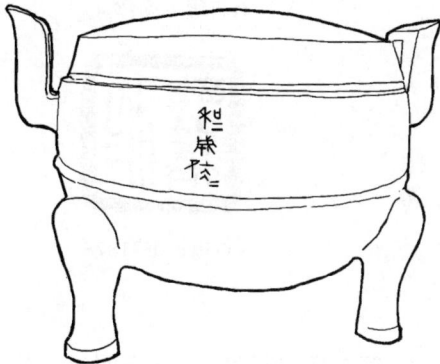

　　李智裕释"相平"读"襄平"的看法，已见孙合肥论文反驳，可以不论。在孙合肥的论文中，他提出了两种说法：1. 宛阳属燕国说。邺城战国属魏，战国时代的燕国势力从未到达过今河北邺城。再看他所引证记录"宛阳"的文献，乃是引《资治通鉴》讲十六国时期的后赵石虎，并不是先秦两汉文献，因此他的引证是无效的。2. "𥝖成"属燕国辽东说。照他的看法，"𥝖成"也许是文献失载的一个燕国地名。

　　我认为，李智裕认为鼎铭属燕，以及孙合肥承此说法继续论证，其前提和结论都是错误的。从战国文字分域的研究来看，该鼎铭文不属燕系文字，而应属三晋系文字。

　　鼎铭虽仅三个字（合文一），但每个字都具有明显的晋系文字特点。

　　第一字应释为"和"字。这种加两横的"和"字，见《古玺汇编》838、1534、1874、1878、2292、5110等（见图2），皆三晋私玺。由此可见，此字应与李家浩所释的燕系文字"𥝖"字

无涉。

《古玺汇编》838

《古玺汇编》1534

《古玺汇编》1874

《古玺汇编》1878

《古玺汇编》2292

《古玺汇编》5110

图 2

第二字"成"字,也具有明显三晋文字特征。

　　和成夫人鼎　　　　四年春平相邦戟(11694)　　　《玺汇》1308

第三字"夫₌"是"夫人"的合文(见图 3),这种左右横置写法的"夫₌"已见于:1.《殷周金文集成》1473 号"笒夫人"鼎(北京故宫博物院藏,见图 4);2. 黄浚《尊古斋金石集》第 219 页(清华大学图书馆藏原拓本,上海古籍出版社 1990 年出版)"平安夫人"器(见图 5);3. 河南沁阳战国墓发现的"平安夫人"盒铭文(见图 6)。

图 3

图 4

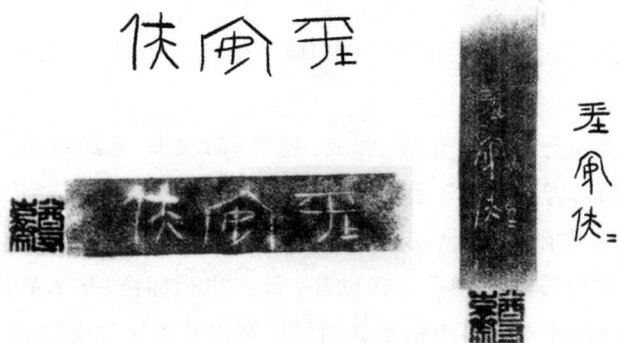

图 5

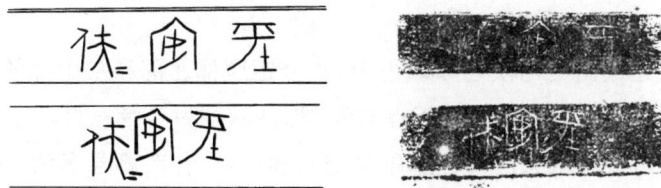

图 6

这三件器物，都是战国三晋器③。据上所引证，和成夫人鼎铭无疑属于三晋文字系统。

这些铭文中，位于"夫人"之前的，都是封君称号。由此可见，"和成"也是封君的名号。战国封君的名号有两种来历，一种是美称，一种是封邑。我认为鼎铭"和成"应属于封邑名称。

传世文献中，有两个"和成"，"和"或写作"禾"，"成"或写作"城"。《史记·高祖功臣侯者年表》："禾成，以卒汉五年初从，以郎中击代，斩陈豨，侯，千九百户。（高祖）十一年正月己未，孝侯公孙耳元年。（文帝）五年，怀侯渐元年。十四年，侯渐薨，无后，国除。"又《汉书·高惠高后文功臣表》（引自《汉书补注》上册第251页，中华书局1983年影印本）："禾成孝侯公孙昔。以卒汉五年初从，以郎中击代，击陈豨，侯，千九百户。正月己未封，二十年薨。孝文五年，怀侯渐嗣，九年薨。元康四年，昔曾孙霸陵公乘广意诏复。"《汉书补注》："先谦曰：据《浊漳水注》，禾成作和城，在钜鹿敬武、赀县之间，《史表》昔作耳。《史表》五年作二年。"

《水经注·浊漳水》："（衡漳水）又东南，径和城北，世谓之初邱城，非也。汉高帝十一年，封郎中公孙耳为侯国。"《水经注疏》云：

会贞按，城在今宁晋县东北。

《汉表》作公孙昔，此从《史表》，全、赵同。戴改昔，而以耳为讹，失于不考。

全云：和成乃王莽所分钜鹿之支郡，见于《东观汉记》，在下曲阳，〈成〉一作戎。而常山别有禾城，则公孙耳所封，莽更名鄗为禾成亭，是也。是《注》上言敬武，下言赀城，是钜鹿之和成,非禾成也。《注》引《侯表》,谬矣。

守敬按:《史记志疑》以此《注》所指和城为是,谓《表》作禾成,于和字脱其半耳。成、城,《史》《汉》通写。

全祖望所谓"王莽所分钜鹿之支郡"和成,见于《后汉书·光武帝纪》:"世祖因发旁县,得四千人,先击堂阳、贳县,皆降之。王莽和成卒正邳彤亦举郡降。"李贤注:"《东观记》曰:王莽分钜鹿为和成郡。居下曲阳。"又《后汉书·邳彤列传》亦同。全祖望所谓"常山别有禾城",见于《汉书·地理志上》常山郡属县"鄗"下应劭注,云:"世祖即位,更名高邑。莽曰禾成亭。"战国秦汉鄗城遗址,在今河北省邢台市柏乡县固城店镇固城店村村南1500米④。

据上引文献,在钜鹿敬武、贳县之间的和城县,即汉高祖所封禾成侯国封邑,马孟龙考订其方位在今河北省宁晋县苏家庄镇⑤。战国和成夫人鼎所见封邑"和成"也应该是此地。此和城在西汉后期废除,故不见于《汉志》⑥。

至新莽时,以上述战国秦西汉之和城为中心,分钜鹿郡北部和常山郡的一部分,新置为和成郡(郡治下曲阳),《汉书·王莽传》说王莽改制"郡县以亭为名者三百六十,以应符命文也"。为应符命,王莽将临近故和城县的常山郡鄗县划归和成郡,并改鄗县名为"禾成亭"⑦。这是全祖望"常山别有禾城"说的来源。事实上常山禾成亭之名晚出,汉初公孙耳禾成侯国封地应在钜鹿和城,全祖望误指为常山禾城。至东汉,禾成亭又改回为高邑(鄗),王莽的和成郡、禾成亭都是昙花一现而已。

从地理形势上看,鄗与和成地区应先属中山国南境⑧。《史记·赵世家》记载赵武灵王三年城鄗,赵武灵王二十一年,又攻中山取鄗、石邑、封龙、东垣。此时的和成亦应落入赵境。赵惠文王三年赵灭中山之后,在这一地区设有封君。例如,《汉书·地理志》常山郡元氏县下师古注:"阚骃云:赵公子元之封邑,故曰元氏。"《史记·魏公子列传》:"公子竟留赵,赵王以鄗为公子汤沐邑。"所以,和成夫人鼎铭之"和成"最可能是传世文献失载的赵国封君名号。钜鹿和城的地名,原来根据《史记·高祖功臣侯者年表》"禾成侯"可以追溯至西汉初年,现在据重新考订的和成夫人鼎,又可进一步上溯至战国。

2018年5月22日,藉由参加先秦史学会在辽阳举办学术会议的机会,我在辽阳市博物馆保管部主任王成科先生的协助下,观摩了这件鼎,又发现其下腹部另有一行浅刻大字铭文,过去未曾发表。试做摹本(见图7),可辨识为"安居翟□"四字,字体属于秦文字⑨。由此可见,该鼎先属赵国封君,后又属秦人。这可能是战国晚期的秦统一战争中被秦人掠夺,又携带至辽阳地区,而埋入墓葬。墓葬的主人很可能就是这件鼎最后的主人。

图7

古代辽东地区是内陆通往朝鲜半岛的陆路交通要道。历来的考古文物工作,在朝鲜平壤,吉林的长白朝鲜族自治县、集安,辽宁的辽阳、宽甸、朝阳、抚顺、大连等多个地点,曾发现过一些属于战国时代赵、魏、秦等国的战国兵器。《史记·秦始皇本纪》:"(秦王政)二十年,燕太子丹患秦兵至国,恐,使荆轲刺秦王,秦王觉之,体解轲以徇。而使王翦、辛胜攻燕。燕、代发兵击秦军,秦军破燕易水之西。二十一年,王贲攻荆。乃益发卒诣王翦军,遂破燕太子军,取燕蓟城,得太子丹之首。燕王东收辽东而王之。王翦谢病老归。……二十五年,大兴兵,使王贲将,攻燕辽东,得燕王喜,还攻代,虏代王嘉。"据这些记载,可见秦统一时似乎以辽东为最东北。不过,《史记·朝鲜列传》又讲到:"朝鲜王满者,故燕人也,自始全燕时,尝略属真番、朝鲜,为置吏,筑鄣塞。秦灭燕,属辽东外徼。汉兴,为其远难守,复修辽东故塞,至浿水为界,属燕。燕王卢绾反,入匈奴,满亡命,聚党千余人,魋结蛮夷服而东走出塞,渡浿水,居秦故空地上下鄣,稍役属真番、朝鲜蛮夷及故燕、齐亡命者王之,都王险。"从所发现文物的分布来看,秦与汉初对东北地区的统一战争,很有可能一直绵延到了朝鲜境内,燕、赵、齐等国家的残余武装以及战争难民,即经由上述文物分布所构成的交通路线,逃亡到了朝鲜半岛。

附记:本文为古文字与中华文明传承发展工程资助研究项目"战国题铭研究"(G3217)的阶段性研究成果。关于"和成"的地理考证,文成之后,曾得到复旦大学马孟龙先生指教,使我避免了严重的失误。谨此申谢。

(作者单位:北京大学考古文博学院)

注:

① 李智裕《辽阳博物馆藏战国铭文铜鼎》,《中国国家博物馆馆刊》2012年第9期第81—82页。

② 孙合肥《辽阳博物馆藏战国铭文铜鼎补释》,《江汉考古》2016年第3期第119—120页。

③ "笑"应当读为《汉书·地理志》上谷郡属县"茹",《汉书补注》引《一统志》"故城在今宣化县南",《汉书地理志汇释》第404页谓"治今河北涿鹿县北",所指位置相同。此地在燕、代边界,公元前228年秦灭赵王迁之后,赵公子嘉又王代六岁,其时茹县地属代。所以茹地的封君应属赵或代,"笑(茹)夫人"鼎铭属三晋。吴良宝《平安君鼎国别研究评议》认为平安君属魏或卫的可能性都有。无论是哪一种情况,平安君鼎铭都属于三晋文字系统。吴文刊于《吉林大学社会科学学报》2009年第4期第81—86页。

④ 据国家文物局主编《中国文物地图集·河北分册》,文物出版社2013年,地图见上册第376页,说明见下册第714页。

⑤ 马孟龙《西汉侯国地理(修订本)》第481页,上海古籍出版社2021年。

⑥《汉书·地理志下》广平国有南和县,《太平寰宇记》卷五九河北道八邢州南和县下引《水经注》佚文"北有和城县,故此云南也"。"和成"之"成"应读为地名后缀"城",所以"和成"在早期可以省称作"和"。

⑦ 今宁晋苏家庄镇(钜鹿和成)与柏乡固城店村(常山鄗县)相距约44公里。

⑧ 看谭其骧主编《中国历史地图集》第1册第37—38页"赵、中山"图,地图出版社1982年。

⑨ 秦封泥有"安居室丞",又有"安台居室",所以一般认为"安居室丞"是"安台居室丞"的省简,而"安台居室"是否可以简称为"安居",目前尚无数据可以证明。所以,鼎底部秦刻铭"安居翟□"的解释,暂且存疑。

古文字研究（34）：242—244，2022

北白鹅"大保匽中"器铭与南燕

杨　博

2020年4月至12月，山西省考古研究院组织的联合考古队，对位于山西省垣曲县北白鹅村东的北白鹅墓地展开抢救性发掘，共发掘两周之际的大中型墓葬9座，出土近50件有铭铜器[①]。因为在M3、M5和M6出土铜器铭文中发现了"中氏、匽姬、大保匽仲、匽太子、华"等内容，发掘者认为此"大保"与召公奭有关。其长子就封在今北京琉璃河附近的北"匽"（燕）后，召公仍以大保身份留在宗周辅佐王室，今陕西岐山县召地为其采邑，其官爵和采邑后由次子继承，也就是铭文中的"匽仲"。平王东迁后，"匽仲"家族的采邑被封在太行山南的垣曲召原，属于成周的王畿之内。结合墓葬形制和出土遗物分析，墓地的时代应该在春秋早期，与平王东迁这一重要的历史事件时间节点同符。故而北白鹅墓地揭示的是平王东迁后，召公次子"匽仲"家族在成周的采邑所在[②]。得益于发掘者开放、细致与高效的工作精神，墓地所出相关重要的铜器铭文均有较全面地披露或公布[③]，研究者亦得借以思索其族属为文献中记载的"南燕"之可能[④]。

《左传·隐公五年》"卫人以燕师伐郑"，杜预注："南燕国，今东郡燕县。"孔颖达正义："南燕国，姞姓，黄帝之后也。小国无世家，不知其君号谥，唯庄二十燕仲父见传耳。"[⑤]据此，学者已指出，春秋初期屡见《经》《传》之"燕"均指南燕，自鲁庄公二十年，郑伯和王室时执燕仲父之后，南燕灭亡[⑥]。其地在河南省卫辉东南35里废胙城县，郑樵云："胙氏，周公之后也，今滑州胙城是。其国为南燕所并。"[⑦]顾祖禹亦云："南燕，今卫辉府胙城县。本胙国，春秋时为南燕国。或曰胙为南燕所并也。"[⑧]在迁胙之前，学者认为西周后期其原"活动在今山西汾水流域……春秋后南燕迁徙到今河南延津东北，并灭掉邻近的胙国，以其地为都"[⑨]。近年有学者续就《大雅·韩奕》、特别是《春秋事语·燕大夫章》的相关记载，指出其故地当在山西闻喜、夏县之间，迁移的时间当在两周之际，或即在晋文侯二十四年（前757），晋灭韩之后[⑩]。

北白鹅墓地时间在春秋早期，其地恰处在由闻喜、夏县至河南延津的必经之路——轵关陉上，战国时"这条古道沿涑水河向东穿行山中，随后转向东南，取道垣曲、古城，径直向东到达济源"[⑪]。史念海曾指出春秋时晋国还曾整修过这条道路[⑫]，说明这条古道在春秋及之前也是存在的。M3所出夺簋铭自云其为皇且（祖）中氏作器，而M5、M6组墓所出簋铭"匽大子、中大父"，鼎铭、盨铭得见的"大保匽中"，似均指明墓地最高级别的贵族称为"匽中"，这不由使人联想起前述《左传》庄公二十年南燕仲父被执后南燕灭亡的记载。

北白鹅墓地族属为姞姓南燕，不仅可以很好地解决殉人和腰坑殉牲的葬俗问题，同时

M1、M3的偶数用鼎也能得到圆融的解释。"偶数配列"是殷墟青铜礼器组合的基本形式[13]。我们也知道两周之际至春秋早期，殷遗民特别是山东半岛到黄淮、江淮流域的诸东方族群与周人列鼎的器用方式的一个显著不同，就是"偶数用鼎"[14]。此外，"同姓不婚"在春秋时期仍是婚姻制度的基本原则，若墓地族属果为召公家族，则M3：10甗铭"虢季为匽姬滕甗"指明虢、匽（召）间的姬姓通婚，在春秋早期时仍觉抵牾。若为姞姓南燕，则如蔡侯鼎（《铭图》2144）"蔡侯作宋姬滕［鼎］"、鲁侯匜（《铭图》14923）"鲁侯作杞姬番滕匜"、郑伯匜（《铭图》14946）"郑伯作宋孟姬滕匜"的辞例[15]，是虢季为嫁入姞姓匽氏的姬姓虢氏女"匽姬"所作的滕器，是说似更圆融。

　　大保很长时间都被学界认为与召公有关，这也是发掘者将墓地族属归为召公次子"匽仲"家族的重要原因。值得注意的是，大保作为官职并非仅是王官，诸侯国内也见设有大保的，如曾大保，考古发掘所见有同属春秋早期的器物，即枣阳曹门湾M43：3—4曾太保夋簋[16]；随州周家岗墓葬出土曾大保簋[17]，陈伟武介绍有曾大保孋簋[18]，传世器还见有曾大保簋、曾大保盆等，可见仿照王朝三公之类的设置在诸侯国似应有不少存在[19]。由此似不排除此处的"大保匽中"为姞姓南燕贵族所担任的王朝或诸侯国官职的可能。如是，对此前发现的"太保"诸器似亦有重新考量的必要。

　　综上所述，北白鹅墓地位于传世文献所载姞姓南燕故地，墓地所出铜器铭文"匽中"与《左传》所见"燕仲父"亦可建立联系；而殉人、腰坑殉牲和偶数用鼎的葬俗、以及"虢季为匽姬滕甗"所见"同姓不婚"的婚姻原则，均提示墓地族属存在有姞姓南燕的很大可能。无论其族属为何，北白鹅墓地的发现为研究两周时期的政治地理格局、铜器铭文与墓葬族属的判定关系等均提供了重要资料。

　　附记：小文为国家社科基金青年项目"西周诸侯墓葬青铜器用与族群认同研究"（17CZS005）的阶段性成果之一；研究过程得到国家社科基金冷门绝学研究专项学术团队项目"近出两周封国青铜器与铭文的综合研究"（20VJXT019）的资助。

（作者单位：中国社会科学院古代史研究所）

注：

① 杨及耘、曹俊《山西垣曲北白鹅周代墓地考古发现》，《中国文物报》2021年1月29日第8版。

② 杨及耘、曹俊《山西垣曲北白鹅两周墓地2020年发掘收获》，国家文物局主编《2020中国重要考古发现》第76—81页，文物出版社2021年；山西省考古研究院等《山西垣曲北白鹅墓地M2、M3发掘简报》，《文物季刊》2022年第1期。

③ 除上揭发掘情况简报外，另可参见山西省考古研究院《垣曲北白鹅墓地M3出土的两件有铭铜器》，《文物世

界》2021年第1期；山西省考古研究院《山西垣曲北白鹅墓地M5出土有铭铜器》，《考古与文物》2021年第3期。

④ 在2020年12月9日举办的"山西两周考古新发现研讨会"上，常怀颖即已将北白鹅墓地"匽"国铭文考释为姞姓南燕。韩巍《也谈垣曲北白鹅墓地的族姓问题（草稿）》（"先秦秦汉史"微信公众号，2021年7月30日）综合考虑北白鹅墓地出土铜器铭文和葬俗等因素，为北白鹅墓地属姞姓南燕之说找到了一些比较有说服力的证据，读者可以参看。

⑤ 〔清〕阮元校刻《十三经注疏》（清嘉庆刊本）第3750页，中华书局2009年。

⑥ 金岳《金文所见周代燕国——论北燕非南燕余支》，《文物春秋》1990年第1期。

⑦ 〔宋〕郑樵撰，王树民点校《通志二十略》第50页，中华书局1995年。

⑧ 〔清〕顾祖禹撰，贺次君、施和金点校《读史方舆纪要》第16页，中华书局2005年。

⑨ 阎忠《南燕国考》，《松辽学刊（社会科学版）》1995年第3期第63页。

⑩ 王彪《先秦南燕国考略》，《唐都学刊》2014年第2期。

⑪ 卢云《战国时期主要陆路交通初探》，《历史地理研究（1）》第33页，复旦大学出版社1986年。

⑫ 史念海《春秋时代的道路交通》，《河山集》第69—70页，三联书店1963年。

⑬ 汤毓赟《殷墟墓葬青铜礼器组合的新思考》，《江汉考古》2018年第2期。

⑭ 杨博《江南土墩墓与铜礼器器用的偶数用鼎》，《东南文化》2021年第1期。

⑮ 吴镇烽编著《商周青铜器铭文暨图像集成》第4卷第335页、第26卷第299、324页，上海古籍出版社2012年。

⑯ 武汉大学历史学院等《湖北枣阳郭家庙墓地曹门湾墓区（2015）M43发掘简报》，《江汉考古》2016年第5期。

⑰ 随州市博物馆《湖北随县发现商周青铜器》，《考古》1984年第6期。

⑱ 陈伟武《两件新见曾国铜器铭文考述》，《中山大学学报（社会科学版）》2009年第5期。

⑲ 湖北省文物考古研究所编《曾国青铜器》第7页，文物出版社2007年。

古文字研究(34):245—248,2022

南阳出土楚王戈考释

黄锦前

    2008年6—10月,南阳市文物考古研究所在南阳市八一路重化公司改造项目南阳名门华府住宅小区建设工地抢救发掘了一批东周楚墓,其中M45出土一件楚王戈[①],铭文内容颇重要。本文对其试作考释,并就铭文所反映的有关史实及戈之年代等问题进行讨论,不当之处,请方家指正。

    该戈长援,尖锋,中胡三穿,阑下端有齿,长方形内,上有一横穿,援、内均较平直,内两面饰双勾线纹(图1)。其形制与楚王酓璋戈(《殷周金文集成》[②]17.11381,图2)、上海博物馆藏蔡公子加戈[③]及2005年春湖北襄樊古邓城东北团山墓地M42出土的蔡公子加戈[④]近似。楚王熊璋戈的楚王熊璋,一般认为即楚王熊章钟(《集成》1.83、84)、楚王熊章镈(《集成》1.85)及楚王熊章剑(《集成》18.11659)之楚王熊章[⑤],该戈系战国早期前段器[⑥]。两件蔡公子加戈的年代皆在春秋晚期[⑦]。因此,此戈年代约为战国早期前段。

图1　楚王戈 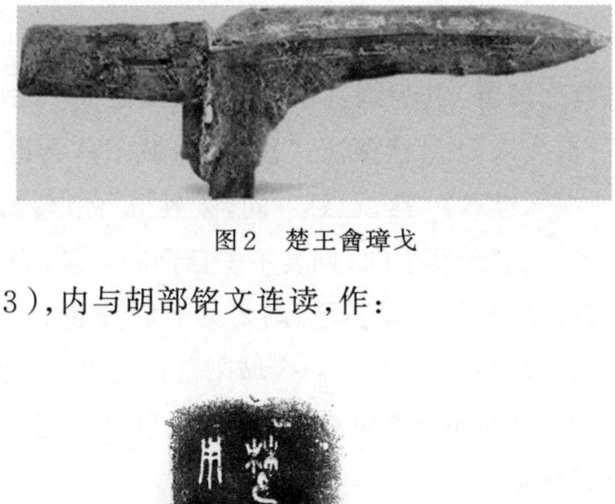　　　　　　　　　　　图2　楚王酓璋戈

戈胡部及内上各铸铭文2列,共10字(图3),内与胡部铭文连读,作:

    楚王之元允(用),铸之用克鄦(莒)。

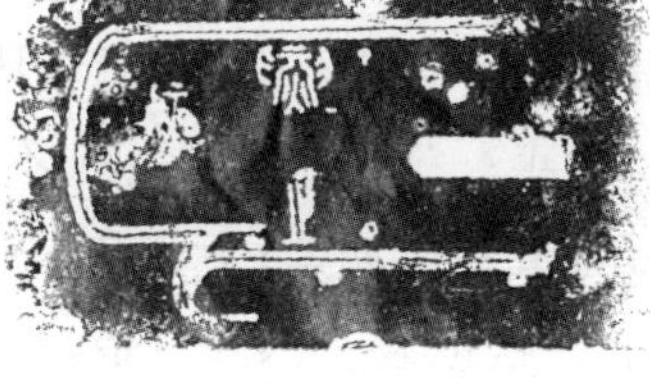

内部铭文 　　　　　　　　胡部铭文

图3　楚王戈铭文

　　"元"字下无文字痕迹,其左旁锈损处有残画作![残画],从现有笔画来看,可能是"允"字。"允"可读作"用",柏子戈(《集成》17.11253)"柏子谁臣作元允(用)戈",可证。

　　"铸"字原篆作![铸],其写法在楚文字中较为罕见,与下列"铸"字诸形可资比较:

![字形]( )耳公剑[8](春秋中期)　　　　　　![字形]蔡大司马燮盘[9](春秋晚期)

![字形]侯马盟书一六:五[10](春秋晚期)　　　　![字形]子孔戈(战国早期,《集成》17.11290)

　　"鄪"字原篆作![鄪],从"艹"作,字形与下列诸"鄪"字可以比照:

![字形]鄪侯少子簋(春秋晚期,《集成》8.4125)　　![字形]孝子平壶(鄪大叔壶)[11](春秋晚期)

![字形]公孙潮子钟、铸[12](战国早期)　　　　　![字形]庚壶(春秋晚期,《集成》15.9733)

　　下面再对铭文内容及戈之年代试作讨论。

　　戈铭"铸之用克鄪",《玉篇》:"克,胜也。"即战胜、攻取。《易·既济》:"高宗伐鬼方,三年克之。"《左传·僖公四年》:"以此攻城,何城不克?"《吕氏春秋·爱士》:"(缪公)遂大克晋,反获惠公以归。"高诱注:"克,胜也。"

　　"鄪"即"莒",屡见于铜器铭文。莒为东周时期今山东地区的诸侯国。《墨子·非攻》:"东方有莒之国者,其为国甚小,间于大国之间。"故址在今山东省莒县。《春秋·隐公二年》:"夏,五月,莒人入向。"杜预注:"莒国,今城阳莒县也。"孔颖达《正义》曰:

　　　　《世本》"莒,己姓。向,姜姓"。此《传》云"莒人入向,以姜氏还"(引案:《左传·隐公二年》:"莒子娶于向,向姜不安莒而归。夏,莒人入向,以姜氏还。")。文八年《传》称穆伯"奔莒,从己氏"。是莒己、向姜见于《传》也。《谱》云:"莒,嬴姓,少昊之后。周武王封兹与于莒。初都计,后徙莒。今城阳莒县是也。"《世本》:"自纪公以下为己姓。"不知谁赐之姓者。十一世兹丕公方见《春秋》,共公以下微弱不复见。四世楚灭之。向则唯此见《经》,不能知其终始。

杨伯峻《春秋左传注》[13]:

　　　　莒,国名,《郑语》"曹姓邹、莒",以莒为曹姓,恐为另一莒。此莒国,春秋后五十年为楚所灭,见《楚世家》。传世彝器有中子化盘,记楚简王伐莒,见郭沫若《两周金文辞大系考释》。据文八年《传》(引案:《左传·文公八年》:"穆伯如周吊丧,不至,以币奔莒,从己氏焉。")及《世本》,当为己姓,旧都介根,今山东省胶县西南;后迁莒,今山东省莒县。

　　莒国于公元前431年为楚所灭,其事见于文献记载。《史记·楚世家》:"简王元年,北伐灭莒。"楚简王元年即公元前431年,因此,此戈制作年代的下限,当在楚简王元年、即公元前

431年,时在战国早期前段,因而是一件年代明确的战国早期标准器。与该戈同出的有铜器、陶器等[14],其年代为战国中期,这与戈的形制与铭文所反映的情况也相吻合。

上引杨伯峻《春秋左传注》所云之中子化盘(《集成》16.10137),其铭文的"柖"字,郭沫若认为系"莒"之本字[15]。而就目前所见的青铜器铭文而言,莒国之"莒"有"鄦[16]、簹[17]、筥[18]"等几种写法,但未见有写作"柖"者[19];且盘铭之文字明显为春秋早期特征[20],因此该盘断非楚简王时器[21]。李零认为"柖"系"吕"字[22],刘彬徽从其说[23]。而张亚初仍遵从郭沫若的意见,将"柖"读作"莒",则不确[24]。

此戈所自出的M45是一甲字形大墓,墓室长10米、宽8米、深7.8米。该墓虽破坏严重,但所出铜礼器仍有鼎5、敦1、壶1、盒2、盘、匜各1等,兵器有剑、戈、矛、镞及车马器等[25],说明墓主可能系楚之高级贵族。楚王戈出于该墓,可能系墓主生前曾参加过灭莒的战争,因有功而受到楚王的赏赐,此戈可能即其所得赏赐物中的一件。因该戈乃楚王所赐,故死后又用其随葬,以旌表其生前的战功。

该墓与M32东西并列,M32亦系一甲字形大墓,墓室长、宽与M45相当,所出铜器有鼎、敦、壶、盘、匜、方镜等[26],推测墓主可能为M45墓主的夫人,这是一对夫妻异穴合葬墓。这两座墓的年代约为战国早期偏晚或中期偏早。

目前楚系有铭青铜器中,未见有年代明确的楚简王年代的器物,该戈的出土,填补了楚简王时期楚系标准器的空白,对相关器物的断代及有关问题的认识也有一定的参考作用,因而具有极其重要的学术价值。

附记:林沄、涂白奎、刘云等师友在看过本文初稿后,指出了其中的一些问题,从而避免了一些不必要的错误,在此一并向各位师友致谢! 2012.3

(作者单位:新疆大学中国语言文学学院)

注:

① 资料现存南阳市文物考古研究所。

② 中国社会科学院考古研究所编《殷周金文集成》,中华书局1984—1994年。以下简称"《集成》"。

③ 上海博物馆编《上海博物馆藏青铜器》,八七,上海人民美术出版社1964年;陈佩芬《夏商周青铜器研究(东周篇)》第272—273页,五四六,上海古籍出版社2004年。

④ 黄锡全、刘江声《襄樊团山墓地出土一件蔡公子加戈》,《华学》第9、10辑第146页图1,上海古籍出版社2008年。

⑤ 邹芙都《楚系铭文综合研究》第131页,巴蜀书社2007年。

⑥ 李家浩主要从文字和文献出发,将戈铭的"酓璋"读作"酓商",即楚威王熊商。认为铭文记述威王灭越之事,戈之年代可定"在公元前三三三年前后"(参见李家浩《楚王酓璋戈与楚灭越的年代》,载《文史》第24辑第

15—21页,中华书局1985年)。有关该戈年代的辨正详见拙文《竞畏矛补论及其相关问题》,载《湖南考古辑刊》第12辑第324—336页,科学出版社2016年。

⑦　上海博物馆编《上海博物馆藏青铜器》,八七;陈佩芬《夏商周青铜器研究(东周篇)》第272—273页,五四六。黄锡全、刘江声《襄樊团山墓地出土一件蔡公子加戈》,《华学》第9、10辑第146—150页。

⑧　李兴盛《内蒙古和林格尔县征集的青铜剑和铜印》,《考古与文物》1989年第6期第28页图1。

⑨　韩自强、刘海洋《近年所见有铭铜器简述》,载《古文字研究》第24辑第168页,中华书局2002年。

⑩　山西省文物工作委员会编《侯马盟书》第104、205页,文物出版社1976年。

⑪　山东省博物馆编《山东金文集成》第634页,齐鲁书社2007年。

⑫　山东诸城县博物馆《山东诸城臧家庄与葛布口村战国墓》,《文物》1987年第12期第51页图9:1,第49页图4:2。

⑬　杨伯峻《春秋左传注》第20页,中华书局1981年。

⑭㉕㉖　南阳市文物考古研究所资料。

⑮　郭沫若《两周金文辞大系图录考释》第167页,上海书店1999年。

⑯　如酅公戈(《山东金文集成》第802页1)、酅侯少子簋(《集成》8.4152)、酅大史申鼎(《集成》5.2732)、孝子平壶(或称"酅大叔壶",《山东金文集成》第634页)、庚壶(《集成》15.9733)、公孙潮子钟(《山东金文集成》第76页1—4)、公孙潮子镈(《山东金文集成》第103页1—2)等。

⑰　如籣叔之仲子平钟(《集成》1.172—180)、籣丘子戟(或作"莒丘子戟",《山东金文集成》第877页)。

⑱　如筥小子簋(《集成》7.4036、4037)。

⑲　战国早期齐国之器子禾子釜铭文中的"莒市"之"莒"写作"柤"(《集成》16.10374),可以不论。

⑳　刘彬徽《楚系青铜器研究》第294页,湖北教育出版社1995年。

㉑　郭沫若(《两周金文辞大系图录考释》第167页)认为中子化盘的"中"字即楚简王名,《史记·楚世家》"惠王卒,子简王中立。简王元年,北伐灭莒"与盘铭"征柤"亦相合,故定此盘为楚简王时器。

㉒　李零《楚国铜器铭文编年汇释》,载《古文字研究》第13辑第353—397页,中华书局1986年。

㉓　同注⑳第293页。

㉔　张亚初《论鲁台山西周墓的年代和族属》,《江汉考古》1984年第2期第23—28页;又《殷周金文集成引得》第153页,中华书局2001年。李瑾、曾昭岷(《楚器〈中子化盘〉作器年代管窥——青铜器楚史资料研究之二》,载《湖北省考古学会论文选集(一)》第154—166页,武汉大学学报编辑部1987年)认为"吕"与"卢"音通,"柤"即卢国,邹芙都(《楚系铭文综合研究》第40页)对其说进行了辩驳,认为似应即吕国为宜。

古文字研究(34):249—252,2022

晋侯对铺铭文"脂食大饭"解说

何景成

　　晋侯对铺是台北故宫博物院于1992年购藏的一件青铜器,应是出土于山西省天马—曲村遗址北赵晋侯墓地中。器物上承直壁浅盘,腹底微呈圆凹状,腹壁饰重环纹,圈足镂空,饰环带纹(参看图1a);通高12.1cm,腹壁高5cm,口径27cm,底径19.2cm,重3010克[①]。器物年代为西周晚期。

　　该器浅盘内底铸有铭文4行23字,《故宫西周金文录》一书刊布了铭文的X光片和摹本(图1b),其释文作:

　　　　隹九月初吉庚
　　　　寅,晋侯对作铸
　　　　尊匍(铺),用旨(脂)食
　　　　大饑,其永宝用。

　　　　　　a　　　　　　　　　　　　　　　　b

图1

　　铭文中隶定作"饑"之字(下文以"△"代替),目前似仅见于此器。陈芳妹曾撰文对"△"作过讨论[②]:

　　　　第四行第二字"△"从楚从食。字书所无,但毛公鼎有"楚赋",郭沫若引孙诒让云"楚疑与胥通,楚胥并从疋得声",胥,赋也。查《说文通训定声》胥,楚,同属豫部,但胥为鱼韵,楚为语韵。另同属豫部的③则为鱼语韵；疏则为鱼御韵。故"△"与"糈"及"疏"通。

就"△"、"糈"、"䊆"相通方面而言，魏张揖《广雅·释器》云："糈，䊆也。"可见，△、糈、䊆三者意义或可相通。"䊆"，《说文》云熬稻粻䊆也，按段玉裁注："……熬，干煎也。稻、稬也。稬者、今之稬米，米之黏者。鬻稬米为张皇。张皇者，肥美之意也。既又干煎之，若今煎粢饭然，是曰䊆。"所以△、䊆、糈大概都指干煎的肥美黏米。……据《山海经》，糈，是重要的祭品。经过特别烹调的软米，大概是为供奉神明的吧。《楚辞·离骚》曰："怀椒糈而要之，百神翳其备降兮"，王逸注："椒，香物所以降神，糈，精米，所以享神。言巫咸将夕从天上来，下愿怀椒糈要之，使占兹吉凶也。"本名"大△"之"大"，与献侯簋大葊同词例，大葊者，祭名，"大△"或许是以干煎的肥美黏米所行的祭典吧?!

　　……

总之，用旨食大△，无论从△、糈、䊆或△疏相通两方面看，盖以肥美之米而祭。

研究者基本认同这一对△的隶定意见。《新金文编》④、《新见金文字编》⑤等工具书均采用这一隶定而收入于"食"部。赵平安亦认为："饎，前未见此字，可能通'糈'。《离骚》注：'精米所以享神也。'"⑥

△字下半部分从"食"，没有疑义。其上半部分，我们认为应分析作从林从𠄡，不能释为"楚"字。金文"楚"字从林疋声，其所从之"疋"未见有写作此字之形体的⑦。△字当分析为从食棥声，即该字上部应释为"棥"。

《说文》："棥，藩也。从爻从林。《诗》曰：'营营青蝇，止于棥。'"李守奎在讨论出土文献中的"樊"字时，对"棥"和"樊"字的构形作了以下分析⑧：

棥就是樊篱之"樊"的本字，字又作"藩"，在木桩之间系绳网，一方面可以起保护作用，另一方面防止樊篱内的鸟兽走脱。"樊"是在"棥"上加注音符"𠬞"构成的双音符字，这类双音符字也是形声字中的一类，习惯上应当说从棥，𠬞。

樊字的演变过程比较清楚，为：▨（樊夫人龙嬴盘，《集成》10082）——▨（樊季氏孙仲姊鼎，《集成》2624）——▨（佣戈偏旁，《淅川下寺春秋楚墓》）——▨（《楚居》）

棥中间的"爻"本来就是绳网之象，变成"网"不难理解。从表意的角度，使鸷鸟不得行，正该用网。

从上述分析可知，"棥"字本从林从爻，"爻"象绳网之形，后来逐渐演变成"网"形。△字上半部分从林从𠄡，其所从之𠄡，即"五"字。"五"和"爻"二形字形相似，意义相近。《说文》："五，五行也。从二，阴阳在天地间交午也。"研究者认为"五"本作✕，象交午之意，假以纪数，后增画为𠄡⑨。因此"棥"所从之"爻"写作"五"形，其表意作用不变。金文"爽"字多作▨（二祀邨其卣，《集成》5412），亦有作▨（矢令方尊，《集成》6016），其所从之"爻"写成类似"五"形。可见，△字上半部分当可释为"棥"。△字上半部从棥，下半部从食。从"食"旁多作为义符来看，△字可分析作从食桝声。其与倗戈铭文中从饮樊声之字，可能为一字异体。

上引李守奎文章在分析出土材料中的从"桝"之字时，提到了淅川下寺春秋楚墓出土的倗戈。该戈胡部正面及戈内正、背面铸有铭文23字，其中前几句作：

新命楚王![字形]膺受天命，倗用燮不廷。

关于"楚王"下面一字，淅川下寺春秋楚墓的整理者赵世刚分析该字是"从林从网从共从食从欠"，同时引述裘锡圭、李家浩的意见，认为"当从桝饮，或从饮樊声，或从樊饮声，当是楚王名"[⑩]。出土倗戈墓葬的墓主与楚康王同时，楚康王的名字，《春秋·襄公二十八年》作"昭"，《史记·楚世家》作"招"，《史记·十二诸侯年表》作"略"，因此研究者多从这一联系考虑倗戈此字与"昭"等字的联系。李零怀疑这个字也许是以食为形旁，歁为声旁，疑即饭字的异体。古书"昭、略"则有可能是"飯"字之误[⑪]。李家浩亦认为此字当从"樊"得声，与楚王名是名与字的关系[⑫]。陈剑认为该字左下部分为"罩"之本字，从罩声，读为昭[⑬]。李守奎认为此字从樊声，倗戈所记楚王即清华简《楚居》篇中的"酓樊"。"酓樊"即《楚世家》中的"熊胜"，《汉书·古今人物表》作"熊盘"[⑭]。后来尉侯凯在讨论倗戈铭文时，认为该字不是楚王名，当属下读，读为"反复"之"反"，"反膺受天命"是说再次获得天命[⑮]。

倗戈之字从饮樊声，晋侯对铺铭文中的"△"字从食樊声。饮、食意义相近，古文字中意义相近的形符常可相互替换[⑯]。因此我们认为这两字可能是一字异体。李零怀疑倗戈之字是"饭"之异体，颇有道理。晋侯对铺铭文中的△当视为"饭"之异体。"饭"从反得声，"反"古音属帮母元部、"樊"属并母元部，两者古音相近。上引尉侯凯文章引用"樊、反"相通的例证，可资说明：

《淮南子·地形训》"悬圃、凉风、樊桐在昆仑阊阖之中"，高诱注："樊，读如麦饭之饭。"《庄子·马蹄》"可攀援而窥"，陆德明释文："攀，本又作'扳'。"包山简130反"须左司马之樊行，将以问之"，李守奎先生即读"樊"为"反"，认为"反行"即出行结束返回，并引《左传》桓公二年"凡公行，告于宗庙。反行，饮至，舍爵策勋焉，礼也"为证。

此外，《古字通假会典》列有樊与板相通的例证[⑰]。可见"樊、反"二字关系密切，从食樊声的"△"字，可读为"饭"。与《说文》写法一致的"饭"字见于春秋时期的公孙土斧壶（《集成》9709），"△"与之为声符不同的异体字。

在晋侯对铺铭文中，"用旨食大饭"是说明器物功用，与之类似的语句还见于下列诸器：

伯旅鱼父簠（《集成》4525）：伯旅鱼父乍（作）旅匠，用倗旨飤。

上曾太子鼎（《集成》2750）：上曾大子般殷乃择吉金，自作肆彝，心度若虑，哀哀利锥。用孝用享，既龢无测。父母嘉寺（持），多用旨食。

弭仲簠（《集成》4627）：弭中（仲）乍（作）宝![字形]。择之金……其玄其黄，用成（盛）黍稻穛粱。用飨大正，音（歆）王宾。馈簠旨飤，弭仲受无疆福。者（诸）友饮食具匓（饱），弭仲繁寿。

仲大师鼎(《铭图》4·2196)：中(仲)大师乍(作)孟姬𫗦鼎，用匽(燕)旨飤。

仲大师壶(《铭图》22·12370)：中(仲)大师乍(作)孟姬尊壶，用匽(燕)旨飤。

窒叔簋⑱：兹簋旨食，亦寿人(年)。

《说文》："旨，美也。""旨食"即美食。类似说法还有"旨酒"，《诗·小雅·桑扈》："兕觥其觩，旨酒思柔。"郑玄笺："其饮美酒，思得柔顺中和。""旨酒"也见于金文中，㭪季良父壶铭文记载其作尊壶"用盛旨酒，用享孝于兄弟、婚媾、诸老"(《集成》9713)，国差𦉜铭文记载铸宝𦉜"用实旨酒"(《集成》10361)。晋侯对铺铭文中与"旨食"相提的"大饭"，也应该是属于美食。《说文》："饭，食也。"段玉裁注："食也者，谓食之也，此饭之本义也。引申之，所食为饭。"饭作名词指煮熟的谷类食物。《诗·商颂·玄鸟》云："龙旂十乘，大糦是承。""大糦"的说法与"大饭"相似。郑玄笺："糦，黍稷也。""大饭"当与"大糦"一样，是指谷物之类的粮食。参照前引㭪季良父壶、国差𦉜等器谓作器是为了"用盛旨酒、用实旨酒"，舞仲簋说"𫗦簋旨飤"，都是说作器用以装载美酒、美食。晋侯对铺铭文"用旨食大饭"，大概是说作器用以盛载黍稷美食。

（作者单位：吉林大学考古学院古籍研究所、
"古文字与中华文明传承发展工程"协同攻关创新平台）

注：

① 参看陈芳妹《晋侯对铺——兼论铜铺的出现与其礼制意义》，《故宫学术季刊》2000年第17卷第4期第53—108页。又收录于《故宫西周金文录》第181、260页，台北故宫博物院2001年；钟柏生、陈昭容、黄铭崇、袁国华编《新收殷周青铜器铭文暨器影汇编》第629页，艺文印书馆2006年。

② 陈芳妹《晋侯对铺——兼论铜铺的出现与其礼制意义》，《故宫学术季刊》2000年第17卷第4期第53—108页。

③ 引者按：此处似有漏字。

④ 董莲池编著《新金文编》第655页1063号，作家出版社2011年。

⑤ 陈斯鹏、石小力、苏清芳编著《新见金文字编》第161页，福建人民出版社2012年。

⑥ 赵平安《"𥂖、铺"再辨》，《古文字研究》第31辑第226—229页，中华书局2016年。

⑦ 关于"楚"字金文的写法，参看董莲池编著《新金文编》第753—757页。

⑧⑭ 李守奎《〈楚居〉中的"樊"字及出土楚文献中与樊相关文例的释读》，《文物》2011年第3期。

⑨ 参看张世超、孙凌安、金国泰、马如森撰著《金文形义通解》第3370页，中文出版社1996年。

⑩ 河南省文物研究所等《淅川下寺春秋楚墓》第375页，文物出版社1991年。

⑪ 李零《再论淅川下寺楚墓》，《文物》1996年第1期。

⑫ 李家浩《攻敔王姑义𰵉剑铭文及其所反映的历史》，《古文字与古代史》第1辑，史语所2007年。

⑬ 陈剑《楚简"𦋺"字试解》，《简帛》第4辑，上海古籍出版社2009年。

⑮ 尉侯凯《𠊱戈"用𢼸不廷"解》，《中国国家博物馆馆刊》2018年第7期第57页注4。

⑯ 参看裘锡圭《文字学概要》第168—169页，商务印书馆1998年。

⑰ 参看高亨纂著，董治安整理《古字通假会典》第217页，齐鲁书社1989年。

⑱ 上海博物馆商周青铜器铭文选编写组《商周青铜器铭文选(一)》第377号，文物出版社1986年。

古文字研究（34）：253—258，2022

释燕国铜器克罍、克盉中的<img_某>字

马　超

　　克罍（《铭图》①13831）、克盉（《铭图》14789）又称太保罍、太保盉，两器1986年同出于北京房山区琉璃河镇黄土坡燕国墓地M1193。罍、盉铭文相同且器盖同铭，铭文记录了周王与太保（召公奭）的对话，以及克受命封于燕的内容，对于研究燕国历史意义重大，然而铭文中关键字的释读问题却迄今悬而未决。

一　字释读的旧说分歧

　　为便于后文讨论，现参照学界研究意见将铭文释写如下（释文从宽）：

　　　　王曰："太保，唯乃明（盟）乃鬯，享于乃辟。余大对乃享，令克侯于匽（燕），使羌、马、叡、雩、驭徵。"克△匽（燕），入（纳）土罙厥司。用作宝尊彝。

其中△所代表之字原作：

　　　（罍盖铭）　　　　（罍腹铭）　　　　　（盉盖铭）　　　　（盉腹铭）

　　以上四字出现辞例相同，罍铭较盉铭多一"止"旁（或有学者认为是又旁，从罍腹铭可知不确），二者当是一字之繁简，以下以形来兼指。自克罍、克盉资料公布以来，此字的构形解释及其在铭文中的意义一直存有较多争议，至今未达一间。问题的关键在于字形中旁（罍腹铭作）应如何释读，概括起来大致有以下几种意见：1. 释为垂（圣），在此基础上或读整字为"疆垂"之垂②，或读为宅③；2. 释为叕，释整字为窡④，或窆⑤；3. 释为来，将整字看作来字异体⑥；4. 释为禼，认为整字是寓之异体⑦；5. 释为宋，读整字为次⑧。此外还有学者释为金文床榻形之繁变⑨，或径释为宅字或体⑩，以及释徙、宑、寝等观点⑪。总的来说，其中释叕、垂和宋的意见影响较大，各有信众⑫。

　　释为"叕"的学者将其字形解释为"是正面直立的人形'大'，在其双手和双足上加饰短竖划，以表示手足用绳索系联束缚形。这手足上面的四竖划，是指示符号"⑬此说对字形的分析并不准确，形下部中间有明显向下突出的竖笔，所以除去左右四竖笔之后的形体并不是"大"，更何况罍腹铭中此偏旁又作形，更与"大"字写法迥异。除字形不符以外，释"叕"之说在文意的解读上也有问题。张亚初释整字为"窡"，并引《集韵》"窡，穴中出貌"的记载，认为"铭文使用了这个动词，比喻好象是刚从洞穴中走出来所见到的一片开阔的新天地似的，说明太保召公奭就封时无比喜悦的心情"⑭。这种解释不合于语境。陈平虽赞同释叕之说，但

却认为□字"音义却仍在不可确知之数",又推测"其音读,似当从叕,或与辍、缀等字相近"[⑮],并没有提出确定的释读意见,可见释窡或窫,不仅与字形扞格,而且也难以疏通文意。

至于释□为垂(乑)读整字为宅的意见,虽然于文意较为允当,但周宝宏已指出西周金文中未见乑字,西周金文华字所从也与此□形不同,释□为乑于字形上无据[⑱]。金文亝字有作□(帅字所从,小臣射鼎,《铭图》2202)、□(帅字所从,中鼎,《铭图》2382)、□(秭字所从,曶鼎,《铭图》2515)等形的写法,与克罍腹铭□字所从的□旁写法确实接近,但却与克罍盖铭、克盉所从的□旁判然有别,而且亝字与□旁之间也看不出形体演变上的关系,二者当非同字。

二　甲骨文"瓜"字与克罍克盉□字考释

甲骨文中有□字(《合》789),关于此字及其异体黄德宽曾进行过详细讨论,黄先生将其有关字形分为六类,主要写法有□、□、□、□、□等,并指出其中的□形应是最原始的写法,其上从中,下部◇形部分为土旁,中间部分为植物下垂的枝丫。而安大简《诗经》"彼苴者葭、彼苴者蓬"中的"苴"字写作□、□形,上从艸,中间所从与秦简"叕(□)"字写法一致,下部为土。黄先生据此认为简本《诗经》中的"苴"字正与甲骨文中的□形相对应,只是将中旁换为了艸,而"叕"又是"苴"的初文,进而主张释□为"叕",同时还推测其构形本义当是表示植物苗壮茂盛、枝叶扶疏之貌。因为枝叶繁茂,彼此勾连,"交络互缀",因而可引申出"缀联、苗壮"等义项[⑰]。

黄先生据安大简《诗经》的对读资料充分肯定了过去释古文字中□类字形为"叕"的意见,又指出□为□字的原始写法,均甚为有据。只是释甲骨文□、□诸形为"叕",在辞例上并没有可靠的证据,且认为下部"◇"形为土,也不符合"土"字常见的写法,此外,上部的丫形也不能从整体中分离出来,也就无法和后世的"艸"旁比附。近来陈剑指出卜辞□及其异体□、□、□、□等均应释为"瓜",□系原始的"瓜"之象形初文,象瓜蔓、瓜叶与瓜食全体之形(引者按:陈先生称此类字形为瓜字繁体),其异体□可以和子犯编钟里的"孤(□)"字形体相联系,在卜辞里或读为表成年男子义的"夫"。而卜辞中的□则是象摘下之瓜形。同时还说明卜辞□形应与"瓜"字□、□、□、□诸形区分开来,二者字形有别(引者按:主要是下部◇形以及短竖笔的有无),前者实乃古文蔡字[⑱]。陈先生此说于字形解释更为合理,文意协恰,又有后世字形为证,所论当是。

总之,经过黄德宽、陈剑几位先生的讨论,目前已辨明了甲骨文□(瓜)字的构形本意及其异体关系,这就为克罍、克盉中□字的释读提供了宝贵线索。甲骨文□与□字所从的□旁在形体上的联系是显而易见的,两者最大的差别仅在于后者将前者字形中的曲笔写成了直笔,并将直笔置于最外端。曲笔写直是古文字中的常见现象,卜辞□字异体既有作□、□之形者(参黄德宽之文),曲笔已作短竖,可以合观。至于直笔移于外端,则可与西周金文"叕"

既作、,又作相类比。综上所言,![]发展演变为![]是完全符合古文字发展规律的,刘钊过去曾将甲骨文![]与![]联系起来,应是已发现了二者字形上的关联,只不过当时仍信从了张亚初等学者的意见释其为"叚"[⑲]。

结合前文对![]旁的分析以及陈剑的考释意见,可知![]实际就是"瓜"字。具体来说,克罍盖铭(![])与克盉盖铭(![])、腹铭(![])所从的![],应来源于甲骨文中![]形写法的"瓜";而克罍腹铭(![])所从的![],则来源于甲骨文中![]形写法的"瓜",在将曲笔写成直笔的同时,还省略下部象瓜食之形的"◇"旁,这与"瓜"字既作![]又作![]相同。过去有学者认为罍腹铭![]形是罍盖铭、盉铭中![]形的残损,或者视其为完全不同的两个字[⑳],现在看来都是不可靠的,这两类字形于甲骨文中各有来源,刘杨曾认为二者是异体关系[㉑],十分正确。

![]、![]能够分别和甲骨文中"瓜"字的不同写法相对应,且均保留有下部中央向下突出的短竖笔这一重要字形特征("瓜"与"叚、襄"字的重要区别也在于此),这也增加了释其为"瓜"的可信度。西周中期的王鼎(或称王作垂姬鼎,《铭图》1719)铭文作"王作![]姬宝尊鼎",其中的![]字旧或释为"垂"[㉒],亦或以为当存疑[㉓]。此字与上文提到的克罍、克盉中的"瓜"旁形体接近,颇疑该字也有可能当释为"瓜",在鼎铭里"瓜姬"应是周王室外嫁的女子,"瓜"为其夫家的族氏名,具体待考。另外,王恩田还曾指出山东高青县陈庄出土引簋(西周中期,《铭图》5299、5300)中![]字所从的![]旁,与克罍、克盉中的![]同字[㉔],亦值得注意。

从严格隶定的角度来讲,罍铭![]与盉铭![]当分别隶定为㝉和宬,从构形上说,"瓜"应是其声符,宀、止均为意符。郭店简《唐虞之道》有字作,上从宀,下部即是由陈剑所说的象摘下之瓜的![]形发展而来,此字也当隶定为"宬",在简文里读为"瞽"[㉕],简文![]与克罍、克盉![]、![]的关系待考。

三　"克![]燕"试解

明白了![]字构形以后再来看铭文的含义,"克㝉(宬)匽(燕),入(纳)土罘厥司"中"入(纳)土罘厥司"当是接收疆土与职事之意,而"克㝉(宬)匽(燕)"则大概是"克到达或居处于燕"一类的意思,这样才会接着发生"纳土"诸事。结合瓜字读音来思考,㝉(宬)在此可能读为"宅"或"居"。传世与出土文献中常有"宅某地"的记载:

(1)[王]命唐公,建宅京师。　　　　　　　　　晋公盆,《铭图》6274

(2)唯王初迁宅于成周。　　　　　　　　　　　何尊,《铭图》11819

(3)王逝命南公,营宅汭土。　　　　　　　　　曾侯与钟,《铭续》[㉖]1029

(4)天命玄鸟,降而生商,宅殷土芒芒。　　　　《诗经·商颂·玄鸟》

其中晋公盆、曾侯与钟铭文与克罍、克盉铭文最有可比性,唐公、南公、克同是受周王之命就封,铭文分别记录说"建宅京师、营宅汭土、窊(宂)匽","匽"作为地名与"京师、汭土"相当,这自然就会令人想到窊(宂)应与"营宅、建宅"意近。过去不少学者都赞同释窊(宂)为宅,虽然是错认了其字形从"垂"或"乇"而得出的结论,但此说对铭文意义的把握还是很得当的。只不过窊(宂)以瓜为声符,瓜字上古音属见母鱼部,而宅上古音为定纽铎部,虽然二字韵部阴入对转,较为接近,但典籍中并无二字直接相通的例证。

居字上古音属见纽鱼部,与瓜字声韵全同,据段玉裁《说文解字注》,"居"乃从"古"声,传世与出土文献中"古"声又可与"瓜"声直接相通。《诗经·卫风·硕人》:"施罛濊濊,鳣鲔发发。"《说文》水部:"濊,碍流也。从水,蕨声。《诗》云:'施罟濊濊。'"引"罛"作"罟"。上博简《弟子问》简14:"寡闻则沽,寡见则□。"整理者注:"沽"读为"孤"。《礼记·学记》:"独学而无友,则孤陋而寡闻。"义与此同[27]。上博简《陈公治兵》简12、14:"陈公狂安(焉)巽(选)楚邦之古童(踵)之于后,以厚王卒。"白于蓝指出"古"似当读作"孤"。《周礼·地官·司门》"以其财养死政之老与其孤",郑玄注:"死政之老,死国事者之父母也。孤,其子。"《管子·中匡》"外存亡国,继绝世,起诸孤",尹知章注:"孤,谓死王事者子孙。"[28]

读窊(宂)为"居"相较于读"宅"之说,在语音上更为密合一些,成立的可能性更大。关于"居"字,《说文》云:"蹲也。从尸古者,居从古。踞,俗居从足。"段注指出:"居,蹲也。凡今人蹲踞字古只作居。……曹宪曰:'按《说文》今居字乃箕居字。'近之矣。……居篆正谓蹲也,今字用蹲居字为尻处字,而尻字废矣。又别制踞字为蹲居字,而居之本义废矣。""居"本为箕踞之意,后引申有"居处"意,古籍同样不乏君王等"居处某地"的例证,如:

(1)汤始居亳,从先王居。　　　　　　　　　　　　　　　　　　　　《尚书·书序》
(2)太王亶父居邠,狄人攻之。　　　　　　　　　　　　　　　　《吕氏春秋·开春论》
(3)居岐之阳,实始翦商。　　　　　　　　　　　　　　　　　《诗经·鲁颂·閟宫》
(4)太子申生居曲沃,公子重耳居蒲,公子夷吾居屈。　　　　　　　　　《史记·晋世家》

"居亳、居邠、居岐之阳"等与铭文"窊(宂)燕"语境接近,由此看来,读克罍、克盉二器中的窊(宂)字为"居",无论是从文意还是语音上看都是较为可行的,铭文"克窊(宂)燕"就是克居处于燕的意思。

四　结语

克罍、克盉中 [图]、[图]、[图]、[图] 所从的 [图]、[图] 两种异体,正可与甲骨文"瓜"字繁体的不同写法 [图]、[图] 相对应,其间的演变轨迹也较为清晰,知其当释为"瓜"。罍铭与盉铭之字应分别隶定为窊和宂,瓜是其声符,宀、止为意符,结合文意以及瓜字的语音关系来考虑,在铭文里似可读为"居"。[图]、[图] 两个偏旁的释读为"瓜"字繁体写法提供了西周时期的例证,对研究其形体演变具有一定的价值。史籍言燕国始封君为召公奭长子,《史记·燕召公世家》:"召公奭与周同姓,姓姬氏,周武王之灭纣,封召公于北燕。"司马贞《索隐》云:"亦以元子就封,而次子留周室代为召公。"克罍、克盉铭文前言"令克侯于燕",后言"克竆(居)燕",是召公奭长子克受封以后居处于燕国的实录。

（作者单位：西南大学汉语言文献研究所）

注：

① 吴镇烽编著《商周青铜器铭文暨图像集成》,上海古籍出版社2012年。文中简称《铭图》。

② 李学勤《北京琉璃河出土西周有铭铜器座谈纪要》发言摘要,《考古》1989年第10期第956页,李先生后放弃此说,从方述鑫意见将其读为"宅"。

③ 方述鑫《太保罍、盉铭文考释》,《考古与文物》1992年第6期第53页;李学勤《克罍克盉的几个问题》,《走出疑古时代》第160页,辽宁大学出版社1997年。

④⑭ 张亚初《北京琉璃河出土西周有铭铜器座谈纪要》发言摘要,《考古》1989年第10期第957页。

⑤⑮ 陈平《再论克罍、克盉铭文及其有关问题——兼答张亚初同志》,《考古与文物》1995年第1期第52—54页。

⑥ 刘雨《北京琉璃河出土西周有铭铜器座谈纪要》发言摘要,《考古》1989年第10期第958—959页;又刘雨、卢岩编著《近出殷周金文集录》第3册第466页,中华书局2002年;李仲操《燕侯克罍盉铭文简释》,《考古与文物》1997年第1期第71页。

⑦ 杜廼松《北京琉璃河出土西周有铭铜器座谈纪要》发言摘要,《考古》1989年第10期第959页,杜先生后放弃此说,参杜廼松《克罍克盉铭文新释》,《故宫博物院院刊》1998年第1期第62—63页。

⑧ 黄德宽《释琉璃河太保二器中的"宋"字》,《古文字学论稿》第27—30页,安徽大学出版社2008年;《金文通鉴系统3.0》。

⑨ 陈平《克罍、克盉铭文及有关问题》,《考古》1991年第9期第853页。

⑩ 杜廼松《克罍克盉铭文新释》,《故宫博物院院刊》1998年第1期第62—63页。

⑪ 参周宝宏《近出西周金文集释》第100—102页,天津古籍出版社2005年;刘杨《克罍、克盉铭文"宅"字补释》,《第七届出土文献研究与比较文字学全国博士生学术论坛论文集》第37页,西南大学2017年。

⑫ 对诸说的讨论参周宝宏《近出西周金文集释》第100—102页。

⑬ 张亚初《太保罍、盉铭文的再探讨》,《考古》1993年第1期第62—63页。

⑯ 周宝宏《近出西周金文集释》第101页。

⑰ 黄德宽《释甲骨文"叕(茁)"字》,《中国语文》2018年第6期第712—720页。

⑱ 陈剑《释"瓜"》,《出土文献与古文字研究》第9辑第66—103页,复旦大学出版社2020年。

⑲ 刘钊《古文字构形学》第171—172页,福建人民出版社2006年。

⑳ 同注⑯第96、101页。

㉑ 刘杨《克罍、克盉铭文"宅"字补释》,《第七届出土文献研究与比较文字学全国博士生学术论坛论文集》第38页。

㉒ 张亚初编著《殷周金文集成引得》第36页,中华书局2001年;中国社会科学院考古研究所编《殷周金文集成(修订增补本)》第2册第1170页,中华书局2007年;吴镇烽编著《商周青铜器铭文暨图像集成》第3卷第382页。

㉓ 中国社会科学院考古研究所编《殷周金文集成释文》第2册第192页,香港中文大学中国文化研究所2001年;
张桂光主编《商周金文摹释总集》第2册第343页,中华书局2010年。

㉔ 王恩田《山东高青县陈庄西周遗址笔谈》,《考古》2011年第2期第27页。但是从照片看其字作，左上偏旁
的中竖与下部火旁的中竖似是连写在一起的,故而尚不能确定其字所从究竟是"殳"还是"瓜",附此备参。

㉕ 黄德宽、徐在国《郭店楚简文字考释》,《吉林大学古籍整理研究所建所十五周年纪年文集》第104页,吉林大
学出版社1998年;陈剑《释"瓜"》,《出土文献与古文字研究》第9辑第66—103页。

㉖ 吴镇烽编著《商周青铜器铭文暨图像集成续编》,上海古籍出版社2016年。文中简称《铭续》。

㉗ 马承源主编《上海博物馆藏战国楚竹书(五)》第277页,上海古籍出版社2005年。

㉘ 白于蓝编著《简帛古书通假字大系》第339页,福建人民出版社2017年。

古文字研究(34):259—262,2022

秦兵器地名校释二则

王　伟

一

　　河北省文物研究所藏一件战国晚期秦戈,援前宽后窄,微上扬,援脊凸起,中长胡三方穿,内上一方穿,内三面刃均有锉痕,援内全长21.85厘米。此戈系河北易县燕下都西沈村采集,标本号72XSH:065,《燕下都》仅附有戈的线图(图1、2)①。从形制和铭文情况判断,此戈应为战国晚期秦国兵器,且《集成》《铭图》《铭续》及《铭三》等著录书似均未收录②。

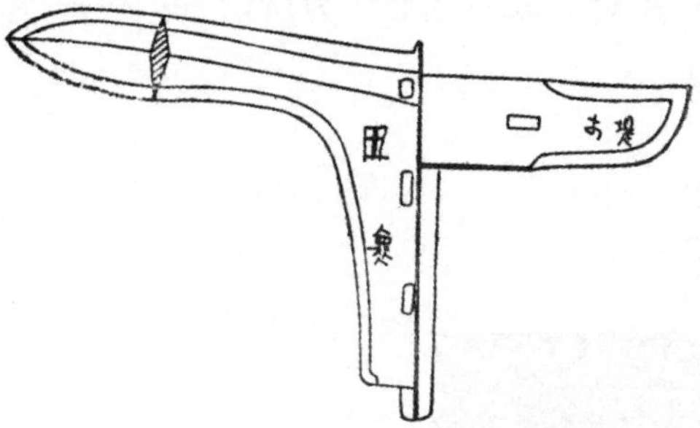

图1 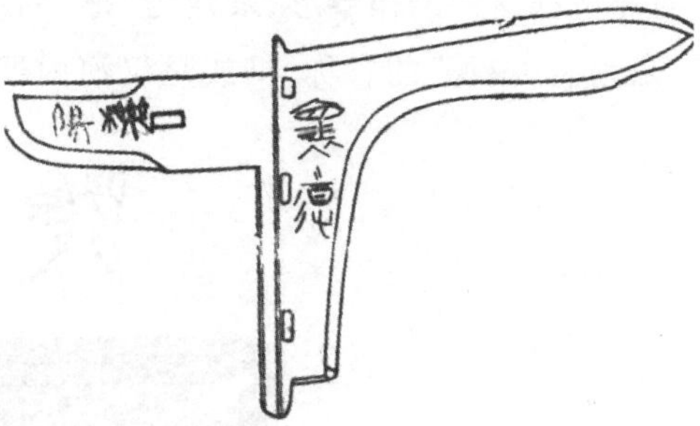　　　　　　　　　　　　　　　　图2

《燕下都》对此戈刻铭的描述为:

　　　　戈的一面内錾刻"栎阳"2字,胡部錾刻有"襄德"2字。另一面的内上錾刻有"何堨"
　　(即何堤)2字,胡部錾刻有"田襄"2字。

《燕下都》对此戈铭文"栎阳、襄德"的隶释没有问题,但对"田襄、何堨"两处铭文的解释有误,以下略作补充说明。

　　第一,关于刻铭"田襄"。从《燕下都》附图和另一面刻铭"襄德"来看,戈胡部的铭文"田襄"两字位置似嫌较远,应不连读;而所谓"田"字,极可能是未刻成的某字又被划去的痕迹。刻铭"襄"应是戈之置用地名,或是《汉书·地理志》河内郡怀县,即今河南武陟县西南③。或是另一面胡部刻铭"襄德"之省,可能因为此面铭文刻错,而后在另一面胡部又补刻了"襄德"二字。

　　第二,关于刻铭"何堨"。据秦戈铭文通例,胡部或内部短铭一般为置用地名,且大多数置用地均能在《汉书·地理志》中得以落实。此戈另一面的"栎阳"和"襄德"正印证了这种情况(图3)。据此,内部刻铭"何堨"亦应为地名,但此"何堨"作为地名似难以索解。

图 3

今按，从摹本字形来看，戈部所谓"何𡎺"二字释读有误。释为"何"的 ，其笔画与"何"字差距较大，不烦举例④，故释"何"无据。所谓"𡎺"字与秦文字的"壞"字 、 、 写法基本相同⑤；又《铭图》17245秦二十一年相邦冉戈内背面刻铭"壞德"（图4）⑥，其中"壞"字的写法与燕下都这件戈作 形、隶定为"𡎺"的字形结构最接近。故而我们认为所谓"𡎺"应即"壞"字，是地名"壞德"的省称，抑或是汉河内郡之"懷"地。

图 4

第三，戈铭"裹德"和"壞德"的写法均已见于秦封泥（图5、6）⑦，汉印亦有"坏德丞印"（图7）⑧，《汉书·地理志》左冯翊有"裹德"县，颜师古注："裹亦怀字。"秦西汉时期怀德县的位置应在今陕西富平县西南⑨。

图 5    图 6    图 7

二

韩自强《过眼烟云——记新见五件晋系铭文兵器》[10]刊布一件私家所藏战国戈,戈内一面有铭文2行15字,另一面有铭文1字(图8、9)。韩文指出该器原属魏,内部释文为"廿七年涑鄙啬夫担,冶勹啬夫雩冶飤",将另一面内上铭文 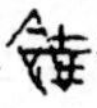 字隶作"鲊";《安徽商周金文汇编》从之[11],而吴镇烽《铭图》释为"鲊"[12]。

图8 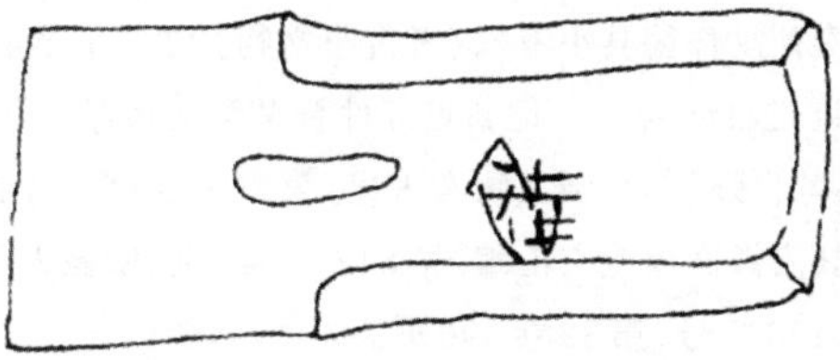　　　　　　　　　　　　　　　　图9

今按, ,应隶作"饶",地名,乃是秦人加刻的戈置用地名。《集成》10986国家博物馆藏战国中阳戈,内上亦有一铭文(《铭图》16515,图10)[13],审之二者应为一字。

图10

饶,张家山汉简《二年律令·秩律》简542中有"饶"县,与漆垣、定阳、平陆、阳周等并列,应即《汉书·地理志》西河郡之饶县,今具体地望不详。

附记:本文是国家社科基金项目"秦印集成暨新秦印文字编(官印篇)"(16BYY120)的阶段性成果。又蒙吴良宝先生赠予"栎阳戈"器形照片,谨致谢忱!

(作者单位:陕西师范大学文学院)

注:

① 河北省文物研究所《燕下都》上册第831页,文物出版社1996年。

② 中国社会科学院考古研究所编《殷周金文集成(修订增补本)》,中华书局2007年;吴镇烽编著《商周青铜器铭文暨图像集成》,上海古籍出版社2012年;吴镇烽编著《商周青铜器铭文暨图像集成续编》,上海古籍出版社

2016年；吴镇烽编著《商周青铜器铭文暨图像集成三编》，上海古籍出版社2020年。文中分别简称为《集成》《铭图》《铭续》《铭三》。

③ 周振鹤编著《汉书地理志汇释》第83页，安徽教育出版社2006年。

④ 王辉主编《秦文字编》第1278—1279页，中华书局2015年。

⑤ 同上注第1895页。

⑥ 吴镇烽编著《商周青铜器铭文暨图像集成》第32卷第314页。

⑦ 任红雨编著《中国封泥大系》第117页1392号、第118页1395号，西泠印社出版社2018年。

⑧ 傅嘉仪编著《秦封泥汇考》第191页，上海书店出版社2007年。

⑨ 王辉《秦西汉怀德县小考》，《考古与文物》2020年第4期。

⑩ 韩自强《过眼烟云——记新见五件晋系铭文兵器》，《古文字研究》第27辑第323—327页，中华书局2008年；后收入韩自强《韩自强文物考古集》第76—80页，合肥工业大学出版社2018年。

⑪ 孙合肥《安徽商周金文汇编》第642—645页，安徽大学出版社2016年。

⑫ 同注⑥17311号，第32卷396页。

⑬ 同注⑥第30卷468页。

古文字研究（34）：263—268,2022

旧释"郤氏左"戈铭文、国别再议

周　波

　　1978年在山东郯城县马陵山大尚庄村粮管所院内出土一件铜戈。此戈通长约24厘米，曲援有胡，援狭长略曲，阑侧三穿，内部三面开刃，上有一穿，铭文铸于穿后，云"A氏左"。其中A字原拓本作 🔲。诸家对此戈有不少讨论。原发表者将铭文释为"郤氏左"，认为是战国早中期三晋旧族郤氏的遗物[①]。

　　李学勤赞同发表者的释读意见，引齐兵器铭文进一步指出戈铭之"左"指军队编制，其前的"郤氏"则是地名。他还对"郤"之地望进行了考证，引《声类》"郤乡在河内"，胡三省"汉河内郡即魏河内之地"语，认为《声类》所说"郤乡"当为汉以来乡名，其"河内"可推为汉河内郡一带，也就是战国时魏国的河内。针对发表者认为此戈与魏齐马陵之战有关之说，李先生亦有进一步补充，认为此戈当是战国中晚期马陵之战魏国的遗物。其谓："郯城大尚庄这件戈应该是魏军的兵器，年代也能与马陵之战相合，至于器形与铭文格式同于山东所出，或许是临时作于齐境之故。"[②]

　　孙敬明亦赞同"郤氏左"这一释读意见，他还从戈的形制、字体、铭辞格式三方面考证此戈当为战国早期魏器。他指出，朱骏声《说文通训定声》豫部谓河内有郤乡，后有关研究者亦谓"郤"在今山西沁水下游一带，沁水下游乃是韩魏势力交错之处，从魏国有关兵器铭文资料，如阴晋（陕西华阴）、焦（山西河津）、高都（山西晋城）、州（河南沁阳）、雍（河南修武）、安成（河南原阳）、宁（河南获嘉）、朝歌（河南淇县）、共（河南辉县）来看，此处是魏国势力相对稳定的地区，由此可知今山西、河南沁水流域战国时属魏[③]。

　　孟岩认为，战国、秦汉文字"谷"多作 🔲，"谷"多作 🔲，是其区别。"A"右部写法与"谷"写法不合，而与"谷"写法正同，故此字实当是从"邑""谷"声，非"郤（郤）"字[④]。

　　吴良宝在谈到齐国地名时将戈铭"郤氏"看作齐县，又指出：兵器中的"郤氏"一地，旧多与三晋的"郤氏"相联系，地在魏国之河内，或认为该字从"谷"，与"郤（郤）"只是同形字的关系[⑤]。

　　按将"A氏"看作地名，可信。读之为"郤氏"，以为魏国地名，则有疑问。李先生将"郤氏"与"郤乡"系联，仅据胡三省注文"汉河内郡即魏河内之地"，便直接得出"河内"之郤乡战国当属魏这一结论，似可商榷。

　　《说文》："郤，晋大夫叔虎邑也。"叔虎又名郤豹、郤文子。《国语·晋语一》："（晋）献公田，见翟柤之氛，归寝不寐，郤叔虎朝，公语之。"韦昭注："郤叔虎，晋大夫，郤芮之父郤豹也。"

《潜夫论·志氏姓》："晋之公族郤氏。"《世本》："郤豹生冀芮,芮生缺,缺生克。"《通志·氏族略》："晋大夫郤文子食邑于郤,以邑为氏。"由此可见"郤(或郤氏)"既是地名又是氏名。"郤(或郤氏)"一般认为在山西境内沁水下游一带。当可信。这可从郤氏所领有的封邑推测得之。根据文献记载,郤氏之采邑除"郤(或郤氏)"外,尚有"冀、州、驹、苦(苦成)、温、郲、步"等。郤氏的食邑中,除"冀、苦(苦成)"分别在山西河津、山西运城一带外,"温、郲、州"皆在今山西东南部沁水下游一带。"驹、步"不考。唐兰在谈到令狐君嗣子壶时云:"余考春秋时有令狐氏,其先出自魏氏。魏犨之子,可考者三人:曰魏锜,别为吕氏;曰魏颗,别为令狐氏;曰魏绛,为魏氏。魏颗之字曰魏颉,则《晋语》七所谓令狐文子也。颉以后,世系不明。然令狐之邦,与安邑接壤,安邑者魏绛所居也。魏氏既曰以强盛,其族人封邑,当不致骤更他氏。"⑥其说当是。晋国卿族的封邑一般有两部分,一部分可能在晋国都城附近,另一部分在国都之外,这些封邑相对较为集中⑦。如魏氏之封邑除安邑、令狐外,狐厨、吕、霍亦邻近;范氏领有的随、彘和郇均在山西介休东部一带;韩氏领有的州、原、邢均在沁水下游一带。考察晋大夫之封邑,其所以名氏之地,多为其族的核心地区或较早得封之采邑。《左传·昭公二十八年》:"秋,晋韩宣子卒,魏献子为政,分祁氏之田以为七县。"杜预注:"七县,邬、祁、平陵、梗阳、涂水、马首、盂也。"此七邑中"祁"可能就是祁氏势力范围的核心区域或其中较早得封之采邑。郤氏采邑中属核心或较早得封者或在今山西西部,或在今山西东南部黄河以南、沁水下游一带。"郤"当也在这一区域。不过,沁水下游一带战国时属韩魏势力交错之处。《水经·沁水注》:"(沁水)又东南至荥阳县北,东入于河。"《战国策·韩一》:"韩北有巩、洛、成皋之固……"《汉书·地理志》河内郡的州、野王、修武、轵战国时都曾属韩。魏河内西侧即为韩国领土,因此胡三省注文"汉河内郡即魏河内之地"当是举其大略的说法。由此看来,单从地望上说"郤氏"属韩、属魏皆有可能。

　　我们认为从此戈出土于山东郯城县马陵山一带来看,不能不考虑其为齐器的可能。以下就从文字、辞铭格式、形制等方面,谈谈我们的看法。

　　孟岩已经指出,"A"字写法与古文字"谷"相合而与"谷"不合,当释为"谷",其说可信。这样李学勤等将之释为"郤氏"、与"郤乡"系联便失去了立论依据。为与郤氏之"郤"相区别,这里将之隶定作"陷"。从用字习惯来看,郤氏之"郤"秦文字写作"郤",从"谷"声;楚文字写作"垀",从"乎"声;三晋文字写作"垀、邦",亦从"乎"声⑧。此或表示战国时代秦与六国用字有别。因此,将"A"字看作三晋之"郤",是有问题的。

　　从字形写法来看,A字"邑"旁书作▨,上作圆形,下方曲笔向右弯折,颇有特点。齐文字这类写法较为常见。如宣子孟姜壶(《集成》271)"邑"字作▨、"郜"字作▨,十四年陈侯午敦(《集成》4647)"邦"字作▨,邦造遣鼎(《集成》2422)"邦"字作▨,"邑"或"邑"旁皆属此类写法。从"陷"字写法来看,"邑"旁书在左方在战国齐文字中颇为常见,如"邦、都、郳、陵、郢、邘、鄁、邻、邦、邱、鄅、鄆、鄅",其例甚夥,这可能反映了齐文字的习惯,而这一特征在战国时代三晋文字却并不多见⑨。戈铭"氏"字作 ,外作弧笔,中间短横笔作圆点,这在齐文字中亦不罕见,如黎镈(《集成》217)"氏"字 ,即其例。从上述文字特征来看,此戈文字看作齐文字其实并无障碍。

李学勤谓"左"指军队编制,是有问题的。张德光、吴振武等学者指出,兵器铭文中的"某地左(或右)"当是"某地左(或右)库"的省称⑩,其说可从。"A氏左"戈铭文仅记地名及库名,令、工师、冶人的名字全无。总的说来,这种格式当属由物勒主名至物勒工名之间的过渡格式,一般通行于战国早期。但齐国的情况有些特殊,这一格式一直延续到了战国中晚期。从辞铭格式来看,"某地左(或右)",省略"库"字的题铭形式目前只发现于齐、赵题铭。魏戈铭文有"阴晋左库"(《集成》11135)、"□左库"(《集成》10988)、"内黄右库"⑪,均不省"库"字。因此,从铭文格式来看,此戈与魏器不符。赵国兵器铭文笔画多平直而纤细,此铭特征亦与赵器判然有别。此外,此戈铭文为铸铭,在战国时代以齐、三晋最为常见,而齐戈尤多。综合其铭文格式、铸刻方式来看,此戈之国别定为齐亦最有可能。

上引李文已指出此器器形、铭文格式同于山东齐国所出,这是很敏锐的观点。此戈形制见于战国中晚期齐戈、戟,可与诸齐器相比较。此戈长援尖锋长胡,援稍内弯,后部较窄,三边开刃,阑侧三穿,窄长内,内上有一横穿。其形制与陈侯因咨戈(《集成》11260)、陵右戟(《集成》11062)、□皮戟(《集成》11183)皆颇为接近。井中伟曾将这类齐戈归类为CaⅡ型,从此型所出墓葬及从同出器物来看,均具有战国中晚期的显著特征。其中陈侯因咨戈之"因咨"即齐威王因齐,因此此器可以作为战国中晚期的标准器⑫。上引铭文亦皆属铸铭。陷氏左戈即与诸器形制、铸刻方式接近,其时代概不例外。

综合文字、辞铭格式、形制等来看,我们认为此戈当定名为陷氏左戈,为战国中晚期齐国之遗物。

在确定陷氏左戈的国别之后,本文亦尝试对铭文县名"陷氏"稍作探讨。

联系战国时代齐国置县情况来看,我们认为"陷氏"或与齐之"穀"县有关。"陷氏"之"氏"为地名常见后缀,故"陷"可对应于"穀"。从两字读音来看,没有问题可以相通,出土及传世文献中亦不乏其例⑬。《左传·昭公十一年》:"齐桓公城穀而置管仲焉,至于今赖之。"《晏子春秋·内篇谏上》:"公曰:'昔吾先君桓公以管子为有力,邑狐与穀,以共宗庙之鲜。赐其忠臣,则是多忠臣者。'"《晏子春秋·外篇》:"景公谓晏子曰:'昔吾先君桓公予管仲狐与穀,其县十七,著之于帛,申之以策,通之诸侯,以为其子孙赏邑。'""穀"县在今山东东阿县东南。《战国策·赵一》:"齐王欲求救宜阳,必效县狐氏。"诸家多以为"狐氏"即"狐"⑭,或是。据《战国策·赵一》文,"狐氏"当近赵国。郑威指出,《史记·田敬仲完世家》"(齐宣公四十三年)伐晋,毁黄城,围阳狐",正义引《括地志》云:"阳狐郭在魏州元城县东北三十二里也。""狐氏"或有可能为阳狐⑮。按"阳狐"战国中晚期正处齐、赵边境,与管仲所封之"穀"亦不远,此说或有可能。"狐"既可称"狐氏",与"狐氏"并称、同封管仲之"穀"可称"穀氏",是很自然的。据《战国策·赵一》所述之事,至迟于齐湣王十二年(前308),齐已置有狐氏县⑯。至于"穀",战国时代亦曾置县。《左传·僖公二十六年》:"公以楚师伐齐,取穀。"《史记·楚世家》:"(成王)三十九年,鲁僖公来请兵以伐齐,楚使申侯将兵伐齐,取穀,置齐桓公子雍焉。"又《吕氏春秋·正名》谓齐湣王"国残身危,走而之穀,如卫"。穀,秦至楚汉之际又作"穀城"。《史记·留侯世家》:"十三年孺子见我济北,穀城山下黄石即我矣。"《史记·高祖本纪》:"遂以鲁公号葬项羽穀城。"《史记·彭越列传》:"即胜楚,睢阳以北至穀城,皆以王彭相国。"从上引《吕氏春秋》《史记》来看,"穀(穀城)"应是当时县名。

关于此戈出土于山东郯城县马陵山一带,旧多认为与魏齐马陵之战有关,这一说法与此戈时代不太相符,恐有问题。联系史实,我们认为此戈遗落于郯城,或与齐破宋及之后战事相关。

《史记·田敬仲完世家》:"于是齐遂伐宋,宋王出亡,死于温。齐南割楚之淮北,西侵三晋……"又《史记·乐毅列传》:"当是时,齐湣王强,……破宋,广地千余里。"齐湣王三十四年(前286)齐大破宋后,燕、三晋等国曾共伐齐,取其地。《史记·楚世家》:"(顷襄王)十五年,楚王与秦、三晋、燕共伐齐,取淮北。"又《史记·田敬仲完世家》:"楚使淖齿将兵救齐,因相齐湣王。淖齿遂杀湣王,而与燕共分齐之侵地卤器。"《史记·春申君列传》春申君上书秦昭王曰:"秦楚之兵构而不离,魏氏将出而攻留、方与、铚、湖陵、砀、萧、相,故宋必尽。齐人南面攻楚,泗上必举。"又《荀子·议兵》:"齐能并宋而不能凝也,故魏夺之。"《史记·乐毅列传》:"臣曰:'夫齐,霸国之余业而最胜之遗事也。练于兵甲,习于战攻。王若欲伐之,必与天下图之。与天下图之,莫若结于赵。且又淮北、宋地,楚、魏之所欲也。赵若许而约四国攻之,齐可大破也。'"又《吕氏春秋·首时》:"齐以东帝困于天下,而鲁取徐州。"此时楚取得为齐所侵占之淮北故地,魏国取得原宋国南境大片领土⑰,鲁国亦乘机夺取了徐州。《史记·楚世家》载顷襄王十八年小臣对楚王:"驵、费、郯、邳者,罗鸑也。……还射圉之东,解魏左肘而外击定陶,则魏之东外弃,而大宋、方与二郡者举矣。且魏断二臂,颠越矣;膺击郯国,大梁可得而有也。"公元前284年,齐为燕、三晋等国所破,魏国随即夺取了故宋之大部领地,并设置了大宋与方与二郡,东境推进到泗水流域。此时郯国迫于压力或亲附于魏,故小臣有"膺击郯国"之论。《史记·越世家》载越王无强答复齐使:"愿魏以聚大梁之下,愿齐之试兵南阳莒地,以聚常、郯之境,则方城之外不南,淮、泗之间不东……"说的是楚威王之时(前339—前329),越王联系魏、齐牵制楚师之事。"常(尝)"近薛邑,在今山东滕县南。"郯"即郯国之地,在莒国故地之南,约在今山东郯城县北。战国早期越王朱句曾灭郯国,其后复国。《索隐》谓"常、郯"二邑皆齐之南地,不一定对。典籍未有"郯"曾属齐之证据,这里的"郯"应仍指郯国之地。或以为此

"郯"指郯国沂、沭流域一带⑱。据《史记·越世家》，"常（尝）、郯"一线（约在今山东枣庄市至郯城一线）应靠近楚之东北边境。顷襄王十五年楚取淮北之时，楚国东境复推进到威王之世的状态。《淮南子·兵略》论及楚顷襄王二十一年（前278）白起拔郢之前的楚国疆域，谓："昔者楚人地，南卷沅、湘，北绕颍、泗，西包巴、蜀，东裹郯、邳……"即表明当时郯、邳两国正处楚国包围之中。楚考烈王前期，泗水以东诸小国纷纷被楚国攻灭，大概在这一时期郯国再灭于楚。从上述史实来看，齐国将陷氏左戈调拨、置用于郯城马陵山一带大概在齐大破宋时或稍后，其铸造时间则应更早一些。齐并宋及之后出于备防楚、魏等国或战争等原因，"穀"县所铸之戈留落于郯城一带⑲，这是有可能的。

附记：本文初稿写成于2011年底，其间拙稿先后承蒙吴良宝、郑威、杨智宇先生审阅赐正，谨志谢忱。又本文为"古文字与中华文明传承发展工程"资助项目"战国题铭分系分国编年整理与研究"（C3216）、国家社科基金"冷门绝学"研究专项学术团队项目"中国出土典籍的分类整理与综合研究"（20VJXT018）、国家社科基金冷门"绝学"和国别史等研究专项"战国至秦汉时代杂项类铭文的整理与研究"（2018VJX006）、国家社科基金后期资助项目"张家山汉简《二年律令》文本整理与相关问题研究"（18FZS029）阶段性成果。

（作者单位：复旦大学出土文献与古文字研究中心、
"古文字与中华文明传承发展工程"协同攻关创新平台）

注：

① 忠民《郯城马陵山发现战国铜戈》，《中国文物报》1992年6月14日。

② 李学勤《邻氏左戈小考》，《缀古集》第130—132页，上海古籍出版社1998年。

③ 孙敬明《邻氏左戈考》，王汝涛、薛宁东、陈玉霞主编《孙膑兵法暨马陵之战研究》第147—152页，国防大学出版社1993年。

④ 孟岩《〈姑成家父〉文本集释及相关问题研究》第42页，吉林大学2009年硕士学位论文。

⑤ 吴良宝《谈战国时期齐国的置县问题》，复旦大学出土文献与古文字研究中心编《战国文字的回顾与展望》第185—186页，中西书局2017年。

⑥ 唐兰《智君子鉴考》，《唐兰先生金文论集》第49页，紫禁城出版社1995年。

⑦ 马保春《晋国历史地理研究》第188页，文物出版社2007年。

⑧ 周波《战国时代各系文字间的用字差异现象研究》第106页，线装书局2012年。

⑨ 参孙刚编纂《齐文字编》第171—181页，福建人民出版社2010年；汤志彪编著《三晋文字编》第899—995页，作家出版社2013年。

⑩ 张德光《试谈山西省博物馆拣选的几种珍贵铜器》，《考古》1988年第7期第618页；吴振武《赵铍铭文"伐器"解》，《训诂论丛》第3辑第799页，1997年。

⑪ 萧春源《珍秦斋藏金·吴越三晋篇》第157—158页，澳门基金会2008年。

⑫　井中伟《早期中国青铜戈·戟研究》第199、209—211页,科学出版社2011年。

⑬　参高亨纂著,董治安整理《古字通假会典》第333页,齐鲁书社1989年;白于蓝编著《战国秦汉简帛古书通假字汇纂》第442页,福建人民出版社2012年。

⑭　〔西汉〕刘向集录,范祥雍笺证,范邦瑾协校《战国策笺证》第999页,上海古籍出版社2006年;周振鹤、李晓杰《中国行政区划通史·总论、先秦卷》第316页,复旦大学出版社2009年。

⑮　此承郑威示知。

⑯　周振鹤、李晓杰《中国行政区划通史·总论、先秦卷》第316页。

⑰　周波《战国兵器铭文校读(二则)》,《古文字研究》第32辑第301页,中华书局2018年。

⑱　何浩《楚灭国研究》第306—309页,武汉出版社2019年。

⑲　此或可以考虑陷氏左戈曾多次置用这一可能,战国兵器这类情况颇为常见。

古文字研究(34):269—271,2022

新见徐盠尹譬簠与黄君子叕簠铭文辨伪

于　淼

"铭文重合辨伪法"是崎川隆提出的对青铜器铭文辨伪的一种方法。简单地说就是东周以前的青铜器铭文基本上采用以手工复制的方法,即使是铭文相同,但是从文字大小、行款布局、文字书写的细节特征中可以看得出其存在的细微差异。而两个青铜器若铭文可以重合,往往其中一个是伪器或伪刻。利用这一方法,他对比了鱼尊、妇狻卣以及师趛鬲铭文,并对相关铭文进行了辨伪①。我们将利用这个方法对新见"徐盠尹譬簠"与"黄君子叕器"进行辨伪。

一　新见徐盠尹譬簠铭文辨伪

《商周青铜器铭文暨图像集成三编》(以下简称《铭图三》)收录了三件"徐盠尹譬簠"(《铭图三》579—581)②,器、盖皆有铭文,时代是战国早期。而首句"隹(唯)十月初吉壬申"中的"隹、月、初"都是西周时期铭文的字体风格,只有"徐盠尹譬"四个字与徐盠尹譬鼎中的写法一致。1981年"徐盠尹譬鼎"(《铭图》2402)曾在浙江发现③,时代被认为是战国早期,其中"徐盠尹譬"四字写作、、、。"徐盠尹譬簠"中的"徐盠尹譬"四字应该是借用了"徐盠尹譬鼎"中的写法。而"徐盠尹譬簠"中的其他文字与"黄君子叕簠"(《铭图三》577)行款间距和笔画字形几乎完全一致,只是将"九月"改成了"十月"。

我们将黄君子叕簠的图像色彩翻转,并降低其透明度,将其与徐盠尹譬簠甲盖(《铭图三》579)的铭文进行重合比对(见图1),二者除了作器者名不能重合外,其他字的笔画和间距几乎都是可以重合的。徐盠尹譬簠此次公布三器,公布的铭文图版都不是拓本,而是照片,因此拍摄角度对于铭文间距可能会造成误差。从目前公布的图版来看,徐盠尹譬簠乙(《铭图三》580)的器盖铭文字形也是高度一致的。徐盠尹譬簠丙(《铭图三》581)铭文残损较严重,现存的可对比的字形也是高度重合,但可能由于照片拍摄角度的问题,我们以某字为定点,其相邻两字之间间距一致,文字笔画可以重合,但距离较远的字形则不能完全重合。新见的"徐盠尹譬簠"三器铭文应该是结合了"黄君子叕簠"(《铭三》577)和"徐盠尹譬鼎"(《铭图》2402)铭文所伪造,其中甲器与"黄君子叕簠"的相似度最高。

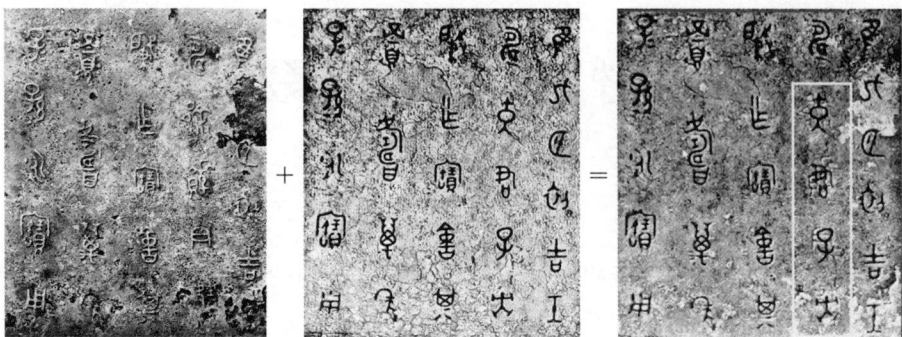

图 1 徐釐尹膋簠甲盖(《铭图三》579)＋黄君子戏簠(《铭图三》577，图版翻转后)

二 新见黄君子戏簠铭文辨伪

黄君子戏器此前已被发现了三个，分别是黄君子戏鼎(《铭图》2094)[④]、黄君子戏簠(《铭图》5859)[⑤]、黄君子戏壶(《铭图》12332)[⑥]。其中黄君子戏簠(《铭图》5859)器、盖均有铭文，内容一致，但布局和字形写法有差异(见图2)。盖铭首列五个字，第二列四个字，第三列三个字，第四列四个字。而器铭共四列，每列四个字。"宝"字盖铭两见，写法一致，"宀"旁下左侧为"缶"形，右上为"玉"，右下为"贝"。而器铭中的两个"宝"字，"宀"下左侧为"玉"和"贝"，右侧为"缶"。盖铭"君"字竖笔贯穿"又"形，而器铭"君"字左侧竖笔与"又"形相接。盖铭"寿"字从"曰"，而上部作"古"形，器铭"寿"字从"口"而上部从"耂"。盖铭中的"其、眉"等字的写法都较器铭繁复。"害"字写法也较为特殊。而这些字都见于此次新见的"黄君子戏簠"(《铭图三》577)铭文，且写法高度一致(见图1)。新见"黄君子戏簠"(《铭图三》577)的铭文中"乍"字的竖笔打破铜锈，也说明铭文可能是在已经锈蚀的青铜器上后加上去的。新见"黄君子戏簠"(《铭图三》577)未公布器型，不能判断其是否仿制了黄君子戏簠(《铭图》5859)的器

图 2 黄君子戏簠(《铭图》5859)盖、器

型，但是其与"徐釐尹膋簠"(《铭图三》579—581)和黄君子戏簠(《铭图》5859)盖铭文的确都高度相似。我们有理由怀疑新见"黄君子戏簠"(《铭图三》577)的铭文是模仿了黄君子戏簠(《铭图》5859)盖铭而造，因此"徐釐尹膋簠"(《铭图三》579—581)恐怕是在伪造的"黄君子戏簠"(《铭图三》577)的基础上进一步伪造的。

此外，原藏刘体智的黄君子𣪘壶（《铭图》12332）的铭文，也与黄君子𣪘簠（《铭图》5859）的器铭极其相似，除了"壶"和"害"两个作为铜器自名的字存在差异，其他文字写法完全一致，且在铭文的布局和排列上，几乎可以重合（见图3），这种高度的一致性超越了黄君子𣪘簠器与盖之间的铭文的相似程度。按照崎川隆提出的"铭文重合辨伪法"，这两个器物的铭文恐有一例为伪。目前著录的黄君子𣪘壶铭文似乎都有重新描摹过的痕迹，该器不知去向，若该器为真，其铭文拓本很有可能是在黄君子𣪘簠器铭的基础上重新加工过的。

图3　黄君子𣪘壶（《铭图》12332）＋黄君子𣪘簠（《铭图》5859）器

附记：本文是国家社科基金项目"两汉隶书用字研究"（19CYY028）阶段性成果。本论文受到"扬州大学高端人才支持计划"资助。本文得到崎川隆先生的审阅，谨此谢忱。

（作者单位：扬州大学文学院）

注：

① 见崎川隆《铭文重合法对商周青铜器铭文辨伪研究的有效性——以鱼尊及其相关器物铭文考证为例》，《出土文献研究视野与方法》第5辑，台湾政治大学中文系2014年；又《妇狻卣铭文拓本的重新整理》，《古文字研究》第30辑第156—161页，中华书局2014年；又《关于自名为"鬶"的青铜器》，《青铜器与金文》第2辑第412—422页，上海古籍出版社2019年。

② 吴镇烽编著《商周青铜器铭文暨图像集成三编》（二）第188—194页，上海古籍出版社2020年。

③ 浙江省文物管理委员会等《绍兴306号战国墓发掘报告》，《文物》1984年第1期第12—13页。《殷周金文集成》著录号为2766（中国社会科学院考古研究所编《殷周金文集成（修订增补本）》，中华书局2007年）。《商周青铜器铭文暨图像集成》（以下简称《铭图》）著录号为2402。原名"邻𨝵尹彗鼎"（吴镇烽编著《商周青铜器铭文暨图像集成》，上海古籍出版社2012年）。

④ 又称"交君子鼎"，《殷周金文集成》著录号为2572。原藏邱崧生、刘鹗。曾著录于《三代吉金文存》卷三。

⑤ 又称"交君子大簋"，《殷周金文集成》著录号为4565。原藏丁树桢，现藏中国国家博物馆。曾著录于《三代吉金文存》卷十。

⑥ 又称"交君子大壶"，《殷周金文集成》著录号为9662。

古文字研究(34):272—279,2022

关于起右盘"倒置文字"产生的
过程和机制

崎川隆

一　问题所在

　　起右盘为1979年湖北随县安居春秋早期墓葬所出,现藏于随州市博物馆[①]。该器口径34.6厘米,器高16厘米,口沿一侧带槽形短流,另一侧附有龙形把手,可视作一种"匜形盘"(见图1左)。器身外侧饰窃曲纹,圈足饰垂鳞纹,圈足底下附有四个牛形小足。从器形、纹饰特征看,该盘制作年代大概相当于西周晚期至春秋早期[②]。该盘内底铸有4行26字(含重文2字)铭文(见图1中、右),现以原行款摹录如下:

　　唯起右自作用

　　其吉金宝盘,洒

　　用万年,子=孙=永

　　宝用享,□[永]用之。

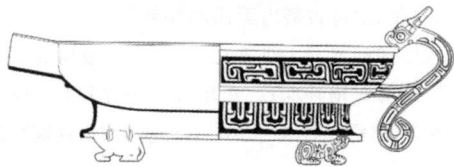

器形、纹饰　　　　　　　　铭文照片　　　　　　铭文拓本

图1

　　铭文在个别文字、字句的释读、考释上似乎没有特别的问题，但从语法、句式、文字书写形式角度看，却存在如下两条值得注意的现象：1. 语法异常，用词重复；2. 铭文第3、4行出现的"子、孙、之"三字被倒置。

　　关于第一条，张昌平曾经做过很好的解释③。张先生认为：在铭文第1、2行出现的"自作，用其吉金，宝盘"一句语序混乱，应是"用其吉金，自作宝盘"之误，只要将"自作"两字挪到"宝盘"前面就可以读通。此外，铭文后半部分出现的"遐用万年、子子孙孙永宝用享、永用之"等词语用词有所重复，若按照曾国青铜器铭文常见的辞例，可以将其改为"遐其万年子子孙孙永宝用享"。张先生认为，产生这种"异常"现象的原因应是与铭文书写人的"文化知识缺乏"有关的④。我们基本同意张先生的这一解释。

　　第二条的问题更为明显，我们一看铭文拓本就很容易发现：第三行出现的"子、孙"两字以及第四行末尾的"之"字分别是被倒写的。关于这一问题，张先生同样早就注意到，并对其产生原因提出了自己的看法。他认为：这还是与铭文起草人的文化程度有关⑤。我们也基本赞同张先生的看法，无论是第一条还是第二条，产生如上问题的根本原因毫无疑问是与铭文制作人识字能力有关的。但就第二条问题而言，我们还想进一步深入了解那些"倒写字"所产生的更直接的原因、更具体的途径和机制到底是如何的。对于这一问题，夏含夷最近发表了一篇文章，从不同角度展开了尝试性思考⑥。夏先生指出：

　　　　……这三字的倒写会让人想起中国活字印刷术的特征。当然，我们通常说活字印刷术是到北宋时代才发明的，……然而中国上古时代也不是没有活字印刷术的某种萌芽和前例。

　　夏先生认为，就使用活字般的工具来复制文本这种机制而言，其起源似可追溯到春秋中晚期的秦公簋(《集成》4315)铭文。众所周知，在秦公簋铭文中，每一个文字周围可以看到很清楚的压印痕迹，而且铭文中出现两次以上的"秦、皇、公、命、朕、严、祖"等单字都可以彼此完全重合。因此，我们可以推定：秦公簋铭文应是利用活字般的"单字模"工具来复制、铸造的。若此，起右盘铭文中的那些"倒写"现象也是否正是因为"单字模"的使用而才产生的？夏先生通过对起右盘铭文的仔细观察发现，铭文单字周围看不到任何印模痕迹，而且"用、宝"等出现两次以上的文字并不能彼此重合。所以，夏先生似乎暂时放弃了自己提出来的这一假设，但同时也有指出，若确实没有使用"单字活字"，那么我们对那些三个字的"倒置"原因"很难想出更好的解释"⑦。那么，起右盘铭文的"文字倒置"现象到底是如何产生的？是否与"单字模"的使用有关？

　　本文从商周青铜器铭文铸造技术史以及文本复制技术史角度入手，首先讨论并论证起右盘铭文中的那些"文字倒置"现象并非因"活字模"的使用而产生的。在此基础上，我们在第三节中进而探讨产生"文字倒置"现象的具体途径、机制等问题。

二 铭文铸造工艺中"机械复制技术"的出现及其发展过程

在商周时期的青铜器铭文铸造工艺中,是否存在某种机械的文本复制技术?就商、西周时期的情况而言,我们的看法是否定的,通过对商周青铜礼器中"同铭器"铭文的比较分析似乎可以解决这一问题[⑧]。

在商周青铜器铭文材料中,不同的器物或同一件器物的器、盖上铸有相同内容铭文的情况是比较常见的,学术界一般将其称作"同铭器"[⑨]。而这种同铭器虽其记载内容完全相同,但就其字体大小、文字布局、文字倾斜度等细节特征而言,每一件标本都有出入,彼此完全可以重合的情况是非常少见的。例如:图2左所示的"亚址觚"有10件铸有同样铭文的标本,但其中没有一对可以完全重合的铭文;又,图2右所示8件"瘐簋"的情况也是如此,其器、盖铭文内容虽完全一致,但通过对每一篇铭文中单字字形的仔细观察和比较可知,其中没有一对可以完全重合的铭文[⑩]。

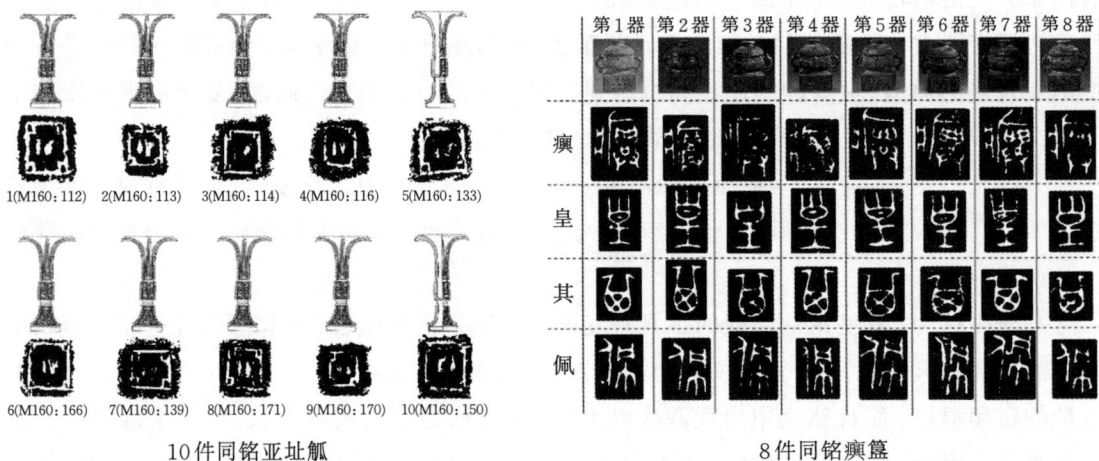

10件同铭亚址觚

8件同铭瘐簋

图2

此外,在同一件器物的器铭和盖铭之间也几乎看不到可以重合的情况。通过对所有商、西周时期已公布的同铭器材料的比较和分析可以知道,除了真伪有疑问的材料以外,基本没有彼此可以完全重合的、或者部分重合的铭文。由此我们似乎可以肯定,至少在东周之前的青铜器铭文铸造工艺中,还没有出现"单字模"那种机械的文本复制技术。但是,到了东周之后,这种情况发生了很大变化。到了春秋以后,在同铭器铭文的铸造工艺中慢慢开始出现机械的复制技术,其具体方法可分为如下三种。

1. 全铭模复制法。这种复制方法也可以算是一种"字模印制法",其具体运用方法是:首先将拟铸铭文的全部文字以阴线划刻在同一块泥质模具上,当作"全铭字模"[⑪]。然后将其压印在多件器物的铸范上，通过反复运用得以机械地复制出多件完全相同的铭文。由于用这种方法复制的铭文皆出于一模，其文字字体、行款格局等细节特征自然也是一模一样的。通过对以往公布材料的调查可知，这种铭文复制方法最早出现于春秋早期晚段，其后一直沿用到战国晚期（见文末附表）[12]。代表性的例子有：宗妇鼎（共7件，《集成》2683—2689）、宗妇簋（共7件，《集成》4076—4087）、宋公縊簠（《集成》4589）、庆孙之子簠（《集成》4502）、陈曼簠（《集成》4595、4596）等。

2. 单字模复制法。从复制原理的角度讲，这一复制法同样也算是一种"字模印制法"。不过，"单字模复制法"要比"全铭模复制法"更为机械，更为追求效率。其具体运用方法是：首先将铭文全文分解为单个文字，将其分别做成活字般的单字印模，然后将每一单字模逐字压印于铸造用的陶范上，这样就可以很容易地形成多篇同样铭文[13]。这种方法的优点在于：在同一篇铭文中多次出现同样文字的情况下，可以反复使用同一件单字模，可节省一定的劳动时间和工作环节；铭文的字距、行款可以随意调整，可适用于各种不同形制、不同大小的器物上。运用这一方法复制出的铭文一般具有如下特征：（1）同铭器之间或者同一篇铭文中反复出现的文字之间，每一单字字形可以完全重合；（2）在同铭器之间虽然每个单字字体彼此可以完全重合，但其字距、行距、文字倾斜度不一定能够重合；（3）每一单字周围经常可以看到压印痕迹。这种"单字模"复制法最早出现于春秋中期，盛行于春秋晚期至战国时期（见文末附表）。代表性的例子有：秦公簋（《集成》4315）、鄬子孟青嬭簠（《新收》522，《铭像》5795）、鄬子孟升嬭鼎（《新收》523，见图3）、鄬子戻鼎一（《新收》532）、鄬子戻鼎二（《新收》533）、克黄鼎一（《新收》499）、克黄鼎二（《新收》500）、鄬子受编钟（《新收》504—512）、鄬子受编镈（《新收》513—520）等。

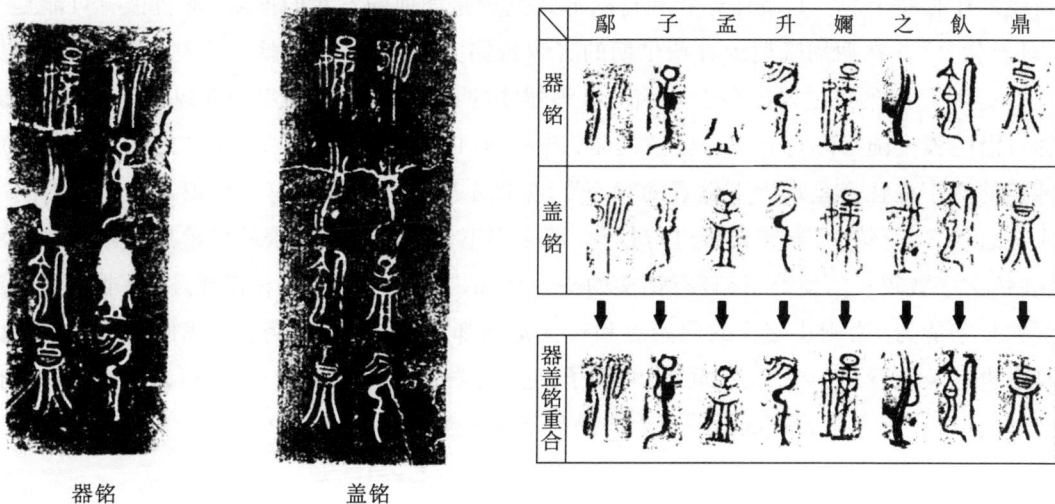

器铭　　　　盖铭

图3　鄬子孟升嬭鼎铭文单字重合情况

3. 复合模复制法。到了战国时期,在如上两种复制技术的基础上又出现了一种更为灵活的复制技术,我们暂时将这一新技术叫作"复合模"复制法(见文末附表)⑭。实际上,这"复合模"复制法是一种位于"全铭模"和"单字模"中间的折中办法,按照铭文铸造时的各种具体制约和要求,可以灵活配合最合适的模具形式。由于文章篇幅有限,关于"复合模"运用的具体机理和情况我们在此未能展开全面讨论,以下只能举一些代表性的例子,如:曾姬壶(《集成》9710、9711);郑令戈铭文石模(河南博物院编著《中原古代文明之光》第189页,科学出版社2011年)、河北平山三汲出土戈范(河北省文物研究所《河北平山三汲古城调查与墓葬发掘》,《考古学集刊》第5集第164页)等。通过对铭文机械复制技术的不断改良,战国时期得以实现更为机械、更有效率、更大批量的文本复制。

综上所述,"单字模"技术应是在"全铭模"技术的基础上,大概在春秋中期以后才开始发展起来的。若此,我们似乎可以肯定:铸于西周晚期(或春秋早期)的起右盘铭文中,不大可能突然出现较成熟的"单字模"技术。这明显是不符合铭文铸造、复制技术史的一般规律(见文末附表)。实际上,夏含夷通过对起右盘铭文照片的观察所取得的结论(即:每一个单字周围看不到印模痕迹,反复出现的单字无法彼此重合等)也完全支持我们的这一推定⑮。因此,我们认为:起右盘铭文中"倒写字"的产生和"单字模"的使用之间应该没有任何关系。

三　产生"倒置字"的途径和机制

如果以上理解无误,那么,起右盘铭文的"倒置字"那种错误到底是如何产生的? 从结论谈起,我们认为那三个"倒置字"的产生实际上是与铭文书写人在制作铭文时所依据的"模板"(又可称作"范本、底本"等)及其载体、行款形式有关的。那么,当时的铭文书写人所依照的模板到底是什么样子的? 其载体形状和行款形式究竟是如何的? 我们推测,那就极有可能是一种"环行铭文"。在西周晚期到春秋早期的青铜器铭文中,环行的行款形式是比较常见的(见图4)。这种行款形式主要出现于鬲、壶、盘等器物的口沿部,铭文文字一般以单行书写,沿着器物口沿的弧度随形环行。值得注意的是,若从器口上面俯视这种"环行铭文",位于铭文后半部分的文字往往会呈现上下倒置的状态⑯(见图4左)。因此,若有一位识字能力较差的书写人将这种"环行铭文"当作模板进行抄写,那么犯下"文字倒写"错误的风险应是很大的。而且,在铭文字数较多的情况下,环行铭文的头一字和末尾一字往往是相连成环,除非具备一定程度的识字能力,否则连铭文的起始点和行文走向都难以判定。实际上,我们在"环行铭文"本身中也已经能看到一些"文字倒置"的例子(见图4右)⑰。所以,我们至少可以这样说:"环行铭文"是一种让识字能力较低的书写人容易犯下那一类错误的行款形式。

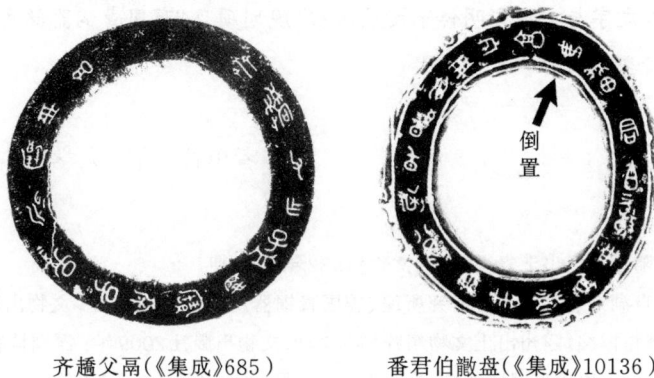

齐䢉父盉(《集成》685)　　　番君伯敽盘(《集成》10136)

图4

　　总之,本文的结论可归纳为如下两条:1. 产生起右盘"倒置文字"的根本原因毫无疑问是书写人对文化知识的缺乏,但更直接的原因应是与铭文书写人制作铭文时所参考的"模板"的物理形状和行款形式有关;2. 铭文书写人所参照的"模板"有可能是铸在盉形或盘形青铜器口沿部的"环行铭文"。

2021年9月30日初稿

附表　铭文铸造工艺中机械复制技术的出现及其发展过程

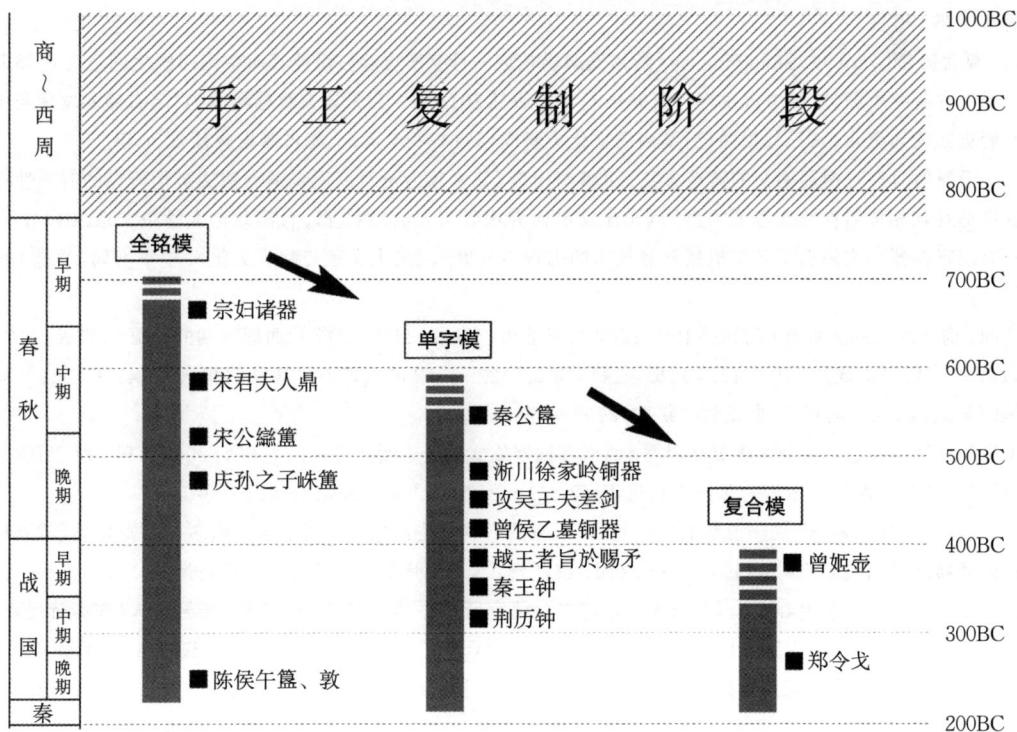

附记：本文为"古文字与中华文明传承发展工程"规划项目"商周青铜器铭文铸造中机械复制技术的出现和发展"的阶段性成果。

（作者单位：吉林大学考古学院古籍研究所）

注：

① 随州市博物馆《湖北随县安居出土青铜器》，《文物》1982年第12期。

② 器影、铭文拓本均采自湖北省文物考古研究所编《曾国青铜器》第246—247页，文物出版社2007年。器影照片又著录于随州市博物馆编《随州出土文物精粹》第37页，文物出版社2009年；深圳博物馆、随州市博物馆编《礼乐汉东·湖北随州出土周代青铜器精粹》第154—155页，文物出版社2012年等。

③ 参见张昌平《曾国青铜器研究》第152—162页，文物出版社2009年。

④ 关于铭文书写人的社会身份，张先生云："铭文所代表的社会层次较高，但铭文的制作完成则是由社会身份较低的匠人执行。由于当时社会文化教育范围有限，制作者未必认识、理解其制作的铭文，出现上述错误也就在所难免。"（张昌平《曾国青铜器研究》第160—161页）。张先生的意思应该是：这些低级错误所反映的文化、识字水平应是匠人们的，而不是贵族、知识分子的。可是我们通过对起右盘铭文的仔细观察注意到：起右盘铭文虽然具有如此明显、严重的错误，但在铭文中却没有任何经过修改的痕迹（包括补铸、补刻、刮削等）。从这一现象我们可以知道，实际使用这件器物的贵族们也似乎没有注意到，或者不在乎铭文中出现的那些低级错误。所以我们认为：无论铭文文字的实际书写人到底是贵族还是匠人，起右盘铭文中出现的那些低级错误不仅代表匠人的识字水平，而且同样也可以代表当时曾国的贵族和知识分子的识字、文化水平。

⑤ 同注③第160页。

⑥⑦⑮ 夏含夷 Edward L. Shaughnessy《随州安居桃花坡一号墓所出起右盘及其对中国印刷史的意义》，湖北省文物考古研究所编《曾国考古发现与研究》，科学出版社2018年。后来该文章标题改为《起右盘的发现与中国印刷史》，收入夏含夷《三代损益记·夏商周文化史研究》第94—97页，上海古籍出版社2020年。

⑧⑫ 关于商周时期青铜器铭文的铸造方法，可参崎川隆《铭文重合法对商周青铜器铭文辨伪研究的有效性——以鱼尊及其相关器物铭文考证为例》，《出土文献研究视野与方法》第5辑，台湾政治大学中文系2014年；《春秋时期青铜器铭文铸造工艺中机械复制技术的出现与发展》，《出土文献与物质文化》，中华书局（香港）2017年等。

⑨ 例如：商代晚期的亚址觚（《新收》198—207）、亚址角（《新收》208—217）、西周晚期的癲簋（《集成》4170—4177）、追簋（《集成》4219—4224）、史颂簋（《集成》4229—4236）、善夫梁其簋（《集成》4147—4151）、佣生簋（《集成》4262—4265）、小克鼎（《集成》2796—2802）等。

⑩ 张昌平也注意到这一现象。参看张昌平《商周青铜器铭文的若干制作方式》，《文物》2008年第8期，后收入张昌平《方国的青铜与文化——张昌平自选集》第239—251页，上海人民出版社2012年。

⑪ 首次提出"字模印制法"这一说法的是张光远，后来吉开将人也沿用并发扬了这一概念。参张光远《战国初齐桓公诸器续考》，《故宫季刊》1977年第12期；吉开将人《先秦時期における単字模鑄造法について——曾侯乙墓出土青铜器群を中心に》，《东京大学东洋文化研究所纪要》第129册，1995年；吉开将人《先秦時代の"单字模"铭文铸造法——中国古代の"活字"的な资料をめぐって》，《歴史の文字——記載、活字、活版》第49—54页，东京大学综合研究博物馆1996年。另参注⑩张昌平论文。张先生对吉开先生的看法提出否定意见。

⑬ 同注⑧崎川隆论文。此外,有关"单字模铸造法"的具体运作模式及其相关问题可参吉开将人《曾侯乙墓出土戈戟の研究》,《东京大学文学部考古学研究室研究纪要》第12号,1994年; Noel Barnard 巴纳"A Lid Core with Intaglio Inscription; and a Re-appraisal of Methods of Casting Inscriptions", Appendix A, *The Shan fu liang ch'i Kuei and Associated Inscribed Vessels*,第215—268页,SMC Publishing Inc(1996年);林巳奈夫《殷周青铜器銘文铸造法に関する若干の問題》,《东方学报》第51册,1979年等。

⑭ 同注⑧;又参看崎川隆《郑韩故城出土"戈铭石模"及其相关问题探讨》,《古文字研究》第32辑,中华书局2018年。

⑯ 起右盘铭文所见那三个"倒置字"恰好也集中出现在铭文后半大概三分之二左右的位置。

⑰ 在春秋早期的番君伯龙父盘(河南潢川彭店乡刘砦村出土,《集成》10136,《铭图》14473)铭文中,我们可以看到"环行铭文"开头第一字(即"隹"字)被倒置的现象。图4中的拓本采自上海博物馆商周青铜器铭文选编写组《商周青铜器铭文选(二)》第620片,文物出版社1987年。

古文字研究（34）：280—289,2022

西周王号谥称说申论^①

陈英杰

本文所说西周王号指的是文王以及武王、成王、康王、昭王、穆王、共王、懿王、孝王、夷王、厉王、宣王、幽王等西周十二王之王称^②。这些王称有生称与死称(谥称)二说,迄今未定于一尊。本文从考察各种王称的使用情况入手,来讨论其为生称还是谥称的问题。

一

(一) 文、武；文王、武王；玟、珷；玟王、珷王

在西周金文的历史叙事中,文、武二王一般是作为受命王连类而称,或合叙^③：

询簋(《集成》4321,西周中期)：王若曰：询,丕显文武受令,则乃且(祖)奠周邦。师询簋(《集成》4342,西周中期)：王若曰：师询,丕显文武,膺受天令。

卅二年逨鼎(《铭图》2501,西周晚期)、卅三年逨鼎(《铭图》2503)、逨盘(《铭图》14543)：王若曰：逨,丕显文武,膺受大令,匍有四方。

毛公鼎(《集成》2841,西周晚期)：王若曰：父𪩶,丕显文武,皇天引猒氒德,配我有周,膺受大命,率褱不廷方,亡不閈于文武耿光,唯天壮集氒命。

师克盨(《集成》4467、4468,《近出》507,西周晚期)：王若曰：师克,丕显文武,膺受大令,匍有四方。

猷钟(《集成》260,西周晚期)：王肇遹省文武董(勤)疆土。

曾侯与钟(《铭续》1029,春秋晚期)：曾侯臟曰：白(伯)簺(括)上寽,瑬(左)砮(右)文武,达殷之命,羉(抚)𩒦(奠)天下。

乖伯簋(《集成》4331,西周中期)：王若曰：乖伯,朕丕显且(祖)玟、珷,膺受大命。

逨盘(《铭图》14543,西周晚期)：逨曰：丕显朕皇高且(祖)单公,趞=克明愻(慎)氒德,夹𤔲文王、武王达殷,膺受天鲁令,匍有四方,並宅氒董(勤)疆土,用配上帝。

或分叙：

墙盘(《集成》10175,西周中期)：曰古文王,初𪒠龢于政,上帝降懿德大屛(屛),匍有上下,遘受万邦。䎽圉武王,遹征四方,达殷畯民……鼏宁天子,天子𪔖(恪)屫(缵)文武长刺(烈)……雩武王既𢦏(翦)殷,微史刺(烈)且(祖)迺来见武王。

痶钟(《集成》251—252,西周中期)：曰古文王,初𪒠龢于政,上帝降懿德大屛(屛),匍有四方,匐受万邦。雩武王既𢦏(翦)殷,微史刺(烈)且(祖)□来见武王。

大盂鼎(《集成》2837,西周早期):王若曰:盂,丕显玟王,受天有大令,在珷王嗣玟作邦,辟氒匿,匍有四方……今我隹即井(型)㐭(禀)于玟王正德,若玟王令二三正,今余隹令女(汝)盂……。按:文王出现四次,三处作"玟王",一处作"玟"。

或单说武王:

晋公盆(《集成》10342,春秋中期)、晋公盘(《铭续》952):我皇祖㕍(唐)公膺受大命,左右武王,敠(教)嘼(威)百蛮,广辟四方,至于不廷,莫不秉敬④。按:晋国始封为武王子叔虞。

文武二王在用字上有一个特殊之处,即文、武二字加注"王"旁作玟、珷,玟、珷可以单用,也可以使用复语"玟王、珷王"。单用者如:

利簋(《集成》4131,西周早期):珷征商,隹甲子朝,岁鼎(贞)克,闻,夙又商。辛未,王才(在)阑自,易(赐)又(有)事利金,用作旜公宝尊彝。

德鼎(《集成》2661,西周早期):隹三月王才(在)成周,延珷祼自蒿,咸,王易(赐)德贝廿朋,用作宝尊彝。

应公鼎(《铭图》2105,西周晚期):应公作尊簋鼎珷帝日丁。按:应国始封为武王子。

复语者如:

何尊(《集成》6014,西周早期):隹王初迁宅于成周,复禀珷王豊(礼)祼自天,才(在)四月丙戌,王亯(诰)宗小子于京室,曰:昔才(在)尔考公氏,克逨玟王,肆玟王受兹大命,隹珷王既克大邑商,则延告于天。

中方鼎(《集成》2785,西周早期):王曰:中,兹福人入史(事),易(赐)于珷王作臣。

宜侯夨簋(《集成》4320,西周早期):王省珷王、成王伐商图⑤。

义尊(《铭图》1015,西周早期)、义卣(《铭图》1149):隹十又三月丁亥,珷王易(赐)义贝卅朋,用作父乙宝尊彝。

大多数文例中的"文(王)武(王)、玟(王)、珷(王)"称谓都属于死称,时王仅称"王",与先王之名号厘然不混。

附:

天亡簋(《集成》4261,西周早期):乙亥,王又(有)大豊(礼),王同三方,王祀于天室,降,天亡又(右)王,衣祀于王丕显考文王,事喜上帝。文王德⑥才(在)上,丕(不)显王作省(笙),丕祝(晉—僭)⑦王作庸(镛),不(丕)克乞(讫)衣王祀。丁丑,王卿(飨),大宜。王降……按:该铭文字草率,有些文字的释读以及句读、作器者等问题都还有不小的分歧⑧。我同意铭中"王"指武王、该器为武王时期的意见。"衣祀"即衣祭,即文献中的殷祭⑨,也就是下文的"衣王祀"(衣和王祀是同位语)。"王丕显考文王"是一个名词结构,即王(时王)之丕显考文王。"大宜"跟貉子卣(《集成》5409,西周早期)"咸宜"义同。

班簋(《集成》4341,西周中期)在对王命的答谢词中有"毓文王、王姒圣孙,隥(登)于大服,广成乎工(功),文王孙亡弗衺(懷)井(型)"語^⑩。班即铭中的毛伯,受封为毛公,毛国始封为文王子叔郑。

有一件康生豆(《集成》4685,西周早期),铭作:康生作文考癸公宝尊彝^⑪。"文"作 ,左旁残,或隶为"玟",但写法跟同时期王旁下部肥写弧笔不类,而且就现有材料看,"玟"是文王的专用字,而"文考"之"文"是一个一般词汇。姑附此。

(二)成王

"成王"作为死称,见于作册大鼎、宜侯矢簋,二器"武王、成王"连叙,当跟成王清除商民余孽、最终完成克商大业有关;又见于成王鼎(《集成》1734,铭"成王尊")、小盂鼎。另外就是见于墙盘和逨盘。

献侯鼎(《集成》2626—2627)云:唯成王大䄠才(在)宗周,商(赏)献侯䚐贝,用作丁侯尊彝。内史亳觚(《铭图》9855)云:成王易(赐)内史亳豊(醴)祼,弗敢虣,作祼铜(同)。二器叙述方式和义尊、卣相同。

(三)康王

"康王"一称仅见于追述周王朝历史的墙盘和逨盘中,死称。

(四)昭王

"昭王"之"昭"金文一般写作"卲",见于墙盘、逨盘、刺鼎(《集成》2776"啻(禘)卲(昭)王")。鲜簋(《集成》10166,《近出》482)云"啻(禘)于瑝(昭)王",加注了王字旁,与玟、珷同,仅此一见。以上均为死称。

歔应姬鼎(《铭续》221)云:唯趰^⑫(昭)王伐楚荆,歔应姬见于王,嚞^⑬皇,易(赐)贝十朋、玄布二乙,对扬王休,用作乎啻(嫡)君公叔乙尊鼎(鼎)。若把"趰王"释为"昭王",文例很顺,但与"昭王"的一般写法以及"趰"在金文中的常见用法不同^⑭。而且,就现有材料看,周王谥号用字写法是比较稳定的,这说明其谥字的使用有较为严格的规范。趰、趲异体,李学勤曾想将其读为"诏",但解为教导、引导和铭文情事难合,所以仍主昭王说^⑮。其实,这句话可以跟逨盘"用会卲(昭)王、穆王,盗征四方,㪍伐楚荆"对读(前文有"夹䚕文王武王达殷""会䚕康王,方褱不廷",后文有"夹䚕先王"),"趲"单用表示辅相义见于大盂鼎,把这里的"趰"理解为跟"会、会䚕、夹䚕"同义,主语探后省略,也是可以讲通的,而且也并不妨碍把此器所记伐楚荆之事跟昭王联系起来。

(五)穆王

"穆"字金文中用于人名(包括谥号)或用为"敬"义,后者经常重文选音作"穆穆"读,有些人名或身份称谓词中也有重文符。西周时一般写作 ,或作 、。

曶鼎(《集成》2838,西周中期):王才(在)周穆 王大[室]。^⑯

师虤鼎(《集成》2830,西周中期):王曰:师虤,女(汝)克盩乃身,臣朕皇考穆= 王。

墙盘(《集成》10175,西周中期):穆(⬛)王。速盘(《铭图》14543,西周晚期)穆王字作⬛[17]。

无叀鼎(《集成》2814,西周晚期):官嗣穆(⬛)王遗侧虎臣。铭草率。

长由盉(《集成》9455,西周中期):隹三月初吉丁亥,穆(⬛)王才(在)下减应,穆(⬛)王卿(飨)豊(醴),即井(邢)白(伯)、大祝射,穆(⬛)王蔑长由以逐即井=白=(邢伯,邢伯)氏弥不奸,长由蔑历,敢对扬天子丕杯休,用肇作尊彝。

及簋(《铭续》456,西周中期):唯正月初吉,王才(在)葊京,丁卯,王各于淢宫[18],穆(⬛)王窥(亲)命及曰:"更乃且(祖)考疋(胥)乃官,易(赐)女(汝)□□矢、金车、金屦。女(汝)尚用宫事。"及拜頴首,受穆王休命,对扬穆王休命,用作朕文旻(祖)戊公宝霣彝,孙=子=其万年宝用兹穆(⬛)王休命[19]。

苟盘(《铭三》1217,西周中期):隹正月初吉丁卯,王才(在)淢宫,玉苟献凤圭于穆(⬛)王,穰苟历,易(赐)郁邑,苟对扬穆(⬛)王休,用作父乙殷,子=孙其永宝。苟盉(《铭三》1243)铭同,两处"穆"字分别作⬛、⬛。盘、盉器名均作"殷",制作时失于校改。

懋卣(《铭续》880,西周中期):隹六月既望丁巳,穆(⬛)王才(在)奠(郑),蔑懋历,易(赐)⬛带。懋拜頴首,敢对扬天子休,用作文考日丁宝尊彝。《铭续》791尊同铭。

遹簋(《集成》4207,西周中期):隹六月既生霸,穆=(⬛)王才(在)葊京,乎(呼)潳(渔)于大池。王卿(飨)酉(酒),遹御亡遣(谴)。穆=(⬛)王窥(亲)易(赐)遹犟(爵)。遹拜首(手)頴首,敢对扬穆(⬛)王休,用作文考父乙尊彝。"穆王"三见,最后一处是没有重文符的。

"穆王"写作"穆=王",仅见于遹簋和师虤鼎,师虤鼎铭泐,并不能确定。由于金文中"穆穆"是一个常用的迭音词,很可能遹簋书手受到其影响,而在"穆王"名号中使用了加重文符的"穆",不应读成"穆穆王"或认为加两横表示专名之类。

戎生编钟(《近出》27—34,春秋早期)则称为"穆天子",此种称谓结构在西周十二王号中仅见。

(六)龏王

龏王,传世文献中写作恭或共。金文中"龏"除用为"恭"(恭敬)、"供"(供职、供奉)等外,也用为谥字,如卌三年逑鼎之"朕皇考龏叔"。

五祀卫鼎(《集成》2832,西周中期):隹正月初吉庚戌,卫以邦君厉告于井(邢)白=(伯、伯)邑父、定白(伯)、瑒白=(伯、伯)俗父,曰厉曰:"余执龏王恤工(功),于邵(昭)大室东逆营二川。"

昹簋(《铭图》5386,西周中期):今朕丕显考龏王既命女(汝)更乃且(祖)考事,作嗣(司)徒。

大克鼎(《集成》2836,西周晚期):克曰:穆=朕文且(祖)师华父……肄克龏保氒辟龏王。又见速盘(《铭图》14543)。以上均为确定的谥称。

十五年趞曹鼎(《集成》2784,西周中期):隹十又五年五月既生霸壬午,龏王才(在)周新宫,旦,王射于射卢(庐),史趞曹易(赐)弓、矢、夬、房(櫜)、胄、干、殳,趞曹敢对,曹拜頴首,敢对扬天子休,用作宝鼎,用卿(飨)倗(朋)客(友)。

(七)懿王

金文中"懿"有美的意思,如"懿德"(见于师訇鼎、豳公盨、晶仲饮壶、墙盘等),也是一个常用的谥字。

逨盘(《铭图》14543):用辟龏(恭)王、懿(▨)王。

匡卣(《集成》5423,西周中期):隹四月初吉甲午,懿(▨)王才(在)射卢(庐),作象爻,匡甫象斁,王曰:休。匡拜手頴首,对扬天子丕显休,用作文考日丁宝彝,其子=孙=永宝用。

(八)孝王、夷王

见于逨盘"匍[20]保乒(厥)辟考(孝)王、㣈(夷)王",死称。

(九)厉王

厉王金文中作"剌王",见于吴虎鼎(《近出》364,西周晚期)"醽(申)剌(厉)王令"、逨盘"剌(厉)王",死称。

(十)墙盘、逨盘中的周王名号

墙盘叙述模式可以分为三个部分:第一部分是简要概述文王、武王、成王、康王、昭王、穆王主要政治功绩,天子(龏王,时王)事迹比先王详细,每个王前面都有两个字的修饰语,构成"品质属性修饰语+谥字王称+政治功绩"的结构模式("曰古文王"除外),对于先祖也有类似的修饰语,但未统一使用;第二部分是讲述家族历史,叙述了包括史墙在内的六代,偏重于对本家族发展所起作用的叙述,史墙本人则较简略,仅有"史墙夙夜不象(惰),其日蔑历";第三部分是答谢辞和祈福辞:"墙弗敢取(沮),对扬天子丕显休令,用作宝尊彝,剌(烈)且(祖)、文考弋宦受(授)墙尔纛福,襄(怀)猶(髪—福)录(禄)、黄耈、弥生,龕事乒辟,其万年永宝用。"墙盘铭文大概是一篇祭祖的祭辞。

逨盘铭辞性质跟墙盘相同,但叙述模式有所不同,也有三部分内容:该铭也历数历代周王和本家族先人的功烈,但跟墙盘把周王和先祖分述的方式不同,它是把先祖和周王相配合着叙述的,而且偏重先人的政治功绩,用"夹鬯、逑匹、会鬯、会、辟(辟事)、専(从勹)保、享辟"等辅相、佐助意义的词(这些词的宾语是历代周王)来表明自己家族对周王朝建立、发展、稳定所起的巨大作用。这是该铭的第一部分内容,周王叙至天子——时王,也即宣王时。叙述本家族八代(至逨本人),除成王、康王、厉王朝外,其他先人都是奉事两代周王,是两朝元老。述及本人时,也是偏于政治(对天子表明自己的忠心,并为天子祈福)。第二部分是王令,对逨的册命。第三部分是答谢辞和祈福辞:"逨敢对天子丕显鲁休扬……子子孙孙永宝用享",跟墙盘相同。

二

对于金文中的王称,刘雨在王国维、郭沫若、张政烺等人研究基础上,进一步区分出"时王生称、时王美称、周王别称”和“在野王称”（即诸侯王称）四类。文武成康等是时王生称，“休王”㉑、“卲王”（默钟，《集成》260，厉王尊称）㉒、“穆王”（无更鼎）㉓是时王美称；小盂鼎“周王”是文王别称，望簋（《集成》4272）“毕王”可能是懿王别称㉔，“幽王”可能是孝王别称（即位前称幽公）；“矢王、买王”等是在野王称（在野的异族邦君而称王者）㉕。他所持时王生称说，与我们意见相反；其所谓时王美称的例子都不可靠；在野王称是没有问题的；周王别称说虽存在一定问题，但很有启发性，既然当时存在异族邦君称王者，周王在即位前有可能受封而称某王，但只能是即天子之位之前的称号，即天子之位后，乃是统领天下所有诸侯之王，不可能再使用这种冠以某地名号的称谓，所以西周金文中王臣称周王只单称“王”或“天子”。所以，我们不同意他的“时王别称”说。时王美称中有“穆王、卲王”，而与已故之周王同称，造成时王与已故之王称谓上的无法区别，这在当时的礼制体系中恐怕是难以存在的。谥法的本质作用不是为了尊美已故的君上，而是为了区别已故的君上㉖。如果认可文武成康等为谥号，那这些时王美称就更不能成立了，否则谥法就失去了生死之辨的本质意义。

关于西周诸王的王号即文武成康等，最大的一个分歧就是这些称谓是生称还是死称，两说至今争持不决。我主张谥称说。关于此问题，首先要有一个共识，即“西周金文人名的体例相当谨严”㉗，在这个共识下讨论相关铭辞的释读。其他如作器原因铭辞一定跟作器者有关，也应该成为研究共识㉘。刘雨说“幽王”有时也可以省称“王”，这大概是有问题的，如果这样，“王”作之器的作器者认定就成了问题。西周金文中单称“王”者还没有确定非周王者，而其他侯国称王则标明国名，西周金文中如果没有特定语境限制，单独出现的“王”都应指周王㉘。通过上文的梳理，在大部分铭文中，有王号的都是已故先王，有争议的只有十五件器物，下面我们看一下这些器物中的王称出现情况。

利簋：斌—王

义尊、义卣：斌王

献侯鼎（二件）：成王

内史亳觚：成王

胡应姬鼎：𥇢王—王—对扬王休

长甶盉：穆王—穆王—穆王—对扬天子休

彔簋：王—王—穆王—彔拜顡首受穆王休命—对扬穆王休命—其万年宝用兹穆王休命

荀盘：王—穆王—对扬穆王休

𢆶尊、卣：穆王—对扬天子休

遹簋：穆王—王—穆王—对扬穆王休

十五年趞曹鼎：龏王—王—对扬天子休

匡卣：懿王—王—对扬天子丕显休

其中胡应姬鼎中的"䚢王"与"卲王"的常见写法有异，如果认定其为昭王，尚需新的资料进一步验证。除了献侯鼎、义尊、义卣、内史亳觚、长甶盉、懋卣七器只有"王号"，其他都是"王"与"王号"共出。"对扬"部分变换称谓是一个常例，跟其前的铭文内容不能等列并观。为了在谥号说的主张下把相关铭辞讲通，曹汉刚提出："对前代先王均称王号，对时王则仅称王，两者判然有别，一目了然。所以，所谓'生称王谥'的利簋称珷与王、遹簋称穆王与王、十五年趞曹鼎称恭王与王，也应是分别对先王与时王的称呼。""在西周金文中，称名的体例相当严谨，这是因为古代社会中，名分始终是最重要的价值取向，周王的名号更是如此，绝不会允许将先王与时王的名号相混淆。所谓'生称王谥'诸者的纪年方式，由于是追述先王事迹，铭文纪年必然要考虑先王相对于时王的时空关系，所以不能出现'唯王某年'的格式，目的正是在于避免与时王相混淆。"㉚其说虽尚有可商之处，但颇具启发性。

由长甶盉、懋尊、懋卣看，"天子"是可以称呼已故周王的；从"对扬"句看，叚簋、苟盘没有使用"对扬王休"的表述，"王"与王号的使用区分严格；胡应姬鼎与十五年趞曹鼎、匡卣的"王"与王号出现规律一致，"对扬王休"意义上与"对扬天子休"对等，所以把胡应姬鼎中的"䚢王"理解为王号是很顺畅的，问题在于其王号用字跟昭王的一般写法不同，需要新资料的进一步证明。如果按照曹说，十五年趞曹鼎记龏王一句就毫无意义，匡卣解释起来尤其牵强。为弥补其说之缺陷，我们提出王称的"首见原则"，一篇铭文中王号和"王"共同出现时，如果王号最先出现，其后之"王"为王号之省；如果"王"最先出现，其后又出现王号，可按曹氏规则解读，"王"指时王，王号指已故周王。所以，利簋中的"王"还是武王，依据谥称说，该器作于成王时。据《史记·周本纪》，"穆王即位，春秋已五十矣"，"立五十五年，崩"。夏商周断代工程采纳了55年在位说㉛。在这么长的时间里，其子龏王不可能没有与之共同出现的场合。在有穆王之号的铭文中，穆王都是反复出现、一再强调，"对扬穆王休"也是比较特殊的表述方式，这个句式一般说"对扬王休"或"对扬天子休"，这反映了穆王在西周王朝历史上的重大影响，也体现了穆王在王臣心中的崇高地位。

由王号明确为死称的用例以及依据王称"首见原则"能够解释的用例来看，王号为死称应该是没有疑问的。基于此种认识，只有"王号"的献侯鼎、义尊、义卣、内史亳觚、长甶盉、懋卣七器铭文解释为追述也是顺理成章的事了。

附记：本文为"古文字与中华文明传承发展工程"项目"商周金文文字考释史"（G1206）的阶段性成果。

（作者单位：首都师范大学文学院、"古文字与中华文明传承发展工程"协同攻关创新平台）

注：

① 本文为《商周金文中"王"和"天子"称谓使用情况的考察》一文的部分内容。文中所引金文著录书简称情况：《集成》：中国社会科学院考古研究所编《殷周金文集成》；《新收》：钟柏生、陈昭容、黄铭崇、袁国华编《新收殷周青铜器铭文暨器影汇编》；《近出》：刘雨、卢岩编著《近出殷周金文集录》；《铭图》：吴镇烽编著《商周青铜器铭文暨图像集成》；《铭续》：吴镇烽编著《商周青铜器铭文暨图像集成续编》；《铭三》：吴镇烽编著《商周青铜器铭文暨图像集成三编》。

② 金文中未见"幽王"之称，"宣王"见于东姬匜（《近出》1021，春秋中期），1979年河南淅川县仓房镇下寺春秋墓（M7.1）出土，东姬自称"宣王之孙"，此宣王即周宣王。

③ 秦宗邑瓦书"周天子使卿大夫辰来致文武之酢（胙）"中"文武"也是指周文王、武王。注意这句话中"周天子"标注"周"的措辞，在西周，"天子"就是周王，"天命"也只有周王才能膺受，而到了东周时期，诸侯国君也僭越称"天子"、受"天命"了。

④ 大令或大命就是天命，按照西周时期的观念，诸侯不能说"膺受大命"。所谓"天命"，意思应该就是上天之命，大盂鼎"受天有大命"即是其证。但金文又多说"大命"，意思等同于"天命"。这两种表述方式可能是商语言在西周时期的遗留。商人尚无"天"之观念，"天"义同于"大"（或云天、大其始本当为一字），如"天邑商"或称"大邑商"，"大戊"或作"天戊"（参郭晨晖《略论"射壶"铭文中的"天尹"》，《青铜器与金文》第1辑第596—597页，上海古籍出版社2017年）。西周金文中的"天命"虽然也可以说成"大命"，但这里的"天"已经指上天，是属于周文化的术语。

⑤ 武、成连说，又见作册大鼎（《集成》2758—2761，西周早期）：公来铸武王、成王异鼎。"公"就是铭中所对扬的对象"皇天尹大保"，即召公奭。

⑥ 《说文解字》："德，升也。"桂馥《说文解字义证》卷六："德，……古升、登、陟、得、德五字义皆同。陟读为德者，古声同，今为类隔音是矣。"

⑦ 关于此字的隶定及释义，参林沄《新版〈金文编〉正文部分释字商榷》，中国古文字研究会第八届年会论文，江苏太仓，1990年；刘钊《古文字构形学》第200—202页，福建人民出版社2006年；吴振武《先秦"替"字补正》，《21世纪的中国语言学（二）》，商务印书馆2006年；陈英杰《燮公盨铭文再考》，《语言科学》2008年第1期；张青松《古今字研究应该重视出土文献——以颜师古〈汉书注〉古今字研究为例》，《汉字汉语研究》2021年第1期。吴文文末提及番生簋之 𤔲 以及戎生编钟之 𤔲、𤔲，云过去于省吾、吴闿生释 𤔲 为替读作僭是正确的。刘钊云"不替"为美誉之词，林沄读为"不僭"乃诚信不二之意。

⑧ 参叶正渤《金文标准器铭文综合研究》第74—78页，线装书局2010年；黄人二、朱仁贤《天亡簋铭研究》，（台湾）高文出版社2013年；中国国家博物馆编《中国国家博物馆馆藏文物研究丛书·青铜器卷（西周）》第173—179页"63天亡簋"，上海古籍出版社2020年。

⑨ 黄维华云："衣"大概即是原始祭祀场合所穿之祭服，因又转作祭名；在衣字初出之原始时代，人们平时裸露上身，祭则有所覆加以示敬意；在其初义中，含有饰而隆礼的文化内涵；从文化学基本原理上来认识，应是祭名之"衣"即盛饰以礼的意义在先。参《说衣裳》，《传统文化与现代化》1998年第6期。

⑩ "毓"是一个亲属称谓词。参裘锡圭《论殷墟卜辞"多毓"之"毓"》，《中国商文化国际学术讨论会论文集》，中国大百科全书出版社1998年；收入《裘锡圭学术文集·甲骨文卷》，复旦大学出版社2012年。

⑪ 张德光《试谈山西省博物馆拣选的几件珍贵铜器》，《考古》1988年第7期。该文从张亚初"生"用为"甥"说，认为康生是康族之外甥。

⑫　此据吴镇烽隶定。字作▨，李学勤初隶为从皿，后隶为罶，参《胡应姬鼎再释》，《武汉大学学报》2017年第4期。

⑬　"繛"金文中有詞（司）、辞二用。

⑭　参陈英杰《金文字际关系辨正五则》，《语言科学》2010年第5期；收入《文字与文献研究丛稿》，社会科学文献出版社2011年。

⑮　李学勤《胡应姬鼎试释》，《出土文献与古文字研究》第6辑，上海古籍出版社2015年。另参蒋玉斌《释甲骨金文中与"匹"有关的两种形体》，杨荣祥、胡敕瑞主编《源远流长：汉字国际学术研讨会暨AEARU第三届汉字文化研讨会论文集》，北京大学出版社2017年（会议在2015年4月11—12日召开）；黄锦前《新刊两件胡国铜鼎读释》，《出土文献》第10辑，中西书局2017年。

⑯　"周"是地点，不能连读为"周穆王"，"王在周"之语西周铭文常见。伊簋（《集成》4287，西周晚期）"王在周康宫（义即王在周地之康宫），旦，王各穆大室"所云则是繁式表述。卅二年逨鼎（《铭图》2501）云"王在周康宫穆宫，旦，王各大室"，卅三年逨鼎（《铭图》2503）云"王在周康宫穆宫，旦，王各周庙"。

⑰　后文有"穆穆（▨）趩趩（▨）"语。"穆"字重文符在拓本上不够清晰。

⑱　溼宫在菶京，参伯姜鼎（《集成》2791，西周中期）、史懋壶盖（《集成》9714，西周中期）。

⑲　无拓本，释文据吴镇烽。

⑳　字从尃。

㉑　董珊云："金文多见'休'字修饰人物名称之例。"当是主张美辞说。参《它簋盖铭文新释》，《出土文献与古文字研究》第6辑第168页，上海古籍出版社2015年。所谓"休王"见于瀘父鼎（《集成》2453—2455，西周早期）"休王易瀘父贝，用作厥宝尊彝"，效父簋（《集成》3822—3823，西周早期）"休王易效父彐（金）三，用作厥宝尊彝"，其他辞例如圉鼎（《集成》2505，西周早期）"休朕公君匽侯易圉贝"，蟎鼎（《集成》2765，西周中期）"休朕皇君弗忘厥宝臣，对扬，用作宝尊"等。我曾据耳卣（《集成》5384，西周早期）"宁史赐耳，耳休，弗敢沮，用作父乙宝尊彝"文例，认为"休"是动词"休美、嘉善"义，所休的是一件事。参拙著《西周金文作器用途铭辞研究》第421—422页，线装书局2008年。

㉒　现在一般把"卲王"解释为"见王"。参王辉《商周金文》第213页，文物出版社2006年。

㉓　此穆王应该还是周穆王，只是我们对这类"虎臣"的建制不够了解而已。

㉔　关于此铭"毕王家"，我倾向于"毕之王家"的理解，指在毕之王室家族的事情。参陈英杰《谈金文中诸侯称王现象》（未刊稿）。

㉕　刘雨《金文中的王称》，《故宫博物院院刊》2006年第4期。另参刘雨《幽公考》，《第四届国际中国古文字学研讨会论文集》，香港中文大学中国语言及文学系2003年。二文均收入氏著《金文论集》，紫禁城出版社2008年。称王的侯国在西周并不多见，而且这些王的后代多不再称王，如仲再父簋（《集成》4188—4189，西周晚期）云"作其皇祖考遅王、监伯尊簋"，"考"已称伯，乖伯簋（《集成》4331，西周中期，"用作朕皇考武乖几王尊簋"）、录伯戓簋（《集成》4302，西周中期，"用作朕皇考釐王宝尊簋"）也是这样。诸王与周王到底是什么关系，尚有争议。西周诸侯王有的可能已经纳入周王朝联合体，有的则可能没有纳入，但称王本身表明他们没有接受周王给予的等级性名号，而是沿用旧称，不过他们应该较早纳入了周王朝的统治体系，否则像在周原附近的夨国长期称王便不好解释，不过这些国家后来都逐步接受了周王朝的分封，像"夨伯、乖伯、录伯"之称就反映了这一点。参陈英杰《谈金文中诸侯称王现象》（未刊稿）。

㉖　彭裕商《谥法探源》，《中国史研究》1999年第1期，收入氏著《述古集》第433页，巴蜀书社2016年。

㉗　参李学勤《班簋续考》，《古文字研究》第13辑第182页，中华书局1986年；彭裕商《谥法探源》，《述古集》第

430—431页；陈英杰《西周金文中的人称变换问题——文本结构角度的考察》（未刊）。

㉘ 铜器铭文所记内容不一定是现在时，也可以过去时（参彭裕商《谥法探源》，《述古集》第431页。该文举了智鼎和班簋的例子，班簋依据唐兰对铭文的解释），这一点也应该成为一个共识。

㉙ 如同卣（《集成》5398，西周中期）云"矢王赐同金车、弓矢，同对扬王休"，后一"王"是"矢王"省称，这里有语境限定，不能跟其他铭文单称"王"者比类。

㉚ 曹汉刚《利簋为成王世作器考证》，《中原文物》2014年第3期。他说："利簋的'辛未'纪日，不会是武王甲子牧野之战后的第七日，而应属成王纪时。"曹氏主周公摄政说，所以他认为利簋是成王亲政后的作品。他认为该铭第一句与利无关，之所以记录武王征商这一重大历史事件，是其作为史官的职责所在或职业习惯使然，并以德鼎、叔德簋均记王之赏赐而具体受赐原因未详为例。这种说法与"作器原因与作器者有关"的铭辞通例相违。德鼎（《集成》2405）、叔德簋（《集成》3942）都没有记录受赐原因，跟利簋铭辞格式不同，德鼎（《集成》2661）则记录了受赐原因。

又云："遹簋铭文是在穆王去世后，遹以追述的语境记录先王时的往事。故'穆王'是谥号，'王'是指时王（恭王）。""类似遹簋以追述语境记载先王时事的铜器铭文又屡有发现，有的铭文甚至仅记先王事迹，与时王无涉，就更易产生误解。如献侯鼎仅记成王时事，长由盉仅记穆王时事，等等。""十五年趞曹鼎与遹簋类似，铭文追记恭王十五年事，由当时的太子代替年老的恭王'射于射卢（庐）'，而铸鼎时恭王已逝，太子已继位，故铭文须以'恭王'和'王'分别称呼当年的王和太子。"

对于所谓的"生称王谥"，他认为其实都是作器者对先王事迹的追述，提出了两条理由，其中第一条是"在西周金文中，称名的体例相当严谨"，第二条是"所谓'生称王谥'诸器的纪年方式，与通常的金文纪年不同。西周金文纪年，尤其是记载时王事迹的铭文纪年，标准的格式为：'唯王某年某月＋月相词＋日干支'"。"在追述语境中，由于是追述先王事迹，铭文纪年必然要考虑先王相对于时王的时空关系，所以不能出现'唯王某年'的格式。检索所谓的'生称王谥'各器，可以发现它们无一例外均未出现'唯王某年'的纪年格式"，"唯十五年趞曹鼎纪年最详，写作'隹（唯）十又五年五月既生霸壬午'，其纪年各要素俱全，却唯独省'王'字，目的正是在于避免与时王（懿王）相混淆。这也进一步证明，所谓西周'生称王谥'的情况是不存在的"。其实，铭文引出时间的首句较为多见的情况是直接说"唯某月、唯某年某月、唯某年"，并不出现"王"字，其所谓时王纪年的标准格式"唯王某年某月＋月相词＋日干支"是以偏概全。由于属于追述的铭文并不多见，是否一定不能出现"唯王某年"的格式，尚不能定论。铭首的纪时，在有作器原因的铭辞中，无疑是所记事情的发生时间，在无作器原因而是直接接作器内容的铭辞中，则指的是作器时间（其中有的当非实录，乃虚拟之辞。参庞朴《"五月丙午"与"正月丁亥"》，《文物》1979年第6期）。

㉛ 夏商周断代工程专家组《夏商周断代工程1996—2000年阶段成果报告·简本》第36—37、88页，世界图书出版公司2000年。其所定王年：武王—4，成王—22，康王—25，昭王—19，穆王—55，共王—23，懿王—8，孝王—6，夷王—8，厉王—37，共和—14，宣王—46，幽王—11。逨盘所记先祖与周王的对应关系：皇高祖单公—文王、武王，皇高祖公叔—成王，皇高祖新室仲—康王，皇高祖惠仲盠父—邵王、穆王，皇高祖零伯—龏王、懿王，皇亚祖懿仲—孝王、夷王，皇考龏叔—厉王。

古文字研究（34）：290—295，2022

春秋梁国史补考三则

马立志

先秦古国之一的梁国，仅在《左传》《史记·秦本纪》中保留了一些春秋早期的史迹，不过寥寥数条，难晓更多详情。幸赖零星的出土材料，或能增加一些对梁国历史的认识。

一　梁伯戈补说

梁伯戈，出土时地不详，1895年《攈古录金文》已著录铭文摹本，戈经过陈介祺、罗振玉两家递藏，现陈列于北京故宫博物院①。戈铭梁伯之梁，方濬益指出即《左传》鲁桓公九年（前703）"秋，虢仲、芮伯、梁伯、荀侯、贾伯伐曲沃"之梁②，杜注、孔疏认为梁指的是位于冯翊夏阳县的嬴姓梁国。

戈正背两面栏侧各铸铭文一行，王国维跋曰：

> 其铭一面曰"沴伯乍宫行元用"，一面曰"抑魁方繺□般□"，共十四字，语不尽可解，盖梁伯伐鬼方时所作戈也。

铭文首行释为"沴（梁）伯作宫行元用"，学界并无异议。次行铭文，其中的𩰪字，王国维释"魁（畏）"，并将"魁方"读作"鬼方"③。《小校经阁金文拓本》释为"抑魁方繺□攻旁"，《金文编》将𩰪字收入"鬼"字条下且有摹误，《殷周金文集成》及《引得》释作"卬（抑）魁（鬼）方繺（蛮），卬（抑？）攻旁（方）"。故宫编纂的图录、《商周青铜器铭文暨图像集成》等书的释文与《集成》释文一致④，显示了王说对后来的影响。更有学者在王说基础上对所谓"鬼方、攻方"作进一步申述⑤。

也有学者不赞成把铭文"魁方"读作"鬼方"。如李学勤在解释史墙盘铭"方蛮"一词时指出："方繺，即方蛮、蛮方。《诗·抑》'用遏蛮方'，虢季子白盘'用政蛮方'。梁伯戈的'抑畏方繺'，前人以'鬼方蛮'为一词，据本铭应该读为'抑威方蛮'。"⑥李零也认为戈铭"卬（抑）魁（畏）方蛮"实与鬼方无关⑦。

近年，鞠焕文、石小力借助故宫博物院公布的梁伯戈清晰照片，重新校释了铭文⑧。他们认为戈铭两行总计十五字，即：

> 沴（梁）白（伯）乍（作）宫行元用，
>
> 卬（抑）𩰪（畏）方繺（蛮），𢼸⑨政北旁（方）。　　　　　　　　　《铭图》32.17186

次行字数较王国维的释文多出一字，可修正旧说对铭文内容的误解，那么李先生的解释就更值得考虑了。鞠、石两位先生对于铭文的理解稍有歧异，笔者的括释较倾向于石说。

再看戈的时代、国别。梁伯戈横长17.5厘米，纵高9.4厘米，重0.28千克。援锋呈圭首状，上下刃微收略呈束腰，中脊突出，上刃末端上延，援本一穿，中胡二穿，长方形内末端略残，上铸花纹。在援、内、栏交界处正背各有一立体兽首翼耳。与其形制最接近的是秦子戈、卜淦戈（陇县边家庄M12：148）、秦政伯丧戈、"□元用戈"（灵台县景家庄M1：26）等器，陈平、井中伟等学者的研究表明，此型式的戈时代在春秋早期[⑩]。这几件戈的国别都是属于秦国的。

梁伯戈在铭文用语方面可与子车戈、伯丧戈铭文互相参照：

秦公作子车用，严 武龗，戮鬼（畏一威）不廷。

秦公戈，春秋早中期之际，甘肃甘谷县毛家坪M2059出土，《铭图续》[⑪]4.1238

秦政伯丧，戮政西旁（方），作造（造）元戈乔黄，寋（肇）専（抚）东方，币鈦用逸宜。

秦政伯丧戈，春秋早中期之际，《铭图》32.17356、17357

董珊考订子车氏、伯丧（公孙枝）是秦穆公前后的重要人物，二者的活动时间大体在春秋早中期[⑫]。

值得注意的是，梁伯戈在铭文格式、辞例、字体等方面表现出来的特征，均与春秋早期秦戈近似。梁伯戈、秦政伯丧戈是用于装备君主近身的军队"宫行、币鈦"的，"戮政西旁（方）""寋（肇）専（抚）东方""印敗方蛮， 政北旁（方）"所云，是就两国所在的地理方位和周边部族形势提出的愿景。这种戈铭撰述成语的现象在春秋早中期秦、梁兵铭中如此一致，透露出梁伯戈与秦戈关系上的某些渊源。

二 清华简《系年》之"秦仲"与梁国始封

梁国为嬴姓。《左传》僖公六年（前654）春，晋国郤芮劝夷吾"不如之梁，梁近秦而幸焉。乃之梁"。后来晋惠公夷吾娶梁伯之女为夫人，名为"梁嬴"，《左传·僖公十七年》："惠公之在梁也，梁伯妻之。梁嬴孕，过期。"此嬴姓之梁即是鲁桓公九年的梁国。

关于梁国始封的问题，汉代有一种秦、梁同祖的说法。《汉书·地理志》河南郡梁县，颜注："应劭曰：'《左传》曰秦取梁。梁，伯翳之后，与秦同祖。'臣瓒曰：'秦取梁，后改曰夏阳，今冯翊夏阳是也。此梁，周之小邑，见于《春秋》。'"颜注以瓒说为是。又《东观汉记·梁统传》："梁统，其先与秦同祖，出于伯益，别封于梁。"均说梁是伯益之后，与秦共祖，却都未说明梁国具体的始封君为谁。再者，上述记载也可以作两种理解：一种理解是梁国始封君即伯益之后，则其始封时代或古；另一种理解是梁国是秦国的别封，在祖述先祖时，也可以和秦一样同称为"伯益之后"。

唐代《元和姓纂》的记载即同于后一说，云："梁，嬴姓，伯益之后。秦仲有功，周平王封其少子康于夏阳，是为梁伯，后为秦所灭。"南宋郑樵《通志·氏族略》记载略同："梁氏，嬴姓，伯爵,伯益之后。秦仲有功,周平王封其少子康于夏阳梁山。"⑬这两种中古文献均记载梁国乃是秦国别封,始封君是秦仲的少子康。

后一说以嬴梁始封君为"秦仲"之子,"秦仲"的身份有待确定。我们知道,在西周宣王时曾有秦仲。《秦本纪》云:

> 公伯立三年,卒。生秦仲。秦仲立三年,周厉王无道,诸侯或叛之。西戎反王室,灭犬丘大骆之族。周宣王即位,乃以秦仲为大夫,诛西戎。西戎杀秦仲。秦仲立二十三年(前822),死于戎。有子五人,其长者曰庄公。周宣王乃召庄公昆弟五人,与兵七千人,使伐西戎,破之。于是复予秦仲后,及其先大骆地犬丘并有之,为西垂大夫。

秦仲的活动时间主要在厉王世以及宣王前期,后受命为大夫诛伐西戎,卒于与戎的战事中,继嗣秦仲的是秦庄公。秦庄公有子三人,长子世父击戎,让位于其弟襄公。《秦本纪》云:

> 庄公居其故西犬丘,生子三人,其长男世父。世父……遂将击戎,让其弟襄公。襄公为太子。庄公立四十四年,卒,太子襄公代立。

按,《尔雅·释亲》:"父之晜弟,先生为世父,后生为叔父。"郭璞注:"世,有为嫡者嗣世统故也。"可见"世父"乃其子辈对他的称谓,缘于其身份是嫡长的太子⑭。世父避位,其弟襄公才获立为太子成为秦君。后来秦襄公在平王东迁的过程中功绩尤著,被周平王封为诸侯,使得秦国终于获得诸侯的地位。《秦本纪》:

> 襄公……七年春……西戎犬戎与申侯伐周,杀幽王郦山下。而秦襄公将兵救周,战甚力,有功。周避犬戎难,东徙雒邑,襄公以兵送周平王。平王封襄公为诸侯,赐之岐以西之地。曰:"戎无道,侵夺我岐、丰之地,秦能攻逐戎,即有其地。"与誓,封爵之。襄公于是始国,与诸侯通使聘享之礼,乃用骝驹、黄牛、羝羊各三,祠上帝西畤。十二年,伐戎而至岐,卒。

清华简《系年》简15—16记载了周平王时有一位"秦仲":

> 周室既卑,平王东迁,止于成周,秦仲焉东居周地,以守周之坟墓,秦以始大。

对照《秦本纪》,宣王时的大夫秦仲活动事迹主要是在西垂击戎,未至陇山以东地区,至其孙秦襄公才涉足岐西宗周故地,秦人真正开始占据宗周故地,是从秦襄公开始的。因此《系年》整理者引《秦本纪》对襄公排行的记载为证,指出简文护佑平王东迁有功获封为诸侯的"秦仲"应指秦襄公⑮。此解符合当时形势,这也说明宣王大夫秦仲的孙辈秦襄公,在不同的史料记载中或缘行辈名为"秦仲"。

《国语·郑语》记载,西周末世幽王时郑桓公问于史伯:"姜、嬴其孰兴?"对曰:"夫国大而有德者近兴,秦仲、齐侯,姜、嬴之隽也,且大,其将兴乎?"此"秦仲"韦昭以"公伯之子、宣王大夫"解之,是矛盾的。林剑鸣指出,此时(前773)宣王大夫秦仲早已故去多年,所云应为秦襄公时事⑯。

综合《系年》《国语·郑语》来考察，《元和姓纂》"周平王别封秦仲少子康于夏阳为梁伯"的记载应有一定来源。设若可信，这个"秦仲"不太可能指宣王大夫，因为此时西周王室尚存，秦还没有正式获封为诸侯，秦族尚未在陇东、岐西地区建立根基。在秦仲尚未获封的情况下，其子竟能捷足先登获封于宗周东北，是有悖于形势的。唯有把《元和姓纂》之"秦仲"指为两周之际的秦襄公，才能合于时代、史事，也才能将《系年》《国语》的相关记载解释清楚。

古书中的"子孙同号"现象，杨树达曾有总结[⑰]，但是有的例子与"秦仲"的情况并非同例。我们仅举情况较为近似的一例。

《史记·吴太伯世家》记载太伯、仲雍兄弟逃到吴地，太伯无子，由其弟仲雍继位，"是为吴仲雍"，至曾孙周章，周武王别封周章弟到山西平陆为虞侯，号曰"虞仲"。

《左传》僖公五年宫之奇向虞公进谏，追述到虞国的始祖，说："大伯、虞仲，大王之昭也，大伯不从，是以不嗣。"《论语·微子》谓："虞仲、夷逸，隐居放言。"《周本纪》："古公有长子曰太伯，次曰虞仲。"这些记载中的"虞仲"均指仲雍，如此便与仲雍曾孙、周章弟"虞仲"同号了。

司马贞《吴世家》索隐在"虞仲"下解释这种情况说："今周章之弟亦称虞仲者，盖周章之弟字仲，始封于虞，故曰虞仲。则仲雍本字仲，而为虞之始祖故后代亦称虞仲，所以祖与孙同号也。"祖、孙同称"虞仲"，后者称"虞仲"缘于事实性质的始封，而仲雍称"虞仲"则是后世追述性质的祖述其祖，也正是武王封虞的目的之一[⑱]。

出现仲雍与曾孙虞仲同号"虞仲"的情况，也可能出于后世史家在追述时笔法上的原因。此例适可帮助我们理解两位"秦仲"异世同名的情况。

传世文献对于"梁出于秦"的史实记载不够清楚，以上结合出土文献重新考察，如能成立，可增益对春秋梁国始封问题的认识：梁国是秦襄公（亦名"秦仲"）之子在春秋初期的别封，梁伯戈之梁伯，乃是秦襄公少子的后裔（也不排除就是秦襄公少子的可能）、位为梁君者。秦襄公十二年（前766）"伐戎而至岐"，在此次东征中死去，可以推知，其少子康别封于梁国的时间，可能在平王东迁（前770）后五年或稍晚的一段时间内。

三　春秋梁国地望探索

时移世迁，嬴秦支系的梁国与大宗秦君之间的亲缘关系渐渐疏远。到了春秋早期晚段的时候，秦国的势力迫至黄河西岸，地处韩城的梁、芮二国只好避晋就秦。《秦本纪》记载梁伯、芮伯于秦德公元年（前677）、秦成公元年（前663）两次朝见秦国。

但梁国终不免被秦国兼并。《左传》鲁僖公十八年（前642），"梁伯益其国而不能实也，命曰新里，秦取之"（应与僖公十九年"春，遂城而居之"合为一传）。次年"梁亡"。《秦本纪》则记灭梁在秦穆公二十年（前640）。

今韩城古名少梁，"少梁"最早见于《左传》鲁文公十年（前617，《秦本纪》《晋世家》《十二诸侯年表》同见），至秦惠文王十一年（前327）"更名少梁曰夏阳"，秦时属内史，汉武帝时属左冯翊。《通志·氏族略》说："夏阳，今同州县犹有新里城。新里，梁伯所城者。乐史云：'新里在澄城。'"杨伯峻注："新里即秦之新城，当在今陕西省澄城县东北二十里。"[19] 梁伯所城的新里在少梁西南，文献记载少梁城在今韩城西南二十二里处，梁山在其西北。

考古学家在韩城西南约20千米的陶渠村考古调查时发现一处高等级墓地，采集到一些石贝、碎玉、玛瑙珠等遗物，另有传出于本墓地的直援三角锋铜戈，器形显示出两周之际的典型特征。墓地北部探出"甲"字形单墓道大墓，墓室深约14米，墓葬呈东西向，墓道朝东，与嬴秦之墓向相同[20]。这些信息是探索梁国地望的线索。

梁伯戈铭"印（抑）敫（威）方蛮，⿰虎攴政北旁（方）"也道出了梁国地处北方，与韩城所在的方位相符。梁国在区位上与蛮戎邻近，反映出西周覆灭以后宗周北方的部族形势。

附记：拙稿承蒙吴良宝、张建宇、赵垙燊、曹磊、鞠焕文等先生审阅并惠赐宝贵意见，谨致谢忱。文中失误由作者承担。

（作者单位：河北师范大学历史文化学院）

注：

① 吴式芬《攈古录金文》卷二之二·十二·三，光绪二十一年（1895）吴氏家刻本。中国社会科学院考古研究所编《殷周金文集成（修订增补本）》第7册第6111页，中华书局2007年，简称"《集成》"。

② 方濬益《缀遗斋彝器款识考释》卷三〇·一三，商务印书馆1935年。

③ 上海图书馆藏有王国维跋梁伯戈拓本，参看仲威《金石善本过眼录·梁伯戈王国维跋本》，《艺术品》2016年第2期。按，王氏认为戈是梁伯伐鬼方时所做，归入"猃狁四器"之一，1915年作《三代地理小记》，其中《鬼方昆夷獯鬻字音之变》一则与同年所作《古代外族考》合为《鬼方昆夷猃狁考》一文，1921年编入《观堂集林》。1923年作《梁伯戈跋》，实是删订《鬼方昆夷猃狁考》而成，后收入《观堂别集》。参看王国维《观堂集林（附别集）》第583—606、1212—1214页，中华书局1959年；赵万里编《王静安先生年谱》第101、125页，《国学论丛》1928年第1卷第3号。

④ 刘体智《小校经阁金文拓本》卷十·五五，1935年刘氏石印本；容庚编著，张振林、马国权摹补《金文编》第653页，中华书局1985年；张亚初编著《殷周金文集成引得》第170页，中华书局2001年；故宫博物院编《故宫青铜器》第233页，紫禁城出版社1999年；故宫博物院编《故宫青铜器图典》第150页，紫禁城出版社2010年；吴镇烽编著《商周青铜器铭文暨图像集成》第32册第249页，上海古籍出版社2012年，本文简称为"《铭图》"。

⑤ 张永山《梁伯戈铭文地理考》，《九州》第1辑第118—131页，商务印书馆2003年；吴镇烽《先秦梁国考》，《文博》2008年第5期。

⑥ 李学勤《论史墙盘及其意义》，《考古学报》1978年第2期；李学勤《周易溯源》第13页，巴蜀书社2006年。

⑦ 李零《我们的中国》第1编《茫茫禹迹》第226页注6，生活·读书·新知三联书店2016年。

⑧ 石小力《故宫博物院藏梁伯戈铭文新释》，第七届出土文献青年学者论坛论文，中山大学，2018年8月18—19

日，后收入田炜主编《文字·文献·文明》第80—86页，上海古籍出版社2019年；鞠焕文《梁伯戈铭新释》，《古文字研究》第32辑第304—309页，中华书局2018年，该文收入鞠焕文《商周青铜器铭文照片搜集、整理与研究》第86—92页，黑龙江人民出版社2019年。

⑨ 关于这个字的讨论，可参看蒋玉斌《释西周春秋金文中的"讨"》，《古文字研究》第29辑第274—281页，中华书局2012年；张富海《试说"盗"字的来源》，《中国文字学报》第6辑第101—104页，商务印书馆2015年；张世超《金文"铸"、"盗"诸字补说》，《吉林大学古籍研究所建所30周年纪念论文集》第23—25页，上海古籍出版社2014年；谢明文《也说"盗"、"铸"》，《甲骨文与殷商史》新10辑第172—183页，上海古籍出版社2020年。近来邬可晶将此字释为"铄"，有削弱之义。参看邬可晶《释"铄"》，《出土文献与古文字研究》第9辑第104—118页，上海古籍出版社2020年。

⑩ 陈平《试论春秋型秦兵的年代及有关问题》，《考古与文物》1986年第5期；井中伟《早期中国青铜戈·戟研究》第98—100、111—113、230页，科学出版社2011年。

⑪ 吴镇烽编著《商周青铜器铭文暨图像集成续编》第4册第205页，上海古籍出版社2016年，简称"《铭图续》"。

⑫ 董珊《珍秦斋藏秦伯丧戈、矛考释》，《故宫博物院院刊》2006年第6期；董珊《秦子车戈考释与秦伯丧戈矛再释》，《国学学刊》2019年第3期。

⑬ 〔宋〕郑樵撰，王树民点校《通志二十略》第59页，中华书局1995年。陈槃《春秋大事表列国爵姓及存灭表撰异》第413页，上海古籍出版社2009年。

⑭ 关于这一点，可参看李学勤《鸟纹三戈的再研究》，李学勤《比较考古学随笔》第171—177页，广西师范大学出版社1997年。

⑮ 清华大学出土文献研究与保护中心编，李学勤主编《清华大学藏战国竹简（贰）》第143页，中西书局2011年。

⑯ 林剑鸣《秦史稿》第28页，上海人民出版社1981年。

⑰ 杨树达《古书疑义举例续补》之二十六"子孙同号例"，收入俞樾等著《古书疑义举例五种》第240—243页，中华书局2005年。

⑱ 《左氏会笺》云："虞不以仲（按，周章弟虞仲）为始祖，而以仲雍为始祖也。武王分封之意，不在章弟仲而在仲雍也。……于是后人称仲雍者，必称之曰虞仲。"竹添光鸿的解释很得其实——因为太伯既已被吴国奉祀为始祖，武王为了追念仲雍，才别封虞仲在中国，这是出于宗法上的目的，为了虞仲一支能够独立奉祀仲雍为始祖。参看〔日〕竹添光鸿注《左氏会笺》第1册第417页，巴蜀书社2008年。

⑲ 杨伯峻《春秋左传注（修订本）》第379页，中华书局2009年。

⑳ 刘绪《近年发现的重要两周墓葬述评》，载《梁带村里的墓葬：一份公共考古学报告》第134页，北京大学出版社2012年，收入刘绪《夏商周考古探研》第325页，科学出版社2014年；梁云《西垂有声：〈史记·秦本纪〉的考古学解读》第186页，生活·读书·新知三联书店2020年。

古文字研究（34）：296—302,2022

郭店简《六德》"宜頪屰而幽"新诠

范常喜

一　引言

　　郭店简《六德》是一篇珍贵的儒家文献①，反映了早期儒家治理人伦社会的基本主张，在儒学发展史上有着重要地位。其内容多可与《缁衣》《五行》《成之闻之》《尊德义》《性自命出》等篇相参照，就学术史而言，当为子思一系的作品，其珍贵程度可想而知②。《六德》篇中有一段文字是对"仁"与"义"的具体阐释，广受研究者关注。然而本段简文疑难字词较多，诸家训释纷纭多歧③，在一定程度上影响了其学术价值的进一步发挥。不过，随着新出楚简资料的刊布以及相关研究的深入，我们可以对本段简文中的部分疑难字词进行重新审视。本文主要利用清华简《子犯子余》中提供的新线索，拟对"宜（义）頪（类）屰而幽"一句作一新诠，希望能藉此促进整段简文的理解。为了便于行文，先将这段简文引录如次④：

　　简30—33："人又（有）六惪（德），参（三）新（亲）不劼（断）。门内之絧（治）纫算（掩）宜（义），门外之絧（治）宜（义）斩纫。惥（仁）頪（类）蒻而速，宜（义）頪（类）屰而幽，惥（仁）蒻而酘，宜（义）但（刚）⑤而柬。酘之为言也，猷（犹）酘酘也，少而炅（轸）⑥多也。绡丌（其）志，求羕（养）新（亲）之志，害（盖）⑦亡不以也。是以酘也。"

简文中的"屰"字作（照片）、（摹本）⑧。研究者一般认为该字从"止"得声，故有读为"止"⑨、持⑩、樴⑪、等⑫、志（识）⑬、齿⑭、直⑮等说⑯。陈剑推测其意义应该跟"刚、强"或"坚"一类词接近⑰。李家浩认为，该字或当隶定作"屰"，读为"刚"⑱。

二　清华简《子犯子余》中的"屰"

　　清华简《子犯子余》篇有两例"屰"字，可为郭店简《六德》篇"屰"字的解读提供线索。这两例"屰"字分别写作（简1）、（简4），所在前后文例如次：

　　[公子重]耳自楚迈秦，凥（处）女（焉）三戠（岁），秦公乃訇（召）子軛（犯）而翻（问）女（焉），曰："子若公子之良庶子，者（故）晋邦又（有）褙（祸），公子不能屰女（焉），而走去之，母（毋）乃猷（谋）心是不跂（足）也虖（乎）？"公乃訇（召）子余而翻（问）女（焉），曰："子若公子之良庶子，晋邦又（有）褙（祸），公[子不能]屰女（焉），而走去之，母（毋）乃无良右（左）右也虖（乎）？"

清华简整理者注："屰，从屮，之声，读为同音的'止'。《诗·玄鸟》'维民所止'，郑玄笺：'止，犹居也。'"⑲赵平安认同整理者对文意的理解，但认为此字与甲骨文"置"是同一字，可训为止，也可以理解为"弃置"或"处置"⑳。另有研究者也同意释作"置"，但谓："该'置'字在这里应训为立。'公子不能置焉'，是说重耳不能被立为太子。'置'字的这种用法古书中常见，如：《吕氏春秋·当务》：'纣之父，纣之母，欲置微子启以为太子。太史据法而争之曰："有妻之子，而不可置妾之子。"纣故为后。'高诱注：'置，立也。'又《恃君》：'置君非以阿君也，置天子非以阿天子也，置官长非以阿官长也。'"㉑虽然将"㞷"视为甲骨文"置"字之异体并不一定完全可信，但该字从之得声，将其读作"置"，训为立，还是目前最为合理的一种解释。

古书中表示树立义时也多用与"置"音义并近的"植"。《方言》七："树植，立也。燕之外郊，朝鲜洌水之间凡言置立者谓之树植。"《左传·襄公三十年》："郑子产如陈莅盟。归，复命。告大夫曰：'陈，亡国也，不可与也。……其君弱植，公子侈，大子卑，大夫敖，政多门。'"孔颖达正义："《周礼》谓草木为植物，植为树立。君志弱，不树立也。"《国语·吴语》："今天王既封植越国，以明闻于天下，而又刈亡之，是天王之无成劳也。"韦昭注："封植，以草木自喻。壅本曰封。植，立也。"《吕氏春秋·知度》："凡朝也者，相与召理义也，相与植法则也。"高诱注："植，立。"因此，将《子犯子余》中的两处"㞷"字读作"植"亦可通。

三　郭店简《六德》"㞷"应读作"植"

裘锡圭在讨论甲骨文中的"置"字时曾经指出："'之''止'二字古音同声母同韵部，所以作为声旁可以通用。"㉒如"齿"字《说文》小篆作🔲，上部从"止"得声。战国文字中秦系文字亦是如此，如🔲（《睡虎地·日乙》255），但楚、晋、齐、燕四系文字中的"齿"则均从"之"得声，如🔲（《信阳》2.02）、🔲（中山王方壶）等㉓。又如，战国楚系文字中表示停止义的"止"，上部多加"之"声作🔲（《郭店·五行》10）、🔲（《上博四·曹沫》21）、🔲（《清华五·三寿》9）等㉔。这些用例均可证明"之、止"作为声旁构字时可以通用。据此推测，郭店简《六德》篇中的🔲与清华简《子犯子余》中两例🔲可视为一字之异体。因此，郭店简《六德》中的"㞷"亦可读作"植"。《说文》木部："植，户植也。从木直声。櫃，或从置。"段玉裁注曰：

> "户植也"，《释宫》曰："植谓之传，传谓之突。"郭曰："持户锁植也，见《埤苍》。"邵氏晋涵曰："《墨子》：'争门关，决植。'《淮南》云：'县联房植。'高曰：'植，户植也。'植当为直立之木，徐锴以为横键，非也。"按，今竖直木而以铁了鸟关之，可以加锁，故曰"持锁植"。植之引伸为凡植物、植立之植。……"或从置"，置亦直声也。汉石经《论语》："置其杖而耘。"《商颂》："置我鼗鼓。"皆以置为植。

从上引段注可知，"植"即门户中用以加锁的直立木柱。除此之外，"植"还可以用于表示其他木柱，如：

1. "植"表示房屋的楹柱。北大汉简《妄稽》简51："朝嶙声=（声声），当门塞户。立若植楹，不来不筮（逝）。”整理者注：“‘植楹’，木柱。‘植’，孙诒让《周礼正义·夏官·大司马》‘属其植’云：‘凡木之直立谓之植、桢、干。’‘楹’，《说文·木部》：‘楹，柱也。’”㉖《墨子·备城门》：“城上百步一楼，楼四植，植皆为通舄。”孙诒让间诂：“苏云：‘四植即四柱。舄通碣，柱下石也。’”㉗

2.“植”表示筑墙时用以夹持版筑的木柱。《周礼·夏官·大司马》：“大役，与虑事属其植，受其要，以待考而赏诛。”郑玄注：“植，筑城桢也。”贾公彦疏：“植者，版干之属。”孙诒让正义：“云‘植，筑城桢也’者，此破先郑说，谓植为筑城所树版干之材也。……桢干皆植地之长杙，所以持版者。此注言桢不言干者，通言之，干亦得称桢也。黄以周云：‘植谓桢，后郑注是。凡木之直立谓之植，桢干是也。’”㉘

3.“植”表示水准测量中的木柱。《周礼·考工记·匠人》：“匠人建国，水地以县。”郑玄注：“于四角立植而县，以水望其高下。高下既定，乃为位而平地。”贾公彦疏：“云‘于四角立植而县’者，植即柱也，于造城之处四角立四柱。‘而县’，谓于柱四畔县绳以正柱。柱正，然后去柱。远以水平之法遥望，柱高下定，即知地之高下。”

4.“植”表示桔槔之木柱、蚕室中悬挂蚕箔的木柱。《淮南子·主术》：“桥直植立而不动，俛仰取制焉。”高诱注：“桥，桔皋上衡也。植，柱权衡者。行之俯仰，取制于柱也。”《礼记·月令》：“鸣鸠拂其羽，戴胜降于桑。具曲、植、籧、筐。”郑玄注：“时所以养蚕器也。曲，薄也。植，槌也。”《方言》五：“槌，宋、魏、陈、楚、江淮之间谓之植，自关而西谓之槌。”郭璞注：“槌，县蚕薄柱也。”

5.“植”表示桓表之木柱。古时的桓表亦即华表，多立木柱而成，其木柱亦称作“植”。桓表多成对而立，或二植或四植。《周礼·春官·大宗伯》：“公执桓圭。”郑玄注：“双植谓之桓。桓，宫室之象，所以安其上也。”贾公彦疏：“桓谓若屋之桓楹。”《礼记·檀弓下》：“公室视丰碑，三家视桓楹。”郑玄注：“四植谓之桓。”孔颖达疏：“《说文》：‘桓，亭邮表也。’谓亭邮之所而立表木谓之桓，即今之桥旁表柱也。”《说文》木部：“桓，亭邮表也。”徐锴系传：“桓，亭邮立木为表，交木于其端，则谓之华表，言若华也。古者十里一长亭，五里一短亭。邮，过也，所以止过客也。表双立为桓。”段玉裁注：“二植亦谓之桓，一柱上四出亦谓之桓。”朱骏声定声：“桓，木或四植或二植。声之转曰‘和表’，亦曰‘华表’。”

可以看出，在古书中表示直立之木柱乃“植”之常训。由此我们认为，郭店简《六德》简文“宜（义）頪（类）芇（植）而㡭”中的“芇（植）”也应当是指直立之木柱。

四 郭店简《六德》“宜（义）頪（类）芇（植）而㡭”补议

简文“宜（义）頪（类）芇（植）而㡭”中的“㡭”，楚文字习见，大都用作“绝”。整理者释作“㡭（绝）”，其他研究者亦多从此释㉙。我们认为，此处“㡭”字当从刘信芳读作“蘸”。刘先生对整句简文解释云："'止'字从'止'声，读为'橄'，弋也，也就是木桩。'绝'读为'丝'，郭店《性自命出》简13：'义也者，群善之丝也。''义'将此善与彼善区别开来，当着要取此善而舍彼善之时，就要依据'义'这个尺度与标准。《孟子·尽心上》：'非其有而取之，非义也。'亦是强调'义'作为思想行为选择的尺度性。'丝'本指神位，是位次的标志，等级的标志，此神与彼神相互区别的标志。《说文》：'朝会束茅表位曰丝。'《国语·晋语八》：'置茅丝，设望表。''表'是木制的神位，'丝'是束茅以为神位。'义类橄而丝'者，'义'与用作表识的木柱相类而具有行为取舍规范的意义。"㉚

我们认为，刘信芳对简文大意的理解大致可信。不过，刘先生将"止"释作"橄"不如我们释作"止（植）"更为确切。此外，直接以"行为取舍规范"解释"丝（丝）"亦稍嫌突兀。从楚简用字习惯来看，"丝"与"表"很可能表义完全相同，即表率、楷模之义。如郭店简《缁衣》简21："此以大臣不可不敬，民之丝（丝）也。"㉛其中的"丝（丝）"字在上博简《紒衣》简12中亦如此作㉜，今本《礼记·缁衣》则同义换读为"表"，义为表率㉝。可见"丝（丝）"与"表"同义。

郭店简《性自命出》简13—14："义也者，群善之丝（丝）也。习也者，又（有）以习其眚（性）也。衍（道）者，群勿（物）之衍（道）。"㉞此句上博简《性情论》简7作："宜（义）也者，群善之丝（丝）也。习也者，又（有）目（以）习丌（其）眚（性）也。道也者，群勿（物）之道。"㉟本段简文中对"习"的解释是"习其性"，对"道"的解释是"群物之道"，皆用同字相释。照此类推，用于解释"义"的"群善之丝（丝）"的"丝（丝）"也应与"义"属同义关系。"义"与"仪"属古今字，古书中多通用无别。《说文》我部："义，己之威仪也。"《周礼·地官·大司徒》："五曰以仪辨等，则民不越。"郑玄注："故书仪或为义。"孙诒让正义："义仪古今字。……凡威仪字，古正作义，汉以后叚仪度之仪为之。"㊱而"仪"与"表"又同义，古书中多见"仪表"连文，表示准则、法式、楷模之义。《管子·禁藏》："法者天下之仪也。"尹知章注："仪谓表也。"《礼记·表记》："仁者，天下之表也。"孔颖达疏："表谓仪表。"《文选》扬雄《剧秦美新》："真天子之表也。"李善注："表，仪也。"《管子·形势》："法度者，万民之仪表也；礼义者，尊卑之仪表也。"由此可见，《性自命出》"义也者，群善之丝（丝）也"一句中用于解释"义"的"群善之丝（丝）"的"丝（丝）"也可同义换读为"表"，在此应理解为表率、仪表。

传世字书及其他古书中的"丝"与"表"也属同义之词。《说文》艸部："丝，朝会束茅表位曰丝。从艸绝声。《春秋国语》曰：'致茅丝表坐。'"《国语·晋语八》："置茅丝，设望表。"韦昭注："丝，谓束茅而立之，所以缩酒。望表，谓望祭山川，立木以为表，表其位也。"可见"丝"与"表"在古书中也表义相近，分言则有茅、木之分，统言则无别，都是树立某种标识以表位次之义。

综合上述文献中"丝"的相关用例可知，郭店简《六德》"宜（义）糅（类）止（植）而丝（丝）"中的"丝（丝）"也应当是仪表、表率之义。整句简文的意思是："义"与用作表识的木柱相类似，从而被人立为表率、楷模，亦即"义"如木表一样是人的行为标准和规范。

值得注意的是，"表"也是立木柱为标识、表率、标准，与今日之"标杆"相仿佛。《汉书·淮南厉王刘长传》："又阳聚土，树表其上。"颜师古注："表者，竖木为之，若柱形也。"《管子·君臣上》："民有疑惑贰豫之心而上不能匡，则百姓之与间犹揭表而令之止也。"尹知章注："表谓以木为标，有所告示也。"《淮南子·说林》："循绳而斲则不过，悬衡而量则不差，植表而望则不惑。"王念孙在《读书杂志·汉书第十六·连语》中对此亦明确指出㉗：

> 《哀纪》云："为宗室仪表。"《酷吏传》赞云："其廉者足以为仪表。"念孙案：<u>立木以示人，谓之"仪"，又谓之"表"</u>。《说文》："檥，干也。从木，义声。"经传通作"仪"，故《尔雅》云"仪，干也"。《吕氏春秋·慎小》篇注云："表，柱也。"故德行足以率人者亦谓之"仪表"。《缁衣》曰："上之所好恶，不可不慎也，是民之表也。"郑注言："民之从君，如景逐表。"《荀子·君道》篇曰："君者，仪也，仪正而景正。"是"仪"即"表"也。《管子·形势解》篇曰："法度者，万民之仪表也。礼义者，尊卑之仪表也。"《淮南·主术》篇曰："言为文章，行为仪表。"文六年《左传》曰："陈之艺极，引之表仪。"或言"仪表"，或言"表仪"，其义一也。师古注《哀纪》则云"言为礼义之表率"，注《酷吏传》则云"谓有仪形可表明者"，望文生义，而注各不同，皆由不知"仪、表"之同为立木，又不知"仪"为"檥"之借字故也。

从王念孙梳理的古书中"仪"与"表"的用法可知，二者原本都是"立木以示人"，比喻引申后指表率、准则、法式、楷模等。"义"与"仪"属古今字，故王氏所论"仪"与"表"同样适用于"义"与"表"。因此，王氏所论"立木以示人谓之仪，又谓之表"可以作为《六德》简文"宜（义）頪（类）羋（植）而幽（蔜）"的最佳注脚。

五　余论

明确了简文"宜（义）頪（类）羋（植）而幽（蔜）"一句的意思后，我们可以对其前一句"悬（仁）頪（类）蕭而速"的训释略作补充。陈剑认为该句中的"蕭"字下部所从"刅"象以刀断草，是"刍荛"之"荛"的表意初文。"荛、脑、柔"并音近可通，故"蕭"可读作"柔"㉘。我们认为，陈先生对字形的分析可从，不过此处的"蕭"或可径读作"荛"，即草薪。《诗经·大雅·板》："先民有言：'询于刍荛。'"陆德明释文："《说文》云：'荛，草薪也。'"《汉书·贾山传》"刍荛采薪之人"，颜师古注："荛，草薪也。"自古及今，草薪皆多被捆扎成"束"，如《诗经·唐风·绸缪》所谓"束薪、束刍、束楚"之类。因此"悬（仁）頪（类）蕭（荛）而速"中的"速"当从刘信芳读作"束"㉙，整句大意是说："仁"如草薪而成捆束。此句是用荛薪为喻，说明"仁"是约束人的道德准则。

简文"悬（仁）頪（类）蕭（荛）而速（束），宜（义）頪（类）羋（植）而幽（蔜）"两句相对为文。"仁"如刍荛而成约束，"义"如柱植而成仪表，共同组成人们的规约与规范。"仁"如刍荛而柔曲，"义"如柱植而刚直，这与后面紧接着的两句"悬（仁）蕭（柔）㊵而酨，宜（义）但（刚）而柬"也恰相照应。

　　此外，刘钊曾经指出，"弁而幽"与"蔿而速"两句的文意与郭店简《性自命出》简8—9中的"刚之桓（柱）也，刚取之也；柔之约，柔取之也"和《荀子·劝学》"强自取柱，柔自取束"相同。"蔿、弁"二字应是借以比喻"柔"和"刚"的二物[41]。不少学者亦曾指出，《荀子·劝学》"强自取柱"中的"柱"楚简作"桓（树）"或"鼓（尌）"[42]，可知"柱"应照本字解为"柱立"，不当读为"祝"，训为"折断"。因此，"强自取柱，柔自取束"义指物强则为柱，物柔则成束[43]。张家山汉简《脉书》简54："夫骨者柱殹（也），筋者束殹（也），……故骨痛如斲，筋痛如束。"[44]简文分别用"柱"与"束"比喻人体之"骨"和"筋"，亦可旁证"强自取柱"的"柱"当照本字理解为柱子，不必破读为表示折断的"祝"。如此看来，《六德》篇"悥（仁）粮（类）蔿（荛）而速（束），宜（义）粮（类）弁（植）而幽（蓝）"中的"弁（植）而幽（蓝）"与"蔿（荛）而速（束）"的确与"强自取柱，柔自取束"表意相同，可以互相印证。

　　附记：项目来源：国家社科基金重大项目"战国文字研究大数据云平台建设"（21&ZD307）；国家社科基金重大项目"战国文字诂林及数据库建设"（17ZDA300）。

　　　　（作者单位：中山大学中文系、"古文字与中华文明传承发展工程"协同攻关创新平台）

注：

① 荆门市博物馆编《郭店楚墓竹简》第185—190页，文物出版社1998年。

② 李学勤《郭店楚简〈六德〉的文献学意义》，武汉大学中国文化研究院编《郭店楚简国际学术研讨会论文集》第17—21页，湖北人民出版社2000年。

③⑳ 参见单育辰《郭店〈尊德义〉〈成之闻之〉〈六德〉三篇整理与研究》第281—302页，科学出版社2015年。

④ 同注①第188页。

⑤ 按："刚"从裘锡圭释，参见张富海《北大中国古文献研究中心"郭店楚简研究"项目新动态》，简帛研究网2000年11月4日。此文原系网上发表，网文链接现已失效，相关内容参见单育辰《郭店〈尊德义〉〈成之闻之〉〈六德〉三篇整理与研究》第289页。

⑥ 按："畛"从颜世铉释，参见颜世铉《郭店楚简〈六德〉笺释》，《史语所集刊》第72本第2分第480—482页，2001年。

⑦ 按："盖"从刘钊释，参见刘钊《郭店楚简校释》第117—118页，福建人民出版社2005年。

⑧ 荆门市博物馆编《郭店楚墓竹简》第71页；张守中等撰集《郭店楚简文字编》第45页，文物出版社2000年。
　　按：此字在精装本简31中作，其右上部的一小斜画尚存痕迹，但在书法本中已无踪迹可寻，似已被出版者误抹去。参见吉林大学古籍研究所2011级硕士研究生《〈郭店楚墓竹简〉精装本与书法本图版对比的一些问题》，复旦大学出土文献与古文字研究中心网2012年9月28日。

⑨ 廖名春《郭店楚简〈六德〉篇校释》，《清华简帛研究》第1辑第81页，清华大学思想文化研究所2000年。

⑩ 陈伟《关于郭店楚简〈六德〉诸篇编连的调整》，武汉大学中国文化研究院编《郭店楚简国际学术研讨会论文集》第67页；颜世铉《郭店楚简〈六德〉笺释》，《史语所集刊》第72本第2分第479页。

⑪⑳㉟　刘信芳《郭店楚简〈六德〉解诂一则》,《古文字研究》第 22 辑第 215 页,中华书局 2000 年。

⑫　陈伟《郭店简〈六德〉校读》,《古文字研究》第 24 辑第 397 页,中华书局 2002 年。

⑬　陈伟《郭店竹书别释》第 127 页,湖北教育出版社 2003 年。

⑭　林素清《重编郭店楚简〈六德〉》,郭店楚简研究(国际)中心编《古墓新知——纪念郭店楚简出土十周年论文专辑》第 74 页,国际炎黄文化出版社 2003 年。

⑮　陈伟主编《楚地出土战国简册(十四种)》第 242 页,经济科学出版社 2009 年。

⑯　按:此处只是列举,并不全面,更多的释读意见可以参见单育辰《郭店〈尊德义〉〈成之闻之〉〈六德〉三篇整理与研究》第 281—302 页。

⑰㊳　陈剑《郭店简〈六德〉用为"柔"之字考释》,《中国文字学报》第 2 辑第 59—66 页,商务印书馆 2008 年,收入氏著《战国竹书论集》第 97—105 页,上海古籍出版社 2013 年。

⑱　李家浩《关于郭店竹书〈六德〉"仁类蕘而速"一段文字的释读》,收入氏著《安徽大学汉语言文字研究丛书·李家浩卷》第 262—263 页,安徽大学出版社 2013 年。

⑲　清华大学出土文献研究与保护中心编,李学勤主编《清华大学藏战国竹简(柒)》第 94 页,中西书局 2017 年。

⑳　赵平安《清华简第七辑字词补释(五则)》,《出土文献》第 10 辑第 140—141 页,中西书局 2017 年。

㉑　《清华七〈子犯子余〉初读》,简帛网"简帛论坛"第 49 楼网名"苦行僧"跟帖,2017 年 4 月 29 日。

㉒　裘锡圭《甲骨文中的几种乐器名称》,《中华文史论丛》1980 年第 2 辑第 69 页。

㉓　黄德宽主编,徐在国、程燕、张振谦编著《战国文字字形表》第 258 页,上海古籍出版社 2017 年。

㉔　同上注第 171 页。

㉕　按:徐锴《说文解字系传》此处原文为:"植即门户之横键所穿木也,鏁所附焉,故谓之楗。楗者,为横杠所唐突也。"由此看来,徐锴并非将"植"视为横键。

㉖　北京大学出土文献研究所编《北京大学藏西汉竹书(肆)》第 70 页,上海古籍出版社 2015 年。

㉗　〔清〕孙诒让撰,孙启治点校《墨子间诂》第 504 页,中华书局 2001 年。

㉘　〔清〕孙诒让撰,王文锦、陈玉霞点校《周礼正义》第 9 册第 2357—2359 页,中华书局 1987 年。

㉛　同注①第 130 页。

㉜　马承源主编《上海博物馆藏战国楚竹书(一)》第 187 页,上海古籍出版社 2001 年。

㉝　参见刘钊《郭店楚简校释》第 59 页。

㉞　同注①第 179 页。

㉟　同注㉜第 229 页。

㊱　同注㉘第 3 册第 710 页。

㊲　〔清〕王念孙《读书杂志》第 407—408 页,江苏古籍出版社 1985 年。

㊵　按:此处的"蘍"可从陈剑读作"柔",参见注⑰陈剑文。

㊶　刘钊《郭店楚简校释》第 117—118 页。

㊷　按:作"鼓(尌)"见于郭店简《语丛三》简 46:"彊(强)之鼓(尌)也,彊(强)取之也。"参见荆门市博物馆编《郭店楚墓竹简》第 211 页。

㊸　刘昕岚《郭店楚简〈性自命出〉篇笺释》,武汉大学中国文化研究院编《郭店楚简国际学术研讨会论文集》第 333 页;陈剑《郭店简补释三篇》,郭店楚简研究(国际)中心编《古墓新知——纪念郭店楚简出土十周年论文专辑》第 117—121 页,收入氏著《战国竹书论集》第 45—50 页。

㊹　张家山二四七号汉墓竹简整理小组编《张家山汉墓竹简〔二四七号墓〕》第 244 页,文物出版社 2001 年。

古文字研究（34）：303—307，2022

郭店简《老子》释读一则

张富海

《老子》第45章："大成若缺，其用不弊。大盈若冲，其用不穷。大直若屈，大巧若拙，大辩若讷。躁胜寒，静胜热，清静①，为天下正。"与今本此章对应的文字，郭店简《老子乙》简13—15作：

　　大成若夬（缺），丌（其）甬（用）不尚（敝）。大涅（盈）若中（冲），丌（其）甬（用）不寴（穷）。大考（巧）若仳（拙），大成若诎，大植（直）若屈。杲（躁）勍（胜）蹇（寒），青（静）勍（胜）然，清＝（清静），为天下定（正）。

郭店简本的"大成若诎"，与今本的"大辩若讷"句相应，但文字上难以沟通；而马王堆帛书《老子》甲本对应的句子作"大赢如炳"，帛书乙本残存最后一字作"绌"，北大汉简本《老子》作"大盛如绌"。帛书乙本当可补作"大赢如绌"②。"赢、绌"对举见于古书，如：《鹖冠子·世兵》："蚤（早）晚绌赢（赢），反相殖生。"《荀子·非相》："与时迁徙，与世偃仰，缓急赢（赢）绌，府然若渠匽檃栝之于己也。"《吕氏春秋·执一》："故凡能全国完身者，其唯知长短赢绌之化邪。"马王堆帛书《称》："短者长，弱者强，赢绌变化。""绌"与"赢"词义相反，是亏损减少之义。亏损减少义的"绌"读音同"屈"，实际上是"屈曲"之"屈"（又通作"诎"）的一个引申义。汉简本的"盛"与"赢"义近，也能与"绌"构成反义关系③。汉简本证明李零读郭店简本"大成若诎"为"大盛若诎"是正确的④。帛书甲本的"炳"从"内"声，与牙音声母的"诎、绌"的读音相差比较远，不大可能读为"诎"或"绌"。高明读"炳"为"朒"，他说："'赢'指盈余，'朒'谓亏损或不足。'赢朒'本来就是一个复音词，也谓'盈不足'，是我国古代计算盈亏问题的一种算数方法。……'大赢如朒'，犹谓最大的赢余如若亏损。"⑤文意允洽。《说文》七上月部："朒，朔而月见东方谓之缩朒，从月内声。"但此字《说文》大徐音及《广韵》皆女六切，与"内"音相远而与"肉"音相近，故段玉裁等清代《说文》学者多改篆形为从"肉"声。不过，除了字音上的证据，改"朒"为"朒"并无其他确证，且"肉"旁从来不作声符用，能否存在"朒"这种形声结构的字形大可怀疑。根据帛书甲本的"大赢如炳"，《说文》"朒"的篆形当不误，确实是从月内声，而其读音女六切则反而有可能是后起的不规则音变，即"朒"在"缩朒"一词中受"缩"的同化作用而由本来的物部变入中古屋韵（与"缩"同韵）。今本的"大辩若讷"，可能是在"朒"因音变而不再押韵后改成同声符的物部的"讷"（与"屈、拙"押韵），然后再改"赢"为与"讷"意相反的"辩"而成的。恐怕只有这样解释才能说清楚上述异文之间的关系。

"杲勍蹇"之"蹇"原形作，整理者释"苍"，读为"沧"⑥，不确。今从郭永秉释写作"蹇

（寒）"⑦。"枭"字，整理者读"燥"⑧，亦不确，当从今本读"躁"。"青勶然"，整理者读为"清胜热"⑨。按"青"字当从今本读为"静"，与"躁"构成反义关系。"躁胜寒，静胜热，清静，为天下正"，意思是动可以克服寒冷，静可以克服暑热，做到清静无为，便可以成为天下的准则⑩。"然"字，丁元植、彭浩、聂中庆等学者不破读，引《说文》"然，烧也"⑪。训"烧"的"然"通作"燃"，是动词，显然不能跟形容词"寒"对举，所以多数学者赞同整理者的意见，从今本读为"热"。"然"和"热"中古声母都是日母，上古韵部分别是元部和月部，有对转关系，所以大家觉得"然"读为"热"毫无问题。但认真分析，"然"读"热"不能无疑。

首先，此章其他地方及郭店《老子乙》此章的下一章皆句句有韵，此处不应连着两句无韵。江有诰《先秦韵读·老子》以"热"与前句的"屈、拙、讷"为韵⑫，但"热"与"屈"等字并不同部，而且此句与前句意不相属（可能本来不是一章⑬），也就不会是同一个韵段。高本汉等人以为"热"字不韵⑭，是正确的。此处应该有韵，而简文又恰好写作与"寒"同属元部的"然"字，这恐怕不能用偶然的巧合来解释。"热"字不韵，"然"字入韵，证明简文作"然"是原貌，后来的本子作"热"是改写的（改成更常见的词）。

其次，"然"字在上博简和清华简中已经常常用来表示虚词｛然｝⑮。同样的一个字形，在同一时空条件下，既表示｛然｝，又表示｛热｝，而两者的读音却不十分相近（至少韵母有阳入之别），这是不大正常的，似乎未见同类情况。

再次，"热"的上古音实际上与"然"并不相近。"然（燃）"的上古音比较确定，可以构拟为 *nan。"热"的上古声母和元音都有两种可能，如果仅仅依据其中古音（日母薛韵开口三等），可以构拟出 *ŋet、*net 或 *nat 三种读音⑯。拼三等韵的 *n− 规则地变成中古的日母，而拼三等前高元音的 *ŋ− 声母也可能腭化为中古日母⑰，*net 和 *nat 中古音合流不分。如果"热"的上古音是 *nat，那么与"然"算是音近的；如果是 *net，那么与"然"的语音就不太相近；如果是 *ŋet，那么两字的声母、元音和韵尾全部不同，就很难说有音近关系了。从"热"这个字形本身的谐声关系来看⑱，"热"的读音应构拟为 *ŋet。"热"从"埶"声，"埶"是"艺"的初文，上古音可以构拟为 *ŋets，"埶"在古文字中又多读为"设"，"设"的上古音可以构拟为 *ŋet。睡虎地秦简《日书乙种·除》简20"热"读为"设"⑲。这些谐声假借上的证据，应该可以证明"热"的上古音是 *ŋet⑳。

"热"有异体作"炅"，见于《素问》、马王堆帛书《老子》甲本（"寒胜热"之"热"即作"炅"）以及肩水金关汉简、居延汉简。"炅"字，学者多以为从火日声的形声字㉑，但此字形完全有可能只是从日从火的会意字㉒，对于确定"热"的读音没有什么用处。即使"炅"确实是从日声的形声字，其时代也已经有点偏晚，不一定能用来证明上古音。又春秋秦文字有从金炅声的"镇"字异体"鋨"㉓，王辉认为是从"炅（热）"声㉔；刘乐贤同意其说，并且将"慎"字的古文"脊"也释为"热"，认为古文假借"脊（热）"为"慎"㉕。但"热"的读音与"镇"和"慎"无论如何是不够密合的，故"鋴（镇）"的声旁"炅"和"慎"字的古文"昚"大概不会是"热"的异体，而是另外一个与"镇"和"慎"音近的同形字㉖。

以上三个理由结合起来，我认为简文"然"不应该读为"热"。当然，"然"也不能理解为燃烧，而只能理解为"热"的一个同义词。既与"然"音近又与"热"义近的词，传世文献中只有"煗、暵"和"灘"。

《说文》十上火部："煗，干皃。《诗》曰：我孔煗矣。"㉗又七上日部："暵，干也。《易》曰：燥万物者莫暵于离。"今本《周易·说卦》作"燥万物者莫暵乎火"。又十一上水部："灘，水濡而干也。《诗》曰：灘其干矣。"今本《诗·王风·中谷有蓷》作"暵其干矣"。"煗"字，《说文》大徐音人善切，《玉篇》和《篆隶万象名义》而善切，《广韵》人善切，中古音日母狝韵三等，其上古音可以构拟为*nanʔ；《广韵》又音呼旱切、呼旰切，其上古音可以构拟为*ŋaanʔ和*ŋaans。"暵"字，《说文》大徐音呼旰切，《玉篇》和《篆隶万象名义》呼但切（上声。《玉篇》训"热气"），《广韵》呼旱切、呼旰切，其上古音可以构拟为*ŋaanʔ和*ŋaans。"灘"字，《说文》大徐音呼旰切（又他干切，应为水灘之灘的读音），《广韵》呼旱切、呼旰切，与"暵"的读音相同。"煗、暵、灘"三字应表示同一个词（下文用"煗"代表），据古人注音，中古有人善切、呼旱切、呼旰切三个异读，其上古音可分别构拟为*nanʔ、*ŋaanʔ和*ŋaans，都与"然"音相近。

《周易·说卦》："燥万物者莫暵乎火。"《释文》："暵，王肃云：呼但反，火气也。徐本作暵，音汉，云：热暵也。《说文》同。"高亨注："莫暵于火，谓莫热于火。"㉘"煗"本训干，但不妨认为兼含有热义，与一般的干不完全同义。郭店简《老子乙》"静胜然"之"然"显然不含干义，只有热义，与古书中的"煗"不尽相同，可能是文献已经失传的楚地特有的方言词。

楚简中义同"热"的"然"还见于郭店简《太一生水》、望山简和天星观简。

《太一生水》简2—3："四时遆（复）[相]榑（辅）也，是目（以）成寒然。"简4："溼（湿）澡（燥）者，寒然之所生也。寒然者，[四时之所生也。]"望山一号墓简43："既寒然目（以）……"简179："既寒然……"天星观卜筮祭祷简："既寒然目（以）悥₌（懮懮）然不欲食。"㉙义为热的"然"都与"寒"构成反义并列的合成词。其中望山简和天星观简的"寒然"是一种怕冷发热的症状，即见于古书和汉简中的"寒热"㉚。

附记：本文为国家社科基金冷门"绝学"和国别史等研究专项"基于古文字谐声假借的汉语上古音研究"（19VJX115）、国家社科基金冷门绝学研究专项学术团队项目"中国出土典籍的分类整理与综合研究"（20VJXT018）的阶段性成果。

（作者单位：复旦大学出土文献与古文字研究中心、"古文字与中华文明传承发展工程"协同攻关创新平台）

注：

① "清静"下一般不断句,但是"静"为韵脚,与"正"押韵,故标点如此。

②⑤　参高明《帛书老子校注》第43页,中华书局1996年。

③　参北京大学出土文献研究所编《北京大学藏西汉竹书(贰)》第126页第八章注3,上海古籍出版社2012年。

④　李零《郭店楚简校读记(增订本)》第23页,北京大学出版社2002年。

⑥　荆门市博物馆编《郭店楚墓竹简》第120页注3,文物出版社1998年。

⑦　郭永秉《从战国文字所见的类"仓"形"寒"字论古文献中表"寒"义的"沧/沧"是转写误释的产物》,《出土文献与古文字研究》第6辑,上海古籍出版社2015年,收入氏著《古文字与古文献论集续编》第125页,上海古籍出版社2015年。

⑧⑨　同注⑥第118页。

⑩　参彭裕商、吴毅强《郭店楚简老子集释》第498页,巴蜀书社2011年。

⑪　引见上注第494—495页。

⑫　〔清〕江有诰《音学十书》第166页,中华书局1993年影印本。

⑬　原简"屈"字下有墨块,可能是分章符号。参裘锡圭《郭店〈老子〉初探》,《裘锡圭学术文集·简牍帛书卷》第292—293页,复旦大学出版社2012年。

⑭　朱谦之《老子校释》第185页,中华书局1984年。

⑮　中山王礜鼎铭文同,但郭店简、安大简用"肰"表示{然}。

⑯　郑张尚芳构拟为 *ŋjed,见郑张尚芳《上古音系(第二版)》第530页,上海教育出版社2013年;白一平-沙加尔构拟为 *C.nat (or *C.ŋet?),见 Baxter–Sagart *Old Chinese reconstruction*,version 1.1(20 September 2014),http://ocbaxtersagart.lsait.lsa.umich.edu;许思莱构拟为 *net or *ŋet,见 Axel Schessler *Minimal Old Chinese and Later Han Chinese*,第228页,University of Hawai'i Press,2009。

⑰　比如"儿"字、"饶"字,上古是 *ŋ-声母,但中古是日母。

⑱　"热"字最早见于睡虎地秦简,共两例:一见于《日书甲种·诘》简66背"热以寺(待)之",一见于《日书乙种·除》简20。前者整理者读为"爇",义为烧。后者见下文。

⑲　李家浩《睡虎地秦简〈日书〉"楚除"的性质及其他》,《著名中年语言学家自选集·李家浩卷》第380—381页,安徽教育出版社2002年。辞例为:"热(设)罔(网)邋(猎),获。"

⑳　马王堆帛书《十六经·姓争》:"夫天地之道,寒涅(热)燥湿,不能并立。"假借"涅 *neet"为"热",似可证明"热"的上古音是 *net;但这也可能是西汉时"热"已经由 *ŋet 腭化为 *ŋet 的反映。

㉑　湖南省博物馆、复旦大学出土文献与古文字中心编纂,裘锡圭主编《长沙马王堆汉墓简帛集成(肆)》第15页注45,中华书局2014年。

㉒　《说文》:"炅,见也(《广韵》作"光也")。从火日。"为会意字。大徐音古迥切,与"炯"的音义相同,是"炯"的异体,与用为"热"的"炅"是同形字关系。

㉓　见秦公篹、秦景公石磬以及盠和钟。参单晓伟《秦文字字形表》第626—627页,上海古籍出版社2017年。盠和钟铭文是摹本,作，右上"日"旁误作"甘"。

㉔　王辉《秦铜器铭文编年集释》第23—24页,三秦出版社1990年。

㉕　刘乐贤《释〈说文〉古文慎字》,《考古与文物》1993年第4期。将"昚(慎)"和"鋹(镇)"的声旁"炅"看作一字异体,这一点应该是正确的。

㉖　《集韵》有训为"明"的"畛",与"镇、慎"音近,"鐩"的声旁"戾"及"慎"字的古文"昚"有可能是"畛"的异体。但"畛"字太生僻,姑录此说以备考。

㉗　《诗》之"熯"通"戁",敬也。见《小雅·楚茨》。《释文》:"熯,而善反,又呼但反。"

㉘　高亨《周易大传今注》,《高亨著作集林》第2卷第659页,清华大学出版社2004年。

㉙　滕壬生《楚系简帛文字编(增订本)》第872页,湖北教育出版社2008年。天星观简共有三例。望山简及天星观简的释文,参郭永秉《从战国文字所见的类"仓"形"寒"字论古文献中表"寒"义的"沧/沧"是转写误释的产物》,氏著《古文字与古文献论集续编》第121—124页。

㉚　参上注郭文第124页。

古文字研究（34）：308—313，2022

"槁木三年，不必为邦羿"新解

王志平

郭店简《成之闻之》篇非常难读，编联也有各种不同方案。其中，郭沂将《成之闻之》简1—3接在简29—30之后，简30末和《成之闻之》简1首连接成"是故君子贵城（成）之"，把"成之"和"闻之"断开来；并引李学勤说读为《中庸》的"诚之"。《中庸》："诚者，自成也。"朱骏声《说文通训定声》："成，假借为诚。"①其说甚确，得到了学术界的普遍认同。

在这个编联组（或者说章节）中，简30有一句话十分费解，学者对此有不同的阐释。为了说明有关问题，我们先把有关简文迻录如下：

"槁木三年，不必为邦羿（期）。"害（盖）言睿（寅）之也，是目（以）君子贵城（诚）之。

"槁木三年，不必为邦羿（期）"，此句李零、郭沂均指出系为引用语②。其中"羿"字从羽、丌声，整理者读为"旗"③。由于受到整理者先入为主的影响，多数学者从读为"旗"。只有王博读为"期"④，李锐读为"记"⑤，邓少平读为"基"⑥。"睿"，从张光裕、李零、陈伟、刘钊等隶定⑦。原简作![字形]，整理者隶定为"睿"。刘信芳隶定为"朝"，读为"朝"，又读为"朽"⑧；李学勤认为是"富"的误写而读为"逼"⑨；李零认为从"寅"得声而读为"偃"⑩；周凤五释为"夹"，即朽败义的"挟斯"⑪；刘钊认为从"寅"得声而读为"陈旧"的"陈"⑫；单育辰隶定为"睿"，读为"贵"⑬；张峰认为字形应从寅、从甘，疑读为"隲"，《说文》："隲，栝也。"⑭

平按："睿"字实从寅、从日，疑为"寅日"之"寅"专用字。此处假借为"寅"，《尔雅·释诂下》："寅，敬也。"但是按照整理者及多数学者的理解，诚如单育辰所说，从字形上看，![字形]从"日"从"寅"没有问题，不过，把"寅"训为"敬"和简文前后文义互不搭边，感觉有些奇怪⑮。其根源就在于"羿"字的破读，如读为"旗"确实很难和"敬"义搭上关系。

对于这句话怎么讲，学者之间意见不一，众说纷纭。郭沂认为"槁木"，枯木也；"邦"，谓疆界；"旗"，谓标志。全句大意为：枯木用过三年之后，就不一定能作为疆界标志来继续使用了⑯。李学勤认为"槁"疑读为"乔"，"乔木三年，不必为邦旗"，是讲树木虽生长三年，仍不能作国中建旗之用，这是因为树木尚未充分成长⑰。陈伟疑"槁"当读为"矫"，为矫正之义。简文"为邦旗"，当是指用作邦国旗帜的杆。对这种旗杆的矫直加工过程十分复杂，为时较长⑱。刘钊翻译为"朽木三年，不必当作封疆的标志"⑲。李锐读为"乔木三年，不必为封记"，认为古代以木为封树，乔木三年尚不一定能成为封树，因其尚弱小，故需假以时日以待壮大，因此"君子贵成之"⑳。单育辰认为，"'槁木三年，不必为邦旗'，盖言睿之也"的"睿"，是说"邦旗"之"贵重"㉑。以上诸种解释，诚如杨华所说，"此种比喻，总觉过于牵强"㉒。

其中最发人深省的是王博的观点，他认为，"槁木三年，不必为邦旗"应该解释为三年服丧之期内，由于悲痛哀伤，身体如同枯木，不必要参与政事㉓。王博把"槁木三年"理解为"三年之丧"，富于启发，值得特别留意。杨华对此作了进一步的阐发，认为"槁木三年，不必为邦旗"不仅与三年之丧有直接关联，而且还关系到君主政统权威的掌控问题㉔。

但是王博对"期"的认识却未达一间。他认为㉕：

> 譬如其中的"旗"字，究竟作何解释，是很难有一个定论的。古书中该字的用法非常丰富，其中的一种是同"期"字，如《左传》里的令尹子旗也写作子期，在这种情况下，它可能只是充当句末的语气词，并无实际的意义，而且它的读音应该是"基"。如《诗·小雅·頍弁》中有"实维何期"句，郑玄笺云"期，辞也"。陆德明《经典释文》称："期，本作其，音基。"在"不必为邦旗"句中位于句末的"旗"字，似乎可以作这样的理解。

诚如黄君良所说，将"旗"字释作句末语气词是令人感觉犹疑的地方㉖。其实这里的"期"是"期年"之"期"的意思，意谓丧服满一年。"期"在古代经常是丧服用语。《礼记·中庸》："期之丧，达乎大夫；三年之丧，达乎天子；父母之丧，无贵贱一也。"《孟子·尽心上》："齐宣王欲短丧。公孙丑曰：'为期之丧犹愈于已乎？'"赵岐注："齐宣王以三年之丧为太长久，欲减而短之。因公孙丑使自以其意问孟子：既不能三年丧，以期年差愈于止而不行丧者也？"

"期之丧"也可以省称为"期"。《礼记·服问》："三年之丧既练矣，有期之丧既葬矣，则带其故葛带，绖期之绖，服其功衰。"《论语·阳货》："宰我问：'三年之丧，期已久矣，君子三年不为礼，礼必坏；三年不为乐，乐必崩。旧谷既没，新谷既升，钻燧改火，期可已矣？'子曰：'食夫稻，衣夫锦，于女安乎？'曰：'安。''女安则为之。夫君子之居丧，食旨不甘，闻乐不乐，居处不安，故不为也。今女安则为之。'宰我出，子曰：'予之不仁也。子生三年，然后免于父母之怀。夫三年之丧，天下之通丧也。予也有三年之爱于其父母乎？'"

出土文献中也有类似用例。齐侯壶（《集成》9729、9730）：

> 齐侯女嬴聿丧其斳（断）。齐侯命大子乘遽来句（敏）宗伯，听命于天子。曰："期则尔期。余不其事。"

李学勤认为，"断"的意思是绝。古礼国君绝期以下，齐侯之女家的丧事，齐侯本来绝不成服，而自愿期服，这是超逾礼制的行为，因此齐侯特命太子赶赴王都，通过管理礼制的大宗伯向周天子请示。周天子说"期则尔期，余不其事"，是对齐侯的要求表示许可㉗。

以上这些都是"期"指"期年之丧"的实证。

至于"槁木三年"，杨华指出，这本来就有守三年之丧的意思。文献中常称，因为守丧哀甚，形容枯槁，《晏子春秋》卷四中把服丧过甚称作"以枯槁为名"，《颜氏家训·风操》载，裴政除丧服后，仍然"贬瘦枯槁，涕泗滂沱"，被梁武帝目为有礼㉘。其说甚是。

此外，我们还可以补充一些其他文例。《吴越春秋·越王无余外传》："尧崩，禹服三年之丧，如丧考妣，昼哭夜泣，气不属声。……舜崩，禅位命禹。禹服三年，形体枯槁，面目黎黑。"《梁书·孝行·荀匠传》："居父忧并兄服，历四年不出庐户。自括发后，不复梳沐，发皆秃落。哭无时，声尽则系之以泣，目眦皆烂，形体枯顇，皮骨裁连，虽家人不复识。"《魏书·孝感·李显达传》："父丧，水浆不入口七日，鬓发堕落，形体枯悴。"《周书·孝义·皇甫遐传》："又遭母丧，乃庐于墓侧，负土为坟。……遐食粥枕块，栉风沐雨，形容枯顇，家人不识。"

清廖志灝《燕日堂录七种》卷一《恒产录》谈到自己服母丧，也称"不孝在制中，死灰槁木，但日给饘粥一飡"。可见"槁木"作为一个常见隐喻，可以指称那些服丧过哀，形容枯槁之人。古代服父丧为斩衰三年，服母丧齐衰三年或一年（期）。按照丧服制度，本来君、父应一视同仁，均当服斩衰三年。但是君、父虽同为斩衰三年，而有义服与恩服之别。《礼记·丧服四制》：

　　丧有四制，变而从宜，取之四时也。有恩有理，有节有权，取之人情也。恩者，仁也；理者，义也；节者，礼也；权者，知也。仁义礼知，人道具矣。其恩厚者其服重，故为父斩衰三年，以恩制者也。门内之治恩揜义，门外之治义断恩。资于事父以事君，而敬同。贵贵、尊尊，义之大者也。故为君亦斩衰三年，以义制者也。

元陈澔《云庄礼记集说》卷十解释说：

　　"故为君亦斩衰三年，以义制者也"，门内主恩，故常揜蔽公义；门外主义，故常断绝私恩。父母之丧，三年不从政，恩揜义也；有君丧服于身，不敢私服，义断恩也。资犹取也、用也，用事父之道以事君，故其敬同也。人臣为君重服，乃贵贵、尊尊之大义，故曰"以义制者也"。然五服皆有义服，亦是以义制。此举重者言之耳。

因此，"为父斩衰三年"是恩服，"为君斩衰三年"是义服。"门内之治恩揜义，门外之治义断恩"，此语亦见于郭店简《六德》。但在战国时期，恩服、义服的权衡轻重也是有差别的。郭店简《六德》论述当时的丧服制度，一方面说"疏斩衰布，绖杖，为父也，为君亦然"；另一方面又说"为父绝君，不为君绝父"，学者们多认为这意思是说，当父丧与君丧冲突时，应为父服丧而绝君丧，而不应反过来为君服丧而绝父丧[㉘]。权衡轻重，父丧其实还是要重于君丧。

联系《六德》来看，《成之闻之》这段简文实际是说，如已服父母之丧三年，连邦君一年（期）之丧也不必再服（更不要说三年了！）。

古代多以服丧过哀逾制为戒。《礼记·丧服四制》："三日而食，三月而沐，期而练，毁不灭性，不以死伤生也。丧不过三年，苴衰不补，坟墓不培。祥之日，鼓素琴，告民有终也，以节制者也。"又："始死，三日不怠，三月不解，期悲哀，三年忧，恩之杀也。圣人因杀以制节，此丧之所以三年。贤者不得过，不肖者不得不及，此丧之中庸也，王者之所常行也。"《荀子·礼论》："三年之丧，二十五月而毕，哀痛未尽，思慕未忘，然而礼以是断之者，岂不以送死有已，复生有节也哉！"因此，服丧三年即礼毕，不得逾制。下面举孔子弟子为例加以说明。《说苑·修文》：

　　子夏三年之丧毕，见于孔子。孔子与之琴，使之弦。援琴而弦，衎衎而乐。作而曰："先王制礼，不敢不及也。"子曰："君子也。"闵子骞三年之丧毕，见于孔子。孔子与之琴，使之弦。援琴而弦，切切而悲。作而曰："先王制礼，不敢过也。"孔子曰："君子也。"子贡问曰："闵子哀不尽，子曰'君子也'；子夏哀已尽，子曰'君子也'。赐也惑，敢问何谓？"孔子曰："闵子哀未尽，能断之以礼，故曰君子也；子夏哀已尽，能引而致之，故曰君子也。夫三年之丧，固优者之所屈，劣者之所勉。"

因此，即使闵子骞哀思未尽，但三年之丧已毕，也必须"断之以礼"，"不敢过也"，不能再延长时限了。因为先王制礼，"贤者不得过，不肖者不得不及，此丧之中庸也"。

古代"丧过乎哀"虽非大过，但也终归是君子之小过。《周易·小过·象传》："山上有雷，小过，君子以行过乎恭，丧过乎哀，用过乎俭。"又《论语·子张》："子游曰：'丧致乎哀而止。'"清康有为《论语注》卷十九解说道：

> 哀为丧礼之本，制礼者定其宫室服食之节，不过推致其哀思，称情以立文耳，即"丧，与其易也，宁戚"，"不若礼不足而哀有余"之意。然毁不灭性，故有礼以节之。若徒尚哀，则阮籍之斗酒呕血为得矣。朱子以为有弊，诚然。子游盖为忘哀者有为言之也。

"槁木三年"已经是"丧过乎哀"了，如果父母三年之丧已毕，接着再服君丧，由于持续时间太长，非身心所能承受。因此从人情角度权衡折中，如果已为父母服三年之丧，即不必再为邦君服期年（甚至三年！）之丧了。

"槁木三年，不必为邦期"，其中隐含的意思实际是，亲亲与尊尊不同，由于血缘关系的远近亲疏，发自内心的哀痛程度也不一样。从反求诸身的诚心角度来说，虽然丧君如丧考妣，但毕竟不是真丧考妣，从反身而诚的角度来说，内心的哀痛程度与真正的父母之丧终究有别。明金渼《读礼日知》卷上《读曲礼》："居丧未葬，读丧礼；既葬，读祭礼。孝子之心一于哀敬，而必诚必信，以求无悔也，非诵习其文而已。"

为父之恩服与为君之义服，最大的不同就在于丧父与丧君的哀敬程度究竟是否发自内心。因此简文才要接着说"盖言寅之也"。《尔雅·释诂下》："寅，敬也。"《孝经·士章》："资于事父以事母，而爱同；资于事父以事君，而敬同。"疏曰："刘炫曰：母，亲至而尊不至，岂则尊之不极也？君，尊至而亲不至，岂则亲之不极也？惟父既亲且尊，故曰兼也。刘瓛曰：父情天属，尊无所屈，故爱敬双极也。"

因此，如果从丧服角度来理解上述简文，其逻辑十分清晰，思路一脉相承，有关思想也可以与《六德》等同时期的出土文献互相印证。

综上所述，按照我们的理解，"'槁木三年，不必为邦期'，盖言寅之也。是以君子贵诚之"意思是说：如果已为父母服过三年之丧，就不必再为邦君服期年之丧了，这就是说的哀敬父母。因此君子贵在发自真心，必诚必信。从这个顺理成章的丧礼的内在逻辑角度来看，学者们将《成之闻之》的"是故君子贵城（诚）之"，与《中庸》的"是故君子诚之为贵"联系起来㉚，还是很有道理的。

　　附记：本文系国家社科基金"古文字特殊通转"（17BYY127）、"出土简帛文献与古书形成问题研究"（19ZDA250）阶段性成果之一。

（作者单位：中国社会科学院语言研究所）

注：

① 郭沂《郭店楚简〈天降太常〉（〈成之闻之〉）篇疏证》,《孔子研究》1998年第3期。

② 郭沂《郭店楚简〈天降太常〉（〈成之闻之〉）篇疏证》,《孔子研究》1998年第3期第63页;又郭沂《郭店竹简与先秦学术思想》第214页,上海教育出版社2001年;李零《郭店楚简校读记（增订本）》第124页,北京大学出版社2002年。

③ 荆门市博物馆编《郭店楚墓竹简》第168页,文物出版社1998年。

④㉕　王博《释"槁木三年,不必为邦旗"——兼谈〈成之闻之〉的作者》,武汉大学中国文化研究院编《郭店楚简国际学术研讨会论文集》第295页,湖北人民出版社2000年。

⑤ 李锐《读清华简〈保训〉札记（三则）》,《古文字研究》第29辑第558—559页,中华书局2012年。

⑥ 邓少平《郭店儒家简校释三则》,《出土文献》第6辑第140—141页,中西书局2015年。

⑦ 张光裕主编《郭店楚简研究（第一卷）文字编》第10页,艺文印书馆1999年;李零《郭店楚简校读记》,《道家文化研究》第17辑第515页,三联书店1999年;陈伟《郭店楚简〈六德〉诸篇零释》,《武汉大学学报》1999年第5期第30页;刘钊《郭店楚简校释》第144页,福建人民出版社2005年。

⑧ 刘信芳《郭店竹简文字考释拾遗》,《江汉考古》2000年第1期第43页。

⑨ 李学勤《郭店简"君子贵诚之"试解》,《中国历史文物》2002年第1期第30—32页;又李学勤《中国古代文明研究》第232—233页,华东师范大学出版社2005年。

⑩ 李零《郭店楚简校读记（增订本）》第124页。

⑪ 周凤五《郭店竹简文字补释》,郭店楚简研究（国际）中心编《古墓新知——纪念郭店楚简出土十周年论文专辑》第66—67页,国际炎黄文化出版社2003年。

⑫⑲ 刘钊《郭店楚简校释》第144页。

⑬㉑ 单育辰《由清华简释解古文字一例》,《史学集刊》2012年第3期第97页。

⑭ 张峰《说说楚简中的"寅"和"要"》,《楚学论丛》第5辑第28页,湖北人民出版社2016年。

⑮ 同注⑬第96—98页。

⑯ 同注①第63页。

⑰ 李学勤《郭店简"君子贵诚之"试解》,《中国历史文物》2002年第1期第32页。

⑱ 陈伟《郭店竹书别释》第144页,湖北教育出版社2003年。

⑳ 李锐《读清华简〈保训〉札记（三则）》,《古文字研究》第29辑第558—559页,中华书局2012年。

㉒ 杨华《"谅闇不言"与君权交替——关于"三年之丧"的一个新视角》,《中国社会历史评论》2005年第13期;又杨华《古礼新研》第73页,商务印书馆2012年。

㉓ 同注④第294—300页。

㉔ 杨华《"谅阘不言"与君权交替——关于"三年之丧"的一个新视角》，《中国社会历史评论》2005年第13—15页；又杨华《古礼新研》第73—75页。

㉖ 黄君良《"槁木三年　不必为邦旗"试释》，《中国文化研究》2003年秋之卷第133页；又黄君良《郭店儒简思想研究》第149页，辽宁大学出版社2011年。

㉗ 李学勤《齐侯壶的年代与史事》，《中华文史论丛》第82辑第4页，上海古籍出版社2006年。

㉘ 杨华《"谅阘不言"与君权交替——关于"三年之丧"的一个新视角》，《中国社会历史评论》2005年第15页；又杨华《古礼新研》第75页。

㉙ 有关问题讨论甚多。可参见刘乐贤《郭店楚简〈六德〉初探》，武汉大学中国文化研究院编《郭店楚简国际学术研讨会论文集》第386—387页；彭林《〈六德〉柬释》，《简帛研究二〇〇一》第155页，广西师范大学出版社2001年；彭林《再论郭店简〈六德〉"为父绝君"及相关问题》，《中国哲学史》2001年第2期第97—102页；李存山《"为父绝君"并非古代丧服之"通则"》，《中国哲学》第25辑第159—171页，辽宁教育出版社2004年；李存山《再说"为父绝君"》，《江苏社会科学》2005年第5期第93—98页；林素英《郭简"为父绝君"的服丧意义》，《简帛研究二〇〇二、二〇〇三》第74—85页，广西师范大学出版社2005年；贾海生《郭店竹简〈六德〉所言丧服制度》，罗运环主编《楚简楚文化与先秦历史文化国际学术研讨会论文集》第838—839页，湖北教育出版社2013年；徐渊《郭店楚简〈六德〉"为父绝君"句析义——兼论〈曾子问〉二丧相遭的丧服服制》，《人文论丛》2020年第1辑第175—184页。

㉚ 郭沂《郭店楚简〈天降太常〉（〈成之闻之〉）篇疏证》，《孔子研究》1998年第3期；李学勤《郭店简"君子贵诚之"试解》，《中国历史文物》2002年第1期。

古文字研究（34）：314—319，2022

《性自命出》"古乐龙心，益乐龙指"解

黄 杰

郭店简《性自命出》简28有如下一节①：

凡古乐龙心，益乐龙指，皆教其人者也。赉、武乐取，韶、夏乐情。

上博简《性情论》简17对应的文字作②：

凡古乐龙心，益☒人者也。赉、武乐取，韶、夏乐情。

本文讨论"古乐龙心，益乐龙指"两句的解读。

"古乐"从字面看就是古代的音乐，但对于其具体内涵，学者们有不同意见。李学勤认为"古乐"指《赉》《武》《韶》《夏》③，赵建伟、廖名春认为是指《韶》《夏》④。

对于"益乐"，学者们的意见大致可分为两大类。一类是将"益乐"解为淫乐。赵建伟认为"益"同"溢"，淫也，淫乐即"郑卫之乐"⑤。其后刘昕岚、陈伟、濮茅左、刘钊等都有类似看法⑥。陈伟认为"益"通"溢、泆、佚"⑦。另一类将"益"解为增益。廖名春解为增益，认为"益乐"义近于新乐，简文对"古乐""益乐"皆持肯定态度（见下引）。李零认为"益乐"与"古乐"相对，可能指后出的新乐⑧。陈霖庆认为"益"可训作"加"；将"益乐"释为郑卫之乐与"皆教其人者也"不合，"益乐"应是《赉》《武》⑨。此外，李锐将"益"读为"逸"⑩。

将"益"读为"溢"、解为淫，不可信。早期文献中没有"溢乐"之说。若要表示淫乐之义，应当直接说"淫乐"，不会用"溢乐"。"益"应当解为增益。廖名春对这个问题有很好的论证，这里引述如下⑪：

从"皆教其人者也"看，"益乐"不可能为贬义词，不能解为"淫乐"。从下文看，"古乐"当指《韶》、《夏》，"益乐"当指《赉》、《武》。《庄子·天下》："舜有《大韶》，禹有《大夏》……武王、周公作《武》。"《淮南子·汜论》："尧《大章》，舜《九韶》，禹《大夏》，汤《大濩》，周《武》、《象》，此乐之不同者也。"《韶》、《夏》是舜、禹之乐，故称"古乐"。《赉》、《武》是武王之乐，是后起、增益之乐，故称"益乐"。"古"、"益"对文，"益"当训为增益。"益乐"义近于新乐。但意义与《礼记·乐记》指"郑卫之音"的"新乐"不同。简文对"古乐"、"益乐"皆持肯定态度，但比较之下，肯定的程度有所不同。这与《论语·八佾》记载的孔子的评价是一致的："子谓《韶》，'尽美矣，又尽善也。'谓《武》，'尽美矣，未尽善也'。"

我们可以补充的是，从上引《性自命出》简28文字看，"赉、武""韶、夏"应当是分别与"古乐""益乐"中的一项对应的。这是支持廖氏看法的。

"龙心""龙指"的理解则成为了难题，至今都没有令人信服的意见。

根据我们所查到的资料，"龙"的解释达到十种之多：1.李零读作"动"，后来放弃此说[12]。但有学者引用此说[13]。2.李学勤引《诗·酌》传将"龙"训为"和"[14]。李天虹云，《乐记》言好的乐曲能够使人和敬、和顺、和亲，语意与"和心"相近[15]。3.赵建伟认为"龙"犹言"适"[16]。 4.廖名春将"龙"读为"宠"，解为尊崇[17]。濮茅左亦将此作为或说提出[18]。5.濮茅左将"龙"读为"隆"，解为深、盛、多[19]。6.李零认为"龙"疑读为"弄"，指演奏[20]。刘钊也读为"弄"，解为撩拨、挑逗[21]。7.萌，兴生。8.通和。这两种解释都是丁原植提出来的。他认为，"龙"似表现出音乐对心影响的方式。《玉篇》："龙，萌也。""龙"也有通和之义。《广韵》："龙，通也。"《广雅》："龙，和也。"简文"龙"似指"兴生而通达"的作用[22]。陈霖庆将"龙"训为"萌"，解为萌起、兴发[23]。9.李锐将"龙"读为"雠"[24]。10.涂娅认为"龙"当读为"龓"，《说文》"龓，兼有也"[25]。

"指"也有好几种解释：1.李学勤解为手指[26]。陈伟同，认为"指"在简文中与"心"相对，表示作用面的肤浅[27]。2.赵建伟疑读为"嗜"[28]。3.廖名春疑读为"旨"，训为"意"[29]。4.丁原植解为意向[30]。5.濮茅左解为斥责之斥[31]。6.李志庆认为"指"通"志"[32]。

对于这两句简文的意思，各家的解读迥异，莫衷一是。李学勤认为"古乐龙心，益乐龙指"的大意是：听古乐能够和心，奏益乐（用琴瑟演奏的有益乐曲）可以和指[33]。赵建伟解为古乐适人之心，淫乐迎合人之嗜欲[34]。濮茅左将所谓"古乐隆心"解为古乐能大深人心，尊崇礼义，"益（溢）乐隆指"解为淫乐千夫所指，令人痛斥[35]。李零认为，简文似乎是说，古乐是靠心来弹奏，新乐是靠指来弹奏[36]。丁原植认为，简文似谓（舜、禹时的）古乐协合于人心，（武王时的）益乐契合于志意[37]。刘钊解为古乐拨动人之心弦，淫乐挑逗人之嗜欲[38]。涂娅认为"益乐龙指"指淫乐（亦）和其意义，即达到一定的目的[39]。

由于各家的意见太过纷繁，这里无法一一辨析，直接提出笔者的观点。

笔者认为，"龙"应当读为"降"。"龙"上古音在东部来母，"降"冬部见母，上古东、冬两部的字常常相通[40]。来母与见母虽然有距离，但是从"降"声的"隆"也是来母字。先秦秦汉文献中，"龙"声的字与"降"声的字经常通用，如《淮南子·兵略训》"故攻不待冲隆云梯而城拔"，"冲隆"银雀山汉简《六韬》作"冲龙"[41]。《大戴礼记·礼三本》"宗事先祖而宠君师"，"宠"，《荀子·礼论》作"隆"。《易·大过》"栋隆吉"，"隆"，马王堆帛书本作"夅"[42]。"隆"从"降"声。

"龙心"即"降心"，意为平抑心气，早期文献中有如下用例：

（1）天子降心以逆公，不亦可乎？（《左传·僖公二十五年》）

（2）天祸卫国，君臣不协，以及此忧也，今天诱其衷，使皆降心以相从也。（《左传·僖公二十八年》）

（3）贤人之政，降人以体。圣人之政，降人以心。体降可以图始，心降可以保终。降体以礼，降心以乐。（《黄石公三略》卷下）[43]

虽然《三略》在"降心以乐"后面接着说"所谓乐者，非金石丝竹也，谓人乐其家，谓人乐其族……"但将"降心以乐"与"降体以礼"并言,本身就给出了将"降心以乐"的"乐"理解为音乐的空间,所以"降心以乐"仍然可以与"古乐降心"相互参看。

文献中有如下内容,有助于我们理解"降心"的内涵:

(4)魏文侯问于子夏曰:"吾端冕而听古乐,则唯恐卧。听郑卫之音,则不知倦。"(《礼记·乐记》)

(5)至于六国,魏文侯最为好古,而谓子夏曰:"寡人听古乐则欲寐,及闻郑、卫,余不知倦焉。"(《汉书·礼乐志》)

魏文侯听到古乐就忍不住要睡着。这说明古乐的节奏舒缓、旋律比较平淡。因此,简文说"古乐龙(降)心",就很好理解了。这句话应当解释为古乐降抑人的心气,让人心气平和。

"指"字则当读为"视"。"指"上古音在脂部章母,"视"脂部禅母,非常接近。文献中有不少"旨"声的字和"示"声的字互为异文、通假的例子;"视"从"示"声(见小徐本、《说文》段注)。《礼记·仲尼燕居》"治国其如指诸掌而已乎",《中庸》作"治国其如示诸掌乎"。郭店简《缁衣》简41—42"人之好我,旨我周行",《上博一·缁衣》简21作"人之好我,贴我周行"㉔,今本《礼记·缁衣》作"人之好我,示我周行"。清华简《周公之琴舞》简3"弼持其有肩,贴告余显德之行",传世本《诗经》的《周颂·敬之》中有与之对应的文句,作"佛时仔肩,示我显德行",原注认为"贴"即"视"字,读为"示",意为教导㉕。其说可信。这些材料足以证明"指"可读为"视"。

"视"与"心"相对。文献中有"视"与"心"并言的例子。《说苑·修文》:"孔子至齐郭门之外,遇一婴儿挈一壶,相与俱行,其视精,其心正,其行端。"《论衡·骨相》:"秦王为人,隆准长目,鸷膺豺声,少恩,虎视狼心。""降视"不见于先秦秦汉文献,我们也没有找到与之相近的表述,但从字面不难理解其意为让人降低视线高度。这样做是为了表示恭敬,而之所以如此,是因为受到音乐的影响和教化,即简文所谓"教其人者也"。

前文采纳廖名春的意见,认为"古乐"指《韶》《夏》,"益乐"指《赉》《武》。那么,按照本文的观点,"古乐龙(降)心,益乐龙(降)指(视)"就是说《韶》《夏》平抑人之心志,《赉》《武》让人降低视线表示恭敬。这是否与文献中关于这些音乐的记述一致呢?

早期文献中有不少描述《韶》《夏》特点和效果的材料,这里选列如下:

1. 乐舞细节

皮弁素积,裼而舞《大夏》。(《礼记·明堂位》)

2. 效果、评价

《箫韶》九成,凤皇来仪。(《尚书·益稷》)

观韶、夏,则勉如也斯敛。(《性自命出》简25—26)㉖

韶、夏乐情。(《性自命出》简28)㉗

子在齐,闻《韶》,三月不知肉味,曰:"不图为乐之至于斯也!"(《论语·述而》)

子谓《韶》："尽美矣，又尽善也。"（《论语·八佾》）

描述《赉》《武》的内容、特点及效果的材料主要有：

1. 内容⑱

武王克商，作《颂》曰……又作《武》，其卒章曰："耆定尔功。"其三曰："铺时绎思，我徂维求定。"其六曰："绥万邦，屡丰年。"夫武，禁暴、戢兵、保大、定功、安民、和众、丰财者也，故使子孙无忘其章。（《左传·宣公十二年》。"耆定尔功"见今《诗经·周颂·武》，"铺时绎思，我徂维求定"见今《周颂·赉》，"绥万邦，屡丰年"见今《周颂·桓》。）

文王既勤止，我应受之，敷时绎思！我徂维求定，时周之命。於绎思！（《周颂·赉》）

绥万邦，娄丰年；天命匪解，桓桓武王，保有厥士，于以四方；克定厥家，於昭于天，皇以间之。（《周颂·桓》）

於皇武王，无竞维烈；允文文王，克开厥后；嗣武受之，胜殷遏刘，耆定尔功。（《周颂·武》）

於铄王师，遵养时晦；时纯熙矣，是用大介；我龙受之，蹻蹻王之造；载用有嗣，实维尔公允师。（《周颂·酌》）

2. 乐舞细节

朱干、玉戚，冕而舞《大武》。（《礼记·明堂位》）⑲

宾牟贾起，免席而请曰："夫《武》之备戒之已久，则既闻命矣，敢问迟之迟而又久，何也？"子曰："居！吾语汝。夫乐者，象成者也。摠干而山立，武王之事也；发扬蹈厉，大公之志也。《武》乱皆坐，周、召之治也。且夫《武》，始而北出，再成而灭商，三成而南，四成而南国是疆，五成而分，周公左、召公右，六成复缀，以崇天子。夹振之而驷伐，盛威于中国也。分夹而进，事蚤济也。久立于缀，以待诸侯之至也……"（《礼记·乐记》）

3. 效果、评价

观赉、武，则齐如也斯作。（《性自命出》简25）⑳

赉、武乐取。（《性自命出》简28，裘按："《大武》歌颂武王取天下，故言'乐取'。"）㉑

（孔子）谓武："尽美矣，未尽善也。"（《论语·八佾》）

由上述材料可见，《韶》《夏》的舞服素朴，其乐声非常平和（能使凤凰来仪），听了让人收敛，沉醉其中，无欲无求（孔子这种高境界的欣赏者，连食肉的欲望都长久地消灭了），孔子给予尽美、尽善的评价。《赉》《武》同属《大武》，是武王克商后所作，其主旨是"禁暴、戢兵、保大、定功、安民、和众、丰财"；《大武》的舞具有干、戚等武器，舞容盛大，分成多节，"摠干而山立""发扬蹈厉"等动作带有浓厚的杀伐之气，让人振作奋起，孔子认为其尽美但未尽善。

二者的特点，与本文得出的结论是相符的。听到质朴平和的《韶》《夏》之乐，让人的情感愉悦、心气平和，心志自然会平抑下来。听到壮武的《赉》《武》之乐会振作，同时，作为周之子民,自然会对文、武的伟大功业肃然起敬,所以"降视"以示恭敬。

最后对本文的观点略作总结。《性自命出》"古乐龙心,益乐龙指"应当读为"古乐降心,益乐降视"。结合前人对"古乐""益乐"内涵的考察,这两句是说上古之乐《韶》《夏》降抑人之心志、让人心气平和,后来增益的乐《赉》《武》让人降低视线表示恭敬。

附记:本文得到山东大学青年学者未来计划(2018WLJH14)资助。

(作者单位:山东大学儒家文明省部共建协同创新中心、儒学高等研究院)

注:

① ㊼㊿ 荆门市博物馆编《郭店楚墓竹简》第63页图版、第180页释文,文物出版社1998年。释文用宽式,标点有所改动。

② 马承源主编《上海博物馆藏战国楚竹书(一)》第87页图版、第245页释文,上海古籍出版社2001年。残缺及无法辨认的字用"☒"表示,有残缺、但是根据残存笔画及其他相关文献可以确定的字外加方框。

③⑭㉖㉝ 李学勤《郭店简与〈乐记〉》,《中国哲学的诠释与发展——张岱年先生九十寿庆纪念论文集》第26页,北京大学出版社1999年。

④ 赵建伟《郭店竹简〈忠信之道〉、〈性自命出〉校释》,《中国哲学史》1999年第2期;廖名春《新出楚简试论》第150页,台湾古籍出版有限公司2001年。

⑤⑯㉘㉞ 同注④赵建伟文。

⑥ 刘昕岚《郭店楚简〈性自命出〉篇笺释》,武汉大学中国文化研究院编《郭店楚简国际学术研讨会论文集》第339页注68,湖北人民出版社2000年;陈伟《郭店简书〈人虽有性〉校释》,《中国哲学史》2000年第4期;马承源主编《上海博物馆藏战国楚竹书(一)》第246页,上海古籍出版社2001年;刘钊《郭店楚简校释》第98页,福建人民出版社2005年。

⑦㉗ 同注⑥陈伟文。

⑧⑳㊱ 李零《郭店楚简校读记(增订本)》第113页,北京大学出版社2002年。

⑨ 季旭升主编《〈上海博物馆藏战国楚竹书(一)〉读本》第191页,北京大学出版社2009年。

⑩㉔ 李锐《孔孟之间"性"论研究——以郭店、上博简为基础》第178页,清华大学2005年博士学位论文。

⑪⑰㉙ 同注④廖名春书第150页。

⑫ 李零《郭店楚简校读记》,《道家文化研究》第17辑(郭店楚简专号)第505、509页,三联书店1999年;李零《郭店楚简校读记(增订本)》第113页。

⑬ 同注⑥刘昕岚、陈伟文。

⑮ 李天虹《郭店竹简〈性自命出〉研究》第162—163页,湖北教育出版社2002年。

⑱㉛㉟ 同注②第246页。

⑲ 同注②第245—246页。

㉑㊳ 同注⑥刘钊书第98页。

㉒ 丁原植《楚简儒家性情说研究》第141页,万卷楼图书有限公司2002年。

㉓㉜ 同注⑨第192页。

㉕㊴ 涂娅《郭店楚简〈性自命出〉文字集释》第28页,安徽大学2008年硕士学位论文。

㉚ 同注㉒第142页。

㊲ 同注㉒第143页。

㊵ 李玉《秦汉简牍帛书音韵研究》第102—103页,当代中国出版社1994年;谢荣娥《秦汉时期楚方言区文献中的东部与冬部》,《武汉大学学报(人文科学版)》2009年第6期。

㊶ 银雀山汉墓竹简整理小组编《银雀山汉墓竹简(壹)》第114页释文、第115页注释,文物出版社1985年。

㊷ 湖南省博物馆、复旦大学出土文献与古文字研究中心编纂,裘锡圭主编《长沙马王堆汉墓简帛集成(叁)》第31页,中华书局2014年。

㊸ 此书成书时代有不同意见,参徐炳杰《〈黄石公三略〉整理研究述要》,《孙子研究》2015年第2期。

㊹ 同注①第20页图版、第131页释文;同注②第65页图版、第196页释文。

㊺ 清华大学出土文献研究与保护中心编,李学勤主编《清华大学藏战国竹简(叁)》第133页释文、第136页注释,中西书局2012年。

㊻ 同注①第63页图版、第180页释文。"免"一般读为"勉",这里不破读。"敛"原简作"金",今依李零读为"敛",与前文"作"相对(参本文注⑫李零文第509页)。《礼记·乐记》:"春作、夏长,仁也;秋敛、冬藏,义也。"

㊽ 关于《大武》乐章包含哪些篇章及其次序,学者们有多种意见,看看张文波《〈周颂〉礼乐制度研究》第二章第4—5页注释4,延边大学2008年硕士学位论文。这里列出《左传》指明了的《赉》《桓》《武》及《白虎通》提到的《酌》。

㊾ 类似内容又见《礼记·郊特牲》、《礼记·祭统》、蔡邕《独断》、《后汉书·舆服上》。

㊿ 同注①第63页图版、第180页释文、第183页注释29。

古文字研究（34）：320—328，2022

安大简《君子偕寿》与《毛诗》本对读

顾史考

　　近年出土的战国竹本文献当中，有几篇记载《诗》文的珍贵竹书，对古《诗》的性质及《诗经》的形成给我们截然不同的信息。如清华大学藏简中，《周公之琴舞》叙述周成王所作以自戒的九遂之琴舞，从头至尾完整地记录其诗词，而除了其首章与《毛诗·周颂·敬之》基本相同外，其余皆未见于传世文献，且该章与《敬之》之间亦有些关键的异文。推究该文所描述，则似乎意味着西周国王行礼时可命令乐官相对随意地组合一套诗来演奏以歌颂其德，而在此一组合过程中，乐官可以将其中各首加以若干修改，以便使各首之间有相对的一致性，使所歌颂的意义能更有效地显露出来[①]。同批简的《耆夜》篇则叙述周公旦在周武王战胜后的宴会祝酒致辞当中，朗诵一首与《毛诗·唐风·蟋蟀》相当之诗，然而异文实在不少，给人的印象即当时的《诗》并无定型，实可以随兴凭意地即席改造[②]。然这两篇均属战国时期文本，所描述的西周早期赋诗情况本即难以视为实录，因而西周时代赋诗是否当真有那么大的随意性，仍有值得存疑之处。

　　最近问世的《安徽大学藏战国竹简（一）》所载的战国早中期《诗经·国风》残本，则与清华竹书的相关篇大异其趣。此一《国风》残本共存五十七首诗（其中几首有部分残简），涉及《周南》、《召南》、《秦》、《矦》（《魏》）、《甬（鄘）》、《魏》（《唐》）等六国国风，各国次序与《毛诗》、汉郑玄《诗谱》等传统次序相近而略异，各国内的诗篇次序亦大同而微别，各国所属诗亦偶有出入[③]。尽管有如此一些差异，但可见此时《诗经》已开始逐渐形成定本。尤其是其各首诗本身，除了有许多无关紧要的通假字与异体字及章次偶不同者外，其他则与《毛诗》惊人的一致，至少未见其如清华简那两篇有随心改造之痕迹。

　　虽然如此，其异文当中还是有些值得留意之处，可以说明若干问题。本文选择其中异文最多的一篇，即《甬（鄘）》风中的《君子皆（偕）寿》（《君子偕老》），而探究其新意所在[④]。以下先从《毛诗》的《君子偕老》着手。

一　《毛诗》的《君子偕老》

　　《君子偕老》属《诗经·国风·鄘风》。《诗序》曰："《君子偕老》，刺卫夫人也。夫人淫乱，失事君子之道，故陈人君之德，服饰之盛，宜与君子偕老也。"郑玄笺："夫人，宣公夫人，惠公之母也。人君，小君也。或者'小'字误作'人'耳。"然而诗中之刺意相当的微婉，此列其全文如下：

第一章	第二章	第三章
君子偕老，副笄六珈。	玼兮玼兮，其之翟也。	瑳兮瑳兮，其之展也。
委委佗佗，如山如河，象服是宜。	鬒髮如雲，不屑髢也。	蒙彼縐絺，是紲袢也。
子之不淑，云如之何！	玉之瑱也，象之揥也，揚且之晳也。	子之清揚，揚且之顏也。
	胡然而天也？胡然而帝也？	展如之人兮，邦之媛也。

首章"君子偕老，副笄六珈"，毛传："能与君子俱老，乃宜居尊位，服盛服也。""副、笄、六珈"皆是首饰，"副"盖假髻，"笄"即横簪，而"珈"乃"笄"下所垂的玉饰，其数为六。"象服"盖即绘画物象作为装饰的衣服，郑玄谓即绘饰雉形的"揄翟、阙翟"⑤。毛传谓"珈笄"曰"饰之最盛者，所以别尊卑"，谓"象服"亦曰"尊者所以为饰"，然则诚为小君之"盛服"。"委委佗佗"，形容小君行步之美，朱熹集传谓之"雍容自得之貌"，盖指其行步曲折延伸优美而得体的样子⑥。词亦见《召南·羔羊》，然彼作"委蛇委蛇"，郑笺谓彼为"委曲自得之貌"⑦。"如山如河"，毛传"山无不容，河无不润"；今则疑此亦指其行步宛延之状如山脉、河流之联绵曲折一样优美，如此亦正可与其所穿之象服相配（"象服是宜"）。"子"指宣姜，"不淑"即"不善"义，词亦见《王风·中谷有蓷》"遇人之不淑矣"句，义同。郑笺解此末两句之意曰："子乃服饰如是，而为不善之行，于礼当如之何！深疾之。"此章珈、佗、河、宜、何全是以歌部韵相押。

第二章"玼"即鲜艳如新玉之貌，而"翟"指小君所穿之揄翟、阙翟等，亦即以彩缯为雉形之衣。"鬒"，毛传以为黑发，《说文》则当"㐱"字或体，亦即稠密之发，而引本句正作"㐱髮如雲"⑧。"不屑"当即不顾惜、认为不值得之义，引申为用不着；毛传、郑笺则以"屑"通"絜"，盖即以"修饰以"为义。"髢"，三家作"鬄"，均即"假发"义。"瑱"即垂在耳旁、用以塞耳的玉饰（三家异文或作"顚"）。"象"即象骨，"揥"即用来搔头或束发之簪。"揚"即显耀，"且"乃语助词，"晳"通"晰"，盖指明白光亮之色。"胡然而天也"二句，朱熹集传曰"言其服饰容貌之美，见者惊犹鬼神也"，盖得其要。此章"翟"（药）、"髢／鬄"（锡）、"揥"（锡）、"晳"（锡）、"帝"（锡），以药、锡旁转合韵（然"髢"亦或归歌部）。"瑱、天"亦以真部韵相押。

第三章之"瑳"，即第二章"玼"字异体，鲜艳之貌。据清阮元说，两章"玼、瑳"写法或许原来一致，今本乃以三家异文而有所改动⑨。"展"通"襢、袒"，乃小君所穿的一种礼服，毛传以为丹縠之衣，郑笺谓盖实白色之服。"蒙"，覆盖。"縐絺"，精细的葛布。"紲袢"，夏天穿的去热贴身内衣，三家诗"紲"作"褻"。"清揚"，毛传谓"清"曰"视清明也"，谓"揚"曰"广扬而颜角丰满"。"颜"即额头、面容。二句盖指其眼球明亮、眉目开朗。后句之"展"即"诚"义。"媛"，毛传谓"美女为媛"，郑笺曰："媛者，邦人所依倚以为援助也。疾宣姜有此盛服而以淫昏乱国，故云然。"《韩诗》"媛"正作"援"⑩。如唐孔颖达所云："是举其外，责其为内之不称。"此章"展、袢、颜、媛"全是以元部韵相押。

《毛诗》本《君子偕老》每章句数相当不均匀：首章七句，次章九句，而第三章八句，在《国风》当中实在特殊。至于全诗之大意，宋吕祖谦讲得好："首章之末云'子之不淑，云如之何'，责之也。二章之末云'胡然而天也？胡然而帝也？'问之也。三章之末云'展如之人兮，邦之媛也'，惜之也。辞益婉而意益深矣。"⑪然则全诗最直接的责备之语，乃首章末尾"子之不淑，云如之何"两句，他句亦皆靠此评语以为意。接下来看安大简的《君子偕寿》异文如何。

二　安大简的《君子偕寿》

安大简《君子偕寿》刚好因为竹简残损而缺彼关键的"子之不淑"句，然而此外还是有些值得注重之处。此先列其文于《毛诗》的《君子偕老》之右以资比较：

《毛诗》	安大简⑫
君子偕老，副笄六珈。	君子皆壽，环开六加。
委委佗佗，如山如河，象服是宜。	蝸₌它₌，女山女河，象備是宜。‖
子之不淑，云如之何！	【子之不▇淑，云】‖女之可！
玼兮玼兮，其之翟也。	砠亓易也，
鬒髪如雲，不屑髢也。	轸頾女云，不屑傯也。
玉之瑱也，象之挮也，揚且之皙也。	玉僡象啬也，易戲此也。
胡然而天也？胡然而帝也？	古肰天也？▇【古肰帝也？⑬
瑳兮瑳兮，其之展也。	砠亓廛也，
蒙彼縐絺，是紲袢也。	蒙】‖皮璐紙，是執樂也。
子之清揚，揚且之顏也。	子之青易₌戲虒也。
展如之人兮，邦之媛也。	廛女人也，邦之膚可。

此先论首章。若是该章缺文补得对，则安大简本诗首章其实与《毛诗》本大同小异。"环"通"副"、"开"通"笄"、"加"通"珈"、"蝸"通"委"、"它"通"佗"、"女"通"如"、"備"通"服"、"可"通"何"，全都是同声通假（或仅未加偏旁意符）之字耳⑭。除了首句之"壽"与"老"为同义互词外（其实也可以视为声近通假），并没什么真正的异文可言。

"委委佗佗"，前已云《羔羊》作"委蛇委蛇"。整理者已提到，于省吾早已看出两首诗同句之所以相异之由。于氏云："金文、石鼓文及古钞本周秦载籍，凡遇重文不复书，皆作'＝'以代之。如敦煌写本《毛诗》……《式微》'式微式微'作'式＝微＝'……《硕鼠》'硕鼠硕鼠'作'硕＝鼠＝'……此例不胜枚举。《羔羊》'委蛇委蛇'，作'委＝蛇＝'。此篇'委委佗佗'，作'委＝佗＝'。然则一读'委蛇委蛇'，一读'委委佗佗'，自毛传已如此，沿讹久矣。"⑮安大竹本《君子偕寿》基本已能证成于氏之说。然于氏又以"委佗委佗"当其正读，笔者则以为未必然。按：

安大简中，重文符号确实多半皆为互读而非重读之用，如《关雎》"舀₌才₌"读"悠哉悠哉"，《殷其雷》"遗₌才₌"读"归哉归哉"，《绸缪》"子₌可₌"读"子兮子兮"，是其例。然"委佗"的词性与他例不同，本乃联绵形容词，而联绵形容词重复时，一般皆以AABB为式而非ABAB。《尔雅·释训》"委委佗佗，美也"，又举诸如"明明斤斤、条条秩秩、穆穆肃肃、诸诸便便"等相同之例，是其证。安大本《羔羊》亦作"蝎₌它₌"，窃谓亦该读作"委委蛇蛇"而非"委蛇委蛇"，盖是由于竹书中重文符多如"舀₌才₌"之类为互读而非重读，所以《羔羊》传本抄手遇到此种偶然的例外而误以重读为互读耳。

从第二章起则两本之分歧较大。"砒"，整理者疑从"石"、"斯"省声，似可视为"玭"字异体（徐在国说）；"亓"通"其"；而"易"盖为"翟"之音近通假字（皆通"狄"）。然则"砒亓易也"实即"玭兮玭兮，其之翟也"之缩语，或后者即前者之繁语。整理者说"可能是将'砒'右下两横误作重文符号所致，为了句式匀称，后又添加虚词"。下面将再讲到此一问题。"轸"通"参"，亦即"黪"之本字，"颁"即"髮"古文，"云"即"雲"古文，"屑"即"屑"古文，而"偄"或即"髦"之音近通假（整理者疑即"衰老"之"衰"的专用字；今疑其"衰"或实即"益"之讹）。"儴"盖即"瑱"之会意异体，"啻"通"揥"，"易"通"揚"，"叔"通"且"，"古"通"胡"，"狀"通"然"。至于"此"之于"皙"，如整理者所云亦是音近可通；或亦可以读为"泚"，或如上面之"砒／玭"，亦即显明貌。

通假字及异体字之外，此章与《毛诗》本较大的不同在于句数与各句之安排：毛本为九句，而竹本乃是七句。按，以整理者所补缺文而言，则并无"瑳其廛（展）也"一句，而本章乃成为相对匀称之六句；然"天"亦将成为韵脚，与微部的"偄"旁对转合韵，《诗》中似乎并无其他相同之例（即使视为与歌部的"髦"相押，此种歌、元阴阳对转通韵的例子也极少），似乎不太可能。再说《毛诗》的版本中，"瑱、揥"似乎有意与下两句之"天、帝"相应，简本中想必大概也是如此才对⑯。

第三章"廛"通"展"、"皮"通"彼"、"璘"通"繻"、"祇"通"絺"、"埶"通"紲（／褻）"、"青"通"清"、"庬"通"颜"、"廛"通"展"，"膏"（盖即"谚"字古文）或通"媛"（整理者又引或说读为"彦"），而"可"则读如"兮"（与《说文》所引同），亦都是音近通假。唯有其第二句的"樂"字，则似乎不能与"祥"字相应，且亦无法与下文相押。整理者疑其原是由"孌"字形近而讹，仍可读为"祥"，或是。

然则第三章与《毛诗》本较大的不同是：1.首两句"瑳兮瑳兮，其之展也"亦如第二章而仅为一句；2.每句长短均匀，全为四字句，不像《毛诗》"揚且之颜也"及"展如之人兮"各多了一个"之"字；3.末两句的"兮（／可）"与"也"字的位置互异。

三　从两本的优劣到原诗的复原

现在来斟酌毛、竹两本的优劣，以便探讨其间致异之由。兹先讨论后两章。

第二章，毛本除了第三行为三句外，基本上是相当规整的一章，只是全章末三句亦各多了一个虚词（之、而、而）。假若能以竹本末两行换成毛本末两行（且去掉"啻"后的"也"字），则适将成为八个四字句。不过，当然不可以如此任意地挑换以了事。《毛诗》的"扬且之皙也"既是"多余"的一句，则似可能是有强调的作用，且与其前两句不同，多了一个语词"且"，使之有格外强调之势，因此，固然或可以视为诗人有意的安排。不过其中有问题：即"瑱、揥"指的都是实物，而"皙"则是名词化的形容词，因而后者同样前之以"之"字乃颇嫌不类⑰。竹本则适好无此"之"字，而除了同诗下章的"扬且之颜也"外，全《毛诗》亦未见"且之"二字连用之例。凡《国风》内，居句中之"且"字，全都是将两个形容词（而非名词化的形容词）连言，如《邶风·燕燕》"终温且惠"，《邶风·终风》"终风且暴""终风且霾""终风且曀"，《邶风·北门》"终窭且贫"，《邶风·静女》"洵美且异"，《鄘风·载驰》"众稚且狂"，《郑风·叔于田》"洵美且仁""洵美且好""洵美且武"，《郑风·羔裘》"洵直且侯"，《郑风·有女同车》"洵美且都"，《郑风·溱洧》"洵讦且乐"，《齐风·卢令》"其人美且仁""其人美且鬈""其人美且偲"，《魏风·伐檀》"河水清且涟猗""河水清且直猗""河水清且沦猗"，《唐风·椒聊》"硕大且笃"，《唐风·无衣》"安且吉兮""安且燠兮"，《秦风·蒹葭》"道阻且长""道阻且跻""道阻且右"，《陈风·泽陂》"硕大且卷""硕大且俨"，全是如此（其中"终、众"都是"既"义，"洵"即"诚然"义）。唯一的两个例外是《齐风·鸡鸣》的"会且归矣"及《魏风·园有桃》的"我歌且谣"，俱是"且"字位于动词之前或两个动词之间，亦与《君子偕老》的用法相殊⑱。《雅》《颂》之用法亦仿《国风》，今不赘举。简而言之，全《诗经》中并未另见如《君子偕老》两处"且"字的用法。因此，"扬且之皙也"的"之"字，八成是受到其前两句"之"字的影响而衍的，似乎不如竹本之无之，而"扬且皙也"该是形容"玉瑱"与"象揥"之貌才是。至于"玉之瑱也，象之揥也"是否本为如竹本的"玉瑱象揥（也）"，或者最后两句是否原无"而"字，则是另外一个问题。窃疑竹本既仅以"玉瑱象揥（也）"为句，则祖本或原即如是，而某位抄手有意或无意间为了使"玉瑱象揥"能与"胡然天也？胡然帝也？"搭配得（且押得）更加明显，乃写成如此之两句，尽管这样亦使行文多了一句而变得不均匀。变成这样不均匀后，"扬且皙也"又衍了一个"之"字，"胡然天也"两句又各多加了个"而"字，似乎已经变成可有可无之事，因而若果真有抄手此一举，乃是比较容易理解的。

若夫竹本"玼兮玼兮，其之翟也"成为一句"砒（玼）亓（其）易（翟）也"，因为与下两句的"紾（鬒）頲（髮）女（如）云（雲），不屑（屑）偠（髢）也"并不直接相关而显得孤独，似该有脱文方是。一种可能是适与整理者解释相反："玼兮玼兮"被写成"玼₌兮₌"后，某位抄手乃误将"玼"后的重文符当本字的一部分且漏写了"兮"及其后的重文符，然后因为"玼（／砒）其之翟也"已成了一个五字句而"之"显得多余，后来乃有人干脆将"之"字也给删除（或相类的情况）。"其之"连用确实是相当独特的，《诗经》中除了数见的"彼其之子"一句外，其他诗并未见"其之"连用之例，然则此章的"其之翟也"及下章的"其之展也"实亦为孤例⑲。不过，假若本是诗人为了避免"其翟也、其展也"各仅成为三字之句，而各加个虚词"之"以充满四字之数，其实也一点不足怪。因此，毛本此两句极可能确实代表其原始之貌。

再看第三章。此章两本之间最大的差异，仍是竹本头两句仅作一句。假若以毛本为是，则此致误之情况盖与前章相同或相近，而至于第三句之"乐"的本字，或乃即是因为已失去了其前句的押韵对偶，才误写成"乐"字。至于后四句，则或者反当以竹本之无其中两个"之"字为是。前章之"扬且皙也"既已衍成"扬且之皙也"，则本章之"扬且颜也"自然也容易受其影响而改为"扬且之颜也"，接着其下句"展如人也（／兮）"干脆加"之"字以便使句意更清楚。"扬且颜也"之"颜／虘"，也只能当形容词而非名词，这里似该理解为鲜艳或美好之貌，或通"彦"或"豔"。然则另外一种可能即是，因为"颜"一般当名词用而抄手未明其义，才加上了"之"字于此以解之，而前章"扬且皙也"方因此而同时改动也未可知。

现在回头再看首章的对照文。该章两本基本一致，似足以证明本章原来即是如此的不均匀。然笔者认为未必然，因而在此作个大胆的假设："如山如河"本来写成"女山女₌河₌"或"女₌山₌女河"（《毛诗》与竹本的底本［或其他前本］并然），是全句该重复的一种重文符省略写法；然两本抄手皆未明所指，盖视之为衍文而故意漏抄。底本此种情况的可能性，安大简本身已有例可证，如其《侯风》的《汾沮洳》（今属《魏风》）第三章后半写成"皮忥之子，亓₌娍₌女玉，牧異公族"，而毛本则作四句："彼其之子，美如玉；美如玉，殊異乎公族。"明明是"亓（其）₌娍（美）₌女（如）玉"全句该重复才是，而"女玉"二字下之重文符号省略（至于毛本何以少了"其"而下句多了一个"乎"则是另外一个问题。第一、二两章情况盖仿此，但是竹本该部分已残）⑳。又《侯风》的《硕鼠》（今亦属《魏风》）第二章后半写成"道牆迖女，迖皮乐₌土₌，爰昻我所"，而毛本（属其首章）则作四句曰："逝將去女，適彼樂土；樂土樂土，爰得我所"（次章与末章仿此而略变其词。竹本首章首句已残，故此举其第二章以为例）㉑。《韩诗》"樂土樂土"作"適彼樂土"，亦即重复其前句（他两章亦仿此），而如刘刚已指出，清俞樾正以此当"重文作二画而致误例"。俞樾原文云："此当以《韩诗》为正。《诗》中叠句成文者甚多。如《中谷有蓷》篇叠'慨其叹矣'两句，《丘中有麻》篇叠'彼留子嗟'两句，皆是也。毛、韩本当不异。因叠句从省书，止作'適₌彼₌乐₌土₌'，传写误作'乐土乐土'耳。下二章同此。"㉒刘刚则谓竹本"迖皮乐₌土₌"句亦可能是重文符指重复两次之例（即如毛本之文）；夏含夷亦然其说，指出"此意味着在传《诗》的过程当中，曾有两位抄手看到［同样的］重文符而各有不同的理解"㉓。刘氏此说确实甚有启发性。然笔者认为，如俞樾所说而该重复全句的可能性较大些。除了俞氏已引的两例外，《诗》中叠句成文之例尚可举《小雅·鹿鸣》末章，其第四、五两句亦完全重复："呦呦鹿鸣,食野之芩。我有嘉宾,<u>鼓瑟鼓琴</u>。<u>鼓瑟鼓琴</u>,和乐且湛。我有旨酒,以燕乐嘉宾之心。"假若《君子偕老》首章的"如山如河"果真原本亦重复,则情况与《鹿鸣》几乎一模一样。

综合以上分析,经过对比毛、竹两本而仔细考虑其致异、致误的可能原由,则可以想象其祖本的原诗其实比较规整,或者即接近于如此的一首诗:

第一章	第二章	第三章
君子偕老,副笄六珈。 委委佗佗,如山如河。 如山如河,象服是宜。 子之不淑,云如之何!	玼兮玼兮,其之翟也。 鬒髮如雲,不屑髢也。 玉瑱象揥,揚且皙也。 胡然天也?胡然帝也?	玼兮玼兮,其之展也。 蒙彼縐絺,是紲袢也。 子之清揚,揚且彥也。 展如人也,邦之媛兮!

此最后一行,是从竹本(及《说文》)之以"兮"殿后,因为"兮"比起"也"或者更加具有强调语气之用,想必是诗人为了格外凸显出叹息之意才于最后一句换了句末虚词。

另外值得注意的则是,这样的一首诗,首章第五句"如山如河"恰与同章末句"云如之何"有谐音关系("如河"与"如何"),此亦适与第二章第五句"玉瑱象揥"之于同章末两句"胡然天也?胡然帝也?"之有谐音关系("瑱、揥"与"天、地")相类,或亦并非偶然。

四 结语

本文最后所推出来的《君子偕老》祖诗,无消说是猜测性比较大。尽管《国风》中绝大部分的诗是相当规整的,亦无法必定其所有的诗即如此,固然容有参差不齐的诗章杂入其中,而此种诗盖出于诗人之情而发乎声자然如此耳,强迫其规整或实在不当。不过本诗既已有竹本之异文以相校,则此种异文必须考察其原由才行,而此种考察适好能令我们往其原诗较规整的方向去推究。因此之故,本文乃试着重构本诗的可能原貌,以便供给方家做进一步的思考。此其与本诗的真正原状究竟有多少距离,只能期待往后另有相关出土竹本问世,以提供更加确切的答案。

附记:本文的前身曾以《安徽大学藏简〈君子偕寿〉与〈毛诗〉〈君子偕老〉对读》为题,发表于2020年11月19日台湾"中研院"中国文哲研究所"经学史重探(I)——中世纪以前文献的再检讨"第五次学术研讨会,但未曾正式刊登过。

(作者单位:耶鲁-新加坡国立大学学院)

注:

① 详情见拙著《清华简〈周公之琴舞〉及〈周颂〉之形成试探》,收入林伯谦编《第三届中国古典文献学国际学术研讨会论文集》第83—99页,台北,东吴大学2014年。《周公之琴舞》图版及整理者释文与注释,见清华大学出

土文献研究与保护中心编，李学勤主编《清华大学藏战国竹简（叁）》上册第53—67页、下册第132—143页，中西书局2012年。

② 此点可详柯马丁著，顾一心、姚竹铭译《早期中国诗歌与文本研究诸问题——从〈蟋蟀〉谈起》，《文学评论》2019年第4期第133—151页。《耆夜》图版及整理者释文与注释，见清华大学出土文献研究与保护中心编，李学勤主编《清华大学藏战国竹简（壹）》第62—72、149—156页，中西书局2010年。

③ 详情见安徽大学汉字发展与应用研究中心编，黄德宽、徐在国主编《安徽大学藏战国竹简（一）》前言第1—4页，中西书局2019年。如同清华简一样，安大简乃盗掘之余而非考古发掘，然经科学检测，有关专家确认此批竹简时代为战国早中期。

④ 安徽大学汉字发展与应用研究中心编，黄德宽、徐在国主编《安徽大学藏战国竹简（一）》图版第48—49页（简87—89），释文第129—131页。

⑤ 唐孔颖达疏则揣毛传意而以"象服"当以象骨为饰的衣服，然又谓："象骨饰服，经、传无文，但推此传，其理当然。"终似不如郑氏说。

⑥ "委委佗佗"，《韩诗》与《毛诗》同，《鲁诗》则作"禕禕它它"。详情见〔清〕王先谦撰，吴格点校《诗三家义集疏》第223页，中华书局1987年。下凡言三家诗异文者，多以此书所列为据。

⑦ 《韩诗》《羔羊》彼句"委蛇"作"逶迤"。

⑧ 宋郭忠恕《汗简》云《毛诗》古文亦作"参"。见〔清〕王先谦撰，吴格点校《诗三家义集疏》第226页。

⑨ 唐陆德明《释文》针对第二章之"玼"，记沈氏所引王肃所云"本或作'瑳'"，陆氏虽然疑之，然阮元《校勘记》指出"玼、瑳"二字义亦同。然一书之中，不当'瑳、玼'错出，《毛诗》'瑳兮'下传、笺、王肃皆无说，明与前章同作'玼'也。此注'瑳'亦作'玼'……盖《毛诗》前后皆作'玼'。《礼》注（按，指《内司服》郑注）据鲁、韩《诗》（按，王先谦谓实乃《齐诗》），前后皆作'瑳'，今本合并为一，以前后区别之，非也。"见〔清〕王先谦撰，吴格点校《诗三家义集疏》第224—225页。

⑩ 王先谦谓刘向《列女传》引本诗"展如之人兮，邦之媛也"一段文"亦取结昏援助义"。〔清〕王先谦撰，吴格点校《诗三家义集疏》第230页。又《说文》云："媛，美女也。人所援也。从女、从爰。爰，引也。《诗》曰：'邦之媛兮。'"此其所引末字作"兮"而非"也"，正与竹本同。

⑪ 此为朱熹集传引。〔宋〕朱熹集传、文幸福导读《诗经》第123页，台北金枫出版社1987年。

⑫ 简186—188。释文中"▉"表示完简的界限，"‖"表示残简的残端，而"【】"则表示残缺处所补之字。除了第二章缺文所补外，此一以整理者原释文为准。

⑬ 简88尾端所缺之字，整理者补为"瑳其廛（展）也，蒙"五个字，亦即毛本下章头两句"瑳兮瑳兮，其之展也"之缩语再加其下句之首字"蒙"。本文初稿依此字数（尽管所缺下端似实可容七字），然将其头四字改补为本章的末句"古（胡）然帝也"四字，理由见下。后来见到骆珍伊会上发表的一文，该文指出以契口位置而言简88似实该往上移接近一字的距离，结果即上端仍能容二字（再加"女"字上部），而下端可容八到九个字，因而"瑳其廛（展）也"与"古（胡）然帝也"二句实可共存。见骆珍伊《谈安大简〈君子偕老〉的补字问题》，收入《〈中国文字〉出刊100期暨文字学国际学术研讨会会议论文集》第217—224，福州2020年。其说有理，今从，然"瑳"字则仍如前章而写作"砠"。

⑭ 各字分析及通假详情，可参整理者注，下同。

⑮ 于省吾《泽螺居诗经新证》第12—13页，中华书局1982年。

⑯ 然如前面已云，整理者之补法实误，说详本文注⑬。

⑰ 清马瑞辰则以"之"当"其"用，谓"扬且之皙也"犹云"扬其皙也"，下章"扬且之颜也"犹云"扬其颜也"；见〔清〕

马瑞辰撰,陈金生点校《毛诗传笺通释》第174页,中华书局1989年。

⑱ 此段不讨论句首或句尾的"且"字用法,唯以句中者为论。

⑲ 或许即因此之故,王先谦甚至将此"之"当实词而训"变",谓"之翟、之展"均指"变服、更衣"。见〔清〕王先谦撰,吴格点校《诗三家义集疏》第225页。

⑳ 整理者谓"女玉"二字下的重文符盖脱漏,固然亦是一种可能,不一定要视作省略用法。反正,"女玉"二字确该重复似乎无疑。见安徽大学汉字发展与应用研究中心编,黄德宽、徐在国主编《安徽大学藏战国竹简(一)》第115—116页。

㉑ 见安徽大学汉字发展与应用研究中心编,黄德宽、徐在国主编《安徽大学藏战国竹简(一)》第122—124页。

㉒ 〔清〕俞樾等著《古书疑义举例五种》第105页,中华书局2005年。

㉓ Liu Gang(刘刚),"A Reconstruction of the Text of the Poem 'You Bi' of the *Liturgies of Lu* Section of the *Classic of Poetry*"(《〈诗鲁颂有駜〉的文本复原》,夏含夷译),*Bamboo and Silk* 4(2021),第195—196页;Edward L. Shaughnessy(夏含夷),"A First Reading of the Anhui University Bamboo-Slip *Shi Jing*"(《安徽大学竹简《诗经》初读》),*Bamboo and Silk* 4(2021),第21页。刘氏最后推论《有駜》一首大概原来全是以四字句组成的,与笔者下面对《君子偕老》一首的推测相同。

古文字研究（34）：329—332，2022

安大简《诗经》"怀（褱）"字及相关诸字

洪　飏　于　雪

安大简《诗经》中的"怀（褱）"字共三见，分别见于《周南·卷耳》"嗟我怀人、维以永怀"和《召南·野有死麕》"有女怀春"中，因有传世本可资对照，故"褱"读作"怀"没有问题。"褱"字写作 ▨，整理者在释文里说："郭店简有 ▨（《郭店·缁衣》简41）字，学者多认为此字应隶定作壞，是坏之误，用作怀。"① 并引上博简《纺衣》简21与郭店简《缁衣》相当的字作"褱"，证明安大简《诗经》"褱"作"褱"没有问题。李家浩则认为以"褱"为"褱"，或为楚人书写习惯，与《说文》训为"以组带马也"的"褱"当非一字②。

郭店简《缁衣》"子曰惠不坏（怀）德"一句与之对应的上博简作"厶惠不褱惪"，其中"坏（怀）"字写作 ▨，即"褱"字，可证郭店简 ▨字读作"怀"没有问题。《说文》衣部："褱，侠也。从衣罒声。一曰橐。"段玉裁注："今人用'怀挟'字，古作'褱夹'。"《尚书·尧典》："荡荡怀山襄陵。"《汉书·地理志》引"怀"作"褱"，颜师古注："褱字，古与怀字同。""褱"是"怀"的古字。

郭店简 ▨字仅1见，可隶作"塺"，但各家说法不一。总结起来有如下四种情况：

一是"坏"字的误写，持此说的有陈伟、裘锡圭、刘信芳、陈志高等③。陈伟认为是"坏"的异构或讹体，读作"怀"。裘锡圭认为上博简为陈伟说提供了确证。刘信芳隶定为"坏"，读作"怀"。陈志高隶定为"坏"，读作"怀"。

二是"褱"字误写，持此说的有李零、刘乐贤、王力波、邹濬智等④。李零认为郭店简此字从衣从马从土，郭店本的写法是"褱"字的误写。刘乐贤认为是"褱"的讹误，读为"怀"。王力波认为"塺"是"褱"的形误，即"怀"字。邹濬智认为"罒"与"马"形近，郭店简抄手将"褱"误抄成"塺"。

三是"褱"之古字，持此说的有刘晓东、余小调等⑤。刘晓东认为"塺"是"褱"字之古文。余小调同刘晓东之说，认为"塺"是"褱"的古字，读为"怀"。

四是隶定作"塺"，持此说的有《郭店楚墓竹简》整理者、何琳仪、魏宜辉、周言等⑥。何琳仪读"塺"为"挠"，"塺"与"坏"字形相近，故讹作"怀"，又音变为"归"。魏宜辉、周言认为"塺"字从褱从土，简文中的"塺"字应作"扰"，训为乱。季旭升认为"塺"当从马衣声，与"褱"同音假借。刘桓认为"塺"应读"褱"。

"褱"字在秦汉简帛中常见。《包山楚简》119反有 ▨，与宵连用构成"宵▨"，而《包山楚简》72有"宵▨"。刘信芳认为 ▨字是"怀"字，则 ▨即为"褱"⑦。何琳仪认为此字是"懷"，从心，褱声，是"褱"之繁文⑧。《包山楚简》整理者和《包山楚墓竹简文字编》认为 ▨是"被"字，从

衣从皮省。对 ![字]字未加隶定⑨。我们以为《包山楚简》72 ![字]字与安大简 ![字]字实为一字，均是
"裹"字。《包山楚简》119反的 ![字]字可隶作从心从裹，用作"怀"，人名用字。

《包山楚简》23有 ![字]字。《包山楚简文字编》和《包山楚简》整理者都认为是"檞"字⑩。刘
信芳隶定为"樏"，从木裹声，并说"裹"之字形可参郭店《缁衣》41"私惠不坏（怀）德"，今本《缁
衣》作"私惠不归德"。《论语·里仁》："君子怀德，小人怀土；君子怀刑，小人怀惠。"此简 ![字]字
或隶定作"檞"，或隶定作"樏"⑪，恐非是。何琳仪《战国古文字典》将其隶定作"樏"，将《包山
楚简》72"宵 ![字]"释作"宵裹"⑫，可从。

秦简中也有。如 ![字]（《岳麓肆·律壹》213）、![字]（《张家山汉简·二年律令》356）、![字]（《居
延汉简》183.6）、![字]（《肩水金关汉简》73EJT23：147）。

我们认为郭店简 ![字]字不是"坏"或"裹"字的误写，应从郭店简整理者隶作"壋"，读为
"怀"。该字其实是在安大简《诗经》![字]和《包山楚简》![字]字上加"土"而成。

不同地域、不同时期以及不同内容的简上分别出现"裹"或含有"裹"的字，可见将其认作
"坏"或者"裹"误写的说法不能成立。

首先，郭店简"马"字以及从"马"之字有写作跟"裹"和"壋"相同的情况，例如马字作 ![字]
（《穷达以时》8），又作 ![字]（《尊德义》7）。从马的字，"驯"作 ![字]（《穷达以时》10）、"驰"作 ![字]
（《缁衣》42）、"骂"作 ![字]（《穷达以时》10）、"骧"作 ![字]（《穷达以时》10），其中的马头部分写作
![字]，与古文字 ![字]、![字]及 ![字]所从相同，包山简也有写作这种写法的"马"字。可证 ![字]、![字]隶
作"裹"，![字]隶作"壋"，没有问题。

其次，"坏"字《说文》古文写作 ![字]，从土从罘。《睡虎地秦墓竹简》（《杂抄》40）"坏"字
作 ![字]。郭店简有明确的"坏"字，作 ![字]（《唐虞之道》28），该字所从"田"即"目"之讹写，郭店
简里二者讹混多见，如"福"字作 ![字]（《老子》甲38）、"胃"字作 ![字]（《老子》甲7）、"赗"字作 ![字]
（《缁衣》20）等。

"怀德"一语在出土文献中常见。但常常以"坏"为"怀"，如二十一年相邦冉戈（《集成》
11342）有"坏（怀）德"之语，"坏"字作 ![字]。《岳麓书院藏秦简（肆）》84："旁学炊（吹）榇（栒）
邑、坏（怀）德、杜阳、阴密、泥阳及在左乐、乐府者。""坏（怀）"字作 ![字]。《里耶秦简（壹）》（8–
781+8–1102）："卅一年六月壬午朔丁亥，田官守敬、佐郐、禀人姪出賫罚戍簪裹坏（怀）德中
里悍。"此简中"裹、坏（怀）"同时出现，分别写作 ![字]、![字]，"裹、裹"虽形近但不混用，更可说明
"裹"不是"坏（怀）"的误写。

对于安大简、包山简和郭店简写作"裹、壋"等形的字，其字形构成当如何解释呢？下面
我们试着谈一点粗浅的认识。

成语"乌焉成马"，是说"乌、焉"与"马"混同。"乌"与"马"形体混同的情况在楚文字中就
已经出现，如"乌"上博简八作 ![字]（《成王既邦》4.8），包山简作 ![字]；"马"包山简作 ![字]，上博简

八作 （《命》6.16）。《周礼·天官·缝人》"丧，缝棺饰焉"，汉郑玄注："故书焉为马，杜子春云'当为焉'。"古谚："书经三写，乌焉成马。""乌焉成马"正可说明"乌、马"形体混同的事实。

　　"乌"金文作 （《集成》4341）、"鸟"金文作 （《集成》5761），"乌、鸟"形体相近。包山简"鸡"字写作 、，从鸟奚声，可隶作"鷄"。《说文》"雞"字籀文也写作从鸟奚声。"鸟"上博简八作 （《李颂》），安大简一作 ，清华简玖作 （《治政之道》26），郭店简作 （《老子》甲33），安大简中从鸟之字如"鸣"作 、"鶉"作 、"鹊"作 。楚文字"鸟"头与"目"形近。安大简中"马"字作 、，从马之字如"驷"作 、"驱"作 。以上说明"马"与"鸟"二字形体相近。

　　《正字通》以"裛"为俗"裹"字。上举乌、马或鸟、马古文字形近的情况正可为其提供出土文献佐证。"罒"字上从目，与"乌、鸟、马"在形体写法上很相近，"裛"作为"裹"字的异体是很可能的。遗憾的是我们尚未发现古文字中"罒"与"马"（或鸟、乌）相讹混的例子。那么，"裹"与"裛"的关系怎么看呢？季旭升有过相关的说明，兹引如下[③]：

> "裹"和"壞"如果各依其字解释，二字释义实相对反；释为讹写，字形有点接近又不是很接近。《说文》释"裹""从衣、罒声"，恐有可商。"裹（匣组微部）"，"罒（徒合切，定组缉部）"，二字声韵俱异，"罒"字很难当作"裹"字的声符。不过……另外，"衣（影组微部）"与"裹"声音条件更接近，可能"裹"字从"衣"也有兼声的作用。《郭店》本"壞"当从"裹"声，《说文》音"奴鸟切（泥组宵部）"，除《郭店》"壞"外，"裹"字目前只见于秦系文字，二十等爵中的第三等叫做"簪裹"。疑楚系此字与秦系为同形异字，《郭店》此字或当从马、衣声，与"裹"为同音通假。

季旭升提出"裹"字从"衣"也有兼声的作用，是一个很好的想法。如果是这样，"裹"字写作从"马"或者从"罒"，都是可以的，它们声符相同，意符不同。这比说成"误写"要客观一些。

　　《古玺汇编》1528号为一方姓名玺，附列如下：

　　《古玺汇编》和《战国文字编（修订版）》均置左边之字于"裹"字头下，该字"衣"内所从与郭店简"坏"字 所从右半相同，而与从衣从鬼之古文字写法不类。其左边之字应是"裹"字，用作人名。此外，《古玺汇编》1654 "邱罶裹"中的 也是作为人名来使用的。

　　附记：国家社科基金冷门绝学"百年来甲骨文考释实践研究"（19VJX112）；辽宁省"兴辽英才计划"项目"甲骨文考释文献整理与研究"（XLYC2004016）

（作者单位：辽宁师范大学文学院）

注：

① 安大简将⿱字隶作"壏"。本文采用《郭店楚墓竹简》的隶定，作"壴"字。

② 安徽大学汉字发展与应用研究中心编，黄德宽、徐在国主编《安徽大学藏战国竹简（一）》第75页，中西书局2019年。

③ 陈伟《郭店楚简别释》，《江汉考古》1998年第4期；裘锡圭《谈谈上博简和郭店简中的错别字》，《中国出土古文献十讲》第309页，复旦大学出版社2004年；刘信芳《郭店简〈缁衣〉解诂》，武汉大学中国文化研究院编《郭店楚简国际学术研讨会论文集》第178页，武汉大学出版社2000年；陈志高《〈郭店楚墓竹简·缁衣篇〉部分文字隶定检讨》，编辑委员会编《张以仁先生七秩寿庆论文集》，学生书局1999年。

④ 李零《上博楚简校读记（之二）：〈缁衣〉》，上海大学古代文明研究中心、清华大学思想文化研究所编《上博馆藏战国竹书研究》第414—415页，上海书店出版社2002年；刘乐贤《读上博简札记》，《上博馆藏战国楚竹书研究》第386页；王力波《郭店楚简〈缁衣〉校释》，东北师范大学2002年硕士学位论文；邹濬智《〈上海博物馆藏战国楚竹书（一）·缁衣〉研究》，台湾大学2004年硕士学位论文。

⑤ 刘晓东《郭店楚墓竹简〈缁衣〉初探》，《兰州大学学报》2000年第4期；余小调《上博简〈缁衣〉、〈民之父母〉与相关文献的异文研究》，华南师范大学2007年硕士学位论文。

⑥ 荆门市博物馆编《郭店楚墓竹简》第131页，文物出版社1998年；何琳仪《郭店楚简选释》，《简帛研究二〇〇一》第163—164页，广西师范大学出版社2001年；魏宜辉、周言《读〈郭店楚墓竹简〉札记》，《古文字研究》第22辑第234页，中华书局2000年；季旭升主编《〈上海博物馆藏战国楚竹书（一）〉读本》第142—143页，北京大学出版社2009年；刘桓《读〈郭店楚墓竹简〉札记》，《简帛研究二〇〇一》第62页。

⑦ 刘信芳《包山楚简解诂》第39、106页，艺文印书馆2003年。

⑧⑫ 何琳仪《战国古文字典——战国文字声系》第315页，中华书局1998年。

⑨ 湖北省荆沙铁路考古队《包山楚简》第25、44页，文物出版社1991年；张光裕主编，袁国华合编《包山楚简文字编》第782、808页，艺文印书馆1992年。

⑩ 张光裕主编，袁国华合编《包山楚简文字编》第217页；湖北省荆沙铁路考古队《包山楚简》第25页。

⑪ 同注⑦第39页。

⑬ 季旭升主编《〈上海博物馆藏战国楚竹书（一）〉读本》第143页。

古文字研究（34）：333—338，2022

从安大简《诗经》与《毛诗》的用字比对
来看诗的整理过程

魏慈德

汉人的《诗经》整理成果，见于齐鲁韩三家诗与《毛诗》，三家诗今已佚，仅见存于清人辑佚之书，而《毛诗》尚存，故可以《毛诗》为主，三家诗为辅，将其字句与战国时期安大简《诗经》比对，推测汉人关于《诗·国风》文句的整理工作。整体而言，其具体表现在几个方面，以本字取代通假字、词性相同语辞间的更易、调整文句字数、调整章次。

以本字取代通假字的例子，如安大简《葛覃》"薄穄我私""薄灌我衣""害灌害否"三句，《毛诗》分别作"薄污我私""薄瀚我衣""害瀚害否"。将"穄"易为"污"、"灌"易为"瀚"。"穄、灌"并无洗濯之义。《传》："污，烦也。"《笺》："烦，烦撋之，用功深。"即不断地以手搓揉。瀚，《传》："瀚，谓濯之耳。"① 以污、瀚易穄、灌，即以本字取代通假字。其例还有安大简《采繁》"公侯之士"，《毛诗》作"公侯之事"；《甘棠》"邵伯所害"，《毛诗》作"邵伯所憩"②；《小戎》"加其骐骥"，《毛诗》作"驾我骐骔"；《汾沮洳》及《椒聊》"彼忆之子"，《毛诗》皆易"忆"为"其"等，皆属这一类的例子。

调整文句字数者，如增益"乎"字，安大简《驺虞》"于嗟纵虘"，《毛诗》作"于嗟乎驺虞"；《桑中》"期我桑中，要我上宫，遗我淇之上矣"，《毛诗》在"我"之后都加"乎"字。前者来自于《毛诗》先误读了"虘（乎）"字（将之读为"驺虞"之"虞"），接着又在"于嗟"后繁加"乎"。还有增益"兮"字，如《陟岵》"瞻望兄，兄曰嗟余弟"，《毛诗》在前句"兄"后繁加"兮"；《十亩之间》"十亩之间，桑者闲闲，行与子还"，《毛诗》在三句后都加了"兮"。增益"也"字，《园有桃》"不我知者，谓我士骄"，《毛诗》作"谓我士也骄"；《墙有茨》"所可道也，言之猷"，《毛诗》末句尾加"也"。增益"之"字，《柏舟》"死矢靡它"，《毛诗》作"之死矢靡它"；《君子偕老》"玉瑱象揥也，扬且晳也"，《毛诗》作"玉之瑱也，象之揥也，扬且之晳也"；同篇"展如人也"，《毛诗》作"展如之人兮"。除了增益语气词外，也有增否定词"不"者，如《卷耳》"维以永怀"，《毛诗》作"维以不永怀"，加"不"字后，使诗意转了一层，由我君子见臣下勤劳王事，朝夕忧思，故以金罍之酒劳之，变成我君子以金罍之酒飨燕劳之，我以此故，不复长忧思矣；《山有枢》"盍日鼓瑟"，《毛诗》作"何不日鼓瑟"，"盍"即"何不"的急读。这种例子还见《毛诗·墙有茨》将"蒺藜"急读成"茨"。

调整章次者，《毛诗》改易安大简中诗篇的章序者，几乎都是形式上属于三章的那一类，如简文《螽斯》《羔羊》《江有汜》《车邻》《驷铁》《小戎》《定之方中》《绸缪》《鸨羽》九篇,在《毛诗》中第二章与第三章的次序被更换,首章不变。《硕鼠》《蟋蟀》二篇,首章与二章的顺序更换,三章不变。《殷其雷》《墙有茨》二篇,首章与第三章的顺序更换,次章不动。《黄鸟》由原来的顺序,易为二章在前,三章居次,首章在末的顺序。章次被更动后,文意大多未有影响,而有些篇章末章本押阴声或入声韵,改易后变作押阳声韵,如《车邻》《驷铁》《鸨羽》。

下面主要讨论词性相同或相异的语辞间的更易现象。

将安大简《诗经》与《毛诗》文本对照后发现,有很多词性相同或意思接近的语辞间的更易,除了意义接近的动词间的互换外,还包括代词间的互换、助词间的互换、副词与介词间的互换、代词与助词的互换。以下分别例举。

(一) 代词间的互换

这一类的互换,如将"彼""其"改易成同样是代词性质的"其""之"等,这些词语的替换并不会造成文义的差异,其例有:

《小戎》"在彼板屋",《毛诗》作"在其板屋"。《疏》言:"今乃远在其西戎板屋之中。""其"为代词,义为"那个",简文作"彼",义同。

《羔裘》"自吾人居居",《毛诗》作"自我人居居"。《笺》云:"其役使我之民人,其意居居然有悖恶之心,不恤我之困苦。"

《葛屦》"维此褊心",《毛诗》作"维是褊心"。《疏》云:"魏俗所以然者,维是魏君褊心,无德教使然。""是"为代词,简文作"此",亦代词。

(二) 助词间的互换

常见的句末语助词,如可、也、氏,在《毛诗》中或更替成矣、兮、只。《桑中》"美孟汤(姜)可",《毛诗》作"美孟姜矣"。《摽有梅》"其实七也",《毛诗》作"其实七兮"。《柏舟》"母可天氏",《毛诗》作"母也天只"。

除了句末语助词外,句中助词也可互换。如:《小戎》"龙盾是会",《毛诗》作"龙盾之合",简文作"是",《毛诗》作"之"。"龙盾之合",《疏》言:"画龙于盾,合而载之,以蔽车也。"即合载二龙盾之义,"之"为助词。《经传释词》卷九"是"字条下:"是,犹'之'也。《诗·氓》曰:'反是不思,亦已焉哉!'言反之不思也。"③相同的例子还有《园有桃》"其实是殽",《毛诗》作"其实之殽"。

助词通作曰者,如《渭阳》"遹至于阳",《毛诗》作"曰至渭阳"。戴震《毛郑诗考正》中已指出《诗》中"聿、曰、遹"三字互用。其言:"《礼记》引《诗》'聿追来孝',今《诗》作'遹'。《七月篇》'曰为改岁',释文云:《汉书》作聿。《角弓篇》'见晛曰消',释文云:'《韩诗》作聿,刘向同。'……今考之,皆承明上文之辞耳,非空为辞助,亦非发语辞。"王引之再加以补充:"(聿)《诗》中多借用'曰'字,如'曰至渭阳'(《渭阳》),'曰为改岁'、'曰杀羔羊'(《七月》),'我东曰归'（《东山》），'曰归曰归'（《采薇》），'其湛曰乐'、'曰既醉止'、'是曰既醉'（《宾之初筵》），'见睍曰消'（《角弓》），'曰嫔于京'（《大明》），'曰止曰时'、'予曰有疏附，予曰有先后，予曰有奔奏，予曰有御侮'（《绵》），'昊天曰明'、'昊天曰旦'（《板》），'曰丧厥师'（《抑》），'曰求厥章'（《载见》），皆当读为'岁聿其莫'之'聿'。"④聿即遹，在《诗》中多借作"曰"，简文作"遹"，《毛诗》作"曰"，可证。

助词"惟"与"其"的替换。《鸨羽》"曷惟有所"，《毛诗》作"曷其有所"；"曷惟有常"，《毛诗》作"曷其有常"；"曷惟有极"，《毛诗》作"曷其有极"。"曷其有所"，《笺》云："何时我得其所哉。""其"在此为语助词，即"何时有所"义。简文"曷惟有所"，"惟"亦当助词，同样的例子如《书·皋陶谟》"百工惟时"、《大诰》"予惟小子"，都是当句中语助词的例子。

助词"其"与"之"的替换。《硕鼠》"谁其永号"，《毛诗》作"谁之永号"。《笺》云："之，往也。永，歌也。乐郊之地，谁独当往而歌号者。"然简文作"其"，"其"没有"往"的意思。"谁其"，又见《采蘋》"谁其尸之，有齐季女"。谁其，谁也。王引之在《经传释词》卷九"之"字条下说："《吕氏春秋·音初篇》注曰：'之，其也。'《书·西伯戡黎》曰：'殷之即丧'，言殷其即丧也。……《硕鼠》曰：'乐郊乐郊，谁之永号？'言乐郊之民，谁其悲叹而长号者。明皆喜乐也。笺训'之'为'往'，失之。"⑤由上可知"之"与"其"在此处都当助词。

再者，《毛诗》中的助词"职"，正可透过安大简的异文来推断其意思。简文《蟋蟀》"猷思其外"，《毛诗》作"职思其外"；"猷思其惧"，《毛诗》作"职思其居"，"猷"字易为"职"。《毛诗》中多见"职"字置于句首者，这类句子《传》《笺》多以"职，主也"作解，如"职思其居"，《笺》云："（君）又当主思于所居之事，谓国中政令。"其中"主思"的"主"即释"职"之义。然"主"义在句中有增字解经之嫌，没有"主"的意思，依旧不妨碍文义的理解。如"职思其居"乃"思其居"，即思于所居之事，因此"职"在此句中可能是个无义的助词。

若试以简文的"猷"字作解则通，"职思其居"即"猷（犹）思其居"，"犹"在此为助词，古书中又作"由"或"攸"，如《盘庚》"女猷黜乃心，无傲从康""暨予一人猷同心"，"猷"皆当无义助词。作"攸"者如《书·盘庚》"女不忧朕心之攸困"、《洪范》"予攸好德"、《诗·皇矣》"执讯连连，攸馘安安"，句中的"攸"亦无义助词⑥。

若从犹字的对应来看，《毛诗·陟岵》"犹来无止、犹来无弃、犹来无死"之"犹"，安大简皆作"允"。"允"在文献中也有助词用法，如《毛诗·时迈》"允王维后"、《毛诗·武》"允文文王"，两个"允"皆为无义助词。《笺》每将"允"训"信"，正同将"职"训为"主"，都不可信。

通过对比安大简《蟋蟀》"猷"与《毛诗》"职"这一组异文，可以推测句首"职"字当作助词，义同于"猷"字的助词用法。

关于《诗经》中的职字，清人马瑞辰曾指出⑦：

《传》、《笺》从《尔雅》训职为主，首章"职思其居"义犹可通，谓君子思不出其位也。若

"职思其外"、"职思其忧"亦训主，则于义未协。《尔雅·释诂》"职，常也。"常从尚声，故职又通作尚。《秦誓》"亦职有利哉"，《大学》引作"尚亦有利哉"。《论衡》引作"亦尚有利哉"。王怀祖观察谓此诗三职字皆当训常，窃谓此当训尚。《尔雅》："尚，庶几也。"谓尚思其居、尚思其外、尚思其忧也，与上文"无已大康"语意正相贯。又按《诗》内职字有宜从《尔雅》训常者，《大东》诗"职劳不来"，王观察谓"常服劳苦而不见劳来"是也。有用为发语词者，《十月之交》诗"职竞由人"，犹言竞由人也；《桑柔》诗"职凉善背"，言凉善背也；"职竞用力"，言竞用力也；"职盗为寇"，言盗为寇也；《召旻》诗"职兄斯引"，言兄斯引也；"职兄斯弘"，言兄斯弘也。有作适字解者，《巧言》诗"职为乱阶"，犹言适为乱阶也。职与识古通用。职之训适，犹识亦训适也。又有用为句中语助者，《抑》诗"亦职维疾"，言亦维疾也，犹"亦维斯戾"即言亦维戾也。《传》、《笺》于职字皆训为主，失之。

王念孙根据《秦誓》"亦职有利哉"句，在《礼记·大学》与《论衡》的引文中将"职"易作"常"，进而主张"职"训为"常"。马瑞辰则认为常从尚声，而提出"职"当训作"尚"，庶几也。其还指出"职"也有表示语词（包括发语词与句中语助），以及"适"的意思。

"职"有"尚"意、表"庶几"的用法，同样见于"犹"字，如《毛诗·小弁》"雉之朝雊，尚求其雌"，《笺》曰："尚，犹也。"相同的，《礼记·檀弓上》"伯鱼之母死，期而犹哭"，《注》："犹，尚也。"说明"职"与"犹"在功能上有很多重合之处。

下面再进一步来看《毛诗》中将职字置于句首的几个例子。

1.《毛诗·十月之交》"噂沓背憎，职竞由人"，《笺》云："噂噂沓沓相对谈语，背则相憎，逐为此者，由主人也。"《疏》言："今下民皆噂噂沓沓相对谈语，背去则相憎疾，众人皆主意竞逐为此行者，主由人耳。"《笺》《疏》都特意强调"职，主也"的意思，即"噂沓背憎"这种行为，主要是人自为之。然"噂沓背憎"的主语本来就是下民（《笺》《疏》中所言的"人"），故无需特意强调"职"（主）义，仅"竞由人"三字意已足矣。

2.《毛诗·巧言》"彼何人斯，居河之麋。无拳无勇，职为乱阶"，《笺》云："此人主为乱作阶，言乱由之来也。"马瑞辰以为此句的"职"当训为"适"，只也，只为乱阶耳。职字作副词，意谓"正好成为乱阶"。若省去"职"字，"无拳无勇，为乱阶"，指无罪无辜之人，为乱之由来，亦通。

3.《毛诗·大东》"东人之子，职劳不来"，《笺》云："职，主也。东人劳苦而不见谓勤。"《疏》言："东国谭人之子，主为劳苦，尽财以供王赋，而曾不见谓以为勤。言王意以谭人空竭为常，不愧之也。"《笺》"东人劳苦而不见谓勤"，《传》特意加入"主"字，而成"东国谭人之子，主为劳苦……而不曾见谓以为勤"，"主"字有增字解经之嫌。王念孙易"主为劳苦"为"常服劳苦"，以"常"训"职"，亦曲说。

4.《毛诗·桑柔》"民之罔极，职凉善背"，"民之回遹，职竞用力"，"民之未戾，职盗为寇"。

《笺》云："民之行失其中者，主由为政者信用小人，互相欺违。""民之行维邪者，主由为政者遂用强力相尚故也。""为政者主作盗贼为寇害，令民心动摇不安定也。"马瑞辰已指出此三处的"职"皆发语词，其中"职凉善背"乃凉薄者善相欺背；"职竞用力"，言竞用力也；"职盗为寇"，言盗为寇也。

5.《毛诗·召旻》"胡不自替，职兄斯引"，《笺》云："何不自废退，使贤者得进，乃兹复主长此为乱之事乎？"将"职"释为"主"。《疏》言："何不早自废退，使贤者得进，乃复主为滋益此乱之事，使更长也。"亦同。马瑞辰已言："《召旻》诗'职兄斯引'，言兄斯引也；'职兄斯弘'，言兄斯弘也。"

马瑞辰所言"职"字的"尚"与"适"义，皆当副词使用，乃用以承接上句并强调下句的意思而来，是一个比较虚的词，可视为在串讲上下二句时，顺应语气加上去的词，因为诗乃精练的语言，已省略掉许多口语中的连接词，而以口语诠释时又必须把这些连接词补回来，才显通顺。故副词"尚"与"适"都是串讲时才加进去的词。

整言四句的形式，有时为了足字加上无义助词，这种例子在《诗经》中很常见，因故把置于句首的"职"全视为助词，也是可以讲通的，这样一来也不用将表助词的"职"分立出有表"常、尚、适"等意思了，更何况这些意思都是在串讲全句时为顾及前后句子的通顺而加上去的。

"职"和"之"字同韵部，两者只有阴声与入声之别，故"职"很可能是"之"字，"之"也有语助词的用法，但不放在句首。推测作助词无义且放在句首的"之"，可能就写成"职"。

（三）副词与介词间的互换

简文与《毛诗》文字有更替者，还见副词与介词间的互换，如下。

"实"与"是"的替换。《柏舟》"是维我仪"，《毛诗》作"实维我仪"。实，是也，为副词，表"的确"的意思。两者为副词间的互换。

"为"与"于"的替换。《定之方中》"作为楚宫"，《毛诗》言"作于楚宫"。《经传释词》卷二"为"字条："家大人曰：为，犹於也。庄二十二年《左传》曰'并于正卿'，《释文》曰：'于，本或作为。'于、於古字通。"为、于在此都当介词使用。

（四）代词与助词的互换。

《小戎》"我念君子"，《毛诗》作"言念君子"。《毛诗》易"我"为"言"，《笺》云："言，我也。"简文《园有桃》"心之忧，言歌且谣"，《毛诗》作"心之忧矣，我歌且谣"，易"言"为"我"，此为代词"我"与"言"之间的互易。

"言"在《诗经》中多作助词，如"言告师氏"（《葛覃》）、"薄言采之"（《芣苢》）、"言刈其楚"（《汉广》）等，这一类的"言"，王引之已指出："皆与语词之'云'同义。而毛、郑释《诗》，悉用《尔雅》'言，我也'之训，或解为'言语'之'言'，揆之文义，多所未安，则施之不得其当也。"[8]

"言"在句首时是发语词，无义的助词，其为何又可替换为"我"呢？主要原因是第一人称的我为诗作者自称,当句子的主词为我时,通常可省略。言志之诗,因发端于作者之思,主词很明显,故常省略。如《笺》解"言念君子,温其如玉"为"念君子之性温然如玉",亦省略掉主词"我"。而在省略掉的主词位置易以一个无义的助词"言",即成为这种以"言"为句首的句子。夏大兆的看法不同,其以为《诗经》中"言"可当"我"讲,可能正是方言成分的遗留⑨。然若是方言,其用法散见于《周南》《召南》《卫风》《鄘风》《魏风》《秦风》似乎显得太广。"我"为疑母歌部,"言"为疑母元部。声同部,韵有阴阳对转的关系,正因为二者音近,故多用助词"言"来取代"我"。

除了用无义的助词"言"取代"我"之外,也见有用"宜"或"仪、义"的例子。宜、仪、义音同,形可通用。作"宜"的例子,如"宜尔子孙,振振兮"(《蟋蟀》)、"宜岸宜狱"(《小宛》);作"仪、义"的例子,如"我仪图之"(《烝民》)、"义尔邦君"(《书·大诰》)⑩。

简文作"义"而《毛诗》作"我"的例子,见《鹑之奔奔》"人之亡良,义以为兄",《毛诗》作"人之亡良,我以为兄";简文"人之亡良,义以为君",《毛诗》作"人之亡良,我以为君",与"言、我"的互易例同,此为以"义"易为"我"的例子。

因为句子的主语为第一人称"我"时可以省略,故也见简文没有"我"而《毛诗》加入"我"例子,如《蟋蟀》"今者不乐",今者,今也。《毛诗》则易"今者"为"今",加"我",而成"今我不乐"。

(作者单位:台湾东华大学中文系)

注:

① 安徽大学汉字发展与应用研究中心编,黄德宽、徐在国主编《安徽大学藏战国竹简(一)》第73—74页,中西书局2019年。

② 〔清〕王先谦撰,吴格点校《诗三家义集疏》第89页,明文书局1988年;安徽大学汉字发展与应用研究中心编,黄德宽、徐在国主编《安徽大学藏战国竹简(一)》第87页。

③ 〔清〕王引之撰,李花蕾点校《经传释词》第199页,上海古籍出版社2014年。

④ 同注③第31页。

⑤ 同注③第195页。

⑥ 同注③第13页。

⑦ 〔清〕马瑞辰撰,陈金生点校《毛诗传笺通释》第336页,中华书局1992年。

⑧ 同注③第98页。

⑨ 夏大兆《〈诗经〉"言"字说——基于安大简〈诗经〉的考察》,《中原文化研究》2017年第5期。

⑩ 同注③第99页。

古文字研究（34）：339—341，2022

《诗经》"毋忝尔所生"新解

岳晓峰

　　《诗经·小雅·小宛》："夙兴夜寐，毋忝尔所生。"历来对"所生"的理解，大致有两类观点：一类认为"所生"是指父祖。如，孔颖达《正义》："故当早起夜卧，行之，无辱汝所生之父祖已。"①另一类则认为"所生"是"父母"。如，朱熹《诗集传》云："夙兴夜寐，各求无辱于父母而已。"②出现分歧的原因，在于认为该篇诗旨是"大夫刺宣王"③之诗，还是"大夫遭时之乱，而兄弟相戒以免祸之诗"④。不过，不管"所生"是指祖先，还是父母，都是将"生"训为"生育"义。然而，就"毋忝尔所生"的语义而言，终觉于意未安。

一　关于《小宛》"所生"的已有观点

　　学者们或认为"毋忝尔所生"的"所"字结构有其特殊性。向熹认为："（所）放在动词前，表示'所由……'。"⑤郭锡良也认为"所生"之"所"有"所由"一类的意思，因此"'尔所生'的意思是'尔所由生'，指'生尔者'，即父母"⑥。杨伯峻等认为："'所生'，不是指'生'的受事，而指其施事。'尔所生'，指你的生身父母。"⑦葛树魁则认为："'尔所生'即'尔之所'；'尔'不是'所生'的定语，而是'生'的前置宾语。"⑧汪维辉则指出："'所生'的字面意思是'所生之人（即子女）'，跟原意相反，因此这个'所'未尝不可以看作是一种误用。不过整部《诗经》中虚词'所'一共42见，不合规范的也就仅此一例而已。"⑨汪先生的"误用"之说非常有启发性，只是《诗经》其他"所"字结构都正常，而此处则出现"误用"，似还可进一步探讨。

二　"所生"训为"所以立生"的依据

　　结合新出楚简材料，我们认为，《小宛》中"所生"之"所"并无"所由"意⑩，也未导致"生"的施受关系发生变化，而且也可能不属于误用。同时，"尔"更非"生"的前置宾语。一直以来对"生"的训释存在误解："生"的语义不是"生育"，而当为"生存"。现论证如下。

　　《清华陆·子产》简28—29云："惟能知其身，以能知其所生。知其所生，以先谋人。先谋人以复于身，身、室、邦国、诸侯、天地，固用不悖，以能成卒。"⑪"所生"，整理者未注。汪敏情指出："'生'指'生存'，《诗·邶风·击鼓》：'死生契阔，与子成说。'这里揭示的是子产在为政中的生存之道。"⑫另外，郭店简《六德》简46亦云："三者⑬，君子所生与之立，死与之敝也。""所"统领后文"生与之立，死与之敝"，"生"与"死"对言，很明确当为"生存、活（与死相对）"义。《上博三·中弓》简23也有"所以立生""所以成死"对言。"立生"，整理者注云："安生立命。"可从⑭。《子产》简28—29是篇末对子产修身处政之道经验的总结,因此,"生"训为"生存、活"之说可从。"所生"即所以生存之道,相当于《上博三·中弓》篇的"所以立生"。所谓"惟能知其身,以能知其所生。知其所生,以先谋人",其意是指:了解自己,才能了解自己的生存之道。而了解自己的生存之道,才能更好地谋人治政。《清华陆·子产》之"所生",正可与《小宛》对应。因此,《小宛》"尔所生"也可训为"你的生存之道"。

又,《清华捌·治邦之道》简19云:"夫若是,民非其所能,则弗敢言,彼士及工商、农夫之惰于其事,以偷求生。"⑮简文"生"也训作"生存、活","以偷求生"与"苟且偷生"相类。"惰于其事,以偷求生"的文义与"夙兴夜寐,毋忝尔所生"正相反。

三　先秦文献中"所生"的其他释义

"所生"一语,先秦文献习见。如,《左传·昭公四年》:"冀之北土,马之所生,无兴国焉。"此处"所生"之"生",当指良马之所出生、出产。《战国策·中山》"阴姬与江姬争为后"章云:"臣闻赵,天下善为音,佳丽人之所出也。"文中"佳丽人之所出"可与《左传》"马之所生"对照,可证"生"与"出"义近,也当以训作"出生、出产"义为宜。又,郭店简《太一生水》篇"所生"屡见,如简4云:"故岁者,湿燥之所生也。湿燥者,沧热之所生也。"简文"生",可训作"滋生、产生"义,"所生"即所产生。同时,《上博三·亘先》简3正亦云:"昏昏不宁,求其所生。"裘锡圭认为"生"为"滋生"义⑯,甚是。上引诸例"所生","生"即有训"出生"和"产生"两种义项,说明先秦文献中"所生"这种"所"字结构较为常见,只是对于"生"的语义则需要结合文义加以厘定。

四　结论

综上,我们认为《小宛》的"所生",也可重新理解:"生"非"生育"义,而当以训"生存"为是⑰,则"所生"即"所以立生"义。因此,所谓"夙兴夜寐,毋忝尔所生",即昼夜辛劳,不要辱没了你的生存之道。也就是要勤勤勉勉,不要辱没了自己的立生之本⑱。

附记:本文为国家社科基金冷门"绝学"和国别史等研究专项"楚系简帛文献词义研究及词典编撰"(19VJX107)阶段性成果。

(作者单位:浙江大学艺术与考古学院)

注:

① 见〔清〕阮元校刻《十三经注疏·毛诗正义》第970页,中华书局2009年。《诗经·大雅·瞻卬》云"无忝皇祖,式救尔后",乃大夫凡伯刺幽王之语,则"皇祖"即幽王之先祖。参《十三经注疏·毛诗正义》第1244页。

② 见〔宋〕朱熹集撰,赵长征点校《诗集传》第216页,中华书局2018年。

③ 同注①第969页。

④ 见注②第215页。方玉润对以上两种诗旨均存疑："言固无所谓'刺王'意，亦何尝有'遭乱'词？"参〔清〕方玉润撰，李先耕点校《诗经原始》第405页，中华书局1986年。黄怀信、晁福林则认为《小宛》诗旨与"养子"有关，因此"所生"当指养子的亲生父母。参见黄怀信《上海博物馆藏战国楚竹书〈诗论〉解义》第168页，社会科学文献出版社2004年；晁福林《试谈〈诗·小宛〉主旨及上博简〈诗论〉第八号简的释读——附论周代的"为人後"问题》，《中国史研究》2004年第2期。

⑤ 向熹编著《诗经词典（修订本）》第496页，商务印书馆2014年。

⑥ 郭锡良等编著《古代汉语（修订本）》第333页，商务印书馆1999年。

⑦ 杨伯峻、何乐士《古汉语语法及其发展（修订本）》第487页，语文出版社2001年。

⑧ 葛树魁《"尔所生"结构探疑》，《淮海工学院学报（社会科学版）》2008年第4期。

⑨ 见汪维辉《司马迁误用"所"字及其原因初探——兼谈言文分离的时代及文言习得中的"误仿"问题》，"视角与方法：汉语史研究新视界高端论坛"会议论文，北京语言大学语言科学院，2019年10月11—13日。

⑩ 郭店简《五行》简28云"圣知，礼乐之所由生也"、简31亦云"仁义，礼所由生也"，"所由"并未省成"所"。释文断句参庞朴《竹帛〈五行〉篇校注及研究》第63、67页，万卷楼图书有限公司2000年。

⑪ 为行文方便，本文一律使用宽式释文。

⑫ 汪敏倩《清华简〈子产〉篇疏证与研究》第100页，苏州大学2019年硕士学位论文。

⑬ "三者"，林素清文中"后记"所引周凤五观点认为是"圣智、仁义、忠信"三组行为标准与道德规范。参林素清《重编郭店楚简〈六德〉》，郭店楚简研究（国际）中心编《古墓新知——纪念郭店楚简出土十周年论文专辑》第76页，香港国际炎黄文化出版社2003年。

⑭ 见马承源主编《上海博物馆藏战国楚竹书（三）》第280页，上海古籍出版社2003年。《中弓》简23的释文及编连，参陈剑《上博竹书〈仲弓〉篇新编释文》，《战国竹书论集》第108页，上海古籍出版社2013年。

⑮ 简文"愈"，整理者读为"偷"，训为"苟且"，其说可从。见清华大学出土文献研究与保护中心编，李学勤主编《清华大学藏战国竹简（捌）》第144页，中西书局2018年。

⑯ 裘锡圭《是"恒先"还是"极先"？》，《裘锡圭学术文集·古代历史、思想、民俗卷》第334页，复旦大学出版社2012年。

⑰ 杨伯峻等认为汉魏以降，"所生"大多专指生母，这是沿袭《诗经》的用法和意义。"所生"后还常有"母、夫人"等词，使它指生母的意思更加明显。见杨伯峻、何乐士《古汉语语法及其发展》第487页。向熹认为后世称生身父母为"所生"，乃本《小宛》之例。见向熹编著《诗经词典（修订本）》第496页。后世文献又有"所生母"一词，王云路、方一新云"犹言亲生母亲"，并进行了深入分析，可看王云路、方一新《中古汉语语词例释》第356—357页，吉林教育出版社1992年。后世"所生、所生母"的此类用法，是否属于在误解《小宛》"所生"为"父母"义之后的误用，还可进一步探讨。

⑱ 承蒙王辉、邬可晶先生指出：需注意先秦文献中"忝"训"辱没"义时，后接宾语常为人物名词。两位先生所言甚是，如《诗经·瞻卬》"无忝皇祖"，"无忝"即与人物名词"皇祖"连用。不过，先秦典籍中，"忝"也可与非人物名词连用。如，《尚书·尧典》云"否德忝帝位"中的"帝位"，可训为"帝王之位"，《尧典》后文又有"汝陟帝位"一语。如此，则"忝帝位"，可训作"辱没帝王之位"。又，《左传·襄公十四年》"纂乃祖考，无忝乃旧"，杨伯峻注云"旧即上文之祖考"，并引《管子·牧民》"恭祖旧"证之。见杨伯峻《春秋左传注（修订本）》第1120页，中华书局2016年。而《牧民》篇之"祖旧"，尹知章注认为是先祖之旧法，闻一多则认为当指先祖之大臣。详见郭沫若、闻一多、许维遹《管子集校》第4页，科学出版社1956年。若尹注可从，则《左传》"无忝乃旧"或可训为不要辱没你的旧职。

古文字研究（34）：342—345，2022

重读《上博五·融师有成》

季旭升

　　《上博五》出版多年，其中原考释者所称的《融师有成氏》（以下称《融师有成》①）一篇也经过诸家讨论多年，但是有些问题始终难以厘清。最近我们的读书会仔细重读此篇，我有一些不同的想法，主要是：

　　一、主旨厘清：本篇是《鬼神之明》的实例篇。《鬼神之明》写鬼神有所明有所不明，但是并没有实例。《融师有成》写融的老师"有成"是一只黄鼠狼，被做成塑像膜拜，因此有耳口目足，但是不能听鸣见走；名号听起来令人畏惧，实际上却可任意欺侮。只是当这只"黄鼠狼神"降临后，翦后刜侧，灭师现殇，带来大灾难。这是鬼神为"恶"的一面。但是，同样是这只兽鼠，也可以见闻崇扬，志行显明，发扬腾踰，启迪夏邦，这是鬼神为"善"的一面。因此，本篇与前一篇《鬼神之明》写"鬼神有所明有所不明"相关，二篇连抄，可以看成《融师有成》是《鬼神之明》的实例篇。依此主旨，文章可以分成"有成为恶"与"有成为善"两段。

　　二、简序调整：主旨厘清之后，简序的问题就好处理。本篇6A+6B的缀合，文义合理，长度与契口也都没问题，因此是可以成立的。只是依据契口的位置，整简要往下调一点，简首就可以容纳"犹行"二字。简8和简7应对调，因为本篇二段的叙述模式都是先描写外形与特质，然后叙述作为。简8写"颜色深晦"，和简6B的"兽鼠有足"内容同类，因此可以衔接，中间虽然残了大约17个字，但应该都是有关外形的描写。其位置则应往上调，因为简8很明显的只有一个契口，位于"而"字下，契口前有8.5个字，契口后有11个字。原考释以为"下端完整"，所以把简8置底，这其实是有问题的。本篇与连抄的前篇《鬼神之明》简首至第一契口约9—11字，第三契口至简尾都是10字。要容纳11字看起来也不是不可能，但量一下实际长度，简8下段为11.8厘米，超过其他简"第三契口至简尾"的长度（10.5—10.6厘米），所以置底是不可能的。至于简8下段看起来很平齐，那是靠不住的，简7下段、简6A下段看起来也都很平齐，但显然它们都不能置底。所以从简长及字数来看，简8只能置中，"而"字下的契口应该是第二契口。

　　简8下接简7，位置也要做点调整。简7只有一个契口，在"價"字之下，原考释把简7置中，但是在【考释】的部分却说简7"文字内容与上简（简6）衔接"，而在小图简6的下端很明显的缺了5个字，简6与简7文字内容实际上是无法衔接的。原整理者衔接后读为"有足而梏"，在一定程度上也影响了对本文结构的理解。我们把简7调到简8的后面，并且置顶（其上可再容1字），"晕"字不必释为"梏"，应该破读为"觉"，是对"有成"的外在形态的描写。其下还有很大的空间可以叙述"有成"如何"启迪夏邦",对抗"蚩尤作兵"等"为善"的部分。

三、字词考释：主旨与简序调整完后，全篇大意就比较好掌握，有些字词的意义也比较好决定了。如"我曰虞苳虖""我曰虞乔虖""酓印念惟，发易紊偿""訏寻夏邦"的问题也都可以迎刃而解。

以下是参酌各家说法重新调整后的释文，大致有共识的说法尽量不加注（详注可参《读本》）。只有在争议较大，以及我们有不同意见时才特别加注。

《融师有成》释文：

　　鬳（融）帀（师）又（有）成，辠（厥）指（状）若生（鼪）[②]，又（有）耳不舙（闻），又（有）口不鸣，又（有）目不见，又（有）足不趣（趋）[③]。名则可壆（畏），寔（实）则可炙（侮）。我（俄）曰虞（且）苳（格）虖（乎），【五】犹行犹峙（待）；我（俄）曰虞（且）乔（蹻）虖（乎），弗歓（饮）弗飤（食）[④]。勿（物）斯可惑，颣（类）兽非鼠[⑤]，羍（窮）【六Ａ】后鱽（剌）戻（侧）[⑥]，蔑（灭）帀（师）见（现）殇[⑦]，毁折鹿（离）戈（散），隹（唯）荻（灾）复（作一则）章（彰）[⑧]。

　　象（像）皮（彼）兽鼠又（有）足，而【六Ｂ】□□□□；□□□□，而□□□□；□□□□，而募（寡／顾）舙（闻）崀（崇）易（扬）[⑨]，虖（颜）色深晦（晦），而志行炅（显）明；不及慙（愧）焚（忿），而正固□□[⑩]；□□□□□□，□□□□□【八】睪（梏／觉）[⑪]；酓（沈）印（印／抑）念惟，发（发）易（扬）紊（腾）偿（踰）[⑫]。昔鬳（融）之辠（厥）帀（师），訏（启）寻（迪）顗（夏）邦[⑬]，蚩蚘（尤）复（作）兵[⑭]，□□□□□□□□□□□□□□□□□□□□□□□【七】

　　《融师有成》语译：

　　融的老师"有成"，他的样子彷彿鼪（黄鼠狼），有耳不能听闻，有口不能鸣叫，有目不能见物，有足不能趋走。名号很可怕，事实上却是可以欺侮的。说他来了吧，好像要出发了，又好像在等待；说他已经举足行动了吧，却又不吃不喝。此物是如此令人疑惑，（长相）类似"兽"，（名称中有鼠）又不是"鼠"；可是能（以尾巴）剌杀后方，（以爪？）制击侧边；能消灭军队，现出死殇，毁折离散他人，有成（的表现）只有制造灾乱最为显著。

　　（有成）类似"兽鼠"有足，而□□□□；□□□□，而□□□□；□□□□，而见闻崇高；面色深暗晦黑，而志向行为显明高尚；羞辱和愤怒都不会在他身上发作，而心志坚正；平时"沈静低调"地在思考，动作时腾达超踰。融的这位老师有成，引导启发夏邦，在蚩尤兴兵作乱时（帮助夏邦），……

　　本篇描写"融"的老师"有成"。全篇分成两段，上段写"有成"似乎只是个泥塑木雕的黄鼠狼神像，有耳口目足，但是不能听鸣见趋，"名则可畏，实则可侮"，但是发作起来却可以"灭师现殇，毁折离散"，是个令人畏惧的凶恶神兽。下段写"有成"的形象很好，"顾闻崇扬，志行显明"，而且能对抗蚩尤，"启迪夏邦"，是个令人尊敬的善良神兽。

　　同一个神兽，为什么会有这么善恶差距极大的表现呢？我们认为这就是上一篇《鬼神之明》的实例。《鬼神之明》一篇写了鬼神有所明有所不明，对人类作为的处置，有时是"善有善报，恶有恶报"，有时却"善无善报，恶无恶报"，全篇只以人事的报应来论证，并没有一个鬼神的专名。《鬼神之明》写完后，画了一个大的篇号，接着就写《融师有成》，说明了这两篇内容是有一定关系的。

　　这种情况在上博简中是不算罕见的，如《孔子诗论》《子羔》《鲁邦大旱》三篇连抄，李零即指出应是《子羔》（原简篇题）为第一部分，接着抄《孔子诗论》（原简无篇题）、最后抄《鲁邦大旱》（原简无篇题），因此这三篇其实应该算一篇，名为《子羔》⑮。同样的，《上博四·昭王毁室》与《昭王与龚之脾》两篇连抄，中间只以一个粗墨节隔开。两篇都没有篇题。从内容来看，当然可以分为两篇，但两篇都是写楚昭王知过能改的开明形象，关系密切。

　　《鬼神之明》与《融师有成》连抄，二者都没有篇题，内容也明显地不同，但所以会连抄，一定有某些原因。从《融师有成》的"有成"可以为恶也可以为善来看，两篇连抄的原因应该是《融师有成》可以作为"鬼神有所明有所不明"的例证。这个推论如果能成立，那又可以回过头去判断某些字词的释读。本文从两篇文章同简连抄的角度切入，以为《融师有成》是《鬼神之明》的实例，解决了一些疑难词句的释读。得当与否，希望能得到方家的指正。

　　附记：本文承读书会张荣焜、李志青、金宇祥、彭慧玉、黄泽钧、骆珍伊诸君提供校订意见，谨此志谢。

（作者单位：郑州大学汉字文明研究中心、
"古文字与中华文明传承发展工程"协同攻关创新平台）

注：

① 单育辰《上博五短札（三则）》（武汉大学简帛网2006年4月30日）以为篇名应称《融师有成》；骆珍伊并指出首句原考释隶定的"氏"字应改隶为"卑"，并改为下读。因此这篇题应该叫《融师有成》。

② 融师有成，是指"融"的老师"有成"，即简7所称"昔融之厥师"。廖名春《读〈上博五·融师有成氏〉篇札记四则》（简帛研究网2006年2月20日）主张本篇的主角是"有成"，可信。融，与祝融有无关系，无可考。据全篇文义来看，应该是没有关系。生，据下文"象皮（彼）兽鼠"来看，此兽与"鼠"应该有关系，则读为"鼪"似乎最合适。《尔雅·释兽》"鼬鼠"下郭璞注："鼬似鼦，赤黄色，大尾，啖鼠，江东呼为鼪。"《本草》："鼬，一名黄鼠狼。又名鼪鼠。又名鼩鼠。又名地猴。"民间传说黄鼠狼会跳一种催眠舞，能让较大型的动物受催眠，而被黄鼠狼咬死，"黄鼠狼给鸡拜年"即其常见之行为。黄鼠狼最常捕捉的动物是鼠、蛇、虫。民间俗称"黄大仙"，能迷惑包括人在内的动物。本篇以为神兽，应属合理。

③ 以上四句做为任何一种动物或鬼神，都难以解释。只能理解为这是一尊神的雕塑像。这些神像，名字可畏，实际上大部分时候似乎也难有什么明显的作为，因此说"名则可畏，实则可侮"。俗话说"近庙欺神"，即类此意。

④ 以上四句话,各家也都说不清楚。做为泥塑木雕的神像,或孙辈扮的"尸",何时才真有神降临呢? 一般人谁也无法证实。《礼记·郊特牲》明白地说:"不知神之所在,于彼乎? 于此乎? 或诸远人乎? 祭于祊,尚曰求诸远者与?"就是这个意思。因此我们把"荅"读为"格",指"神降临"。"犹時(待)"前依骆珍伊根据残存笔画补"犹行","行"谓神已行动了,与"待(等待)"相对。"乔"读为"蹻",《说文》:"举足行高也。"表示已降临,实际却是人抬着神像行动,因此"弗饮弗食"。

⑤ "类兽非鼠"一句也不好解,为何本篇一直要把篇中的主角和"鼠"连在一起,下半段开始也说"像彼兽鼠",唯一的理由就是这个神跟"鼠"有关系,因此我们把"生"读为"鼪",指"黄鼠狼",黄鼠狼名字中有"鼠"字,实际上是一种残暴的兽类,常捕食鼠、兔、蛇、鸡等动物。民间又称为"黄二大爷",以往天后宫有其塑像。

⑥ "莽",原考释读为"蹼"。学者或读"察",但是放在文中难以通读全篇。此一字形应有"察浅窃蔮""羮""辇"等可能。本文读为"蔮",属残杀的动作。"鮎"从禤健聪《上博楚简(五)零札(二)》(武汉大学简帛网2006年2月26日)之说。但禤说以为此字押韵,应从"飲"声,读为"伺",与"察"同意。我们以为此处不押韵,应从"弗"声,读为"刜",是一种砍击的动作。"戾",学者或谓左旁"大"形下有一横,应隶为"昱"。细看照片,这一横并不明显,与其他笔画的墨迹不同,应该不是笔画。以句法来说,"莽(蔮)后鮎(刜)戾(侧)","莽"与"鮎"是两个动词,"前"是方位词,那么"鮎"后之字也应是方位词,释为"戾(侧)"最为合理。

⑦ 原考释隶"兇",程燕《清华五札记》释毆,读殃,见武汉大学简帛网2015年4月10日。但"毆、殃"声母相去较远,今定读为殇,与毆声韵俱近。

⑧ 本段述说"有成/鼪"的残暴,"灭师现殇,毁折离散",只会彰显灾难。

⑨ 寡,原简只剩下部四笔,依骆珍伊意见补。可读为"顾","顾闻"即"见闻"。其后二字宋华强《新蔡简与"速"义近之字及楚简中相关诸字新考》(武汉大学简帛网2006年7月27日)读为"崇阳"。他以为"崇阳"前的"闻"字释为"声闻、令闻",不过,如果把"闻"前一字根据残笔补字,无法补出"令、声"之类的字,只能补"寡(寡)",读为"顾"。"顾闻崇阳"意思是"所见的所听的都比较崇高显扬"。本段称扬"有成"之"善",因此这一句前后的"A而B"的句式中,B都是比较正面的。

⑩ "不及愧焚"从廖名春《读〈上博五·融师有成氏〉篇札记四则》读为"不及愧忿",即"愧忿不及身",意思是"羞辱和愤怒都不会在己身发作"。

⑪ "晕",原整理者连上简读为"有足而桔",学者或改补为"有手而缚,有足而桔",因而造成对楚先祖祝融"甚为负面的描述"(前引禤文的评语)。如果照本文的思考方向,"晕"应读为"觉",与下句的"沈抑念惟"文义一贯。"晕(桔)"读为"觉",文献有其例。

⑫ "酓臣念惟",各家说法出入较大。"臣"字原作 **坣**,裘锡圭在《文史》2012年第3期第26—27页《说从"岂"声的从"贝"与从"壬"之字》中指出此字即"印",读为"抑","沈抑"与"发扬"为对文;又谓"紊儥"当读为"腾踰","腾踰"是"腾达超踰"的意思。

⑬ "訏寻"二字,旧说费解。"訏(五闲切)",上古音属疑纽元部;可读为"启(康礼切)",上古音属溪纽脂部,二字声近,韵属旁对转。"寻"异体或作"融"(《上博一·孔》16、《安大一》3),从"由"声,可以读为"迪"。"訏寻"即"启迪","开导、启发"之意。"訏寻夏邦"谓"有成"协助夏邦。

⑭ 先秦两汉典籍中"蚩尤"的形象有两种,一为善于铸金作兵器,故为"兵主";一为作乱者,为黄帝所擒杀。原考释俱已详引。但简文残断,本句作何解释,原考释也无法推测。今从上下文来看,上句既说有成"启迪夏邦",则下句的"蚩尤作兵"当取作乱义。"有成"因而协助夏邦平定蚩尤之乱。简文下端虽残,但所述应就是此一事件。

⑮ 见李零《上博楚简三篇校读记》第5—9页,中国人民大学出版社2007年;又见同书所收《参加"新出简帛国际学术研讨会"的几点感想》,第131—132页。

古文字研究(34)：346—351，2022

上博简《容城氏》"柔三十夷"之"柔"字试释

张新俊

上博简《容城氏》第38—39号竹简有一段叙述夏商之际历史的文字，把夏末代帝王桀的"骄泰之状"与商开国之君汤"征贤行惠"做了鲜明的对比。这两枚简文中有几处字词向来聚讼纷纭，迄今尚无定谳。本文主要讨论的是简文"柔三十夷而能之"的"柔"字。为讨论方便起见，我们先把相关的文字按照自己的理解录写于下，然后再加以说明(释文尽量采用宽式)。

汤闻之，于是乎慎戒征贤，德惠而不暇[①]，柔三十夷而能之。

本文在以往学者研究的基础上，提出一些不成熟的想法，希望能得到方家的批评指正。

简文中读作"柔"的字，原篆如下：

(以下用 A 替代)

《容城氏》简的整理者李零把此字隶定作"秅"，待考[②]。受此隶定方式的影响，随后出版的几部专门收录战国文字的工具书，如李守奎、曲冰、孙伟龙编著的《上海博物馆藏战国楚竹书(一一五)文字编》，滕壬生的《楚系简帛文字编(增订本)》，徐在国、程燕、张振谦编著的《战国文字字形表》，也都把此字收录在"秅"下[③]。但各家对文字摹本的理解也不尽相同(以上三书，分别处理作 、 、)。此外，苏建洲《〈容城氏〉译释》所附摹本作 形[④]，曾宪通、陈伟武主编的《出土战国文献字词集释》处理作 形[⑤]，都应该与整理者的隶定方式有关。

目前绝大多数的学者，都是在整理者隶定作"秅"的基础上立说。就文字构形而言，又有几种不同的理解。

第一种认为A是从"矛"、"此"声的字。持此说者，陋见所及，有以下几位学者：1. A是"摨"字异构。何琳仪提出此说，《说文》："摨，积也。"[⑥]2. A字读作"眥"，"眥"训作"度、量"。此说为白于蓝所提出，后为徐在国所从[⑦]。3. A字从"矛"、"此"声，当是表示矛刺(即矛锋)的专字。"贼刺"之意当指伤害，与"德惠"相对立。此说为陈伟武提出[⑧]。张崇礼从陈说释"刺"，训作"杀"[⑨]。4. A字从"矛"、"此"声，读"积"。此说谓苏建洲提出[⑩]，季旭升、俞绍宏等从之[⑪]。

第二种观点则认为此字是从"此"、"矛"声。持此说者，也有以下几种不同的意见：1. A读作"求"或柔。读"求"的意见是单育辰在2008年提出的看法，他认为"秅"或许是以"矛"为声旁，读为"求"[⑫]。在2016年出版的著作中，单育辰修正了前说，改读为"柔"[⑬]。2. A从"此"、"矛"声，通"务"。此为邱德修说[⑭]。

第三种观点是对此字的构形提出新说，如王辉怀疑A字右旁是"命"字。郭店简《老子》

甲第7号简"果而弗矜","矜"作，与A形近。《说文》："矜，怜也。"[⑮]

第四种观点认为，简文中的A字具体释读仍需讨论，存疑待考。持此说者有孙飞燕[⑯]。雷黎明虽然在字形分析上同意A字是从"矛"、"此"声，但是在释义方面仍坚持存疑待考[⑰]。

以上说法中，从文字构形上说，王辉把此字与郭店简《老子》甲第7号简"果而弗矜"的"矜"相联系，不可信。因为此字右边所从显非"令"字，所以与"矜"应该没有关系。

自从《容城氏》简整理者隶定作"䣊"以来，从未有学者对此隶定方式提出过怀疑。作为常用字，"此"在郭店简、上博简、清华简中都很常见。虽然不同的写手之间小有差异，但基本上都是从止、匕[⑱]。就形体而言，A字右边的部分与"此"形的确很相似，不过A左边的"矛"与所谓的"此"形之间，因为竹简有残泐，整理者的隶定并不是唯一的方式。除此之外，还可以有别的解释途径。再者，把A隶定作"䣊"，在造字理据上也一直找不到合理的解释。

我们认为，"矛"形右边所从的偏旁，很有可能不是"此"，而是"卤"形之残。按照我们的理解，这个形体很有可能写作如下之形：

如果这个推测可以成立的话，过去隶定作"䣊"的字，可以重新隶定作"猫"。楚文字中的"卤"字，常见的有两种写法：

B1：郭店简《缁衣》第36号简　　清华简《厚父》第10号简
B2：清华简《保训》第10号简

B2形的写法是在B1形下边加一横。从殷墟甲骨文来看，"卤"的初文本像瓟瓜之形[⑲]。西周金文中的"卤"字，除了沿袭甲骨文中像葫芦之形的写法之外，在形体上又发生了新的变化。其一是把"皿"形变成一横画[⑳]。其二是在"卤"形的中间增加或形[㉑]。过去学者往往都把它看成"土"形，认为是与制作陶器有关的义符[㉒]，现在看来这种解释是有问题的。张世超等撰著的《金文形义通解》一书虽然已经把形与"攸、调"的读音联系起来，但是受旧说的影响，仍然看作"土"形，未达一间[㉓]。我们认为这个所谓的"土"形，的确是具有表示声音作用的。甲骨文、金文中有不少类似的以或为声符的例子，最具代表性的莫过于甲骨文中的"牡"字。除了最为常见的"牡"外，还可以写作"駐、羘、犹、尘、麌、靯"等形[㉔]。其中的或形，是雄性生殖器的标志，当然也有表示声音的作用。甲骨文中还有一个从禾、刀、形的字[㉕]，这里选取其中一个为代表：（《合》27721）。周忠兵认为，过去认为是"土"或者"士"的形体，其实是"牡"的象形初文，从而把上字改释作"犐"[㉖]。周文还举出金文中的"懋"字为证：（小臣宅簋）、（小臣谜簋）。周说正确可从。学者们一般都认为它其实表示的雄性生殖器，如果进一步推测的话，它大概就是后世俗字"屌、球"的象形初文。从读音上说，上古音牡、楙都属于明母幽部字，"卤"属喻母三等幽部，二者韵部相同，明母与喻母三等读音极其接近。楚文字中"柔"字一般都写作从"木"、"矛"声㉗，但是在郭店楚简《老子》甲本第33号简上，"骨弱筋柔"的"柔"字，写作"㮛"。学者们认为这是一个从矛、求的两声字㉘。上古音"求"属群母幽部。上古音群母与喻母三等字关系密切。李方桂认为喻母三等是从圆唇舌根浊音 *gw+j– 来的，群母是不圆唇的舌根浊音 *g+j– 来的，或者是 *gw+j+i– 来的㉙。

又如西周金文中读作"柔远能迩"的"柔"字，写作：䪅（逑盘）、䍐（大克鼎）㉚。学者们一般认为此形是从"夔"得声，"卣"可能是叠加的声符㉛。西周中期的作册嗌卣有如下一字：䪅（《集成》13340）。此字或释作"嬰"字，所从二"卣"形是叠加的声符㉜。西周初年的大盂鼎有一字作䪅（《西周金文字编》第837页），有学者认为此形所从的"酉"形可能是叠加的声符㉝。我们认为这种理解是正确的。由此看来，"卣、酉、柔"三者的读音在上古时期也一定是很接近的。

现在回到《容成氏》简的"䍐"上来。"柔"是从"矛"得声的，"卣、酉、柔"读音相近，那么"䍐"也可以看成从矛、卣声的字，当然也可以看成是一个两声字。"柔、九"读音相近，如《说文》："厹，兽足蹂地也。象形，九声。《尔雅》曰：'狐狸貛貉醜，其足蹯，其迹厹，凡厹之属皆从厹。蹂，篆文从足柔声。"我们认为"䍐"就是文献中"厹矛"之"厹"的本字。

按照古人的注释，厹矛是三棱刃的矛。《诗经·秦风·小戎》："俴驷孔群，厹矛鋈錞。"毛传："三隅矛也。"孔疏："矛刃有三角，盖相传为然也。"

"厹、仇"皆从"九"声，可以相通。如《战国策·西周策》之"厹由"，《韩非子·说林下》作"仇由"，《史记·樗里子列传》作"仇犹"㉞。因此"厹矛"或作"仇矛"。《释名·释兵》："仇矛，头有三叉，言可以讨仇敌之矛也。"王先谦《释名疏证补》引陈沆说："《小戎》诗云：'厹矛鋈錞。'毛传："厹，三隅矛也。案'厹'乃假借字，当以'仇'为正。"㉟现在看来，王先谦的这个意见显然是不正确的。孙机指出，《释名·释兵》说"仇矛，头有三叉"，当指矛头上的三叶而言，是非常正确的㊱。

今本《诗经·秦风·小戎》的"厹矛"，在安大简《诗经》中写作"钩矛"。安大简的整理者认为"钩"当读如本字，"厹"是借字㊲：

"钩"即勾兵，戈戟之属，与矛对举成文。《急就篇》"矛鋋镶盾刃刀钩"，颜注："钩，亦镶属也。形曲如钩而内利，所以拘牵而害人也。"

"句"与"九"读音相近，可以通假。如《淮南子·地形训》"句婴民"，高诱注："句婴读为九婴。"㊳湖北江陵出土的"越王欨浅"剑，"欨浅"即"勾践"。《说文》絢"读若鸠"㊴。以上皆是"句、九"相通的证据。我们认为，如果联系旧注考虑的话，"钩矛"大概不是并列关系，而是偏正关系，所以安大简《诗经》中的"钩矛"可以读作"厹矛"，简文用的仍然是借字。

在春秋战国时期的考古发现中出土有不少的三棱矛，比较典型的例子，如山西省长治分水岭第269、270号东周墓出土的三棱矛，广东罗定市背夫山战国墓出土的三叶矛等㊵。此外，在山东省也出土过大量的三棱柱装脊的矛,春秋时期的有阳谷县景阳冈墓所出的矛;战国早期的有烟台金沟寨M12、淄川沈马M2、济南左家洼M1、昌乐岳家河M135:15、青州赵铺M14:20,战国中期的有章丘女郎山M1:76、长岛王沟M10、章丘王推官庄M14:11泗水尹家城水井遗址J101:1等地,都出土有矛身呈三棱形的矛[41]。此外,在河南省叶县旧县乡M4春秋墓、洛阳中州路M2717、陕县后川M2075都有出土[42]。在河北省则有邯郸百家村M57出土的战国早期的矛[43]。这一时期考古发现中所出土的数量众多的三棱矛,应该就是传世文献中所说的"厹矛",其本字大概就是《容城氏》简中的"猫"字。

文献中又有"酋矛",过去被视为"五兵之一"。唐苏鹗《苏氏演义》卷下:"《世本》及《吕氏春秋》皆云蚩尤作五兵,谓戈、殳、戟、酋矛、夷矛也。"清桂馥认为"酋矛"就是"厹矛、仇矛"[44]。古人对"酋矛"的理解颇多矛盾之处。《说文》矛部:"矛,酋矛也。建于兵车,长二丈。"徐锴认为"酋矛"是长矛[45]。但相反的说法则认为"酋矛"一种短柄的矛。《周礼·考工记·庐人》:"酋矛常有四尺,夷矛三寻。"郑玄注:"八尺曰寻,倍寻曰常。酋、夷,长短名。酋之言遒也。酋,近;夷,长矣。"《周礼·考工记·庐人》:"凡为酋矛,参分其长,二在前,一在后,而围之;五分其围,去一以为晋围,参分其晋围,去一以为刺围。"还有学者认为酋矛是一种锐底镈的矛,在战车上使用的时候一般插放在旌旗的旗筒中[46],可备一说。

(作者单位:中国海洋大学文学与新闻传播学院)

注:

① "暇"字的解释,暂从俞绍宏、张青松的意见。参看俞绍宏、张青松编著《上海博物馆藏战国楚简集释》第2册第295页,社会科学文献出版社2019年。

② 马承源主编《上海博物馆藏战国楚竹书(二)》第280页,上海古籍出版社2002年。

③ 李守奎、曲冰、孙伟龙编著《上海博物馆藏战国楚竹书(一—五)文字编》第621页,作家出版社2007年;滕壬生《楚系简帛文字编(增订本)》第1179页,湖北教育出版社2008年;徐在国、程燕、张振谦编著《战国文字字形表》第1936页,上海古籍出版社2017年。

④ 季旭升主编《〈上海博物馆藏战国楚竹书(二)〉读本》第231页,万卷楼图书股份有限公司2003年。

⑤ 曾宪通、陈伟武主编《出土战国文献字词集释》第14册第6985—6986页,中华书局2018年。

⑥ 何琳仪《第二批沪简选释》,上海大学古代文明研究中心、清华大学思想文化研究所编《上博馆藏战国楚竹书研究续编》第454页,上海书店出版社2004年。

⑦ 白于蓝《读上博简(二)札记》,《江汉考古》2005年第4期;徐在国编著《上博楚简文字声系》第1836页,安徽大学出版社2013年。

⑧ 陈伟武《战国竹简与传世子书字词合证》,张光裕主编《第四届国际中国古文字学研讨会论文集》第205页,香港中文大学2003年。

⑨ 张崇礼《释〈容成氏〉39号简的"斫刺"》,复旦大学出土文献与古文字研究中心网2009年1月25日。

⑩ 苏建洲《〈容城氏〉译释》,季旭升主编《〈上海博物馆藏战国楚竹书(二)〉读本》第168页;苏建洲《〈上海博物馆

藏战国楚竹书(二)〉校释》第224页,花木兰文化出版社2006年。

⑪ 季旭升《也谈上博简(二)简39的"德惠而不失"》,复旦大学出土文献与古文字研究中心网2009年1月26日;俞绍宏、张青松编著《上海博物馆藏战国楚简集释》第2册第297页。

⑫ 单育辰《新出楚简〈容城氏〉与中国早期国家形成的研究》第145页,吉林大学2008年"985工程"研究生创新基金资助项目。

⑬ 单育辰《新出楚简〈容城氏〉研究》第216页,中华书局2016年。

⑭ 邱德修《上博楚简〈容城氏〉注释考证》,此文未见,转引自单育辰文。

⑮ 王辉《读上博楚竹书〈容城氏〉札记(十则)》,《古文字研究》第25辑第320页,中华书局2004年。

⑯ 孙飞燕《上博简〈容城氏〉文本整理及研究》第96页,中国社会科学出版社2014年。

⑰ 雷黎明《战国楚简字义通释》第759—760页,上海古籍出版社2020年。

⑱ 李守奎编著《楚文字编》第89—91页,华东师范大学出版社2003年;李守奎、曲冰、孙伟龙编著《上海博物馆藏战国楚竹书(一—五)文字编》第74—75页。

⑲ 李宗焜编著《甲骨文字编》第688—689页,中华书局2012年;陈剑《释"瓜"》,《出土文献与古文字研究》第9辑第78—94页,复旦大学出版社2020年。

⑳ 如三年师兑簋"卣"字或作形,或作形。可见,"卣"形下的短横是从甲骨文中"卣"下所从的"皿"形省化而来。参看张俊成编著《西周金文字编》第233页,上海古籍出版社2018年。

㉑ 如伯农鼎作,虢叔旅钟或作形,或作形。参看张俊成编著《西周金文字编》第233页。

㉒ 黄德宽主编《古文字谱系疏证》第557页,商务印书馆2007年。

㉓ 张世超等撰著《金文形义通解》第1125页,中文出版社1996年。

㉔ 夏大兆编著《商代文字字形表》第33—34页,上海古籍出版社2017年。

㉕ 李宗焜编著《甲骨文字编》第519页。

㉖ 周忠兵《甲骨中几个从"丄(牡)"字的考辨》,《中国文字研究》第7辑第135—143页,广西教育出版社2006年。

㉗ 李守奎编著《楚文字编》第347页。

㉘ 潘悟云《汉语音韵学与文字学的互动》,《饶宗颐国学院院刊》第6期第11—28页,2019年。

㉙ 李方桂《上古音研究》第17—18页,商务印书馆2017年。

㉚ 张俊成编著《西周金文字编》第297页。

㉛ 张世超等撰著《金文形义通解》第2218—2219页;黄德宽主编《古文字谱系疏证》第539—540页。

㉜㉝ 同注㉒第539—540页。

㉞ 高亨纂著,董治安整理《古字通假会典》第729页,齐鲁书社1989年。

㉟ 〔东汉〕刘熙撰,〔清〕毕沅疏证,〔清〕王先谦补《释名疏证补》第239页,中华书局2008年。

㊱ 孙机《汉代物质文化资料图说(增订本)》第148页,上海古籍出版社2008年。

㊲ 安徽大学汉字发展与应用研究中心编,黄德宽、徐在国主编《安徽大学藏战国竹简(一)》第104页,中西书局2019年。

㊳ 同注㉞第337页。

㊴ 王辉编著《古文字通假字典》第131页,中华书局2008年。

㊵ 山西省文物工作委员会晋东南工作组等《长治分水岭269、270号东周墓》,《考古学报》1974年第2期;黄展岳《论两广出土的先秦青铜器》,《考古学报》1986年第4期;于中航《"元年闰"矛》,《文物》1987年第11期;平朔

考古队《山西朔县秦汉墓发掘简报》,《文物》1987年第6期。

㊶ 徐坚《时惟礼崇:东周之前青铜兵器的物质文化研究》第41—43页,上海古籍出版社2014年;刘晓婧《山东地区出土青铜矛初步研究》,《文物世界》2009年第5期。

㊷ 聂卓慧《三晋两周地区东周时期墓葬出土兵器研究》第18—20页,吉林大学2014年硕士学位论文。

㊸ 孙德海《河北邯郸百家村战国墓》,《考古》1962年第12期。

㊹ 〔清〕桂馥《说文解字义证》第1258页,中华书局2017年。

㊺ 张舜徽《说文解字约注》第3494—3495页,华中师范大学出版社2009年。

㊻ 龙朝彬《"五兵"之酋矛、夷矛考辩》,湖南省文物考古研究所、湖南省考古学会合编《湖南考古2002》第554—559页,岳麓书社2004年。

古文字研究（34）：352—355，2022

谈谈楚文字中用为"规"的"夬"字异体

—— 兼说篆隶"规"字的来源

程　浩

收入清华简第十辑整理报告的《病方》中，有一种治疗目疾的汤剂：

△目渚（煮）以澡（澡）目疾，虖（且）以寏（缓）之。

药材名的首字△，字形作：

《病方》简2

整理报告认为此字从心、支（规）声，是见母支部字，可读为心母锡部的"析"。在整理小组讨论的过程中，我们曾提出此字当为"快"字异体，应读为"决"，"决目"即后世常见的中药材"决明子"[①]。

之所以在此字的释读过程中产生了如上分歧，乃是由于我们对该字上部所从部件的看法确与一般的认识有所不同。相关形体最早出现在清华简第六辑整理报告的《郑武夫人规孺子》中，其字形为：（《郑武夫人规孺子》简1）、（《郑武夫人规孺子》简12）。李守奎最先指出此字为"规诫"之"规"的专字，并认为其右半部源自"枝指"之"枝"，在楚简中可以假借为"规矩"的"规"[②]。此说一经提出，随即得到了学界的广泛信从。李先生文中引用了清华简中现题为《五纪》一篇的相关材料为证，使得相关论说极具说服力。在此篇中，有3处将规、矩、准、绳连言的句子，对应"规"的字都是写作（《五纪》简5）形的。在这种情形下，当然很容易让人认为此字就是"规"的初文。

然而将此字与"支"联系起来，由于读音的关系用为"规"，在《五纪》本篇中就会遇到难以逾越的障碍。除了3处以为"规"的用例外，该篇还有不少"规矩"的"规"用的是"矞"字的假借：

　　矞（规）巨（矩）五厇（度），天下所行　　　　　　　　　　　　　　　　《五纪》简45

　　天下又（有）惪（德），矞（规）巨（矩）不爽　　　　　　　　　　　　　《五纪》简46

　　中正矞（规）巨（矩），权再（称）正奠（衡）。　　　　　　　　　　　　《五纪》简63

　　矞（规）受天道，祀又（有）尚（常），后（司）是巨（矩）　　　　　《五纪》简87—88

　　于天女（如）矞（规），于神女（如）巨（矩），于人女（如）厇（度）　　《五纪》简97

　　夫是古（故）后矞（规）巨（矩）五厇（度），道事又（有）古，言豊（礼）母（毋）沽

　　　　　　　　　　　　　　　　　　　　　　　　　　　　　　　　　　《五纪》简125

采(由)矞(规)正巨(矩)豕(遂)厇(度)　　《五纪》简126—127

天下之成人,参五才(在)身,矞(规)巨(矩)五厇(度)　　《五纪》简128—129

在这些辞例中,“矞”皆是与“巨(矩)”连用,读为“规”当无疑问。此外,篇中还有3处作星象名的“天矞”,应该也是读作“天规”的。

面对如此多的通假例证,我们首先应当明确一点,那就是“矞”与“规”二字的古音应当是极近的,如此才能行用无碍。但是在我们以往的认识当中,“规”是见母支部字,而“矞”为喻母物部字,声韵皆远隔,几乎没有假借的可能。“矞”的古音是比较清楚的,清华简《耆夜》中的《蟋蟀》诗,与今本“聿”字对应之处即写作“矞”,将之定为喻母物部当无疑问。这就迫使我们重新考虑“规”字的归部问题。而从其与“矞”字大量通假的例证来看,“规”的古音应当与物部比较接近。

在进行了古音上的重新定位之后,我们再回过来看这个字形,就很容易把它与“夬”联系起来。“夬”在楚简中一般写作如下之形:

郭店《老子》乙本简14　郭店《语丛一》简91

上博《兰赋》简1　上博《周易》简38

其构形象手上有环状器物,本义应该是钩弦时所佩戴的扳指。而本文所讨论的这个形体,应该就是“夬”字正体的一种简化与变形。作为“夬”字形体中重要组成部分的圈形,在字形演变过程中,出于简省的需要,逐渐简化为上的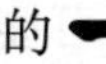之形。

西周金文中有一个原释为“虎”的字,作:

十五年趞曹鼎,《集成》2784

最近李春桃将其改释为“夬”[3],从文例来看十分可信。此字中的圈环之形,就只剩下一半。

上博简《用曰》简14中有这样一段话:

△其有继图,而勤其有惠民。

其首字△写作:

上博《用曰》简14

李守奎读之为“规”[4],是很正确的意见。但是对该字字形的分析,仍当以旧释作“诀”为佳。其右部所从已与《说文》“夬”字小篆比较接近。此二者均可视作“夬”字上部由圈形向演变的中间形体。

“夬”是月部字,与“矞”所在的物部是旁转的关系,如“谲”在古书中就常可与“决”相通。

既然"喬"在《五纪》中可以假借为"规",那么"夬"与从"夬"的字应当也是可以用为"规"的。如果我们对 的字形分析与对"规"的古音定位均不误,《郑武夫人规孺子》中的 字,就当释为"诀",读为"规诫"的"规";《五纪》中的 ,则应释"夬",读为"规矩"的"规";至于《病方》中的 ,如前所说释为"快",读为"决明子"的"决",也就没有任何问题了。

除了以上诸例,清华简中还有一个与"夬"有关的字对于理解"规"的形音至关重要。第八辑整理报告收录的《邦家处位》篇,位于简3的一句话文义不是很容易读懂:

　　　　君乃无从△(规)下之虫□。

整理报告读为"规"的字,字形作:

《邦家处位》简3

按照本文对相关字形的理解,此字当分析为从"夬"从"见",可隶定为"规"。我们认为,这一字形就是《说文》小篆和隶书中"规"字的来源。《说文》对"规"字的分析是"从夫从见",在秦汉文字中,"规"字也确是写作从"夫"从"见"的,如: (北大简《鲁久次问数于陈起》简4)、 (里耶秦简第八层简1437)、 (《十钟山房印举》)、 (《说文》小篆)。有的时候,左部的"夫"还会写作"矢",应当视作一种讹写。陈剑认为"规"字左部所从之"夫"来源于"规矩"之"矩",而"夫"在"规"与"矩"中都是作表意部件的[⑤]。但是在我们看来,秦汉文字中"规"字所从的"夫"或"矢",其实是本文所论"夬"字的讹变。"夬"字在汉代的写法,如: (北大简《老子》简58)、 (马王堆《相马经》)、 (熹平石经),可以看出已经与"夫"很接近了。因此,秦汉文字中从"夬"从"见"的"规"字,很可能就是由《邦家处位》这个从"夬"从"见"的"规"演变而来的。可以作为旁证的是《说文》中有一个"鴃"字,或以为是子规鸟之名,由此来看,从"夬"的字与"规"确有一定的关联。

作为后世用来表示"规矩、规诫"之"规"的正字,"规"字的构形又应当如何分析呢?与前述通假为"规"的"诀、夬"等字一样,"规"字中的"夬"亦是用作声符。而此中的"见",在我们看来也是起表音作用的。换言之,"规"字,也就是后来的"规",其实应该分析为一个"夬""见"双声符的字。"夬"在见母月部,"见"在见母元部,二者双声对转,是可以同时作为一字之声符的。由此推断,以它们为声符的"规"字的古音,声当属见母,韵则大概率应归于月部。而把"规"视作一个见母月部字,在《五纪》篇中还有一些很好的例证:

　　　　巨(矩)方徧员(圆),行用共(恭)祀　　　　　　　　　　　　　　　　《五纪》简19

"徧"字在简文中与"巨(矩)"对举,又用以作圆,显然是应读为"规"的。而此字的声符"耑"在端母元部,"规"如果确在见母月部,二者声纽为准双声、韵部月元对转,视作音近假借应无太多问题[⑥]。此外,简68的"帝耑(祇)会巨(矩)"与简70的"帝正会巨(矩)","会巨(矩)"似乎也是统一读为"规矩"比较好。毕竟"会"有见母月部的读音,与本文讨论的"规"正是双声叠韵的关系。

附记：本文为国家社科基金重大项目"清华大学藏战国竹简的价值挖掘与传承传播研究"（20&ZD309）的阶段性研究成果。

（作者单位：清华大学出土文献研究与保护中心、
"古文字与中华文明传承发展工程"协同攻关创新平台）

注：

① 见清华大学出土文献研究与保护中心编，黄德宽主编《清华大学藏战国竹简（拾）》第155页，中西书局2020年。

②④ 李守奎《释楚简中的"规"——兼说"支"亦"规"之表意初文》，《复旦学报（社会科学版）》2016年第3期。

③ 李春桃《说"夬""鰈"——从"夬"字考释谈到文物中扳指的命名》，《吉林大学社会科学学报》2017年第1期。

⑤ 陈剑《说"规"等字并论一些特别的形声字意符》，杨荣祥、胡敕瑞主编《源远流长：汉字国际学术研讨会暨AEARU第三届汉字文化研讨会论文集》第6—10页，北京大学出版社2017年。

⑥ 据此，还可以把安大简《仲尼》篇末之评论"中尼之崇誟"读为"仲尼之规语"，句义也比较通顺。

古文字研究（34）：356—357，2022

清华简释读短札二则

陈伟武

久不读书，找不到像样一点的题目，为了到中国古文字研究会学术年会上走动一趟，谨录出学习清华简所作短札二则，请同道师友指教。

一 麗

《清华九·治政之道》简3："古（故）卡＝（上下）麗（离）志，百事以鬭（乱）。"整理者注："麗，当从止，麗声，简文'止'讹为'出'，读为'离'。'离志'，异心。《史记·燕召公世家》：'因搆难数月，死者数万，众人恫恐，百姓离志。'"①

今按，读为"离"及释"离志"均妥贴。谓"出"为"止"之讹可备一说，简16、40即作从"止""麗"声。简3之字构形分析还有一种可能，字从麗声，"麗、离"声近每通用，"出"为义符，"出"犹离也。此字当为表"离开"的专字。古书"出离"成词，如《管子·问》："馀子父母存不养而出离者几何人？"尹知章注："出离，谓父母在分居者。"

二 鸵

《清华十·四时》简2："孟旾（春）受舒（序），青氜（气）乃姕（御）。内（入）月四日，东风，青云（雲），亜冻，寒门乃鸵，奴（如）不至，玄维乃需。"整理者注："寒门，又见于简三一，与'融门'（简一四）相对，属北方玄武七宿。孟夏、孟秋、孟冬第四日对应之星象分别为'赤鉤'、'青鉤'、'玄鉤'，此处'寒门'疑原作'白鉤'。鸵，本篇九见，皆为描述每月四日运行之星象之词，疑读为'曬'。《史记·屈原贾生列传》：'庚子日施兮'，索隐：'施，犹西斜也。'后也作'曬'。简文指星象西垂。"②

古以车称星宿者有"车、轸、辖"等，如曾侯乙墓二十八宿漆书有"车"字，是"轸"宿的别称，裘锡圭指出："轸宿本象车，所以漆盒称之为车。"③《唐开元占经》卷六十三《轸宿占》："占曰：轸为天车，车失辖则倾。"又："郗萌曰：轸北小星去轸数寸者辖也。"④《说文》马部："驰，大驱也。从马，也声。"《左传·昭公十七年》："啬夫驰，庶人走。"杜预注："车马曰驰，步曰走。"《清华十·四时》篇29号简用"辖车"来指称轸宿，整理者在注116已有考释。以"鸵（驰）"来描述星辰运行是非常自然之事，不必读为"施"或"曬"而指星象西垂。《清华十·行称》篇6号简"佗（驰）马"，"驰"写作"佗"，并不影响"鸵"用为"驰"。

"驼"字战国文字见于包山简、上博简、古玺、秦简等，作以下诸形：

包山简187 上博简《竞建内之》9

《秦代印风》第235页 龙岗秦简63

学者或隶作"驼"、或隶作"驰"，看来记录的都是奔驰义。

"鼍"字不见于《说文》，而战国金文、陶文、竹简均有此字。如《陶汇》3.1050、3.1051号均为单字陶文，用法不明。

《上博一·孔子诗论》简21："《审（湛）露》之贀（益）也，亓（其）犹鼍与（钦）？""鼍"字学者或读为"酡"，当从刘信芳读为"驰"。刘氏指出："'鼍'读为'驰'，犹驰驱也。……'《湛露》之益也，其犹驰与'，谓《湛露》之燕饮，其礼有加，如受礼者驰驱之功也。……《湛露》之'益'，是天子之礼也；'驰'，是诸侯之报也。"⑤

战国四年邘令戈："四年，邘命（令）鞒（鼍）庶，上库帀＝（工帀—師）张□、刅（冶）氏畀（髯）。""鞒（鼍）"用为姓氏字，声符赘加"口"旁。亦可读为"驰"，《广韵》支韵："驰，姓，出《姓苑》。"

《玉篇》车部："鼍，疾驰也。"《集韵》戈韵："鼍，车疾驰。""鼍"本是记录车疾驰的专字，战国以前车与马通常配合而用，车离不开马，马离不开车，故字从车与从马属相关义符替换，"鼍"可视为"驰"字异体。

附记：小文草成，电子文档请蔡一峰君校读补字，一峰来信相告，王宁先生2020年11月29日在武汉大学简帛研究中心简帛网的简帛论坛上指出："'鼍'字《玉篇》训'车疾驰也。'即'驰'之或体，简文中疑读为'施''弛'，意思是张开。"王说早已发表，小文正文失引，谨补记于此，一并致谢。（2021年9月30日）

（作者单位：中山大学中文系、"古文字与中华文明传承发展工程"协同攻关创新平台）

注：

① 清华大学出土文献研究与保护中心编，黄德宽主编《清华大学藏战国竹简（玖）》第131页，中西书局2019年。

② 清华大学出土文献研究与保护中心编，黄德宽主编《清华大学藏战国竹简（拾）》第134页，中西书局2020年。

③ 裘锡圭《谈谈随县曾侯乙墓的文字资料》，《文物》1979年第7期。

④ 〔唐〕瞿昙悉达编《唐开元占经》第440页，中国书店1989年。

⑤ 刘信芳《孔子诗论述学》第219—220页，安徽大学出版社2003年。

古文字研究（34）：358—363，2022

清华简《尃敄之命》的几个疑难问题

黄冠云

本文针对清华大学藏战国竹简《尃敄之命》中、下二篇的几个疑难问题，提出新解如下。

（一）

中篇简3有"甬（用）孚自斁（迩）"一句，"孚"字原整理者按本字读，训为"信"。然而《诗·文王》"仪刑文王，万邦作孚"，上博简《缁衣》简1的引文"孚"作"印"，而此字又见清华简《成人》简4，原整理者亦读"孚"。此外，清华简《皇门》简2有"窑"字，原整理者在注中读"孚"，而马王堆帛书《经法·四度》第45行下有两个"抱"字，原整理者均读"孚"。从用字习惯看，"孚"一词的写法不一，而"孚"的字形也不一定就按本字求义。我认为"甬（用）孚自斁（迩）"的"孚"字可读"附"。"孚"的古音是滂母幽部，"附"是並母侯部，声母都是唇音，韵部有旁转关系，可以相通。《书·高宗肜日》"天既孚命正厥德"，《史记·殷本纪》"孚"作"附"，而汉石经、《汉书·孔光传》皆作"付"。《礼记·聘义》"孚尹旁达，信也"，郑玄读"孚尹"为"浮筠"，"谓玉采色也"，并指出"孚"有"殍"的异文。以文献例证而言，《史记·孔子世家》云"政在来远附迩"，《说苑·政理》《尚书大传·略说》的对应文字皆作"政在附近而来远"。《墨子·耕柱》《韩非子·难三》《汉书·武帝本纪》等处亦有相关讨论。所谓"甬（用）孚（附）自斁（迩）"，意思是君王使别人依附自己，应该从近处开始。此处《尃敄之命》没有提到"来远"云云，因为上文武丁说的是商代先王如何依赖"庶揑（相）之力"征服敌人，更关注的是傅说等近臣是否归顺与效忠君王，而不是那些位于远方的人。

（二）

中篇简5"复（且）天出不恙（祥），不虔（徂）远，才（在）𤰔（厥）胳（落）"一句，"胳"字原整理者读"落"，训"始"，并引《诗·访落》"访予落止，率时昭考"的毛传作为佐证。然而《访落》"落"字是否如此解释，学者有不同意见。高本汉的看法就跟下文我将要提到的观点比较一致[①]。至于子居认为"胳"字可按本字解作"腋下"，不仅没有时代较早的文献证据，放在《尃敄之命》如此典雅的文章中，也显得格格不入[②]。我认为原整理者读"落"是正确的，但训解应该结合前面的"虔（徂）"，是"徂落"（或写作"殂落"）的另一形式，可以理解为针对"徂落"一语所作的阐述，意思是死亡即某种大难临头的及身之祸：如果傅说不听从武丁的劝戒，不祥之事不会在远处发生，而是直接应验在他本人身上，导致他的死亡。类似的例子见于《书·吕刑》"王享国百年耄荒，度作刑以诘四方"，所谓"耄荒"，孔安国传训作"耄乱荒忽"，而《书·微子》"吾家耄，逊于荒"显然是同一词语的化用，以远走他乡一类的意思对年老昏乱的状态作出比喻③。

　　回到"徂落"，此语文献多见，最显著的例子是《尧典》描述尧去世的"二十有八载，帝乃殂落"，相关的讨论见《孟子·万章上》《春秋繁露·暖燠孰多》《论衡·气寿》《白虎通·崩薨》等处，亦见《尔雅》《释名》等古代的训诂著作。此外，尚有证据显示"徂落"有其他更加宽泛的用法。扬雄《羽猎赋》"于是玄冬季月，天地隆烈，万物权舆于内，徂落于外"，颜师古注以"死、凋毁死伤"等词语训解"徂落"。《吴越春秋·阖闾内传》如此描述吴国太子所聘的一个女子："女思不止，病日益甚，乃至殂落。"如果单独使用，"落"也可以有衰落、飘零的意思，与死亡接近，比如《吴语》"民人离落"，《庄子·天地》"无落吾事"。后者王念孙根据《方言》"露"训"败"的记载，认为即如是读。

（三）

　　中篇简6—7有一连串形式相当、具有格言性质的文句："复（且）佳（唯）口记（起）戎出好（羞），佳（唯）戎〈甲〉戈〈胄〉复（作）疾，佳（唯）衮截愿（病），佳（唯）戎（干）戈生（眚）卑（厥）身。"其中"衮""截"二字，原整理者读作"衣""载"，后者训"成"，乃是动词。对此后来学者有不同意见，比如黄杰将"衮"改释作"哀"④。我认为原整理者对"衮"的解释不误，但后面"截"应改读作"财"，所谓"衮（衣）截（财）"是两个并列的名词，是"衣食财用"的省称，而"愿（病）"则是动词，意思与前面的"出好（羞）""复（作）疾"，以及下文的"生（眚）卑（厥）身"都是一致的。在文献中，"衣、财"的并举可以《国语·周语》为例："民之有口也，犹土之有山川也，财用于是乎出；犹其有原隰衍沃也，衣食于是乎生。"这是邵公对周厉王所作的一番告诫，大意是君王应倾听老百姓的心声，因为这是政权的基础，就如同我们依赖大地为我们提供"衣食、财用"的生计一样。

　　按照我的理解，"佳（唯）衮（衣）截（财）愿（病）"，意思是"衣财"本身并不是坏事，但如果过度追求就可能造成伤害。如此的涵义与前面的"复（且）佳（唯）口记（起）戎出好（羞）"相近：说话的行为本身没有问题，但如果口不择言、胡说八道，那就可能闯祸，甚至导致战乱，引来羞辱。上引《周语》同段文字中也有类似的表述："口之宣言也，善败于是乎兴；行善而备败，其所以阜财用衣食者也。"此处"口之宣言"与后面"财用衣食"的并举，跟《専敓之命》文字完全吻合，这也支持我对"衮（衣）截（财）"的解释。

　　如此提议的一个好处，就是可以解释《礼记·缁衣》引述《说命》的文字："惟口起羞，惟甲胄起兵，惟衣裳在笥，惟干戈省厥躬。"（此句不见郭店、上博本《缁衣》）所谓"惟衣裳在笥"与"佳（唯）衮截愿"的关系，清华简原整理者已有说明："在笥"可能由"截愿"变化而来，"在"与"截"谐声，而"笥"与"愿"字形接近。（另一个可能："愿"从"丙"声，古音阳部，与"惟衣裳在笥"的"裳"相同，两者的声母虽然距离较远，但或许有相通的可能也说不定。）在形式上，"惟衣裳在笥"与前后几个句子都不一致，在内容上也有一些难以厘清之处，比如郑玄说"衣裳"是

"朝祭之服"，孔颖达补充曰"不可妄与于人"，都不知所据为何。（郑玄认为《缁衣》引《说命》一句是傅说对武丁所说的话，与古文《尚书·说命》通篇的情形相符，看来也是出自误解。）不过，如果暂时抛开这些问题，直接从字面着眼，所谓"惟衣裳在笥"大略是衣物存放于竹笥一类的意思，而如此做的原因或许是因为这些衣物有一定的价值，受到重视，需要妥善保管。如果此解不误，我们可以结合《缁衣》所引《说命》佚文和上述"衮（衣）戴（财）"的释读，提出一个一致的解释。当然，前引清华简原整理者的意见，与《缁衣》引文也不矛盾。至于黄杰的意见就有比较大的出入，这是我没有采用的另一个原因。

（四）

下篇简 7 有"若贾，女（汝）毋非货女（如）戜（墣）石"一句，原整理者指出"墣"或作"填"，义为泥土石块。可以补充，文献中有"土石、砂石、砾石、木石、瓦石"等用语，意思都很清楚，然而"墣石"或"填石"则似乎不见，所以可能会有一些读者会对原整理者的意见感到怀疑。但是我认为原整理者的意见不误。事实上，此处较为特殊的"戜（墣）"一字，不仅在文献中多次出现，其时常作为譬喻的情形更和《尃敚之命》相似，此处可以《管子·君臣上》为例申说：

> 道者，诚人之姓也，非在人也。而圣王明君，善知而道之者也。是故治民有常道，而生财有常法。道也者，万物之要也。为人君者，执要而待之，则下虽有奸伪之心，不敢试[5]也。夫道者虚设，其人在则通，其人亡则塞者也。非兹，是无以理民[6]；非兹，是无以生财。民治财育，其福归于上，是以知明君之重道法而轻其国也。故君一国者，其道君之也；王天下者，其道王之也。大王天下，小君一国，其道临之也。是以其所欲者能得诸民，其所恶者能除诸民。所欲者能得诸民，故贤材遂。所恶者能除诸民，故奸伪省。如冶之于金，陶之于埴，制在工也。

此处所谓"道"，就是《老子》习见、且涵盖与支配宇宙万物的最高原则。所谓"夫道者虚设"，尹知章注："道无形而善应。"可以比较《老子》第十一章："三十辐共一毂，当其无，有车之用；埏埴以为器，当其无，有器之用。"《老子》有关"埏埴以为器"的讨论，正与《尃敚之命》所论相应。与此同时，《君臣上》所论之"道"也有更实际的内涵，具体而言是指如何改善老百姓生活的一系列措施。这可以说明为何《君臣上》以"道、法"并举，代表的是更广泛见于《管子》的一种结合道家与法家的独特思想。此即"是故治民有常道，而生财有常法""是以知明君之重道法，而轻其国也"等论述。我认为如此的思想内涵对我们理解《尃敚之命》，尤其"若贾，女（汝）毋非货女（如）戜（墣）石"一句很有帮助[7]。

在《管子·君臣上》的讨论中，君王体现道的原则，并将之应用在他所统治的人民身上。君王就如同一个技艺高超的工匠，可将物质的原料冶炼或提升为更精致的艺术品，此即"如冶之于金，陶之于埴，制在工也"。如果我们将此理解作一个工匠具有区分原料与工艺成品的能力，或许这就更为贴近《尃敚之命》的讨论。下篇简 7 云"若贾，女（汝）毋非货女（如）戜（墣）

石",一个商人应该区分价值不菲的"货"品与"敧（壎）、石"等原料,这是其专业要求的基本能力。我们可以联想战国时期最著名的商人吕不韦。如众所周知,吕不韦首次遇见子楚,立即发现后者虽然人在异乡、生活困顿,但"奇货可居"（《史记·吕不韦列传》）。吕不韦成功的秘诀,正是因为他有过人的识别能力,能够在子楚如此的"原料"中看到价值连城的"奇货"。

最后,《君臣上》"道者,诚人之姓也,非在人也",陶鸿庆认为"诚"可以读"成","姓"可以读"生"。尹知章注也似乎如此理解:"姓,生也,言道立人之生,人之所从出,故非在人。"当然,"姓、生、性"等词语关系密切,我们也可以说道完成人性,亦即人性本有缺陷,唯要通过道的介入才能圆满完成。这是荀子对人性的理解,而事实上他也使用治埴的比喻,见《荀子·性恶》"故陶人埏埴而为器,然则器生于陶人之伪,非故生于陶人之性也""夫陶人埏埴而生瓦,然则瓦埴岂陶人之性也哉"等论述[8]。相对于此,《庄子·马蹄》也使用相同的比喻,但是所谓"夫埴木之性,岂欲中规矩钩绳哉?然且世世称之曰:伯乐善治马,而陶匠善治埴木。此亦治天下者之过也",可以理解作是对荀子这类讨论的一种响应,具体观点是:如此治埴、治马或治木的有意行为,都违背人的本性,最终反倒造成伤害[9]。这些讨论与《專敚之命》并没有太大的关系,但这不一定是《專敚之命》在时代上早过这些其他文献的证据。另一个可能是《專敚之命》的作者知道,但最终选择不参与如此的讨论。

（五）

下篇简7—8有"思若玉冰,上下罔不我义（仪）"一句,所谓"玉冰"意思不甚清楚,原整理者亦无说。我认为"冰"即"凝",可训"成"。《书·皋陶谟》"俊乂在官,百僚师师,百工惟时,抚于五辰,庶绩其凝",孔安国、郑玄皆训"凝"为"成"。《易》鼎卦《象传》"木上有火,鼎,君子以正位凝命",王弼注:"凝者,严整之貌也……凝命者,以成教命之严也。"虞翻注（《周易集解》引）亦训"凝"为"成"。不过,最重要的是《中庸》第二十七章的一段文字:

> 大哉圣人之道!洋洋乎发育万物,峻极于天。优优大哉,礼仪三百,威仪三千,待其人然后行。故曰:"苟不至德,至道不凝焉。"故君子尊德性而道问学,致广大而尽精微,极高明而道中庸,温故而知新,敦厚以崇礼。是故居上不骄,为下不倍。国有道,其言足以兴。国无道,其默足以容。《诗》曰:"既明且哲,以保其身。"其此之谓与?

此处《中庸》引述一个虽然没有清楚标示,但显然具有古谚性质的警句:"苟不至德,至道不凝焉。"郑玄注:"凝,犹成也。"意思是至德才能成就至道,而我认为这也是《專敚之命》"冰（凝）"的涵义。请注意《中庸》有关"礼仪三百,威仪三千"的讨论,呼应的正是《專敚之命》的"上下罔不我义（仪）"。至于《專敚之命》的"玉",可以从玉是气的成精之物这一点得到理解[10]。下面《管子·水地》一段文字是学者讨论这些问题所经常引用的[11]:

> 是以水集于玉而九德出焉;凝蹇而为人,而九窍五虑出焉。此乃其精粗浊蹇、能存而不能亡者也。

水是气的一种表现，其"凝"固成形则成玉、成人，乃至所有物体。如此气的思想架构，乃上引《中庸》中文字的背景。我们可以说，《中庸》借用有关气的语言来描述道的体现，所以它说"至德"可以导致"至道"的"凝"固或完成："苟不至德，至道不凝焉"。这应该也是《専敚之命》"凝"字的内涵[12]。

在《専敚之命》"思若玉冰（凝），上下罔不我义（仪）"一句中，"玉"可以修饰后面作为动词的"冰（凝）"，因为玉是这种凝气成物的过程的一个绝佳示范。这就好比《书·洪范》所说的"玉食"，既是美好、精致的食物，亦可以指称玉质原料的实际食用。

因为《中庸》没有明确指出"苟不至德，至道不凝焉"一语的来源，我们不清楚它与《専敚之命》的关系。显然两者都反映一个故老相传的传统，就如同《管子·水地》与《书·洪范》所反映的气的思想架构也有其相当久远的来历一样。

（作者单位：捷克科学院亚非研究所、台湾中山大学）

注：

① Bernhard Karlgren, *Glosses on the Book of Odes* (Stockholm: Museum of Far Eastern Antiquities, 1964), #1110；中文翻译见董同龢译《高本汉诗经注释》第1052页，中华丛书编审委员会1960年。

② 子居《清华简〈傅说之命〉中篇解析》，孔子2000网2013年4月3日。

③ 参考Bernhard Karlgren, *Glosses on the Book of Documents* (Göteborg: Elanders Boktryckeri Aktiebolag, 1970), #1506；中文翻译见陈舜政译《高本汉书经注释》第455—459页，中华丛书编审委员会1970年。

④ 黄杰《读清华简(叁)〈说命〉笔记》，简帛网2013年1月9日。

⑤ 原作"杀"，从王念孙说改。

⑥ 原作"人"，从王念孙说改。

⑦ 《管子·禁藏》有一段文字也提到人民的生计，也同样使用埏埴的比喻："夫法之制民也，犹陶之于埴，冶之于金也。故审利害之所在，民之去就，如火之于燥湿，水之于高下。"此外，在《管子·任法》中，尧的治理风格是将法律施加在人民身上："昔者尧之治天下也，犹埴已埏也，唯陶之所以为……故尧之治也，善明法禁之令而已矣。"相对于此，黄帝的风格则是无为而无不为，"其民不引而来，不推而往，不使而成，不禁而止。故黄帝之治也，置法而不变，使民安其法者也"。这两种风格对应的就是《君臣上》关于道、法的讨论。两者并非对立，而是一种大包小的关系：道比法位阶要高，就如同黄帝比尧更为尊贵一样。

⑧ 可以参考告子在《孟子·告子上》首章的比喻："性犹杞柳也，义犹桮棬也。"

⑨ 《淮南子·精神》云："夫造化者之擢援物也，譬犹陶人之埏埴也。"而《泰族》云："夫物有以自然，而后人事有治也；故良匠不能斲金，巧冶不能铄木，金之势不可斲，而木之性不可铄也。"都可以视作同一种思想的反映。

⑩ 参考裘锡圭《稷下道家精气说的研究》，《裘锡圭学术文集·古代历史、思想、民俗卷》第297—299页，复旦大学出版社2012年。

⑪ 我在前作曾结合马王堆帛书《五行》讨论《水地》一段文字，尤其"塞"的涵义，见《'流体'、'流形'与早期儒家思想的一个转折》，《简帛》第6辑第387—398页，上海古籍出版社2011年。

⑫ "凝"与如此气的思想架构的关系，亦见于下面的几个文例。《礼记·乡饮酒义》："天地严凝之气，始于西南，而

盛于西北,此天地之尊严气也,此天地之义气也。"《淮南子·兵略》:"是故将军之心,滔滔如春,旷旷如夏,湫漻如秋,典凝如冬,因形而与之化,随时而与之移。"《淮南子·天文》"清阳者薄靡而为天,重浊者凝滞而为地;清妙之合专易,重浊之凝竭难,故天先成而地后定……阳气胜则散而为雨露,阴气胜则凝而为霜雪",最后一句《大戴礼记·曾子天圆》作"阳气胜则散为雨露,阴气胜则凝为霜雪"。《汉书·薛宣传》:"陛下至德仁厚,哀闵元元,躬有日昃之劳,而亡佚豫之乐,允执圣道,刑罚惟中,然而嘉气尚凝,阴阳不和,是臣下未称,而圣化独有不洽者也。"上引《礼记·乡饮酒义》一段文字最为重要,因为郑玄在此处也有"凝,犹成也"的训释,跟他在《中庸》第二十七章下的意见完全相同。

古文字研究（34）：364—368，2022

清华简《五纪》的"簸扬于箕"
与"外"声字的唇喉通转现象

贾连翔

清华简《五纪》中两次出现了"籵"字，在整理过程中，大家都主张将之读为"简"。经反复考虑，我觉得此字的语音现象稍有特殊，以下试作讨论，请大家批评指正。

该字在简文中的字形和文例如下①：

籵 简2	后帝青（情）吕（己），攸（修）鬲（历）五绤（纪），自曰旬（始），乃旬籵（简）五＿绤＿（五纪。五纪）……（后省）【简2】
籵 简79	后乃扺（设）笀（芒）蘇于大角，忻（祈）年于天艮（根），曾（增）【简78】于杲（本）角，备马于驷，鲺（发）猷于心，雈（雍）澶（障）于庀（尾），籵（简）易（扬）于笲（箕）。【简79】

整理报告稿于简2处注谓："旬，周遍。《诗·江汉》'王命召虎，来旬来宣'，毛传：'旬，遍也。'籵，读为'简'，核实。《书·吕刑》'五辞简孚'，蔡沈集传：'简，核其实也。'"于简79处注谓："箕宿四星，形如簸箕，可选择扬弃。《诗·大东》：'维南有箕，不可以簸扬。'《甘氏星经》：'箕主簸扬。'"②前者取"简"之"核实"义，后者则取其"选择"义，皆是动词用法。

相同的字形过去还见于中山王䚂壶（《集成》9735），其字形和文例为：

籵	佳（唯）逆生祸，佳（唯）忞（顺）生福，軎（载）之籵（简）阱（策），以戒（诫）嗣（嗣）王……（后省）

"载之简策"语为"籵"可读为"简"提供了重要证据，是其名词用法。"简"是见母元部字，其声符"间"在楚文字中屡作"閒"，一般认为"外"是其声符，故"籵"读为"简"是顺理成章之事。

此外，在古文字中，作为同类意符的"竹"与"艸"每每是可通用的，从艸从外的"芥"字也曾出现在三孔布和古玺印文中，内容如下③：

芥 《货币大系》2478	上芥（艾）	芥 《珍秦斋古印展》1	上芥（艾）尸（尉）

裴锡圭曾将"上芥"读为《汉书·地理志》太原郡之"上艾"县，并引《国语·晋语七》"国君好艾"

韦注"'艾'当为'外'"为证④,可谓不刊之论。"艾"属疑母月部,与"简"等字声母都属喉音,韵部对转,是音近通假的关系。

上述内容都为"籴"可读为"简"、是喉音元部字提供了坚实证据。然而与此同时,楚简资料中尚存有一个可能是"籴"的字,与之读音颇有不同。熟悉楚国量制单位的学者一定都还记得长台关1号墓竹简中的下面这则材料⑤:

 信阳简 2-16-2	□赶(重)八益(镒)叙益(镒)一朱(铢)

此字右边漫漶,前贤多有讨论,我们倾向于黄锡全对字形的辨识,该字应该就是"籴"⑥。这类内容通常是用以记录"金"的重量,"赶"前一字下从"金"旁,可见亦不例外。与之关系最为密切的材料可选举包山简如下两则⑦:

 包山简 116	賁(贷)越异之金三益(镒)剚(半)益(镒)
 包山简 146	豕玫苛欱利之金一益(镒)剚(半)益(镒)

"剚、剚"等一组字,经过白于蓝、李学勤、董珊等学者的考证⑧,加之清华简《算表》后来的印证⑨,已可确定读为"半"。其中"剚"或即"胖、判"之表意初文,"剚"或为"剚"与"刜"的杂糅体,"刜"即"辨"之省。这些字都属帮母元部。

从辞例关系看,与"剚、剚"对应的"籴",是"半"的同义异文或同音异文的可能性最大⑩。有学者曾将之理解为同义异文,认为"籴"即"简",为"间"之借字,训为中,引申为半⑪。随着"剚、剚"等字被确释,这一看法恐怕相信的人已很少。我们认为,见母(喉音)元部的"籴"与帮母(唇音)元部的"半"语音关系十分密切,应可直接相通。

"籴"与"剚"等语音相近,不排除有形体讹混的因素所致。大家知道楚文字中的"閒"最常见的是以下两种形体⑫:

閒				閼			
 《古玺》5559	 清华简《程寤》1	 清华简《汤丘》5	 清华简《祷辞》18	 望山简70	 清华简《系年》99	 清华简《太伯乙》6	 清华简《赵简子》9

"阅、阋"所从的"外、刅",具有同等的语音符号作用,而"刅"与"削"的形体又是很相近的,早期文字的"肉"与"月、夕"每每同形。因此,"夯"有一种可能是因"刅"与"削"混讹而造成与唇音元部字相通。

当然,如果仅就语音现象而言,唇音与喉音相通本也不乏其例,黄焯《古今声类通转表》曾列有"喉唇通转""唇喉通转"二表,枚举传世文献中的相关例子⑬。孟蓬生曾推测这是"方言音变或古今音变"的结果⑭。

近年来,学者们又补充了一些出土文献中的确凿例证,如:1.郭店简《穷达以时》简11的"告古"应读为"造父"("古"属见母鱼部,"父"属并母鱼部);2.姑衍簋铭文中用为姓氏是夫、古双声字,读为"胡"("夫"属帮母鱼部,"胡"属匣母鱼部)⑮;3.金文中读为"胡"的"獣"字,从"夫"声("胡"属匣母鱼部,"夫"属帮母鱼部);4.金文"更"字写作,从"丙"声("更"属见母阳部,"丙"属帮母阳部);5.申鼎、叔之仲子平钟、篅侯簋的"篅"和齐刀币中的"篅"都读为"莒"("莒"属见母鱼部,"肤"属帮母鱼部)⑯;6.楚卜筮祭祷简中"乐之""百之""赣"中的"百"应读为"各"或"格"("百"属帮母铎部,"各"属见母铎部)⑰;7.山西翼城大河口西周墓地所出霸国青铜器铭文中的"霸"字,或附加"各"声写作(M2002:5)、(M1017:42)、(M1017:8)等,或径写作"格"(M2002:8、9、33)、"洛"(M1017:5)("霸"属帮母铎部,"各"属见母铎部)⑱。

以上例子属鱼、铎、阳一组。在与之主要元音相近的元部字中,我们还看到上博简《周易·大畜》:

九晶(三),良马由(逐),利董(艰)贞。曰班(闲)车(舆)夯(保),利又(有)卣(攸)速(往)。

[简22]

所言"班(闲)车(舆)夯(保)"之"班",传世本对应之字为"闲",马王堆帛书本则作"阑"⑲。"班"属帮母元部,"闲"属匣母元部,"阑"属来母元部,三者应该都是音近异文关系。值得注意的是,传抄古文中"瓣"又有作形者⑳,应分析为从瓜,柬声,可见"辛"与"柬"也有谐声关系。"简"与"闲、阑"音近,"半"与"班、辛"音同,因此"夯"读为"半"是完全可以成立的。

由此再回过头来看《五纪》中的两个"夯"字。在简79的"夯易(扬)于筭(箕)"中,整理报告已引及《诗·大东》之"不可以簸扬",以及《甘氏星经》之"箕主簸扬"语。此处的辞例已十分显豁,意指箕宿之名的含义为扬去谷物中的糠秕杂物,"夯易"应直接读为"簸扬"。《说文》谓"簸""从箕、皮声","皮"属并母歌部,韵部与元部对转,声母恰恰也属唇音。与之可以类比的还有2019年随州枣树林M169出土的嬭加编钟铭文中"歌舞"之"歌"(M169:7),写作㉑:

"歌"属见母歌部,此字所从的"言、可",是"诃(歌)"的常见形声部件,而"皮"应属附加的声符。这是歌部字唇音与喉音相通的一个力证,亦坚定了"夯"读为"簸"的可靠性。

　　至于简2的"旬夯五绍"一语,此前按"夯"可读"简"的传统思路,对简文的理解也是顺适的。然若考虑到"夯"可与唇音字相通的情况,我们认为"旬夯"可读为"均辨"或"均徧(遍)"。在时代与《五纪》相近的古书中,二者见有成词,如《荀子·富国》:"人归之如流水,亲之欢如父母,为之出死断亡而愉者,无它故焉,忠信调和均辨之至也。"㉒同书《君道》篇又曰:"请问为人君?曰:以礼分施,均徧而不偏。"㉓其词义本为"均分",在《五纪》中指"后帝"对"五纪"重新进行修列。

　　以上所论从"外"声的"夯、芡",既可读为"简、艾",又可读为"半、簸、辨"等,究其原因,不排除有"外"与"勿、刿"因形近而混讹变音的可能。而从更大范围的语音现象看,这更可能是鱼、铎、阳和歌、月、元两组韵部中一部分字存在唇音、喉音通转现象的又一反映,颇值得我们进一步关注研究。

　　附记:本文是在审读清华简第11辑整理报告校样时所作,结论后来被整报告补充吸纳。小文修改过程中得到了黄德宽、石小力先生的帮助,谨志谢忱。本文为北京市社科基金重点项目"清华简古文字数据库建设与相关问题研究"(20YYA001)阶段性成果。

注:

① 本文所引《五纪》内容,参看清华大学出土文献研究与保护中心编,黄德宽主编《清华大学藏战国竹简(拾壹)》,中西书局2021年。

② 参看上注第90、116页。

③ 参看汪庆正主编,马承源审校《中国历代货币大系1·先秦货币》第585页,上海人民出版社1988年;澳门市政厅《珍秦斋古印展》第1页,澳门市政厅出版1993年。

④ 裘锡圭《战国货币考(十二篇)》,《裘锡圭学术文集·金文及其他古文字卷》第211页,复旦大学出版社2015年。

⑤ 武汉大学简帛研究中心、河南省文物考古研究所编著《楚地出土战国简册合集2·葛陵楚墓竹简、长台关楚墓竹简》第149页,图版86页,文物出版社2013年。

⑥⑪ 黄锡全《试说楚国黄金货币称量单位"半镒"》,《古文字研究》第22辑第181—187页,中华书局2000年。

⑦ 湖北省荆沙铁路考古队编《包山楚墓》图版140、157,文物出版社1991年。

⑧ 参看白于蓝《包山楚简补释》,《中国文字》新27期第155—162页,艺文印书馆2001年;李学勤《楚简所见黄金货币及其计量》附《释楚度量衡中的"半"》,《中国钱币论文集》第4辑第61—64页,中国金融出版社2002年;董珊《楚简簿记与楚国量制研究》,《考古学报》2010年第2期第171—206页。

⑨ 清华大学出土文献研究与保护中心编,李学勤主编《清华大学藏战国竹简(肆)》,中西书局2013年。

⑩ 石小力先生曾提示笔者,此字也可能是从竹从晶的"参"字(见于九店简等),指三分之一,但残余笔画与之并不能很好契合,附记于此。

⑫ 参看李守奎编著《楚文字编》第669页,华东师范大学出版社2003年;李学勤主编,沈建华、贾连翔编《清华大

学藏战国竹简（壹—叁）文字编（修订本）》第291页，中西书局2020年；李学勤主编，贾连翔、沈建华编《清华大学藏战国竹简（肆—陆）文字编》第249页，中西书局2017年；李学勤主编，贾连翔、沈建华编《清华大学藏战国竹简（柒—玖）文字编》第325页，中西书局2020年。

⑬ 黄焯《古今声类通转表》第159—183页，上海古籍出版社1983年。

⑭ 孟蓬生《上古汉语同源词语音关系研究》第15、111—116、154页，北京师范大学出版社2001年。

⑮ 1、2参看李家浩《读〈郭店楚墓竹简〉琐议》，《中国哲学》第20辑第353—355页，辽宁教育出版社1999年。

⑯ 3、4、5参看刘钊《谈新公布的牛距骨刻辞》，《中国国家博物馆馆刊》2013年第7期第38—47页。

⑰ 参看宋华强《新蔡简"百之"、"赣"解》，《简帛》第3辑第127—140页，上海古籍出版社2008年。

⑱ 参看黄锦前、张新俊《说西周金文中的"霸"与"格"——兼论两周时期霸国的地望》，《考古与文物》2015年第5期第105—111页；谢尧亭《"格"与"霸"及晋侯铜人》，陕西省考古研究院、上海博物馆编《两周封国论衡——陕西韩城出土芮国文物暨周代封国考古学研究国际学术研讨会论文集》，上海古籍出版社2014年；山西省考古研究所等《山西翼城大河口西周墓地2002号墓发掘》，《考古学报》2018年第2期第223—262页。此条例证承黄德宽先生告示。

⑲ 马承源主编《上海博物馆藏战国楚竹书（三）》第167—168页，上海古籍出版社2003年。

⑳ 徐在国编《传抄古文字编》中册第708页，线装书局2006年。

㉑ 郭长江等《孋加编钟铭文的初步释读》，《江汉考古》2019年第3期第9—19页。此条例证承石小力先生告示。

㉒ 〔清〕王先谦撰，沈啸寰、王星贤点校《荀子集解》第190页，中华书局1988年。

㉓ 同上注第232页。

古文字研究(34):369—371,2022

清华简《四告》"不卒纯"解

蒋　文

　　清华简《四告》第一篇告辞为周公旦告皋繇之辞,告辞开头先历数文、武之功德,叙述成王即位之初的景况,其中有如下一段(见于简5—6,本文中出土文献释文均用宽式):

　　　　呜呼哀哉,不淑昊天,不卒纯,允陟兹武王。孺子肇嗣,商邑兴反,四方祸乱未定,多侯邦伯率去不朝。

画线之句,整理者主张四字一断,以"不卒纯允"作一句读①。黄一村将简文与班簋、《尚书·多方》之"不畀纯"联系,引陈剑说解"纯"为"某种美好的事物或待遇",提出当在"纯"下断句、"允"属下读,并认为"'不畀纯'或许可以读为'不毕纯'。……'不毕纯'犹简文之'不卒纯',意谓上天没有一直给予美好的事情或事物"②。其断句可从,但对"不卒纯"含义的把握尚不准确③,下面谈我们的看法。

　　首先要对"不卒纯"之"纯"的用法和含义再度加以明确。此"纯"应是名词,作"卒"的宾语。金文及《诗》《书》中还有不少用作名词的"纯",较确定的用例如④:

　　　　(1)惟用绥福,效前文人。秉德共纯。(善鼎)

　　　　(2)惟用绥神,怀效前文人。秉德共纯。(伯威簋)

　　　　(3)德非堕思,纯惟敬思,文非懈思,不坠修彦。(清华简《周公之琴舞》简15—16)

　　　　(4)维天之命,於穆不已。於乎不显,文王之德之纯⑤。(《周颂·维天之命》)

　　　　(5)汝克尽乃身,臣朕皇考穆王,用乃孔德逊纯,乃用心引正乃辟安德,助余小子肇淑先王德。(师訇鼎)

　　　　(6)天其作纯于朕身⑥,永永有庆。(宋右师延敦)

　　　　(7)旻天威,不畀纯,陟公,告厥事于上。(班簋)

　　　　(8)惟天不畀纯,乃惟以尔多方之义民,不克永于多享。(《尚书·多方》)

综合这些文例来看,"纯"应指某种美善的抽象之物,它在很多方面的表现与"德"颇为接近。前五例"纯"均与"德"共见,从文例来看,"纯"这种抽象之美物是可以奉持的(例1、2)、是要慎肃对待的(例3),可以是某人内在拥有的(例4)且可以施用的(例5)。另一方面,例6—8表明"纯"和"德"一样,也是可以由上天作立、付畀的,是一种可以施受的美物⑦。

　　再来看"纯"前的谓语动词"卒"。及物动词"卒"可表"完成"一类意,但这种"完成"并不简单等同于停止或结束,其意义特点在于强调事物已达到既定的或应有的终点或限度,与"终、尽"较接近。换言之,"卒O"不宜简单理解成"停止或结束O",而是说"达到O既定的或应有的终点或限度后停止或结束O”。下面举一些及物动词“卒”的用例，以助体会其义。

先来看《诗经》中两例及物的“卒”，它们能够较明显地体现上述意义特点：

（9）为宾为客，献酬交错，礼仪卒度，笑语卒获。（《小雅·楚茨》）

（10）无衣无褐，何以卒岁。（《豳风·七月》）

“礼仪卒度”，毛传“度，法度也”，郑笺“卒，尽也”，此句言礼节仪式完成了“度”，而“度”自有其明确的限度或边界，完成“度”就是达到“度”自身的界限。与之类似，“何以卒岁”中“岁”亦有明显的终点，即每年在何时结束是有预期的、是确定的，“卒岁”即完成一年、达到一年的时间终点。另外，文献还有“卒”与“事、（天）命”搭配之例，“事、（天）命”的终点或限度或许不及“岁、度”那样显著，但也是存在的：

（11）天閟毖我成功所，予不敢不极⑧卒宁王图事。（《尚书·大诰》）

（12）天乃命汤于镳宫，用受夏之大命：夏德大乱，予既卒其命于天矣，往而诛之，必使汝堪之。（《墨子·非攻下》）

先看例11。传曰“我不敢不极尽文王所谋之事”，《汉书·翟方进传》颜师古注训此“卒”为“终”，一般以为此“卒”与“尽、终”相近。“卒宁〈文〉王图事”即完成文王图谋之事业（使文王未竟之业达至其既定的终点）。《淮南子·要略》有“文王业之而不卒”，即言文王创业而未完成，可与《大诰》之句合观。时代稍晚的文献中还多见“卒业、卒事”等，也都是完成事业（使事业达至其既定终点）的意思。再来看例12。我们知道有所谓“天命靡常”的观念，天命也是有尽头、有限度的，不然就不会有三代更迭之事。此例言上天完成了夏之天命，即使夏所获得的天命达至其终点。周公簋有云“克奔走上下，帝无终命于有周”，说的是上帝对周没有终尽天命之举，即上帝没有使周之天命达至其终点，“终命”与“卒命”意思接近。

除了上述及物用法的“卒”外，公典盘有一例不及物用法的“卒”，也对我们体会“卒”的词义特点很有帮助。盘铭云：“它它熙熙，男女无期，考终⑨有卒。”此“卒”为不及物动词，“有”为《诗经》多见的动词前的助词。“考终有卒”是正面的祈求之语，肯定无法理解成“考终停止”，而只能理解成“考终完成”，即考终达至其既定的或应有的终点或限度，哪怕这个“终点”其实位于无穷远处，哪怕这个“限度”其实就是无限⑩。

弄清了“纯”和“卒”的用法和意义，《四告》“不淑昊天，不卒纯，允陟兹武王”就很好理解了。“纯”指上天给予武王的抽象美物，与例6—8之“纯”非常接近；“卒”就是表“完成”意的及物动词；“允”是位于动词前的副词，表“陟兹武王”这件事确凿无疑、真的发生了，“允陟兹武王”有一种不得不接受现实的无奈遗憾之感⑪。这几句简文可大致翻译为：“不善的昊天，没有完成（它给予武王的）纯／没有使（它给予武王的）纯达至其尽头，真的升登了这武王／真的使这武王升天了。”

清华简整理者已指出“陟兹武王”之“陟”是帝王薨逝的隐晦表达。其实，天“不卒纯”和天"陟兹武王"都是在说武王薨没之事，"陟兹武王"可视作"不卒纯"的一种表现形式。《礼记·曲礼下》"士曰不禄"郑玄注："不禄，不终其禄。""不禄"也是死亡之讳称，"不终其禄"与简文"不卒纯"表述接近。

附记：本文为国家社科基金重大项目"阜阳汉简整理与研究"（21&ZD305）、国家社科基金冷门绝学研究专项学术团队项目"中国出土典籍的分类整理与综合研究"（20VJXT018）的阶段性研究成果。

（作者单位：复旦大学出土文献与古文字研究中心、
"古文字与中华文明传承发展工程"协同攻关创新平台）

注：

① 清华大学出土文献研究与保护中心编，黄德宽主编《清华大学藏战国竹简（拾）》第110页（释文）、第114页（注释），中西书局2020年。

② 读书会《清华简拾整理报告补正（之二）》，清华大学出土文献研究与保护中心网2020年12月25日（与本文讨论有关的部分系黄一村的意见）。此外，简帛网论坛区讨论帖"清华十《四告》初读"下网友心包亦将简文与"不畀纯"联系。

③ 此外，我们认为班簋和《多方》的"不畀纯"无需破读，"不畀纯"和"不卒纯"并非一回事。

④ 金文"旲纯亡愍""旲纯用鲁"之"纯"大概也是名词。

⑤ 毛传训此"纯"为"大"，郑笺谓"纯亦不已也"；朱熹《诗集传》以"不杂也"解之；马瑞辰《毛诗传笺通释》认为"纯"与"焞"通，"纯亦明也"；林义光《诗经通解》将之与金文"旲纯、纯鲁"联系。按：疑"文王之德之纯"实为"文王之德，文王之纯"的缩略，"纯"与"德"并举，亦是名词。

⑥ 关于"乍（作）"的释读，参郭理远《宋右师延敦铭文补说》，《出土文献》2020年第3期第67—68页。

⑦ 文献多见与德之施受相关的表述，可略举如"上帝降懿德"（史墙盘、癲钟）、"天多降德"（《周公之琴舞》简9）、"翼受明德"（秦公钟、秦公镈）。

⑧ 此"极"或认为与"卒"意近、亦表"终"，或读为"疾、速"义的"亟"（〔清〕王引之《经义述闻》第106—107页，上海书店出版社2012年）。

⑨ 关于公典盘铭"丂（考）夂（终）"的释读，参陈剑《金文字词零释（四则）》，张光裕、黄德宽主编《古文字学论稿》第139—143页，安徽大学出版社2008年。陈文认为"考终"之"考"意为"老寿"，"终"就指"终命"，"考终"即《尚书·洪范》之"考终命"。

⑩ "男女无期，考终有卒"或可视作互文，理解成"男女考终无期有卒"，即男男女女的考终皆无穷尽、皆达至其应有的终点或限度。"无期"和"有卒"是一体两面的表述，可以说"有卒"要达至的那个终点或限度就是"无期"。

⑪ 黄一村认为此"允"用法类似于"唯"，网友心包认为"允、纯"义近、"允"训"顺遂"，与本文观点不同。

古文字研究（34）：372—374，2022

清华简《芮良夫毖》"獦憧"补苴

鞠焕文

《清华叁·芮良夫毖》简12有一段关于先王治世状况的描述[①]：

昔在先王，既有众庸，□□庶难，用建其邦，平和庶民，莫敢獦憧。□□□□□□□□□用协保，罔有怨讼，恒争献其力，畏燮方雠，先君以多功。

因为疑难字"獦"的存在，其中的"莫敢獦憧"句较难读通。所谓"獦"原篆作（，下文以A代替），从心从（下文记作B），整理者读之为"懅"，据《广雅》训之为惊；黄甜甜认为前后文有阙，"A憧"词义难定；张崇礼认为字从"列"得声，读为"戾"，训为违逆、乖戾，"憧"读为"纵"；朱德威未给出明确考释意见，只是认为"A憧"当指执政者某种对平和民众造成阻碍的行为，与《上博五·鲍》简4"民輠乐"有关[②]。

将B释作"列"现在看来是有问题的。楚简中存在不少B类字或偏旁（除在A字中下从"刃"之外，其余皆从"刀"，通言时我们仍以B代之），学界争论不休，最近结合安大简《诗经》提供的关键辞例（是B是获、言B其楚、言B其蒌），侯瑞华对B字进行了重新考释，认为字可分析为从"刀""歺"声，是"刈"字异体，并读A字为"獦"，认为是恐吓、威胁的意思[③]。当可信。

而在解释"憧"时，侯文却认为它与《上博三·仲弓》简4+26"雍也憧愚"之"憧"为同词，训愚，随文释《芮良夫毖》简中之"憧"为愚民，"獦憧"就是指恐吓、威逼愚民。恐与事实交臂相失，有补充的必要。

其实，此处之"憧"当读为"动"，训惧，有恐吓之意，与"獦"构成同义词连用关系，是为惊动、恫吓义造的专字。

恫吓之词义早期当来源于"动"，在字形上以"童"或"动"写之。"动"有震动、惊动义，对此杨泽生曾有过总结[④]：

《左传·宣公十一年》"谓陈人无动"，《史记·陈杞世家》作"谓陈曰'无惊'"。《诗·商颂·长发》"不震不动"马瑞辰《毛诗传笺通释》："动，谓震惊。"《经义述闻·春秋左传中·无动》"宣十一年传：谓陈人无动"王引之按："动，谓惊惧也。"《文选·宋玉〈高唐赋〉》"使人心动"李善注："动，惊也。"《孟子·告子下》"所以动心忍性"焦循《孟子正义》引《文选·高唐赋》注："动，惊也。"

由震动、惊动义则可引申为恐吓，这是很自然的事，这一引申义后来就习惯用"恫"写之了。

"恫"，《说文》卷十下曰："痛也。"先秦典籍的实际用例也大部分为此义。一般认为，它表示恫吓义要晚到汉代。《战国策·燕策一·燕王哙既立章》:"子之三年,燕国大乱,百姓恫怨。""恫怨",《史记·燕召公世家》作"恫恐",朱起凤按曰:"恐字作怨,形近而讹。"[⑤] 同章:"国构难数月,死者数万众,燕人恫怨,百姓离意。"其"怨"字,鲍本和《史记》也俱作"恐"。至于"恫"的词义,《索隐》训为痛,而朱起凤认为"恫恐"与"荡恐"同辞,"恫作荡,犹萌动亦为萌荡也"[⑥]。大概是认为"恫"读为"动","动"与"荡"同义。从上下文意看,该处之"恫"当以训痛为是。

可见汉代人已普遍接受"恫"有惊惧义了,因此将本表心痛怨恨义的"恫怨"改为表惊恐义的并列结构词"恫恐"。

但从词义系统来看,"痛"与"惧"没有多少联系,"痛"引申不出"惧"义来。可能的解释是,汉代"同""童"已音近可通,"动/憧"之恐惧、恐吓义转移到了"恫"字上。

古音"憧"为昌母东部字,"恫吓"之"恫"为定母东部字[⑦],音近可通。汉代以后的典籍中也多有"童、同"及以之为声符之字相互通假的实例。如《列子·黄帝》"状不必童而智童,智不必童而状童",张湛注:"童,当作同。"《法言·学行》:"师哉师哉,桐子之命也。""桐"通"憧"。《汉书·地理志》广汉郡十三县之一"梓潼"注曰:"莽曰子同。"《集韵》东部:"胴……或作䐡。"皆是其证。

"恫、猲"在先秦时期大概还是比较自由的,不像后世那样逐渐成为一个并列式合成词。如《战国策·齐策一·苏秦为赵合从章》,齐因地势四塞,"秦虽欲深入,则狼顾,恐韩、魏之议其后也。是故恫疑虚猲,高跃而不敢进"。《史记·苏秦列传》作"是故恫疑虚猲,骄矜而不敢进",《索隐》注"恫"曰:"恐惧也。"注"猲"曰:"一本作'喝'……高诱曰:'虚猲,喘息惧貌也。'"关于句意则引刘氏说:"秦自疑惧,不敢进兵,虚作恐怯之词,以胁韩、魏也。""恫、猲"同义而分用。又,"恫吓"又作"恫喝/猲/恐""恐曷/愒/猲/喝/吓"[⑧]。说明"恫、猲"在早期比较自由,其结合是比较松散的,是一对同义或近义词。在后期的使用过程中,二者经常连用,词形和顺序固定下来,形成一个双音节词。

既然它们原本是比较自由的两个实词,那么"恫猲"当然也可以说成"猲恫"。这样的现象古汉语中很是常见,如《庄子》中"来往"又作"往来"、"泣涕"又作"涕泣",《吕氏春秋》中"斗争"又作"争斗"、"和调"又作"调和"、"伪诈"又作"诈伪",等等[⑨]。《清华叁·芮良夫毖》简7"而无有絽統"之"絽統"即"纲纪"之倒[⑩]。皆是其证。

目前所见表痛义的"恫",楚简中以"通、迵"写之[⑪],马王堆汉墓帛书《老子》以"桐"写之,与以"憧"写"恫吓"之"恫",用字习惯各自分明。

由此可以想到《楚帛书·乙编》"毋童群民"中的"童"。目前学界普遍接受读为"动"的意见,"毋动群民",意即不要扰乱群民[⑫]。但结合大的语境来看,这种解释似仍有可商之处。下面我们将相关文句录出,以便分析:

凡岁德愿……恐民未知，拟以为则。毋童群民，以□三极。废四兴一，以乱天常。群神五正，四兴尧祥，建极属民，五政乃明，□神是享。

整段未有扰动、勤民的痕迹。而结合"恐民未知，拟以为则"句来看，将"童"读为"动"，训为恐吓，则更为合适。惊恐之民无知，因此要为他们拟定法则。再进一步作强调，不要恫吓蒙骗群民，从而产生不好的事情。所禁止的（毋动群民）与所存在的问题（民未知）恰好对应。这样解释很是通达，无不畅通，而将之读为"动"依据略嫌不足。

若这种分析不误，那恰可说明"恫吓"之义在战国时期就已存在，它以"童"或"憧"写之。帛书之例恰可与《清华叁》互证。

"莫敢獢动"其后承前省略了"民"，"平和庶民，莫敢獢动"即安定谐和群民，不敢去呵斥恐吓他们。

附记：本文为国家社科基金一般项目"商周金文照片资料库建设与相关问题研究"（19BZS016）阶段性成果。文成后，曾呈请张世超师、程鹏万、贾旭东垂阅，诸先生对小文提出了不少宝贵意见，在此谨表谢忱。

（作者单位：东北师范大学文学院）

注：

① 释文用宽式。见清华大学出土文献研究与保护中心编，李学勤主编《清华大学藏战国竹简（叁）》第145页，中西书局2012年。

② 以上意见可参朱德威《〈芮良夫毖〉集释》第113—114页，吉林大学2017年硕士学位论文。

③ 参侯瑞华《楚简"刈"字补论》，《出土文献》2021年第1期第70—79页。

④ 杨泽生《〈上博七·吴命〉中的"先人"之言补释》，复旦大学出土文献与古文字研究中心网2009年1月8日；又可参看其《上博简〈吴命〉篇补说》，《古文字研究》第29辑第537页，中华书局2012年。《上博七·吴命》简1"马酒（将）走，或童之，速羞"之"童"，杨泽生认为可以读作"动"，解作"惊动"，见上引二文。

⑤⑥ 朱起凤《辞通》第1122页，上海古籍出版社1982年。

⑦ 参唐作藩编著《上古音手册（增订本）》，中华书局2013年（2016年重印版）。

⑧ 同注⑤第1122、2424—2425页。

⑨ 更多例子可参看张巍《中古汉语同素逆序词演变研究》，复旦大学2005年博士学位论文。

⑩ 《清华玖·成人》简6："隹（惟）民统絽（纪）以兼（永）诎（为）天盟（明）。"正作"纲纪"。

⑪ 《清华叁·说命下》简5—6"逈罘小民"之"逈罘"、《清华捌·摄命》简9"通罘寡罘（鳏）"之"通罘"即《尚书·康诰》"恫瘰乃身"之"恫瘰"，见清华大学出土文献研究与保护中心编，李学勤主编《清华大学藏战国竹简（叁）》下册第130页；清华大学出土文献研究与保护中心，李学勤主编《清华大学藏战国竹简（捌）》第110页，中西书局2018年。

⑫ 参陈媛媛《〈楚帛书·乙编〉集释》第100—101页，吉林大学2009年硕士学位论文。

古文字研究（34）：375—379，2022

清华简字词考释两则

——"穗"与"芳"

苏建洲

一

安大简《诗经·召南·殷其雷》简32—33的三处"殷"字写作：

整理者隶定作"㰅"，分析为从"攴"，"窒"声，并指出字形亦见于史墙盘（《集成》10175）。"㰅"属影纽真部，"殷"属影纽文部，二者声同韵近，可通①。此说正确可从。"垔"的这种写法还见于史墙盘，作；郑太子之孙与兵壶铭，作；清华简《治邦之道》3，作，上从"囟"形，下从"土"。楚简的"垔"还有另一种写法：（㻪）（《尹至》4）、（《三寿》22）、（《三寿》23）、（醺）（《耆夜》8）、（禋）（《系年》1）、（愍）（《芮良夫毖》20），与中山王方壶铭写法相同，都是上从"（西）"形，下从"壬"。

《金縢》简12"今皇天动鬼（威）"之"鬼"作，由刘洪涛首释②，也见于《说命下》4"如飞雀罔鬼（畏）覵"，作；作为偏旁见于《祭公》15"盬"，作，《子羔》11"㝮（襄、怀）"，作。由以上写法我们可以总结，楚简文字"垔"旁头部多作形，而"鬼"形头部多作"囟"类形。"垔"虽偶有作"囟"类形，但其下从"土"不从"壬"，二者尚有细微区别③。程燕根据安大简的写法，将上述的"鬼"字都改释为"垔"④，恐怕不妥。

《清华九·成人》26—27："成人曰：'句（后），于叕嘉谷五△之有时：秀䅰一时，华草一时，稼一时，实果一时，杀一时，收稔一时。'"其中"△"写作：

整理者认为"△"与简7为一字。，从"艹"、土、戛（"夏"字古文），应为"稷"之异体。并将"△"隶定作"穮"。《广韵》："稷，五谷之总名。"⑤单育辰认为"△"字跟与安大简字非常相近，应隶定为从"穴"从"垔"从"攴"，是否是"稷"的讹字有待进一步研究⑥。蒋伟男也认为从"垔"，读为"禋"。"五禋"，即文献中常见的五祀，对应祝融、后土等五行之神⑦。滕胜霖也从"垔"之说，读为"纬"。"五纬"指金、木、水、火、土五星。《后汉书·郎颛襄楷列传》"天文昭烂，星辰显列,五纬循轨,四时和睦",正是讲五星有时,四季才能和谐[8]。

谨按:根据上面的讨论,"△"字应该分析为从"穴"从"魃","鬼"是声符。古文字有"魃"字,如《集成》11346梁伯戈"印(抑)魃(威)方繼(蛮)","魃"从鬼从攴,王国维认为即"畏"字古文。铭文从石小力读为"威",震慑也[9]。与"△"字形体相近的字形又见于《兰赋》5"尻位[图]下而比怠(拟)高矣",[图]从"宀"从"魃",邬可晶读为"怀",似可从[10]。"△"字整理者释为"稷"自不可从,但分析为从"鬼"旁是可取的。李均明指出简文以植物生长的过程划分时节,包括[11]:

"秀苗",长苗;"华",开花;"稼",《说文》:"禾之秀实为稼。"当指成果前期;"实果",当指果实饱满之时,或指成果后期;"杀",简文指收割庄稼;"收稔",简文指收藏。将一年划分为六个时节,与下文"德政亦用五时"的说法不合。如果用其下"五时"的划分"解亦解,华亦华,实亦实,杀亦杀,收亦收"对比,则上文六个时节中的"稼一时,实果一时"应合二为一,与"实亦实"对应。稼与实皆指成果时,只是程度不同而已,合一甚合理。

在正式出版的《清华九·成人》"说明"中也指出:"文中对法律制度的意义、司法原则以及断狱程序等进行了详细论述,涉及五类'无赦'以及'五常'、'五正'、'五罚'等重要刑罚概念,并以嘉谷的'五时'生长为喻,提出了'德政亦用五时'的主张。"[12]说并可从。可见"嘉谷五△"当与作物本身有关,整理者读为"稷"也是这样的思考,上述读为"裡"或"纬"文意均不妥帖。笔者认为"△"当读为"穗"[13]。"穗"从"惠"声,与"鬼"声可以相通。睡虎地秦简《为吏之道》40贰有段内容云:"以此为人君则鬼,为人臣则忠;为人父则兹(慈),为人子则孝;能审行此,无官不治,无志不彻,为人上则明,为人下则圣。君鬼臣忠,父兹(慈)子孝,政之本殹(也)。"其中"鬼"字,整理小组注释:"鬼,读为怀,和柔怀字汉代多写作裹。"抱小(蔡伟)认为[14]:

鬼当读为惠。鬼于古音属脂部,惠于古音属队部。脂、队平入互转。《方言》:"赵魏之间或谓慧曰鬼。"慧、惠古字通,则鬼、惠可通矣。《马王堆汉墓帛书·经法·六分篇》曰:"主惠臣忠者其国安。"《墨子·天志中篇》曰:"内有以食饥息劳,持养其万民,则君臣上下惠忠,父子弟兄慈孝。"《家语·贤君篇》亦云"君惠臣忠"。

岳麓秦简《为吏治官及黔首》85正作"为人君则惠"。因此,陈伟主编的《秦简牍合集:释文注释修订本》在《为吏之道》此处的释文作"以此为人君则鬼(惠)"[15]。《北大汉简三·儒家说丛》简7"君慧臣忠"当读为"君惠臣忠"[16]。以上都可证明"鬼"与"惠"可以相通[17]。《说文》:"禾,嘉谷也。二月始生,八月而孰,得时之中,故谓之禾。禾,木也。木王而生,金王而死。从木,从巫省。巫象其穗。"段注本改作:"从木,象其穗。"《说文》这段解释可见"嘉谷(禾)"与"穗"的主从关系,甲骨文"穗"作[图]亦可为证[18]。其生长过程"得时之中",也符合《成人》简文比喻的旨要。司马相如《封禅文》:"嘉谷六穗,我穑曷蓄。"《太平御览》卷八七三"嘉谷"条:"《齐书》曰:武帝时固始县嘉禾一茎五穗,新蔡又获一茎九穗、一茎七穗。"[19]《清史稿·礼志二》:"雍正二年,耤田产嘉禾,一茎三四穗,越二年,乃至九穗。"这些例证皆可说明简文读为"嘉谷五穗"是可以的。

二

《清华八·天下之道》简1"今之獸(守)者,高亓(其)壄(城),深亓(其)湿(壑)⑳而利其櫨醽,菖亓(其)飤(食),是非守之道。"整理者注释说:菖,疑为"箺"之异体。箺,《说文》:"厚也。"该字亦见于上博简《竞公虐》第九简,或读作"芳"㉑。王宁认为"菖"字是马王堆帛书《周易》"少(小)蓻(畜)"的"蓻"字的省写,此亦当读为"畜(蓄)",是积蓄义㉒。单育辰同意王说㉓。

谨按:"菖"当与训为厚的"箺"无关,"箺"从"竹"声,不能替换为"艹"。比如《清华四·别卦》"大箺",上博简《周易》作"大竺",今本作"大畜";马王堆帛书《周易》"小蓻",今本作"小畜"。"箺、竺"从"竹"声(端纽觉部),与"畜"(透纽觉部)声近可通。"蓻"是禅纽觉部也,与"竹、畜"声音相近。常训为"厚、大"的笃厚之"笃",在古书和出土文献里除可写作"祝"外,又可写作"竺、毒"㉔;而"竺"和"毒"又皆与"埶/熟"相通㉕。总之,以上诸字音近可通是没有问题的㉖。王宁认为"菖"是"蓻"字的省写,也就是说"亯"是"埶"的省写,这是有问题的。《说文》:"瓢,食饪也。从孔、羍声。《易》曰:'埶饪。'"段注删去"声"字,指出:"亯部曰:羍,埶也。此会意,各本衍声字,非也。"以"埶"为会意字。甲骨文"埶"字从孔从亯㉗,可以印证段玉裁的分析。不过,也有研究者认为"埶"是形声字,从"亯"、"孔"声㉘。另外,《诗经·干旄》"素丝祝之,良马六之",其中"祝"在安大简98作"縷",整理者分析作从"糸"、"婁"声。"婁",应为"埶"之省形异体。古文字"孔"下常加"女"㉙。以上所列的例证都未见"埶"可省作"亯"。

笔者认为"菖"当分析为从"艹"、亯"声,当从一说读为"芳"。叔夜鼎"鸞"字以"亯"为声符,郭沫若释读为"烹",明言"乃烹之古文"㉚,正确可从。《汤处于汤丘》简1"有莘媵以小臣,小臣善为食,亯(烹)之和",也是"亯、烹"相通的例证。"享"与"亨"古本一字,"亨"有许庚切、抚庚切二音,后一读音的"亨"即"烹"字,与"纺"的上古音同属滂母阳部,所以"享、纺"二字可以通用,因此楚月第六月"享月",睡虎地秦简作"纺月"。《周易》大有九三"公用亨(享)于天子",马王堆帛书《周易》作"九三,公用芳(享)于天子"。张政烺注云:"芳,王弼本作亨,注为'通'。《释文》云:'亨,许庚反,通也。众家并香两反。京云:献也。于云:享,宴也。姚云:享,祀也。'按帛书与众家同。"随卦上六"王用亨(享)于西山",马王堆帛书《周易》作"王用芳(享)于西山"。睡虎地秦简"享"作"纺",犹马王堆《周易》"享"作"芳"。因此简文"菖其食"可读为"芳其食"。食物可用"芳"形容,如《九店》有"芳粮"的说法。也有"芳饵"的说法,《吴越春秋》:"大夫种曰:'臣闻高飞之鸟,死于美食;深泉之鱼,死于芳饵。今欲伐吴,必前求其所好,参其所愿,然后能得其实。'"简文意思是说上位者不能一味追求饮食的芳香美味,盖致味饮食,必厚敛饮食而失民心,这不是守天下之道。《墨子·辞过》:"古之民未知为饮食时,素食而分处,故圣人作诲男耕稼树艺,以为民食。其为食也,足以增气充虚,强体适腹而已矣。故其用财节,其自养俭,民富国治。今则不然,厚作敛于百姓,以为美食刍豢,蒸炙鱼鳖,大国累百器,小国累十器,前方丈,目不能遍视,手不能遍操,口不能遍味,冬则冻冰,夏则馌饐。人君为饮食如此,故左右象之,是以富贵者奢侈,孤寡者冻馁,虽欲无乱,不可得也。君实欲天下治而恶其乱,当为食饮,不可不节。"《国语·楚语下》:"夫阖庐口不贪嘉味,耳不乐逸声,目不淫于色,身不怀于安,朝夕勤志,恤民之赢,闻一善若惊,得一士若赏,有过必悛,有不善必惧,是故得民以济其志。"《国语·吴语》:"在孤之侧者,觞酒、豆肉、箪食,未尝敢不分也。饮食不致味,听乐不尽声,求以报吴,愿以此战。"《新序·刺奢》:"食我以粝餐者,季岂不能具五味哉!教我无多敛于百姓,以省饮食之养也。"既"无多敛于百姓,以省饮食之养",则可得民心。

"菖"已见于《上博六·竞公疟》简9:"今内宠有会谮,外＝(外宠)有梁丘据营诳,公退武夫,恶圣人,番涅瓕菖。"研究者多将"菖"等同于"营"读为"笃"[31],这是不对的。徐在国读"菖"为"芳"甚是,但读为"播馨扬芳"则与文意不合,且"瓕"读为"扬"也不能成立[32]。"番"当读为"播",弃也。"涅"读为"程",典范、法度。《吕氏春秋·慎行》:"为义者则不然,始而相与,久而相信,卒而相亲,后世以为法程。"高诱注:"程,度也。"《说苑·至公》:"子文之族,犯国法程,廷理释之,子文不听,恤顾怨萌,方正公平。"至于"瓕(藏)菖(芳)"的"芳",是指前面的"武夫、圣人"。"芳"可代指贤德的人。《楚辞·离骚》"昔三后之纯粹兮,固众芳之所在",王逸注:"众芳,喻群贤。"[33]

　　　　附记:本文为"清华简《摄命》、《四告》研究"的研究成果之一,获得台湾科学委员会的资助(MOST 110–2410–H–018–027–MY2),特此致谢。

(作者单位:台湾彰化师范大学国文系)

注:

① 安徽大学汉字发展与应用研究中心编,黄德宽、徐在国主编《安徽大学藏战国竹简(一)》第90—91页,中西书局2018年。

② 刘洪涛《清华简补释四则》,复旦大学出土文献与古文字研究中心网2011年4月27日,后载《考古与文物》2013年第1期。又见于同作者《形体特点对古文字考释重要性研究》第257—258页,商务印书馆2019年。

③ 参见殷南山《〈谈楚文字中的"垔"字〉商榷》,复旦大学出土文献与古文字研究中心网2017年11月27日;陈剑《上海博物馆藏楚竹书〈子羔〉》,《儒藏(精华编282)》(上)出土文献类第440页,北京大学出版社2020年。

④ 程燕《谈楚文字中的"垔"字》,《安徽大学学报(哲学社会科学版)》2017年第5期第91—93页。

⑤ 清华大学出土文献研究与保护中心编,黄德宽主编《清华大学藏战国竹简(玖)》第159页注22,中西书局2019年。

⑥ 单育辰《清华九〈成人〉释文商榷》,《中国文字》2020年夏季号总第3期第279页。

⑦ 蒋伟男《利用安大简补说清华九〈成人〉一则》,《汉字汉语研究》2020年第1期第26—31页。

⑧ 滕胜霖《清华九补释三则》,《中国文字》2020年冬季号第317—327页。

⑨ 石小力《故宫博物院藏梁伯戈铭文新释》，田炜主编《文字·文献·文明》第83页，上海古籍出版社2019年。

⑩ 复旦吉大古文字专业研究生联合读书会《上博八〈兰赋〉校读》评论第6楼，复旦大学出土文献与古文字研究中心网2011年7月17日。另参见陈民镇等《上博简楚辞类文献研究》（上）第154—155页，花木兰文化出版社2014年。

⑪ 李均明《清华简〈成人〉篇之尚"五"观》，第九届"出土文献与法律史研究"国际学术研讨会论文集第4页，上海，2019年10月。

⑫ 同注⑤第153页。

⑬ 林少平《清华九〈成人〉初读》第72楼，简帛网"简帛论坛"2019年12月14日已有此说。

⑭ 抱小《简编拾遗》，国学网2004年08月26日。

⑮ 陈伟主编，彭浩、刘乐贤等撰著《秦简牍合集：释文注释修订本（壹）》第306页，武汉大学出版社2016年。

⑯ 抱小《读〈北京大学藏西汉竹书（叁）〉（一）》，简帛网2015年11月17日。

⑰ 亦可参见方勇《读岳麓秦简札记一则》，复旦大学出土文献与古文字研究中心网2009年5月19日。

⑱ 邬可晶《释"穗"》，田炜主编《文字·文献·文明》第1—10页。

⑲ 〔宋〕李昉等奉敕编《太平御览》第4005–1页，台湾商务印书馆1975年。

⑳ "壑"字释读参见单育辰《〈清华大学藏战国竹简（捌）〉释文订补》，《出土文献》第14辑第172—173页，中西书局2019年。

㉑ 清华大学出土文献研究与保护中心编，李学勤主编《清华大学藏战国竹简（捌）》第155页注3，中西书局2018年。

㉒ "清华八《天下之道》初读"，简帛网简帛论坛，评论第5楼，2018年11月19日。

㉓ 单育辰《〈清华大学藏战国竹简（捌）〉释文订补》，《出土文献》第14辑第172页注3。

㉔ 高亨纂著，董治安整理《古字通假会典》第743页【毒与笃】条、第744页【笃与竺】条，齐鲁书社1997年。《尚书·微子》"天毒降灾荒殷邦"，《史记·宋微子世家》作"天笃下菑亡殷国"；《墨子·非命下》引《书·泰誓》："上帝不顺，祝降其丧。""祝降"即《微子》的"毒降"。参见张悦《〈尚书〉"祝降时丧"新释》，《中国语文》1998年第6期。

㉕ 高亨纂著，董治安整理《古字通假会典》第743页【毒与埶】【毒与熟】条、第744页【竺与熟】条。

㉖ 参见陈剑《释上博竹书和春秋金文的"羹"字异体》，2007中国简帛学国际论坛论文，2007年11月10—11日，台湾大学中文系，又载复旦大学出土文献与古文字研究中心网2008年1月6日。

㉗ 裘锡圭《释殷墟卜辞中与建筑有关的两个词——"门塾"与"自"》，《裘锡圭学术文集·甲骨文卷》第299—300页，复旦大学出版社2012年。

㉘ 谢明文则认为：根据"孔"有"夙"音，"埶"字所从之"孔"应是声符，它应该是一个从"宣"、"孔"声的形声字。"宣"，旧或以为是像宗庙之形，从甲骨金文的字形看，"宣"虽未必像宗庙，但说像某种建筑之形则应该是没有异议的，又结合甲骨文中"埶"字的用法来看，我们颇疑"埶"即"门塾"之"塾"的初文。参见氏著《说夙及其相关之字》，《出土文献与古文字研究》第7辑第30—49页，上海古籍出版社2018年。

㉙ 同注①第135页注5。

㉚ 郭沫若《释𤔲𦥑𦥑𦥑》，《郭沫若全集·考古编》第五卷《金文丛考》第472页，科学出版社2002年。

㉛ 各家说法参见刘建民《上博竹书〈景公疟〉注释研究》第21—22页，北京大学2009年硕士学位论文。

㉜ 徐在国《上博楚简文字声系（一～八）》第1590页，安徽大学出版社2013年。

㉝ 本文初稿是《清华简（八）〈天下之道〉考释两则》中的一篇，发表于复旦大学出土文献与古文字研究中心网2018年11月26日。后见李学勤主编，贾连翔、沈建华编《清华大学藏战国竹简（柒—玖）文字编》（中西书局2020年）第467页已改采"芳"之说。

古文字研究（34）：380—385，2022

《清华九》研读札记

刘传宾

一

《治政之道》简8云：

夫远人之燮（孌）備（服）于我，是之以。

整理者将"是之以"单独成句，未作解释。这句话的断读颇有争议。陈民镇认为："'是之以'难以疏通，疑有讹误，待考。"①王宁认为："'以'下有墨点为断句，这里疑抄手点错了标点，墨点当在'之'字下，'以'当属下句。句疑当读为'夫远人之燮服，于我是之'，'是之'是赞成、肯定的意思。"②胡宁认为："'以'是因为之义，宾语即'彼佐臣之敷心尽惟'。"进而将此句断读为："夫远人之燮（孌）備（服）于我，是之以皮（彼）差（佐）臣之尃（敷）心聿（尽）焦（惟）……"③悦园（网名）认为："'以'下句读符号疑为误标，'是之以'当与下文连读，'是之以'即'是以'。"④

从文意来看，"燮服于我"似应读为一句，因此，王宁的意见恐怕并不可信。若将"以"训为"因为"，且以"彼佐臣之敷心尽惟"为宾语后，其前之"是之"该如何解释也是一个难题。文献中多见"是以、此以"表示"因此"之意，后多接结果而非原因。因此，胡宁的意见恐怕也不可信。悦园将"是之以"认作"是以"，并未深入解说。从理论上来说，"是以"主要有两种解释：一是文献常见用法"因此"；一是如胡宁的意见，训"以"为"因为"。若是第一种，则"是以"后所接当为结果，但从简文内容来看，并非如此。若是第二种，则面临和胡宁同样的问题。

我们认为整理者的断读是正确的，"以"下有句读符号恐怕不能轻易否定。"是之以"是一个宾语前置句，"是"为宾语，"之"字复指提前宾语，"以"可训为依据、凭借或因为等义。整句话是说"远人之所以燮服于我，以是"。"是"指代前文"比政□□，量德之贤，是以自为，匡扶左右，非为臣赐，曰：是可以永保社【7】稷，定厥身，延及庶祀"这句话。此类宾语前置句文献多见，如《左传·隐公元年》："君子曰：'颍考叔，纯孝也，爱其母，施及庄公。诗曰：孝子不匮，永锡尔类。其是之谓乎。'"正可以与之类比。

二

《成人》简10—11云：

天悉（爱）戕（贱）民之命，甬（用）勖（物）见（现）之祆（妖）祥（祥），禚（赖）[祆]（妖）【10】卑（俾）民毋毳。

"禱"字，整理者读为"赖"，训为凭借⑤。黄杰认为"'禱'当读为'厉'，指灾祸或病疫，与'妖'义近"，并将"厉妖"属上句读⑥。读"禱"为"厉"是可信的，但是将"厉妖"属上句读恐怕有问题。"妖祥厉妖"，"妖"字重复，不辞。因此，"厉妖"仍当属下句读。在文献中，"妖祥"既可训为"凶兆和吉兆"，也可专指"凶兆"。从简文上下文意来看，前文多言下民荒乱之事，故当以后者为是。灾祸、疾疫为"厉"之常训，例不赘举。表"疾疫"之"厉"后多写作"疠"。"妖"可指反常怪异的事物或现象，《左传·宣公十五年》"地反物为妖"⑦，杜预注："群物失性。""厉妖"文献未见，但"妖厉"见于《吕氏春秋·开春论·察贤》："雪霜雨露时，则万物育矣，人民修矣，疾病妖厉去矣。"高诱注："妖，怪。厉，恶。"⑧"妖"也可读为"夭"，"夭"有灾祸义，如《诗经·小雅·正月》："民今之无禄，天夭是椓。"陆德明释文："夭，於兆反，又於遥反，灾也。"朱熹集传："夭，祸。"文献中又多见"夭厉"一语，"夭"训为早死、殇亡，如《左传·襄公三十一年》："盗贼公行，而夭⑨厉不戒。"《管子·侈靡》："人君寿以政年，百姓不夭厉，六畜遮育，五谷遮熟，然后民力可得用。"《汉书·严安传》："草木畅茂，五谷蕃孰，六畜遂字，民不夭厉，和之至也。"比较而言，仍以"妖"训为灾祸为优。简文整句话的大意是：上天爱惜百姓的性命，以事物显示出凶兆，灾祸（或疾疫）使百姓不愚迷（而戒惧）。

三

《清华九》"间"字一共出现6例，其中《治政之道》简37写作"閒"，辞例为"亡（无）又（有）閒（间）奱（废）"，整理者读为"闲"，训为闲暇，当为可信。其余5例皆写作"閑"，用法较为特殊，现整理如下：

（1）母（毋）或外救（求）閑（间）谦（嗛），以为亓（其）请。　　　　　　　　《乃命一》简7

（2）母（毋）或氕（乞）賜（匄）叚（假）賌（贷），閑（间）执事之人，娭（保）请以弪（强）取。　　　　　　　　《乃命一》简9

（3）亓（其）会（合）也，奴（恕）内周外，同以閑（间）昔（错）不从逑（休），竺（孰）敢奱（称）凶⑩。　　　　　　　　《乃命二》简3

（4）母（毋）或非而所及，智求利，查（树）言仓（创）䚄（辞），以閑（间）命于执事之人。　　　　　　　　《乃命二》简4

（5）吏（使）此邑之三千夫、二【17】千户，吏（使）此邑之閑（间）于列（厉）疾，母（毋）又（有）辠（罪）蛊。　　　　　　　　《祷辞》简17—18

关于"閑"字的训读，各篇整理者及相关学者意见大体如下：

《乃命一》简7：整理者读为"间"，同时读"谦"为"嗛"，训为"衔恨"；又列"或说"，将"外、閑"皆读为"间"，训为"参与"，"间求间兼"即参与求取、衔怨之事⑪。my9082（网名）读"谦"为

"廉","间廉"连文,察也、侯也⑫。

《乃命二》简3:整理者读为"间",训为"防闲"⑬。王宁读为"闲",同时认为"错"通"措",是停止义,"闲错"犹言"防止"⑭。ee(网名)读为"闲",训为"防蔽"⑮。

《乃命二》简4:整理者读为"间","间命"犹云"干命",谓违犯命令;《乃命一》简9"间"义与此同⑯。

《祷辞》简18:整理者认为同"间",并举天星观简、新蔡简"速有间"与之参照⑰。王宁读为"间",训为"远离"⑱。ee(网名)释为"间",读为"外"⑲。

从总体研究情况来看,整理者将《乃命二》简3"间"训为"防闲";认为《乃命一》简9、《乃命二》简4两个"间"字意义相同,训为"干犯",都是可信的。但其他几例则存在一些问题:

1. 整理者将《乃命一》简7"外"字读为"间"并不合理。首先,《乃命一》简7有"间"字,写作"閛","外"与"閛"同在一句话中出现且距离较近,当非一字。《乃命二》简3,"外、閛"二字也距离较近,但用为二字,可资比较。其次,在楚系简帛文献中,"间"字多写作"閜、閛"二形,分别从"勿、外"作,为一字异体,如《清华六·郑文公问太伯》甲、乙两篇对应的"间"字就分作"閜"和"閛"。但这并不意味着"勿、外"无别。从用字习惯来看,"间"字可省写作"勿"(如郭店《老子》甲简23"天地之勿"、《上博八·子道饿》简2"宋卫之勿"),但从未见有写作"外"的,应是为了与"外"字区别而有意为之。古文字材料中有"外"用为"间"的例子,如中山王𗊮壶"载之𥫀策","𥫀"从"竹"从"外",读为"简"。再如睡虎地秦简《日书》甲种简152正"在外者奔忙","外"字刘乐贤认为是"一个与'间'读音相同的字,此处读为肩"⑳。但皆非楚文字资料,且用例极少,不足以作为读"外"为"间"的坚强证据。

"外救(求)"与"閛(间)谦(嗛)"对应,皆应为偏正关系。"谦"或可读为"敛",二字古音皆属谈部。从"兼"和从"佥"之字古可通用,如朱骏声《说文通训定声》谦部第四:"嗛,字亦作喰。"《释名·释言语》:"廉,敛也,自检敛也。""求"与"敛"语义对应,皆为求取、索取之意。《广雅·释诂一》:"敛,取也。""閛"读为"间"。《淮南子·俶真训》"则丑美有间矣",高注:"间,远也。"这个"间"其实是"距离"之意,"远"似应为引申义。《说文》:"外,远也。""外求"与"间敛"语义近同㉑。

新近公布的上博简《卉茅之外》篇首句为"卉(草)茅之外,役敢承行"。曹锦炎认为:"'草茅'本指野草,引申为草野、田野、民间,多与'朝廷'相对,后世代指在野未出仕之人,即平民。……简文'草茅之外',是说除了在野未出仕之人外,也就是说是位于朝廷的人。……役,事情,亦指劳役。"㉒胡宁、丁宇认为:"用'草茅之外'或类似语词表示在朝之人,典籍中无其例。揆诸语言习惯,不在庙堂可言庙堂之外,而在庙堂则通常不会称为乡野之外或江湖之外。外,《说文·夕部》:'远也。''卉茅之外'犹言'卉茅之远',是自言远在卉茅之中。"㉓在此基础上,孟蓬生读"外"为"间","草茅之间"就是"民间";"役敢承行"即"敢承行役"㉔,"役"指

"王事"或"国事"。整句话是说:"我身处民间,岂敢承行王事?"㉕如此,则此"役"只有"身居庙堂"(在其位)之人才可承行。《说文》殳部:"役,戍边也。"段注曰:"凡事劳皆曰役。"举凡兵役、力役之事皆可曰"役",承行者多为百姓。《孟子·万章下》:"庶人召之役,则往役。"赵岐注:"庶人召使给役事,则往供役事。"因此,将"役"解释为"王事"或"国事",且为"身居庙堂"之人承行,恐怕并不可信。而之所以这样解释"役"字,主要是因为将"外"字读为"间",出于贯通前后语义的需要。如此看来,将"外"读为"间"恐怕并不合适。我们认为"外"当用如本字。董珊认为整句话是说:"在农事(艹茅谓田野之农事)之外,国家劳役之事才可以承农事而施行。"㉖这种意见应该是正确的。程浩读"外"字为"刈",认为整句话是说:"待剪除茅草的农事完成之后,才可以兴起徭役。"㉗相比而言,还是读为本字为好。

包山简中也有几个"外"字疑似读为"间"(释文不严格隶定):

(1)占之,恒贞吉,少有感于躬身与宫室,且外有不顺。　　　　　　　　　　简210

(2)占之,恒贞吉,少有感于躬身,且外有不顺。　　　　　　　　　　　　简217

(3)占之,恒贞吉,少外有感,【199】志事少迟得。　　　　　　　　　　简199—200

简199"外"字,李零读为"间","少"是稍微之义,"少间"也是稍微之义㉘。陈伟将上述3例的"外"字皆读为"间",与"少"正好相对,指时间短暂,"少间"亦指时间短暂㉙。在文献中,"少间"确实多指时间短暂,但是在简文中,"少"并非指时间短暂,而应从李零意见读为副词"稍",特别是简200"志事少迟得"尤能证明这一点。但将"少间"解释为稍微,恐怕并不正确,文献中未见此用例。我们认为简文"外"当用为本字,即外面之义,和"躬身与宫室"相对。邴尚白疑简199"少外有感"是"少有外感"的讹写㉚,这种意见很有启发性。新蔡简甲三10有这样一句话:"少有外言感也,不为尤,君将有志成也。"㉛很明显可以与包山简199—200对读。将"少外有感"与"少有外言感也"比较,可知"外"字位置并不固定,这增强了将"外"用为本字的可信性,也再次证明包山简199"少外"并不能读为"少间"。"外"字位置不固定,说明古汉语表达的多样性,并不能据此证明包山简抄写有误。在新蔡简中,"外"字还有这样一些用例:甲三270"期中有外丧☒",乙四23"中期君王有恶于外☒",乙四52"有外丧☒",乙四106"九月、十月有外□☒",乙四122"有火戒,有外☒"。"有外X"即"外有X";"有恶于外"即"外有恶",与包山简210、简217"外有不顺"可相类比。从用字习惯上来看,包山简中"勿"字出现2例(简179、简220),皆用为"间";"閷、郍"㉜二字各出现2例,皆读为"县"。而"外"字出现3例,见于上文,并无释读为"间"的明确证据。此外,新蔡简中,"间"字出现10例,皆写作"閪、閞"二形;"外"字出现7例,皆用为本字。

2.天星观简、新蔡简"速有间"之"间",一般训为"瘥、瘳"等,即"病愈"之意,但这种训释并不符合《祷辞》简18文意。《祷辞》简17—18主要内容为祷祠地祇,使其邑百姓免于厉疾、罪蛊。若将"閞"训读为"病愈",即遭受厉疾之后病愈,明显与简文相违,导致"閞(间)于列（厉）疾"无法与"母（毋）又（有）辠（罪）蛊"呼应。清华简中有训为"病愈"的"閒"，如《清华五·汤处于汤丘》简4—5："少閒于疾。""间"训为"病愈"当是一种词义引申。如《方言》三"差、间，愈也"，郭璞注："言有间隙。"再如《论语·子罕》"病间"，皇侃疏："若少差则病势断绝有间隙也。"ee（网名）将《祷辞》简18"閒"读为"外"也不可信。出土文献中未见确释的"閒"读为"外"的例子。《上博六·用曰》简9："内閒謕众，而焚其反侧。""閒"字何有祖读为"外"，认为内外相对㉝；蒋文、程少轩认为"閒"是"外"字的误抄㉞。此句语义不明㉟，读"间"为"外"并没有明确的证据，且同篇简14有"外"字（扬武于外），故仍以读本字为好。《祷辞》简18"閒"字，王宁读为"间"训为"远离"，或为可信。"远"或"远离"之义应该是从"间隙、距离"等基本意义中引申出来的。清华简《乃命一》简7和《祷辞》简18"閒"字用法，或可补充传统词语训释的不足。

附记：本文得到国家社科基金专项"出土简牍编联与拼缀研究及数据库建设"（2018VJX079）、国家社科后期资助项目"郭店简词义整理与研究"（18FYY009）、天津市社科项目"郭店简字词全编"（TJZW18–010）资助，谨致谢忱！

（作者单位：天津师范大学文学院）

注：

① 陈民镇《读清华简〈治政之道〉笔记》，清华大学出土文献研究与保护中心网2019年11月22日。

② 王宁《读清华简〈治政之道〉散札》，复旦大学出土文献与古文字研究中心网2019年11月28日。按：相同的意见更早见于简帛网—简帛研读—《清华九〈治政之道〉初读》第60楼，2019年11月26日。

③ 胡宁《读清华简九〈治政之道〉札记》，复旦大学出土文献与古文字研究中心网2019年11月28日。

④ 参阅简帛网—简帛研读—《清华九〈治政之道〉初读》第67楼，2019年11月26日。

⑤ 清华大学出土文献研究与保护中心编，黄德宽主编《清华大学藏战国竹简（玖）》第161页注36，中西书局2019年。

⑥ 田畹（网名）《清华简九〈成人〉第二段管见（二）》，"田畹读书"微信公众号2019年11月28日。

⑦ "妖"字，《说文》作"祅"，参阅《说文》卷一"祅"。

⑧ 按：陈奇猷《吕氏春秋新校释》（上海古籍出版社2002年，第1454页注11）认为高注"恶"字下脱"疾"字，"妖厉"指"怪异之恶疾"，并不可信。"厉"训为"恶"为古之常训，如《广韵》祭韵："厉，恶也。"《诗经·大雅·瞻卬》"孔填不宁，降此大厉"，毛传："厉，恶也。"

⑨ 按："夭"字，石经、宋本、淳熙本、纂图本、明翻岳本作"天"。阮校曰："案杜氏注云：'疠犹灾也，言水潦无时。'据此义则当作'天地'之'天'。然经有言'疠疫夭札'，则'夭疠'亦不为非。"

⑩ 按：关于这句话的断句及"埶"字的释读，吸收了王永昌、ee（网名）的意见。参阅王永昌《读清华简（九）札记》，《出土文献》第15辑第205页，中西书局2019年；简帛网—简帛研读—《清华九〈乃命二〉初读》第1楼，2019年11月22日。

⑪ 同注⑤第173页注13。

⑫ 参阅简帛网—简帛研读—《清华九〈乃命一〉初读》第5楼,2019年11月26日。

⑬ 同注⑤第177页注6。

⑭ 参阅简帛网—简帛研读—《清华九〈乃命二〉初读》第19楼,2019年12月5日。

⑮ 参阅简帛网—简帛研读—《清华九〈乃命二〉初读》第1楼,2019年11月22日。

⑯ 同注⑤第177页注7。

⑰ 同注⑤第188页注44。

⑱ 参阅简帛网—简帛研读—《清华九〈祷辞〉初读》第13楼,2019年11月25日。

⑲ 参阅简帛网—简帛研读—《清华九〈祷辞〉初读》第2楼,2019年10月22日。

⑳ 刘乐贤《睡虎地秦简日书研究》第187页注释3,文津出版社1994年。

㉑ 按:《乃命一》简7—8似可与《韩非子》中"八奸"之"四方"、"五蠹"之"言谈者"的相关文字参照。如此,则"外求"似指"借力于外"。

㉒ 曹锦炎《上博竹书〈卉茅之外〉注释》,《简帛》第18辑第2—3页,上海古籍出版社2019年。

㉓ 胡宁、丁宇《上博简〈卉茅之外〉试解》,复旦大学出土文献与古文字研究中心网2019年8月7日。

㉔ 按:此为胡宁、丁宇最先提出。参阅上注胡宁、丁宇文。

㉕ 孟蓬生《上博简〈艹茅之外(间)〉初读》,《民俗典籍文字研究》第25辑第196—206页,商务印书馆2020年;又见《第五届出土文献与上古汉语研究暨汉语史研究学术研讨会论文集》第117—123页,复旦大学中国语言文学系承办,2019年9月20—23日。

㉖ 董珊《上博简〈艹茅之外〉的再理解》,微信公众号"先秦秦汉史"2019年7月28日。

㉗ 程浩《上博逸诗〈卉茅之外〉考论》,清华大学出土文献研究与保护中心网2019年7月3日。

㉘ 李零《包山楚简研究(占卜类)》,《中国典籍与文化论丛》第1辑第435页,中华书局1993年。

㉙ 陈伟《楚简中某些"外"字疑读作"间"试说》,简帛网2010年5月28日。

㉚ 邴尚白《楚国卜筮祭祷简研究》,台湾暨南大学1999年硕士学位论文。

㉛ 按:陈伟读该简"外"字为"间",训为"离","间言"指离间或非议之语。这恐怕也是不正确的。参阅注㉙陈伟文。

㉜ 按:简56有钰字,《包山楚墓文字全编》(李守奎、贾连翔、马楠编著,上海古籍出版社2012年,第269页)怀疑是"邿"字异体,恐怕并不可信。

㉝ 何有祖《读〈上博六〉札记》,简帛网2007年7月9日。

㉞ 蒋文、程少轩《〈用曰〉第4简与第19简试读》,复旦大学出土文献与古文字研究中心网2008年3月24日;又名《上博藏楚竹书〈用曰〉篇试读一则》,《东南文化》2010年第5期第99—102页。

㉟ 按:此句学者多有讨论:如顾史考疑"蠲"读为"雠","众"为形容词,"焚"读为"忿"或"愤";晏昌贵认为"内间"即《孙子·用间》"内间者,因其官人而用之";王辉认为"内间"即"纳奸","蠲"读为"逐","纳奸逐众"犹言养奸姑息而逐众议;俞绍宏、张青松训"间"为"离间",读"蠲"为"噣"(即"啄"),读"焚"为"逢"或"忿、愤",整句话是说"在国内离间、造谣毁谤众人,遭遇众人反侧(或使众人忿怒反侧)"。参阅顾史考《上海博物馆藏战国楚简〈用曰〉章解》,《人文论丛》(2008年卷)第717—770页,中国社会科学出版社2009年;晏昌贵《上博藏战国楚竹书〈用曰〉篇的编联与注解》,《楚文化研究论集》第8集第105—119页,大象出版社2009年;王辉《上博藏简〈用曰〉篇新释六则》,《中国历史文物》2010年第6期第81—82页;俞绍宏、张青松编著《上海博物馆藏战国楚简集释》第6册第266页,社会科学文献出版社2019年。

古文字研究（34）：386—391,2022

清华简《晋文公入于晋》校释拾遗

魏　栋

截至2020年，清华简整理报告已经出版至第10辑。目前，清华大学出土文献研究与保护中心正组织学术力量，对已经出版的清华简进行修订校释，并进行英译。本人承担《晋文公入于晋》等8篇文献释文、注释的修订工作。现将对《晋文公入于晋》的一些新认识汇报如下，以供学界交流。

（一）

简1记载[①]：

> 晋文公自秦入于晋，端坐□□□□□□□□□ 母，<u>毋察于妞（好）妝（臧）嫡（媥）蠚（斐）</u>，皆见。

整理报告指出：

> "母"上一字疑为"王"字之坏，王母，祖母。盖谓宗亲命妇至于祖辈，不择好恶皆见。嫡，读为"媥"，《说文》："轻貌。"蠚，疑从盍声，《说文》读若"灰"、"贿"，试读为"斐"，《说文》："丑貌。"

今按，"妞妝嫡蠚"四字尚未确诂，暂从原整理者读为"好臧媥斐"。"毋察于好臧媥斐，皆见"大意是晋文公回国即位后，为赢得广泛的支持，不管人的品行好恶，全都予以接见。《左传》僖公二十四年（晋文公元年）记载晋文公即位后，接见了曾追杀自己的寺人披，以及未追随流亡的"守藏者"竖头须。二人分别通过晋文公之仆进言："齐桓公置射钩而使管仲相，君若易之，何辱命焉？行者甚众，岂唯刑臣。""居者为社稷之守，行者为羁绁之仆，其亦可也，何必罪居者？国君而仇匹夫，惧者甚众矣。"两人因而获得了晋文公召见，并且他们的言行对帮助晋文公稳定政局起了较大作用。《左传》的记载与简文"毋察于好臧媥斐，皆见"足可合观。

（二）

简1、2记载：

> 晋文公自秦入于晋……明日朝，<u>逗（属）邦利（耆）老</u>，命曰："以孤之久不【一】得由<u>二三大夫</u>以修晋邦之政，命……"【二】

整理报告指出：

> 利读为耆，《西伯戡黎》之黎出土文献中多从旨声，与此同例。

今按，简文"逗（属）"当训为集合、使聚集在一起。《左传》僖公十九年"欲以属东夷"，杜预注："属，训聚也。"简文"逗（属）"不宜读为"嘱"。因为"逗（属）邦利（耆）老"后紧接着便云

"命曰"，若将"属"读为"嘱"，训为嘱咐，便与"命"字有重复之嫌。整理报告将简文"利"读为"耆"，网友在简帛网论坛发帖谓"利"当读为"黎"，"黎老"指老人，当以整理报告说为是。简文"耆老"，意思当是老成的大夫，对应下文的"二三大夫"。《礼记·檀弓上》"天不遗耆老，莫相予位焉"，陈澔集说："言天不留此老成，而无有佐我之位者。"《国语·晋语四》记载晋文公甫一归国即位便"属（训召集）百官，赋职任功"，简文"属邦耆老"可与《晋语四》"属百官"相参照。所谓"百官"及简文的"二三大夫"并不一定都是老人，简文"利"宜读为"耆"。

（三）

简1、2记载：

以孤之久不【一】得由二三大夫以修晋邦之政，命讼狱拘执释逝（折），责母（毋）有霣（卑），四封之内皆然。【二】

以上画线部分为整理报告的释读。整理报告还指出：

折，训为"断"。《书·吕刑》："非佞折狱，惟良折狱。"霣，疑读为"卑"，《说文》："举也。"责毋有所举，犹《国语·晋语四》称晋文公"弃责薄敛"，《左传》成公十八年晋悼公"施舍已责"，韦昭注："除宿责也。"

今按，简文"讼狱"，意思是诉讼。拘，简文作"敂"；拘执，意思是拘捕。"讼狱、拘执"，在简文语境中实际上是动词活用为名词，二者分别指主管诉讼的人、从事拘捕的人。简文"释"字当训为舍弃、抛弃，《国语·晋语一》记载"君其释申生也"，韦昭注云"释，舍也"；简文"逝"，当从冯胜君意见读为"滞"，训为积聚、积压[②]；简文"责（债）"，训为债务。"释滞债"意思即放弃积压的债务。《国语·晋语四》记载晋文公回国即位后"弃责薄敛"，韦昭云："弃责，除宿责（债）也。"简文"释滞债"与《晋语四》"弃责（债）"含义相当。简文"霣"，前引冯先生文指出应读为"塞"或"赛"，训为偿还。有，用为助词，无实义。《诗·泉水》："女子有行，远父母兄弟。"简文"毋有霣（塞/赛）"意思是不要偿还了。

（四）

简2、3记载：

（晋文公）又明日朝，命曰："以孤之久不得由二【二】三大夫以修晋邦之祀，命肥芻（刍）羊牛、豢犬豕，具黍稷、酒醴以祀，四封之内皆然。"【三】

整理报告指出：

《孟子·告子上》"犹刍豢之悦我口"，《韵会》："羊曰刍，犬曰豢，皆以所食得名。"刍谓草食，豢谓以谷圈养。

今按，简文"肥"字，此处用为动词，训作增肥、使变肥。《国语·楚语下》："刍豢几何？"韦昭注："草养曰刍，谷养曰豢。"刍、豢皆为名词。刍指以草饲养的牲畜，如牛、羊。豢指以谷类饲养的牲畜，如猪、狗。此类用法的刍、豢还见于《孟子·告子上》"理义之悦我心，犹刍豢之悦我口"、《庄子·齐物论》"民食刍豢"等。刍、豢还可作动词。《墨子·天志上》:"故莫不犓（刍）牛羊、豢犬彘，洁为粢盛、酒醴，以祭祀上帝、鬼神而求祈福于天。"《墨子》"犓（刍）牛羊""豢犬彘"是两个动宾结构短语，简文"刍羊牛""豢犬豕"与之不同。简文"刍"与"羊牛"间、"豢"与"犬豕"间都是统言与析言的关系，此类现象古书不乏其例，学者将之总结为"大名冠小名"现象③。简文"肥刍羊牛、豢犬豕"意思是增肥牛羊等食草的牲畜和狗猪等食谷的牲畜，增肥牲畜的目的与简文下文"具（训为置办）黍稷、酒醴"一样，都是用于祭祀。

（五）

简5、6记载:

乃作为旗物，为升龙之旗师以进，为降龙之旗师以退，为左□□□□□□□□□□□□□□□【五】，为𩰚龙之旗师以战，为交龙之旗师以豫，为日月之旗师以舊（久），为熊旗大夫出，为豹旗士出，为茷采之旗归粮者【六】出。

整理报告指出:

郑玄注"交龙为旂"，以为"诸侯画交龙，一象其升朝，一象其下复也"，谓二龙一升一降。𩰚，读为"角"或"遘"，当是画二龙遘遇角斗；交龙详上注。豫，《易·系辞》以为"重门击柝，以待暴客"，韩康伯注:"取其豫备。"日月，《周礼·司常》以为大常所画。

今按，根据简文，旗帜上装饰的图案与军队的具体行为密切关联。"升龙之旗"指装饰有龙头朝上、呈上升状龙纹图案的旗帜。图案"升龙"与简文"师以进"间存在着意义上的关联。"降龙之旗"指装饰有龙头朝下、呈下降状龙纹图案的旗帜。图案"降龙"与简文"师以退"间存在着意义上的关联。"𩰚"读为"遘"似比读为"角"更佳，因为二龙相遇与"师以战"在意义关联上更为密切。"为交龙之旗师以豫"较为费解。洪德荣认同程浩、石小力将"豫"读为"舍"的观点，并指出"舍"与"战"是相反的动作，上博简《曹沫之阵》简50"既战复舍，号令于军中曰:'缮甲利兵，明日将战'"，"豫（舍）"意思是休战、止战④。立足于"豫（舍）"与"战"相反的认识，郑玄所谓"诸侯画交龙，一象其升朝，一象其下复也"在简文语境中似难讲通。"交龙"还常被训释为两龙蟠结的图案。如《释名·释兵》:"交龙为旂；旂，倚也。画作两龙相依倚也。"但此义看不出与"师以豫（舍）"有何关联。颇疑"交龙"即"蟠龙"，意思是盘伏的龙，盘伏的龙处于休止状态，与简文"师以豫（舍）"可相关联。

银雀山汉简《孙膑兵法·五名五恭》:"夫威强之兵，则屈软而待之。轩骄（训为高傲骄横）之兵，则恭敬而久之。"银雀山汉简"久"与"待"的含义相类，"久"当训为动词等待。张震泽指出:"久之，言与持久，待其师老气衰。"⑤清华简"为日月之旗师以舊（久）"之"舊（久）"的训释当与旗帜图案"日月"有一定关系，"日月"运行代表了时间，将"舊（久）"训为等待，正与时间有关。"为日月之旗师以舊（久）"的意思是，制作装饰有"日月"图案的旗帜，用来指示军队要持守待战。王挺斌也曾指出"久"当训为等待，并举出"久"字这种训释的三个用例:清华简《郑武夫人规孺子》13号简"女（汝）慎重君葬而旧（久）之于三月"、上博简《孔子见季桓子》22号简"迷〈悉〉言之，则恐旧（久）吾子"、《左传》昭公二十四年"寡君以为盟主之故，是以久子"⑥。所不同的是，王挺斌所举三例皆用为及物动词，清华简"为日月之旗师以舊（久）"之"舊（久）"则用作不及物动词。

（六）

简7、8：

　　元年克原，<u>五年启东道</u>，克曹、五鹿，【七】败楚师于城濮，建卫，成宋，围许，反郑之陴，九年大得河东之诸侯。【八】

今按，"东道"见于传世古文献，有两个含义：可指通往东方的道路。如《左传·成公十三年》："东道之不通，则是康公绝我好也。"也可指东部地区。如桓谭《新论》："张子侯曰：'杨子云，西道孔子也，乃贫如此。'吾应曰：'子云亦东道孔子也。昔仲尼岂独是鲁孔子，亦齐楚圣人也。'"从字面看，简文"启东道"既可指开辟通往东方的道路，也可指开拓东部地区。

《国语·晋语四》记载晋文公元年冬为平定周王室王子带之乱，"行赂于草中之戎与丽土之狄，以启东道（开辟通往东方的道路）"。《晋语四》的这次"启东道"发生在晋文公元年，与简文"（晋文公）五年启东道"当非一事。《左传》僖公二十八年（晋文公五年）："春，晋侯将伐曹，假道于卫，卫人弗许。还，自南河济。侵曹伐卫。正月戊申，取五鹿……（城濮之战）……"简文"五年启东道"似指晋人在城濮之战前夕东伐曹国的道路受阻后"自南河济"一事。

（七）

简7、8记载：

　　五年启东道，克曹、五鹿，【七】败楚师于城濮，建卫，成宋，围许，<u>反郑之陴</u>。【八】

今按，整理报告指出简文"反"训为颠覆，"陴"指"城上女垣"。所谓"女垣"就是女墙，即城墙上呈凹凸形状的矮墙，是防护和御敌屏障。简文"反郑之厓（陴）"，《商君书·赏刑》作"反郑之埤"，《韩非子·外储说右上》作"南围郑，反之陴"，《吕氏春秋·简选》作"反郑之埤"，《国语·晋语四》记载此事相对详细，云：

　　<u>文公诛观状以伐郑，反其陴</u>。郑人以名宝行成，公弗许，曰："予我詹（即郑国大夫叔詹）而师还。"詹请往，郑伯弗许，詹固请……郑人以詹予晋，晋人将烹之。詹……乃就烹，据鼎耳而疾号……乃命弗杀，厚为之礼而归之。郑人以詹伯为将军。

《国语·晋语四》韦昭注："反，拨也。陴，城上女垣。"《吕氏春秋·简选》高诱注："反，覆，覆郑城埤而取之。"陈奇猷认为"拨、覆义近"，所谓"反郑之埤"系烛之武退秦师后，"晋于退师之时，拆去郑城上之女墙，使不能窥敌，所以废除郑守备之意也"⑦。简文"反郑之陴"的含义当如陈奇猷所言，但"反郑之陴"是否是发生在烛之武退秦师后，晋国撤兵之时，则需要商榷。现将

晋、郑间有关史事罗列如下。

《左传》僖公二十八年（晋文公五年）："（城濮之战后，郑）为楚师既败而惧，使子人九行成于晋。晋栾枝入盟郑伯。五月丙午，晋侯及郑伯盟于衡雍……冬，（晋、郑等诸侯）会于温……"

《左传》僖公二十九年（晋文公六年）："（晋等列国）盟于翟泉，寻践土之盟，且谋伐郑也。"

《左传》僖公三十年（晋文公七年）记载了晋师的两次讨郑行动，云："春，晋人侵郑，以观其可攻与否……九月甲午，晋侯、秦伯围郑，以其无礼于晋，且贰于楚也。晋军函陵，秦军氾南……（烛之武说秦穆公）……秦伯说，与郑人盟……乃还。子犯请击之。（晋文）公曰：'不可……'亦去之。"

简文云"反郑之陴"发生在晋文公五年，而烛之武退秦师发生在《左传》僖公三十年（晋文公七年），显然陈奇猷所推晋人"反郑之陴"的时间有误。综合《国语·晋语四》和《左传》僖公二十八至三十年的记载，晋人"反郑之陴"很有可能发生在《左传》僖公二十八年（晋文公五年）"晋栾枝入盟郑伯"前后。

（八）

简8：

（晋文公）九年大得河东之诸侯。【八】

整理报告指出：

《春秋》鲁僖公三十二年为晋文公九年，"冬十有二月己卯，晋侯重耳卒"。

今按："大得河东之诸侯"意思是得到"河东之诸侯"的大力拥护。查《春秋》三传、《国语·晋语》、《史记·晋世家》等古书，未见记载晋文公九年在世时晋国曾发生过什么大事，简文此句当可补传世文献之缺。遗憾的是"大得河东之诸侯"的详情不甚明了。

"大得河东之诸侯"的"河东"颇值得玩味。先秦秦汉时期，"河东"一词用作地名时一般指的是今山西西南部地区。如《孟子·梁惠王上》："河内凶，则移其民于河东，移其粟于河内。河东凶亦然。"除用作区域地名外，"河东"也常常用来表示方位，意思是黄河以东，并且一般指的是古黄河下游某段以东。此种用法的"河东"也很多。如《周礼·夏官司马》："河东曰兖州，其山镇曰岱山，其泽薮曰大野。"《战国策·齐策四》"苏秦谓齐王"章："有济西则赵之河东危。"《战国策·齐策五》"苏秦说齐闵王"章："卫非强于赵也，譬之卫矢而魏弦机也，藉力魏而有河东之地。"《韩非子·有度》："魏安釐王攻赵救燕，取地河东。"《尔雅·释山》："河南华，河西岳，河东岱，河北恒，江南衡。"子居曾敏锐指出简文"河东"非指晋西南一带，而是指古黄河下游以东[8]，较是。因为晋文公时期晋国疆域已经覆盖晋西南地区[9]。简文所谓"河东之诸侯"即古黄河下游以东的诸侯，从地理上看至少包含这一带的曹、卫等国。

附记：本文为国家社科基金青年项目"新出战国竹简地理史料的整理与研究"（18CZS073）、国家社科基金重大项目"清华简与儒家经典的形成发展研究"（16ZDA114）的阶段性成果。

（作者单位：清华大学出土文献研究与保护中心、
"古文字与中华文明传承发展工程"协同攻关创新平台）

注：

① 清华大学出土文献研究与保护中心编，李学勤主编《清华大学藏战国竹简（柒）》第101页，中西书局2017年。下文所引《晋文公入于晋》的释文、注释均出自此书，不再赘注。

② 冯胜君《清华七〈晋文公入于晋〉释读札记一则》，复旦大学出土文献与古文字研究中心网2017年4月25日。

③〔清〕俞樾等《古书疑义举例五种》第52—53页，中华书局2005年。

④ 洪德荣《〈清华简（七）·晋文公入于晋〉中的军旗考论》，《殷都学刊》2021年第1期第33页。

⑤ 张震泽《孙膑兵法校理》第168页，中华书局1984年。

⑥ 清华大学出土文献读书会《清华七整理报告补正》，清华大学出土文献研究与保护中心网2017年4月23日。

⑦ 陈奇猷校释《吕氏春秋新校释》第453页，上海古籍出版社2002年。

⑧ 子居《清华简七〈晋文公入于晋〉解析》，中国先秦史网2017年7月14日。

⑨ 马保春《晋国历史地理研究》第251页，文物出版社2007年。

古文字研究（34）：392—393，2022

《芮良夫毖》"莫之扶退"解

马晓稳

《芮良夫毖》收录于《清华大学藏战国竹简》第三辑，全篇记述了芮良夫的劝诫之语。由于文辞古奥，虽公布有年，但不少地方仍有待进一步探索。比如简5—6有这样一句话：

　　卑（譬）之若童（重）载以行隋（崝）险，莫之敆（扶）△，亓（其）由不遀（颠）巾。

△字原篆作，整理者释为"道"读为"导"，学界多无异辞。最近贾连翔从竹简的"微观考古"出发，系统探讨总结了竹简形制对文字释读的影响，许多地方发前人所未发，读后很受启迪。其中在"缮写空间的影响"一则中，就对△字做了重新释读。贾先生说[1]：

　　细审字形，除去"辵"的部分并非"首"，而与楚文字中增加饰笔的"且"旁相合，比如与本篇属同一书手的《祭公》中的"且"就写作，又《𨽏命二》中从"且"的"祖"字也写作。故此字当释为"遀"。《说文》"遀，往也。"或体作"徂"。"莫之敆遀"句意为如果没有辅助就去前往。

将△右上视为增加饰笔的"且"，全字释作"遀"，无疑是很正确的意见。但此处"遀"可读为"阻"。《吕氏春秋·诚廉》"上谋而行货，阻兵而保威也"，高诱注："阻，依。"《文选》陆机《五等诸侯论》"诸侯阻其国家之富，凭其士民之力"，李善注："阻，恃也。"《史记·十二诸侯年表》："晋阻三河，齐负东海，楚介江淮。"王念孙《读书杂志》"介江淮"条[2]：

　　索隐曰："介，音界，言楚以江淮为界。一云：介者，夹也。"念孙案：二说皆非也。介者，恃也，言恃江淮之险也。襄二十四年《左传》："以陈国之介恃大国，而陵虐于敝邑"，"介"亦"恃"也。《汉书·五行志》"虢介夏阳之阨，怙虞国之助"，"介"、"怙"皆恃也。（颜师古曰："介，隔也。"失之。）《南粤传》"欲介使者权"，颜师古曰："介，恃也。""阻"、"负"、"介"，三字同义。（隐四年《左传》"夫州吁阻兵而安忍"，杜注训"阻"为"恃"。《说文》："负，恃也。"）

"扶"旧多有"佐助"义，如《说文》"扶，左也"；《战国策·宋卫策》"若扶梁伐赵"，高诱注"扶，助也"。但简文"扶、阻"连言，二字都应理解为"依傍"方更为妥洽。其实从"佐助"一类的意思很容易引申出"凭借、依靠"义。

《汉书·眭两夏侯京翼李传》有如下一段描述成周地理位置的文字：

　　臣愿陛下徙都于成周，左据成皋，右阻黾池，前乡崧高，后介大河，建荥阳，扶河东，南北千里以为关，而入敖仓；地方百里者八九，足以自娱；东厌诸侯之权，西远羌胡之难，陛下共己亡为，按成周之居，兼盘庚之德，万岁之后，长为高宗。

颜师古注："乡，读曰向。介，隔也，碍也。"联系前引王念孙论述，不难看出文中的"据、阻、介"

都应理解作依凭、依靠。"建荥阳"下四句旧有歧说,如王先谦云[3]:

> 此处文义不顺,当作"建荥阳而入敖仓,扶河东南北千里以为关",盖传写误倒。建与键同。《礼·乐记》"名之曰建櫜",注"建读为键"。《续志》,荥阳有敖亭,刘昭注"秦立为敖仓",是荥阳、敖仓即在一地。此言徙都成周,以荥阳之险陀为键闭,而入敖仓于腹地,故曰建荥阳而入敖仓。《天文志》晋灼注:"扶,附也。"《释名》:"扶,傅也,傅近之也。"河东,郡名。

王先谦谓"建"读"键"是可取的,但调整文句顺序并无必要。旧说纷纭的关键在于"扶"字理解的混乱,或训"治理"或训"佐助"[4],从前后文看都无道理。汉代河东郡山川高峻,夹关中、汴洛两角之间,北接朔方,地理位置十分险要,正所谓"以关中并天下者,必先得于河东"[5]。故"扶河东"就是要依靠河东郡之地形险要,这样便能"南北千里以为关"。准此"左据成皋,右阻黾池,前乡崧高,后介大河,建荥阳,扶河东,南北千里以为关,而入敖仓"一句是说雒阳左依成皋,右靠渑池,前对嵩山,后恃黄河,以荥阳为键闭,凭仗河东郡(地利),从南到北千里之地都可以为关隘,而将敖仓纳入腹地。

最后回头看《芮良夫毖》的释读。"譬之若重载以行崝险,莫之扶赵,其由不颠覆",是说就像一个人负重在险峻之地行走,如果没有凭借依靠,怎能不颠覆呢?典籍中像"阻"这样表示依仗的动词后接宾语多是山川河流,但联系上文"君子而受敕万民之窶所而弗敬"来看,这里"扶阻"所指的实际对象却是"万民"。芮良夫劝诫的意图正是希望厉王在国家危困之秋,能够依仗"万民",如此方能不被颠覆。这样读来,《芮良夫毖》的这条记载,可算得上是我国出土先秦典籍中关于要"依靠民众"的早期论述了。

附记:小文蒙贾连翔、石小力、王凯博三位先生审阅赐正,谨致谢忱。本文为"中国人民大学科学研究基金(中央高校基本科研业务费专项资金资助)"(21XNF039)、古文字与中华文明传承发展工程规划项目(G1813)项目成果。

(作者单位:中国人民大学文学院、"古文字与中华文明传承发展工程"协同攻关创新平台)

注:

① 贾连翔《浅谈竹书形制现象对文字释读的影响》,《出土文献》2020年第1期第86页。
② 〔清〕王念孙撰,徐炜君等点校《读书杂志》第209页,上海古籍出版社2014年。
③ 〔清〕王先谦《汉书补注》第4903页,上海古籍出版社2008年。
④ 如《汉语大字典》"扶"字条"治理"义项,《汉语大字典(第二版)》第1938页,崇文书局、四川辞书出版社2010年;安平秋、张传玺主编《二十四史全译·汉书》第1551页,汉语大辞典出版社2004年。
⑤ 〔清〕顾炎武《日知录》"西伯戡黎"条。

古文字研究（34）：394—399，2022

关于清华简《四时》"征风"等词的训释

沈　培

　　新公布的出土文献有时可以让我们把过去不敢系联甚至于根本想不到系联的字词系联起来，还可以让我们通过较早的古文字字形所透露的信息，了解到这些字词的本义，从而能够比较有根据地去判断过去各种说法的正误。这里举新见清华简《四时》里面的"征风、征鸟、征兽"为例，略以窥探新出材料对我们理解古书字词的作用。

　　要谈这个问题，必须从"征虫"一词谈起。2007年，《上海博物馆藏战国楚竹书》第六册出版，其中《用曰》篇有"征虫飞鸟"一语[①]，"征虫"何义，整理者没有解释。陈伟最早指出[②]：

　　　　征虫飞鸟，整理者无说。今按：《墨子·明鬼下》："古者有夏，方未有祸之时，百兽贞虫，允及飞鸟，莫不比方。"孙诒让间诂："《淮南子·地形训》云：'万物贞虫，各有以生'。《原道训》云'蚑蟜贞虫'。高注'贞虫，细腰之属也'。又《说山训》云'贞虫之动以毒螫'，注云'贞虫，细腰蜂蝶蠃之属，无牝牡之合曰贞'。案：'贞'当为'征'之假字，乃动物之通称，高说未晐，说详《非乐上篇》。"《墨子·非乐上》："今人固与禽兽麋鹿、蜚鸟、贞虫异者也。今之禽兽麋鹿、蜚鸟、贞虫，因其羽毛以为衣裘，因其蹄蚤以为绔屦，因其水草以为饮食。故唯使雄不耕稼树艺，雌亦不纺绩织纴，衣食之财固已具矣。今人与此异者也，赖其力者生，不赖其力者不生。"孙氏间诂："蜚与飞通。贞虫，详《明鬼下篇》。宋翔凤云：'贞通征，此言蜚鸟征虫，即《三朝记》所谓蜚征也。'案：宋说是也。《庄子·在宥篇》云：'灾及草木，祸及止虫'，释文引崔譔本，作'正虫'，亦即'贞虫'也。征，正字，贞、正并声近假借字。"竹书"征虫"与"飞鸟"并列，当即战国两汉传世文献中的"贞虫"。

　　通过陈先生的系联，我们知道了"征虫"在传世古书里面本来就有，而且还可以写成"贞虫"。因此，他这个观点对理解简文的文义显然是有帮助作用的。

　　但是，"贞虫、正虫"或"征虫"到底是什么意思呢？陈文所引孙诒让《墨子间诂》指出高诱注"未晐"，并表示赞成宋翔凤的看法，认为"贞虫、正虫、征虫"几种写法当中，以"征"为"正字"，但"征"具体怎么理解，上引孙说没有明确说出。其实，孙诒让在《札迻》里面有更清晰明确的看法。孙氏说[③]：

　　　　《在宥》第十一"祸及止虫。"《释文》云："'止虫'，本亦作'昆虫'。崔本作'正虫'。"成本亦作"昆虫"，疏云："昆，朋也，向阳启蛰。"案：崔本是也。"正"与"贞"通。《墨子·明鬼篇》云："百兽贞虫。"又《非乐篇》云："蜚鸟贞虫。"《淮南子·原道训》云："蚑蟜贞虫。"《地形训》、《说山训》亦并有"贞虫"之文。字又作"征"。《大戴礼记·四代篇》云："蜚征作。"犹《墨子》云："蜚鸟贞虫。"<u>"征虫"即谓能行之虫也</u>。《新语·道基篇》亦有"行虫走兽"之文。"正"、"贞"皆声近，叚借字。《淮南》高注云："贞虫，细腰蜂，蜾蠃之属，无牝牡之合曰贞。"乃望文生训，不足据。洪颐煊谓"止虫"当是"豸虫"，《读书丛录》。亦失之。

孙氏明确认为"'征虫'即谓能行之虫也"，这是更清楚的词义解释。但是此说在长时间之内似乎并没有得到多少人的同意④。孙氏之后关于"贞虫、正虫、征虫"的关系及其它们的词义解释，仍然是众说纷纭。这里仅以王叔岷之说为例来说明。王氏也是在注释《庄子·在宥》篇"祸及止虫"时谈到了这个问题。他在引用洪颐煊、俞樾、孙诒让之后说⑤：

> 案赵谏议本、《道藏》各本、覆宋本"止虫"皆作"昆虫"。《汉书·成帝纪》："君道得，则草木昆虫咸得其所。"草木、昆虫并言，盖本《庄子》此文。师古《注》："昆，众也。昆虫，言众虫也。"又许慎《说文》云：'二虫为蚰，读与昆同，谓虫之总名。'两义并通。"昆乃蚰之借字，两义相同，非并通也。孙氏从崔本"止虫"作"正虫"，云："正与贞通，字又作征，正、贞皆声近叚借字。"窃以为正与贞通，"贞虫"与"昆虫"同义，亦即众虫。《淮南子·地形篇》："万物贞虫，各有以生。"《大戴礼·易本命篇》作"昆虫"，即其证。不必借正、贞为征，而释为"能行之虫"也。俞氏"止虫"即"豸虫"云云，乃本洪说而引申之。

这显然是不同意孙诒让《札迻》说。由此可见，"征虫"或"贞虫"到底指什么，仅在王书就可以看到洪颐煊、俞樾、孙诒让、王叔岷四种说法，孙诒让的看法并不为人所重视。

在上博简《用曰》公布之前，出土文献中已出现过"正虫"。这就是马王堆帛书《二三子问》里面的"鸾鸟正虫"。张政烺注释说⑥：

> 鸾鸟正虫，正虫，读为贞虫。贞虫，见《淮南·原道》"夫举天下万物，蚑蛲贞虫"，高注："贞虫，细腰之属也。"

这又退回到了高诱的说法。丁四新、汪奇超二位曾对《二三子问》的"鸾鸟正虫"作了比较详细的讨论，不同意张说，结论是⑦：

> 总之，墨子《明鬼下》、《非乐上》、《淮南子·原道》、《淮南子·地形》四篇诸"贞虫"，均当读作"征虫"。据《释文》，《庄子·在宥》的"止虫"，或作"正虫"，亦读作"征虫"。而帛书《二三子》的"鸾鸟正虫"一句，则与《墨子·明鬼下》"百兽贞虫，允（以）及飞鸟"、《非乐上》"禽兽麋鹿、飞鸟贞虫"二句高度相应，可知它大概承接后二篇而来。这样看来，帛书的"正虫"读作"征虫"，应无疑义。不过，还有一个问题，这就是"征虫"之"征"的训释问题。"征"为"延"字之或体，见《说文·辵部》，常训为"行"。《吕氏春秋·季冬纪》："征鸟厉疾。"高诱《注》曰："征，犹飞也。"（原注：许维通《吕氏春秋集释》卷12，北京：中华书局，2009年，第259页。）《礼记·月令》："征鸟厉疾"，郑玄《注》曰："征鸟，题肩也。齐人谓之击征，或名曰鹰。"孔颖达《疏》曰："征鸟，谓鹰隼之属也，谓为征鸟如征。厉，严猛。疾，捷速也。"（原注：阮元校刻《十三经注疏（清嘉庆刊本）·礼记》卷17，北京：中华书局，2009年，第2996页。）综合高《注》及郑《注》、孔《疏》来看，"征鸟"之"征"乃"飞行"义，但又包含"鹰击长空"

之"击"字义。反观帛书《二三子》，"正（征）虫（蟲）"与"鴜（飞）鸟"相对，可知高诱等人的训解也合乎本"正（征）"字之义。而所谓"征虫"，泛指有羽、能飞行的所有动物。

这可以说是在清华简《四时》公布之前对"贞虫"所作的最全面的检讨和解释。其说有一点可以注意，就是把"征虫"跟"征鸟"联系起来了。

"征鸟"比"征虫"更常见，而且好像也没有异文，古今人都比较熟悉，最常见的解释就是"飞鸟"，为何"征"有"飞"的意思，大概是因为"征"有"行"义，鸟之行当然就是鸟之飞，这是容易理解的。丁、汪二人指出"征鸟"之"征"为"飞行"义，但又对其义作了别的解释，还对"征虫"的意思作了过度的引申和发挥，这其实削弱了他们结论的可靠性。

2014年出版的《长沙马王堆汉墓简帛集成（叁）》，在注释"征虫"时，先引用了张政烺的说法，然后说⑧：

> 今按："贞"、"正"并应读为"征"，行也。参看《墨子·明鬼下》"百兽贞虫"孙诒让《间诂》、《墨子·非乐上》"蜚鸟贞虫"孙诒让《间诂》引宋翔凤说。《上海博物馆藏战国楚竹书（六）·用曰》简5云"征虫飞鸟"。

这是再次确认了宋翔凤、孙诒让说的正确性。此后似乎就没有看到有人讨论"贞虫、正虫、征虫"了，但不排除仍然有人不相信宋、孙之说。直到最近清华简《四时》公布，这个问题又引起了我们的注意。

其所以引起我们的注意，是因为《四时》里面既有"延鸟、正鸟"，又有"正兽"，还有"延风"，下面我们把相关释文写在下面⑨：

> 八日，延（征）风启南。……十四日，东舍乃发，天帑乃章，延（征）鸟北行。（简3—4）

> 凡春三月，月周鸟尾，正（征）鸟藏，雨，其三不藏，至孟夏十日乃有鸟妖作于邦。（简38）

> 凡冬三月，月周天衡，正（征）兽藏，雨，其三不雨，及孟春乃有蛰虫见。春三月，月周天衡，逍藏正（征）兽⑩，雨，其三不至，亟孟夏复辰乃有兵作。（简41—42）

简文的表达无疑丰富了我们对"正、延"用法的认识。整理者把上引释文里面的"延、正"都读为"征"，在简4下注释："征鸟，飞鸟。"⑪这是用的古书常训。在简41下注释："征兽，走兽。"⑫"征风"则未出注。可见整理者没有意识到"征鸟、征兽、征风"应统一看待，也没有联系到"征虫"以及古书里面相关的表达。

从出土文献材料看，从马王堆到上博简，再到清华简，这种"征"的用法很固定，常用在动物词前面，甚至还可以用在"风"前面，所用之字不是"正"就是"延"，尚未见到写作"贞"者，可见"正"或"延"就是本字。从出土文献用字一致性的角度看，应该可以证实宋、孙之说基本正确。古书中因为此词有"贞虫"的写法，古人有些奇怪的解释显然是受了这种写法的干扰，而且他们也忽略了"征虫、贞虫"跟"征鸟"的联系。

现在我们应该认识到，"征风、征鸟、征兽"连同前面所说的"征虫"，各词里面的"征"应作统一的解释。

其实这个问题很容易解决，只要正确认识"正、征"的关系及其本义，就能够把"征风"等词的意义解释清楚。

裘锡圭《文字学概要》对"正"的本义以及"正、征"的关系有过说明。他说[13]：

　　　　（甲）　（金）正　　"征"的初文，本义是远行。"囗"代表行程的目的地，"止"向"囗"表示向目的地行进。

明确指出"正、征"的本义是"远行"，可能就是裘先生最早指出的。裘先生还说[14]：

　　　　"正"字大概是由于常常用来表示纠正和偏正的{正}，所以加注"彳"旁分化出"征"字来表示本义的（《说文》不以"正"为"征"之初文）。

这应该代表学术界一般的看法。古文字作偏旁的"彳、辵"通用，《四告》简文里面的"延"，应该就是"征"的异体。（《说文》将"延"解释为"正行也"，不确；但"延"下列"征"为异体，则反映了古文字的实际情况）

我们只要把这些成说运用到对"征风"等词的训释上，就能得到正确的结论。

显然，"征鸟"应该解释为"远行或远飞的鸟"，"征兽"就是"远行的兽"，"征虫"就是"远行的虫"。古人用"征"去修饰各种远行的人物、动物或器物，翻翻《汉语大词典》所收词条，就能看到很多。例如"征人、征夫"指远行的人，"征帆、征棹"指远行的船，"征舠"指远行的小船，"征车、征轩、征轴、征轺"指远行的车，"征途"指远行的路途，"征雁"或"征鴈"指迁徙的雁，"征禽"也指远飞的鸟。诸如此类，举不胜举。再看一例。

北魏贾思勰《齐民要术·养牛马驴骡》："饲征马令硬实法：细剉刍……和谷豆秣之。"石声汉解释说[15]：

　　　　"征马"："征"是"远行"；"征马"是能远行的马。

这种解释非常精当。前引孙诒让解释"征虫"为"能行之虫"很可能就应该理解为"善行之虫"，解释方式就跟石书所解是一致的。古人在动物词前面加上"征"，并不是简单说这些动物能行走，而是暗指这些动物常远行或善远行的意思。

又承薛培武兄相告，清华简《成人》篇有"非正"，整理者读为"飞征"，这是正确的。我们前面引用陈伟文时，已见宋翔凤说《三朝记》有"蜚征"[16]。《成人》的"非正"显然也就是"蜚征"。又，《大戴礼记·千乘》有"祷民命及畜谷、蜚征、庶虞草"，王聘珍解释："蜚征，谓飞禽走兽也。"[17]《大戴礼记·四代》还有"蜚征作"，王聘珍则曰："蜚征，谓禽兽昆虫。"[18]前后不够统一，但大意是正确的。"蜚征"应该就是泛指能飞、能远行的动物。清华简《成人》整理者解释"飞征"为"泛指飞禽"[19]，不够准确，恐怕也是没有准确理解"征"的含义而造成的。

通过以上讨论，我们就能很自然地知道《四时》的"征风"就是"远行的风"或"远风"，相当于古书常见的"长风"。《文选》左思《吴都赋》"习御长风"，刘逵注："长风，远风也。"李白《古风五十九首》"永随长风去"王琦辑注同⑳。"征风"之说似乎不见于先秦两汉古书,在出土文献中似乎也是首次出现,丰富了先秦汉语的词汇。

　　以上所举之例,无非想要说明,新出土文献材料给我们带来的新知,虽然不是全新的认识,但是对于我们准确理解过去已经见到过的字词还是很有作用的。新材料的魅力就在于此,而且肯定不限于此。

　　补记:

　　本文曾在"简帛"网站发布(2020年12月8日)。单育辰先生于2020年12月9日来函赐告:《北京大学藏西汉竹书(伍)》(上海古籍出版社2014年)所收《雨书》篇简17有文:"八日斗,小雨,以逆正鸟。鸟不到,乃失时。"单先生早已指出原整理者对"正鸟"的解释不确,认为"正鸟"应读为"征鸟",即征行之鸟,今所谓候鸟。本文失于引用,谨向单先生致歉,并志本人读书之疏漏。单先生的观点,最早见于武汉大学"简帛"网站"简帛论坛"以网名"ee"发表的《北京大学藏西汉竹书[伍]》小识》一帖1楼,2015年11月17日),后来收入单育辰《〈北京大学藏西汉竹书[伍]〉释文订补》一文,载《出土文献综合研究集刊》第5辑第44页,巴蜀书社2016年。《雨书》简文写作"正鸟",再次说明出土文献中此类的用字还是相当稳定的,用的都是本字。

　　单先生认为征鸟就是候鸟,征风就是季风。后来接到刘洪涛先生来函,也有同样的看法。而且,刘先生还认为"征虫、征兽"的"征"就是指能动的动物,不必强调其义是"远行"。这些都是有参考价值的意见。我的看法是:古人说动物的"征",本义是说这种动物能远行或善远行,本来是指具有这种能力的动物,并不是说这种动物一定要远行。由于能远行的鸟以候鸟最有代表性,所以把"征鸟"解释成候鸟是可以的,但只能说"候鸟"是征鸟中的一部分或大部分,不是全部。同样,"征风"也是。可以设想,古人说"征兽",应该也不会指所有能走能跑的兽,而是指像"马"那样能远行或善远行的兽,而马并不一定每行必远行。刘先生还认为,《用曰》里面的"征虫飞鸟",虫代表的是所有陆行动物,鸟代表的是所有的飞行动物。这种理解恐怕过于宽泛,即便能够成立,也是一种临时性的修辞用法,并非这一说法的本来意义。

　　顺便一提,《吕氏春秋》等书说的"征虫",乃指能飞的蜂蚕之类的虫,是在具体环境中体现的专指义。但这类虫本质上也是能飞或善飞的,古人不会把所有的能飞或能行的虫叫作"征虫"。

　　感谢单育辰、刘洪涛两位先生提供宝贵意见。

2020年12月9日、15日补记

(作者单位:香港中文大学中国语言及文学系)

注:

① 参看马承源主编《上海博物馆藏战国楚竹书(六)》,上海古籍出版社2007年。此句简文图版见该书第109页

简 5；释文见该书第 290 页。整理者在"鸟"后括注问号，表示不肯定。后来有学者讨论过此字的释读，迄今没有定论。但这个字表示"鸟"一类的词绝无疑问，这里暂时用释为"鸟"之说。参看张金良《〈用日〉集释》第 25—26 页，天津师范大学 2009 年硕士学位论文；吴佩瑜《〈上海博物馆藏战国楚竹书（六）《用日》〉研究》第 122—125 页，台湾师范大学 2011 年硕士学位论文。

② 参看陈伟《〈用日〉校读》，简帛网 2007 年 7 月 15 日；后收入陈伟《新出楚简研读》第 294—295 页，武汉大学出版社 2010 年。

③ 参看〔清〕孙诒让撰，梁运华点校《札迻》第 153 页，中华书局 1989 年；又许嘉璐主编《孙诒让全集》所收雪克、陈野点校《札迻》第 176—177 页，中华书局 2009 年。

④ 例如张双棣说："贞虫"《淮南》三见，皆在今高注本……高三处之注义同，盖古当亦有此一说。此义引申之，则泛指昆虫。……宋、孙谓贞通征，贞虫作征虫。征虫之征何义？且古无有"征虫"之说，其说不可信。（见张双棣《淮南子校释再补》，载《诸子学刊》第 5 辑第 286—287 页，上海古籍出版社 2011 年。）这都是囿于当时所见材料未广而得出的结论。

⑤ 参看王叔岷《庄子校诠》第 397 页，中华书局 2007 年。本文引用王书，标点按现在通行的格式略作了修改。

⑥ 参看张政烺《帛书〈二三子问〉释文》，收入作者《马王堆帛书〈周易〉经传校读》第 96 页，中华书局 2008 年；又收入作者《张政烺论易丛稿》第 151 页，中华书局 2012 年。

⑦ 参看丁四新、汪奇超《马王堆帛书〈二三子〉疑难字句释读》，《周易研究》2013 年第 4 期第 8 页。

⑧ 参看湖南省博物馆、复旦大学出土文献与古文字研究中心编纂，裘锡圭主编《长沙马王堆汉墓简帛集成（叁）》第 41 页注 1，中华书局 2014 年。

⑨ 释文采用宽式，参看清华大学出土文献研究与保护中心编，黄德宽主编《清华大学藏战国竹简（拾）》第 128、131、132 页，中西书局 2020 年。

⑩ 整理者认为"逍"为"归"之异体，释其义为"终"。参看《清华大学藏战国竹简（拾）》第 138 页注 80。网友"翳堂"认为不确，改释为"逾"，《四时》简 17、19"逾暑"和简 33"逾寒"之"逾"应读为"逾"训为"越"，"逾暑""逾寒"即整理者所解释的"天气开始由热变凉""天气开始由寒转暖"之意；简 41"逾藏"和简 42"逾藏征兽"之"逾"可读为"窦"训为"穴"，或直接读为"穴"。参看"翳堂"在简帛论坛"清华十《四时》初读"专题下发言，第 25 楼，2020 年 12 月 6 日。此说基本可从，唯"逾藏"也可通，义为"远藏"。

⑪ 参看《清华大学藏战国竹简（拾）》第 135 页注 25。

⑫ 参看《清华大学藏战国竹简（拾）》第 142 页注 128。

⑬ 参看裘锡圭《文字学概要》第 128 页，商务印书馆 1988 年；亦见该书修订本第 128 页，商务印书馆 2013 年。

⑭ 参看裘锡圭《文字学概要》第 229 页；修订本第 219 页。

⑮ 参看〔北魏〕贾思勰著，石声汉校释《齐民要术今释》第 516 页，中华书局 2009 年。

⑯ 沈按：宋说见宋翔凤撰，梁运华点校《过庭录》第 222 页，中华书局 1986 年。

⑰ 参看王聘珍撰，王文锦点校《大戴礼记解诂》第 158 页，中华书局 1983 年。古人对"蛰征"还有一些解释，基本大同小异，参看黄怀信主撰，孔德立、周海生参撰《大戴礼记汇校集注》第 958 页，三秦出版社 2005 年；方向东《大戴礼记汇校集解》第 898 页，中华书局 2008 年。

⑱ 参看《大戴礼记解诂》第 165—166 页。

⑲ 参看清华大学出土文献研究与保护中心编，黄德宽主编《清华大学藏战国竹简（玖）》第 159 页注 22，中西书局 2019 年。

⑳ 转引自宗福邦、陈世铙、萧海波主编《故训汇纂》第 2393 页，商务印书馆 2003 年。

古文字研究(34):400—403,2022

《楚地出土战国简册合集》第三、四册读札

李松儒

2019年末《楚地出土战国简册合集(三)·曾侯乙墓竹简》与《楚地出土战国简册合集(四)·望山楚墓竹简、曹家岗楚墓竹简》出版,它们对学术界的意义极为重大[1]。

曾侯乙墓竹简图版虽然早在1989年即由文物出版社在《曾侯乙墓》全部公布,但绝大多数图版漶漫不清,只得借助于1997年由艺文印书馆出版的《曾侯乙墓竹简文字编》后面所附的摹本来参照[2]。望山楚简虽然有1995年中华书局出版的《望山楚简》,1995年齐鲁书社出版的《战国楚竹简汇编》,1996年文物出版社出版的《江陵望山沙冢楚墓》,但很多字迹也不清晰,其中以《望山楚简》尤甚,不参照该书所附的摹本,根本无法看清[3]。这些竹简清晰图版的重新整理与发表,其重要意义不亚于新材料的公布。

《楚地出土战国简册合集》重新收录望山与曾侯乙墓竹简的红外线照片(少量常规照片),终于使我们看到了字迹清晰的图版,两书印刷精美,释文精准可信,我们拜读后发现有几处也可略作商讨,下面分曾侯乙墓竹简与望山楚简两部分罗列于下,以向整理者与方家求教。

一 曾侯乙墓竹简

简1“䩳趘执事人书入车”,整理者引《曾侯乙墓》说认为“䩳”为“胄”字异体,“趘”读为“鞁”,车鞁具也,“䩳趘执事人”似是指管理人马甲胄和车马器的办事人员。按,“䩳”是人名,“趘”可读为“属”,是嘱托、交待之义。包山简131“执事人詎阴人宣鞙、何冒、舒逾、舒綎、舒庆之狱于阴之正”、简134“子郙公詎之于阴之𢿜客”、简137反“视日以阴人舒庆之告詎仆”,陈伟把这些“詎”读为“属”,郭店《老子》甲简2“或命之或乎豆”,“豆”今本《老子》正作“属”[4]。《中山王譽方壶》(《集成》9735)的,董珊、白于蓝认为从“尌”或“侸”得声,读为“属”[5]。又可参《清华二·系年》简45+46“郑人致(属)北门之管于秦之【45】戍人”,《清华六·郑武夫人规孺子》简6“詎(属)之大夫”、简12“詎(属)之大夫及百执事”。这些都是“豆”可读为“属”的证据。

简4字,整理者引《曾侯乙墓》说认为当从“𠻘”声,即“陈”之本字。按,它又作(简41)、(简45)、(简54)、(简123)等形,与“𠻘”不太一样,主要“东”下多加“土”形,“东”上的“山”形或有或无,全字疑即“𣪊”或“繄”之异体,但加“阜”形而已。楚简中的“𣪊”字形参看《上博二·容成氏》简22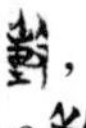,《上博三·周易》简1[6],《清华二·系年》简120、简134,《清华三·周公之琴舞》简16等字形[7]。

简43第一个"滕"字下实有"贝"字⑧。又简136最后一个"滕"字下也有"贝"字⑨。

简45、85、123、125、128、129、133等的"縜",简207的"桿",整理者引赵平安说释为"绲"及"棍",但正文未采用其说。按,该字确应如赵平安说释为"绲"及"棍"⑩,安大简46"竹闭縜滕","縜"今本《诗·秦风·小戎》正作"绲"⑪。

简79的 ,整理者释为"翠"。按,应从"羽"从"勹"。

简95的 ,整理者据红外线图版释为"襄"。按,在整理者早先发表的论文中,已经指出该字从"网"从"毕"⑫,其说是,以其所从的"田"形即可断定该字应从"毕"。参《上博二·容成氏》"遷"作 (简1)、(简9)之形,又包山简173 、《清华一·祭公》简9 (用作"毕公"之"毕")亦从"网"。但不知它与曾侯乙简中常见的"繩"表示是否为同一词⑬。

简166的 ,整理者隶定为"䮇"。按,《曾侯乙墓竹简文字编》亦未摹出该旁,孙启灿已指出"嚣"下尚有"戈"旁,参简1"嚣"亦从"戈"旁⑭。

简167的 ,整理者认为《曾侯乙墓》认为左旁从"夫"不确,又说该旁待考。按,该字实是"斩"字。

简170的 ,整理者从李守奎说释为"尨"。按,该字何琳仪释为"犮",是正确的⑮。参《上博九·灵王遂申》简2"頗"(读为"发")作 ⑯;《安大一·诗经》简88"轸(鬒)頗(发)女(如)云","頗"作 (此"犮"讹为"犬"形);刘云改释长台关简2—9中旧释为"捉臭之帽(巾)"为"捉戤(发)之帽(巾)","戤"字作 ,它们所从的"犮"皆可与此形参照。

简176的 ,整理者按原形印出,但比《曾侯乙墓》图版清晰很多。按,萧圣中曾疑此字是"窃"⑰,后来又释为"煮"⑱,应以释"窃"为是。

简178䮇下有合文符,整理者未列出。《曾侯乙墓竹简文字编》亦未摹出该符。按,应释读为"骖马"。

简212 整理者认为上从"艹",下部未识。按,萧圣中已引李家浩说认为该字可释为"芇"⑲。

此外,本书也有一些手民之误,如简32图版"斡"与"纗"之间对照早年公布的图版有拼接错误。又如简6"纫"应以作"紉"好,简42"軯"应以作"軯"好。简11、12、20、21、26后面的空格都是"☒"形之误。简20"一翼之翿"后应加句号。简36"襦"误印为"㡓"。简39"三骭殈之箙"后应加逗号。简41"紫黄纺之"后面的"繁"字漏印。简45"黄克"依全书体例应前提两字。简131"塞、绅"之间衍"𪚩"字。简144"駃君"为"郿君"之误排。简165"?"为"臧"(此字隶定可疑)之误排。简172 (实是简167中之字)为 之误排。简173"大首之子"后漏印"𥫆"字。简176"端毂"后应加句号。简177、214的"梁"、"梁"应隶定为"泐"。简197、199四处"駐"误印为"駐",简203的"駐"从字形上看似如此。简214"斩田之"后"盂"漏印等。书中的很多"■"是"☒"形之误排。注中也有一些误字与漏字,不再一一指出。

二 望山楚简

M1 简 13 的 ，整理者引《江陵望山沙冢楚墓》释为"𡏼"，又从刘国胜说释为"迁"。按，该字"臼"中间从"牙"，下面从"止"，这方面看，可释为从"与"从"止"之字，通"举"；但从中间有圈形看，又可释为从"兴"从"止"之字，通"兴"[20]。"兴、举"在楚简中有讹混[21]，"兴"与"举"在简文中都能讲通，很难定哪个字，但"兴"的可能似乎更大一些。相关字应可释读为"不可以返（复）思（使）兴身"。

M1 简 43 的 ，整理者引刘国胜说释为"仓"。按，此字应非"仓"，其上是从"大"又左右各两点之字，或"亦"之异体，然其下所从的"土"下又加一横，字形比较古怪。从《江陵望山沙冢楚墓》图版作 、《战国楚竹简汇编》图版作 （编号 98）看，图版中的字形应无误。简 1 的 也应该不是"怆"，"心"上所从似与此字相同。

M1 简 87 整理者未能识出。按，《江陵望山沙冢楚墓》图版作 、《望山楚简》摹作 、《战国楚竹简汇编》图版作 （编号 93），其残留的"口"旁皆不显，今见红外线照片，可看出该字应是"若"之残，其文为 87+170 "若其故，以册【87】告軒获☐"。可参简 125 "社若其故酓"，其中"若"作 形，《江陵望山沙冢楚墓》图版作 、《望山楚简》摹作 、《战国楚竹简汇编》图版作 （编号 103），大体形状尚在，整理者疑为"共"字，非是。其辞例又可参简 52 "速因其酓祷之"[22]、唐维寺 M126 简 2、简 3 "以其有前祷，因其酓而罷祷焉"[23]，"因"与"若"文义相类。"酓"可能有"典册、祭品"一类的意思。

M2 简 18 ，整理者引《江陵望山沙冢楚墓》说释为"阶"。按，其右旁可参 M2 简 50 "阶"作 形，应是，但左旁应从"舟"而非"阜"。

另外，本书中望山 M2 简 48 对比《江陵望山沙冢楚墓》公布的图版，最后一个"雷光之纯"后漏印 （紃）形，应是图版拼接错误所致。小小失误，在所难免，清晰图版的公布，则造福学界至夥，感谢武汉大学简帛研究中心与有关单位的辛勤工作！

附记：本文受到 2021 年国家社科基金重点项目"清华简佚《书》类文献整理与研究"（21AYY017）的资助。

（作者单位：吉林大学文学院）

注：

① 武汉大学简帛研究中心、湖北省博物馆编著《楚地出土战国简册合集（三）·曾侯乙墓竹简》，文物出版社 2019 年；武汉大学简帛研究中心、湖北省文物考古研究所、黄冈市博物馆编著《楚地出土战国简册合集（四）·望山楚墓竹简、曹家岗楚墓竹简》，文物出版社 2019 年。

② 湖北省博物馆编《曾侯乙墓》，文物出版社1989年；张光裕、滕壬生、黄锡全主编《曾侯乙墓竹简文字编》，艺文印书馆1997年。

③ 湖北省文物考古研究所、北京大学中文系编《望山楚简》，中华书局1995年；商承祚编著《战国楚竹简汇编》，齐鲁书社1995年；湖北省文物考古研究所《江陵望山沙冢楚墓》，文物出版社1996年。

④ 陈伟《包山楚司法简131～139号考析》，《江汉考古》1994年第4期第67—71转66页。陈伟《包山楚简初探》第28—36页，武汉大学出版社1996年。陈伟《包山楚司法简131–139号补释》，《简帛研究汇刊》第1辑第323—335页，台北：中国文化大学史学系、简帛学文教基金会筹备处2003年；又，简帛网2005年11月2日。

⑤ 董珊《中山国题铭考释拾遗（三则）》，《北京大学中国古文献研究中心集刊》第4辑348—351页，北京大学出版社2004年。白于蓝《释中山王𧊒方壶中的"属"字》，《古文字研究》第25辑第290—295页，中华书局2004年；又，《拾遗录——出土文献研究》第49—56页，科学出版社2017年。

⑥ 参张新俊《上博楚简文字研究》第13—15页，吉林大学2005年博士学位论文；魏宜辉《利用战国竹简文字释读春秋金文一例》，《史林》2009年第4期第151—153页。

⑦ 黄杰《初读清华简（三）〈周公之琴舞〉笔记》，简帛网2013年1月5日；苏建洲《初读清华三〈周公之琴舞〉、〈良臣〉札记》，简帛网2013年1月18日。

⑧ 张光裕、滕壬生、黄锡全主编《曾侯乙墓竹简文字编》已摹出"贝"形。

⑨ 施谢捷《随县曾侯乙墓竹简释文》电子版已隶定出"贝"形。

⑩ 赵平安《释曾侯乙墓竹简中的"𦈏"和"桿"——兼及昆、龟的形体来源》，《简帛》第1辑第11—14页，上海古籍出版社2006年；又收入其《新出简帛与古文字古文献研究》第326—331页，商务印书馆2009年。

⑪ 安徽大学汉字发展与应用研究中心编，黄德宽、徐在国主编《安徽大学藏战国竹简（一）》第105页，中西书局2019年。

⑫ 武汉大学简帛研究中心、湖北省博物馆、湖北省考古研究所《曾侯乙墓竹简残泐字试补十九则》，《简帛》第1辑第15—23页，上海古籍出版社2006年；又收入萧圣中《曾侯乙墓竹简释文补正暨车马制度研究》第153页，科学出版社2011年。

⑬ 田河读"絙"为"秘"，参田河《出土战国遣册所记名物分类汇释》第149—150页，吉林大学2007年博士学位论文。

⑭ 孙启灿《曾文字编》第210、372页，吉林大学2016年硕士学位论文。

⑮ 何琳仪《战国古文字典——战国文字声系》第954页，中华书局1998年；《随县竹简选释》，《华学》第7辑第120页，中山大学出版社2004年。参刘云《释信阳简中的"发"字》，复旦大学出土文献与古文字研究中心网2013年11月30日。

⑯ 参"youren"《〈灵王遂申〉初读》，简帛网论坛2013年1月5日中"汗天山"2013年1月5日第5楼的发言。

⑰ 萧圣中《曾侯乙墓竹简释文补正暨车马制度研究》第120页。

⑱ 萧圣中《曾侯乙墓竹简释字二则》，简帛网2012年5月12日；《曾侯乙墓竹简残泐字补释五则》，《江汉考古》2014年第5期第110—112转107页。

⑲ 萧圣中《曾侯乙墓竹简释文补正暨车马制度研究》第128页。

⑳ "兴"字释读参张峰《楚文字讹书研究》第191—192页，上海古籍出版社2016年。

㉑ 参单育辰《新出楚简〈容成氏〉研究》第104—105页，中华书局2016年；张峰《楚文字讹书研究》第172—192页。

㉒ 陈斯鹏《简帛文献与文学考论》第111、129页，中山大学出版社2007年。

㉓ 参苏建洲《荆州唐维寺M126卜筮祭祷简释文补正》，简帛网2020年1月14日。

古文字研究（34）：404—407,2022

说战国文字"鼠"字的来源

石小力

鼠，首次出现于河北省平山县战国中山王墓出土的中山王𦥑壶（《集成》9735），在铭文中用为数词"一"，后来在战国楚简中多次出现，也用为"一"。这个字的构形如何分析，尤其是其中的所谓"鼠"形，跟"一"的读音和意义都没有关系，该字为何从"鼠"，引起了学界持续的讨论。笔者曾根据新出清华简等古文字材料，认为战国楚文字"罷"字来源于甲骨文的"翼"字初文①，"鼠"字所从的所谓"鼠"形，也应该是"翼"形的一种变体，该字从翼，从一，也是羽翼之翼的异体，在楚文字中用为"一"。下面试论证之。

鼠，在战国中山国铜器中山王𦥑壶铭文中的文例曰：

（1）燕故君子哙，新君子之，不用礼仪，不顾逆顺，故邦亡身死，曾无鼠（一）夫之救。

中山王𦥑壶，《集成》9735

学者一般隶作"鼠"，根据铭文辞例，该字是用作"一"的。张政烺就指出："鼠，从鼠，一声，字书不见，在此读为一，一夫古书中常见。"②一夫，即一人，古书屡见。《左传·僖公十五年》："一夫不可狃，况国乎。"《管子·山权数》："地量百亩，一夫之力也。"《孟子·万章下》："耕者之所获，一夫百亩。"《墨子·尚同下》："故曰：治天下之国若治一家，使天下之民若使一夫。"故"鼠"字用为"一"，得到了绝大部分学者的赞同，但是该字何以从鼠，让人十分疑惑。铭文公布后，学者就提出了不少解释，如徐中舒、伍仕谦："逸，此一字之緐文，从逸、一两声符。"③李学勤、李零隶定为"皀"④。黄盛璋认为此字从皀，从一，读为"匹"⑤。

随着上博简、清华简的不断公布，"鼠"字屡有出现，在简文中皆用为"一"，举其要者如下：

（2）王曰："如麇，速祭之，吾瘴鼠（一）病。"　　　　　　《上博四·柬大王泊旱》5

（3）曰：百姓之所贵唯君，君之所贵唯心，心之所贵唯鼠（一）。

《上博七·凡物流形（甲本）》28

（4）察此言，起于鼠（一）端。　　　　　　《上博七·凡物流形（甲本）》25

（5）闻之曰：鼠（一）生两，两生三，三生四，四成结。是故有鼠（一），天下无不有；无鼠（一），天下亦无鼠（一）有。　　　　　　《上博七·凡物流形（甲本）》21

（6）闻之曰：能察鼠（一），则百物不失；如不能察鼠（一），则百物俱失。

《上博七·凡物流形（甲本）》22—23

（7）吾鼠（一）耻于告大夫。　　　　　　《上博八·王居》2

（8）口方三述，其极鼠（一），弗知则不行。　　　　　　《清华五·命训》8

（9）事不震，政不成，艺不淫，礼有时，乐不申，哀不至，均不鼠⁻（一），惠必忍人。

《清华五·命训》13

（10）鼠⁻（一）月始扬，二月乃裹，三月乃形，四月乃固…… 《清华五·汤在啻门》6—7

（11）贵贱之立诸同爵者，毋有疏数、远迩、小大，鼠⁻（一）之则无二心，伪不作。

《清华八·治邦之道》12

（12）彼其辅相、左右、迩臣皆和同心，以鼠⁻（一）其智。 《清华九·治政之道》19

（13）彼虽先不道，我犹鼠⁻（一）。 《清华九·治政之道》21

例（2）的"鼠⁻"，由刘洪涛释出，在简文中作程度副词，与"甚"相当⑥。例（3）—（6）皆见于《凡物流形》篇，整理者误释为"貌"⑦，沈培改释为"一"⑧。此后诸例，整理者多直接隶为"鼠⁻"，括注作"一"。

"鼠⁻"在中山国铜器和楚简中，皆用为"一"，无一例外。该字为何能用为"一"呢？学者陆续提出了不少解释。先列出"鼠⁻"字的形体：

A：（）中山王䛂壶，《集成》9735

《上博四·柬大王泊旱》5⑨ 《清华五·命训》8、13

《清华五·汤在啻门》6—7 《清华八·治邦之道》12

《清华九·治政之道》19、21

B：《上博七·凡物流形(甲本)》17、21、22

《上博七·凡物流形(乙本)》12、15⑩ 《清华九·治政之道》28

鼠⁻，根据所从"鼠"形和"一"形的结合情况分为两类，A类从"鼠"从"一"，B类二形结合在一起，所从"一"旁置于鼠形的尾部，是一种简省的写法。

张世超认为左边偏旁并非"鼠"字，而是"象一动物奔逸之状，当为'逸'字古文异体"⑪。张亚初认为字"从鼠为有蔑视贬义"⑫。苏建洲认为《凡物流形》之字从"臼"或"齿"，"卬（抑）"声⑬。杨泽生根据《凡物流形(甲本)》简13"鸣"字的写法，将该字释作"乞"，即燕氤之"乞（氤）"字，"乞"和"一"声韵相同，可以相通⑭。孙合肥认为《凡物流形(甲本)》"鼠⁻"字从"一"从"儿"，"儿"为迭加的声符⑮。刘云认为与甲骨文中的字为一字，应释为"鹊"⑯。

杨泽生提到的《凡物流形》篇的"鸣"字形如下：

![字形]《上博七·凡物流形(甲本)》13A

文曰："草木得之以生,禽兽得之以鸣。"根据文例,用为"鸣"无疑。该字除去"口"形外的部分跟同篇的"鼠﹍"字写法一致。同篇"鸣"字出现多次,除了此例外,其他几例作:、、、。从口,从鸟,所从鸟形与楚简中常见的鸟形一致,上部皆类化为"目"形。简13A之"鸣"字,所从鸟形上部讹为"臼"形,我们认为这一例"鸣"字的写法只不过是受同篇"鼠﹍"字影响的一个偶讹字而已,不能将"鼠﹍"字视作从鸟之字。

我认为,"鼠﹍"字的所谓"鼠"旁也来源于甲骨金文中的"翼"字初文[17],后来演变作"鼠"形,因为形体发生类化,"翼"形的表音作用消失,容易与"鼠、鸟"混淆,又经常来表示"一"字,故益"一"旁以与"鼠"相区别。

"翼*"字在甲骨文中作:、、。翼*象鸟翼之形,在卜辞中用作翌日之"翌"。下面从形体上论证"翼*"如何演变为所谓的"鼠"形。

下部演变作"鼠"形下部之形,可参考"鼶"字的演变,"鼶"字下半部分与"翼*"下半部分形体基本相同,到了战国秦简文字,"鼶"字下半部分逐渐演变与"鼠"字下半部分同形:

![字形]《集成》4313 → ![字形]《清华七·越公其事》59"鼶" → ![字形]《说文》小篆

"翼*"下半部分也可以发生这种演变。这里重点讨论"翼*"上部如何演变作"臼"形。因为"翼*"字和从"翼*"之字屡见于甲骨文和早期金文,但在西周中晚期和春秋金文中较为少见,故我们只能根据汉字形体演变的一般规律来推测二者之间的演变。

西周中期的尚盂(《铭图》6229)中翌日之"翌"字形作![字形],所从翼形上部已经演变为向上弯曲的一弧笔,而向上弯曲的弧笔演变为"臼"形,古文字中多见,下面举出几例:

春:![字形]《合》17078正 → ![字形]《集成》9399 伯春盉

陷:![字形]《合》10951 → ![字形]睡虎地《日书甲种》5

![字形]《合》14610 → ![字形]《集成》260 默钟

旧:![字形]《合》20361 → ![字形]《清华七·子犯子余》9

面:![字形]《花东》113 → ![字形]《集成》9897 师遽方彝"瑉"字所从 → ![字形]《上博七·武王践阼》3

　　在楚文字中，“臼”形是一个常见的构形部件，如齿、鼠、斯、萬、異等字，在楚文字中皆类化从“臼”作⑱。因此，从古文字形体演变的规律来看，“翼”形上部完全有可能演变为“臼”形，而“翼*”字也就可以演变作“鼠”形了。“鼠*”所从的鼠形来源于羽翼之“翼”，而翼字可以用为“一”，故此字如果据未讹变的字形来隶定的话，上引B类字形可以直接隶定为“翼”，字形下部的小短横可以视作饰笔，也可以视作“一”，A类字形在“翼”字上加注义符“一”，可以隶定作“翼-”。

　　附记：本文是清华大学自主科研项目“清华简书类文献与商周金文合证”（2021THZWJC21）的阶段性成果。

（作者单位：清华大学出土文献研究与保护中心、
“古文字与中华文明传承发展工程”协同攻关创新平台）

注：

① 石小力《说战国楚文字中用为“一”的“翼”字》，《中国语文》2022年第1期。

② 张政烺《中山王礜壶及鼎铭考释》，《古文字研究》第1辑第219页，中华书局1979年。

③ 徐中舒、伍仕谦《中山三器释文及宫堂图说明》，《中国史研究》1979年第4期第88页。

④ 李学勤、李零《平山三器与中山国史的若干问题》，《考古学报》1979年第2期；收入李学勤《新出青铜器研究》第177页，文物出版社1990年。

⑤ 黄盛璋《中山国铭刻在古文字、语言上若干研究》，《古文字研究》第7辑第79页，中华书局1982年。

⑥ 刘洪涛《读〈上海博物馆藏战国楚竹书（四）〉札记》，简帛网2006年11月8日。

⑦ 马承源主编《上海博物馆藏战国楚竹书（七）》，上海古籍出版社2008年。

⑧ 沈培《略说〈上博（七）〉新见的“一”字》，复旦大学出土文献与古文字研究中心网2008年12月31日。

⑨ 陈斯鹏认为此类写法除去“一”部分，与其说从“翼”变来，倒不如说从“聑”变来。它和“聑”的区别只是“口”换作“臼（齿）”，完全可以直接认为是“聑”的异体。这样正可与新蔡简的“一裤”——“聑裤”合证。

⑩ 陈斯鹏认为这类写法，且不论其形体来源如何，就其结构而言，可认为其下部变形声化为“色”或“抑”。

⑪ 张世超《释“逸”》，《中国文字研究》第6辑第8页，广西教育出版社2005年。王辉赞同此说，见氏著《古文字通假字典》（中华书局2008年）第592页。

⑫ 张亚初《商周古文字源流疏证》第19—20页，中华书局2014年。

⑬ 苏建洲《〈上博七·凡物流形〉“一”、“逐”二字小考》，复旦大学出土文献与古文字研究中心网2008年1月2日。按，苏先生后放弃此说，见苏文后海天（苏先生网名）的跟帖。

⑭⑱ 杨泽生《上博简〈凡物流形〉中的“一”字试解》，复旦大学出土文献与古文字研究中心网2009年2月5日，又《古文字论坛》第1辑第138—155页，中山大学出版社2015年。

⑮ 孙合肥《试说〈上博七〉“一”字》，简帛网2009年7月18日。

⑯ 刘云《释“鶵”及相关诸字》，复旦大学出土文献与古文字研究中心网2010年5月12日。

⑰ 下文用“翼*”来表示羽翼之“翼”的象形初文。

古文字研究(34):408—413,2022

楚简《五行》"埶"字异构试释

孟蓬生

郭店楚简《五行》有一未识字,其形如下:

1.

1.郭店《五行》36

该字所在辞例为:"以其外心与人交,远也。远而牆(庄)之,敬也;敬而不☒,严也。"

　　郭店楚简整理者隶定为"㰐",注云:"此字从'木'从'田'从'卩',疑是'节'字。《古文四声韵》引《古孝经》、《义云章》节字从'木'从'土'从'卩'。用于偏旁的'田''土'常常相互代用。《易·离卦》:'节,止也'。帛书本作'解(懈)'。裘按:此字恐亦书手写错之字。"①李零参观郭店楚简时发现简背有一"解"字,因而认为:"其简背有'解'字,为《郭店楚墓竹简》所遗(照片和释文均未见),简背此字应即改错之字。"②李家浩根据《古文四声韵》卷四卦韵"懈"字作㦊,推测该字是"解(懈)"字的另一种写法③。后来李先生又发表对该观点的申论:"'㰐'大概是'㦊'字的异体,'㰐'即将'㦊'的左半'木'中的'日'写作'田',并将其移到'木'之下的一种写法。"④赖怡璇则认为:"所论字亦有可能为他系文字,而于简背写楚系文字,以作为所论字的注释,若此,则所论字非错字,而是非楚系的文字的'解'字。"⑤李春桃指出:"即使简背有'解'字,也没有充分证据说明是错字。也可能该形是一个生僻字,简背之'解'字可以看作此形的注音字或'释文'。若此说属实,则古文可能与此相关,盖'田'旁讹作'日'旁,又移于'木'形中间。'懈'从解得声,两者可通,该形在《四声韵》中还可用作'懈'字古文,是其证。但☒形是否为'解'字尚不能确定,所以关于该形的释读还需更多材料提供线索。"⑥魏启鹏认为:"此字作☒,殆会意字,象人以木力田,木者耒耜之属,疑为'耣'字别构。《广雅·释地》:'耣,耕也。'耣、解(懈),古韵同隶支部,其声见、匣旁纽,故可通借。"⑦

　　生按:马王堆汉墓帛书《五行》与"㰐"相对之字正是"解(懈)"字。结合郭店楚简简背的"解"字,大致可以确定"㰐"字与"解"字词义相当,但不能据此认为"㰐"是错字。我们认为此字即"埶"字异构,在此借为"暬(亵)"字,义为"怠慢不敬"。现尝试论证如下。

　　上引各家或谓此字为错字,均为推测之辞,难以证实。魏启鹏释"耣",缺乏文字学上的证据,自然难以成立。李家浩指出《古文四声韵》的古文"解(懈)"字和"㰐"字互为异体,最有理致,但需要认真审视。孙超杰认为《古文四声韵》的古文"解(懈)"字实际是战国文字的"毄"字,以"毄"表"解(懈)"在传抄古文中当属常见的语音通假关系⑧。我们则认为《古文四声韵》

的古文"解（懈）"字极有可能来源于战国文字的"解"字。

传抄古文字资料中"解（懈）"字古文作如下形体：

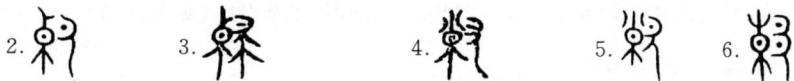

2. 海3·13； 3. 四3·12引《老子》； 4. 四3·12引南岳碑； 5. 海3·13； 6. 海3·14

出土战国古文字资料中"解"字作如下形体：

7.《清华九·治政》28； 8.《清华九·成人》27； 9.《清华一·保训》7

对比传抄古文和战国文字"解"字的写法，虽然差别较大，但仍然可以约略看出其演变的轨迹：（1）传抄古文"解（懈）"字2、3两形左上之角即战国文字"解"字左上"角"字之变。曾侯乙墓竹简"衡"字作角，漆箱"娄"字作角，两字所从之"角"形可资参证。（2）4、5、6三形中左上之"小"或"屮"形当为"卜"形之变。（3）传抄古文"解（懈）"字左下之"巾"形则是牛形之变。（4）"解（懈）"字古文右半"阝"及其变形则是战国文字"刀（人）"形之变。

郭店楚简《五行》中与"解（懈）"字相对的字形构形非常清楚，从木、从田、从阝，与战国文字"解"字构形差别十分明显，与传抄古文中的"解（懈）"字也存在着相当大的差距，李春桃指出和"解（懈）"字的关系尚不能确定的意见是审慎而正确的。

从字形上看，郭店楚简整理者把该字与《古文四声韵》"节"字的字形相联系，其探索方向应该是正确的。《古文四声韵》"节"字下所收的古文有以下两种写法：

10. 四5·12引《孝经》； 11. 四5·12引《义云章》

此字又见于魏《三字石经》和《汗简》、唐《阳华岩铭》，字形如下：

12. 魏石经； 13. 汗4·49引《义云章》； 14.《阳华岩铭》

古文字构形系统中，土旁和田旁可以互换[9]。例如：

15. 夒簋（集成4046）"对"； 16. 气盂（《考古学报》2018年第2期）"对"

17. （图）　　　18. （图）

17.召伯簋（集成4293）"封"；　18.中山王鼎"封"（集成2840）

19. （图）　　　20. （图）

19.荆历钟（集成38）"刲"；　20.《清华五·汤丘》12"刲"

试比较：

12.（图）　1.（图）

所以，把（图）跟（图）加以认同，从字形上看是没有问题的。那么该字的构形应该如何分析呢？李家浩曾通过六个从"埶"的字形的比较对（图）字的构形进行分析。这六个字的形体如下：

21.（图）(a)　22.（图）(b)　23.（图）(c)　12.（图）(d)　24.（图）(e)　25.（图）

21.盠方彝（集成9899）；22.克鼎（集成2836）；23.趩驭簋（集成3976）；
24.古玺1923；25.南越王墓车驲虎节（铭图19158）

李先生指出："a是'埶'字，像人两手持木植于土之形，即种艺之'艺'的象形初文，彝铭'埶'所用的就是这一本义。b应该隶定为'埶'，日本学者高田忠周认为从'埶'省声，在鼎铭中读为'迩'。c应该隶定为'埶'，此字还见于甲骨文，裘锡圭先生也认为从'埶'省声，在甲骨文中读为'迩'。d应该隶定为'郑'（引者按：原文如此，当是却字之讹，下同）。此字见于魏正始石经，原文小篆残去，据《汗简》卷中之二卩部引《义云章》'节'字的写法与此相近，知是'节'字的古文。上古音'节'属质部，'埶'属月部，古代质月二部的字音有关。例如下面将要提到的'热'字的异体作'炅'，'热'从'埶'声，属月部，'炅'从日声，属质部。可见此字也应从'埶'省声。e应该隶定作'郑'。从'邑'之字多是形声字，此字和其他三字一样，也应该从'埶'省声。"[10]李先生据此释南越王墓车驲虎节之（图）为"驲"。

李春桃同意李家浩对"却"字结构的分析。他说："该古文（引者按：指却）形体较为奇特，李家浩指出其左部形体为'埶'字省略，该说可信。盖最初假'埶'字省体为'节'，后来又加注'卩'声（'卩'和'节'可通，看质部'卩'字条），'埶'为疑母月部字，'节'为精母质部字，二者韵部旁转，读音相近。"[11]

我们基本同意两位先生对"却"字结构的分析。既然"奋"字为"埶"字异构，而"埶"又为"埶"字之省，则我们可以从埶声字（古音在月部）入手来解决该字的读法。

根据郭店楚简《五行》简背和马王堆汉墓帛书《五行》，可知此处原文或作"敬而不解

（懈）"。《说文》心部："懈，怠也。从心，解声。"又："怠，慢也。从心，台声。"《说文》女部："嫚，侮傷也。从女，曼声。"《吕氏春秋·上德》"荆成王慢焉"，高诱注："慢，易，不敬也。"《礼记·月令》"诘诛暴慢"，朱彬《礼记训纂》引方性夫曰："不能敬上谓之慢。"《新书·道术》："接遇肃正谓之敬，反敬为慢。"《说文》心部："慢，惰也。从心，曼声。"又："惰，不敬也。从心，墮省声。《春秋传》曰：'执玉惰。'惰，惰或省自。媠，古文。"《五行》"解（懈）"字与"敬"相对，取"怠慢不敬"之义。

与"解（懈）"字构成异文的"卲"也应该取"怠慢不敬"之义。从形音义三个方面综合考虑，我们认为该字最为合适的读法当是"暬（褻媟）"。

《说文》日部："暬，日狎习相慢也。从日，執声。"段注本改"慢"为"嫚"，注云："嫚者，侮易也。《小雅》'曾我暬御'，传云：'暬御，侍御也。'《楚语》'居寝有暬御之箴'，韦云：'暬，近也。'暬与褻音同义异，今则褻行而暬废矣。"《说文》衣部："褻，私服。从衣，執声。《诗》曰：'是褻绊也。'"段注："《论语》曰：'红紫不以为褻服。'引伸为凡昵狎之偁。假借为媟字。"《礼记·曲礼上》"牲死则埋之"，郑玄注："不欲人褻之。"陆德明《经典释文》："褻，慢也。"慧琳《一切经音义》："媟嬻，古文絬媟暬渫四形，今作廮，同。先结反。谓鄙媟也。《方言》：'媟，狎也。'郭璞曰：'亲狎也，媟慢也，傷也。'"慧琳《一切经音义》卷八二"鄙褻"注引《考声》云："褻，慢也。"《尔雅·释诂下》："恭，敬也。"《尚书·无逸》："严恭寅畏。"孔颖达疏引郑玄云："恭在貌也。"《新书·道术》："接遇慎容谓恭，反恭为媟。"《礼记·缁衣》："子曰：'政之不行也，教之不成也，爵禄不足劝也，刑罚不足耻也，故上不可以褻刑而轻爵。'《康诰》曰：'敬明乃罚。'《甫刑》曰：'播刑之不迪。'"《吕氏春秋·开春》："闻善为国者，赏不过而刑不慢。赏过则惧及淫人，刑慢则惧及君子。与其不幸而过，宁过而赏淫人，毋过而刑君子。故尧之刑也，殛鲧于虞而用禹；周之刑也，戮管、蔡而相周公，不慢刑也。""褻刑"即"慢刑"，亦即"不敬刑罚"之义。

"暬（褻媟）"与"解（懈）"语义相同，故可以构成异文。郭店楚简《五行》的抄写者在简背注"解（懈）"字，盖犹后世校书者在字旁加注异文。当然，也不能排除"卲"字在当时已是生僻字所以抄写者根据自己的理解加注"解"字的可能性。

附带谈一下"卲"字的构形。李家浩和李春桃均分析为从杢（執省）、从卩，并说月（杢）、质（卩）相通，则是把该字看作双声符字。"執"字古音在月部，从之得声的字"艺"字中古为疑母，"热"字中古为日母，"势"字中古为书母，"鷙"字古音为照母，但"褻"字中古为心母，"卩、节"字为精母，与"节"同为齿音，"卲"从卩声，故"卲"假借为"节"，从音理上看是没有太大问题的。但"卲"的构形分析也许还存在其他可能性。汉字构形系统的发展过程中，"乩"或"卩"也有互换的情况。

例如，甲骨文"觑"字可以有以下几种写法[12]：

26. 27. 28.

26. 合 31764；　27. 合 26899；　28. 合 32663

又如，金文和《说文》均有"龡"字，其形如下：

29. 30. 31.

29. 龡子剑（集成 11578）；　30.《说文》小篆；　31. 里耶 8—157 背

《说文》欮部："龡，相龡之也。从欮，谷声。"段注本改为"相龡龡也"，注云："龡当作掎。龡，《玉篇》作'却'。"《说文》卪部："却，卪却也。从卪，谷声。"段注："各本作'节欲也'，误。今依《玉篇》欲为却，又改节为卪。'卪却'者，节制而却退之也。"从时间上看，"却"和"龡"大致呈互补分布，"却"当即"龡"字之省变。

我们因此怀疑，"却"字也有可能就是"龡"的一种异构。但遗憾的是，古文字资料中，确定的"龡"字似乎没有从卪的先例。姑志之于此，以待今后验证。

古文字著录引用书目及简称：《郭店楚墓竹简》（简称"郭店"），荆州市博物馆编，文物出版社 1998 年；《古文四声韵》（简称"四"），〔宋〕郭忠恕、李零、刘新光整理《汗简 古文四声韵》，中华书局 1983 年；《古玺汇编》（简称"古玺"），罗福颐，文物出版社 1981 年；《汗简》（简称"汗"），〔宋〕夏炘，李零、刘新光整理《汗简 古文四声韵》，中华书局 1983 年；《集篆古文韵海》（简称"韵"），〔宋〕杜从古，《北京图书馆古籍珍本丛刊》第 5 册，书目文献出版社 2000 年；《甲骨文合集》（简称"合"），郭沫若主编，中国社会科学院历史研究所编，中华书局 1978—1982 年；《商周青铜器铭文暨图像集成》（简称"铭图"），吴镇烽编著，上海古籍出版社 2012 年；《里耶秦简（壹）》（简称"里耶"），湖南省文物考古研究所编著，文物出版社 2012 年；《清华大学藏战国竹简》（简称"清华"），清华大学出土文献研究与保护中心编，李学勤主编，中西书局 2010—2019 年；《上海博物馆藏战国楚竹书》（简称"上博"），马承源主编，上海古籍出版社 2001—2009 年；《魏三字石经集录》（简称"魏石经"），孙海波，考古学社专集第 17 种，1937 年；《殷周金文集成》（简称"集成"），中国社会科学院考古研究所编，中华书局 1984—1994 年。

（作者单位：西南大学汉语言文献研究所）

注：

① 荆门市博物馆编《郭店楚墓竹简》第 153 页，文物出版社 1998 年。

② 李零《郭店楚简校读记（增订本）》第 106 页，中国人民大学出版社 2007 年。

③ 冯胜君《郭店简与上博简对比研究》第325—326页,线装书局2007年。

④ 李家浩《郭店楚简〈五行〉中的"郿""僻"二字》,《出土文献》第15辑,中西书局2019年。

⑤ 赖怡璇《楚地出土战国简册(十四种)校订》第73页,花木兰文化出版社2012年。

⑥ 李春桃《古文异体关系整理与研究》第103页,中华书局2016年。

⑦ 魏启鹏《简帛文献〈五行〉笺证》第34页,中华书局2005年。

⑧ 孙超杰《传抄古文札记一则》,《出土文献》2021年第3期。

⑨ 刘钊《古文字构形学(修订本)》第337页,福建人民出版社2011年。

⑩ 李家浩《南越王墓车驲虎节铭文考释——战国符节铭文研究之四》,《容庚先生百年诞辰纪念文集》第663页,广东人民出版社1998年。

⑪ 同注⑥第217页。

⑫ 字形取自李宗焜编著《甲骨文字编》第1076页,中华书局2012年。

古文字研究（34）：414—418，2022

楚帛书甲篇第一章新诠

邬可晶

20世纪40年代从湖南长沙子弹库楚墓盗掘出土的楚帛书（指完整的那件帛书），由三部分文字和两组图画组成。正中所抄两段方向颠倒的文字，一段8行，一段13行；一般称8行的一段为"甲篇"，称13行的一段为"乙篇"（也有人反过来称后者为"甲篇"、前者为"乙篇"）。甲篇根据帛上所加分章符号可分为三章，其中第一章从"曰故（古）大（？）龗（熊）雹虘（戏）"至"未有日月，四神相代，乃止以为岁，是唯四时"为止，述伏羲（帛书原作"雹虘"）、女填（即女娲）平治洪水，整顿土地、山川，他们所生四子（即"四神"）相代而成四时，事涉创世神话，最受学界瞩目，论者甚众。但也留下了一些悬而未决的问题，值得继续探索。本文就甲篇第一章的若干字句试作新的考释，希望能对深入认识楚帛书的内容和价值有所助益。

1. 出自□霍（陬）

此句是说"大（？）熊雹戏（包牺，亦即伏羲）"从"□霍"出来。楚人曾把熊作为崇拜对象，认其族群出自神熊，故楚王以"熊"为氏。楚帛书为创世英雄伏羲冠以"大熊"之徽号，表明在楚人的原始传说中，伏羲跟楚人的始祖一样，本都是神熊。楚帛书所代表的大概是伏羲创世神话在楚地流传的一种"地方性"版本[①]。基于上述认识，裘锡圭根据清华简《楚居》所记楚先祖季连"氏于穴穷，前出于乔山，宅尻（处）爰陂"（简1）、葛陵简"昔我先出自郱道（窦）"（甲三11、24）等资料，怀疑楚帛书讲伏羲"出自□霍"的"霍"应读为穴窦之"窦"，"可能具有'出神人'的'熊穴'的性质"[②]。从"大熊伏羲"与楚先祖神熊传说的相似性来看，"□霍"确实很有可能也指"熊穴"一类地点（楚先祖"毓熊"又称"穴熊"，即指出自熊穴的神熊）。但是，读"霍"为"窦"，语音上却不够合适。

"窦"从"寶"声，上古就是以母字；"霍"字从"雨"、"走"声，属精组，二者声非一类，难于相通。按"霍"似当读为"陬"。古书"走、取"二声字有通用之例[③]，从"走"声的"霍"读为"陬"是毫无问题的。《说文》自部："陬，阪隅也。"《山海经·海内东经》："湘水出舜葬东南陬，西环之，入洞庭下。"《淮南子·地形》："河水出昆仑东北陬，贯渤海，入禹所导积石山。赤水出其东南陬，西南注南海丹泽之东。……（引者按：讲"弱水"的内容，文句似有错乱，故略而不引）洋水出其西北陬，入于南海羽民之南。"指山之角隅的"陬"往往是水流的出口，且与入口穴窦对应，如上引《山海经》湘水从"东南陬"流出，所流入的"洞庭下"就是一处地下穴道，"陬"的性质当与"穴、窦"相仿。《管子·问》："关者，诸侯之陬隧也，而外财之门户也，万人之道行也。"尹知章注"陬隧"曰："谓陬隅之道也。"实则"陬隧、门户、道行"皆义近连文，"陬"显然具有跟"隧道"类似的、指"可出入的隅口"的意思。

帛书"霆（陾）"上一字，颇疑即清华简《芮良夫毖》《赤鹄之集汤之屋》《筮法》数见的"倒山形"的倾覆之"覆"[④]。试以此字与本篇"山"字比较：

𠕋（覆）	山	
	（第3行）	（第5行）

只是此"𠕋"字在"倒山形"的上端多加了一无意义的赘画而已。战国文字"变（鞭）"有作如下诸形者：

《清华肆·筮法》简5、7　　《清华陆·子产》简3、22　　《清华陆·管仲》简9

也在⌒一类弧形笔画上端加赘画（甚至赘画之上再加饰笔），与楚帛书"𠕋"字同例；也可以认为"𠕋"的这种写法是受了"变（鞭）"等字的类化。有学者推测"覆"字所从之"襾"实由"𠕋（覆）"形变来，《说文》襾部即训"襾"为"覆也"[⑤]。这当然不无可能，《说文》襾部训"覀"为"反覆也"，此字以"襾（𠕋—覆）"为义符也是很适宜的。果真如此，从字形看，"覆"所从之"襾"说不定就来自于楚帛书这种上加横画写法的"𠕋（𠕋—覆）"。

侯乃峰释清华简用为"覆"的"𠕋"为山阜之"阜"[⑥]，我们并不同意；但他指出"覆、阜"音近，则是事实。楚帛书此字如确当释"𠕋（覆）"，似可考虑读为"阜"。"出自阜陾"是说"大熊伏羲"自山之隅口而出。《山海经·中次九经》记"恒出神人"的"熊之穴"即在"熊山"。不过，"𠕋陾"之"𠕋"也有可能是地名。

2.畕（冯）妠（怒）水㶚（渊），风雨是於（阏）

上引帛书之文，前一句四字之中，除第三字为"水"得到多数学者承认外，余多阙释，或所释显不足信[⑦]。何琳仪《长沙帛书通释校补》释第一字为"畕"[⑧]，从字形残画看，其说正确可从，但他对"畕"的字义的解释则有问题。第二字显然应该释为"妠"。此字从"艸"、"女"声，屡见于战国文字，在《上博二·行政（乙）》简3、《上博六·平王问郑寿》简1、《清华捌·天下之道》简3、《清华拾·行称》简4中皆用为"怒"。楚帛书此处亦当读为"怒"。"畕"即"鄙"之初文，在此当读为"冯"（"鄙、冯"声为同系，韵阴阳对转）。"冯怒"古成词，《左传·昭公五年》："今君奋焉，震电冯怒，虐执使臣，将以衅鼓，则吴知所备矣。"竹添光鸿引《方言》训"冯"为"怒"，谓"冯、怒同义连用，与震、电同例"[⑨]。《楚辞·天问》："康回冯怒，地何故以东南倾？"亦其例。冯怒之"冯"字或作"憑"。《方言》卷二："憑，怒也。楚曰憑。"郭璞注："憑，恚盛貌。""憑"字从"心"，大概就是"怒"义的"冯"的本字。第四字从其残画看，当释为"㶚（渊）"。《韩诗外传》卷五："水渊深广，则龙鱼生之；山林茂盛，则禽兽归之。"即用"水渊"之例。"畕（冯/憑）妠（怒）水㶚（渊）"意谓使水渊震怒，引致洪水滔天。文献中有以"怒"言水害者，如《汉书·沟洫志》："镌之裁没水中，不能去，而令水益湍怒，为害甚于故。"《吴越春秋·勾践归国外传》："故溢堤之水，不淹其量；熄干之火，不复其炽。水静则无沤澴之怒，火消则无熹毛之热。"现将以上所说"畾、芺、屌"诸字形揭引于下：

畾	芺	屌

"风雨是於"的"於"，李学勤、冯时、董楚平等读为"阏"，可从（陈斯鹏读为"淤"亦近是）[⑩]。但他们对文义的理解与我们不同，所以有必要在此稍加申说。《说文》门部："阏，遮拥也。"其义与"遏"同。《说文》分析"阏""从门、於声"；《清华拾·司岁》简3"蝉菸之岁"的"蝉菸"（《说文》艸部："菸，郁也。从艸、於声。一曰殘也。"古代一直读影母鱼部音。当烟草讲的"菸"相当晚起），即《尔雅·释天》的"单阏"，可证"阏"确从"於"声。此字本读鱼部音，与"淤、瘀"等词同源。战国时先后属于韩、赵的地名"阏与"，当为叠韵。《广韵》"阏"读"乌葛切"，大概是同义换读为"遏"之后才兴起的读法（"乌葛切"与"遏"同音）。《尚书·尧典》"四海之内，遏密八音三年"，《春秋繁露·煖燠孰多》引作"阏密八音三年"，"遏"义之"阏"不如"遏"常用，故"阏"易被训读为"遏"。楚帛书此句"於"读为"阏"，不妨碍与前文"乊（厥）□魚＝"之"魚"、"□□□女"之"女"等鱼部字押韵[⑪]。

"风雨是阏"即壅塞遏止风雨之意。《尚书·尧典》："汤汤洪水方割，荡荡怀山襄陵，浩浩滔天。"蔡沈《书集传》："浩浩，大貌。滔，漫也。极言其大，势若漫天也。"盖洪水震怒泛滥，浩浩滔天，以致风雨都被拥遏，不得降落。

《山海经·大荒北经》载"西北海之外，赤水之北"的章尾山上有神，"其瞑乃晦，其视乃明，不食、不寝、不息，风雨是谒。是烛九阴，是谓烛龙"，郭璞注："言能请致风雨。"论楚帛书者多以"风雨是谒"与"风雨是於"对读。今按，《山海经·海外北经》云"钟山之神，名曰烛阴，视为昼，瞑为夜……不饮、不食、不息，息为风"，此文与上引《大荒北经》所言为一事。此神"息为风"，不息则"风雨是谒"。"谒"似当从有的学者的意见读为遏止之"遏"[⑫]，郭注所言不确。"风雨是遏"与帛书"风雨是阏"同意，但"遏、阏"非一词。又疑《大荒北经》"风雨是谒"前脱去"息则"一类字眼，然则"谒"不必改读，正是郭注所谓"言能请致风雨"，与"息为风"亦合。这样一来，此文就不得与楚帛书"风雨是於（阏）"勉强联系了。志此待考。

3. 山陵不籤（卫），乃命山川四晦（海），奡（热）燹（气）寒燹（气），以为亓（其）籤（卫）

在解释上引文句之前，需先约略交代一下其前文"为恩（愠）为万，以司堵壤，咎而止达，乃卡＝（上下）朕（腾）逍（升）"的大意。我们认为这是说伏羲、女填二人司水土之官，勘探、测量土地，在高低不平的各种地形间陟降攀登。"山陵不卫"云云承此而言，说的正是他们整顿水土时的具体工作。

"戳、戮"显然当从楚简常见用法读为"卫"。陈斯鹏《战国楚帛书甲篇新释》谓"山陵不卫""意为山陵不得护卫,犹言山陵不安也"⑬,大抵可从。"卫、围"音义皆近,具体来说,"山陵不卫"当指山陵周围没有川流、热气寒气营卫、围绕,即当时尚未形成"山南水北为阳、山北水南为阴"之类的地貌和观念。

"乃命山川四海,热气寒气,以为其卫"中的"山川"系定中结构,指山上的河流、水道,与一般所谓"山川"指山与河者有别。所以知道必须如此作解,一则由于从文义看,以山为山陵之卫很难讲通;二则"山川"与"四海"对文,"四海"也是定中结构。此句的"命",不少学者读为"主名山川"之"名",非是。"命……以为……"一贯而下,"命"即命令,其意是说"(伏羲、女填)于是命令山上的河流、四极的海水以及热气、寒气来作为山陵的营卫"。我们推测在此之前的自然面貌可能是这样的:水都聚集在四极或山上,山陵之间全是干旱的土地,没有水流。

李零曾提到这里的"热气寒气"关乎"阴阳",并指出"楚帛书中不但有'五行'的概念,而且也有'阴阳'的概念"⑭。其说很有启发。可惜他误释"戮(卫)"为"序",对于此文如何具体地体现"阴阳"的概念,亦语焉未详。

《左传·昭公元年》:"天有六气……六气曰阴、阳、风、雨、晦、明也,分为四时,序为五节,过则为菑。"(《国语·周语下》"天六地五",韦昭注亦以"天有六气,谓阴、阳、风、雨、晦、明也"解"天六","地五"则指"地有五行"。)楚帛书上文"梦梦墨墨,亡章弼弼"句,大概就是描写未有"六气"之"晦、明"时的状态;"冯怒水渊,风雨是阏"则是说没有"六气"之"风、雨"的状态;此章之末云"四神相代,乃止以为岁,是唯四时",已说到"分为四时"之"四时"。所以,我们认为"乃命山川四海,热气寒气,以为其卫"实是记述"阴、阳"的诞生的,如此恰与"六气"相符。

楚帛书甲篇第一章所说为"未有日月"时之事。在这种情形下,如要产生"阴阳"观念,必不能与日月相涉。殷墟甲骨文中已有"阴阳"二字,"阴"字从"水"、"阳"字从"阜"⑮,似说明先民的"阴阳"观念与山水方位有关。楚帛书言"命山川四海……以为其(山陵之)卫",使山水相间,于是奠定了"山南水北为阳、山北水南为阴"格局的方位基础。但这还不是最关键的一步。热气、寒气,分属阳、阴。在"未有日月"的年代,古人认为可让热气居于山陵之南、寒气居于山陵之北,以达到跟后来的太阳照射同等效果的山阳、山阴之分。至此,"阴、阳"最终得以形成。这应是"命……寒气热气,以为其(山陵之)卫"的真实涵义。

在古代"气论"思想里,阴、阳本为二气,由此可知以"热气、寒气"为形成"阴阳"的关键,仍未脱"阴阳二气"说的影响。不过,楚帛书所反映出来的这种"阴阳"观念形成的具体途径,似为其他文献所未见,在中国古代思想史上别具一格,极可注意。

(作者单位:复旦大学出土文献与古文字研究中心、

"古文字与中华文明传承发展工程"协同攻关创新平台)

注：

① 参看裘锡圭《"东皇太一"与"大鼀伏羲"》，《裘锡圭学术文集·简牍帛书卷》第558—561页，复旦大学出版社 2012年。

② 裘锡圭《说从"舀"声的从"贝"与从"乏"之字》，《文史》2012年第3辑第25页。

③ 高亨纂著，董治安整理《古字通假会典》第363页，齐鲁书社1989年。

④ 释"倒山形"的"屮"为"覆"，从郭永秉《释清华简中倒山形的"覆"字》说（《古文字与古文献论集续编》第262—272页，上海古籍出版社2015年）。有些学者质疑此释，并主张释为"倾"的表意字（如李松儒《谈清华简中"倒山"形字》，《第四届古文字与出土文献研究学术研讨会暨出土文献语言文字研究青年学者论坛论文集》第71—75页，东北师范大学文学院2021年7月23—25日）。按改释为"倾"者，对于《赤鹄之集汤之屋》"其一白兔不得，是始为坤（甗），屮诸屋，以御白兔"和《筮法》"见屮数，乃亦得"的"屮"，完全提不出释读意见，这显然无法取信于人。此二处按"覆"来读皆文从字顺。《芮良夫毖》简4—6云："用莫能止欲，而莫肯齐好。尚兢兢敬哉，顾彼后复。君子而〈不〉受谏，万民之咎。御而弗敬（警），譬之若重载以行崝险，莫之扶退（助），其犹不颠屮？"应以每一句句末的"好、复、咎、屮（覆）"为韵，或"好"与"咎"押幽部韵、"复"与"屮（覆）"押觉部韵。如改释为"倾"，不但不合韵例，而且古文献里从未见过"颠倾"或"倾颠"之语，"颠覆"则是常语。从这一点也能看出释"覆"说较优。由于"倾覆"时常连用，所以《殷高宗问于三寿》简7的"倾"字以"屮（覆）"为义符，是一点也不奇怪的。同类的例子如"规矩"之"规"从"矩"省，楚简"厚重"之"重"从"厚"省，《上博四·柬大王泊旱》"刑罚"之"型（刑）"字从"网"（简12），可分析为从"罚"省，秦汉简帛"聭（耻）"字从"醜"省，等等（参看陈剑《说"规"等字并论一些特别的形声字意符》，《源远流长：汉字国际学术研讨会暨AEARU第三届汉字文化研讨会论文集》第1—25页，北京大学出版社2017年）。总之，从各方面情况来看，"倒山形"的"屮"仍应以释"覆"为是。

⑤ 李守奎《目不识"丁"》，《汉字为什么这么美》第11页，陕西师范大学出版社2019年。按李文以此为上注所引郭文的见解，但实际上郭文并无此说。

⑥ 侯乃峰《战国文字中的"阜"》，《逐狐东山——先秦两汉出土文献与古文字论集》第131—140页，上海古籍出版社2020年。

⑦ 参看刘波《〈楚帛书·甲篇〉集释》第46—50页，吉林大学2009年硕士学位论文。

⑧ 何琳仪《安徽大学汉语言文字研究丛书·何琳仪卷》第482页，安徽大学出版社2013年。

⑨ 〔日〕竹添光鸿《左传会笺》第436页，辽海出版社2008年。

⑩ 徐在国编著《楚帛书诂林》第310—312页，安徽大学出版社2010年。

⑪ 秦汉文字资料中"阋"多写作"闙"（六国古印已见"闙"字），郭永秉《马王堆帛书〈战国纵横家书〉整理琐记（三题）》怀疑本是从"门"从"旅"的会意字，"会师旅拥遏于门义，后来被误解为形声结构"，故秦汉简中也有用"闙"为"旅"之例（《古文字与古文献论集续编》第280—281页，上海古籍出版社2015年）。

⑫ 徐在国编著《楚帛书诂林》第311页引冯时说。

⑬ 陈斯鹏《简帛文献与文学考论》第6页，中山大学出版社2007年。

⑭ 李零《古文字杂识（十五则）》，《待兔轩文存·说文卷》第33页，广西师范大学出版社2015年；李零《热气寒气，以为其序》，《楚帛书研究（十一种）》第254—255页，中西书局2013年。

⑮ 参看黄天树《说甲骨文中的"阴"和"阳"》，《黄天树古文字论集》第213—217页，学苑出版社2006年。

古文字研究(34):419—423,2022

简帛"朵"字释义小议

肖晓晖

一

《说文》木部:"朵,树木垂朵朵也。从木,象形。此与采同意。"从出土秦汉文字来看,"朵"字所从并非"木",而是"禾",是在"禾"字的禾穗部位添加一个斜笔,以表达"下垂"之义,这是个典型的指事字①。

"朵"字在传世的先秦文献中仅见一例(即《周易》颐卦之爻辞"舍尔灵龟,观我朵颐",旧训为"动"),在传世的秦汉文献中亦极其罕见,但在近年的出土文献中出现多例,例如《秦印文字汇编(增订本)》"朵"字头下收录5例②,《岳麓书院藏秦简(叁)·芮盗卖公列地案》有13例"朵"字。这些例子皆用为人名,姑置不论。以下是几个用在文句中、其含义需加以解释的例子:

> 事成勿发,胥备自生。我将观丌(其)往事之卒而朵ₐ焉,寺(待)丌(其)来[事]之遂刑(形)而私〈和〉焉。壹朵壹禾(和),此天地之奇也。

> 《马王堆汉墓帛书·老子乙本卷前古佚书·十六经》

> 得,熟③视氏所言籍,居一笥中者,不署前后发,毋章,朵ᵦ不可智(知)。

> 《张家山汉简·奏谳书》简152

> 毋朵ᶜ不年别。
> 《岳麓书院藏秦简(壹)·为吏治官及黔首》简79/0925

张家山汉简《奏谳书》"朵"字(图b),整理者原释"杂",后或改释"求"。陶安、陈剑《〈奏谳书〉校读札记》第j则指出该字是"朵"字④。他们根据《周易》"朵颐"之"朵"异文作"椯"(《释文》引京房本)、"端"(阜阳汉简本)、"敠"(上博竹书本)等例指出:"'朵'声跟'耑'声关系最为密切。"进而主张上述张家山汉简、岳麓秦简两例"朵"字都应该读为"舛",是"错杂、杂乱"之义。

《岳麓书院藏秦简(伍)》有两处相关的表述:

> 虽同编者,必章囗ᵈ【144/1712】之,令可别报。

> 《岳麓书院藏秦简(伍)》第二组简114/1712、115/1718

> ●尺【116/1729】牍一行毋过廿二字。书过一章者,章囗ₑ之。└辤(辞)所当止,皆腏

之。以别易〈易〉智〈知〉为故。　　《岳麓书院藏秦简（伍）》第二组简116/1729、117/1731

简114"章"后之字（图d），居于简末，残去大半，原缺释。陈伟认为该字可能是"片"或"枼"字，"章片"是分章的意思⑤。简117"章"后之字（图e）亦残泐，原亦缺释，整理者注云："据残存笔画，似可隶定为'次'。"⑥何有祖指出该字与简111"次"字同形，并将"书过一章者，章次之"与《奏谳书》的"毋章"联系起来⑦。从d字仅存的笔画来看，该字应从木，或从禾（上端笔画断去）。与《奏谳书》简152对读，我们认为此字应是"朵"字。简117 e字应从何有祖意见释为"次"。"章朵"为一词，不可分读，由此可知《奏谳书》简152"不署前后发，毋章，朵不可智（知）"一句原来的读法是错误的，应读断为："不署前后发，毋章朵，不可智（知）。"如此一来，陈剑读"朵"为"舛"的意见就失去了依据。

从上下文意来看，"章朵"显然有分章的意思，具体来说，应是指分章的标记。我们认为"朵"可读为"遀"，即文献通用之"逗"。"朵"声和"垂"声关系密切。《说文》："埵，坚土也。从土、垂声。读若朵。"慧琳《一切经音义》卷二七："埵，《切韵》作陲，小堆。"今通行字则作垛。《说文》："笍，棰也。从竹、朵声。"以"棰"训"笍"，声训也。《说文》训"朵"为"树木垂朵朵也"，其中以"垂"为训释词，也是一种隐性声训。今语"耳朵"，其实就是"耳睡"。《龙龛手鉴》："睡，耳睡也。"黄侃《说文同文》："朵同�。"⑧"遀"从"�епа"声，而"䖻"又从"垂"声，"朵"当可读为"遀"。

《说文》辵部："遀，不行也。从辵、䖻声。读若住。"朱骏声《说文通训定声》："住即侸字之俗。"《方言》七"儜、眙，逗也"郭璞注："逗即今住字也。"黄侃《说文同文》："遀同逗。"⑨古人称句之所止为"逗"，又作"投、读、度"等。《文选》马融《长笛赋》"察变于句投"，李善注："投与逗古字通，音豆。投，句之所止也。"许慎以为即"丶"字。《说文》丶部："丶，有所绝止，丶而识之也。"为了称说方便，下文凡是涉及这个词时，我们都用"逗（读）"来表示。

过去或以为"逗（读）"是指语意未完而中间停顿，黄侃已指出这种看法是不对的，最初"逗（读）"就是指语意完成而终止⑩。旧训"逗（读）"为"句之所止"，现在看来，"章之所止"也可以称为"逗（读）"。《奏谳书》"毋章朵"意思是"（簿籍）无分章之标记"，此处"章朵"为名词，"毋"读为"无"，乃已然之词，非禁止之词。《岳麓简（伍）》简114"章朵"则用为动词，意思是"标上分章记号"。这种分章记号，大概就是岳麓简本身常见的分隔标记●，为一涂黑的块状形体，用于分隔不同的章。

简117的"章次"，细审文意，疑其意义和用法与"章朵"相近，也是指"标上分章记号"。古书"次"有留止义，与"逗"义近。下句"朕"字，陈剑读为"乚"，即《说文》训为"钩识"之字，其说可信⑪。"乚"后通作"句"，与"逗（读）"皆为分隔标记，并列连用为"句读"一词。"朕（乚／句）"也是岳麓简常见的分隔标记，即乚，为一曲折笔画，用于分隔句子。若我们对《岳麓简（伍）》简117的理解不误，"书过一章者，章次之。辞（辞）所当止，皆朕之"的意思是：内容超过一章的，用分章标记分隔开来（即加●）；语意已完，应当停止的，都加上钩识标记（即加乚）。

二

《岳麓简(壹)·为吏治官及黔首》的"朵"字(图c),原整理者已将该字正确释出,但"朵"在句中用为何义,则无注释。陶安、陈剑主张读"舛"。王辉认为应读为"採"[12]:

"朵"当读为採,《广雅·释诂三》:"採,量也。"《广韵·果韵》:"採,称量。"《说文·女部》作娹,"量也",桂馥《义证》曰:"北人言揣娹、攽娹是也。"睡简《秦律十八种·仓律》"程禾、黍□□□□以书言年,别其数,以稟人"。简文"採"正与"程"义同,"毋採不年别"意思是不要在称量时不以年份分别,即要将谷物按产年分别称量。

释文修订本吸收采纳了王辉的意见[13]。

读"朵"为"採",可通。但我们细揆文意,觉得此处"朵"字仍可有其他的理解。"毋朵不年别"大概是针对官员登记、整理簿籍文书而言的,而通观相关文献,古人多强调官吏在登记造册时要注意分门别类,避免任意堆积。例如:

●诸上对、请、奏者,其事不同者,勿令同编及勿连属,└事别编之。有请,必物一牒,各劈之,令易〈易〉智〈知〉。 《岳麓书院藏秦简(伍)》第二组简112/1698

已获上数,别粲、穤(糯)秥(黏)稻。别粲、穤(糯)之裛(酿),岁异积之,勿增积,以给客,到十月牒书数,上内[史]。 《睡虎地秦简·秦律十八种·仓律》

上举岳麓简在说"事别编之"的同时,强调"勿令同编及勿连属",这是避免记事堆积。睡虎地《仓律》简在讲分别各类谷物及其酿造物的同时,强调"勿增积"。"毋朵不年别"与之对照,很有可能"毋朵"也是类似"勿增积""勿令同编及勿连属"之类的意思。

我们认为"朵"可读为"種"。"朵"声与"垂"声的关系已见上文,此不赘复。《广雅·释诂一》:"種,积也。"《玉篇》禾部:"種,禾积也。""毋種不年别"的意思是:(簿籍或谷物等)不要堆积而不按照年份分别。

三

马王堆帛书"朵"字,整理者释其义为"动",至今似无异议。我们认为,将此"朵"字解释为"动",有悖于黄老思想的基本理念。"我将观亓(其)往事之卒而朵焉,寺(待)亓(其)来[事]之遂刑(形)而私〈和〉焉"一句,其实反映的是老子退让不为、顺其自然的核心思想。我们可以在《老子》中找到很多意旨相近的说法,例如:"万物作而弗始,生而弗有,为而弗恃,功成而不居。"(第二章)"万物恃之以生而不辞,功成而不有。"(第三十四章)[14]具体表述虽然不同,精神内核却高度一致。"寺(待)亓(其)来[事]之遂刑(形)而私〈和〉焉"对应"万物作而弗始""万物恃之以生而不辞",意思是说:等到将要发生之事已显露,就附和它,顺应它。"和"即"应和",意思相当于"弗始",不为先声,但附和、顺应而已。同样的道理,"观亓(其)往事之卒而朵焉"当对应"功成而不居""功成而不有",大意是说,我看到已发生的事情(成功)结束了,就离开而不据为己有。"朵"的意义应相当于"不居、不有",也就是"不占有"的意思。

"朵"字本身没有"不占有"之类的意思。我们认为,"朵"可读为"委"。委,弃也,去也。前文说过,"朵"声与"垂"声相近。而"垂"声与"委"声又有紧密的联系,如《说文》:"諉,諉诿,累也。""諉诿"叠韵。《说文》:"婑,诿也。"以"诿"训"婑"是声训。《集韵》寘韵:"�,禾积。"《玉篇》禾部:"稤,禾积也。"是"椏"与"稤"同。"朵、垂、委"都含有"下垂"之语义特征。《说文》:"綏,系冠缨也。"段玉裁改为:"綏,系冠缨垂者。"据其所论,"綏"取名于"垂",冠缨扎结,剩余部分散而下垂,谓之"綏"。就词语层面而言,"朵、垂、委"三者音义关系紧密,可以说本出于一源,应该是同源词。

从文字的构形理据来看,"委、朵"皆从禾声。"委"本从禾声,大徐本《说文》析"委"字为"从女、从禾",而小徐作"从女、禾声",当以小徐为是。顾炎武、王筠、严可均、钱坫、宋保等皆认为"禾"是"委"之声旁。出土文献多以"匧"表示"委",亦从禾声。而"朵"字所从之"禾",也应兼有表音的作用。何琳仪曾就"朵"字构造指出:"禾亦声。"[15]赵平安认为:"禾和朵同是歌部字,古音相近,……朵很可能是禾的同源分化字。"[16]

将"朵"读为"委","我将观其往事之卒而委焉"就可以理解为:我将在看见事情结束时就弃而去之(不占有其功)。上文讨论的"毋朵不年别"之"朵",我们读为"稤",也可以读为"委","委"亦有"积"义。

邬可晶曾指出楚简中亦有"朵"字:

　　寻(循)墙而履,屏气而言,不失其所然,故曰坚。朵𡱃和气,令声好色……

《上海博物馆藏战国楚竹书(七)·凡物流形》甲27

其中"𡱃"前之字(图f),他认为是"朵"字较草率的写法,指事性笔画与表示禾穗的部分分离而未交叠。他读"朵"为"端","朵𡱃"即"端处","端处"可能指端正其居处容止或端正其处世[17]。

简文"寻墙而履"状瑟缩趑趄之行为举止,"屏气而言"写嗫嚅委顺之言语姿态,与《楚辞·卜居》之"呢昔粟斯、喔咿儒儿"内涵相同,故下文云"朵𡱃和气,令声好色"。"朵𡱃和气,令声好色"两句与"寻墙而履,屏气而言"两句相呼应。"令声好色"与"屏气而言"皆就言语而言,"朵𡱃和气"与"寻墙而履"皆就举止而言。这几句都是讲小心谦卑的态度。这样一来,如果把"朵𡱃"讲成"端处",并理解为"端正其居处容止"或"端正其处世",就与前后文意不甚协调。

我们认为这里的"朵"很可能也读为"委",是"委随,顺从"的意思。《说文》:"委,委随也。""委处"大概是指举止柔顺服从。只是典籍中未见"委处"的用例。志此以备参考。

(作者单位:中国社会科学院语言研究所)

注：

① 王辉、程学华《秦文字集证》第270页,艺文印书馆1999年。

② 许雄志编著《秦印文字汇编(增订本)》第214页,河南美术出版社2021年。

③ "熟"字原缺释。彭浩、陈伟、〔日〕工藤元男主编《二年律令与奏谳书：张家山二四七号汉墓出土法律文献释读》(上海古籍出版社2007年)第365页释为"熟"。郭永秉释为"㺔"(《张家山汉简〈二年律令〉和〈奏谳书〉释文校读记》,《语言研究集刊》第6辑第268页,上海辞书出版社2009年)。今暂作"熟"。

④ 陶安、陈剑《〈奏谳书〉校读札记》,《出土文献与古文字研究》第4辑第393—397页,上海古籍出版社2011年。

⑤ 陈伟《岳麓书院藏秦简(伍)残字试释》,《江汉考古》2018年第4期第122页。

⑥ 陈松长主编《岳麓书院藏秦简(伍)》第154页注48,上海辞书出版社2017年。

⑦ 何有祖《〈岳麓书院藏秦简(伍)〉读记(二)》,简帛网2018年3月10日。

⑧ 黄侃笺识,黄焯编次《说文笺识四种》第30页,上海古籍出版社1983年。

⑨ 同上注第9页。

⑩ 黄侃《文心雕龙札记》第127页,中华书局1962年。

⑪ 陈剑《〈岳麓简(伍)〉"朘"字的读法与相关问题》,《纪念徐中舒先生诞辰120周年国际学术研讨会论文集》第662页,四川大学2018年。

⑫ 王辉《岳麓秦简〈为吏治官及黔首〉字词补释》,《考古与文物》2014年第3期第77页。

⑬ 陈松长主编《岳麓书院藏秦简(壹—叁)释文修订本》第40页,上海辞书出版社2018年。

⑭ "不辝"即"弗始","辝"读作"始"。

⑮ 何琳仪《战国古文字典——战国文字声系》第840页,中华书局1998年。

⑯ 赵平安《说文小篆研究》第189页,广西教育出版社1999年。

⑰ 邬可晶《〈凡物流形〉甲本27号简的"朵"字》,《古文字研究》第31辑第309—311页,中华书局2016年。

古文字研究（34）：424—429,2022

楚简"衺"字补释

俞绍宏

上博简《恒先》简3有以下简文：异生异，鬼生鬼，韦生非，非生韦，衺生衺[①]。

"非"原简为重文。李学勤以为"韦生非₌生韦"为倒文，简文断读为"异生异、归生归、违生违、非生非、依生依"。王志平以为前面的"异、归"等是指"气"的性质，后面的"异、归"等是指"气"所生之物，如下文的"天、地"等。董珊指出"衺"字象重衣之形，《说文》训"褺，重衣也"（文献或作"袭"），又"複，重衣也"，"襡，重衣貌"，"衺"可能与此三字中某一字有关，其音义待考。以为"异、鬼、韦、非、衺"似乎都说的是"气"的不同性质或状态，也许可以分别称为"异气、鬼气、韦气、非气、衺气"。季旭升释"衺"为"袭"，因袭。李守奎等学者疑"衺"为"袭"字[②]。

前引王志平对简文文意的理解可能是正确的。《恒先》"异、鬼、韦、非、衺"在简文中两见，前者分别指具有该性质的气，后者分别指由那些性质的气产生的不同事物，即修辞格上的借代。猜测"异""非"分别可读"翼""皮"，"韦"本字读。究其所指代的事物，"翼"指长翅膀的禽类动物，"韦、皮"意同，在这里指长毛皮的兽类动物。"衺"释"袭"或可从。"袭"与古代的服饰礼仪有关，简文或借指讲礼仪的人类。疑这里的"鬼"或可读"魁"，为蜃蛤。蜃蛤为长有甲壳的贝类[③]。当然，这里的简文颇为难解，上述猜测未必正确，简文具体含义可能还有待进一步研究。

"衺"尚见于甲骨文，在清华简中也数见，清华简中还有以其为声旁构成的字。最近汤志彪对古文字中的"衺"进行了研究，依据汤志彪文[④]，我们将《恒先》之外的其他相关材料罗列如下：

1. 商代甲骨文

《合》27959：壬戌卜，马☒衺乍（作）王☒。

2. 《清华一·楚居》

简9：至庄敖自福丘徙衺都郢（笔者按，简9—16尚有"徙衺某地"文例多例）。

3. 《清华二·系年》

简38：晋文公于楚，使衺怀公之室。

简111：越人因衺吴之与晋为好。

4. 《清华七·越公其事》

简26：吴人既䙷越邦，越王句践将恚复吴。

简26—27：王乃作安邦，乃因司衺常。

简67—68：越王句践乃以其私卒六千窃涉，不鼓不噪以侵攻之，大乱吴师。左军、右军乃遂涉，攻之。吴师乃大北，疋战疋北，乃至于吴。越师乃因军吴，吴人昆奴乃入越师，越师乃遂▨吴。

简69：□□□□□▨吴邦，回（围）王宫。吴王乃惧。

清华简整理者以为《楚居》"袁"释"袭"，因袭的意思，简文"徙袭"意即因袭前王之郢而居之；《系年》"袁"括注作"袭"，将简38句意理解为"使晋文公袭怀公之室，就是使文公袭受怀公在秦的妻室"，简111中的"袁"释读作"因袭"；《越公其事》简27"因司袭常"为因袭常规；将《越公其事》简69▨视为简26、68▨之残（笔者按，汤志彪文同），读"袭"，为破国入侵的专名。魏栋从释"袭"说，以为"因司袭常"的"司"通"嗣"，训继承、延续，并认为"因嗣袭"是并列结构，三字为同义连用⑤。

汤志彪以为《恒先》此处简文中间三个句子押微部韵，因此他将"袁"释为《说文》训作"重衣貌"的"禠"，可与"鬼、韦、非"等微部字同部，可押韵。指出此字在《恒先》简文中的用法待考。

以为清华简《楚居》中的此字读作"回（迴）"，训作"还、归、返"。依据一是《广韵》"回，还也"，《文选》扬雄《甘泉赋》"漂龙渊而还九垠兮，窥地底而上回"，吕向注："回，归也。"二是"回"可训"旋"，而"旋"有"还、归"义，《楚辞·离骚》"回朕车以复路兮，及行迷之未远"，王逸注："回，旋也。"《广雅》："旋，还也。"《诗·小雅·黄鸟》"言旋言归，复我邦族"，朱熹注："旋，回。"

以为《越公其事》简27"袁"读"回（迴）"，训作"返"或"反"，二者为古今字，《楚辞·九章·抽思》"超回志度，行隐进兮"，蒋骥注"回，反也"；"司"可读"始"，"始"有本、根之训；"反"，还，"袁常"就是"反（返）常"。《越公其事》简26▨、68▨、69▨读"毁"或"危"。

以为甲骨文中的"袁"可能读作"危"，训作"陒、殆、毁"等义。卜辞大意可能是说，马[车]毁败对王有什么影响的意思。

文后所附"补记"以为清华简《系年》简38、111"晋文公于楚，使袁怀公之室……越人因袁吴之与晋为好"，"袁"字在简38中读作"围"，表示承袭和沿袭。《方言》十二："围，就。"《广雅》："围，就也。""就、因"互训，"因"就是因袭、接受义。指出简38当如整理者那样理解，指晋文公因受晋怀公在秦的妻室。而简111的"因"与"袁"为同义连用关系，"袁"读作文部的"循"字，理解作"因循"亦通。简文大意当是说越国于是沿袭吴国与晋交好的传统⑥。

我们以为，从押韵角度释"袁"为"禠"可备一说，但不能成为定论。首先，《恒先》这里简文有五个句子，第一个句子末尾的"异"属于职部，不能与微部字押韵，则"袁"也当存在不与其前微部字押韵的可能。其次，"重衣"有两种含义，一是夹衣，指衣服形制。《说文》往往将意义相同、相近的字条编排在一起，而训为"重衣貌"的"禠"前后的字条均与衣服形制有关，"禠"

也可能是表示衣服形制的字,指夹衣。《说文》训"重衣"的"複、褺"也都应该是指夹衣。二是穿衣时衣服外面再套一件衣服,指穿衣方式。《礼记·内则》"寒不敢袭",郑玄注:"袭谓重衣也。""袤"从构形上看,似是里面穿了一件衣服、外面再套一件衣服,应是此含义的"袭"字。若"袤"释"袭","袭"属缉韵,王力以为《诗经》职、缉可合韵,这样《恒先》此处五句简文就形成了中间三句押微部韵、首尾包韵的韵例⑦。

关于《楚居》"袤"读"回"问题。"回"的较早用法是表"旋、转"义,其"还归"义产生的时间可能不是很早。汤志彪引《广韵》为证,《广韵》晚出,证据力不足;所引《甘泉赋》,这条文例也不是很早,同时文例中的"回"可能与同篇后文"回车而归"、前引《离骚》"回朕车以复路兮"中的"回"意思相同,"回车而归"的"归"、"回朕车以复路兮"中的"复"都是复归义,"回"当为转(调转方向)义,"回车"即调转车头。"旋、还"的还归义出现较早,但早期文献中训作"旋、还"的"回"是否有"归"这一用法,汤志彪文未能找出确凿的文例证据。《诗·小雅·黄鸟》"言旋言归,复我邦族"中的"旋"是回归义,所引朱熹注可能属于用时语注古语,即中古以后"回"有了回归义,朱熹用"回"中古常用的回归义来注解《黄鸟》中的"旋",不属于用古语注古语,因此将之用作训释先秦古书词语的证据可能未必妥当。

《越公其事》简文是在讲述吴败越、越求和后经过精心准备最后挑起对吴战争并灭越的故事,其内容结构如下:简1—25讲述的是吴越之战越国大败,越国向吴国求和,吴国答应了越国求和;简26部分简文至简59上是在讲越国为复仇而做的具体工作;简59下以下简文在讲述越国检验国家国防动员能力(简文"王乃试民。乃窃焚舟室,鼓命邦人救火"),挑衅吴国,引起了与吴国的战争,最后灭了吴国。

简27"袤",我们以为汤志彪所引《抽思》"超回志度"的"回"蒋骥训"(返)反"证据不足。该字旧训回邪;或以为"超回"为"迟回"之讹,犹低徊,言行不进貌⑧。简文"因",依靠;"司",有司。《尚书·酒诰》:"勿辩乃司,民湎于酒。"蔡沈集传:"辩,治也。乃司,有司也,即上文诸臣百工之类。言康叔不治其诸臣百工之湎酒,则民之湎酒者不可禁矣。"笔者按,此说与文意切合。"司"即"乃司"之"司","因司袭常"可以理解为依靠有司,因袭常法。简帛论坛上有网名暮四郎者已经疑"司"是官司之义,即指官僚机构,以为"因司、袭常"是两个动宾短语,存在互文关系,意为因袭旧日之官僚机构、规章制度等,亦即不烦费改作之意。此句尚有多种释读意见,这里不再一一列出⑨。"司"读"始"也可备一说。

简26![字形]、68![字形]、69![字形]字读"毁、危"。我们以为,尽管楚简假借现象普遍,但也有不少字形成了固定的用法,楚简中的"毁、危"均较为常见,且用字比较固定。如前文所述,简26之前的简文是在讲述吴越交战,越败而向吴求和。"袭"古音属于邪纽缉部,"燮"属于心纽葉部(在古音十九纽音系中,心、邪合一),二字古音可通,则从"袤/袭"得声的![字形]可以读"燮"。《说文》:"燮,和也。"简文"吴人既燮越邦",意思即吴人与越国和解了,此句承上,为前文所述事情的最终结果。或读"协"（古音属匣纽葉部），有和义；又《尔雅·释诂》："悦、怿、愉、释、宾、协，服也。"训"服"简文中则为使动用法。其后的"越王句践将惎复吴"一句启下。"惎"可训"谋"。《左传·定公四年》："管蔡启商，惎间王室。"王引之《经义述闻》："惎之言基。基，谋也。"原简此字从"心""亓"声，可读为训作谋的"基"。"越王句践将惎复吴"意思是越王句践将谋划向吴国复仇（或灭吴国）。吴越这次交战，越国大败，承受屈辱向吴国称臣求和，越王心有不甘，因此谋划向吴国报仇雪恨。简26🔲解为袭击，或者读"毁、危"，并不符合简文意思。其下简文，包括简27"因司袭常"，都是越国为复仇而做的具体准备工作。简文中的"惎"肖旭等已经疑训作"谋"；"复"陈剑读"覆"，也有读"报"之说⑩。

　　简67、68、69是在讲述越为了灭吴而发起的战事，越灭吴前相关战事在《左传》《国语》《史记》《吴越春秋》等文献中有记载。

　　《左传》记载了4次。《哀公十三年》"六月丙子，越子伐吴"，"大败吴师"，"入吴"，"冬，吴及越平"。《哀公十七年》："三月，越子伐吴。吴子御之笠泽，夹水而陈。越子为左右句卒，使夜或左或右，鼓噪而进。吴师分以御之。越子以三军潜涉，当吴中军而鼓之，吴师大乱，遂败之。"《哀公二十年》："十一月，越围吴。"《哀公二十二年》："冬十一月丁卯，越灭吴，请使吴王居甬东。辞曰：'孤老矣，焉能事君？'乃缢。"

　　《史记·吴太伯世家》："十四年春……越王勾践伐吴。""十八年……越王勾践率兵（使）〔复〕伐败吴师于笠泽。""二十年，越王句践复伐吴。二十一年，遂围吴。二十三年十一月丁卯，越败吴。越王勾践欲迁吴王夫差于甬东，予百家居之。吴王曰：'孤老矣，不能事君王也。吾悔不用子胥之言，自令陷此。'遂自刭死。"以上为夫差纪年，夫差十四年即哀公十三年。据索隐："哀十九年《左传》曰：'越人侵楚，以误吴也。'杜预曰：'误吴，使不为备也。'无伐吴事。"也即《吴太伯世家》与《左传》所记越吴战事同。

　　《吴越春秋·夫差内传》所载战事有夫差十四年一次；夫差二十年一次，吴败请成，越王不听；夫差二十三年一次，越灭吴。夫差十八年（哀公十七年）、二十一年（哀公二十年）越伐吴事《夫差内传》不载⑪。

　　《吴越春秋·勾践伐吴外传》记载的越吴战事有两次，第一次是勾践十五年（哀公十三年）；第二次是"二十一年七月，越王复悉国中士卒伐吴"。学者或疑此次为哀公十七年事情，即勾践十九年，不当以为二十一年⑫。我们以为，其与哀公十七年所记可能非为一事：从勾践二十一年开始，进行国防动员、军纪整饬等战前准备工作，攻打吴国，延续数年，灭吴。

　　《国语·越语》："遂兴师伐吴，至于五湖。"据韦昭注为哀公十七年事。"居军三年，吴师自溃……"王引之以为："《越语》则自返国之四年伐吴，乃遂居军三年，待其自溃而灭之……自伐吴至灭吴凡三年。"韦昭注："鲁哀二十年冬十一月，越围吴。二十二年冬十一月丁卯，灭吴。"⑬

　　以上文献所记越吴之战详略有别，内容不尽一致。清华简整理者于简 67、68 所在段落"释文与注释"后附录《国语·吴语》所记越吴战事前部分文字，《哀公十七年》所记越吴战事；于简 69 所在段落"释文与注释"后附录《国语·吴语》所记越吴战事后部分文字。根据《左传》的记载，简 69 所在段落与《哀公二十二年》所述越吴战事相当。可见《国语·吴语》将《哀公十七年》《哀公二十二年》所记越吴战事合在一起。

　　简 67、68 那段简文所述可能为《哀公二十二年》之前的越吴战事。简文"越师乃因军吴，吴人昆奴乃入越师"是说吴国在兵败的情况下，派昆奴入越军中求和⑭。"越师乃遂𤔔吴"之𤔔与简 26 𤔔用法一样，也可读"燮"或"协"，若训和，与《哀公十三年》越大败吴后"吴及越平"的"平"含义相同。只是行文简约，省去昆奴向越师求和之类的文字。古人行文多简约，如《左传·僖公二十四年》："秦伯使公子絷如晋师，师退，军于郇。"与简文行文方式是一样的，"如"与简文"入"意思一样。

　　简 69 所在段落可能是在讲述越吴之间的另一件战事，即越灭吴的最后一战，也就是《哀公二十二年》与《吴太伯世家》二十三年所记越吴之战。《越公其事》在叙述一件事后有一个符号，符号下面往往空出一截竹简，再接着讲述另一件事。简 68 末符号后竹简余空较多，显然是讲完了一场战事，下面再接着讲另一场战事。简 69 上端残，其 𧟇 与简 26 𤔔、简 68 𤔔 不是同一个字形，𧟇 为"衰"之残字，可对比下列字形：

　　𤔔（简 26）　　　𤔔（简 68）

　　𧟇（简 27）　　　𧟇（简 69）

上从"门"者，"门"右侧竖笔紧连着其下"衣"旁外面那一重"衣"右上的笔画，𧟇 残存的外"衣"右上的笔画上边还有空隙，而空隙处不见残存的"门"旁右侧竖笔，显然其上部不从"门"旁。其字即"袭"字，袭击之意，"袭吴邦"即袭击吴国。"围王宫"，越吴几番交战，吴国均大败，国防力量衰弱，越国袭击吴国后，接着就迅速包围了吴国王宫。若将简 69 与其前简 67、68 所述视为一个完整的战役，那么这个战役当由不同的作战阶段构成，越军在一个阶段后暂时燮吴，短暂的"燮吴"之后，最后是"𧟇吴邦"（简 69），灭吴国。以上两种情况中前者可能性更大。

　　据上所述，𤔔、𤔔 用作"燮"或"协"，"衰"即"袭"，本篇两者用法有别。学者将 𧟇 与 𤔔、𤔔 视为一字，抹杀了本篇两者之间的用法区别。

　　关于甲骨文，从文例中看不出"马车毁败对王有什么影响"的意思，其含义待考。

　　关于《系年》"衰"字，我们以为，利用递训、互训来推导字词意思，递训如"A，B 也，B，C也"，不能得出"A，C 也"的结论，因为"A，B 也"可能就二者之间拥有共同的 x 意而言，"B，

C 也"可能就二者之间共同拥有的 y 意而言，而 x 与 y 意不同，因而不能推导出"A，C 也"的结论；互训如"A，B 也，B，A 也"，可能的情况是 A 有 x、y 等多个意思，B 可能有 y、z 多个意思，A，B 也，B，A 也只是就二者共同拥有的 y 义项而言的，而利用互训来推导词义的人可能将 B 之 z 义项误以为是 A 的义项。"围"训"就"是就"围、就"部分或某一义项而言，因此围≠就；同样"就、因"可互训也是就"就、因"部分或某一义项而言，就≠因。因此"围"未必有"因"之义。前文所述"回、还、旋"之间的语义关系与"围、就、因"之间的语义关系类似。释"禂"说绕了一个大圈子，最后还是回到了因袭这一用法上。我们以为，不如将"裛"释作"袭"，解为因袭，这样更为直接。

而"袭"之因袭、承续、袭取等用法完全可以用于训解《楚居》相关简文。

附记：本文为国家社科基金重大项目"楚系简帛文字职用研究与字词合编"（20&ZD310）阶段性成果。

（作者单位：集美大学海洋文化与法律学院）

注：

① 马承源主编《上海博物馆藏战国楚竹书（三）》，上海古籍出版社 2003 年。这里释文综合了学者研究成果，具体可参俞绍宏、张青松编著《上海博物馆藏战国楚简集释》第 3 册，社会科学文献出版社 2019 年。

② 上博简字形学者论者较多，可参俞绍宏、张青松编著《上海博物馆藏战国楚简集释》第 3 册。

③ 可参俞绍宏、张青松编著《上海博物馆藏战国楚简集释》第 3 册。

④ 汤志彪《释"禂"》，载《语言科学》2021 年第 1 期第 97—104 页。

⑤ 清华简整理者说可参本文注④，也可参清华大学出土文献研究与保护中心编，李学勤主编《清华大学藏战国竹简》壹、贰、柒，中西书局 2011、2012、2017 年。

⑥ 以上所引汤志彪对上博简、清华简、甲骨文中此字的训释均见本文注④。

⑦ 对于《诗经》职、缉合韵问题还有不同意见，可参邓葵《〈诗经〉押韵及相关问题研究》第 56 页，南开大学 2014 年博士学位论文。

⑧ 训"回邪"可参〔宋〕洪兴祖撰，黄灵庚点校《楚辞补注》第 215 页，上海古籍出版社 2015 年。"迟回"之讹说可参黄灵庚《楚辞章句疏证》第 1481 页，中华书局 2007 年。

⑨ 可参段思靖《清华简〈越公其事〉集释》第 71—73 页，吉林大学 2019 年硕士学位论文。

⑩ 可参注⑨第 69—71 页。

⑪ 周生春《吴越春秋辑校汇考》第 87、93—94 页，上海古籍出版社 1997 年。

⑫ 同上注第 162 页。

⑬ 徐元诰撰，王树民、沈长云点校《国语集解》第 583、586 页，中华书局 2002 年。

⑭ 清华大学出土文献研究与保护中心编，李学勤主编《清华大学藏战国竹简（柒）》。

古文字研究（34）：430—435,2022

楚文字中的"臼"

肖　攀

《说文》："臼，舂也。古者掘地为臼，其后穿木石。象形。"段注："杵下云'舂杵也'，则此当云'舂臼也'明矣。引申凡凹者曰臼。"可知臼乃舂具，古人掘地为臼，或凿挖木石为臼。古文字"舂"作 （《合》①26898）、（《集成》②9399伯舂盉），象双手持杵于臼中舂捣，可为参证。《说文》系字书较为准确地阐释了臼的构形本意。

楚文字中的"臼"演变为具有广泛类化能力的构字部件，表现出一些独有的特点，本文尝试对其稍作梳理和总结。本文凡不加引号之臼代表杵臼之臼，即臼的本形；凡加引号之"臼"代表臼以及由其他文字形体演变而来的"臼"的总和，即类化的"臼"。楚文字同形现象较为复杂，涉及的字形众多，存在的疑问也很多，我们的工作肯定存在疏误，请大家批评指正。

一　楚文字中的臼及表示"凹"形的"臼"

楚文字中的臼多用为表意部件参与构字，如"舀"字或"舀"旁：（《安大·诗》2）、（《安大·诗》55）、（《郭·性》44）、（《清华六·子仪》6）、（《清华三·琴舞》1）。《说文》"舀，抒臼也"，即从臼中舀取所舂之物，所从之臼可视为杵臼之臼的本形。

掘地为"臼"与掘地为"凵（坎）"是类似的行为，所掘出的下凹地形在古文字中的写法也类似。古文字中从凵的字，后来往往写成从"臼"。楚文字中源自凵的"臼"如"沈（沉）"字作 （《郭·穷》9）、（《清华一·皇门》1），右旁所从应与"臽"有关③，其"臼"形系从凵形类化而来。

楚文字"本"作 （《上博一·孔》16）、（《清华六·管仲》2）、（《上博一·孔》5）、（《上博四·曹》20）、（《清华五·厚父》11），其中累增"臼"形的写法较特殊，学者持谨慎态度一般认为其构形不明④。我们认为这类写法中的"臼"也源自凵，是对树木根本所在位置的一种强调。这种包含"臼"的写法固定并流行之后，"臼"就成为一种抽象的区别形式（记号），其在字中的位置自然可以上置，或置于木中（此类写法也受到"若、异"等字所含类化形态的影响）。这种移动部件的方式，在楚文字"身"中也可以看到。

《说文》"鑿（凿），穿木也"，即凿挖木料。楚文字中的"凿"字作 （《安大·诗》104）、（《九店》56·27），以斤琢挖，所从之"臼"的表意范畴已不限于杵臼之臼，可泛指凿挖产生的凹形，前述源自凵形的"臼"也属此类，即段注所说"引申凡凹者曰臼"。曾侯乙墓简有"敐"字作：（曾2）、（曾11），《楚文字编》指出其"左旁从倒矢插入臼中"⑤，刘钊分析其所从之"臼""应与凿字所从的'臼'形取义相同，表示箭插入某处后造成凹陷"⑥。清华简有从干从"臼"字作 (《清华五·三寿》24)，读为"悍"，其"臼"形亦应与凿或凵形取义相同。

二　楚文字独体的"臼"读为齿，"臼"参与构字时可表意牙齿

楚文字中独体的"臼"，目前仅在包山简中发现4例，如 (《包山》272)、 (《包山》276)，从辞例来看大概均应读为"齿"⑦。楚文字中是否有独体的臼字，独体的臼字与读为齿的"臼"写法是否有所不同，还有待新材料的证明。楚文字典型的"齿"字作： (《信阳》9)、 (《曾》1)、 (《郭·语四》19)，与齿字初文作 (《合》21406)、 (《合》2546)、 (《合》17308)、 (《合》10349)、 (《合》419)、 (《合》11006)不同，较为形象的齿形变为"臼"，并"加止为音符，遂变成形声字"⑧。上博简有齿字作 (《上博一·缁衣》2)、 (《上博一·缁衣》19)，皆读为"志"，字形下部不从"臼"，写法殊异。

按照《说文》的解释，可知"门牙曰齿，在两侧者称牙"⑨。楚文字中承自商周文字（ ，《集成》4213屏敖簋盖； ，《集成》4467师克盨）的"牙"（ ，《郭·语三》9）基本都读为"与"。读为"牙"的字写作与《说文》古文 形同类的 (《郭·缁》9)、 (《曾》165)，累增了表示齿的"臼"形，"大概是因为牙字被借为与，所以又加上义符齿"⑩。

楚文字中读为"噬、澨"或"逝"的字作 (《包山》151)、 (《郭·语四》19)、 (《清华三·良臣》10)、 (《清华六·子产》21)、 (《清华六·子仪》18)，皆含"臼"形。孟蓬生将 形隶定为齧(齧)，指出其应即噬字，可看成啮字的异体，啮与噬本一字一词⑪。《清华四·别卦》简7有"噬"字作 ，整理者将其隶定为毄，认为"应分析为从齿从又欠声。欠为谈母溪部字，与月部禅母的筮、噬可以通假"⑫。再综合考虑郭店简《语丛四》简19 字所在辞例"善事其上者，若齿之事舌，而终不～(噬)"，李零指出："简文是说牙齿配合舌头但不咬舌头。"⑬直言牙齿与舌头配合之默契。可知目前学界对齧、毄的隶定与分析皆是可信的，字中之"臼"皆表牙齿，而且齧、毄很可能即一字异体。

三　楚文字中与人和动物肢体有关的"臼"

楚文字有些"臼"由人或动物肢体有关的字形演变而来，如兒、鼠、若、异、赢、萬等。

(一) 与人或动物头部有关的"臼"

楚文字"兒"作： (《郭·语四》27)，上部从"臼"。甲骨文"兒"作： (《合》3399)、 (《合》14681)。《说文》："兒，孺子也。从儿，象小儿头囟未合。"依《说文》解释，所从之"臼"由小儿头部形体演变而来。楚文字"鼠"作： (帛乙)、 (《安大·诗》80)。鼠字初文作： (《合》2804)、 (《合》14116)⑭，应是喜啮咬的小鼠的象形。楚文字"鼠"所从"臼"由鼠头演变而来。

(二) 与人手臂或虫豸等有关的"臼"

楚文字"若"作：🔸(《清华一·尹至》4)、🔸(《清华一·祭公》5)、🔸(《包山》70)、🔸(《清华三·琴舞》9)，字中"臼"形由上举的手臂(🔸，《合》21128；🔸，《合》6497)演变而来。楚文字"异"作：🔸(《包山》46)、🔸(《新·甲三》20)，"臼"形也是上举的手臂(🔸，《集成》2838曶鼎)演化而来，有些异体(🔸，《郭·语二》52；🔸，《新零》165)中尚能看到演化的中间形态。清华简《封许之命》简6有毞字作🔸，记赏赐物"毛织品"[15]的名称，所从"臼"形也由举起的手臂演化而来，可参看甲骨文"奊"字作🔸(《合》4445)、🔸(《合》5936)。

楚文字"萬"作🔸(帛甲)、🔸(《郭·缁》2)"臼"系由较象形写法(🔸，楚公逆钟；🔸，楚嬴匜)中的虫豸形演变而来。萬字这种写法，与形近的"禹"(🔸，《郭·唐》10；🔸，《上博二·容》23)和"禺"(🔸，《郭·老乙》12；🔸，《新乙》4·45)之间形成了明确的区别特征。

"赢"字甲骨文作：🔸(《合》35255)、🔸(《合》32705)[16]，学者或以为即"蠃(螺)"字初文，象蜗牛、蛞蝓之类软体动物[17]。楚文字有些"赢"字写作：🔸(《包山》41)、🔸(《仰》7)，字中"臼"形由象动物身体的字形演变而来。这种"臼"形的写法与"员"字作🔸(《郭·老乙》3)、🔸(《郭·老乙》3)、🔸(《上博六·用》14)者类似。谭生力指出员字"臼"形系"鼎身目形部件演变"[18]而来，综合🔸(《郭·老甲》24)形一类员字的写法和楚文字演变的一般规律来看，这种判断是可以信从的。

四　楚文字中用作音符的"臼"

杵臼之臼和表示牙齿的"臼"在楚文字中可用作音符，其他来源的"臼"形似暂未见音符用例。

楚文字"舊"作：🔸(《曾》164)、🔸(《包山》242)、🔸(《郭·性》26)、🔸(《上博一·性》16)，以臼为音符。

楚文字"斯"作：🔸(《上博一·孔》27)、🔸(《清华五·厚父》9)、🔸(《信》2·17)、🔸(《清华一·金縢》8)。安大简《诗经》简88"玼"作🔸，从"斯省声"[19]。古文字"斯"一般从"其"，《说文》："斯，析也。从斤，其声。"魏宜辉指出"臼"古与"其"音近[20]。

《上博二·从政(甲)》简12有"识"字作🔸，整理者将其隶定为儀，《上海博物馆藏战国楚竹书(一—五)文字编》将其改隶为�，且注明齿、㦰皆为音符[21]。

五　与"臼"相关的疑难字

(一) 楚文字从"臼"的"面"字与清华简中的 🔸 字

楚文字"面"有从"臼"的写法：🔸(《包山》272)、🔸(《郭·尊》15)，与较为标准的写法(🔸，《清华六·筮法》46；🔸，《清华六·子仪》12)不同。"面"字初文作🔸(《花东》113)，李孝定《甲骨文字集释》："契文从目,外部象面部匡廓之形。"㉒"面"字中的"臼"形大概是由象面部轮廓的形体简化而来。《清华四·别卦》简2有 ![字] 字,整理者隶定为頤,并指出:"字当分析作从页从齿已声,是颐的异体字。颐的本意为面颊,故以页以齿为意符。"㉓上述"颐"字中的"臼"与"面"字中的"臼",是否有共通之处,还有进一步讨论的空间。

(二)"毁"字

楚文字"毁"字作: 、、、》18),《古文字谱系疏证》认为"疑毁齿之毁之本字"㉔,并引《集韵》真韵"毁,龀也"、《正字通》齿部"龀,俗龀字"、《说文》"龀,毁齿也。男八月生齿,八岁而龀,女七月生齿,七岁而龀"等作为参证。

(三)包山简中的"憨"字

包山简中"憨"字作: 、、、,其中 ![字] 形稍为特殊,以往有过各种讨论。《包山楚墓文字全编》将其隶定为憨,确释为憨,同时怀疑"下所从臼旁或为心之残形"㉕。观察竹简图版,字较清晰,未见明显残泐,也不存在书写空间不够致字形残缺的情况。再比较楚文字心形各类写法,其残形与 ![字] 下部也难以完全契合。因此,字编作者虽有怀疑,仍将该字隶定从"臼",处理方案十分审慎。"憨"字从"猷",《说文》:"猷,犬张龂怒也。""憨"在简文及传世文献中用为"不服、不愿"等心理义,"犬张龂怒"正可表达类似的情貌,将 ![字] 形下部分析为强调表示牙齿的"臼"也较合理。该字虽然前有三例从心之写法,较为统一,但楚文字异体繁出,同批简文出现写法特殊的个例不足为奇。

(四)其他

《清华大学藏战国竹简(三)》中有下列从"臼"之字,其"臼"旁来源应在本文所述各类"臼"之范围内,具体归属还有待深入探讨或更多新材料字形的支撑。现暂列其字形、辞例、整理者考释意见等如下,以便观览。

![字],《良臣》3:泰~(颠)。整理者隶定为"嚚",人名。

![字],《说命下》3:王曰:"既亦~(诣)乃服。"整理者隶定为"臔",并指出:"诣,《汉书·杨王孙传》注:'至也。'"㉖

![字],《芮良夫》18:恭~(监)享祀。整理者隶定为"嚚",并指出:"从见从心从臼,疑为监之异体。"㉗

六 结语

偏旁分析法是常用的古文字考释方法,对构字部件的演变来源进行深入细致地考察,形成系统性的认识,有助于我们考释古文字时提高效率少走弯路。楚文字中的"臼"有多种演变来源,构字功能多样,如果对相关情况把握不足,在进行字形分析时就容易产生失误,影响考释结果的准确性。通过梳理不难发现,虽然"臼"字"臼"旁在楚文字中常见,但我们对其认识仍旧存在不足。上举很多从"臼"的字例,都经历过较为长期曲折的释读过程,一些字形学界至今没有定论;还有一些是新出现的字形,其构形尚不十分明确,有待更加深入的研究或更多新材料的佐证。

李守奎提出"系统释字"理念,旨在突破一个字一个字地考释和阐释的方法,把文字置于构形系统的各种关系中加以研究㉘:

> 系统释字法是以汉字构形的系统性为基础,将具有某种关系的若干组文字放置在静态的构形系统和动态的演变过程中进行全方位的考察、全面释字的方法。系统释字法的核心是不孤立地、静态地观察与阐释汉字,是将依据某种特点类聚成一组或几组文字置于静态的构形系统和动态的演变过程中,找出区别,观其会同,进行全方位的考察。

出土楚文字材料总量丰富,种类多样,相关古文字发展和演变现象体现较为全面,学界对其中的基础常见字也有较充分的认识。在这样的基础上,使用"系统释字"理念,以系统性的眼光对其文字构形加以梳理和考察,时机已经成熟。我们对楚文字中"臼"的梳理和总结,只是从一个较小的角度展开的工作,以期对"臼"的来源和构形功能有一个系统性的把握,对个别疑难字的释读产生一点推动作用。

附记:本文是国家社科基金项目"楚文字构形分析与疑难字考释"(18CYY034)的阶段性成果;也是吉林省教育厅"十三五"社会科学规划项目"基于Python语言的古文字云数据处理平台"(JJKH20201136SK)的前期成果之一。

（作者单位:吉林大学文学院）

注:

① 郭沫若主编,中国社会科学院历史研究所编《甲骨文合集》,中华书局1978—1982年。后略不注。

② 中国社会科学院考古研究所编《殷周金文集成(修订增补本)》,中华书局2007年。后略不注。

③ 肖攀《楚文字"沈"字刍议》,《第四届"古文字与出土文献语言研究"学术研讨会论文集》第202页,2021年7月。

④ 李守奎、曲冰、孙伟龙编著《上海博物馆藏战国楚竹书(一—五)文字编》第361页,作家出版社2007年。

⑤ 李守奎编著《楚文字编》第205页,华东师范大学出版社2003年。

⑥ 刘钊《"舌"字源流考》,《古文字研究》第30辑第595页,中华书局2014年。

⑦㉕ 李守奎、贾连翔、马楠编著《包山楚墓文字全编》第311页,上海古籍出版社2012年。

⑧ 于省吾《甲骨文字释林》第221页,中华书局2009年。

⑨ 同上注第222页。

⑩ 季旭升《说文新证》第138页,福建人民出版社2010年。

⑪ 孟蓬生《郭店楚简字词考释》,《古文字研究》第24辑第404—408页,中华书局2002年。

⑫ 清华大学出土文献研究与保护中心编,李学勤主编《清华大学藏战国竹简(肆)》第134页,中西书局2013年。

⑬ 李零《郭店楚简校读记》第481页,三联书店1999年。

⑭ 刘钊主编《新甲骨文编(增订本)》第585页,福建人民出版社2014年。

⑮ 清华大学出土文献研究与保护中心编,李学勤主编《清华大学藏战国竹简(伍)》第121页,中西书局2015年。

⑯ 同注⑭第270页。

⑰ 黄德宽主编《古文字谱系疏证》第2316页,商务印书馆2007年。

⑱ 谭生力《楚文字形近、同形现象源流考》第56—57页,中国社会科学出版社2018年。

⑲ 安徽大学汉字发展与应用研究中心编,黄德宽、徐在国主编《安徽大学藏战国竹简(一)》第130页,中西书局2019年。

⑳ 魏宜辉《楚系简帛文字形体讹变分析》第101—102页,南京大学2003年博士学位论文。

㉑ 同注④第401页。

㉒ 李孝定编述《甲骨文字集释》卷9第2851页,史语所专刊1982年。

㉓ 同注⑫第131页。

㉔ 同注⑰第2863页。

㉖ 清华大学出土文献研究与保护中心编,李学勤主编《清华大学藏战国竹简(叁)》第129页,中西书局2012年。

㉗ 同上注第153页。

㉘ 李守奎、肖攀《清华简〈系年〉文字考释与构形研究》第22页,中西书局2015年。

古文字研究（34）：436—440，2022

《老子》校读零札

李 锐 张 帆

一 "谷神不死"

今本①《老子》第6章作：

  谷神不死，是谓玄牝。玄牝之门，是谓天地根。绵绵若存，用之不勤。

"谷神"，帛书本作"浴神"，"浴"从"谷"得声，《老子》诸本中通假常见。关于"谷神不死"该怎样理解，历来有不同意见。汇总起来，大致有如下几种：

1.《老子想尔注》："谷者，欲也。精结为神，欲令神不死，当结精自守。"②洪颐煊也指出"'谷'、'浴'皆'欲'之借字"③，马叙伦从之④。

2.蒋锡昌以为《老子》中"谷"皆为一义，"谊皆取其空虚深藏，而未有为他训者"，此处指人之腹部丹田，"神"是腹中元神，"谷""神"二字连读⑤。古棣从之，又说："叫它为'谷神'是突出其虚的特性。"⑥

3.朱谦之、汪桂年等则以谷、神为两物，并以今本第39章"神得一以灵，谷得一以盈"为证⑦。汪桂年言："诸家以谷或为山谷，以取空虚之义，胥失之。"⑧也就是说，谷、神即是溪谷、天神，二物都是对道的比喻。

4.河上公注："谷，养也。"⑨俞樾、高亨等认为"谷"无"养"意，当读为"穀"⑩。高亨言："谷神者，道之别名也。谷读为穀，《尔雅·释言》：'穀，生也。'《广雅·释诂》：'穀，养也。'……谷神者，生养之神。道能生天地养万物，故曰谷神。"⑪

"谷"在《老子》中多见，本义为"川谷"之"谷"，如王本第15章"旷兮其若谷"，第33章"犹川谷之于江海"，第66章"江海所以能为百谷王者"；又用引申义，如王本第28章"为天下谷"。诸解或将"谷"比喻为道，但对为何称之为"谷神"，解释稍显迂曲。朱谦之等将"谷""神"相对，然"神得一以灵，谷得一以盈"例中，灵、盈差距甚远。

今按"谷"应读为"裕"。今本第24章、第31章"有道者不处"，马王堆帛书本、北大汉简本皆作"有欲者弗居"。"居""处"义近。高明读"欲"为"裕"，据《方言》训为道，可从⑫。《方言》"裕、猷，道也"，"有欲（裕）者"即"有道者"。则"谷神不死"之"谷"也可读为"裕"，训为道。"谷神不死"即言道有神性不会死亡。《文子·九守》有："是以圣人以道镇之，执一无为，而不损冲气，见小守柔，退而勿有，法于江海。江海不为，故功名自化；弗强，故能成其王；为天下牝，故能神不死；自爱，故能成其贵。"即是圣人执道、为天下牝，"故能神不死"，证"谷神"不当连读为一词,可与此处参照。车载云:"'谷神',是道的写状;'不死',就道的永恒性说。'谷神不死'是指常道。"⑬其说已经注意到"谷神"与"道"的关系,但未能很好地解说"谷神"何以可指道。

"谷神"又称"玄牝",《老子》中以"玄"为定语的词有很多,如"玄览"或"玄鉴""玄德""玄同"等,"玄"是"览""德""同"因符合道的状态而加的缀语。而"牝"与"牡"相对,王本第61章言"大国者下流,天下之交,天下之牝",又言"牝常以静胜牡",牝是母性的象征。今本第1章言"玄之又玄,众妙之门","玄牝之门"与之近似。"玄牝之门",而非玄牝,是"天地之根",即是说玄牝孕育元质,其门户为天地(万物)之根,即是说出其门户乃得为天地(万物)之根,天地(万物)则是从此根、本所生。有若母亲产子,母为牝,子出腹中,断脐乃为赤子,仍待养长,方得为人,赤子乃人之根。所以道不是直接生万物,道与万物之间有玄牝之门、天地之根作为中介,道是玄牝,但天地万物从玄牝之门、从其根生出。《老子》也说"道生一、一生二、二生三,三生万物"(42章)、"道生之,德畜之,物形之,势成之"(51章),上博简有《凡物流形》,物流形成体后才有生,故道所生并非生物,而是其元、灵之类,并非道直接生万物。这是《老子》思想和后世的一个重要差别,也是其思想常被误解之处。朴是最接近初生未分别者,最接近根,但仍是已经出玄牝之门者,不能等同于道。

二　"虽有荣观,燕处超然"

今本《老子》第26章作:

> 重为轻根,静为躁君,是以圣人终日行,不离辎重。虽有荣观,燕处超然,奈何万乘之主,而以身轻天下? 轻则失本,躁则失君。

其中"虽有荣观,燕处超然"一句,尤其是"荣观",不好解释,且出土文献中存在异文:"虽",帛书甲本、汉简本作"唯";"荣观",帛书本作"环官",汉简本作"荣馆"。

"荣"(匣纽耕部)与"环"(匣纽元部)可通,"观"与馆、官都是见纽元部字,亦通。河上公注:"荣观,谓宫阙。"马叙伦以为乃"营卫"之借,取四方守卫之意⑭。高亨亦读"荣"为"营",但解为垣墙,"官"读为"馆",意为宫室⑮。马王堆帛书整理者疑读为"阛馆",是"旅行必经之处、极躁之地"⑯。汉简整理者读为"萦馆",指"有围墙的客舍"⑰。

今按理解为宫室,与"辎重"无甚关系;而解为客舍,又如何"燕处"? 帛书整理者说是"极躁之地",更是引申太过。"虽有荣观",可读为"唯有还馆","馆",《诗·郑风·缁衣》"适子之馆兮",毛传:"馆,舍也。"此指唯有回至家宅,才不必担心辎重问题,可以燕处。

"燕处",傅奕本作"宴处",帛书乙本作"燕处","燕""宴"为常见通假字。"处",《玉篇》几部:"処,与处同。""燕处""宴处"都是闲居、燕居的意思。闲居多与在朝相对,如《礼记·经解》:"天子者,与天地参……其在朝廷,则道仁圣礼义之序;燕处,则听雅颂之音";有时也未必,如《孔子闲居》《仲尼燕居》。此处讲"君子",当是退朝闲居,此不仅是静,亦是不远其辎重之举。

"超然",帛书乙本作"则昭若",北大汉简本作"超若"。学者过去多以"超然物外""超脱"解之[18],《集成》也指出"昭"或当读"超"[19]。按:"绍""昭""超"谐声可通,当读为"绍",《集韵》蚩招切,音同"超",《诗·大雅·常武》"匪绍匪游",郑笺"绍,缓也",为舒缓之义。"若""然"义近。

三　"民不畏威,则大威至。无狎其所居,无厌其所生"

今本《老子》第72章有:

民不畏威,则大威至。无狎其所居,无厌其所生。夫唯不厌,是以不厌。

首句"民不畏威,则大威至",帛书甲本、汉简本均有残损,帛书乙本句中多"之"字,文义相差不大。"畏威",帛书本作"畏畏","畏""威"均为影纽微部字,音近可通,读为"畏威"。"则大威至",河上公影宋本作"大威至矣",河上公道藏本、傅奕本、汉简本作"则大威至矣",帛书本句中多一"将"字,作"则大畏(威)将至",亦义近。

此句过去学者多将"至"训为到来、来临。但人不畏惧大威,大威却要到来,语义难通。所以马叙伦、蒋锡昌等以"民"为后人误解避讳回改"人"而成,"人"原指人君[20]。从帛书看,此说非是。高亨说"至"有"止"义,衍生出"窒""庢",《说文》"窒,塞也","庢,碍止也"[21]。按其说可从,"至"可读为"窒"。"民不畏威,则大威至"即如同今本第74章所言"民不畏死,奈何以死惧之",民众不害怕"威",所以"大威"就没有用处了。

"无狎其所居,无厌其所生","狎",河上公本作"狭",严遵本作"挟",帛书甲本作"闸",帛书乙本作"伸",北大汉简本作"柙"。"狎、闸、伸、柙"均从"甲"得声,"狎"与"狭""挟"均为匣纽葉部字,音近可通,但诸家读法不一。王弼注如字读,从王弼本"狎"之读法的有吴澄等,解为玩习[22]。高亨指出当读为"闸",引申为封闭之意[23]。马叙伦则以为传世本"狎、狭"均可借为"柙",有闭距之意,又将"居"训为"止"[24]。奚侗、蒋锡昌则读为"狭",认为即《说文》"陕"字,训为隘迫[25]。北大汉简整理者将诸字读为"柙",指出此句意为"以人民为禽兽而处之以牢笼"[26]。

今按"狎"可训为"更"。《集韵》狎韵:"狎,更也。"即更迭之意。《左传·襄公二十七年》"且晋楚狎主诸侯之盟也久矣,岂专在晋",杜预注:"狎,更也。"[27]《昭公二十一年》记载华豹与公子城对话有"不狎鄙",杜预亦注:"狎,更也。"《左氏会笺》:"更,更迭之义,言彼此更迭相射。"[28]可见文献中"狎"作更变之意出现较早。"无狎其所居"就是不让民众变换居住的地方,即今本80章所言"使民重死而不远徙"之意。

"无厌其所生",高亨指出,《说文》"厌,笮也","笮,迫也"。厌即压迫之压[29]。段玉裁《说文解字注》以"厌、压"乃古今字[30]。此与下句"夫唯不厌,是以不厌"关系密切。"夫唯不厌,是以不厌"，朱谦之指出上"厌"，压也；下"厌"，恶也。此云"夫唯不厌"，即"夫唯不压"也。"是以不厌"，即"是以不恶"也。夫唯为上者无压迫之政，是以人民亦不厌恶之也[31]。

特别需要说明的是，帛书甲本"母（毋）闸（狎）元（其）所居"句前有类似分章符号之点，《集成》认为："民不畏威而大威至，与圣人病病而不病，其事正可相互对比。如此分章，似亦有其道理。"[32]此说恐不可从。因为帛书甲本的分章符号只存有几个，全文章节多少也不清楚，此处或能表示下面可能另为一章，但不能证明"民不畏威，则大威至"属上章。且帛书本有分章符号点错之例，如今本第75章[33]。今本第46、51、72、81章对应的帛书本有些疑似分章符号可能也是错的，或有疑问。另外，"民不畏威，则大威至"文意上和上章论病病也没有什么明显关系。将"至"读为"窒"，则本句可翻译为民众不害怕威严，那么威严就没有用处了。下文言"毋狎其所居，毋压其所生""夫唯弗压，是以不厌"正告以勿用威，与本句呼应，文义衔接紧密。

（作者单位：北京师范大学历史学院史学研究所；重庆大学人文社会科学高等研究院）

注：

① 本文所说"今本"指今通行王弼本，下同。诸本异文参见北京大学出土文献研究所编《北京大学藏西汉竹书（贰）·〈老子〉主要版本全文对照表》，上海古籍出版社2012年；帛书《老子》甲乙本参见湖南省博物馆、复旦大学出土文献与古文字研究中心编纂，裘锡圭主编《长沙马王堆汉墓简帛集成（肆）》，中华书局2014年。

② 饶宗颐《老子想尔注校证》第9页，上海古籍出版社1991年。

③ 〔清〕洪颐煊《读书丛录》卷一三，收入《清代学术笔记丛刊（37）》第451页上，学苑出版社2016年。

④ 马叙伦《老子校诂》第123页，中华书局1974年。

⑤ 蒋锡昌《老子校诂》第39页，上海书店1988年。

⑥ 古棣、周英《老子通（上）·老子校诂》第17页，吉林人民出版社1991年。

⑦ 朱谦之《老子校释》第26—27页，中华书局2000年。

⑧ 汪桂年《老子通诂》，收入《北强月刊（国学专号）》第7页，1935年。

⑨ 王卡点校《老子道德经河上公章句》第21页，中华书局1993年。

⑩ 〔清〕俞樾《诸子平议》第145页，中华书局1954年。

⑪ 高亨《老子正诂 老子注译》第50—51页，清华大学出版社2004年。

⑫ 高明《帛书老子校注》第338页，中华书局1996年。

⑬ 车载《论老子》第50页，上海人民出版社1959年。

⑭ 同注④第281—282页。

⑮ 同注⑪第304页。

⑯ 国家文物局古文献研究室编《马王堆汉墓帛书》第15页注44，文物出版社1980年。

⑰ 北京大学出土文献研究所编《北京大学藏西汉竹书（贰）》第157页。

⑱ 同注⑤第176页。

⑲ 湖南省博物馆、复旦大学出土文献与古文字研究中心编纂，裘锡圭主编《长沙马王堆汉墓简帛集成（肆）》第52

　　页注103。

⑳　同注④第591页；同注⑤第426页。

㉑　同注⑪第183—184页。

㉒　〔元〕吴澄《道德真经吴澄注》第102页，华东师范大学出版社2010年。

㉓㉙　同注⑪第398页。

㉔　同注④第591—592页。

㉕　同注⑤第427页。

㉖　北京大学出土文献研究所编《北京大学藏西汉竹书（贰）》第139页第36章注2。

㉗　〔清〕阮元校刻《十三经注疏》第4334页，中华书局2009年。

㉘　〔日〕竹添光鸿《左传会笺》第497页，辽海出版社2008年。

㉚　〔汉〕许慎撰，〔清〕段玉裁注《说文解字注》第448页，上海古籍出版社1981年。

㉛　同注⑦第285—286页。

㉜　湖南省博物馆、复旦大学出土文献与古文字研究中心编纂，裘锡圭主编《长沙马王堆汉墓简帛集成（肆）》第36
　　页注177。

㉝　湖南省博物馆、复旦大学出土文献与古文字研究中心编纂，裘锡圭主编《长沙马王堆汉墓简帛集成（肆）》第37
　　页注189。

古文字研究（34）：441—444，2022

秦汉简牍研读札记

李洪财

（一）《里耶秦简（贰）》1424 与 2243 缀合

《里耶秦简（贰）》中公布了两枚简，原释文作[①]：

急心心心心口▨	1424 正
心心心口心口▨	1424 背
▨心心心心心	2243 正
▨心口心口▨	2243 背

这两枚简都在第九层，而且字体、茬口都非常吻合，可以缀合为一枚，缀合示意图如图1。缀合后释文当整理为：

急心心心心心心心心心心	1424 正 +2243 正
心心心心心心心心心心心心心	1424 背 +2243 背

这是一枚习字简，简正面第一字为"急"后面及背面都是"心"的杂写练习。另外，这里面有个值得注意的现象，其中的"心"形出现了两种形体，一种作下 A 形，一种作下 B 形。

A   B

按照形体特点来说，A 形小篆特点明显，但这种写法在秦简牍中并不多见。B 形与简正面"急"所从"心"形一致，是秦简牍中常见的写法，比如《里耶秦简（贰）》51 背的"恒"（图）、282 的"急"（图）、1441 的"志"（图）等字所从的"心"，就是 B 形写法。A 形具有流畅线条，而装饰特点较强，但在日常书写中这种写法不能适应快速实用书写的需要。B 形虽缺少装饰，但点画简洁呼应，更适应快速书写。这个现象很容易让我们想到《说文》序中所说的"秦书八体"的问题。许慎所说的秦书八体中有小篆和隶书。不过小篆和隶书本质区别究竟在哪里，众说纷纭。以 A、B 两形而言，两者的突变还是从线条转变为点画。另外，我们现在所见的小篆除了后世翻摹之外，基本是金文石刻，墨迹的小篆实在少见。而金文石刻的小篆与墨迹的小篆绝不会一致，汉代石刻隶书与简牍墨迹隶书的巨大差距就是最好的例证。

一四二四背　一四二四正　二二四三背　二二四三正

图1

(二)《里耶秦简(贰)》858与1838背缀合

《里耶秦简(贰)》中有两枚简,原释文作②:

　　□月及☑　　　　　　　　　　　　　　　　　858

　　☑如急☑　　　　　　　　　　　　　　　　1838正

　　☑□心□☑　　　　　　　　　　　　　　　1838背

以上858简未公布背面图,下残断;1838简上下残断。两简都出自第八层,茬口吻合,可缀合,茬口处"急"字上下残画顺畅(见图2)。缀合后释文当重新整理为:

　　☑如急☑　　　　　　　　　　　　　　　　1838正

　　月月急□心□☑　　　　　　　　　　　858+1838背

　　这枚简也是一枚习字简,简上文字具有明显的楚简笔法特点,同时笔画牵连,透露出草书萌芽痕迹。

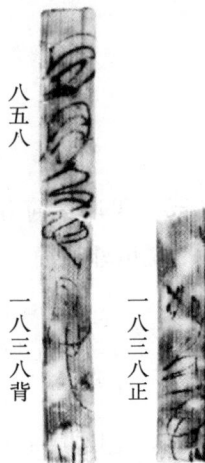

图2

(三)《岳麓秦简(肆)》1230释文补

《岳麓书院藏秦简(肆)》中简1230,原整理释文作③:

　　之。十月户赋,以十二月朔日入之,五月户赋,以六月望日入之,岁输泰守。十月户赋不入刍而入钱

　　此简是讨论秦代户赋问题的重要材料。细察原简,"望"后并无"日",原释文误衍。其实,先秦文献中表示"望日"时仅用单音节"望"字。如:

　　朔日,利入室,毋哭。望,利为困仓。　　　　　　　　　《睡虎地秦简》155背

　　官,恒令令史官吏各一人上攻劳吏员,会八月五日。上计最、志、郡(群)课、徒隶员簿,会十月望。同期　　　　　　　　　　　　　　　　　　　　　　《岳麓秦简(肆)》2148

(四)《肩水金关汉简(贰)》73EJT21:270释读

《肩水金关汉简(贰)》73EJT21:270原整理者释文如下④:

　　☑□医胥文四下方騳□聊屄不騳久左肠甘□☑

图3

　　"騳"后未释字作图3a形,此形当释作"插"。左部从"扌"无疑,右部的"臿"形图3居延新简"臿"可参照。

　　"屄"作图3b形,疑此字就是"尾"。

　　"肠"作图3c形。此形右部残缺,疑为"脾"字。悬泉简中有"久左脾"(ⅣVT0617③:

18），文例可与此处相合。"脾"通"髀"，髀即是大腿。久左脾意思就是在大腿处烙印。

（五）《肩水金关汉简（壹）》73EJT9：264 释读

《肩水金关汉简（壹）》73EJT9：264 和 73EJT9：268 缀合并重新释读如下：

☑不愿召对，久望不食，未耐任衣。有罪辅不肖，为部治马官，辅有疾，不敢坚〈望〉见，早想召部中ⅰ☑谨入☑愿诣，辅得毋有失，过而不自省，愿闻其说。幸=甚=（幸甚幸甚）。部中事何以教使卜辅，即有ⅱ

73EJT9：268B+264A

☑为辅请侯予平君俙，欲以诸□□问辅。叩头，重幸=甚=（幸甚幸甚）。

73EJT9：268A+264B

此简由何茂活缀合，并新释或改释了久、食、耐任衣、肖、辅、敢、事等字⑤，皆可从。但简中仍有文义不顺处，还存在释字问题。第一行（释文ⅰⅱ表示原简行数）"部治"的"部"，何茂活以为当释为"邮"。汉简中"部、邮"形近易混，所以从字形上很难分辨，且释"部"文义也通，不若保持原释。"坚"，原简图作 （图），原径释作"望"，当是"望"讹作"坚"。"谨入"原释为一个未释字，细审原简似为"谨入"二字，暂拟补。"教使"后的"辅"原未释，何茂活补释，但两者之间还有"卜"形，何茂活以为不可知。按照文义此"卜"形可作删除符号，同类情况传世墨迹抄本中较多，米芾的传世墨迹中就有不少这类情况，如 （图）（《苕溪诗卷》）、 （图）（《道林寺诗帖》）、 （图）（《法华台诗帖》）等字旁的"卜"就表示删除。此处作删除号，"部中事何以教辅"，就是部中还有什么事情要交代给辅，文义颇顺。其后的"即有"就是假设有的意思。先问有什么交代的，接着说假如有某事该怎么办，逻辑也合理。"俙"，原释文作"使"，原简字形作 （图），此字所从"亻"和"夜"都非常清楚，可补释。此处用为人名。"问"，原简未释，此字原简作 （图），当为"问"之草书。居新EPF22·841中"问"作 （图），与此形基本相同。

（六）《肩水金关汉简（伍）》73EJF2：34 释文补

《肩水金关汉简（伍）》73EJF2：34 整理者原释文作⑥：

□□到□人付□□□□

□□延还思想君丙在边□

第一行标下划线未释字，原简作 （图），当释为"杀"。左侧所从"杀"明显，右侧尚见"攵"少许笔画。第二行未释字原简作 （图），上部从非，下部为"心"之草写，当释为"悲"。

（七）西北汉简中的几处"阘"补释

《肩水金关汉简（伍）》中有如下两枚简：

右前骑士关都里任宪　　　　　　　　　　　　　　　　　73EJF3：3

右前骑士关都里李谊　　　　　　　　　　　　　　　　　73EJF3：47

按：简中的"关"原简形分别作 （图）、（图），原释字非也，当释作"阘"。此处省"曰"形。其实张俊民在《肩水金关汉简（壹）释文补例》中就已经指出这个字的释读问题，他说："记得

1998年校读简文时有个地名叫'闟都里','闟'字或有省略'曰'的写法，即成门内'羽'字。简3(73EJT3：7)的写法应该释读为'闟'字。"[7]此外《肩水金关汉简(伍)》和居延新简[8]中还有几处也应改正：

右前骑士关都里赵严 　　　　　　　　　　　　　　73EJF3：11＋4

右前骑士关都里李谊 　　　　　　　　　　　　　　73EJF3：415＋33

第卅三　长居延关都里邹□去 　　　　　　　　　　EPT51：356

迺六月十九日丙戌万岁士吏居延关都里□长 　　　　EPT68：125

迺十二月甲午第十三助吏高沙队长居延关都里王尊 　EPT68：164

(八) 肩水金关汉简73EJF3：104、73EJF3：118A、73EJF3：150B 补释

《肩水金关汉简(伍)》有如下三枚简，原释文分别作：

始建国三年三月辛酉朔辛未列人守丞　　别送治薄卒张掖居延移□＝南代卒

　　　　　　　　　　　　　　　　　　　　　　　　　　　73EJF3：104

始建国元年六月壬申朔乙未居延居令守丞…… 　　　73EJF3：118A

／掾尉史章 　　　　　　　　　　　　　　　　　　73EJF3：150B

上揭第一例中的"掖"，原简字形作 ，从水，释文当改作"液"。其后的未释字原简字形作 ，疑为"鄣"之草书。第二例中的"乙"，原简作 ，显然是"己"字，但六月壬申朔则无"己未"，此"己"或为"乙"之讹。第三例中的"尉"，原简作 ，为"令"之草书。

　　附记：本文初稿成于2017年，2018年曾在纪念徐中舒先生诞辰120周年国际学术研讨会宣读，特此说明。

　　　　(作者单位：湖南大学岳麓书院、"古文字与中华文明传承发展工程"协同攻关创新平台)

注：

① 湖南省考古文物研究所编著《里耶秦简(贰)》第160、238页，文物出版社2018年。

② 同上注第110、193页。

③ 陈松长主编《岳麓书院藏秦简(肆)》第107页，上海辞书出版社2015年。

④ 甘肃简牍保护研究中心等编《肩水金关汉简(贰)》，中西书局2014年。后文列举汉简皆以简号标示位置，不再一一注明页码。

⑤ 何茂活《肩水金关书牍缀合校释一则》，《河西汉简考论——以肩水金关汉简为中心》第227—233页，中西书局2021年。

⑥ 甘肃简牍保护研究中心等编《肩水金关汉简(伍)》，中西书局2016年。

⑦ 张俊民《肩水金关汉简(壹)释文补例》，简帛网2014年12月16日。

⑧ 张德芳、韩华《居延新简集释(六)》，甘肃文化出版社2016年。

古文字研究(34):445—451,2022

汉简零拾(二则)

乐　游(刘　钊)

一　《甘露二年丞相御史书》的人名"可置"

肩水金关1973年发掘中所出编号73EJT1∶1—3的三枚木牍,是西汉宣帝甘露二年(前52)丞相府和御史府联合下达的一道官文书的抄本,研究者多称之为"甘露二年丞相御史书"[①]。该文书内容完整且重要,1978年公布后即引起学者的关注[②],研究论著众多[③]。邬文玲曾综理诸家旧说,全面加以新释[④],对以往误释或未释的"从居"之"从"、"候长广宗等"之"等"、"失期"之"失"等字做出了准确的辨识,基本解决了文字释读和文句疏解问题。李迎春又在此基础上,进一步探讨了一些文句的理解[⑤]。但细读之下,简文还有一处文字释读尚有疑问,这里试作讨论。

73EJT1∶2的最末一行是这份文书下达到张掖郡之后,由张掖太守继续向郡内下达的行下文,我们将该行简文邬文玲的释文和标点迻录于下:

> 六月,张掖太守毋适、丞勋敢告部都尉卒人∶谓县∶写移;书到,趣报,如御史书、律令。敢告卒人。掾佷、守卒史禹、置佐财。

"禹、置"二字旧或释"安国",裘锡圭已辨其非,改释为"禹、置",断读为"守卒史禹、置佐财",并据居延旧简中的辞例,谓"置佐"为一种佐史[⑥]。其后学者多从此说。邬文玲认为置佐"很可能是驿站传置的佐,或者负责驿站传置事务的佐"。但其实裘先生对"禹"字之释尚存疑问,其疑并非无道理。我们认为,"禹"字之释恐不可信,应改释为"可",相应简文应重新断读为"守卒史可置、佐财"。

首先,从字形上看,简文书写草率,红外图版作如下形体(下文中以A代替):

西北汉简可确释的草书"禹"字,草化程度较高者有如下诸形:

《敦》1671	《敦》1975A	《居》214·135	《居》306·25

《居》10·34B	《居新》EPT20∶19A	《居新》EPT44∶57	《肩》73EJT4∶166

汉简草书虽然变化多样，但释读时应重视的是特征性笔画。通过上面的比较可见，"禹"字草书的特征性笔画，一是上部都明确体现出撇画，二是左下方多见向外的撇画。如果将 A 字的笔画主干凸显出来，实应作 形，不具备上述特征，并不相类。而汉简所见草书"可"字有如下形体：

《敦》502	《居》10·21	《居》10·14	《居》10·21

《居新》EPT4·20	《肩》73EJT1·27	《肩》73EJT1·75	《居新》EPT6·29

基本笔画构成与 A 是很一致的，只是上端横画较粗，右下弧笔未向左钩出。这可能是书写草率所致。同篇中也有两个"可"字，作 、 ，三字看似皆有所不同，但其实基本笔画与结构并无实质差异，手写文本中同篇字形差异十分常见，本篇中尤其不乏其例。

从汉代职官和简牍辞例看，"置佐"确实存在，是驿站传置的佐，在出土于邮驿机构的悬泉汉简中常见，属于邮置的基层吏员，其上级有置啬夫、置丞等[7]。居延、肩水等地也有"置"，常依托候官或仓而设立，主要负责食物、驿马等的供应，多数规模较小，不设啬夫而由置佐负责的情况多见[8]。"置佐"虽确实广泛存在，但要注意的是《甘露二年丞相御史书》中的相关简文属于太守府所下的行下文书，汉代各级官文书后需要署文书制作的负责人，这些负责人皆是服务于本机构的属吏，署名时职务依次递降。如县级单位的文书后署名，完整格式当是"掾某、令史某、（书）佐某"，而像太守府、都尉府文书的署名则多是"掾某、属某、（书／府）佐某"或"掾某、卒史某、（书／府）佐某"，如：

……金关，如律令／兼掾放、卒史殷、书佐广、凤　　　　　　　　　　《肩》73EJT3：78

七月乙丑，敦煌大（太）守千秋、长史奉憙、守部候修仁行丞事下当用者、小府、伊循城都尉、守部都尉、尉官候，移县（悬）泉、广至、敦煌郡库：承书从事下当用者、如诏书。／掾平、卒史敞、府佐寿宗。　　　　　　　　　　　　　　　　　　　《悬泉》V 1312③：267

七月庚申，敦煌大（太）守弘、长史章、守部候修仁行丞事敢告部都尉卒人，谓县官：官写移书到，如律令。／掾登、属建、佐政、光。　　　　　　　《悬泉》II 0216②：869

十二月乙丑，张掖大守延年、长史长寿、丞赘下居延都尉、县：承书从事，下当用者，如诏书、律令／掾段昌、卒史利、助府佐贤世　　　　　　　　　《居新》EPT52：96

前三例中太守府的佐正常在岗，而第四例中即属于有一定临时征调性质的"助吏"，汉简官文书中还见"助府令史"等可类比[9]。可见，即使在太守府自身的吏员不够用的情况下临时从其他机构借调补充人员，在文书署名时也要特意揭出其助吏的身份。而《甘露二年丞相御史书》中，

"卒史"之后显然应当是由太守府的佐署名,"置佐"的本职工作与制作太守府文书无关。如果确实跨机构借调了某置佐,而不加"助府"以说明,则与文书制度不合。因此,如果"佐"前的"置"字可以属上读,以"可置"为人名的话,参照上举第三例,则更合乎文书行政的制度。

汉代有以"可置"为双名者。《汉书·王子侯表》"怀昌夷侯高遂"的"曾孙"栏谓"侯可置嗣"。汉印有"宋可置、赵可置、金可置"等,魏宜辉认为这里的"置"有"废"义,与"可舍、可遗、可释"同类,皆言轻贱可弃,或有轻贱易于养活的意思⑩。西北所出肩水金关、悬泉汉简中亦数见名"可置"者:

地节三年正月戊午朔己卯,将兵护民田官居延都尉章、居延右尉可置行丞事,谓过所县道河津关:遣从史毕归取衣用陇西郡。与小婢利主,从者刑合之、赵奇俱乘所占用马四匹,当舍传舍,如律令。／掾定、属延寿、给事佐充宗。　　　　　《肩》73EJT24:269A+264A

定昌衣用,乃九月中渡肩水河,车反,亡所取鑻得丞传。今以令为取传,谒移过所县道关,毋苛留,敢言之。／十一月乙丑朔癸未,居延守丞右尉可置……　　　《肩》73EJT21:56

□二月乙丑,居延令胜之、守丞右尉可置□　　　　　《肩》73EJT21:254

五凤四年十二月丁酉朔甲子,佐安世敢言之。遣第一亭长护众逐命张掖、酒泉、敦煌、金城郡中,与从者安汉里齐赦之,乘所占用马一匹、轺车一乘,谒移过所县道河津、金关,勿苛留。如律令,敢言之。

十二月甲子,居延令弘、丞移过所:如律令。／令史可置、佐安世。正月己卯,入。
　　　　　　　　　　　　　　　　　　　　　　　　　《肩》73EJT31:6

五凤四年九月己巳朔己卯,县(悬)泉置丞可置敢言之。廷移府书曰:效谷移传马病死爰书:县(悬)泉传马一匹,骊,乘,齿十八岁,高五尺九寸,送渠犁军司马令史……
　　　　　　　　　　　　　　　　　　　　　　《悬泉》Ⅱ90DXT0115③:98

五凤五年四月丙申朔丙申,县(悬)泉置丞可置敢言之。鬼新(薪)陈道自言:以县
　　　　　　　　　　　　　　　　　　　　　　《悬泉》Ⅱ90DXT0214③:213

上举六例中皆有人名"可置",第2例原释文未释,第3例原误释为"丙寅",第4例原误释为"可遣",皆从胡永鹏改释⑪。前3例的"可置"依年代、身份推测相近应为同一人,第4例则为另一人,最后两例亦为同一人。比较巧的是,简牍中这几位"可置",活动时间均在汉宣帝时代,《汉书》中的怀昌侯刘可置,从其同辈其他人嗣侯的年代来看,也很可能在西汉中期。如此,据现有年代可考的材料,"可置"之名在这一时期内似比较流行。《甘露二年丞相御史书》中的守卒史名若确为"可置",亦在此时段,恰相符合。

因此,《甘露二年丞相御史书》中的张掖太守府行下文可释写并标点为:

六月,张掖太守毋适、丞勋敢告部都尉卒人:谓县:写移;书到,趣报,如御史书、律令。敢告卒人。掾很、守卒史可置、佐财。

至此,该文书中的文字释读问题,应都已得到解决。

二　甲渠"故候官"与"故鄣"

居延甲渠候官(A8破城子)遗址出土的居延新简EPT26:6(见图1)中有"故候官"之语,其简文如下:

> ●甲渠八月廿六日庚午遣隧长斡(韩)况、徒☑覆众迹虏到故候官,知房所出苻=(符。符)左留官。

此简"徒"字下的残断不能直接拼合,中间或有缺字[12]。从简文来看是一枚符,尚不确定徒字右下的缺口是否为起凭信作用的刻齿。"迹"是追寻踪迹之意,此符是某次特别追踪侦查行动中使用的,与边塞吏卒每天例行巡视所负责天田区段的"日迹"并不相同,《汉书·季布传》"汉求将军急,迹且至臣家",颜注"迹,谓寻其踪迹也",与此较近。

张俊民曾推测此简属五凤三年物[13],从简牍本身特征来看,可能是有问题的,按照西北汉简中所见的材料,西汉时期官方正式的纪年月日方式是"年+月+干支+朔+干支",省略年份的形式为"某月+干支",很少见序数纪日的情况。即使有,也主要是出现在文书的"期会"部分,以"会某月某日、会月某日"的格式存在。直到东汉初的建武七年(31)左右,出土简牍文书中仍用此格式,而"年+月+序数日+干支"的最早例子出现在"建武十九年(43)四月一日甲寅"。东汉时代长期沿用的标准的新格式"年+月+朔+序数日+干支"之例则要到"永平七年(64)正月甲申朔十八日辛丑"[14]。

该简是官方符信,从河西简牍所见纪日格式来看,时代应不会太早。"八月廿六日庚午"则八月为乙巳朔,西汉昭宣至东汉末,符合条件者有西汉昭帝始元元年(前86)、宣帝五凤三年(前55),东汉光武建武十五年(39)、明帝永平十三年(70)、顺帝阳嘉元年(132)、桓帝延熹六年(163)。从已发现纪年明确的汉简可知,自西汉昭宣时代直到东汉建武八年居延地区大规模的连续屯戍活动中止,A8破城子遗址一直是甲渠候官驻地,并未中断。建武八年时的撤守,除整体形势,与此年受到匈奴较大打击可能也有一定关系[15]。该简应为甲渠候官建武八年之后的简牍之一,从字体特征来看,隶书风格仍较明显,与同一地区两汉之际的书风相近,但与东汉中后期简中较常见的楷化意味有所不同,故其时代当不太晚,更可能是建武十五年之物,不太可能晚到顺帝时期。由此出发,可以试对其所反映的信息做一点推测。

简文开头仍书"甲渠",可知其时甲渠塞的名称仍然存在。"故候官"应即出土地A8遗址。甲渠塞分为河北塞和河南道上塞,河北塞防卫河道和边境,河南道上塞在居延地区内部,主要

图1

保障境内南下道路。A8背靠河流,处于河北塞中段,两塞相交的丁字路口要地,控扼三方,是天然合适候官驻扎的地点。在该简中,A8已被称为"故候官"且成为侦查敌情来源路线的终点。随着候官在建武八年从A8撤守,甲渠塞候的驻地可能从河西北的前线向内迁移到河东南,这是边塞屯戍力量收缩的一个体现⑯。

建武八年甲渠候官迁往别处后,A8作为甲渠故候官,并没有完全被放弃,甲渠候官所出汉简中有几枚提到"故鄣":

燧故鄣☑	《居》481·19
☑母病困,命在旦夕,愿君以禹故令况乘故鄣,宜先	《居新》EPT44:34
告掾昨莫(暮)宿故鄣,今且候者见北辟(壁)□☑	《居新》EPF22:711A
言府,候行部,庚戌宿临桐隧,掾书传还官☑	《居新》EPF22:711B

第一枚属于居延旧简,出土坑位不详,后两简都出土于破城子坞内,前者探方位置邻近甲渠候住室F16,后者F22为后期档案室,都是新莽、东汉等晚期简牍集中的探方。各简为草书,风格特征属于偏晚者。"鄣"典籍或作"障",《汉书·武帝纪》"行坏光禄诸亭障"颜注:"汉制,每塞要处别筑为城,置人镇守,谓之候城,此即障也。"河西汉塞遗址中候官所辖的一段烽燧线称"塞",每塞内大多只有一鄣,偏远者甚或无鄣,如敦煌马圈湾烽燧等。鄣一般为候官治所,故候亦可称鄣候。考虑各简出土地及语境,"故鄣"应即"故候官"A8本身。EPT44:34"乘"有登城守御的意思,汉简中在某塞防守称"乘塞",在某隧值守称"乘隧"⑰。谓"乘故鄣",即到故障值守,可知A8在当时虽然已不作为候官驻地,仍有吏卒驻守。在EPF22:711中,还有塞候出现,印证了甲渠部继续存在,"故鄣"仍可供往来吏卒留宿,而且还有候者查看北墙的某些情况。临桐隧是甲渠河北塞第四部的烽燧之一,距A8应不太远,也可以用来留宿。可见甲渠河北塞在候官迁移后,或仍保持着小规模的屯戍活动。

以上是根据简牍中所透露出的零星信息,对建武八年连续屯戍活动结束之后的一段时间内,A8甲渠候官遗址和甲渠塞的状况做一点推测,犹待更多考古发掘和简牍信息验证。在东汉章帝、和帝、安帝期间,A8遗址也曾被利用,有零星简牍留存,还留下了可能与窦宪、班固北伐匈奴相关的活动痕迹,学者曾有讨论,限于篇幅,兹不赘述⑱。

附记:本文是国家社科基金"冷门'绝学'和国别史等研究专项"项目"汉简所见官文书整理与研究"(2018VJX078)阶段性成果,并受到吉林大学哲学社会科学重点研究基地重大项目"汉简所见地方行政文书研究"(2019XXJD08)的资助。

(作者单位:吉林大学考古学院古籍研究所、
"古文字与中华文明传承发展工程"协同攻关创新平台)

注：

① 甲渠候官出土的居延新简中，编号EPT43：92的残牍也记载了同一道文书的残篇，有助于文字校订；居延旧简116·30的内容也可能与之有关。

② 甘肃居延考古队《居延汉代遗址的发掘和新出土的简册文物》，《文物》1978年第1期；甘肃简牍保护研究中心等编《肩水金关汉简(壹)》上册第1页、中册第1页，中西书局2011年。

③ 伍德煦《居延出土〈甘露二年丞相御史律令〉简牍考释》，《甘肃师大学报(哲学社会科学版)》1979年第4期；初仕宾《居延简册〈甘露二年丞相御史律令〉考述》，《考古》1980年第2期；徐元邦、曹延尊《居延新出土的甘露二年"诏所逐验"简考释》，《考古与文物》1980年第3期；裘锡圭《关于新出甘露二年御史书》，《考古与文物》1981年第1期；裘锡圭《〈关于新出甘露二年御史书〉一文的更正信》，《考古与文物》1981年第3期；朱绍侯《对〈居延简册甘露二年丞相御史律令考述〉的商榷》，《河南师大学报(社会科学版)》1982年第4期；林剑鸣《秦汉时代的丞相和御史——居延汉简读解笔记》，《兰州大学学报(社会科学版)》1983年第3期；初师宾、伍德煦《居延甘露二年御史书册考述补》，《考古与文物》1984年第4期；许青松《"甘露二年逐验外人简"考释中的一些问题》，《中国历史博物馆馆刊》1986年6月总第8期；裘锡圭《再谈甘露二年御史书》，《考古与文物》1987年第1期；甘肃省文物考古研究所编，薛英群、何双全、李永良注《居延新简释粹》第99—102页，兰州大学出版社1988年；张小锋《〈甘露二年丞相御史书〉探微》，《首都师范大学学报(社会科学版)》2000年第5期，修改版收入氏著《西汉中后期政局演变探微》第107—117页，天津古籍出版社2007年4月；杨媚《〈甘露二年丞相御史律令〉册释文辑校》，《简牍学研究》第4辑第194—199页，甘肃人民出版社2004年；赵宠亮《〈甘露二年丞相御史书册〉考释补议》，张德芳主编《甘肃省第二届简牍学国际学术研讨会论文集》第265—273页，上海古籍出版社2012年；刘倩倩《〈甘露二年丞相御史律令〉校注》，复旦大学出土文献与古文字研究中心网2015年1月12日。

④ 邬文玲《〈甘露二年御史书〉校读》，《中国古代法律文献研究》第5辑第46—60页，社会科学文献出版社2012年。

⑤ 李迎春《金关汉简〈甘露二年丞相御史书〉政治史信息再探——兼谈汉代贵族家奴(婢)的政治参与》，《简牍学研究》第8辑第99—115页，甘肃人民出版社2019年。

⑥ 裘锡圭《关于新出甘露二年御史书》，《考古与文物》1981年第1期；《裘锡圭学术文集·简牍帛书卷》第45—49页，复旦大学出版社2012年。

⑦ 郝树声、张德芳《悬泉汉简研究》第24—26页，甘肃文化出版社2009年。

⑧ 郭伟涛《汉代张掖郡肩水塞研究》第163—182页，清华大学2017年博士学位论文。

⑨ 赵宠亮《居延汉简所见助吏》，《南都学坛》2009年第4期；邢义田《〈肩水金关汉简(壹)〉初读札记之一》，简帛网2012年5月8日；〔日〕京都大学人文科学研究所简牍研究班编《汉简语汇：中国古代木简辞典》第261页，岩波书店2015年。

⑩ 魏宜辉《秦汉玺印人名考释(九题)》，《中国文字学报》第7辑第139—148页，商务印书馆2017年。

⑪ 胡永鹏《西北边塞汉简编年及相关问题研究》第673—692页，吉林大学2016年博士学位论文。

⑫ 张德芳主编，孙占宇著《居延新简集释(一)》第493页，甘肃文化出版社2016年。

⑬ 张俊民《居延汉简纪年考》，《简牍学研究》第3辑第132—154页，甘肃人民出版社2002年。

⑭ 陈侃理《序数纪日的产生与通行》，《文史》2016年第3辑。

⑮ 居延新简EPF16：36—54是建武八年十月末，甲渠候汇报战况和请罪的书信，反映的战况艰险惨烈，甲渠塞

遭到全面打击。居延、肩水都尉府汉塞的全面收缩和放弃，可能与建武八年夏窦融整合全河西的力量，东征隗嚣，与刘秀会师，之后主要关注方向在东方有关。而匈奴人在本年十月末大举攻甲渠塞，也可能和军事行动造成的后方空虚不无关系。但看遗址状况，撤守应尚有一定计划。

⑯　东汉安帝时期的"永元兵物簿"(《居延汉简》128·1)中肩水都尉所辖广地塞的"南部"只有破胡和涧上两隧勉强维持，较西汉屯戍兴盛时期规模大大缩减，或可类比推测居延都尉府和甲渠塞的情况。

⑰　〔日〕京都大学人文科学研究所简牍研究班编《汉简语汇：中国古代木简辞典》第283—284页。

⑱　李均明《居延汉简编年—居延编》第279—285页，台北新文丰出版公司2004年。

古文字研究（34）：452—455，2022

读阜阳汉简《万物》札记三则

方 勇

本文为笔者研读阜阳汉简《万物》篇时所作随文札记中的几则，敬请学界同仁指正。

一

阜阳汉简《万物》篇有如下简文内容：

之起唾也。貆〈貆〉膏之美禾也。杏核（核）之令人   W019

□□□以饶地之勃（黎）也。餈（饎）镜以水之令［背后反印文：之起唾也。貆〈貆〉膏之美禾也。杏核（核）。］   W052

按，W019简的内容与W052简反面印文的内容是一致的，其中的"貆〈貆〉"字，整理者认为："貆，乃'貆'之讹，豪猪，见《北山经》郭注，又《西山经》谓'其状如豚而白毛，毛大如笄而黑端'。一说貆指貉子，见《尔雅·释兽》、《毛诗·伐檀》'胡瞻尔庭有县貆兮'郑笺。"①胡平生、韩自强认为可以看作与饮食烹饪有关②。

我们认为整理者的说法有待商榷，邬玉堂曾说③：

> 以上三部字（词）典（引者按：指《汉语大字典》、《诗经词典》、新《辞海》）皆言"县貆"之"貆"为貉子。这很值得商榷。这三部书又读貆音为huān（欢）时，皆无书证。其实，殊不知这"县貆（huán）"恰好应该读为"县貆（huān）"，同"獾"，即狗獾，而非狗獾崽（貉子）。《伐檀》之所以用"貆"而不用"貉"的原因，在于韵律的不同。高亨先生说："貆（huān），兽名，即獾。"袁梅先生说："貆——音义同獾，又音xuān（宣）。"可作为旁证。我们还可以用《诗经·豳风·七月》作内证："一之日于貉，取彼狐狸，为公子裘。"此貉，即狗獾，东北方言称貉（háo）子。这既可证明"县貆"之"貆"应释读为huān（欢），也可证明其主要功能是用其皮毛缝制轻裘，而不是可"谓食物"。至于新《辞源》释"貆"为"huán"，"兽名，即豪猪。《诗·魏风·伐檀》：……参见'貆'。"其释"貆"说："豪猪，通'貆'。《诗·魏风·伐檀》……"则似乎是"前不见古人"之训，"后不见来者"之话，为闻所未闻，恕我不敢苟同。

按，以上邬先生所言较为客观合理，但是"貉子"为狗獾崽的意见可能有误。我们现在知道，"貉子"又名狸、土狗、土獾、毛狗，是犬科动物，貉子的外形像狐狸，但比狐狸小，体肥短粗，四肢短而细，尾毛蓬松，背毛呈黑棕或棕黄色，针毛尖部黑色，背中央掺尽可能较多的黑毛梢，它是制作裘皮的珍贵原料。而"豪猪"，又名：豪彘（《山海经》），貆猪、鸾猪（《山海经》郭璞传），蒿猪（《新修本草》），山猪（《通志》），璧水貐（《纲目》），箭猪（《随息居饮食谱》），刺猪、响铃猪。为一种大型的啮齿类动物④。通过以上引证，可见豪猪、貛、貉虽然外形很相近，却是三种不同的动物。

我们认为此简所指之"狟"应为貛。"狟"上古音为匣母元部，"貛"为晓母元部，二者字音关系密切，故可相通。《集韵》："貛，亦作狟。"《周礼·地官·草人》："渴泽用鹿，咸潟用狟。"《韵会》："狟，通作狟。""貛"又称狗貛、天狗、狟、狟子、山狗等，食肉目，属鼬类之较大种⑤。"狟膏"就是貛油，它是由貛的脂肪提取的油脂，可以食用，也可药用。貛油的功能主治：补中益气，润肤生肌，解毒消肿。主治中气不足，子宫脱垂，贫血，胃溃疡，半身不遂，关节疼痛，皮肤皲裂，痔疮，疳疮，疥癣，白秃，烧烫伤，冻疮⑥。貛油对皮肤干裂、皲裂、粗糙、冻伤及烧伤、烫伤有特效⑦。

此外，上引胡平生、韩自强认为简文与烹饪有关，将禾理解为谷物。结合W017简文"美糗以置（蜜）也"中的"美"字用法，我们认为禾作谷物意义应是可从的。因为貛油可食用，故应该能够让谷物变得更美味。

<h2 style="text-align:center">二</h2>

《万物》篇有如下内容：

【□莫盗之】已潷也。九□主□之　　　　　　　　　　　　　　　　W026

　　食齐（荠）之致鳖也。不食以□□也。〔背后反印文：□莫盗之已潷也。九□；乌喙与蓜之已。〕　　　　　　　　　　　　　　　　　　　　　　　　　　　　W058

按，W026简文与W058背面的内容相同。整理者认为其中的"莫盗"应为药名，但具体所指不详。或疑即《五十二病方》之所谓"橐莫"，帛书整理小组云，"橐莫"即"橐吾"。潷，应是"鼻洟"之"洟"的会意字，从水从鼻。《说文》："洟，鼻液也。"陆德明《释文》曰："郑云：'自目曰涕，自鼻曰洟。'"《周易》萃卦"上六，赍咨涕洟"，马王堆帛书《六十四卦》作"粱欨涕泪"。于豪亮说："因为自的本意为鼻……泪字也应该从水从自会意，从水从自正是鼻涕之意。"此"潷"字正作从水从鼻。朱骏声《说文通训定声》云，洟字亦作"嚊"。"嚊"乃从鼻、弟声之形声字。

"莫盗"为药物名称是可以肯定的，不过是不是像有的学者认为的是指"橐莫"，则是值得商榷的。如果说"莫盗"是"橐莫"形式的倒置，但"盗莫"与"橐莫"语音上似乎关系较为疏远，因"盗"字上古音为定母宵部，"橐"字上古音为透母铎部，虽然二者声母发音部位相同，但是韵部相隔较远，故"莫盗"为"橐莫"形式倒置之说恐不可靠。

此外，我们应该注意到简文"莫盗"上还有一个残缺之字，从《万物》整篇的行文规矩来看，带有"之已"字样的句子结构都是"药名、药名＋之已＋病名"或者"药名与药名＋之已＋病名"的形式，所以，"□莫盗"可以是单独一味药材之名；也可以是"□莫、盗"或者"□、莫盗"的形式，即表示两味药材。但是考虑到中药名称中难觅"□莫盗""莫盗"诸名的踪迹，所以我们认为"□莫、盗"可能是此方药物名称的正确表达形式,即指两味药材的名称。由此可以进一步推测"□莫"极有可能就是"橐莫"一词。"橐莫"一名在关沮周家台秦简《病方及其他·人所恒吹者》医方中出现过,又见于马王堆汉墓帛书《五十二病方》中,关沮秦简整理者引《五十二病方》整理者马继兴的意见认为"橐莫"是"橐吾",其在《神农本草经》被称为"款冬",又名橐吾⑧。魏启鹏认为,橐莫即橐卢、托卢,为枸杞之别名。但是在武威汉代医简中"治久咳逆上气汤方"中"款东(冬)"与"橐吾"同时出现,《神农本草经》谓款冬"主咳逆上气,善喘,喉痹,诸惊痫,寒热邪气。一名橐吾"。《太平御览》引作"橐石"⑨。武威汉代医简整理小组指出,简文中款冬、橐吾各一升,与文中所记载的"凡十物"之数量相符,应为二物。款冬、橐吾为两种不同药物,"橐石"是款冬的别名⑩。上引马继兴"橐莫"为"橐吾"的意见可从,但是认为它是款冬的别名则是错误的,此点上文已论。据《本草质问》载,独脚莲别名为橐吾⑪。张显成指出,橐吾即鬼臼,又名八角乌⑫。

　　　另据《中药大辞典》载⑬:

　　　　　莲蓬草:橐吾、独脚莲(《质问本草》)、荷叶术、荷叶三七、岩红、独足莲(《浙江民间常用草药》)、八角乌、马蹄当归、一叶莲(《全国中草药汇编》)。为菊科大吴风草属植物大吴风草的全草。功能主治:清热解毒,止血,消肿。主治感冒,流感,咽喉肿痛,咳嗽咯血,便血,尿血,月经不调,乳痈,瘰疬,痈疖肿毒,疔疮湿疹,跌打损伤,蛇咬伤。

按,上面所引"橐吾"为莲蓬草的意见可从,其功能主治感冒。又简文中的"盗"字,考虑到典籍中其常与从兆得声之字通假,我们怀疑其为"桃"之假借。中医认为,桃味甘酸,性微温,具有补气养血、养阴生津、止咳杀虫等功效。桃的药用价值,主要在于桃仁,桃仁中含有苦杏仁甙、脂肪油、挥发油、苦杏仁酶及维生素B1等。《神农本草经》上记载"桃核仁味苦、平。主瘀血血闭,症瘕邪气,杀小虫"之功效。桃对治疗肺病有独特功效,唐代名医孙思邈称"桃"为"肺之果,肺病宜食之"。简文中的"濞",应是鼻涕用字的本字,流鼻涕正是感冒的主要症状,所以,橐吾、盗(桃)的功能主治正与感冒、止咳相合。

三

　　　《万物》篇有如下内容:

　　　　　□□□□之已譮也。〔背后反印文:□□以半夏□壤。〕　　　　　　　　　　　　W044

　　　其中的"譮"字,整理者引《说文》为"话"字籀文,引《集韵》义指怒声。但是认为此处意未明。胡平生、韩自强认为有待进一步考证。因为简文前面的药物名称完全残泐,我们怀疑"譮"读为"哕",从会得声的"譮"上古音为匣母月部,"哕"上古音为影母月部,二者韵部相同,声母发音部位相同,相通无问题。"哕"指因胃气不顺而打嗝。《说文》口部:"哕,气牾也。"《黄帝素问灵枢经·卷六·胀论》:"脾胀者善哕,四肢烦悗,体重不能胜衣,卧不安。"《正字通》

口部："方书：有物无声曰吐，有声无物曰哕，有物有声曰呕。"但因简文残泐较严重，且简文简短，我们只能猜测之，俟新材料为之证明。

（作者单位：吉林外国语大学国际传媒学院）

注：

① 文化部古文献研究室、安徽阜阳地区博物馆阜阳汉简整理组《阜阳汉简〈万物〉》，《文物》1988年第4期第44页。下引同，不另注。

② 胡平生、韩自强《〈万物〉略说》，《文物》1988年第4期第48页。下引同，不另注。

③ 邬玉堂《释"鹝鸏"与"狟、牸、鹑"——〈说文解字段注〉引文解误二则》，《齐齐哈尔师范学院学报》1992年第1期第80页。

④ 南京中医药大学编著《中药大辞典（第二版）》下册第3137页，上海科学技术出版社2014年。

⑤ 同上注第3345页。

⑥ 同注④第3346页。

⑦ 朱琳、宋起滨、窦德强《蒦子油的化学成分研究》，《中国实验方剂学杂志》2013年第22期。

⑧ 武汉大学简帛研究中心、荆州博物馆编，陈伟主编《秦简牍合集（三）》第59页，武汉大学出版社2014年。

⑨ 马继兴主编《神农本草经辑注》第174页，人民卫生出版社2013年。

⑩ 甘肃省博物馆、武威县文化馆编《武威汉代医简》释文注释第13页，文物出版社1975年。

⑪ 吴继志《质问本草》第268页，中医古籍出版社1984年。

⑫ 张显成《简帛药名研究》第180—181页，西南师范大学出版社1997年。

⑬ 同注④下册第2502—2503页。

古文字研究（34）：456—460，2022

肩水金关汉简人名考析（六题）

魏宜辉

一

《肩水金关汉简》73EJT37：750载"梁国戍卒酇东昌里大夫桐汙虏，年廿四"[①]，其中出现双字名"汙虏"（见图1）。

作为人名的"汙虏"，我们认为当读作"获虏"。"汙"字古音为影母鱼部，"获"字为匣母铎部，二字读音关系相近，可以相通。马王堆帛书《养生方》50："勿令获面，获面养（痒）不可支殹（也）。"帛书整理者将"获"读作"污"。这一句的意思是说不要使布上的药触及面部[②]。"污"即"汙"字异写。此外，古书及出土文献中还有从"于"声之字与从"蒦"声之字相通的辞例。古书中的"尺蠖"一词，《居延汉简》530.9D及《银雀山汉简》简626作"斥汙"[③]，马王堆汉简《十问》简9及张家山汉简《引书》简8作"尺汙"[④]，马王堆汉简《天下至道谈》简31作"尺扜"[⑤]。《说文》"樗"字或作"檴"。《庄子·逍遥游》之"瓠落"，《太平御览》作"濩落"[⑥]。"樗、瓠"字的基本声符皆为"于"。这些例子都可以作为"汙"与"获"相通的旁证。

古代双字名中有一类取义"尚武御敌"的人名，如"却敌、攘敌、胜敌、凌敌、破敌、御寇、破胡、灭胡、胜胡、却胡、斥胡、破戎、却戎、破虏、破荆"等[⑦]。汉简中的"汙（获）虏"也是属于此类意思的人名。

图1

二

《肩水金关汉简》73EJT24：138载"豆山隧长赵彭助五枚□"[⑧]，其中出现双字名"彭助"（见图2）。

作为人名的"彭助"，我们认为当读作"彭祖"。"助、祖"皆从"且"得声，二字音近可通。"彭祖"以长寿闻名，汉代人好以"彭祖"为名，以求长寿。传世文献、出土汉简及汉印中有很多以"彭祖"为名的例子，可参见张传官《〈急就篇〉校释与新证》[⑨]。汉印人名中，"彭祖"或作"彭沮"。施谢捷指出二者为一词异写[⑩]。

肩水金关汉简中的人名"彭助"，显然也是"彭祖"的同名异写。

图2

三

《肩水金关汉简》73EJT22：80载"戍卒淮阳郡赞匠里满願，年廿六"[11]，其中出现双字名"满願"（见图3），其前未出现姓。简文中的 ▨ 字，释文作"願"。▨ 字应隶定作"額"，"額"乃是"顠"字的变体。"顠"后代逐渐为"願"字所取代。

图3

作为人名的"满願"，其取义与"满意"相当，即"意願得到满足"的意思。作为人名的"满意"在汉代比较多见，如"朱满意印－臣满意"（《匋玺室藏古玺印存》）[12]、"驷满意－驷长兄"（《十钟山房印举》14b·06）[13]、"王满意印〉王少君印"（《吉金斋古铜印谱》第170页）[14]、"成满意私印"（《印典》第3006页）[15]、"杨满意"（《柿叶斋两汉印萃》第52页）[16]、"陈满意－陈长君"（《虚无有斋摹辑汉印》320）、"周满意印"（私人藏印）[17]、"曹满意"（私人藏印）[18]、"公户满意"（《史记·三王世家》）。

古人双字名中带有"意、願"字的，除了"满意、满願"这组取义类似的名字，还有"得意"与"得願"、"盈意"与"盈願"[19]，名字的取义也都是类似的。

佛教语"满願"，谓实现了发願要做的事。唐皮日休《病后春思》诗："应笑病来惭满願，花笺好作断肠文。"佛教语"满願"应该也是"满意"义的一种引申。

四

《肩水金关汉简》73EJT27：48载"初元二年，戍卒淮阳国陈莫里许湛舒，年卅一"[20]，其中出现了双名"湛舒"（见图4）。简文中的 ▨ 字，释文作"舒"。▨ 字应隶定作"邻"。"邻"为"舒"字的变体。

图4

作为人名的"湛舒"，我们认为可能读作"徵舒"。"湛"字古音为端母侵部，"徵"字为端母蒸部，二字读音关系相近，可以相通。"登"字古音亦为端母蒸部字，古书及出土文献中"登"及从"登"声之字与"徵"及从"徵"声之字相通的辞例非常多见[21]。而出土文献中亦有"登"字与从"甚"声之字相通的例子，如春秋时期的郑国名臣"裨谌"，清华简《良臣》简10、《子产》简22中皆作"卑登"[22]。此二例可以作为"湛"与"徵"相通的旁证。

文献中以"徵舒"为名者最著名的当属春秋时代陈国贵族"夏徵舒"，关于其记载见于《左传》、《公羊传》、《谷梁传》、《史记》、《汉书》、清华简《系年》[23]等文献。《文选》枚乘《七发》："使先施、徵舒、阳文、段干、吴娃、闾娵、傅予之徒，杂裾垂髾，目窕心与。"李善注："皆美女也。"美女"徵舒"应该是以"徵舒"为名的女子。

《史记·淮南衡山列传》载衡山王刘赐的王后名"乘舒"。"乘"字古音为船母蒸部。考虑到

"乘、徵"读音关系相近，我们认为"乘舒"应该也是"徵舒"的同名异写。

五

《肩水金关汉简》73EJT30：10 载"氐池敬老里和焉息，年廿三，牛二车一两，弓一矢卅"㉔，其中出现了双字名"焉息"（见图5）。

图5

作文人名的"焉息"，我们认为可能读作"安息"。"焉、安"皆为影母元部字，可以相通。古书及出土文献中常见有二字相通的辞例㉕。人名"安息"当取自地域名"安息"。作为地域名的"安息"即指古代伊朗高原的"安息国"。《史记·大宛列传》："安息在大月氏西可数千里。""天子既闻大宛及大夏、安息之属皆大国。"《汉书·西域传上》："安息国，王治番兜城，去长安万一千六百里。"《后汉书·西域传》："安息国居和椟城，去洛阳二万五千里。"

《十钟山房印举》17·39 收录有汉印"冀月支"㉖。"月支"即"月氏"。"月氏"为西域古国，"冀月支（氏）"也属于取地域为人名的例子。

《肩水金关汉简》73EJT21：47 载"肩水都尉府移庚候官告尉谓游徼安息等书到杂假捕"㉗，其中出现双字名"安息"（见图6），其前未出现姓氏。"安息"之名，其取义似乎可以理解为"安宁、平静"之义。而结合上面对人名"焉息"的讨论来看，"安宁"之{安}不太可能用"焉"字来表示，那么"安息"之名更有可能是"焉息"的同名异写。

图6

六

《肩水金关汉简》73EJT37：1101 载"居延西道里陈毋房，年卅五岁，黑色，长六尺三寸"㉘，其中出现双字名"毋房"（见图7）。

作为人名的"毋房"，我们认为当读作"毋妨"。"妨、房"皆从"方"得声，音近可通。"毋妨"即"无害"之义。传世文献中有"审毋妨"（《急就篇》）、"刘毋妨"（《汉书·王子侯表》），汉印中有"毋妨－君孺"（《十六金符斋印存》第162页）㉙。

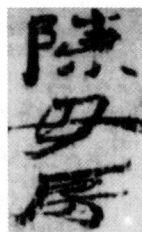

图7

"毋妨"之名，汉印、汉简中或作"毋方、毋放"，如"苏毋方"（《双虞壶斋印存》第58页）㉚、"翟毋方"（《盛世玺印录·续贰》316）㉛、"段毋方印"（《顾氏集古印谱》）㉜、"徐毋方"（《肩水金关汉简》73EJT33：40A）㉝、"周毋放－姜毋放"（《十钟山房印举》14b·04）、"黄毋放印"（《十钟山房印举》18·06）。"毋方、毋放"与"毋房"一样，也都属于"毋妨"的同名异写。

附记：本文为国家社科基金一般项目"战国秦汉简帛文献用字综合研究"（17BYY131）的阶段性成果。本文蒙李雨萌同学审阅并提出宝贵意见，在此谨表谢忱。

（作者单位：南京大学文学院）

注：

① 甘肃简牍博物馆等编《肩水金关汉简（肆）》第114页，中西书局2015年。

② 湖南省博物馆、复旦大学出土文献与古文字研究中心编纂，裘锡圭主编《长沙马王堆汉墓简帛集成（陆）》第43页，中华书局2014年。

③ 简牍整理小组编《居延汉简（肆）》第204页，史语所2017年；银雀山汉墓竹简整理小组编《银雀山汉墓竹简（壹）》第105页，文物出版社1985年。

④ 同注②第141页；张家山二四七号汉墓竹简整理小组编《张家山汉墓竹简〔二四七号墓〕》第172页，文物出版社2001年。

⑤ 同注②第168页。

⑥ 高亨纂著，董治安整理《古字通假会典》第827、829页，齐鲁书社1989年。

⑦ 以"却敌"为名者，如"王郤（却）適（敌）印"（《湖南古代玺印》第65页）；以"攘敌"为名者，如"傅让（攘）適（敌）"（"盛世成馨"公众号）；以"胜敌"为名者，如"张胜適（敌）"（《印典》第2781页）；以"御寇"为名者，如"列御寇"（《列子·黄帝》）；以"破胡"为名者，如"王破胡"（《十钟山房印举》17·25）；以"灭胡"为名者，如"焦灭胡"（《急就篇》）；以"胜胡"为名者，如"熊相胜胡"（《二十世纪出土玺印集成》三－SY479）；以"凌敌"为名者，如"魏凌適（敌）－臣凌適（敌）"（《虚无有斋摹辑汉印》2540）；以"却胡"为名者，如"乐郤（却）胡印"（《秦汉印统》8·6）；以"斥胡"为名者，如"斥胡"（《居延汉简》507.6）；以"破戎"为名者，如"张破戎"（《秦代印风》第53页）；以"却戎"为名者，如"张郤（却）戎"（《十钟山房印举》17·22）；以"破虏"为名者，如"王破虏"（《晋书》卷一一五）；以"破荆"为名者，如"张破荆"（"天眷堂文化"公众号）。

⑧ 甘肃简牍保护研究中心等编《肩水金关汉简（贰）》第295页，中西书局2012年。

⑨ 张传官《〈急就篇〉校释与新证》第146—147页，复旦大学2012年博士学位论文。

⑩ 施谢捷观点转引自张传官《〈急就篇〉校释与新证》第148页。

⑪ 同注⑧第105页。

⑫ 〔日〕尾崎苍石编《匋玺室藏古玺印存》，平湖玺印篆刻博物馆拓制2018年。

⑬⑳ 〔清〕陈介祺编《十钟山房印举》，中国书店1985年。

⑭ 〔清〕何昆玉藏辑《吉金斋古铜印谱》第170页，上海书店1989年。

⑮ 康殷、任兆凤主辑《印典》第3006页，中国友谊出版公司2002年。

⑯ 上海图书馆编《柿叶斋两汉印萃》第52页，山东美术出版社2011年。

⑰ "汉印百家姓：周姓集萃"，"盛世成馨"公众号，2017年11月20日。

⑱ "汉印曹姓集萃"，"盛世成馨"公众号，2020年1月13日。

⑲ 以"得意"为名者，如"苏得意印"（《乐只室古玺印存》第56页）、"任得意－任幼君"（《乾堂藏古玺印辑存》139）；以"得愿"为名者，如"郭得顤（愿）"（《日本岩手县立博物馆藏太田梦庵旧藏古代玺印》第317页）、"张得顤（愿）"（《新见古代玉印选》502）；以"盈意"为名者，如"台王盈意"（《十钟山房印举》3·61）、"李盈意"

（《洛泉轩集古玺印选萃》270）；以"盈顠"为名者，如"庄盈顠（顠）"（《汉印文字征》5·9）、"周盈顠（顠）"（《顾氏集古印谱》）。

⑳ 甘肃简牍博物馆等编《肩水金关汉简（叁）》第114页，中西书局2013年。

㉑ 同注⑥第33页；白于蓝编著《简帛古书通假字大系》第938—939页，福建人民出版社2017年。

㉒ 清华大学出土文献研究与保护中心编，李学勤主编《清华大学藏战国竹简（叁）》第158页，中西书局2012年；清华大学出土文献研究与保护中心编，李学勤主编《清华大学藏战国竹简（陆）》第138页，中西书局2016年。

㉓ 清华大学出土文献研究与保护中心编，李学勤主编《清华大学藏战国竹简（贰）》第170页，中西书局2011年。

㉔ 同注⑳第167页。

㉕ 同注⑥第173页；白于蓝编著《简帛古书通假字大系》第1254—1259页。

㉗ 同注⑧第31页。

㉘ 同注①第178页。

㉙ 〔清〕吴大澂藏辑《十六金符斋印存》第162页，上海书店1989年。

㉚ 〔清〕吴式芬编《双虞壶斋印存》第58页，上海书店1989年。

㉛ 吴君砚主编《盛世玺印录·续贰》第390页，文化艺术出版社2017年。

㉜ 〔明〕顾从德辑《集古印谱》，国家图书馆出版社2013年。

㉝ 同注①第6页。

古文字研究（34）：461—466，2022

释马王堆汉墓遣策中的量词"括"

王　强

马王堆一号墓、三号墓遣策中都有写作从耳从古的字（下文用"△"表示），在简文中用作鱼、梅、笋等随葬食物的量词，其中一号墓六见，三号墓五见。先将这十一例字形及文例列举如下：

一号墓		三号墓	
字形	文例	字形	文例
	鰿（鲫）离巂（膎）一△。【47】		鰿（鲫）离巂（膎）一△。【88】
	鲤离巂（膎）一△。【48】		鲤离巂（膎）一△。【89】
	白鱼五△。【49】		笋廿△。【90】
	右方索鱼七△。【50】		白鱼廿△。【91】
	梅（梅）十△。【138】		楳（梅）十△。【92】
	笋十△。【140】		

上述字形笔画清晰，过去隶定为"聑"表面看是没有问题的。文例中的随葬食物大都比较明确，其中"离巂、索鱼"的释读，可参看朱德熙、裘锡圭的论述①。一号墓整理报告先出，关于"△"字，整理者在47号简下注："△，当为器名。"②三号墓整理报告后出，很多意见参考了一号墓整理报告，整理者在88号简（原编号105）下注："△系指竹夹而言，可能是簏之一种。"③既说指竹夹，又认为是"簏之一种"，自相矛盾，令人费解④。可见在该字的理解上，整理者也拿捏不定，因而既有"器名"这一笼统的看法，又有竹夹和簏两种具体的解释⑤。但从后来的研究看，这些意见均未获得学界的认可。

目前影响比较大的观点是唐兰提出来的，他在参加马王堆一号墓座谈时谈到⑥：

　　另外还有六条竹简记载鱼和梅、笋等食品，它们的量词是一个耳旁从古的△，初看好像是一件器物的名称。在出土食物里，干的梅子是用竹签串起来，再用若干串梅子并成一排，再把若干排迭在一起而再加以封缄的。这个△字，实际上是聑字，只是把左旁聑字上半的口，移到右旁十字下面，就好像是古字。聑字是缉字的通借字，当缀合在一起的意义。这个名称是过去不知道的。

其后在《长沙马王堆汉轪侯妻辛追墓出土随葬遣策考释》一文中，唐先生又有更加详细的说明⑦：

　　△即聑字。金文聑本作取，象附耳聂语之形，即所谓缉缉私语。旧释圣是错的。小篆把右旁的口移到耳字上面去了。此简口字仍在右旁而把十字写在口的上面，好象从古，其实非是。聑字《说文》训"词之聑矣"，是引用《诗经·板》"辞之辑矣"的话。聑和缉、辑、戢等字，都有集合在一起的意思。《尔雅·释诂》："戢，聚也。"把这些用竹签串起来的食物放在一起称为聑，等于把诗文等汇合在一起称为集。出土遗物中有一迭用竹签穿起来的梅子，就是下文所记的梅十聑（图版二六四）。

　　唐先生的观点流传很广，王贵元、张显成、李建平等学者在研究出土文献量词时，多信从其说⑧。近年出版的《长沙马王堆汉墓简帛集成》一书认为："以△为器名不妥，唐说似可考虑。"⑨也倾向唐说。李建平的看法后来有改变，在新近出版的《先秦两汉量词研究》一书中，他将△字置于附录二"先秦两汉待考虑词研究"中，并在称引诸家观点之后认为"用例毕竟范围较窄，疑莫能定"⑩可见他已经不再坚信唐先生的意见了。

　　我们也认为唐先生的观点容有可商之处。唐说立论的基础是认为金文从耳从口之字为聑字，在其《西周青铜器铭文分代史征》一书中也有同样解释，所指金文字形即大保簋的🔲字⑪。此从耳从口之字见于甲骨文，实即听字表意初文，"言口有所言，耳得之而为声，其得声之动作则为听"⑫。大保簋铭文文例作"王伐录子聑（听）"，学者指出其与清华简《系年》"录子耿"均指古书中的商纣之子武庚禄父，耿与听音近通假⑬。随着古文字材料的不断出土，"聑"字的源流演变也逐渐被人们所认识。现在我们知道"聑"字早期下部并不作耳形，至秦汉篆隶中才讹变作耳⑭。并且确定的"聑"字（或聑旁）也没有一例写作"口、耳"左右结构的。凡此可证唐先生释"聑"有误，进而根据这一错误考释来论证马王堆遣策的△字，自然也是靠不住的。

　　我们认为此字右旁并非从古，而应看作是昏旁的讹写。据研究，昏字早期字形写作🔲、🔲，从口毛声⑮，后来在隶变过程中与口舌之舌混同，如段玉裁所指出："凡昏声字，隶变皆为舌，如括、刮之类。"比较标准的隶书写法如"括、阔、猾"所从：🔲、🔲、🔲。但在汉代文字中舌（昏）有时写得跟"古"相近甚至相同，陈剑举过一些例子，并对其讹混过程作了说明。姑将陈文提到的几处例证列举如下⑯：

　　（1）🔲一征见（现），先〈无〉沽〈活〉人。　　　　　　　　　张家山汉简《脉书》52

（2）死者沽〈活〉。　　　　　　　　香港中文大学藏汉简《日书》52

（3）二曰拈〈栝〉弧。　　　　　　　　马王堆《养生方》203

（4）五者扁〈偏〉有，则不沽〈活〉矣。　马王堆《阴阳脉死候》4

（5）巳（已）而周何故为茉（茅）瘀（茨）枯〈栝〉柱？　马王堆《明君》20

（6）此以下刞〈刮〉削。　　　　　　张家山《奏谳书》169

（7）何水不越，何道不枯〈栝〉，气（乞）我□□末。　马王堆《养生方》196C

以上各例，从字形讹混角度来考虑，能够兼顾文义及押韵情况，绝大多数可视为定论。近年出土的湖北胡家草场汉简日书中有《诘咎》篇，其中"冶人"条有简文作：

> 乃为黍肉布之于其宫，唯多令一室人皆褐而立其上，以食冶人，冶人有央（殃）矣，室人沽。

"沽"字写作，刘乐贤怀疑可能为"活"之讹写⑰。结合简文内容来看，此意见极可能也是正确的。

类似的例子我们还能举出几个。在北京大学藏汉简《老子》中有如下两句话：

（8）勇于敢则杀，勇于不敢则枯〈活〉。　　　　《老子》99

（9）爱（爱）民沽国，能毋以智（知）虖？　　　《老子》145—146

前一例中的"枯"字，今本作"活"，与"杀"对文。马王堆帛书《老子》甲本、乙本均写作"栝"，可知汉简本"枯"为"栝"之讹字，读为"活"。后一例的"沽国"，马王堆帛书《老子》甲本残失，乙本写作"栝"，今本作"治国"。今本与出土文本之间的差异如何解释，可以再讨论，但此例无疑也反映了的舌（昏）与古的纠葛。

《古文四声韵》一书"聒"字头下收录如下隶定古文形体：

（10）

（11）

其中例（10）即"憩"字及其讹体，例（11）为聟字，在《说文》中后者为前者的古文，两字皆从舌（昏），与聒互相可通⑱。又《集篆古文韵海》"聒"下收录古文形体作：，此形也是"憩"字。我们可以看到在这些形体中，偏旁舌（昏）都讹写成了古。

舌（昏）形在古文字阶段，有些形体已写得与古十分近似，但辨别起来困难不大。从目前所见实例来看，二形完全混同出现在秦汉隶书中。传抄古文中有不少形体深受汉代文字的影响⑲，因此上面（10）和（11）两例古文字形很有可能是承袭汉代文字而来的。《集篆古文韵海》的古文形体，从书体特点看为篆体古文，但与舌（昏）、古完全混同的时代不符。传抄古文中存在大量"以隶古"现象，即人们把书体回改成篆体再当作古文⑳。我们推测此形可能就是由前引这一形体回改而来的。

此外，《湖南省博物馆藏古玺印集》231号印文"阔"字字形作，所从舌（昏）也讹作古㉑。

可见两形混同在秦汉隶书中是普遍存在的,甚至在稍晚的六朝碑刻中亦有从"舌"之字写作从"古"的例子㉒。

结合上面的讨论,我们怀疑马王堆遣策中的△字也当是"聒"的讹体。前引唐兰的文章提到:"在出土食物里,干的梅子是用竹签串起来,再用若干串梅子并成一排,再把若干排迭在一起而再加以封缄的。"又说:"把这些用竹签串起来的食物放在一起称为卦。"今按唐先生提到的叠放在一起的梅干(如图1所示),发掘报告对其有更详细的介绍㉓:

> 出土于南边箱底层的西端。长56厘米,宽48厘米,厚18厘米。共计十余层,每层由纵向并列的三个小竹算拼成。小竹算分别用五列宽0.8厘米左右的宽竹篾为经,三列0.2厘米左右的细竹篾为纬编制。每层竹算的两列宽竹篾之间,各有一行用两根细竹篾穿起的梅子,每行约二十个,每层十五行左右。竹夹各层的三个小竹算上,都有一个"轪侯家丞"封泥匣。简一三八记载:"梅十△",其"△"应即指此。

图1

同时整理者在138号简的注释中认为:"出土竹夹一迭,以竹签串梅十几层,当即此简所记。"㉔按照整理者的思路,用以夹放梅干的竹算称作"竹夹",两层竹夹之间的一层梅干相当于一"△",这很可能是符合事实的。遣策是把由拢放在一起的一定数量的物品所构成的单位称为一△。据此可以肯定△是量词,但未必一定是某种器物。

综合各点考虑,我们认为△字在简文中或可读作括。聒、括声符相同,马王堆帛书《二三子问》和《衷》两篇内容引《周易》"括囊"均作"聒囊"㉕,可证两字通假在语音和用字习惯上都无问题。括的常用义为结扎、捆束、约束,《说文》手部:"括,絜也。"段玉裁注:"絜者,麻一端也。引申为絜束之絜。凡物围度之曰絜,《贾子》'度长絜大'是也。束之亦曰絜。凡经言括发者,皆谓束发也。髟部曰,髻者,絜发也。然则束发曰髻。括为凡物总会之偁。"《庄子·寓言》:"向也括撮而今也被发。"陆德明释文引司马彪云:"括,谓括发也。"也即括表示的是将分散的东西总括到一处,适与△字在遣策中的用法相合。作为量词,括与"束、把、包"等一样,都是由动词语法化而来,即所谓"动状集体量词"㉖。鱼干、笋干以及成串的梅子,由于形体已经基本固定,不需要再用特定器物盛放,只需将它们用夹子或竹篾一类工具总括在一起,使其不散乱即可,这样约束在一起所构成的计量单位称作一括。从词义和适用对象考虑,其与"束"最为接近。《说文》:"束,缚也。"引申开来,将一些东西束缚在一起称作一束。一括跟一束最初的用法一样,多半没有定量,都是比较笼统的集合概念。

附带一说,在北边箱西侧几案上放有五个小盘,每盘原来均装有食物,但出土时已朽烂不可分辨(见图2)[27]。其中一个盘中残剩十余枚竹签,竹签用细竹篾笼络在一起(见图3右下角)[28]。根据上文对"括"字的释读,不排除原来竹签所穿之物就是遣策里所记载的几种鱼干之一。

图2

图3

根据已有研究,有不少量词在发展过程中没有得到普遍认同和推广,逐渐被一些表意相近的量词所替代或吞并,因而出土文献中有很多不见于后世文献记载的量词。如本文论述可信,那么"括"也是这样的例子,可进一步丰富我们对古代量词的认知。

附记:本文是国家社科基金青年项目"北京大学藏汉简《日忌》《日约》两种未刊数术文献的整理与研究"(20CYY023)、国家社科基金重大项目"简帛阴阳五行类文献集成及综合研究"(20&ZD272)的阶段性成果。拙文先后蒙李春桃、程少轩、于淼等先生审阅,谨致谢忱!

(作者单位:吉林大学考古学院古籍研究所、
"古文字与中华文明传承发展工程"协同攻关创新平台)

注:

① 朱德熙、裘锡圭《马王堆一号汉墓遣策考释补正》,《朱德熙文集》第5卷第123—124页,商务印书馆1999年;裘锡圭《读书札记(九则)》,《古代文史研究新探》第148—149页,江苏古籍出版社1992年。

② 湖南省博物馆、中国科学院考古研究所编《长沙马王堆一号汉墓》上集第135页,文物出版社1973年。

③ 湖南省博物馆、湖南省文物考古研究所编著《长沙马王堆二、三号汉墓·第一卷 田野考古发掘报告》第54页,文物出版社2004年。

④ 青铜器中过去习惯上被称作"簠"的器物,自铭的写法比较多样,其中多有以"古"为声符的写法。我们怀疑整

理者"簋之一种"的意见或即参考了此类字形。据此推断此处注释或当作"△系竹夹而言，一说是簋之一种"，如此方才不矛盾。

⑤ 周世荣也认为该字为器物名，但没有论证，参氏著《湖南出土汉魏六朝文字杂考》，《湖南考古辑刊》1994年第1期。

⑥ 原载《座谈长沙马王堆一号汉墓》，《文物》1972年第9期。唐兰所谈内容收入《唐兰论文集》第4册第1405—1411页，上海古籍出版社2018年。

⑦ 唐兰《长沙马王堆汉轪侯妻辛追墓出土随葬遣策考释》，《文史》第10辑第21页。

⑧ 王贵元《汉代简牍遣策的物量表示法和量词》，《简帛语言文字研究》第1辑第161页，巴蜀书社2002年；张显成《马王堆三号汉墓遣策中的量词》，《简帛语言文字研究》第2辑第133页，巴蜀书社2006年；张显成、李建平《简帛量词研究》第199页，中华书局2017年。

⑨ 湖南省博物馆、复旦大学出土文献与古文字研究中心编纂，裘锡圭主编《长沙马王堆汉墓简帛集成》第6册第180页，中华书局2014年。

⑩ 李建平《先秦两汉量词研究》第474页，中国社会科学出版社2018年。

⑪ 唐兰《西周青铜器铭文分代史征》第81页，中华书局1986年。

⑫ 郭沫若《卜辞通纂》第489页，科学出版社1983年。

⑬ 李学勤《清华简〈系年〉及有关古史问题》，《文物》2011年第3期；李学勤《纣子武庚禄父与大保簋》，《甲骨文与殷商史》新2辑第1—4页，上海古籍出版社2011年。

⑭ 徐在国《说"䏇"及其相关字》，简帛研究网2005年3月4日；赵平安《从"䏇"字的释读谈到甲骨文的"巴方"》，《文献》2019年第5期。

⑮ 赵平安《续释甲骨文中的"乇"、"舌"、"徥"——兼释舌（昏）的结构、流变以及其他古文字资料中从舌诸字》，《华学》第4辑，紫禁城出版社2000年。

⑯ 前六例参见陶安、陈剑《〈奏谳书〉校读札记》，《出土文献与古文字研究》第4辑第400—402页，上海古籍出版社2011年；最后一例参见陈剑《马王堆帛书〈五十二病方〉、〈养生方〉释文校读札记》，《出土文献与古文字研究》第5辑第525—526页，上海古籍出版社2013年。

⑰ 李天虹、华楠、李志芳《胡家草场汉简〈诘咎〉篇与睡虎地秦简〈日书·诘〉对读》，《文物》2020年第8期第58页。

⑱ 李春桃《古文异体关系整理与研究》第215页，中华书局2016年。

⑲ 李春桃《传抄古文综合研究》第251—271页，吉林大学2012年博士学位论文。

⑳ 同上注第268页。

㉑ 湖南省博物馆编《湖南省博物馆藏古玺印集》第53页，上海书店1991年。

㉒ 毛远明《汉魏六朝碑刻异体字典》第124页，中华书局2014年。

㉓ 同注②上集第119页，图1见下集第198页。

㉔ 同注②上集第141页。

㉕ 《二三子问》"聑"字作▉，《马王堆简帛文字编》（第479页）处理作▉，右下似是从古，如此则与本文所论马王堆遣策中有些聑的写法一致。但细审原图，该字左旁和右旁之间更像是断开的，故仍应分析作从耳舌（昏）声。

㉖ 同注⑩第179页。

㉗ 见注②下集第7页。

㉘ 湖南省博物馆、中国科学院考古研究所、文物编辑委员会《长沙马王堆一号汉墓发掘简报》图版拾伍，文物出版社1972年。

古文字研究（34）：467—470，2022

汉简牍《苍颉篇》校读零札

张传官

新见汉代木牍本《苍颉篇》是目前所见字数最多的《苍颉篇》传本，对相关研究具有重大的学术价值[①]。本文是结合《新牍》对历来出土的汉代简牍《苍颉篇》的校读札记，其内容大致可分为汉牍本文字改释[②]、汉牍本与旧简本异文辨析、据汉牍本改释旧简本文字等三个方面。今略依《新牍》所录汉牍本《苍颉篇》的篇次章序罗列如下，敬请方家指正。

汉牍本第三："宽惠善记。""记"，《北苍》001对应之字作"志"。《新牍》第13页谓"字义已有变化"。按二者音义皆近，皆合韵。

汉牍本第三之"愿"，《北苍》002对应之字作"瘛"。《新牍》第13、16页谓二者通假，按二者恐亦不免有形近的关系。

汉牍本第八："蛟龙龟虵（蛇）。"此句亦见于《阜苍》C015+C057[③]、《北苍》029。其中的"龟"字，《北苍》029作"虫"，《阜苍》C015+C057（即"图版选"C15）释作"龟"，笔者已改释为从"元"之"虺"[④]。按汉牍本该字作▨，难以辨识；然其左侧和右下侧尚有笔画，与"龟"之构形不合；而其左侧残笔则与"元、兀"下部相合，疑此字亦当为"虺"字，作"龟"乃是《新牍》据《阜苍》的错误释文所作的误释。

汉牍本第八之"猣"作▨，与之对应之字以往《苍颉篇》多见：《敦煌汉简》2129（《流沙坠简》小学1.3）[⑤]"猴"作▨，《北苍》028"獭"作▨，《阜苍》C015则尚存"赖"形作▨。论者多以为应作"獭"为是，如《阜苍》谓："罗振玉释'貔'为'狸'，释'猴'为'猴'，误。……'貔猴'，罗振玉释为'狸猴'，并有考证，皆误。"《新牍》第36页谓："笔者复检《流沙坠简》，见其原字就是'猴'，阜阳汉简《苍颉篇》作'獭'，看来本板'猣'乃由'獭'讹作'猴'，而写作'猣'的。罗氏并非误释，只是文字校正未明。汉牍《苍颉篇》作'猣'，明显受'猴'字影响，其本子似同一来源。阜阳汉简《苍颉篇》独不误。"按《流沙坠简》释文作"猴"，考释部分则均作"猴"，二者实一字异体。《新牍》谓"猣、猴／猴"同出一源，可从，但《新牍》仍以"獭"字为正则未必是。汉牍本"猣"应系"猴／猴"改换声符的异体，可见此字早有作从"欻"声的异文，《敦煌汉简》2129之字应确是"猴"而非"獭"之写误[⑥]。

汉牍本第十一乙："鄂鄂。"《北苍》047作"鄂鄂"，《水苍》024作"鄂（鄂）鄂"。"鄂"与"鄂"同，《新牍》括注为"邗"（第55页）或"邗"（第129—130页），皆非；汉牍本"鄂"作▨，《新牍》谓："鄂，可能是'鄂'。'鄂'字不见于字书记载。《正字通》说：'咢，咢字之讹。'显然不对。咢，《龙龛手鉴·口部》说同'嚣'。"按此字可视为"鄂"涉上"鄂"字而误。此外，古有

"唠"字，为"号"之异体。《庄子·齐物论》："夫大块噫气，其名为风，是唯无作，作则万窍怒唠。""唠"显即"号呼"之"号"，只是另加表意偏旁"口"而已。《庄子·逍遥游》："剖之以为瓢，则瓠落无所容。非不唠然大也，吾为其无用而掊之。"陆德明释文："唠，本亦作'号'。李云：'号然，虚大貌。'"郭庆藩集释引俞樾曰："唠、謼，《说文》所无，盖皆'号'之俗体。""咢"也可能是"唠（号）"之异体，只是左侧"口"所处位置不同而已，因此，"鄂"也可能就是"鄂"之异体。

汉牍本第廿六："闻此云主，而乃之于。纵舍提挈，携空（控）抵扜。拘取佰（弼）拊，牵引汲剌。"据此可知《阜苍》C021、C011两简应连读，其中《阜苍》C021与"提"对应之字作图，《阜苍》摹本作图，释为"擣"，《新牍》认为二者"属不同本子之差异"；按该字实亦当为"提"字，下部"止"形残缺，补出其折笔即可辨识[7]。

汉牍本第卅四之"阘"，《北苍》073对应之字作图/图，《北苍》释作"阘"，jileijilei（网名）改释为"阁"[8]，其说甚是。汉牍本此字作图，按其"门"下偏旁的笔画远未有"敢"那么繁复，对比《北苍》"阁"字，可知此字亦当为"阁"。

汉牍本第卅六之"始"字作图，对应的《北苍》070"姑"字作图/图，按二者当为形近误字的关系。汉牍本第十三"卜筮兆占"之"占"字作图，所书不误，可见此"始"未必为"姑"之误。二者未知孰是，待考。

汉牍本第卅九之"觜"作图，《北苍》066对应之字为"觷"。"觜"应为"觷"之坏写[9]，甚至从偏旁位置来看，"昔"旁位置偏上方，可能本即"黄"旁，只是由于简面磨泐，导致笔画残损，造成误释。汉牍本第卅九"觱"字作图，可资比对。

汉牍本第卌二："销铟虢堵，寻尺寸咫。"《阜苍》C102："……堵寻尺扣尺□……"《新牍》第109页已指出《阜苍》C102即上引汉牍本的后五字，前者可据后者校订。按其说是。"堵"作图，疑即"堵"字，或为与之通假之字。"尺□"作图，应即"咫"字残形，与"寸"对应之"扣"作图，疑当为"樽"字，读为"寸"[10]。

汉牍本第卌二："骄猲莫邪，麇（麃—狍）欺狼卒（猝—卒）。"与之对应的旧简包括两支残简：《北苍》038："……貘貜。麃欺腺芈。"《阜苍》C060："……貜。麇（麃）□……"其中"貘"与"莫"、"狼"与"腺"（《新牍》第110页）、"邪"与"貜"皆为通假关系（"貜"从"舆"声，而"舆"本从"牙"声），而末字异文则值得略加考察。"芈"作图/图，《北苍》原释"牵"，jileijilei（网名）改释为"芈"[11]，其说甚是；而所谓"卒"字作图，从木牍行款（尤其是文字宽度）来看，其左侧残去部分只能是此字的部分笔画，而不是其他偏旁；再对比"芈"，该字很可能也是"芈"字。近日，王挺斌据jileijilei（网名）的上述改释讨论《玉门关汉简》中的"芈"字[12]，亦可与汉牍本此字对照。

汉牍本第卌二："媚敞（惝）蛮如，瞋諴趑（迻）恚。"《北苍》040："娓毁鬈娚。蛮喊趑恚。"二者对应。其中的异文，除了一些音近通假的关系外（参看《新牍》第110页），可以互校。"媚"与"娓"除了音近之外，义亦相近。与"娚"（图/图）对应之"如"作图，残笔与

"娎"相合，应该也是"娎"字。"喊"作 ，《北苍》第107页认为可能是"鹹（咸）"字，按其左旁笔画并不繁复（部分看似笔画者实为漫漶的墨迹），对比《北苍》061"卤"字作 ，可知该字显非"鹹（咸）"。对比汉牍本，可知此字很可能也是"喊"字。

汉牍本第卅九："祖屑稺权，强寄倚留。"《阜苍》C051有如下文句："……帚稺攉骚寄……"《新牍》已指出二者可对应。按所谓"帚"字作 ，对比汉牍本之"屑"字作  ，《阜苍》此字亦当改释为"屑"：其大致轮廓和基本笔画均在，只是右上角和右下角略有残缺而已。"攉"字作 ，其左旁实难辨识，可能是"攉"字，与"权"为通假关系；也可能就是"权"字。"骚"，图版已模糊不清，《阜苍》谓："骚，见《汉印文字征补遗》补十第二页。义未明。"《新牍》谓"骚"为"强"之通假字。对比汉牍本可知，"骚"很可能实际上就是"强"字。

汉牍本第卅九之"脩"，《北苍》016对应之字作"猜"。按所谓"脩"字作  ，其中部似未见到"脩"的中竖笔（或作两短竖笔）的痕迹，此字很可能是"倩"，"倩、猜"音近可通。

汉牍本第五十之"麋"作  ，对应的《北苍》017"麀"字作 /  。《新牍》第125页谓："'麀'原是'鹿'下加两横，释'麀'，似应如汉牍本释'麃'。……'麋'字字书未载，从本板押韵看，似即'麃狍'字。"按《新牍》对"麀"的分析恐有误，其下方的两横笔与其视为"火（灬）"之讹，倒不如直接视为"匕"之讹：其所在位置空间狭小，故误将扁平之"匕"写成"二"形，可对比"鹿"下部的二"匕"形的写法；甚至可能其下部本就写作"匕"旁，只是因简面�损等缘故，其左侧竖笔的中部残去，故仅存两横笔。因此，"麋"虽确有可能是"麃"之讹字（"麃狍"为宵部字，亦合韵），但对照《北苍》017，"麋"亦可能是"麀"之讹字。实际上，将"麋"视为"麀"之讹字，不仅可以直接押幽部韵，而且也不至于产生新的异文"麃"。此外，"麃"字已见于汉牍本第卅二，《苍颉篇》虽未必完全避复，但大多数情况下（尤其是实词）还是无复字的。

汉牍本第五十："齻龁齮齘。"《北苍》018："齻娭齮齘。"《北苍》第87页一方面就"齻"字作解，另一方面将"齻"读为"嫥"、训为"鲜好"，罗列二说而未加取舍；同时又将"娭"读为"嬉"，训为"美"，可见《北苍》很可能是将"嫥、娭"视为并列关系的。按《北苍》此句多为从"齿"之字，而汉牍本与"娭"对应之"龁"字笔画清楚、释文无误，因此，与其迁就"娭"、将"齻"读为"嫥"，倒不如将"娭"读为"龁"，则此句四字并列，更为直接。

汉牍本第五十三甲："慘柿翰羯。"羯"字作 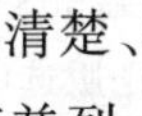 ，《北苍》020对应之字"羝"作 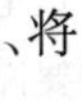 / 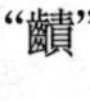 ，《北苍》阙释其右旁，jileijilei（网名）释"羝"[13]。按从《新牍》来看，此字的释读尚可进一步辨析。《北苍》此字右旁残笔虽然与"氐"有相合之处，但仔细辨别，亦仍有一些不合，尤其其右旁下方的残笔，如果是"氐"所从之横笔，则与《北苍》书手书写横笔的起笔不太相合。《北苍》045"氐"字作 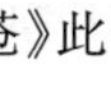 / 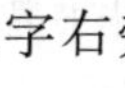 ，048"抵"字作 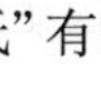 / 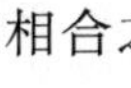 ，可资比较。该残笔反而像是撇笔的末尾部分，从这一点来看，该字右旁反而与"曷"相合。《北苍》003"竭"字作 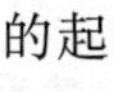 / ，027"谒"字作  / 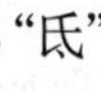 ，可资比较，因此该字恐怕还是"羯"字。需要注意的是，无论该字是"羝"还是"羯"，该残字右

旁目前所见残笔(包括上方的竖笔和下方的那一点点笔画)之右方的简面本该有笔画,但均未见痕迹,可见其右方的简面由于某种原因残去了一定的厚度,出现类似"揭薄、削薄"的情况。上引《北苍》"竭、谒"二字中,"曷"下部"匃"形的左竖笔均位于"日"形左竖笔下方靠右一些的位置,这是与汉牍本"羯"所从之"曷"的写法的一点细微的不同。《北苍》"羯"之右旁未见"匃"之左竖笔,可能也是因为该偏旁因位于"揭薄、削薄"的简面上而残去。

　　附记:本文为国家社科基金一般项目"基于新出土文献的《苍颉篇》文本复原与综合研究"(20BYY148)、国家社科基金冷门绝学研究专项学术团队项目"中国出土典籍的分类整理与综合研究"(20VJXT018)、国家社科基金重大项目"阜阳汉简整理与研究"(21&ZD305)的成果。本文初稿曾发布于复旦大学出土文献与古文字研究网(2020年8月16日)。

(作者单位:复旦大学出土文献与古文字研究中心、
"古文字与中华文明传承发展工程"协同攻关创新平台)

注:

① 本文据以引用的《苍颉篇》资料主要包括如下著作:刘桓编著《新见汉牍〈苍颉〉〈史篇〉校释》,中华书局2019年(下文简称为"《新牍》")。阜阳汉简整理组《阜阳汉简〈苍颉篇〉》第24—34页,《文物》1983年第2期;初师宾等主编《中国简牍集成》第14册"图版选(卷下)"第295—313页,第18册"河北省 安徽省(上)卷"第1655—1674页,敦煌文艺出版社2005年(下文合称《中国简牍集成》的相关图版和释文为"《阜苍》"。《阜苍》的编号和释文注释与《阜阳汉简〈苍颉篇〉》大同小异,本文据后出者)。张存良《水泉子汉简〈苍颉篇〉整理与研究》,兰州大学2015年博士学位论文(下文简称为"《水苍》")。北京大学出土文献研究所编《北京大学藏西汉竹书(壹)》,上海古籍出版社2015年(下文简称为"《北苍》")。本文所引录的汉代简牍《苍颉篇》释文多据原著,并根据学者后出正确意见校改,不再一一注明。

② 这一方面的内容可视为张传官《谈谈新见木牍〈苍颉篇〉的学术价值》(《出土文献与古文字研究》第9辑第333—352页,上海古籍出版社2020年)第四节"木牍本《苍颉篇》释文校改"以及张传官《新见汉牍蒙书三种校读笔记》(《出土文献与古文字研究》第9辑第353—358页)的续作。

③ 需要说明的是,前引《中国简牍集成》第14册"图版选(卷下)"中,C15的图版实为《阜阳汉简〈苍颉篇〉》编号C015与C057所对应的两支残简拼合而成;然而《中国简牍集成》第18册"河北省 安徽省(上)卷"中,C57释文仍旧与《阜阳汉简〈苍颉篇〉》C057一致,而《中国简牍集成》第14册C57对应的则是《阜阳汉简〈苍颉篇〉》C059的释文。

④ 张传官《据北大汉简拼缀、排编、释读阜阳汉简〈苍颉篇〉》,《出土文献》第8辑第183—184页,中西书局2016年。

⑤ 甘肃文物考古研究所编《敦煌汉简》,中华书局1991年;罗振玉、王国维编著《流沙坠简》,中华书局1993年。

⑥⑦⑩ 此蒙陈剑先生赐告(2019年12月23日),谨致谢忱。

⑧⑪⑬ jileijilei《北大汉简〈苍颉篇〉释文商榷》,复旦大学出土文献与古文字研究中心论坛讨论区"学术讨论"版块,2015年11月14日。

⑨ 此蒙魏宜辉先生赐告(2019年12月24月),谨致谢忱。

⑫ 王挺斌《试释〈玉门关汉简〉中的"芈"》,简帛网2010年1月9日。

古文字研究(34):471—475,2022

海昏《诗经》注释与毛传、郑笺对读琐记

王　辉

西汉废帝海昏侯刘贺墓中有《诗经》竹简约1200支。朱凤瀚《西汉海昏侯刘贺墓出土竹简〈诗〉初探》[①]一文已有初步介绍,《海昏竹书〈诗〉初读》[②]一文言之更详,并公布了不少竹简释文。简本《诗经》从内容看,除目录、正文外,还有随文注释。这种注重词语训诂的夹文注解,出土文献前所未见。以下拟就其中的字词训释部分与西汉毛亨传、东汉郑玄笺进行对比,一方面比较异同,另一方面释读简本注释中的疑难字。

一

简本注释与毛传、郑笺的异同大体可分为以下四种情况:

1. 与传或笺训释基本相同。如:

(1)《周南·关雎》"悠哉悠哉,辗转反侧",毛传:"悠,思也。"简本作"修哉修哉",注:"忧思曰修。"按,《尔雅·释诂下》:"忧,思也。""忧思"为近义连用。

(2)《小雅·斯干》"载衣之裼,载弄之瓦",毛传:"裼,褓也。"简本作"载衣之褅,载弄之瓦",注:"褅,□褓也。"按,《说文》衣部:"禘,緥也。"引《诗》"载衣之禘"。残字疑即"褓"或"緥"。

(3)《小雅·斯干》"哙哙其正,哕哕其冥",毛传:"正,长也。冥,幼也。"郑笺:"正,昼也。""冥,夜也。"简本作"款款其正,囊囊其瞑",注:"正,长者也。"

(4)《小雅·无羊》"谁谓尔无牛,九十其犉",毛传:"黄牛黑唇曰犉。"简本作"谁谓而无牛,九十其㹁",注:"黄牛黑……曰犵。"残去之字疑即"唇"。

(5)《小雅·宾之初筵》"由醉之言,俾出童羖",毛传:"羖,羊不童也。"简本作"由醉之言,箪出童羖",注:"羖,不童。"

2. 与传或笺训释相同或基本相同,但用字不同。如:

(1)《卫风·硕人》"四牡有骄,朱幩镳镳",毛传:"幩,饰也。人君以朱缠镳,扇汗且以为饰。"简本作"……𫞩,朱鑣襄襄",注:"鑣者,所以饬口。"("口"是该简最后一字,下一简或有"也"字连读)按,"饬"读为"饰",与毛传同。

(2)《桧风·隰有苌楚》"隰有苌楚,猗傩其枝",毛传:"苌楚,铫弋也。"简文作"㝬有长楚,倚檽其□",注:"长楚,姚弋也。""铫弋、姚弋"一词之异写。《尔雅·释草》作"铫芅",《说文》艹部"芅"下作"跳弋"(小徐本作"铫弋"),《韵会》阳韵"芅"下引《说文》作"姚弋"。"铫

芑、姚弋、跳弋"皆同。

（3）《小雅·斯干》"载衣之裳，载弄之璋"，郑笺训"弄"为"玩"。简本作"载衣之尚，载弄之章"，注："弄，抚也。""抚"无弄玩之意，当读为"玩"，《尔雅·释言》《说文》廾部均言"弄，玩也"。

3.与传或笺用词不同，但意思基本一致。如：

（1）《卫风·氓》"乘彼垝垣，以望复关"，又"不见复关，泣涕涟涟。既见复关，载笑载言"。毛传："复关，君子所近也。"郑笺谓"因复关以托号民"，孔疏又进一步解释说"因其近复关以托号此民，故下云'不见复关''既见复关'，皆号此民为复关"，均以"复关"为地名代人名。简本作"……以望茈菅"，注："茈菅，其邑也。"亦以之为地名。

（2）《卫风·氓》"女也不爽，士贰其行"，毛传："爽，差也。"简本作"女不霜，士腻其行"，注："霜，腻也。"按，"霜"读为"爽"，指差错，则"腻"之义亦当为差错，是"忒"之假借，与今本"差"义同。今本"士贰其行"之"贰"，古有读为"忒"义为"差"、读为"贰"义为"前后不一"两种解释③，据简本正文用"腻"字与注释"腻"之义，则读"忒"之说似更可信。

（3）《小雅·沔水》"心之忧矣，不可弭忘"，毛传："弭，止也。"郑笺："我念之忧，不能忘也。"简本作"……弥忘"，注："弥犹忘也。"陈奂引《国语·周语下》"至于今未弭"贾逵注"弭，忘也"，谓"忘"亦"弭"也④。

（4）《小雅·祈父》"胡转予于恤，靡所厎止"，毛传："厎，至也。"简本作"胡转予于□，靡所底止"，注："底犹止也。"《尔雅·释诂下》："底，止也。""底"与"厎"、"至"与"止"皆是同义。

（5）《小雅·斯干》"如跂斯翼，如矢斯棘，如鸟斯革"，毛传："棘，棱廉也。"郑笺："棘，戟也。如人挟弓矢戟其肘。"传、笺释义用语不同，然意思相当。孔疏曰："言'棱廉'，则指矢镞之角为棘焉。……古语谓棘为戟……言'如人挟弓矢戟其肘'者，谓射者左手拊弓，而右手弯之，则'戟其肘'谓右手之肘，亦喻室之外廉隅也。"简本作"如蹴斯翼，如矢斯勒，如鸟斯祺"，注："勒，隅也。"陆德明释文谓《毛诗》"棘"《韩诗》作朸。朸，隅也"。"隅"即廉隅，与传、笺相当。然"勒、朸"均无此义项，应当读为"棘"。

（6）《小雅·瞻彼洛矣》"靺韐有奭，以作六师"，毛传："靺韐者，茅蒐染韦也。一入曰靺。韐，所以代韠也。"郑笺："靺者，茅蒐染也……韐，祭服之韠，合韦为之。"简本作"糘袷有蠢"，注："糘袷，土服也。"

（7）《大雅·棫朴》"追琢其章，金玉其相"，毛传："相，质也。"郑笺："相，视也，犹观视也。"传、笺释义不同。简本作"雅谷其章，金玉其相"，注："相，状也。""状"与"质"义近，简本注与毛传相似。

4.与传或笺用词不同，意思亦有所区别。如：

《小雅·黄鸟》"此邦之人，不可与明"，毛传："不可与明夫妇之道。"郑笺："明，当为盟。

盟,信也。"传、笺释义不同,孔疏曰:"以下云'不可与处',言其夫不可共处也,此云'不可与明',亦当云其夫不可与共盟也。若是明夫妇之道,其明与否夫独为之,非妇所当共,故知字误,当作'盟'也。"是赞同郑笺。简本作"此封之人,不可与明",注:"明,成也。"《尔雅·释诂下》:"明,成也。"故训"明"亦多有为"成"者⑤。"不可与明"即不可与成,于义亦通畅。

<h2 style="text-align:center">二</h2>

简本《诗经》注释有些从表面不容易看出是否与传、笺存在对应关系,尚须对简文用字进行分析。

(1)今本《卫风·芄兰》"容兮遂兮,垂带悸兮",毛传:"容仪可观,佩玉遂遂然;垂其绅带,悸悸然有节度。"以"容"为仪容,"遂"为佩玉(《尔雅·释器》"璲,瑞也",即瑞玉)。郑笺:"容,容刀也。遂,瑞也。言惠公佩容刀与瑞及垂绅带三尺,则悸悸然行止有节度。"以"容"为容刀,即一种装饰性佩刀。可见两者解释有不同之处。

简文诗句残去,仅有注释,作:"□豽也,犹松也;遂,赤蠡也。"按,"遂,赤蠡也"当读为"樧,赤罗也"。"蠡、罗"古音并来母歌部,音近可通。越王勾践时人"范蠡",《清华三·良臣》简7、《清华七·越公》简54、61均作"范罗",是其确证。《诗·秦风·黄鸟》"山有苞棣,隰有树檖"毛传:"檖,赤罗也。"赤罗又作"赤萝",即山梨树。对应今本"容"的解释有残,然存"犹松也",益可证明竹简本注释或是以树木"松、赤罗"来形容人的姿态,与传、笺均不相同。

(2)简本《陈风·防有鹊巢》残文"谁螐懿美,心焉刀刀",注曰:"螐,追张也。"今本作:"谁侜予美,心焉忉忉。"《尔雅·释诂上》:"懿,美也。"可见简本"懿美"是同义连用,与今本"予美"应各自为释无需求同。今本"侜"毛传释为"侜张,诳也"(与《尔雅·释训》"侜张,诳也"同),郑笺解释"谁侜予美"为"谁侜张诳欺我所美之人乎",即"侜"为欺诳之义。

按,"螐"字见于《玉篇》《集韵》等字书,为虫名"螐蠋",于此显然不合文意。"螐"当读为"阏"。"乌、於"一字之分化,感叹词"呜呼"在出土文献中多写作"於乎",以二者为声之字相通并无问题。《说文》门部:"阏,遮攤也。"(小徐本"攤"作"壅")有遮蔽、阻塞之义。《汉书·中山靖王刘胜传》:"今臣雍阏不得闻,谗言之徒蜂生。"《说文》人部:"侜,有廱蔽也。"(小徐本"廱"作"壅")并引《诗》"谁侜予美"。"有廱蔽"与"遮攤"意思相当。段玉裁注曰:"《陈风·防有鹊巢》曰'谁侜予美',《尔雅》及传曰'侜张,诳也','诳'亦'壅蔽'之意耳。许不用毛传者,许以'侜张'乃《尚书》'诪张'之假借字,非'侜'之本义,故易之。"⑥可见简文用"螐(阏)"与今本用"侜"实为同义词。

简文"追张"与今本"侜张"则是一词异写。"追"(端—微)、"侜"(端—幽)有可通之证。《诗·大雅·棫朴》"追琢其章",毛传:"追,彫也。金曰彫,玉曰琢。"《说苑·修文》《荀子·富国》引《诗》作"彫琢其章"。《周礼·天官·冢宰》"追师",陆德明释文谓"追""一曰雕"⑦。"彫、雕"同从"周"声,而"周、舟"古音同为章纽幽部,二者相通之例甚多,不赘举。就"俧"字而言,即有异文作"倜",《尔雅·释训》:"俧张,狂也。"陆德明释文:"俧,本或作倜。"⑧

或认为释文"蝐"或是"蝐"之误字,"蝐、俧"音近可通⑨。若果如此,则此处注释当作"蝐(俧),迫(俧)张也","蝐、迫"均读为"俧",不甚合理。将来竹简图版公布,即便果是"蝐"字,也更可能是"蝐"之误。

(3)简本《大雅·绵》"乃尉乃止,乃左乃右",注:"尉,邑也。"今本作"乃慰乃止",毛传:"慰,安。"郑笺:"民心定,乃安稳其居,乃左右而处之。"

传、笺均以"慰"义为安,古注皆沿袭之⑩,唯清人马瑞辰有所创新,曰:"慰亦止也。《方言》:'慰,居也。江淮青徐之间曰慰。'⑪《广雅》亦曰:'慰,居也。'居即止也。《吕氏春秋·慎大篇》'胼胝不居',高注:'居,止也。'安与居义本相成,《尔雅》:'安,止也。''乃慰乃止',犹言'爱居爱处',皆复语耳。"⑫

按,此说引《方言》以"慰"为居住义,正可与简文用"邑"相对应。"邑"本为名词,指城邑,此处用为动词,意为建造城邑(居住),《左传·隐公十一年》"吾先君新邑于此"、《孟子·梁惠王下》"邑于岐山之下居焉"均是此义。可见简文"尉"与今本"慰"为同一词。简文训"邑",意思具体,又与古方言相合;毛传训"安",可以理解为安定安置下来,亦能讲通文意。至若后世发挥为慰劳、安慰则去古训远矣。今人程俊英、蒋见元直言"慰"是居住之意⑬,独采马瑞辰新说,正与竹简注释相近,可见卓识。

(4)简本《大雅·绵》"捄之蛎蛎,渡之□□",注:"捄,攒也。"今本作"捄之陾陾,度之薨薨",毛传:"捄,蔂也。陾陾,众也。度,居也。言百姓之劝勉也。"郑笺:"捄,抒也。度,犹投也。筑墙者抒聚壤土,盛之以蔂,而投诸版中。"据传、笺,"蔂"当为盛土之器,《集韵》戈韵即谓"蔂,盛土笼";"捄"之义应为以盛土之器运土。《说文》手部:"捄,盛土于梩中也。"引《诗》"捄之陾陾"。木部以"梩"为"柏"之异体:"一曰徙土輂,齐人语也。"释义与传、笺同。

按,"攒"字古籍用例罕见,《淮南子·要略》"烧不暇攒,濡不给扢",高诱注:"攒,排去也。"释义用于简文并不合适。此处"攒"当读为"功亏一篑"之"篑",亦为盛土之器。《玉篇》竹部:"篑,土笼也。""攒(篑)、蔂、梩"同义。

有的异文分析起来尚有难度,不容易得到答案。《大雅·板》"天之方憎,无为夸毗",毛传:"憎,怒也。"简本作"天之方齐",注:"齐,憀也。""憀"常训为明了,在这个义项上与"憭"为异体字。若代入诗句译为"上天将明了此事",似亦能讲通。然"齐"与从"齐"之字似并无此义项。今文"憎,怒也"意思合适,而"憀"及从"翏"或可与"翏"相通诸字亦暂未觅得有怒义者。简本"齐,憀也"究竟如何解释,仍待研究。

以上仅就已公布简文将《诗经》注与毛传、郑笺作了初步对比,就释义来说,仍以基本相同为主。简本注释与毛传的著成年代孰先孰后，尚难以判断。与三家诗之间的关系，亦有待全部数据公布方可再作探讨。

（作者单位：山东大学文学院）

注：

① 载《文物》2020年第6期。

② 收入朱凤瀚主编《海昏侯简初论》第79—119页，北京大学出版社2020年。

③ 参看鲁洪生主编《诗经集校集注集评》第1541—1542页，中华书局、现代出版社2015年。

④ 〔清〕陈奂撰，王承略、陈锦春校点《诗毛氏传疏》，《儒藏（精华编三三）》第569页，北京大学出版社2009年。

⑤ 参看宗福邦、陈世铙、萧海波主编《故训汇纂》第1013页，商务印书馆2003年。

⑥ 〔汉〕许慎撰，〔清〕段玉裁注，许惟贤整理《说文解字注》第663页，凤凰出版社2015年。

⑦ 参看高亨纂著，董治安整理《古字通假会典》第560页，齐鲁书社1989年。

⑧ 参看黄焯《经典释文汇校》第863页，中华书局2006年。

⑨ 参看抱小《海昏竹书〈诗〉校字一则》，复旦大学出土文献与古文字研究中心网2021年3月18日。

⑩ 同注③第6996—7000页。

⑪ 今存宋本《方言》三作："慰、廛、度，尻也。江淮青徐之间曰慰，东齐海岱之间或曰度，或曰廛，或曰践。"

⑫ 〔清〕马瑞辰撰，陈金生点校《毛诗传笺通释》第818—819页，中华书局1989年。

⑬ 程俊英、蒋见元《诗经注析》第761页，中华书局1991年。

古文字研究（34）：476—484，2022

西北汉简书写讹误现象考察

白军鹏

在书写的过程中，书手会由于各种原因造成书写的不正确，这种情况自古至今一直存在。不过由于书写(含刻、铸)材质及方式的不同，会有差异。就简牍帛书来看，学者们的关注点大多集中在讹字这一种情况上。裘锡圭很早就提醒："我们在释读楚竹书的时候，应该把竹书中有错别字这一点牢记心头。如果遇到错别字而不能辨明，就会无法理解或误解文义。"①而且简帛文献由于其"手写体性质，书写的随意性不同于铭刻体的'纪年性'，因此简帛文字相较其他类型的文字错别字更多"②。本文着眼于西北汉简中的误书，不仅限于狭义的讹字，对误字等也进行考察。应该指出的是，刘玉环《秦汉简帛讹字研究》对秦及汉初简帛文献中的讹字关注较多，但除武威汉简外，对数量巨大的西北汉简较少涉及。西北汉简的时代大部分属于西汉中晚期到东汉初年，已经是成熟的隶书，与秦及汉初的古隶之间还存在一定的差异。因此，以其为关注和研究的对象具有重要意义。

一　讹字与误字

学界对讹字及误字的内涵与外延往往由于所针对材料或着眼点的差异而有不同的界定。比如两字或三字间经常书写混同的算不算讹字？李零将错字分为两种："一种是因形体相近，偶尔写错；一种是我称为'形近混用'，积非成是的合法错字。"③我们认为，既然已经"积非成是"，则那些经常混同不别的字大概是至少已经取得了当时的社会认同，因此还是要谨慎对待。(书写混同之字往往二字写为一形，如西北汉简中的"出、土"与"士"，混同于"士"形，"吉"与"告"，混同于"吉"形，"朱"与"未"，混同于"未"形，"矢"与"夫"，混同于"夫"形，"生"与"主"，混同于"主"形；也有介于二字之间者，如"莫"与"真"，其混同写法往往与"真、莫"均有区别。)此外，由音近所致的混用是否当归入讹字也存在争议。古人早有音讹之说。裘锡圭《〈论衡〉札记》一文中列有"音近误字或通用字"以及"形音皆近之误字或通用字"④。我们认为无论讹字还是误字，其着眼点应该落在文字形体上，因此语音相近所致的混同写法还是归入通假更为合适。刘玉环将讹字分为"讹别字"与"讹错字"，她认为："写别字是指将一个字写为音义均无联系的另外一字，这个字所代表的词义与文意不合……写错字是指将字写得不成字，单看字形难以识别，但在文意的引导下，仔细分析待考字形，找到相应的正字，从而顺利通读原文。"⑤王志平、董珼考察了张家山汉简中的错别字，将其分为习惯性的形近讹误、偶然性的形近讹误、数目字的错讹、语义关系致误、上下文关系致误以及不明原因的讹误六种情况⑥。此六类均对应刘书之"讹别字",惟分类更为细密,也更具科学性。不过以一种材料为研究对象,难免会有代表性不足之嫌,如文章中所列的"数目字的讹误",与之情况近似者在其他汉代简牍中即可再列"干支的讹误"一项。再者,张家山汉简中"习惯性"与"偶然性"很可能只是个别书手的习惯,亦不具有广泛的代表性。如"习惯性的形近讹误"下的"光"与"永"、"络"与"级"在其它秦汉简牍文献中相互讹误的情况并不常见,而"偶然性的形近讹误"下之"死"与"列"、"倍"与"信"、"铋"与"钧"则又是秦汉简牍中较常见的讹误字。本文所讨论与刘玉环所划分大致相同,以"讹字"与"误字"来分别指称。

二 西北汉简中的讹字与误字

(一) 由形近致讹者

由于汉简时代并无我们今天这样的"正字"标准,一般很难以点画之多少来判断(有些写得完全不成字者例外,详下文)。因此比较容易判断的是写成别字的那些。

1. 居延新简EPT65:190"有至城之憙"

其中"憙"作 ,除文物本释"熹"外,其余各本均释为"憙",从字形上看,其余各本所释无误。《集释》谓"至城之憙即'至诚之喜'"⑦。然而"至诚之喜"似不辞,我们怀疑此"憙"当为"意"之讹写。《汉书·刘向传》:"其言多痛切,发于至诚。"《杜周传》"以陛下圣明,内推至诚,深思天变,何应而不感? 何摇而不动?""至诚"均表其内心之意。《宣元六王传》:"子高乃幸左顾存恤,发心恻隐,显至诚,纳以嘉谋,语以至事,虽亦不敏,敢不谕意!"《司马迁传》"曩者辱赐书,教以慎于接物,推贤进士为务,意气勤勤恳恳",颜师古注"恳恳"为"至诚也"。此两例中则间接表明"至诚"与"意"有关。

居延新简EPT50:1为书有《苍颉篇》内容的习字简,其中两句为:"初虽劳苦,卒必有意。""意"作 ,从字形上看确为"意"字无疑。此部分内容又见于斯坦因所获削衣之《苍颉篇》(编号分别为3674与3380),"意"均作"憙"。显然,从语义来看,作"憙"是正确的。而这个"意"亦当释为"憙"之讹。胡平生联系到《急就篇》"勉力务之必有喜",认为:"一种可能是'意'为'喜'之讹,在居延汉简中'喜'作'憙',与'意'形近。"⑧今按,汉简中并无"熹"字,居延汉简512.16之人名"熹"亦实为"憙"。不过胡先生推测其可能为"喜"之讹从整体上看来却是正确的。两字间的讹混,在传世典籍中亦有体现。《汉书·高惠高后文功臣表》"长脩平侯杜恬侯意嗣","意",《史记·高祖功臣侯者年表》作"喜"。王念孙认为:"'意'当为'憙','憙'与'喜'古字通,故《史》表作'喜'而师古无音,则所见本已讹为'意'矣。"⑨

2. 居延新简EPT 65:39"免冠"

"冠"字作 ,当为"寇"之讹。肩水金关汉简73EJT23:145"兰冠"之"冠"字作 ,亦讹作"寇"⑩。简73EJT37:25"□田同城寇军望宛里公乘蔡放……",其中"城"字右侧残,是否为"城"字尚待讨论,不过所谓的"寇军"应为"冠军",其初为冠军侯邑,属南阳郡。"寇"字作 ,从字形上看释"寇"无疑,因此亦为误字。居延汉简327.11"冠军"亦讹作"寇军"。在秦汉简帛中二字形近,"冠"常被误写作"寇",而似乎未见"寇"作"冠"者。王伟认为在秦文字中表示"冠冕"之字作"寇"并不是被写错的误字[11]。我们认为王先生的观点是可信的。不过在汉简中,尤其是隶书已经成熟的西北汉简中,"冠"作"寇"则似应以讹字视之。

"寇"与"冠"的讹写在楷书中亦有其例。玄应《一切经音义》卷十四《四分律》"鶌鸟"条,高丽藏本作:"竹刮反。《尔雅》'鶌鸠,冠雉'。"其中的"冠"字,慧琳本及碛藏本均作"寇",黄仁瑄据后两者改[12]。此字今本《尔雅》作"寇",而《玉篇》则作"冠"[13]。郝懿行认为《玉篇》作"冠"是"字形之误"[13]。若依郝、黄的意见,则此处与秦汉简帛中的情况相反,乃"寇"讹写作"冠"(不过此处作"冠"意亦可通)。居延新简EPT57:47"兰冠"之"冠"作 ,亦为误字,脱"寸"形。

3.居延新简EPT51:104"甲渠候长觻得步利里张禹自言故为肩水都尉属元康四年八月"

其中的"水"作 ,讹写作"木"形,此种讹写在西北汉简中亦非孤例,肩水金关汉简73EJT21:103"肩水"之"水"作 ,亦讹作"木"形。居延汉简10.12"鸡子五枚"之"枚"作 ,则为"木"旁讹作"水"旁。肩水金关汉简73EJC:415是一枚戍卒名籍简:"南阳冠军邑白水步昌里张参,年卅一。"其中的"水"作 ,如果按照整理者的意见,则此字似讹写作"牛"。"白水"在此处显然应为乡名。然而作为乡名的"白水"在此处似乎并无实证。《汉书·地理志》南阳郡下确有"白水乡",不过乃蔡阳县下所辖。《后汉书·宗室四王三侯列传》载"三十年帝复封闵弟嵩为白牛侯",李贤注:"白牛,盖乡亭之号也,今在邓州东也。"可见在南阳郡内,西汉时似亦有以"白牛"为乡名者。且将"水"写作"牛"形于汉简中似无征。因此,肩水金关汉简73EJC:415中的这个字大概还难以确定是"牛"还是"水"。汉简中"牛、木"形近,尤其是作为偏旁时常无别,但是其基本同形为"牛"形。因此肩水金关汉简73EJT8:76"牡"作 ,简73EJF3:189+421"牝"作 ,似应视为误字。

4.肩水金关汉简73EJT8:72"先豆隧卒黄宗"

所谓的"豆"作 ,从字形上看亦确为"豆"无疑,然而"先豆"作为隧名亦不通。我们认为"豆"当为"登"之误。"先登隧"在肩水金关汉简中常见。"登"之作"豆"是字形省略的结果。简73EJT1:92"登"之作 、简73EJT25:59"登"之作 可视为省略的中间环节。与此相关,简73EJT24:138"豆山隧"亦当为"登山隧"之讹。郭伟涛亦已指出[14]。

5.肩水金关汉简73EJF3:35"寒虏隧卒河东闻憙邑楼里乐欣年三十三"

"寒"字作 ,从字形上看无疑是正确的。然而"寒虏"作为隧名似有问题。我们认为"寒"当为"塞"之讹。简73EJT23:497"塞虏隧卒爰鲁自言逎七月中贷故……"、简73EJT24:667"塞虏卒赵辰……"、居延汉简146.11"食塞虏隧长赵……"皆作"塞虏"。"塞、寒"形近,在简牍中有误书之例⑮。传世文献中二字讹混之例亦不稀见。《史记·孝武本纪》"所谓寒门者,谷口也",《集解》引徐广曰:"一作'塞'。"

6.居延汉简68.17"隧长公乘孙第自占书功劳钱九月……"

"占"作 ,从字形上看当为"合",由于汉简中"占"常作 (字形出自敦煌汉简2018)形,与"合"形近,因此容易导致讹写。《史记·扁鹊仓公列传》"合色脉表里有余不足顺逆之法",徐广曰:"合,一作'占'。"此异文即由二字形近所致。

7.居延新简EPF22:246"病致医药加恩仁恕务以爱利省约为首"

其中的"恩"作 ,与"恩"形不符,汉简"恩"作 (居延新简EPF22:779),或作 (居延新简EPF22:27),均与"思"形相近,因此,此处当为"思"之讹字。以往均将其径释为"恩",不确。二字在隶楷阶段皆形近,因此相互讹误之例并不稀见。如敦煌本《秦妇吟》"闲日徒歆奠飨恩"一句,甲、乙、庚、辛卷即均误作"思"⑯。

西北汉简中因一笔两笔之差而讹作它字者,一般通过辞例可比较容易判别。如居延汉简180.26"王季君"之"季"作 ,实为"李",然而"季君"乃汉人常见名字,因此可知"李"为"季"之讹;简485.34"季"上从"未"作 ,亦当为错讹⑰。居延汉简187.6+187.25A"厚六寸"中"六"作 ,讹作"大";肩水金关汉简73EJT37:739"六"作 ,亦讹作"大"。古书"大、六"讹混之例较多,此不赘举。居延汉简117.32"髡钳钛左止"之"钛"作 ,右侧误从"夫",而整字讹为"鈇"。居延新简EPF16:44"见塞外虏十余辈从西方来入第十一隧天田",其中"外"作 ,讹作"死";简EPT65:59"外"亦讹作 ,与"死"形近。肩水金关汉简73EJF3:405"入居延转车一两"中"两"作 ,讹作"丙"。

(二)由上下文影响致讹致误者

除因形近写成讹字外,还有一些讹字或误字是受上下文的影响而造成,清代学者在校勘古书时亦常据此立说。《管子·形势》"蛟龙得水而神可立也,虎豹得幽而威可载也",王念孙谓:"得幽,当依明仿宋本及朱东光本作'托幽',此涉上句'得'字而误,后《形势解》正作'托幽'。"⑱今人所著校勘学专书中一般亦均列"涉上下文而误(讹)"条⑲。

肩水金关汉简73EJT10:147"以食护府卒史徐卿所乘张掖传马二匹南北五日食日食四斗",其中"所"字作 ,应为"府"字之误。此误当因受上文"府"字影响所致。《肩水金关汉简(壹)》径释"所",不确⑳。简73EJT23:287"禽寇隧宋宋良",前一"宋"字当为"长"字之误,此则属于因下而误。

在古书流传中亦见有因上下文而致偏旁改变的情况,王引之在《经义述闻·通说》中谓:"家大人曰:经典之字,多有因上下文而误写偏旁者。"王氏所举如《尚书·尧典》"璇玑玉衡","机"作"玑";《诗经·绵》"自土沮漆","徂"作"沮";《诗经·关雎》"辗转反侧","展"作"辗",等等㉑。而类似的情况在西北汉简中亦偶有出现,如"社稷"之"稷"常受"社"字影响写作"禝"等。

居延新简EPT56：335“稾高矢铜镞百完”，第二字作 ▨，下从“冋”。而此字在其他相关简文中均作“宲”。此简的写法则不成字，其误当受上一字“稾”影响，因其构件中有“冋”，故书写者将“宲”亦误写作从“冋”。以往的整理者均将其径释为“宲”，不确。简EPF22：3“爱书验问恩辥曰颍川昆阳市南里年六十六岁姓寇氏去年十二月中甲渠令史”，“颍”字作 ▨，亦不成字，其左侧从“川”形当受下一字“川”影响所致。简EPT59：3“未央贫急软弱”，“软”字作 ▨，右侧所从显然受其下一字“弱”的影响致误。肩水金关汉简73EJT10：208“肩水”之“肩”作 ▨，其下本从“肉”，此误作从“水”，自然是受下面“水”字影响[22]。

以上所举均为将一部分偏旁构件误写，与王引之所说相同。类似的情况亦见于其它简帛材料。如马王堆帛书《战国纵横家书》“天下必笑王”，“笑”作 ▨，其下部因前一字“必”的影响而误书为从“必”[23]。汉牍本《苍颉篇》第卅四章有“增嶒専斯”一句。其中“専”与北大简《苍颉篇》同，北大简作 ▨，确为“専”字无疑。汉牍本此字则作 ▨，其上部从“八”形，与“専”并不相符，在其他同期文献中亦未见此种写法。我们认为此写法应是受其上两字“增嶒”的影响所致。此二字所从之“曾”上部即作“八”形。

不过需要注意的是，传世文献中偏旁受上下文影响改写后仍然成字，而简牍中则往往不成字。这应是由于传世文献在流传过程中经过多次传抄，因此一般会将这类讹写得不成字的情况发现并改正，而简牍中的文献尤其是西北汉简中的簿籍文书几乎可以确定是“一手文献”，一般来说没有机会被多次传抄（草稿中的误写在誊抄为正本时或者正本中的误写在誊抄副本时按照道理应该会被改正，但是相关的材料太少，目前还难以考证）。

除受上下文影响致误外，西北汉简所见尚有因其他因素所致的误写。如肩水金关汉简73EJT1：125“本始二年八月辛卯朔”，张俊民认为本始二年八月是甲辰朔，因此认为“辛卯”为误书[24]。西北汉简中干支误书的现象较多，此不赘举。简73EJT37：527“中安男子杨谭”，姚磊认为“中”当是“长”之误写[25]。简73EJF3：139等四枚之“下造”，徐佳文认为当是“上造”，此为书写者之笔误[26]。不过此类情况一般与字形无关，且例不多，因此谨附记于此。

三　西北汉简中的“不成字”现象

在西北汉简中有些字的形体怪异，往往“不成字”，由于又没有上述受上下文影响致误诸例中有迹可循，因此这也给整理工作造成了困扰。敦煌汉简1686“戍卒河东北屈东邑里张奉上”，“屈”字作 ▨，此字沙畹释“屈”，《中国简牍集成》改释为“属”[27]。考察字形，其与“屈”显然不同，下部的笔画是“屈”所不具备的，然而释“属”于形体上亦不能完全吻合。而据辞例，又显然当为“屈”，考《汉书·地理志》河东郡下有北屈县。因此，该字应为“屈”之误写。

不过如前所述，汉简时代的书写比较随意，同一字往往有多种异写，因此对于那些具有点画多少之别的字一般在不影响识读的情况下是不能视为错字的[28]。

敦煌汉简2165"在任君所"之"在"作，与"在"形不符，应为误书。此字或释为"存"，亦与形体不合。居延汉简109.7"神爵"之"爵"作，其上部为"鹿"字头，下与"农"字接近，并非"爵"字，当为整体误书。居延新简EPT4：83"乙亥"之"亥"作，下部讹为"火"形。肩水金关汉简73EJT37：773"甲寅"之"寅"作，此简整体非草书，因此作此形当为误书。

居延新简EPT65：25A斗吏，《中国简牍集成》认为此字"不识。连贯上下文，似为斗食吏之另称"㉙。我们认为将之视为"食"之误字亦有可能。

有时，汉简书写者将合体字的一个部件写成另外的形体，造成了错写。肩水金关汉简73EJT21：125"八月之言县₌当给麦毋使犁长卿无麦大事₌"中两"麦"分别作及，其下部所从与"女"接近，与"麦"字所从之"夊"不同，此当为误字。汉简中作为部件，"女"与"夊"形近，易于致讹。姚磊认为此二字应释为"妻"，并举简73EJT9：85中"妻"作为例㉚。不过此两字若释"妻"辞例不通，且"妻"作此形为汉简中所仅见，更重要的是简73EJT9：85本身书写便有问题，较为草率。释文为"延寿隧长奴，妻大孝君"，显然"妻"下脱"女"字。因此以该简为例来证明简73EJT21：125的这两个字释"妻"，理由是不充分的。简73EJF3：150A"校"字作，右侧讹写。类似的情况还有不少，如居延汉简126.30"绍休圣绪"中"绍"作，右侧构件讹写作"臽"。简29.3B"阳朔元年六月吏民出入籍"之"籍"作，将所从之"昔"讹写作"黄"。汉简"报、服"等字常从"皮"作，如居延新简EPT57：96"谒报"之"报"作，简EPT51：278A"服一完"之"服"作等，皆为其例。居延新简EPT53：209"初元五年戍卒被兵名籍"中"被"字作，于森将其作为"服"之误字归入"服"字下㉛。我们认为当据辞例将其视为"被"之误字。

有些字由于是人名，难以据辞例判定是非。不过按照一般的释读意见与字形相对照则明显不相符。居延新简EPT43：31"纪姣"之"姣"作，右侧所从非"交"，而同"朿"形。简EPT51：122作为人名有一个字，以往均将其直接隶写作"从自从卯"，然而此字不见于字书及其他文献，我们怀疑其当为误字；简EPT58：18"李并"之"并"作，与"并"形不符，当为误字。肩水金关汉简73EJT21：13"石定"之"定"作，"宀"下所从亦与"正"形不符。沈思聪认为此应为"宙"字㉜。虽然从形体上看这个字确与"宙"形近，但是西汉后期简帛文字中的"出"形与此仍有差距。而且"宙"字并不见于早期字书及文献用例，目前所见最早见于明代编写的《篇海类编》。因此我们仍认为此字为误写。简73EJT30：39有一个人名字作，整理者按照"从吉从奴"隶写，张再兴、黄艳萍改释为"吉奴"二字㉝。然而此字书写完整紧凑，不似两字。我们怀疑其亦当为误书，从当时人名常用字来看，为"嘉"之误书的可能性较大。居延汉简41.35作为人名有一个字，以往均径隶写作"从大从六"，然而此字亦不见于字书，当为误写。简114.18人名字，一般亦均直接隶写，我们怀疑其为误字。简162.2人名"陈穗"之"穗"作，右侧所从与"惠"有异。西北汉简"穗"字仅此一见，其右侧所从似为"恶"

或"憲"字。这些字的写法都比较怪异,不合于通常之文字结构,加之无法凭借辞例作出明确判断,因此在整理时最好作存疑处理。

判断简牍中这些"字不成字"的文字具有一定的困难,这主要还是由于如前所说汉简的时代,文字书写具有相当的不确定性,很难根据某字的点画多少来判断正误(如三横还是四横、四点还是五点等),现代汉字的规范标准在汉简书写中的参考价值有限,尤其是那些细微差别。因此,一般来说在不破坏文字整体结构的情况下,要谨慎判断误字。赵平安谓:"古汉字中的某些形近字,在隶变中形体发生了变化,导致了字形混同。写字的人于是对混同的某一方进行处理,使其具有明显的个性特征。"㉞如果一个字具有了与它字的区别特征,又"视而可识,察而见义",则不应将其视为误字。

但是另一方面,我们也要承认汉简中误写现象的存在,由于书手的个人原因,在如此庞大规模的书写中没有错字是几乎不可能的,有时的偶然"心不在焉"就有可能将字写得"不成字"。而对于明显书写有误的文字,在作相关整理时最科学的态度当然是"阙疑",而非强为之解,以致错上加错。

四 余论

简牍帛书中的讹误字对传世文献的校勘有很重要的价值。简帛古书不仅可以提供给传世本更早的"版本",更可以提供第一手的讹字或误字实例,这些学者们早已论及。西北汉简以簿籍文书类的内容为主,但是讹字的书写情况却仍具有相当的参考性。如本文所列讹字,一般也是传世典籍常常讹写者。

另一方面,在传世文献的流传过程中既存在误书,也同样存在误释,而这在汉简整理时也是需要注意的。由于汉简中形近字乃至形体混同字的数量巨大,在整理的过程中一定要更加谨慎,以免因整理者的误释造成错误的延续。而对于形近及混同字来说,是较难区别误书与误释的。居延汉简57.17有过去释为"孟充"之人名,其中"充"字作█,《居延汉简(壹)》改释为"克"㉟。若依今天的"标准"来看,其改释似乎是正确的。然而汉简"充、克"二字形近,有时难以区别。以往曾有将人名之"充"误释为"克"的情况㊱。我们认为此字仍当释"充",简88.5人名"杨充"作█,与此字几乎无别。简254.3"尉史王并",其中"王"作█,过去均无异议,《居延汉简(叁)》则改释为"玉"㊲。作为姓氏,我们认为其仍当释"王"。西北汉简中"玉"字并不多见,且常作"王"形,此字作"玉"形大概就是受到了两字混同的影响,当然也可以认为是书写者在书写的过程中偶然误加"点"所致。此两例都很难判断是误书还是混同,但是综合考虑姓名等因素,则可以避免误释。

附记：本文是国家社科基金重大项目"东汉至唐朝出土文献汉语用字研究"（21&ZD295）的阶段性成果。

（作者单位：东北师范大学文学院、
"古文字与中华文明传承发展工程"协同攻关创新平台）

注：

① 裘锡圭《谈谈上博简和郭店简中的错别字》，原载《华学》第6辑，紫禁城出版社2003年，后收入《中国出土古文献十讲》第316页，复旦大学出版社2004年。

② 王志平、董琨"简帛文献文字研究"，《简帛文献语言研究》第260页，社会科学文献出版社2009年。

③ 李零《简帛古书与学术源流》第171页，"生活·读书·新知"三联书店2004年。

④ 裘锡圭《〈论衡〉札记》，原载《文史》第5辑，后收入《裘锡圭学术文集·语言文字与古文献卷》第327—328页，复旦大学出版社2012年。

⑤ 刘玉环《秦汉简帛讹字研究》第172页，中国书籍出版社2015年。

⑥ 同注②第263—267页。

⑦ 张德芳、韩华《居延新简集释（六）》第275页，甘肃文化出版社2016年。

⑧ 胡平生《汉简〈苍颉篇〉新资料研究》，原载《简帛研究》第2辑，法律出版社1996年；后收入《胡平生简牍文物论稿》第18页，中西书局2012年。

⑨ 〔清〕王念孙撰，徐炜君等校点《读书杂志》第516页，上海古籍出版社2014年。

⑩ 黄艳萍亦指出此处"冠"为"宼"之讹写。《〈肩水金关汉简（壹）—（肆）〉释文校补》，《简牍学研究》第7辑第138页，甘肃人民出版社2018年。

⑪ 王伟《〈岳麓书院藏秦简（肆）〉242号简文勘误——兼论秦文字中用为"冠"的"宼"字》，《简帛》第20辑第83—86页，上海古籍出版社2020年。

⑫ 〔唐〕释玄应撰，黄仁瑄校注《大唐众经音义校注》第583页，中华书局2018年。

⑬ 〔清〕郝懿行《尔雅义疏》第1243页，上海古籍出版社1983年。

⑭ 郭伟涛《肩水金关汉简研究》第44页，上海古籍出版社2019年。

⑮ 同注⑤第111页。

⑯ 张涌泉《敦煌写本〈秦妇吟〉汇校》，《中国典籍与文化论丛》第4辑第331页，中华书局1997年。

⑰ 此简仅两字"季偎"，或与马圈湾汉简639"焦党陶圣"章内容相关。

⑱ 同注⑨第1041页。

⑲ 如管锡华《汉语古籍校勘学》第107—108页，巴蜀书社2003年；王叔岷《斠雠学（订补本）·斠雠别录》第284—285页，中华书局2007年；程千帆、徐有富《校雠广义·校勘编（修订本）》第81—83页，中华书局2020年。

⑳ 文章提交后我们发现李均明在引此简时曾以注释的形式指出"府乘"当为"所乘"之误。参李均明《通道廄考——与敦煌悬泉廄的比较研究》，《出土文献》第2辑第263页，中西书局2011年。不过李文未指出将"所"误为"府"的原因。

㉑ 〔清〕王引之撰，虞思徵等校点《经义述闻》第1962—1964页，上海古籍出版社2016年。

㉒ 尤为需要注意的是下文"水"字作 ![字形]，与通常写法不同，而与此"肩"字所从同。

㉓ 同注⑤第102页。

㉔ 张俊民《肩水金关汉简札记二则》，简帛网2011年9月30日。

㉕ 姚磊《肩水金关汉简（肆）缀合（十九）》，简帛网2016年5月12日。

㉖ 徐佳文《读〈肩水金关汉简（伍）〉札记（二）》，简帛网2017年3月8日。

㉗ 释读情况可参拙著《敦煌汉简校释》第47页，上海古籍出版社2018年。

㉘ 居延汉简278.7中"循"字两见，分别作 ![字形]、![字形]，均缺竖笔，此类大概可以视为缺笔之误字，再如简395.11"舍"作 ![字形]，情况亦同。

㉙ 中国简牍集成编辑委员会编《中国简牍集成·甘肃省内蒙古自治区卷·居延新简（三）》第234页，敦煌文艺出版社2001年。

㉚ 姚磊《肩水金关汉简释文合校》第186页，中国社会科学出版社2021年。

㉛ 于淼《汉代隶书异体字表与相关问题研究》第384页，吉林大学2015年博士学位论文。

㉜ 沈思聪《肩水金关汉简人名索引与释文校订》第269页，复旦大学2018年硕士学位论文。

㉝ 张再兴、黄艳萍《肩水金关汉简校读札记》，《中国文字研究》第26辑第72页，大象出版社2017年。

㉞ 赵平安《隶变对汉字的影响——以实例阐析汉字重要转变期之现象》，收入《新出简帛与古文字古文献研究》第224页，商务印书馆2009年。

㉟ 简牍整理小组编《居延汉简（壹）》第185页，史语所专刊之一〇九，2014年。

㊱ 参拙文《汉人名字与汉简释读》，《简帛》第21辑第241页，上海古籍出版社2020年。

㊲ 简牍整理小组编《居延汉简（叁）》第122页，史语所专刊之一〇九，2016年。

古文字研究（34）：485—497，2022

释简帛医书方名"治……方"中的"治"

—— 兼论句首语气助词"治"的来源

张显成

简帛医书中的方名为"治……方"者，其中的"治"的意义有必要进行解读辨析。下面，我们在全面清理方名"治……方"并进行语法结构分析的基础上，来解释"治"的意义，并探求其意义的来源，说明弄清楚"治"的意义的价值。

一 简帛医书方名"治……方"的结构形式及"治"的词汇意义

治，今音 zhì，《广韵》直吏切、直利切。传世古医书的医方名称中的"治"，意义均为"医治、医疗"。在方名为"治……方"的结构中，"方"是中心词，整个方名就是一个偏正结构（亦称"限定结构"），即"方"前的成分都是修饰"方"的。如《金匮要略·禽兽鱼虫禁忌并治》："治自死六畜肉中毒方：黄檗屑，捣服方寸匕。""治自死六畜肉中毒"修饰中心词"方"。"治自死六畜肉中毒"为动宾结构，"治"后的成分"自死六畜肉中毒"为"治"的宾语。方名意即：治疗食了自死的六畜肉而中毒的方子。又："治食生肉中毒方：掘地深三尺，取其下土三升，以水五升，煮数沸，澄清汁，饮一升即愈。"方名意即：治疗食了生肉而中毒的方子。又："治六畜鸟兽肝中毒方：水浸豆豉，绞取汁，服数升愈。"方名意即：治疗食了六畜鸟兽的肝和肉而中毒的方子。

以上所举的方名首字都是用"治"，而从出土医书可知，秦及以前一般不用"治"，而是用"已"[①]，字面意义为"使病结束"，显然就是"医治、治疗"义。例如：

1.《周家台秦简·病方及其他》329："巳（已）龋方：以叔（菽）七，税（脱）去黑者……"

2. 又326："巳（已）龋方：……"

3. 又332："巳（已）龋方：……"

4. 又372："巳（已）鼠方：取大白礜，大如母（拇）指……"

在秦简中，目前只发现一例用"治"的（见下引《里耶秦简》8-876）。汉简帛方名中，则大多用"治"了。

统观简帛医书中的方名[②]，凡"治……方"者，即首字为"治"、末字为"方"者，其结构形式和意义有以下三大类[③]。

第一大类，"治"的意义为"医治、医疗"，及物动词，其后带宾语，宾语多为病症名，方名结构为以"方"为中心词的偏正结构。此类结构最多，也与传世医书方名相同。可细分为"治＋病症名宾语＋方""治＋病症名宾语＋疗病方式或预后＋方""治＋病者及其症状名宾语＋方""治＋症状名宾语＋药物形态＋方""治＋病者宾语＋药物形态＋方"五个小类。凡37例。

（一）"治＋病症名宾语＋方"。19例：

5.《里耶秦简》8-876："治暴心痛方：……"暴心痛，胸脘部突然疼痛。

6.《马王堆汉墓简帛·五十二病方》236/223："治颓（癫）初发伛挛而未大者【方：取】全虫蜕一……"（"方"字虽残，但横画完整，故释"【方】"无误）

7.《武威医简》3："治久欬上气喉中如百虫（蟲）④鸣状卅岁以上方：苂（柴）胡、桔梗、蜀椒各二分……"

8.又8："治㿔（雁）声□□□言方：尢、方（防）风、细辛、姜、桂、付（附）子、蜀椒、桔梗，凡八物……"（"㿔"前一字虽残，但右半尚存，故释"治"无误。）

9.又14："治金创膓（肠）出方：冶龙骨……"

10.又16："治目恴（痛）方：以春三月上旬治药，曾青四两……"

11.又44："治心腹大积上下行如虫（蟲）状大重（恴〔痛〕）方：班（斑）毷（蝥）十枚，地脂（胆）一枚，桂一寸，凡三物……"

12.又46："治伏梁裹脓在胃膓（肠）之外方：大黄、黄芩、勺（芍）药各一两……"

13.又50："治金创内漏血不出方：药用大黄丹二分，曾青二分，消石二分……"

14.又54："治金【创】膓（肠）出方：冶龙骨三指撮，以鼓〈豉〉汁饮之……"

15.又78："右治百疴（病）方。"

16.又79："治久欬上气喉中如百鱼（虫〔蟲〕）鸣状卅岁以上方：苂（柴）胡、枯〈桔〉梗、蜀椒各二分……"

17.又81："治㿉（痹）手足雍（臃）种（肿）方：秦瘳（艽）五分，付（附）子一分……"

18.又87甲："治加（痂）及久（灸）创（疮）及马肖（胺）方：取陈骆苏一丑，付（附）子廿枚……"马胺：大面积的溃烂。马，大也。胺，《玉篇》肉部："肉败也。"

19.又55："治□□□□□溃医不能治禁方：其不愈（愈）者，半夏、白敛……"此例及下例强调病重。

20.又82甲："治久泄膓（肠）辟（澼）卧血□□裹□□□□医不能治皆射（谢）去方：黄连四分，黄芩、石脂、龙骨……"

21.《敦煌汉简》1996："治马肖（胺）方：石方□☑"

22.又2004："治马肖（胺）方：石南草，五分。☑"

23.老官山医简《六十病方》目录："治婴【儿痫方卅七】。"⑤

（二）"治＋病症名宾语＋疗病方式或预后＋方"。6例：

24.《武威医简》87乙："治湯（汤）火涷〈涑〉方：烦（燔）□罗冶以傅之……"《说文》水部："涷，滴也。"《广雅·释诂》："滴，洒也。""洒"即今"洗"，此指洗涤。此方名意为治烫伤烧伤洗涤方。

25.《武威医简》6："治伤寒遂〈逐〉风方：付（附）子三分，蜀椒三分，泽舄（泻）五分……"以上二方的宾语后为疗病方式。

26. 又52："治金创止憼（痛）方：石膏一分，姜二分，甘草一分……"此方及以下二方的宾语后为预后。

27.《武威医简》13："治金创止恿（痛）令创中温方：曾青一分，长石二分，凡二物，皆治……"

28.《敦煌汉简》2012："治久欬（咳）逆匈（胸）庳（痹）止泄心腹久积伤寒方：人参、茈（紫）宛（菀）、昌（菖）蒲……"

29. 老官山医简《六十病方》目录："治风痹汗出方一。"

（三）"治＋病者及其症状名宾语＋方"。3例：

30.《武威医简》87甲："治人卒雍（痈）方：冶赤石脂……"

31.《敦煌汉简》2000："治马伤水方：姜、桂、细辛、皁（皂）荚、付（附）子、各三分……"此方是治马病方，虽不属治人方，但本文探讨的是"治"的意义，是语言学问题，故将此方列入讨论之列。下一方同。

32.《居延汉简》155.8："治马欬涕出方：取戎盐三指撮（撮）……"

（四）"治＋症状名宾语＋药物形态＋方"。3例：

33.《武威医简》80："治久欬逆上气湯（汤）方：茈（紫）菀七束，门冬一升……洎水斗六升，炊令六沸，浚去宰（滓）。温饮一小栖（杯），日三饮。"汤，是说此药物形态是"汤液"，不是"散、丸、膏"。

34. 又17："治百病膏药方：蜀椒一升，付（附）子甘果（颗）……"膏药，是说此药物形态是膏。

35.《长沙尚德街东汉简牍》181："治百病通明（明）丸方：用甘草八分，弓（芎）穷（藭）四分，当归三分……"通，通达、通畅、通彻、没有阻塞。明，强盛、旺盛。通明，就是"使（身体气血）通畅而强壮"。丸，是说此药物形态是丸。

（五）"治＋病者宾语＋药物形态＋方"，"治"后的宾语不是病症名，而是人物。2例：

36.《武威医简》88甲："治嫄（妇）人膏药方：楼三升，付（附）子卅枚……"

37. 又88乙："治嫄（妇）人高（膏）药方：楼三升，付（附）子卅枚……"以上方名可理解为"治妇人之病膏药方"之略，则宾语为"妇人之病"。

　　第二大类，"治"后紧接一个意义相当于"治"（医治）类意义的及物动词，"治"与后面的成分没有词汇意义上的联系。若将"治"看作是动词的话，则方首两个动词（治＋动词）的意义是重复的。实际上，"治"是没有实在的词汇意义的，是一个句首语气助词，因为从词汇意义上看，"治"是多余的，是羡余成分，方名若没有"治"其意义本身就是完整的。"治"后的动词带宾语，"动宾结构＋方"构成一个"方"为中心词的偏正结构。方名的结构为"治＋偏正结构（动宾结构＋方）"，可细分为"治＋偏正结构（动词＋病症＋方）""治＋偏正结构（动词＋病症＋预后＋方）"两个小类。凡2例。

　　（一）"治＋偏正结构（动词＋病症＋方）"。1例：

　　38.《居延新简》EPT10：8："<u>治除热方</u>，贝母一份，桔梗三分☒。"动词"除"意即驱除。"除热"为动宾结构。"除热方"为偏正结构，所表达的意义完整。"除热方"与方首的"治"没有词汇意义上的联系。从词汇意义上看，"治"显得多余，故"治"为句首语气助词。

　　（二）"治＋偏正结构（动词＋病症＋预后＋方）"。1例：

　　39.《里耶秦简》8–1057："<u>治令金伤毋痈方</u>：取鼢鼠干而冶……"动词"令"表示使令意，"令金伤毋痈"为动宾结构，意即：使金伤毋生痈。"令金伤毋痈方"为一偏正结构，所表达的意义完整，此结构与"治"没有词汇意义上联系。从词汇意义上看，"治"显得多余，故"治"为句首语气助词。

　　以上两个方名中比较突出的现象是"治"与其后紧接的动词的意义是重复的，"治"后的成分意义完整，"治"字显得多余。

　　再者，此第二大类"治"后的动词的词汇意义（医治）和语法意义（带宾语），相当于上述第一大类方名中的"治"。

　　第三大类，"治"没有任何词汇意义，与后面的成分没有词汇意义上的任何联系，"治"是一个句首语气助词，其后是"方"为中心词的意义完整的偏正结构。从词汇意义上看，"治"是多余的，是羡余成分，方名若没有"治"其意义本身就是完整的。方名结构为"治＋'方'为中心词的偏正结构"，可细分为"治＋偏正结构（药物形态＋方）""治＋偏正结构（人物＋所字结构＋方）""治＋偏正结构（人物＋动词＋方）""治＋偏正结构（地点＋方）"四个小类。凡4例。

　　上述第二大类结构也是"治＋偏正结构"，即亦是"治＋'方'为中心词的偏正结构"，但二者是有明显区别的：第二大类是"治"后紧接一个及物动词，即偏正结构的第一个词是及物动词，带宾语，而此第三大类"治"后紧接的不是动词，更不是带宾语的及物动词。

　　（一）"治＋偏正结构（药物形态＋方）"，"药物形态＋方"是一个偏正结构，"方"是中心词。1例：

　　40.《武威医简》57："<u>治千金膏药方</u>：蜀椒四升，弓（芎）䓖（藭）一升，白茝一升，付（附）子卅果（颗）……"膏药，指药物形态，"千金膏药"意指此膏药价值高，值"千金"，极言此方宝贵难得。

"千金膏药方"是一个偏正词组。这里"治"后的成分无论是"千金膏药"还是"千金膏药方",均不是"治"的宾语,与"治"也没有词汇意义上的联系。从词汇意义上看,"治"显得多余,故"治"是地道的句首语气助词。

(二)"治+偏正结构(人物+所字结构+方)","人物+所字结构"属于名词性词组,故"人物+所字结构+方"属"方"为中心词的偏正结构。1例:

41.《武威医简》85甲:"<u>治东海白水侯所奏方</u>:治男子有七疾及七伤。何谓七伤?一曰阴寒。二曰阴痿。三曰阴衰……"

此方"治"后的成分不是"治"的宾语,与"治"也没有词汇意义上的联系。"东海白水侯所奏方"是一个由"人物(东海白水侯)+所字结构(所奏)+方"构成的偏正结构,意即:东海白水侯所上奏的医方。从词汇意义上看,"治"显得多余,故是地道的句首语气助词。

(三)"治+偏正结构(人物+动词+方)","人物+动词+方"属"方"为中心词的偏正结构。1例:

42.《武威医简》42—43:"<u>治鲁氏青行解解腹方</u>:麻黄卅分,大黄十五分,厚(厚)朴、石膏、苦参各六分,乌喙、付(附)子各二分,凡七物,皆冶☐☐,☐和,☐方寸匕一饮之,良甚,皆愈(愈)。伤寒逐风。"此方末的"伤寒逐风",当是对医方主治的注解,很可能是抄方人(墓主)所注⑥。结合方名"行解解腹"可知⑦,此方为表里双解的药方,治伤寒,解腹邪。

此方"治"后的成分不是"治"的宾语,与"治"也没有词汇意义上的联系。"鲁氏青行解解腹方"是一个由"人物(鲁氏青)+动词(行解解腹)+方"构成的偏正结构。从词汇意义上看,"治"是多余的,故是地道的句首语气助词。

由于学界对本方意义的解读见仁见智,故有必要对此方名的意义予以辨析。王辉认为,"行解"是指通过步行、散步等方式排泄体内寒热邪毒,解腹是指排泄腹中邪毒结气⑧。杜勇认为,"鲁氏青"当为鲁氏青散;"行解",指治疗伤寒初起、初有寒冷感觉时,以温热药物抵御寒邪的一种方法⑨。段祯认为,"行解"当训为"即解",义为痊愈;"解腹"是指排泄腹中邪毒结气⑩。张雷认为:"此处'青'当读为'圊'……鲁氏当是患者姓氏,不是创方人或传方人姓氏。"⑪以上各家都只是解释方名中的单个字词,到底整个方名"治鲁氏青行解解腹方"怎么解释,各家都没有作解析,更没有令人信服的意见,各家对方名中"治"的解释,也就不得而知。

我们认为,"鲁氏青"是指氏为"鲁"名为"青"的一个人。氏,是上古贵族表明宗族的称号,为姓的下属分支。朱大韶《实事求是斋经义·以字为谥辨》:"族者,氏之别名。姓者,所以统系百世使不别也。氏者,所以别子孙之所出。然则姓统于上,若大宗然;氏别于下,若小宗然。"《通志·氏族序》:"三代之前……氏所以别贵贱,贵者有氏,贱者有名无氏。"《左传·隐公八年》:"天子建德,因生以赐姓,胙之土而命之氏。"今从简帛文献可知,汉代开始姓与氏

合,但依旧分别者也甚多,盖魏晋以后姓与氏合。以下是汉简中姓与氏有别者:

《肩水金关汉简》73EJT4∶52∶"河南郡鐷氏武平里程宗年,七尺二寸,黑色。"

《肩水金关汉简》73EJT7∶6∶"广利隧戍卒梁国己氏阳垣里公乘阎谊,年卅三。"

《居延汉简》50.29∶"戍卒梁国己氏高里公乘周市,年卅。"

《居延汉简》533.2∶"戍卒河东皮氏成都里上造傅咸,年二十。"

以下是姓氏不分者:

《居延汉简》456.4∶"状辞:居延肩水里上造,年卌六岁,姓匽氏,除为卅井士吏,主亭薼候望,通薼火备盗贼为职。"

《居延汉简》20.6∶"劾状辞曰:公乘日勒益寿里,年卅岁,姓孙氏。"

《肩水金关汉简》73EJT10∶122∶"田卒魏郡廩丘曲里大夫,年卅,姓宋氏。"

《肩水金关汉简》73EJT24∶239∶"☑□爵公乘居㯥得富里姓周氏,年卅八岁。"

行解,意为"移散、消解、发散"。行,本指行走,《说文》行部:"行,人之步趋也。"故可引申出"行移、流通、疏通"义。如《素问·八正神明论》:"补必用员,员者行也。行者,移也。刺必中其荣,复以吸排针也。故员与方,非针也。"此为"行移"义。《素问·举痛论》:"寒则腠理闭,气不行,故气收矣。"此为"流通"义。《汉书·沟洫志》:"禹之行河水,本随西山下东北去。"此为"疏通"义。"解"有解散义。《玉篇》角部:"解,散也。"《易·序卦》"故受之以解",江藩述补引《京房易传》曰:"解,散也。"故"行解"义为"移散、消解、发散",如《居延汉简》89.20:"伤寒四物:乌喙十分,尢十分,细辛六分,桂四分。以温汤饮一刀刲,日三,夜再,行解,不出汗。""行解,不出汗",意即服药后伤寒病症即消解,也不会出汗。再如《论衡·寒温》:"人中于寒,饮药行解,所苦稍衰。"

解腹,指消解腹中病邪。段祯认为"解腹"是指排泄腹中邪毒结气。此方为表里双解方,功效为清热除湿、通络止痛,故我们认为将"解腹"理解为"消解腹中病邪"更好些。

由以上可知,方名"治鲁氏青行解解腹方"的"治"后的意思是:鲁氏青的消解腹中病邪方。这里的"行解"与"解腹"意义表面上看似有重复,实际上是在强调消解。

通过对方名意义的解析,可知方名"治鲁氏青行解解腹方"的"治"后的成分不是"治"的宾语,与"治"也没有词汇意义上的联系。"治"后是一个由"人物(鲁氏青)+动词(行解解腹)+方"构成的偏正结构,"治"与后面的偏正结构没有联系,是地道的句首语气助词。

(四)"治+偏正结构(地点+方)","地点+方"属"方"为中心词的偏正结构。1例:

43.《张家界古人堤木牍医方》1(见图1):"治赤穀〈谷〉⑫方:乌头三分、尢三分、干姜三分、朱(茱)臾(萸)五分、白沙参三分、付(附)子三分、细辛三分、黄芩三分、桔梗三分、方(防)己三分、茯令(苓)三分、人参三分、桂三桂〈分〉⑬、麻黄七分、贷(代)堵(赭)⑭七分。·凡十六〈五〉物⑮,当熬之令变色。"第三字释为"穀"或"穀"是没有问题的⑯,我们暂释为"穀",下文将予以讨论。"·"及之后文字书于木牍反面，"·"之前为正面文字。根据本方所用药物及配伍，可知本方是主治外感伤寒病及肠胃不适症方，其功用主要是宣散风寒、温中止泻、回阳救逆、燥热利尿。其主药是"麻黄"[17]。赤穀，当是"赤谷"之误。"穀"与"谷"音同，均见母、屋部。赤谷，是西域乌孙地名，指乌孙王城赤谷，在今吉尔吉斯斯坦的伊塞克湖东北岸的蒂普或其南一带，蒂普西南一带南北两面为山脉，因该谷地遍生一种紫红色植物——碱蓬而得名[18]。也就是说，本方源自西域，传到湖南时已不知"赤谷"是地名，可能以为写成"穀"更庄重，加之"赤+植物名"者很多，如"赤芍、赤松、赤卉、赤米、赤爪子、赤豆、赤根菜、赤小豆、赤草、赤楝、赤楧、赤麻、赤参、赤葛、赤棠、赤槿、赤萝……"，便自以为当作"赤穀"。

此方"治"后的成分不是"治"的宾语，与"治"也没有词汇意义上的联系。"赤谷方"是一个由"地点（赤谷）+方"构成的偏正结构，"治"与后面的偏正结构没有联系，是句首语气助词。

由于学界对本方名称意义的解读见仁见智，故有必要予以辨析。

整理者张春龙等开始认为，方名中"赤"或指气色；"赤"后一字是"穀"，并认为"穀"或通"蛊"，指病名[19]。但正如下文丁媛、张如青所说，本方绝大部分药物的主治都无治蛊病之功，故张说不能成立，自然方名的"治"训为"医治、治疗"不能成立。张春龙等后又相继分别释"赤"后一字为"毇（穀）"和"散"[20]，此二说也不能成立（详下文）。

丁媛、张如青认为，除"代赭"一味药外，主药麻黄与其他 13 味药均无疗蛊之功，故将此方定为治蛊病方难以成立。提出"治"应作"治疗"解，"赤穀"当为一种古病名。本方与《备急千金要方》卷九所载"赤散"最近似[21]。二位说"赤穀"当为一种古病名，那是什么古病名呢？不得而知，故此说也难以服人。

张雷认为，"赤"后一字当释为"榖"，"赤榖"就是红色楮树果实，即《医心方》所说"赤实"，本方是治疗由于过量服用楮实造成软骨之类的疾病之方[22]。显然张雷认为方名的"治"意为"治疗"。"穀"与"榖"均从"毇"得声，二者的区别在于形符，"穀"从"禾"，"榖"从"木"。简帛中的"穀"与"榖"在字形上往往是相混的，故单从字形上是很难说明此字是"穀"还是"榖"。不过，根据上下文是容易区别的，如《岳麓秦简·为吏治官及黔首》63贰"五穀禾稼"，穀显然是"穀"不是"榖"；《凤凰山汉简·8号墓》146"五穀"，穀显然也是"穀"不是"榖"。如上所述，从

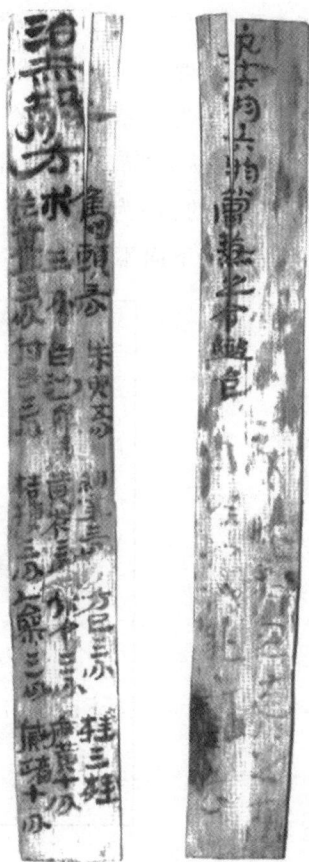

正　　　反

图1

本方配伍可知,本方是主治外感伤寒病及肠胃不适症方,其功用主要是宣散风寒、温中止泻、回阳救逆、燥热利尿,也就是说,本方的主治与软骨之类的疾病无关,所以,释"赤穀"为"赤实"不能成立,"治"意为"治疗"之说也自然不能成立。

周琦认为"赤穀"当隶定为"赤散",即将"穀"隶为"散",亦即方名为"治赤散方"㉓。此说是难以成立的,因为稍微检视一下其他秦汉简帛中的"穀"和"散"的字形即可知,隶此字为"穀"是正确的,下面不妨把此字字形分别与其他简帛中的"穀"和"散(散)"作一对比:

本方字形	其他简帛"穀"字形	
	散	《居延新简》EPF22·29
	散	《居延新简》EPF22·76
	散	《武威汉简·特牲》52
	散	《金关汉简》73EJT24:144
	散	《金关汉简》73EJT37:1167A

本方字形	其他简帛"散(散)"字形	
	散 《龙岗秦简》119	写作"散"者
	散 《马王堆帛书·老子甲本》149	
	散 《尹湾汉简》YM2D1 正	
	散 《武威汉简·燕礼》42	写作"散"者
	散 《武威汉简·泰射》105	

通过对比可知,本方此字与其他简帛中"縠"相同,特别是与上举《居延新简》EPF22·76的几乎完全相同;与其他简帛中的"散(敝)"字完全不同。本方此字的左上方根本没有"散"的两竖,其竖画仅有一画,且本方此字的右半是"殳"而不是"攴"。所以,从字形上看,本方此字不是"散"字,而是"縠"字,方名四字当为"治赤縠<谷>方"。

以上我们对第三大类各例进行了分析,证明这些方名"治"后的成分不是"治"的宾语,"治"与后面的成分也没有词汇意义上的联系,其结构为"治+'方'为中心词的偏正结构","治"没有实在的词汇意义,完全是一个句首语气助词。

退一步来说,即使排除上举例43,甚至同意丁媛、张如青认为"赤縠"是一种古病名的说法,即方名"治"是动词,"治赤縠"是动宾结构,则上述第三大类还有3例的"治"是句首语气词是无疑的。另外,即使同意周琦的"赤縠"隶定为"赤散",则方名所谓"治赤散方"的"治"也无疑是句首语气词。

有必要补充说明的是,王兴伊认为,上举例41方名"治东海白水侯所奏方"和例43方名"治赤縠方",二方"治"的意义为"治所"。"治东海白水侯所奏方"的"治"当为郡治,方名意即"郡治东海的白水侯所献医方"。"治赤縠方"的"治"义为"王治",方名意即"西域乌孙国都城赤谷的医方"[24]。这看起来似乎通顺,但问题是,如上所述,纵观简帛医方中的"治"的用法,那些无词汇意义的用例,除了"治东海白水侯所奏方"和"治赤縠方"外,还有上举的第二大类的"治除热方"(例38)、"治令金伤毋痛方"(例39),和第三大类的"治千金膏药方"(例40)、"治鲁氏青行解解腹方"(例42),那这些方名的"治"的意义又作何解呢?所以,王先生的解释有启发性,但可能还是没有普遍性,不具规律性,无法解释同类方名的中"治",难以服人。

二 简帛医方名"治……方"中句首语气词"治"的来源

要探究简帛医方名"治……方"中句首语气词"治"的来源,有必要把上述三大类方名中的"治"的意义进行对比:

第一大类,"治"的意义为"医治、医疗",是及物动词,带宾语。"方"前的成分都是修饰"方"的,方名为以"方"为中心词的偏正结构。此类结构最多,也与传世医书方名相同。可细分为"治+病症名宾语+方""治+病症名宾语+疗病方式或预后+方""治+病者及其症状名宾语+方""治+症状名宾语+药物形态+方""治+病者宾语+药物形态+方"五小类。

第二大类,"治"后紧接一个意义相当于"治"(医治)类意义的及物动词,"治"与后面的成分没有词汇意义上的联系。若将"治"看作是动词的话,则方首的两个动词(治+动词)意义是重复的。实际上,"治"是没有实在的词汇意义的,是一个句首语气助词,因为从词汇意义上看,"治"是多余的,是羡余成分,方名若没有"治"其意义本身就是完整的。"治"后的动词带宾语,"动宾结构+方"构成一个"方"为中心词的偏正结构。方名的结构为"治+偏正结构(动宾结构＋方）”，可细分为“治＋偏正结构（动词＋病症＋方）”“治＋偏正结构（动词＋病症＋预后＋方）”两个小类。

第三大类，“治”没有任何词汇意义，与后面的成分没有词汇意义上的任何联系，“治”是一个句首语气助词。因为从词汇意义上看，“治”是多余的，是羡余成分，方名若没有“治”其意义本身就是完整的。方名结构为“治＋‘方’为中心词的偏正结构”，可细分为“治＋偏正结构（药物形态＋方）”“治＋偏正结构（人物＋所字结构＋方）”“治＋偏正结构（人物＋动词＋方）”“治＋偏正结构（地点＋方）”四个小类。

以上第二大类与第三大类的结构虽然都是“治＋偏正结构”，即都是“治＋‘方’为中心词的偏正结构”，但二者是有明显区别的：第二大类是“治”后紧接一个及物动词，即偏正结构的第一个词是及物动词，带宾语，而第三大类“治”后紧接的不是动词，更不是带宾语的及物动词。

通过对比，从词语虚化的角度看，从方名结构的第一大类“以‘方’为中心词的偏正结构”，到第二大类“治＋以‘方’为中心词的偏正结构（动宾结构＋方）”，再到第三大类“治＋以‘方’为中心词的偏正结构（非动宾结构＋方）”，各方首的“治”的意义显然是一个词汇意义逐渐虚化的过程：

第一大类中的“治”，意义为“医治、医疗”。在方名为“治……方”的结构中，“方”是中心词，整个方名就是一个偏正结构，即“方”前的成分都是修饰“方”的。如“治暴心痛方”。

第二大类中的“治”，是在第一大类基础上的虚化，“治”与其后紧接的动词意义重复，此时“治”已显得多余，呈现出羡余成分的色彩。如“治除热方”。

第三大类中的“治”则完全虚化，与后面的词语完全没有任何意义上的联系，从词汇意义上讲，“治”完全是多余的，是标准的“羡余”成分，标准的句首语气词。如“治千金膏药方”。

方名为“治……方”中“治”的虚化过程可图示如下：

治（如“治暴心痛方”）	“治”的意义为“治疗、医疗”，及物动词，带宾语，“治……方”是“方”为中心词的偏正结构。

↓虚化

治（如“治除热方”）	“治”后紧接一个意义与之重复的动词，“动词……方”是意义完整的偏正结构，“治”显得多余，呈现出羡余成分句首语气词的色彩。

↓进一步虚化

治（如“治千金膏药方”）	“治”后没有紧接动词，后是一个没有动词的意义完整的偏正结构，“治”与后面的词语完全没有词汇意义上的任何联系，从词汇意义上看，“治”完全是多余的，是标准的羡余成分，标准的句首语气词。

为什么会产生方名中毫无词汇意义的句首语气词“治”呢？

　　我们认为，如前所述，由于第一大类结构最多，于是，在言语使用惯性作用的驱动下，方名中虽然本已有相当于"治"的意义的动词（如上举"除、令"），但还是在动词前即方首用"治"，于是便有了"治除热方""治令金伤毋痈方"这样的结构形式。这就是第二大类"治"的来源。

　　在第二大类的基础上，尽管方名中没有表示"治疗"意义的动词，且方名本来就是一个意义完整的名词性的偏正结构，由于语言使用惯性的作用，仍然在方首加上"治"，于是便有了"治千金膏药方""治东海白水侯所奏方"这样的结构形式。这就是第三大类"治"的来源。

　　王力说："在原始时代，汉语可能没有语气词。直到西周时代，语气词还用得很少。"㉕这一说法是正确的。今从出土文献来看，也是越往后语气词越丰富，至秦汉时期，语气词已使用得比较多了，仅以马王堆医书例，较常见的几个语气词出现的情况如下：也，112次；矣，23次；哉，5次；乎，4次；焉，5次。医书是科技文献，其语气词的使用显然会较少，但以上这些语气词使用的频率已不低。

　　不过，长期以来，学界对语气词的研究还从来没有发现"治"可以做语气词的现象，更没有发现句首语气词有源于动词的现象，现在出土文献的发现，让我们认识到了又一个新的语气词"治"，这是个用于医方名称中的句首语气词，是源于动词的句首语气词，应该说，句首语气词"治"的发现，对于汉语语法史特别是虚词史的构建，有着实实在在的意义。

三　余　论

　　上文我们论证了简帛医书方名"治……方"中的"治"的意义，指出其意义分为以下三大类：

　　第一大类中的"治"意义为"医治、医疗"，是及物动词，带宾语。"方"前的成分都是修饰"方"的，方名为以"方"为中心词的偏正结构。

　　第二大类中的"治"后紧接一个与其意义完全重复的及物动词，"治"的意义已明显虚化，显得多余，方名结构为"治＋以'方'为中心词的偏正结构（动宾结构＋方）"。

　　第三大类中的"治"，在第二大类的基础上进一步完全虚化，"治"后紧接的不是动词，与后面的词语也完全没有任何意义上的联系，"治"是标准的羡余成分，是地道的句首语气词，方名结构为"治＋以'方'为中心词的偏正结构（非动宾结构＋方）"。

　　弄清楚了简帛医书方名"治……方"中的"治"的意义，则相关的文献释读难题就好办了，如上举例41，即《武威医简》85甲："治东海白水侯所奏方：……"王兴伊认为，此方名称中"治"的意义为"治所"，"治东海白水侯所奏方"的"治"当为郡治，方名意即"郡治东海的白水侯所献医方"。表面上看似有道理。但是，如果从上文得出的简帛医书方名"治……方"中的"治"的意义的规律来看，就知道此说是靠不住的，这里的"治"就是一个地地道道的句首语气词，没有词汇意义，"所奏"是"所"字结构，"东海白水侯所奏方"的意义很明确，就是东海白水侯所上奏的医方。正如上文所说，此方名"治"后的成分不是"治"的宾语，与"治"也没有词汇意义上的联系。"东海白水侯所奏方"是一个由"人物（东海白水侯）+所字结构（所奏）+方"构成的偏正结构，从词汇意义上看，"治"是多余。并且最为重要的是，方名"治东海白水侯所奏方"中的"治"属于简帛医书方名"治……方"中的"治"的第三大类，是羡余成分，一个句首语气助词。同属语气助词的还有"治千金膏药方""治鲁氏青行解解腹方"中的"治"，如果将"治东海白水侯所奏方"中的"治"解解为"治所"，那第三大类中的其他方名（如"治千金膏药方"等）中的"治"又作何解呢？答案显然是否定的，亦即这里的"治"是不能解释为"治所"的。

所以，我们只有弄清楚了简帛医书方名"治……方"中的"治"的意义类别及其来源，探明其规律，才能正确解读它们的意义，也就是说，弄清楚简帛医书方名"治……方"中的"治"的意义，不光对汉语语法史的构建，而且对科学解读简帛文献也具有实实在在的积极意义。

附记：本文写作得到如下基金项目资助：2017年度国家社科基金重大项目《敦煌西域出土汉文医药文献综合研究》（17ZDA332），2019年度国家社科基金重大项目《出土先秦秦汉医药文献与文物综合研究》（19ZDA195），2012年度国家社科基金重大项目《简帛医书综合研究》（12&ZD115）。

（作者单位：西南大学汉语言文献研究所、出土文献综合研究中心）

注：

① 需要说明的是，我们通过对出土文献和传世文献中"已、巳"二字关系和使用情况进行历时的全面清理，发现先秦至汉魏晋时期{已}的记录形式"已"字还未产生，"巳"字一并表示{巳}{已}二义，所以，出土先秦至汉魏晋时期文献中表示{已}的释文均当写作"巳（已）"。

② 简帛医书的方名，绝大部分位于方首，极少部分位于方末。

③ 有必要说明的是，以下二方因"治"后文字无法确释，故暂不列入下文讨论之列：《居延汉简》403.18+350.44："●治□水流水方：生兔一去皮，汤□□□☑"（此释文依史语所简牍整理小组《居延汉简（肆）》第54页，史语所2007年。《居延汉简释文合校》释文作："●治□水流水方：生□二钱，□汤□☑"）。《里耶秦简》8—1224："·五，一曰：启两臂阴脉。·此治【黄瘅】方。"前一方"治"后是"□"，后一方"治"后是"【黄瘅】"（推测性文字），均无法确释。

④ "虫"与"蟲"本有别，今简化后统一作了"虫"，为便于表意，此二字按繁体行文。下文例11、例16同。

⑤ 据梁繁荣、王毅主编《揭秘敝昔遗书与漆人：老官山汉墓医学文物文献初识》（四川科学技术出版社2016年，第120—121页），可知"儿瘤方"三字为依正文补，故所补正确。

⑥ 参王兴伊《两张简牍医方与月氏迁徙及"麻黄"传布考》，《中医药文化》2020年第2期。

⑦ 方名中的"行解解腹"的意义，下文将有述。

⑧ 王辉《〈武威汉代医简〉疑难字求义》，《中华医史杂志》1988年第2期。

⑨ 杜勇《〈武威汉代医简〉考释》，《甘肃中医》1998年第1期。

⑩ 段祯《〈武威汉代医简〉"行解"义证》，《中医文献杂志》2010年第2期。

⑪ 张雷《秦汉简牍医方集注》第181—182页，中华书局2018年。

⑫ "穀"与"谷"本有别,今汉字简化后统一作了"谷",为便于表意,以下此二字按繁体行文。

⑬ "三"后"桂"字,为"分"字之误,系沿前一"桂"字而误。

⑭ 堵,读为"赭",二字均从"者"得声。

⑮ 六,根据本方配伍,可知是"五"字之误。

⑯ 原牍上端开裂有缝。

⑰ 参王兴伊《张家界古人堤出土木牍"治赤谷方"源自西域乌孙考》,《图书馆杂志》2018年第10期第110—115页。

⑱ 刘国防《汉代乌孙赤谷城地望蠡测》,《中国边疆史地研究》2016年第1期第118—128页;王兴伊《张家界古人堤出土木牍"治赤谷方"源自西域乌孙考》,《图书馆杂志》2018年第10期第110—115页。但王文未指出"穀"与"谷"的关系。

⑲ 张春龙等《湖南张家界古人堤简牍释文与简注》,《中国历史文物》2003年第2期第72—84页。

⑳ 此二说分别见:张春龙《湖南张家界市古人堤汉简释文补正》,《简牍学研究》第6辑第1—7页,甘肃人民出版社2016年;张春龙、杨先云《湖南张家界市古人堤汉简释文补正续(上)》之"附记",《简牍学研究》第7辑第146—157页,甘肃人民出版社2018年。

㉑ 丁媛、张如青《张家界古人堤出土医方木牍"治赤穀方"考释》,《中华医史杂志》2011年第4期第240—242页。

㉒ 张雷《赤穀方考》,《甘肃中医药大学学报》2016年第3期第114—116页。

㉓ 周琦《张家界古人堤医方木牍"治赤散方"新证》,"钱超尘人文传承工作室"微信公众号2017年10月23日。

㉔ 王兴伊《两张简牍医方与月氏迁徙及"麻黄"传布考》,《中医药文化》2020年第2期第75—84页;王兴伊《张家界古人堤出土木牍"治赤谷方"源自西域乌孙考》,《图书馆杂志》2018年第10期第110—115页。

㉕ 王力《汉语语法史》第295页,商务印书馆1989年。

古文字研究（34）：498—500，2022

文王玉环"☖人"补议

陈　絜

山西曲沃北赵晋公室墓地 M31，一般认为是晋献侯夫人墓。此中曾出土西周早期的文王玉环一枚，其上有铭刻12字[①]，曰：

玟（文）王卜曰：我罙（逮）觞（唐）人弘戋（翦）☖人。（图1）

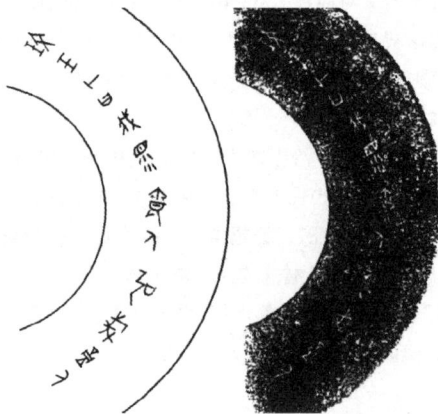

图1　文王玉环铭刻及摹本（采自《文物》1998年4期）

按铭刻"觞"字可读作"唐"，可由晋姜盆铭（《集成》10342）等为证。唐地在"河汾之东"（《史记·晋世家》），大致位于今山西翼城附近。关于☖字，原报告释作"就"，是说与"就"字原篆形体不符。其后李学勤释作"贾"[②]，但字形与所谓的"贾（、或）"[③]依然有别，故其说同样待商。刘桓则将之与卜辞侯、地相联系[④]，陈剑又改释为"琮"而读作"崇"，以为即"崇侯虎"之国[⑤]。此外，还有释"壶"读"胡"等说法[⑥]。总的说来，刘桓与陈剑二位将☖字与甲骨及商金文中习见的字相联系，思考的方向无疑是正确的，但该字实为商代表青铜范铸技艺的"铸"字初文。简言之，其中内部的〇或囗，代表含顶范或底范的范芯。外部形，代表带楔子（榫头）的腹范。当然从实际的陶范实物遗存看，楔子与内凹的卯，在内外范上均有分布。腹范与范芯的拼接，便形成了"铸"字的基本形构，简单图示即+〇=。而甲骨文"铸"字从繁到简的基本演变过程为：→→→[⑦]。所以，玉环"☖人"当释为"铸人"，与山西贾国（今襄汾县一带）或豫西崇侯虎之"崇"无关，玉环铭刻所记录的是文王是否联合唐人翦伐铸人的占卜之辞。

就现下的研究言，见诸殷墟卜辞的晚商铸族与铸地（如《合》8092、8098、3310等）盖在今山东汶水下游地带[⑧]。若说文王联合晋南唐族之人远赴东方征讨商族势力铸族，似与常理相悖。所以玉环中的这一"铸人"，与东土铸族相关的可能性极小，应在与姬周中心地带邻近的山西或河南一带寻其族居地线索。而见于文献的"济洛河颍之间"的"𣆻"地，或可当之。按《国语·郑语》曰：

> 桓公为司徒，甚得周众与东土之人。问于史伯曰："王室多故，余惧及焉，其何所可以逃死？"史伯对曰："王室将卑，戎狄必昌，不可偪也。当成周者……不可入也。其济洛河颍之间乎！是其子男之国，虢、郐为大。虢叔恃势，郐仲恃险，是皆有骄侈怠慢之心而加之以贪冒。君若以周难之故，寄孥与贿焉，不敢不许。周乱而弊，是骄而贪，必将背君。君若以成周之众，奉辞伐罪，无不克矣。……［若］克二邑，鄢、蔽、补、丹、依、𣆻、历、华，君之土也。若前莘后河、右洛左济，主芣、騩而食溱、洧，修典刑而守之，唯是可以少固。"

上引文字出自国家图书馆出版社影印的《宋本国语》，也就是国图所藏"宋刻宋元递修本"。其中"［若］克二邑，鄢、蔽、补、丹、依、𣆻、历、华，君之土也"一句，其"𣆻"字于通行的明道本作"縣"，阮元校刻《十三经注疏》本《诗经·郑谱》正义引《郑语》则作"畤"。畤、𣆻、縣三字于上古均属幽部字，自可假借为用，所以读"铸"为"畤"或"𣆻"，亦自在理。

《毛诗》正义言"济西洛东河南颍北"之间"子男之国有十"[⑨]，𣆻即其一，其地虽无考，但说大致坐落在今荥阳（东虢）、新密（郐）之间应是近理，此处离姬周老巢关中及晋南翼城唐地均不甚远，文王与唐人合而征之，也比较符合情理。

依照《尚书大传》的说法，文王受命一年断虞芮之讼，二年伐邘（《礼记正义》引《大传》作"伐鬼方"），三年伐密须，四年伐犬戎，五年伐耆，六年伐崇，七年而崩。而《周本纪》的记载则谓：文王受命称王后，"明年伐犬戎；明年伐密须；明年败耆国；……明年伐邘；明年伐崇侯虎而作丰邑，自岐下而徙都丰"。二者在顺序上略有区别，但主要事件相同，且均不涉及"𩖊铸（𣆻）人"。李学勤认为周唐联合"𩖊铸（𣆻）人"当发生在伐耆、伐崇之后[⑩]，其推测依据当然是释𩖊为"贾"、贾地在临汾，距离关中较耆（文献又作"黎"，金文作"𥻂"，一说长治市南壶关县一带，一说黎城）较崇（河南嵩山[⑪]）为近。若李先生的释字成立，其推论当然合理可信。不过，如果我们释"铸"读"畤"之说无误，则对𣆻人的讨伐应在伐崇之后，是周人占据崇地之后的进一步东拓行动，从而形成南北两路（从黎出滏口陉东进至殷墟以北的临漳一带为北路，从畤地北上淇县、安阳为南路）夹攻商纣之势，甚至仅属伐崇之后的军事企图，是否真实发生，尚须更多证据，这也是《尚书大传》与《周本纪》等传世文献"失载"的可能原因。此外需要说明的是，西周中期卯簋盖铭（《集成》4327）有"锡于𡩋一田"之辞，𡩋字是否从𩖊，还得谨慎对待，过去包括笔者在内均混而为一[⑫]，或有不妥。

（作者单位：南开大学历史学院）

注：

① 山西省考古研究所、北京大学考古学系《天马—曲村遗址北赵晋侯墓地第三次发掘》，《文物》1994年第8期第22—33页。

② 李学勤《文王玉环考》，《华学》第1辑第70页，中山大学出版社1995年。

③ 按：甲金文所谓的"贾"字，过去习惯释作"宀"或"贮"，至今尚有较大争议。

④ 刘桓《卜辞所见周文王时期的商周关系》，《甲骨集史》第104—130页，中华书局2008年。

⑤ 陈剑《释"琮"及相关诸字》，载氏著《甲骨金文考释论集》第273—316页，线装书局2007年。

⑥ 孙广明《文王玉环铭文考》，《宝鸡文理学院学报》2012年第5期。

⑦⑧⑫　陈絜《甲金文中的"田"字及其相关问题之检讨》，北京大学出土文献研究所编《青铜器与金文》第3辑第136—149页，上海古籍出版社2019年。

⑨ 〔汉〕毛亨传，郑玄笺，〔唐〕孔颖达疏《毛诗正义》，〔清〕阮元校刻《十三经注疏》第2册第159页上栏左，艺文印书馆2007年。

⑩ 李学勤《文王玉环考》，《华学》第1辑第70页。

⑪ 崇地地望参刘起釪《周文王的向东略地》，收入氏著《古史续辨》第501—513页，中国社会科学出版社1991年。

古文字研究（34）：501—503，2022

释温县盟书的"鞛"字兼论盟书盟主和年代

汤志彪

温县盟书盟主迄无定论。目前有韩简子[①]、韩武子[②]、赵献侯[③]诸说。魏克彬将温县盟书T4K5、T4K6、T4K11盟主隶作"趀、竣"与"趺、踆"，认为是一字异体，"欠"则是"卂"变体，字从"足"声读作"取"；T4K2-1的盟主作"竣"，而同坑的T4K2-11的盟主作：

魏先生认为此字从"帛"从"取"，即见于清华简《系年》的韩烈侯"缬"[④]。

按，上引T4K2-11盟主可摹作：

将盟主名隶作"趺、踆、趀、竣"，并指出"竣、缬"为同一人等意见均可信[⑤]，但认为此字从"足"声读作"取"，并把T4K2-11盟主名字释作"缬"，认为盟主是韩烈侯"缬"的看法则是有问题的。

首先，从年代来看，温县盟书是同一个盟主在几乎是相同的时间埋藏的一批盟书。在温县盟书里有明确的纪年，作：

十五年，十二月乙未，朔=，辛酉（WT1 K1：3417）。

查《史记·六国年表》韩烈侯在位时间从周安王三年到十五年，即公元前399年到前387年，在位时间只有13年。可见，不管如何解释，韩烈侯的在位时间根本无法与盟书中的年代对应，出土文献与传世文献无法弥合。

其次，从音韵角度来看，"趀、竣"等所从与"卂"旁有别。魏克彬在《温县盟书T4K5、T4K6、T4K11盟辞释读》中所举例子即其反证，不赘。此字从"足"从"立"虽不别，但不能作互换的声符。上古音"足"是精母屋部字，"立"是来母缉部字，两字声韵远隔。上述"趺、踆、趀、竣"等异体字共同特点是均从"欠"，不管字形如何变化，此构件一直存在，极可能就是声符。因此，笔者怀疑其所从的"欠"当即"次"字之省，其下部所从的"女"乃饰笔[⑥]。

再次，从字形来看，缬字左边似不从"帛"，目前所见古文字所有"帛"字均作帛、帛、等形[⑦]，与此差别殊远。笔者颇疑缬字左边当与"带"字有关。清华简有"带"字，作[⑧]：

两相比较可知，𫗧左边所从与上揭"带"字右边所从极近，其上部 ⿹ 可能是上引"带"字上部的草书形式，据此，𫗧字左边可能是"带"字异体。

此字右边也不可释作"取"。温县盟书有"耳"和从"耳"的字，一般作：⿰（⿰）、⿱（⿱）、⿱（聖）、⿱（聖）、⿰（⿰）等形⑨。从上列字形来看，这些文字中表示耳朵形体的字形内部均有三横画，无一例外。这也是晋系文字"耳"字的基本特点⑩。可见，温县盟书中"耳"字写法比较固定。战国时期其他国别的"耳"字，只要表示耳朵下部的弯曲笔画大多偏长，其内部亦是三横笔⑪。因此，把𫗧字右边看作"取"并无可靠根据。所以𫗧字与所谓的"緅"字无涉。

笔者怀疑𫗧字右边所从当是"寽"字。金文"寽"字较多，其中有作：⿰（《集成》2809 师旟簋）、⿰（《集成》4248 楚簋）等形者，《侯马盟书》也有"寽"字，一般作：⿰（3∶19）、⿰（156∶21）等形。从字形来看，𫗧字右边尤与师旟簋的"寽"字类似，只是毛笔书写，右旁的"手"部稍微靠上而已。据此𫗧字右旁乃"寽"字，当是声符，准此，此字似可隶作"𫗧"。左边的"带"一般作形旁，也可能兼有标音的作用，上古音"带"是端母月部字。

至于 T4K5、T4K6、T4K11 盟主隶作"歂、竣"与"欨、踆"，而在 T4K2-11 中盟主却作"𫗧"，当与用字和通假有关。

上古音"寽"是来母月部字，"次"字影母元部字，两者韵部阳入对转，声符可互换。因此，T4K2-11 中用"寽"字取代了声符"次"。从"次"声字可与从"单"声字相通假。《诗·小雅·杕杜》"檀车幝幝"，陆德明释文："幝，《韩诗》作緟。"⑫ 由此，"欨、踆、歂、竣"等从"次"声的字可读作从"单"声的"阐"。《说文》："阐，开也。"杜预《春秋序》"其微显阐幽"，孔颖达疏："阐，谓著明。"孔安国《尚书序》"以阐大猷"，陆德明释文："阐，明也。"《希麟音义》卷三"开阐"，注引《韵英》："阐，教也。"可见"阐"有"开、明、教"等义。

至于盟书的"𫗧"字与"欨、踆、歂、竣"等字，可能是韩武子的字。韩武子名启章。启章当是同义复词。启，《说文》："启，教也。"《书·尧典》"胤子朱启明"，孔安国注："启，开也。"《论语·述而》"不愤不启"，朱熹集传："启，谓开其意。"章，《孝经》"开宗明义章"，邢昺疏："章者，明也。谓分析科段，使理章明。"《楚辞·九章序》："章者，著也，明也。"《吕氏春秋·知度》"此神农之所以长，而尧、舜之所以章也"，高诱注："章，著明也。"据此，阐、启、章三字意义相关，则启章与欨（踆、歂、竣、𫗧）当是一名一字关系。所以温县盟书盟主当是韩武子启章。

把这批盟书盟主定为韩武子，还有一个来自盟辞的关键证据。韩武子在位时间从公元前 424 年到前 409 年，共 16 年，其第 15 年即公元前 410 年。上引盟辞言："十五年，十二月乙未，朔"，查《中国先秦史历表》，前 410 年 12 月乙未，朔⑬。这一年对应韩武子在位的第 15 年。出土文献与传世文献密合无间。综上所述，从文字的形音义三个角度，结合盟辞和历法，可确定温县盟书乃韩武子启章（欨／𫗧）之物，其书写有"十五年，十二月乙未，朔"的盟书绝对年代则是公元前 410 年。

　　附记：本文得到国家社会科学基金重大项目"简帛学大辞典"（14ZDB027）、国家社科基金一般项目"考古学视角下西周都城的社会结构研究"（17BKG017）、上海市教委科创重大项目《古陶文编》（2019-01-07-00-05-E00048）、2020年度高校古委会直接资助项目"先秦出土文献与传世古籍史事对比研究"（2056）资助。

（作者单位：华东师范大学中国语言文学系）

注：

① 河南省文物研究所《河南温县东周盟誓遗址一号坎发掘简报》，《文物》1983年第3期；赵世纲、罗桃香《论温县盟书与侯马盟书的年代及其相互关系》，《汾河湾：丁村文化与晋文化考古学术研讨会文集》第156—158页，山西高校联合出版社1996年；程峰《侯马盟书与温县盟书》，《殷都学刊》2002年第4期；赵世纲、赵莉《温县盟书的历朔研究》，《新出简帛研究》第199—201页，文物出版社2004年；汤志彪《温县盟书盟主简论》，《古籍整理研究学刊》2012年第5期。

② 郝本性持韩武子说，转引自魏克彬《温县盟书T4K5、T4K6、T4K11盟辞释读》，复旦大学出土文献与古文字研究中心编《出土文献与古文字研究》第5辑第294页，复旦大学出版社2013年。

③ 冯时《侯马盟书与温县盟书》，《考古与文物》1987年第2期；冯时《侯马、温县盟书年代考》，《考古》2002年第8期。

④⑨　魏克彬《温县盟书T4K5、T4K6、T4K11盟辞释读》，复旦大学出土文献与古文字研究中心编《出土文献与古文字研究》第5辑第280—363页。

⑤ 笔者曾将此字释作"竣""坤"，非是。参看汤志彪编著《三晋文字编》第1511页，作家出版社2013年；汤志彪《温县盟书盟主简论》，《古籍整理研究学刊》2012年第5期。

⑥ 古文字常在"人"旁下部加上"女"旁作饰笔，参看汤余惠主编《战国文字编》第28、622、690页"蒐、鬼、醜、执"等字，福建人民出版社2001年。

⑦ 参看汤余惠主编《战国文字编》第546—547页"帛、锦"等字。

⑧ 清华大学出土文献研究与保护中心编，李学勤主编《清华大学藏战国竹简（柒）》第213页，中西书局2017年。

⑩ 参看汤志彪编著《三晋文字编》第1655—1663页。

⑪ 参看汤余惠主编《战国文字编》第786—790页。

⑫ 高亨纂著，董治安整理《古字通假会典》第188页，齐鲁书社1989年。

⑬ 张培瑜《中国先秦史历表》第184页，齐鲁书社1987年。

古文字研究（34）：504—512，2022

新见齐国石磬铭文考论

曹锦炎

近年山东省临淄市齐都镇齐国故城遗址东南部，因基建工程施工，出土了一大批石磬，大部分已残断。不少石磬上有铭文，除个别外，大都在磬的鼓博处。铭文以刻款为主，线条细劲流畅，有的字口还填朱；也有的直接书丹石上，字数多寡不一。石磬出土地点与传为地方志记载的"孔子闻韶处"①即今韶院村距离不远，推测当属于春秋战国时齐国宫苑中的乐宫范围之内。石磬出土后流入民间，为当地有识之士所征集，现大都庋藏临淄市九宫阁齐国文字博物馆，少数为其他藏家所得。

承书法界友人厚爱，惠赠此批石磬的部分拓本图片十九纸嘱余考释，据说来源于同一地点。从其文字风格看，属于典型的战国时齐系文字。铭文除记录乐器名称外，主要内容是注明其在编悬时该石磬所悬挂的具体位置，并标注出此件石磬的音阶、音律之名或其音域位置等。由于提供的是部分资料，可惜无法与其他石磬作缀合编联释读。虽然每件石磬文字不多，却是在湖北省随州市擂鼓墩曾侯乙墓出土编钟、编磬铭文之后的又一重要发现，在先秦音乐文物研究方面，其意义不言而喻。

由于石磬残损，且未睹原物，再加之石磬铭文前后皆有缺失文字，无法复原其本来顺序。因此，本文暂按三部分作简单分类讨论。

一　乐器　编悬

1. 钟、砼（磬）、鼓。（图1）
2. 钟卅。（图2）
3. 钟。（图3）
4. 右，黄钟，大邌（肆）。（图4）
5. 大族（簇），少（小）邌（肆）。（图5）
6. 邌（肆），中。（图6）

此组石磬铭文记录的有三种乐器：钟、砼、鼓。其中"砼"即古文磬字，见《说文》石部："磬，乐石也。……砼，古文从至。"由磬铭看，许慎所记确有其本。中国古代乐器有八音，《周礼·春官·大师》之职："掌六律六同，以合阴阳之声。……皆播之以八音，金、石、土、革、丝、木、匏、竹。"金与石列首两位。"金"指铜铸的钟，"石"指石制的磬，其使用时都需悬挂于虡架之上，故被称之为"乐悬"。

　　八音中的"革",指鼓。钟、磬加上鼓,是贵族宴享时必备的一套主要乐器。《诗·小雅·鼓钟》第三、四章云:"鼓钟伐鼛,淮有三洲,忧心且妯。淑人君子,其德不犹。鼓钟钦钦,鼓瑟鼓琴,笙磬同音。以雅以南,以龠不僭。"记录的正是钟、磬、鼓及配琴、瑟、笙(即八音中的"丝、匏")演奏的场景。磬铭所记此组钟磬,应配鼓之数量多少,惜铭文未见。

　　按照先秦礼制,不同等级的贵族悬挂钟、磬皆有数量和方位的限制。《周礼·春官·小胥》"悬钟磬,半之为堵,全之为肆",郑玄注:"钟磬编悬之,二八十六而在一虡。钟一堵,磬一堵,谓之肆。"《初学记》十六引《三礼图》亦谓:"凡十六枚同一笋簴为编钟。"则此组磬铭"钟卅"后所缺之数字当为"二"。"钟卅二"(铭文或作"钟卅又二")正是记此组编钟为二堵之数。

　　石磬铭文中有"大遂、少(小)遂"之称,紧接在音律名(详下)之后,例如"右,黄钟,大遂","右,大族(簇),大遂";"大族(簇),少遂"。"遂"读为"肆",《说文》夂部:"彖,豕也。从彑从豕,读若弛。""肆、弛"二字古音相同,例可通假。值得指出的是,郭店楚简也有"遂"字,见《五行》篇,构形作㣟、㣟,整理者隶作从"辵"从"帚"。按《说文》彑部:"希,豕走也。从彑从豕省。"高亨指出:"按《六书故》彖与彖(希)一字,《说文》分为二,非。"[②]从古文字分析,高说甚是。郭店楚简的"遂"字所从之"彖"为楚文字写法,故与齐文字的"彖"构形大同小异。郭店楚简《五行》"不直不遂(肆),不遂(肆)不果"(简13);"直而遂之,遂(肆)也。遂(肆)而不畏强御,果也"(简20)。李零指出,"遂"字皆当读为"肆"[③]。石磬铭文的"遂"字,正是用于成组钟、磬之名称,读为"肆"与典籍可互相印证。此也从另一角度肯定了李先生的说法,同时石磬铭文也使我们认识了六国古文"彖"字的真正面目以及明确了小篆的由来。

　　"少、小"古本一字分化,古文字常通用无别。"大肆、小肆"是磬铭所记这批编悬分为二肆,即以"大、小"区别,或有可能是以钟、磬之形制大小来命名。由此推测与钟一起组合的磬之数量当相同,也应是三十二件,即二堵之数。如此,此组磬铭记录的此套编悬钟磬组合分为大肆、小肆,含钟、磬各二堵共计六十四件,正合二肆之数。"肆"前所记之音律名,是指此磬的音律及编悬归属(大肆或小肆)。

　　值得指出的是,曾侯乙墓出土的整套石磬共计三十二件,也是二堵之数,可以参看。这样的话,此套编钟、磬的主人,其身份很高,相当于诸侯,与战国时齐国之君的身份正相符合。

二　音阶　音律

　　1.商砼(磬),大族(簇),□。(图7)

　　2.商砼(磬),右,大。(图8)

　　3.右,穆砼(磬)。(图9)

　　4.左,穆[砼(磬)]。(图10)

　　5.蒙砼(磬),大族(簇),左。(图11)

9. 鐘（徵）。（图12）

11. 右，黄钟，大遬（肆）。（图4）

12. 大族（簇），内共。右，大。（图13）

13. 大族（簇），少（小）遬（肆）。（图5）

14. 亡（无）罩。（图14）

中国古代音乐术语有"五声十二律"之名，见《周礼·春官·大师》："掌六律六同，以合阴阳之声。阳声：黄钟、大蔟、姑洗、蕤宾、夷则、无射。阴声：大吕、应钟、南吕、函钟、小吕、夹钟。皆文之以五声，宫、商、角、徵、羽。"据此可知，先秦时是用"宫、商、角、徵、羽"称"五声"（或称"五音"）音阶，即按五度相生顺序从宫音开始到羽音，亦就是按音高顺序依次排列。而所谓"阳声"六：黄钟、大蔟、姑洗、蕤宾、夷则、无射，"阴声"六：大吕、应钟、南吕、函钟、小吕、夹钟，则分别是十二音律之名。

石磬铭文中出现的音阶名，其中"商砳（磬）"，标记此磬的音阶为"商"；"鐘"读为"徵"，同音通假，也是标明此磬的音阶为"徵"。此两者所记皆是音阶，毫无疑义。若按此套石磬铭文的用词规律，则"穆砳（磬）、蒙砳（磬）"之名称显然也应考虑是音阶名，但"五声"音阶之中并无"穆、蒙"之名，则需要讨论。

先说"穆砳（磬）"。前人早已指出，五声（五音）有别名。《尔雅·释乐》"宫谓之重，商谓之敏，角谓之理，徵谓之迭，羽谓之柳"，郭璞注："皆五音之别名，其义未详。"研究曾侯乙墓出土钟磬铭辞的学者也曾指出，在曾侯乙编钟铭文中，音阶异名甚多，除去重复者，尚有不同的音阶名六十三个（其中正面标音铭为二十三个），由此六十多个的音阶名与曾、楚国的律名循环搭配，组成错综交织的乐律铭④。值得注意的是，宋代于安陆出土的"楚王钟"（《集成》⑤83），铭文与曾侯乙墓出土的"楚王酓章镈"（《集成》85）相同，其于背面鼓部标记"穆"，隧部花纹之上、下各标记"商"。宋代安陆同出的另一件"楚王钟"（《集成》84），铭文背面标记有："卜（？）零（羽）反。宫反。"⑥曾侯乙编钟出土后，由于分别在隧部和鼓部标记着不同的音阶名称，通过测音证明，每枚钟体可以发出两个不同的音阶。由此可知，安陆出土的这两件钟铭之"穆"与"商、零（羽）、宫"一样，都是指音阶而言。但"穆"对应五声（五音）的哪一音，并不清楚。然而在曾侯乙编钟铭辞中，又于楚国音律名有称"穆钟"，于曾国音律名有称"穆音"，所以"穆"也被认为是用作音律名⑦；更有学者以琴律说之，谓"穆"相当于蕤宾调（即无射均）⑧。同样是"穆"，研究者表达的意思却不相同。值得注意的是，扬雄《甘泉赋》有谓："阴阳清浊，穆羽相和兮，若夔、牙之调琴。"是说穆音与羽音由于调弦而变更了阴、阳、清、浊的位置。我们已知"羽"为音阶名，则"穆"与"羽"一样，显然也应视同为音阶之名。扬雄之说，当有其本。因此，磬铭的"穆砳（磬）"之"穆"若指音阶，应该是可以成立的。

再说"蒙砳（磬）"。磬铭记载谓："商砳（磬），大族（簇）。"又谓："蒙砳（磬），大族

（簇）。""大族"读为"大簇"，也见于曾侯乙钟磬铭。"大簇"属十二律中的"阳声"，见上引《周礼·春官·大师》文。所谓"商硁（磬），大族（簇）"，是说此磬音阶是"商"，声调属"大簇"。则由铭文同样词例的"蒙硁（磬），大族（簇）"，标明声调是"大簇"，"蒙"指音阶而言，也是可以成立的。

综上所述，磬铭的"穆、蒙"皆应是五声音阶中某声的异称。既然磬铭中已经存在"商、徵"二声，那么"穆、蒙"可以对应的当是"宫、角、羽"三声。

需要指出的是，曾侯乙钟铭的音阶体系虽然是以五声（五音）为主体的，但是"角"字作为音阶名却没有在标音铭中单独出现，而是用作后缀词，表示大三度关系的附加成分[9]。如果磬铭所记录的这套音阶体系如同曾国音阶那样也只出现"宫、商、徵、羽"四声名，则"穆、蒙"对应的只有"宫、羽"二声。可惜因磬铭残损太甚，无法再作进一步区分研究。

磬铭中的"黄钟、亡罿"是律名。"亡罿"之"亡"读为"无"，古文字习见。"无罿"，即文献中的"无射"，是十二律名之一，曾侯乙钟铭中作"无罿"，或写作"无铎"。"罿、铎"与"射"为通假字。"射"古通"斁"，《尔雅·释诂》"豫、射，厌也"，释文："射本作斁"；《诗·周南·葛覃》"服之无斁"，《礼记·缁衣》引"斁"作"射"；《诗·周颂·清庙》"无射于人斯"，《礼记·大传》引"射"作"斁"。"斁、铎"皆从"罿"声，"斁"既可与"射"相通，则"铎"和"罿"当然可与"射"相通[10]。"黄钟、无射"，同属于十二律中的"阳声"，见上引《周礼·春官·大师》文。

三　其他

1. 少歀，内[11]之五。（图15）
2. □之宴。（图16）
3. 佑（？）孝。（图17）
4. 敝左。（图18）
5. □左。（图19）

磬铭中"少歀，内之五"之"歀"字曾见于上海博物馆收藏的郘公镈，字读为"裸"[12]，"少歀"的意思在此不甚明确。至于"内之五"，当是指此磬悬挂位置而言。磬铭中还有"□之宴""佑（？）孝"，似乎说明这一组石磬是用于宴飨及祭祀。此外，"敝左""□左"当是指石磬的悬挂位置。其中"敝"字能否读作"陛"，也可以考虑。

附带指出的是，20世纪60年代在同一区域出土、后被临淄齐国故城博物馆征集的一件完整石磬，铭文作"乐宣（馆）"（图20）二字[13]。"乐宣（馆）"，顾名思义，即演奏音乐的专门场所名称，是指此组石磬编悬置放的地方。宣，构形从"土"从"官"，即"馆"字异体，字旧或释"堂"或"室"，徐在国指出应是"馆"字[14]。从传抄古文"官"字作𡩡、𡩍、𡩃[15]来看，徐说甚是。另外，秦汉时有"乐府"之名，是朝庭设立的主管音乐的官署机构名称，其与"乐馆"所指性质不同。

　　值得注意的是，上述石磬铭文资料中，石磬书法有所不同，"大族（簇），内共。右，大"及"亡（无）罩（射）""□孝"等石磬与其他石磬明显不同，"乐馆"二字更是区别较大。再加上有的石磬是直接书丹而未刻。这些情况反映，这批出土的石磬中存在不同的组合，当是因不同王世、不同时间制作所致。因为出土地点本是齐国都城中的"乐堂"旧址，所以才会有不同年代制作的石磬遗存下来。

　　总之，上述磬铭记载表明，与曾侯乙钟磬铭所反映的那样，直到春秋晚期至战国早期，各国在不同程度上仍然使用或保留自己的音阶名和律名，还没有形成或未普遍采用统一的称谓。正如有学者所指出的那样，经传上所载的传统五声十二律名"不是一下子产生在周代某一国（地），而是经历过一个相当长的发展、融合和统一的过程。它可能是以影响较大的宗周六律名称为基础，再逐渐适当吸收一些诸侯国地的律名，重新加以组织，才成为文献上所载的那个样子"[⑯]。

　　《论语·述而》云："子在齐闻《韶》，三月不知肉味。曰：'不图为乐之至于斯也。'"《史记·孔子世家》亦载："（子）与齐太师语乐，闻《韶》音，学之，三月不知肉味，齐人称之。"马王堆汉墓出土帛书《五行·说》云："犹孔=（孔子）之闻轻（磬）者之鼓（击）而得夏之卢也。"应该说的是同一件事[⑰]。对于孔子所闻的《韶》，传为舜所作，见《汉书·礼乐志》："舜作《韶》。"《礼记·乐记》郑玄注："《韶》，舜乐名，言能继尧之德。"舜为东夷人，见《孟子·离娄下》，可见《韶》本为东夷之乐，后世用作祭庙之乐，故被视为宫廷大乐。作为建国于东夷之地的齐国，自然是继承舜所作的《韶》乐，所以才有孔子入齐闻《韶》之事。虽然今天已经无法聆听到当时的《韶》乐妙曼之音，但面对从孔子闻韶处出土的这批石磬，却给我们留下美好的遐想，这或许是本批石磬及其铭文带来的另一意义所在。

（作者单位：中国美术学院汉字文化研究所）

注：

①　位于山东省淄博市齐都镇韶院村。据民国九年《临淄县志》载：清嘉庆时，于城东枣园村掘地得古碑，上书"孔子闻韶处"，后又于地中得石磬数枚，遂易村名为"韶院"。

②　高亨纂著，董治安整理《古字通假会典》第198页"彖字声系"【彖与弛】条按语，齐鲁书社1989年。本文引《说文》为大徐本，"帠"字楷书，段注本隶作"彖"，高书亦同。

③　李零《郭店楚简校读记》，载《道家文化研究》第17辑第492页，三联书店1999年。

④　曾宪通《关于曾侯乙编钟铭文的释读问题》，收入饶宗颐、曾宪通《楚地出土文献三种研究》第196页，中华书局1993年。

⑤　中国社会科学院考古研究所编《殷周金文集成（修订增补本）》，中华书局2007年。

⑥　在原音阶名或前置"少"，或后缀"反"，皆表示高音，即高八度。参见曾宪通《曾侯乙墓编钟铭文音阶名体系试释》，收入饶宗颐、曾宪通《楚地出土文献三种研究》第178页。又，钟铭中所谓的"卜"字疑为原器泐痕所

致误。

⑦ 饶宗颐《随县曾侯乙墓钟磬铭辞研究》,收入饶宗颐、曾宪通《楚地出土文献三种研究》第44页。

⑧ 黄翔鹏《曾侯乙钟磬铭文乐学体系初探·附论》,《音乐研究》1981年第1期第50页。

⑨ 参见曾宪通《曾侯乙墓编钟铭文音阶名体系试释》,收入饶宗颐、曾宪通《楚地出土文献三种研究》第176页。

⑩ 引自裘锡圭、李家浩《曾侯乙墓钟磬铭文释文说明》,《音乐研究》1981年第1期第19页。

⑪ "内"字构形下部赘增"口"饰。

⑫ "欮"字原篆构形于"欠"旁下赘增"口"饰。周亚《郳公镈铭文及若干问题》,《古文字研究》第29辑第395页,中华书局2012年。

⑬ 张海龙、张爱云《齐国故城内发现一件带铭文石磬》,《文物》2008年第1期第95页。

⑭ 徐在国《释"货"》,《古典文献与文化论丛》第2辑第153—159页,杭州大学出版社1999年。

⑮ 徐在国编《传抄古文字编》第1440页,线装书局2006年。此承友生郭理远博士指出。

⑯ 李纯一《曾侯乙编钟铭文考索》,《音乐研究》1981年第1期第61页。

⑰ 整理小组指出:"疑轻读为磬。"廖名春指出:"夏,当读为雅,指雅音、正音。"转引自湖南省博物馆、复旦大学出土文献与古文字研究中心编纂,裘锡圭主编《长沙马王堆汉墓简帛集成(肆)》第71页注4,中华书局2014年。

附图:

图1　　　　　　　　　图2　　　　　　　　　图3

图 4

图 5

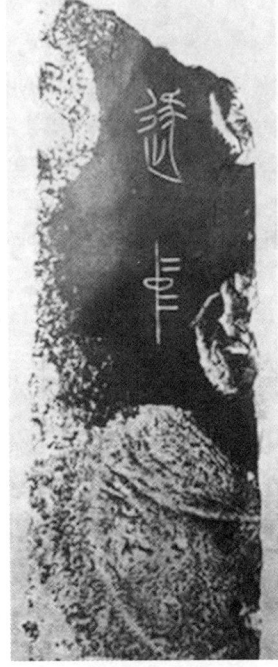

图 6

图 7

图 8

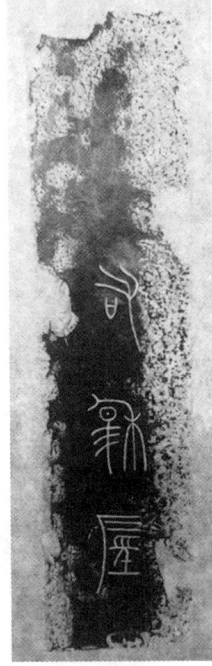

图 9

图10

图11

图12

图13

图14

图15

图16

图17

图18

图19

图20

古文字研究(34):513—518,2022

东汉镇墓文中"解离"释读及相关问题研究

李明晓

东汉镇墓文中出现"解离"一词,黄景春指出其意为"分离,拆散"[①]。但目前学界对此词的解释尚有争议,且对相关"离"之字形隶定亦有不同认识。本文将以五件东汉镇墓器为基础,考察汉代出土材料中"离"的字形,并结合其他相关材料分析"解离"的具体含义。

一 汉代出土材料中"离"的字形考察

笔者首先搜集东汉镇墓器中出现"解离"一词的材料,该词主要出现在以下五件器上,现列表如下(见表1)。

表1:东汉镇墓文中与"解离"之"离"相关的字形表

镇墓器	A	B	C	D	E
	建和二年(148)告氏镇墓瓶	元嘉二年(152)许苏氏镇墓瓶	永寿三年(157)镇墓瓶	东汉晚期镇墓罐	东汉晚期张氏镇墓瓶
字形	(M3:6)　(M6:3)	(M1:3)	(M2:20)	(M1:122)	(M5:5)
备注		此字摹本无	学者多释作"猿"		

从表1可见,A、D三个字形相近,E摹本字形作"隹",应是"离"之左侧脱落造成的,唯C与其他差距较大。

笔者进一步考察汉代出土材料中"离"的典型形体,主要材料有简帛、碑刻、陶文、封泥等(见表2)。

表2：汉代出土材料中的"离"之典型形体

材料	简帛							碑刻		陶文	封泥
字形											
出处	《汉代文字编》[②] 第517—518页			《肩水金关汉简字形编》[③] 第629页		《马王堆汉墓简帛文字全编》[④] 第412页		《汉碑文字通释》[⑤] 第207页		《汉代文字编》 第518页	

从表2可见，"离"右边的"隹"之形体基本相同，左边或作"离、禹、萬"。

1999年，陕西咸阳出土东汉永寿三年（157）镇墓陶瓶[⑥]，上有"建立大镇，慈、礜、雄黄、曾青、丹沙（砂），五石会精，众药辅神，冢墓安宁，解𧈫、□草，□□为盟。"[⑦]其中𧈫，刘卫鹏初释作"蒗"，是一种有毒的草，并引《山海经》："大騩之山有草焉，其状如蓍而毛，青华而白实，名曰蒗，服之不夭，可以疗腹病。"[⑧]后改释作"蒗"，即蒗[⑨]。《山海经·中山经》原文是："又东三十里，曰大騩之山，其阴多铁、美玉、青垩。有草焉，其状如蓍而毛，青华而白实，其名曰蒗，服之不夭（疟）[⑩]，可以为腹病。"此处"蒗"，是"蒗"字之误。《玉篇》"艹"部："蒗，胡垦切。草名，似蓍，花青白。"郝懿行《山海经笺疏》指出："蒗，当为'蒗'。"[⑪]陈亮释作"离"[⑫]。其他学者均未释此字。如果单就字形来看，𧈫确实可如刘卫鹏所释作"蒗"或"蒗"，但"解𧈫"一词难以确诂。

不过，陈亮的释读给我们以启示，𧈫与汉代出土材料中的"离"相差甚远，有无可能从其他材料中找到相似形体？传抄古文中"离"之形体有与之相近的（见表3）。

表3：传抄古文中的"离"之典型形体[⑬]

A	B	C	D	E

从表3可见，D与𧈫之上半及右半相近。我们推测之所以写作𧈫，有可能是镇墓瓶的书写者手书过草或者摹写有误，导致"离"之字形出现误差。

二　东汉镇墓文中"解离"释读及相关问题研究

目前，东汉镇墓文材料中共有五件与"解离"有关。现列如下：

1. 故以铅人、解离，以当复衷（重）年命句（拘）校，无有祸央（殃）。（2011年，陕西咸阳出

土东汉建和二年[148]告[？]氏镇墓陶瓶[14]）

2. 苏衄之后，生人阿铜宪女適（谪）过，为𢼼五石、人参、<u>解□</u>、□□。（1974年，河南洛阳出土东汉元嘉二年[152]镇墓陶瓶[15]）

3. 建立大镇，慈、礜、雄黄、曾青、丹沙（砂），五石会精，众药辅神，冢墓安宁，<u>解龗</u>、□草，□□为盟。（1999年，陕西咸阳出土东汉永寿三年[157]镇墓陶瓶）

4. 人参、<u>解离</u>，无归以闭（？）□。（1963年，河南郑州市密县城出土东汉晚期镇墓陶罐[16]）

5. 弢持鈆（铅）人、人参、雄黄、<u>解隹（离）</u>、襄草、别羂，以代生人之名。（1987年，陕西长安县南李王村出土东汉晚期张氏镇墓陶瓶[17]）

材料4学者多断作"人参解离"，而材料1原断作"故以铅人解离"（《简报》第21页），无疑是受到前者的影响。黄景春指出，"人参解离"指使用人参驱逐亡魂，使死者与生者分离[18]。吕志峰在此基础上进一步指出，"分画、解离、别解"意思相同，都体现了"隔绝死者与其在世亲人的关系"的功能。分解清楚生人和死人的区别，即是请巫师作法，断绝死者与现实世界的一切关系，进入阴间世界。人参是汉代解禳用药之一，主要作用是用来代替生人。正因为其形似人，所以将人参埋入地下，就如同生人埋入地下一样，以后家中不会再有死人了，这就增强了在世生人对今后生活的信心，减少了他们对死亡的恐惧[19]。周金泰指出："镇墓文所见人参，其功用显而易见是凭借外观特征而充当人形。人形可分为两类：一类替代死者受冥界谪罚之苦；另一类替代生人陪伴死者以确保'生死异路'。上引镇墓文中人参应该都是替代生人的，甚至还可以进一步分出两类：第一类，凭借人形外观直接替代生人。如史料2，我猜测九枚人参很有可能是替代死者九位阳间亲人。史料3文字残缺，但它与蜜人代死者受谪相对，书写结构与史料2类似，应属同类；第二类，人参作为禳除神药而替代生人，从而达到生死隔离目的。这一类情形中，人参常搭配五石、雄黄等神药，共同发挥禳除功用，如史料1、4、5。在众多药草中，人参之所以最常充当隔离阴阳两界的禳除神药，根源上仍是由其人形外观决定的，所以两类情形并不矛盾。"[20]由此可见，人参替代生人、铅人替代死人的功能是显而易见的，但利用人参驱逐亡魂，使死者与生者分离的说法并不准确，故将"解离"释作"分离、拆散"可能有误。因此，陈亮将两件东汉建和二年（148）告（？）氏镇墓陶瓶均释作"故以铅人、解离，以当复衷（重）年命句校"[21]，这种断读是正确的。

材料2，其中𢼼，刘卫鹏释作"汝"[22]，张剑释作"治"[23]，黄景春释作"设"[24]。邓诗漫隶作"敨"，且断作"为敨，五石、人参解……"[25]而"解"之后，张勋燎、白彬补作"诸咎殃"[26]。陈亮释作"解离"[27]。由河南郑州市密县城出土东汉晚期镇墓陶罐上有"人参、解离"[28]来看，陈亮所补为是。

材料3中，"□草"，刘卫鹏指出长安县南王李村M5出土的一件朱书瓶有"解□襄草，别羁以氏生人之名"的文字,可见"□草"应为"襄草","襄"同"蘘",即蘘荷,亦称阳藿,多年生草本,叶尖上类姜。夏月开淡黄色花,由地下茎而生,嫩芽供食用,根可入药,是甘草类有解毒作用的药草[29]。刘卫鹏、程义认为"襄"通"禳",为禳除之意。禳草应为和桃木相同作用的"苇索、苇茭"之属[30]。刘卫鹏则认为"襄草"可能是狼毒草,味苦有毒。又名"蘘荷",能够驱逐蛊毒。镇墓文中的"襄草"也有可能是甘(苷)草[31]。张勋燎、白彬认为鸡蛋壳应与瓶文"解猿□草为盟"有关,也是黄神使者在墓主下葬时举行"大镇"醮仪,除央(殃)去咎,令死人无适(谪),生人无患,利后子孙,与鬼神为盟所用的一种信物[32]。陈亮则将"解𧤫、□草"释作"解离、襄草"[33]。许飞认为"解猿"是解除术使用物品,具体不明[34]。

材料5中,"攻"字王育成疑是"弼",辅佐,表示文首六鬼神为解除之"主",然后以他物作为辅助手段[35]。刘卫鹏释作"考"[36]。吕志峰指出:"由于此件镇墓文我们只看到摹本,所以无法根据原来的照片审查。在目前能见的所有镇墓文中,未见'攻持'一词,遍查各类其他文献,同样未见,'弼持''敹持'也不见,所以我们对释文作'攻持'持怀疑态度。根据东汉出土镇墓文的内容和此篇镇墓文的文意,我们认为这里的所谓'攻持'可能就是其他镇墓文中的'钩校'。"[37]据此,吕氏将"钩校"归上作"重复钩校"。解佳(离),张勋燎、白彬释作"解住(注)"[38]。刘昭瑞[39]、刘卫鹏[40]释作"解□"。陈亮释作"解离"[41],此说可从。别羁,刘昭瑞释作"别羁"[42],黄景春[43]、吕志峰[44]断作"人参、雄黄、解佳、襄草、别羁",陈亮断作"人参,雄黄,解离,襄草,别羁"[45],张勋燎、白彬[46],刘卫鹏、程义[47]断作"别羁以代生人之名"。黄景春指出,"解佳、襄草、别羁"与雄黄等一样属于"以代生人之名"的药物。具体是些什么药物,待考[48]。张勋燎、白彬将前后文意解作"用铅人和人参、雄黄作为代人和辟鬼的神药,以免死者变成注鬼或兴冥讼按姓名注祟、纠缠生人,羁系其魂魄代其受害"[49]。可见,他是将"别羁"理解为"羁系"。别羁,是治疗痛风的重要药物,一名别枝,草药,味苦,微温,无毒,主风寒湿痹,身重、四肢酸疼、历节痛等。

由材料5中"人参、雄黄、解佳(离)、襄草"等并列来看,材料1中的"铅人解离"、材料4中的"人参解离"均需断开理解,即"解离"应是与"人参、雄黄"等并列的药物。镇墓文中的解离,可能是防己之别名。《神农本草经·中品·草部》:"防己(巳):味辛,平。主风寒、温疟、热气诸痫,除邪,利大小便。一名解离,生川谷。"孙思邈《千金翼方·本草上·草部中品之下》指出防己"一名解离,文如车辐理解者良",强调防己木部断面从中央向外作二歧或三歧分叉呈现放射状车轮辐解的形态[50]。

尽管"解𧤫"之𧤫与同时代"离"的形体存在一定差异,但从文意来看,"解𧤫"释作"解离"可能更合适。至于"解离"是否确指防己则有待进一步研究。

附记：本文为国家社会科学基金后期资助项目（19FYYB014）阶段性成果。

（作者单位：西南大学汉语言文献研究所、出土文献综合研究中心）

注：

①⑱　黄景春《早期买地券与镇墓文整理与研究》第141页，华东师范大学2004年博士学位论文。

②　徐正考、肖攀编著《汉代文字编》，作家出版社2016年。

③　黄艳萍、张再兴编著《肩水金关汉简字形编》，学苑出版社2018年。

④　刘钊主编，郑健飞、李霜洁、程少轩协编《马王堆汉墓简帛文字全编》，中华书局2020年。

⑤　王立军《汉碑文字通释》，中华书局2020年。

⑥　咸阳市文物考古研究所《咸阳教育学院汉墓清理简报》，咸阳市文物考古研究所编《文物考古论集——咸阳市文物考古研究所成立十周年纪念》第227—235页，三秦出版社2000年。

⑦　原释"永平初三年"，永平三年，汉明帝刘庄年号，公元60年。陈亮指出："根据发掘简报的释读，其铭文的开首几个字当释作'永平初三年'（见图13），故而将其断代于公元60年。然而笔者在田野考察中，将该瓶铭文用喷壶喷湿之后（见图14），发现铭文的摹本不太准确，而且'永平初'的纪年方式不符合汉代纪年的常规，故而重新审视了一下，认定这段铭文应当释读作'永寿三年'，即公元157年。"参陈亮《东汉镇墓文所见道巫关系的再思考》，刘史玉主编《形象史学》2019年第1期第67—68页，社会科学文献出版社2019年。

⑧　刘卫鹏《汉永平三年朱书陶瓶考释》，咸阳市文物考古研究所编《文物考古论集——咸阳市文物考古研究所成立十周年纪念》第167页。

⑨㉛　刘卫鹏《汉代镇墓瓶所见神药考》，《宗教学研究》2009年第3期第1、4页。

⑩　"夭"之改读据陈剑之释，可参陈剑《据出土文献表"虐""傲"等词的用字情况说古书中几处相关校读问题》，《出土文献与古文字研究》第8辑第319页，上海古籍出版社2019年。

⑪　〔清〕郝懿行撰，沈海波校点《山海经笺疏》第155页，上海古籍出版社2019年。

⑫　陈亮《汉代社会变迁中的丧葬文本》第254页（德语本，*Begräbnistexte im sozialen Wandel der Han-Zeit: eine typologische Untersuchung der Jenseitsvorstellung*），〔德〕海德堡大学2018年博士学位论文。

⑬　徐在国编《传抄古文字编》第351页，线装书局2006年。

⑭　陕西省考古研究院《陕西咸阳渭城区民生工程汉墓发掘简报》，《考古与文物》2017年第2期。

⑮　洛阳市文物工作队《洛阳李屯东汉元嘉二年墓发掘简报》，《考古与文物》1997年第2期；另见谢虎军、张剑编著《洛阳纪年墓研究》第6—12页"元嘉二年（152年）河南缑氏中牟里许苏阿墓"，大象出版社2013年。

⑯㉘　河南省文物研究所《密县后士郭汉画像石墓发掘报告》，《华夏考古》1987年第2期。

⑰　負安志、马志军《长安县南李王村汉墓发掘简报》，《考古与文物》1990年第4期。

⑲　吕志峰《东汉石刻砖陶等民俗性文字资料词汇研究》第85—86、112页，上海人民出版社2009年。

⑳　周金泰《人参考——本草与中古宗教、政治的互动》，《文史》2019年第1辑第93页。

㉑　陈亮《东汉镇墓文所见道巫关系的再思考》，刘史玉主编《形象史学》2019年第1期第59页。

㉒　同注⑨第1页。

㉓　谢虎军、张剑编著《洛阳纪年墓研究》第10页。

㉔　黄景春《中国宗教性随葬文书研究——以买地券、镇墓文、衣物疏为主》第180页，上海人民出版社2018年。

㉕　邓诗漫《东汉至魏晋南北朝镇墓陶文集释及字表》第32页，吉林大学2019年硕士学位论文。

㉖ 张勋燎、白彬《中国道教考古》第1卷第147页,线装书局2006年。

㉗ 同注⑫第248页。

㉙ 同注⑧第168页。

㉚ 刘卫鹏、程义《汉晋墓葬中随葬陶瓶内盛物的初步研究》,《江汉考古》2008年第3期第83页。

㉜ 同注㉖第1卷第135—136页。

㉝㊶ 同注⑫第365页。

㉞ 许飞《慎终追远——汉魏晋南北朝墓葬观念研究(日文版)》第320页,上海交通大学出版社2021年。

㉟ 王育成《南李王陶瓶朱书与相关宗教文化问题研究》,《考古与文物》1996年第2期第66页。

㊱㊵ 同注⑨第4页。

㊲㊹ 同注⑲第95页。

㊳㊻㊾ 同注㉖第1卷第125页。

㊴ 刘昭瑞《考古发现与早期道教研究》第70页,文物出版社2007年。

㊷ 刘昭瑞《汉魏石刻文字系年》第221页,新文丰出版公司2001年;刘昭瑞《考古发现与早期道教研究》第70页。

㊸ 同注①第99页。

㊺ 陈亮《东汉镇墓文所见道巫关系的再思考》,刘史玉主编《形象史学》2019年第1期第60页。

㊼ 同注㉚第79页。

㊽ 同注①第100页。

㊿ 王蒙《防己的性味研究》第18页,黑龙江中医药大学2016年博士学位论文。

古文字研究（34）：519—523，2022

释邾国陶文的"肰"字

侯乃峰

　　山东省邹城市峄山之阳的邾国故城遗址出土的战国单字陶文中,有如下一字(字形选自《陶文图录》):

　　3·269·6　3·270·1　3·270·2　3·270·5　3·270·6　3·271·2

　　王恩田编著的《陶文图录》将此字释为"奢";同是王先生编著的《陶文字典》,"奢"字头下并没有收录此字,而是将其放到了附录中①。可见,王先生对此字的释读也是游移不定。上述所列的字形,本文中我们称之为A系列之字。

　　邾国故城遗址出土的战国单字陶文中,还有如下一字(字形选自《陶文图录》):

　　3·262·1　3·262·2　3·262·4　3·262·6

　　《陶文图录》将其释为"慎";《陶文字典》则将此字与上列所谓的"奢"字一起放到了附录中,且前后两栏相邻②。这一系列的字形,本文中我们称之为B系列之字。

　　战国玺印文字有一字作（《古玺汇编》5569）,黄德宽根据《睡虎地秦墓竹简》中(如《法律答问》75、《日书》甲种80背)"脊"字作形,认为此玺印文字即为"脊"字;同时,黄先生还指出,《古陶文汇编》3·847、3·848等字形也有可能是"脊"字③。黄先生根据睡虎地秦简"脊"字形写法,将《古玺汇编》5569的字释为"脊",甚为可信,现已成定论。《古玺汇编》5569号古玺,施谢捷已经指出属于秦印;刘钊曾主要根据秦汉文字的"脊"字形,认为"脊"字当分析为从"肉"、"朿"声;《说文》"脊"字上部所从的"𡭗"本无其字,只不过是"朿"字的变形;杨泽生则沿袭古人之说,主张秦汉文字"脊"字上部所从乃"脊"的象形初文;翟春龙在字形分析上赞成刘钊之说;邬可晶对相关的问题进行了细致讨论,也认为"脊"从"朿"声的论断应该是合乎事实的,同时又推测认为,古文字里本有独立的"脊"的象形字,《说文》小篆"脊"是继承象形写法而来的④。个人认为,由于目前我们所见到的古文字材料都是片段性的,且不同性质的文献中文字所出现的频率不平衡(尤其是邾国陶文中所见的文字大都是单字人名),因此仅从目前所见的古文字材料来看,并不能完全排除古文字中存在独立的"脊"的象形字的可能性。换句话说,《说文》训为"木芒也"的"朿"字,作为"脊"字的声符,从甲骨文到战国文字中一直存在，字形演变环节很清楚；但如同邬可晶所说的那样，从"束"声的"脊"字的存在，并不能完全否定古文字中另外存在一系独立的"脊"的象形字的可能。因此，秦印 （《古玺汇编》5569）字上部的字形，是否能和古文字中的"束"字符完全认同，目前仍当存疑；因为现在并不能完全排除其上部的字形是"脊"的象形字的可能。

张振谦在黄德宽之说的基础上进一步考证，认为以上所列的邾国故城遗址出土的战国单字陶文（包括 A 系列之字和 B 系列之字）都应当释为"脊"字⑤。张先生后来编著出版的《齐鲁文字编》，即将以上所列的邾国故城遗址出土的战国单字陶文（包括 A 系列之字和 B 系列之字）都放到"脊"字头下；不过，张先生后来参与编著的《战国文字字形表》，在"脊"字头下却只列了秦系文字中确定无疑的两个"脊"字形，并没有列入他所释的齐系文字中的所谓"脊"字⑥，或许对此字之释读尚有犹疑。赵可可《〈古陶字录〉校订》中也赞同张振谦的说法，认为 应释为"脊"⑦。

至于有学者或将 A 系列之字释为"肮"，即以上部为"亢"字⑧，因其上部与"大"字下加一横笔之字形有明显区别（一作横笔，一作撇笔），故将二者认同恐不可信。但或将 A 系列之字和 B 系列之字分开看成是两个字，将 B 系列之字阙释或放入附录⑨，却是有道理的，说见下。

首先，可以确定的是，张振谦将 A 系列之字、B 系列之字的下部 与 都看作"肉"旁，应该是可信的。其文所列举齐系文字相关字形例证甚夥，可以参看。

其次，张先生将 B 系列之字，根据黄德宽之说释为"脊"，也应当是有道理的。何家兴《战国文字分域研究》也将 B 系列之字放到"脀"字头下⑩。但对 B 系列之字的字形分析上，张说似有偏颇，此处或可稍作补充。张先生认为 字反书作 形后，上部所从之 与 字上部所从之 是同一字形，从而将 A 系列之字与 B 系列之字系联起来，视为同一字。我们认为，反书之说恐有可商。这两个字形都见于邾国故城遗址出土的陶文，似乎不大可能始终一个反书，另一个却是正书的。由此，我们更倾向于认为，B 系列之字释为"脊"，上部字形与标准的"脊"字形如 、 等字之上部相比较，笔画稍有阙失，似乎少写了一笔；这少写的一笔，更有可能是因为上部所从的字符与下部所从的"肉"旁共用笔画（或者说笔画黏合）导致的。据此，其说将 A 系列之字与 B 系列之字系联起来，将二者看作是同一个字，恐怕就值得商榷了。按道理来讲，A 系列之字上部写作类似"大"字形下加一撇笔，那一撇笔更有理由和下部的"肉"旁共用笔画（或者笔画黏合）的；而 A 系列之字的字形上下却大都分开，并没有黏合在一起。《陶文图录》将 （3·271·1）放到 A 系列之字中，若确是属于同一个字形，则 即当是由于上部笔画和下部"肉"旁笔画黏合而形成的，但这种字形与 B 系列之字又有明显差别。因此，A 系列之字与 B 系列之字"（脊）"很可能并非同一个字，应将二者分别释读。

我们认为，A 系列之字（典型字形如 ），上部所从为"犬"，下从"肉"旁，应当释为"肰"，后来分化出"然"字。《说文》："肰，犬肉也。从犬、肉。读若然。""肰"是一个表意字，古文字中偏旁位置不固定，写作"犬"上"肉"下之形很容易解释。笔者由于偶然的机会，曾经看到过山东大学历史文化学院考古系的学生刚从邾国故城遗址发掘出土的刻划有此单字的陶文，上部所从之"犬"，尾巴上翘的特征非常明显。其实，如果仔细观察已见于著录的A系列之字，如 ![字](）（3·270·1）、![字](）（3·270·2）等诸字形，上部之"犬"尾巴上翘的特征也是很明显的。

目前所能见到的战国齐鲁系文字中，与此种"![多](）（犬）"字形写法完全一致的几乎找不到，这或许是过去的学者未能将此字准确释出的原因之一。即便是邾国陶文中所见的"犬"字符，如《陶文图录》著录的![字](）字（3·405·1—6），张振谦释为"肰"[11]，可信；其所从的"犬"也与此种"![多](）（犬）"字形写法明显不类。当然，这也是可以解释的。先秦古文字中，即便同一时代且同属一系，由于书写者不一，出现写法不一样的字符也是不奇怪的；更何况在商周青铜器铭文中，同时同地所铸刻的同一篇铭文，还有所谓的古人有意"避复"现象[12]。例如，春秋时期齐系的庚壶铭文中，"献"字所从的"犬"旁写作![字](）（《集成》9733·1A庚壶），如果后段铭文之摹本可信的话，"献"字所从的"犬"旁却写作![字](）（《集成》9733·2B庚壶），二者写法明显有别（下部短横笔或贯穿竖笔，或不贯穿），或属于古人有意的"避复"现象。又如，战国时期楚系的"犬"字，《战国文字字形表》选取了四个字形，就有![字](）（《包山》233）、![字](）（《清华二·系年》136）两种写法；如果严格一点的话，将笔画的长短也考虑进去，那么![字](）（《新蔡》乙一028）也可以算作是另一种写法，则楚系文字中同一个"犬"字就有三种写法。再如，秦系文字中的"犬"旁，常写作![字](）（《珍秦》230）形，或写作![字](）（《集成》12041上造但车書）形[13]，差别明显。同样是战国齐系文字的"犬"旁，十四年陈侯午敦（《集成》4646）"献"字所从的"犬"旁写作![字](），与齐系文字中其他"献"字所从的"犬"旁的写法（如下所举）也显然不同。当然，也不是说在齐鲁系文字中就完全找不到这种写法的"![多](）（犬）"字形的任何影子。如果仅据笔势加以比附的话，齐鲁系文字![字](）（献，《集成》4595齐陈曼簠）、![字](）（献，《集成》4596齐陈曼簠）、![字](）（献，《古玺汇编》3088）、![字](）（獣，反转后作![字](），《集成》10210铸子獣匝）、![字](）（狀，《陶文图录》2·24·1）中所从的"犬"旁与此邾国陶文相对比较接近[14]。而且，时代更早的西周时期金文中，如![字](）（犬，员鼎，西周早期）、![字](）（狗，长子狗鼎，西周早期）、![字](）（献，其中"犬"旁反转作![字](），伯顐，西周早期）、![字](）（樊，中樊簠，西周中期）等字，还能看到与此种"![多](）（犬）"字形写法更为类似的"犬"旁。甚至在甲骨文中，某些笔画简省的"犬"字，如![字](）（《合》20700）、![字](）（《合》32674）、![字](）（《合》30510）、![字](）（《合》36424）、![字](）（《合》37387）等[15]，也和此种"![多](）（犬）"字形写法非常近似，不过是为了迁就避让下部笔画，陶文上部的"![多](）（犬）"字形写得稍微宽扁一些而已。因此，将陶文![多](）释为"犬"应当是不存在任何障碍的。在战国文字中，经常会发现某些文字的写法直接承袭自早期文字甚至甲骨文，此"![多](）（犬）"字形的写法亦是一证。

邾国故城遗址出土的单字陶文，大都应当是陶工之名，此"![香](）（肰）"字大概也是作陶器者之私名，无义可说。然而，作为邾国故城遗址所出的陶文，此"![香](）（肰）"字之释读，对于我们深入细致了解战国时代齐鲁系文字特点还是具有一定的学术参考价值的。

首先,战国齐鲁系文字中可增添一个"肤"字头。此前,"肤"字仅见于战国楚系古文中⑯。释出此邾国陶文中的"肤"字,后来再编纂战国古文分域字编,就可以在齐鲁系文字一栏增添一个"肤"字头了。

其次,释出此"肤"字,也进一步拓展了我们对齐鲁系文字的认识。古文字学界常将今山东境内出土的战国古文字材料笼统地称为齐鲁系文字或齐系文字,且过去一般认为齐国以外的齐系文字与齐国文字无明显区别,也即认为齐系文字内部不存在显著差异⑰。张振谦在细致研究的基础上指出,齐系文字内部存在着差异性,齐系文字内部又可以分为齐莒文字和鲁邾滕文字两系⑰。也即,他认为齐系文字内部还可以再加以细分。我们以上已经论证过,邾国故城遗址所出战国陶文的"肤"字,其所从的"犬"旁在齐系文字中目前几乎找不到完全一致的写法。或许可以推测认为,此"犬"旁就应当属于鲁邾滕一系的文字,甚至是邾国文字特有的写法,故与齐系文字主流(齐莒系文字)的"犬"字旁写法有些差别。设若以上所论不误,则此"肤"字之释读,正可进一步验证张说之合理性,且为其说提供了一个极佳的例证。

附记:本文为国家社科基金一般项目"《论语》古注新解综合研究及数据库建设"(18BZS003)阶段性成果。

(作者单位:山东大学文学院语言科学实验中心)

注:

① 王恩田《陶文图录》第1121—1124页,齐鲁书社2006年;王恩田《陶文字典》第273、507页,齐鲁书社2007年。

② 王恩田《陶文图录》第1114页;王恩田《陶文字典》第507页。

③ 黄德宽《古文字考释二题》,《于省吾教授百年诞辰纪念文集》第276—277页,吉林大学出版社1996年。

④ 施谢捷《古玺汇考》第14页,安徽大学2006年博士学位论文;刘钊《古文字构形学(修订本)》第213—214页,福建人民出版社2011年;杨泽生《谈出土秦汉文字"脊"和"责"的构形》,《古文字研究》第24辑第422—426页,中华书局2002年;翟春龙《释莩新旧二说辨正》,《出土文献》第10辑第188—192页,中西书局2017年;邬可晶《说"脊"、"瓞"》,《出土文献》第13辑第165—173页,中西书局2018年。

⑤ 张振谦《齐系文字研究》第102—104页,安徽大学2008年博士学位论文;张振谦《齐系陶文考释》,《安徽大学学报(哲学社会科学版)》2009年第4期第61页;张振谦《齐系文字研究》第403—405页,科学出版社2019年。此据其《齐系陶文考释》一文转引。

⑥ 张振谦编著《齐鲁文字编》第1450—1451页,学苑出版社2014年;黄德宽主编,徐在国、程燕、张振谦编著《战国文字字形表》第1667页,上海古籍出版社2017年。

⑦ 赵可可《〈古陶字录〉校订》第62页,安徽大学2019年硕士学位论文。

⑧ 陈剑《试说战国文字中写法特殊的"亢"和从"亢"诸字》,《战国竹书论集》第338页,上海古籍出版社2013年;孙刚《东周齐系题铭研究》第636页,吉林大学2012年博士学位论文;孙刚《齐文字编》第99页,福建人民出版

社2010年。

⑨ 孙刚《东周齐系题铭研究》第636页；孙刚《齐文字编》第442页。

⑩ 何家兴《战国文字分域研究》第520页，安徽大学2010年博士学位论文。其中的"脐"似当作"脊"。

⑪ 张振谦《齐系文字研究》第97—98页，安徽大学2008年博士学位论文；张振谦编著《齐系陶文考释》，《安徽大学学报（哲学社会科学版）》2009年第4期第59页；张振谦《齐鲁文字编》第623页，学苑出版社2014年；张振谦《齐系文字研究》第397—398页，科学出版社2019年。

⑫ 徐宝贵《商周青铜器铭文避复研究》，《考古学报》2002年第3期第261—276页。

⑬ 黄德宽主编，徐在国、程燕、张振谦编著《战国文字字形表》第1378、1385页。

⑭ 张振谦编著《齐鲁文字编》第1268、1270—1271页。

⑮ 高明、涂白奎《古文字类编（增订本）》第513—514、520—521页，上海古籍出版社2008年；刘钊主编《新甲骨文编（增订本）》第577—578页，福建人民出版社2014年。

⑯ 高明、涂白奎《古文字类编（增订本）》第902页；何琳仪《战国古文字典——战国文字声系》第1009页，中华书局1998年；汤余惠主编，徐在国、吴良宝编纂《战国文字编（修订本）》第264—265页，福建人民出版社2015年；何家兴《战国文字分域研究》第526页；黄德宽主编，徐在国、程燕、张振谦编著《战国文字字形表》第569—570页。

⑰ 何琳仪《战国文字通论（订补）》第108页，上海古籍出版社2017年。

⑱ 张振谦《齐系文字研究》第113页，安徽大学2008年博士学位论文；张振谦《齐系文字研究》第139页，科学出版社2019年。

古文字研究（34）：524—528，2022

《匋玺室藏古玺印选》释文补正

李桂森　　刘洪涛

2019年6月出版的《匋玺室藏古玺印选》辑录了日本匋玺室主人尾崎苍石所藏古玺印784方，每一方玺印按照印蜕、全形照片和印面照片三种形式著录，并附有释文和尺寸①。本文主要对释文中存在的一些问题进行补正，下面分条陈述。

（1）001：臧（戕－庄）王族玺

"臧"字原作 ，编者以为是"臧"字异体。这也是学术界比较通行的看法。按商代甲骨文"臧"字作 （《合》6404反），象以戈刺臣之形，一般认为是臧获之"臧"的表意初文；后加注声旁"爿"作 （睡虎地秦简《日书》乙种46），目前仅见于秦系文字；晋系文字作 （《玺汇》2628），应该是省掉"戈"旁的写法。甲骨文又有"戕"字，作 （《合》35301），或加"口"旁作 （《集成》2410），即"臧"字。春秋时期的𪎭伯子宝父盨器盖有相同铭文8件，此字有2件作"戕"（《集成》4442.1、4443.1），另6件作"臧"（《集成》4442.2、4443.2、4444.1-2、4445.1-2），可见"臧"应为"戕"字异体。"臧"应读为"庄"，上博简《庄王既成》1号"庄王"字即作"臧"，是其证。印文风格为楚系文字，则庄王为楚庄王，此为楚庄王之族所用的玺印。

（2）002：东臺（就）之玺

第二字印蜕作 ，字形比较模糊，编者缺释。按照片作 （水平翻转），可以摹作 ，就是"臺（就）"字。"臺"字商代甲骨金文作 （《合》3142）、（《集成》1313），西周金文作 （《集成》4467）、（《集成》10176），战国楚系文字作 （《集成》12110）、（葛陵楚简甲3.137），何琳仪说："战国文字享旁与京旁借用笔画，可分为 、 两部份。"② 在此形基础上，把竖笔向上延伸贯穿U形笔画，U形笔画再跟上部"宀"字形笔画写分开，就会变作 （郭店简《五行》33）、（郭店简《五行》13）等形。印文与郭店楚简《五行》这两个"臺"字形体极近，可见应释为"臺"。"东就"应该是官署名，待考。

（3）006：夋（鞭－偏）车守

首字印蜕作 ，照片作 （水平翻转），编者疑是"家"字。此字亦见《玺汇》3471，作 ，有学者释为"冢"③。按战国文字"夋"作 （《陶录》4·35·1）、（《陶录》3·521·5）、（《珍秦斋古印展》2）、（《陶录》3·596·3）等形，印文轮廓与之相近，只是缺少"卜"旁之一横，笔势又有些小异，疑也是"夋"字。"夋"为古"鞭"字，战国文字中经常用作"偏"。例如郭店简《老子》丙8号"夋将军居左"，今传《老子》作"偏将军居左"；《珍秦斋古印展》2"左夋司寇"，应读作"左偏司寇"。二"偏"皆指偏师。印文"夋车守"疑应读作"偏车守"，"偏车"相对正车而言，是指副佐之车。《管子·君臣下》"虽有偏卒之大夫",集校引丁士涵云:"偏,副佐之义。""守"指官长。《说文》宀部:"守,守官也。""偏车守"即偏车之长。"守"又指守卫者。《周礼·天官·内宰》"正岁均其稍食,施其功事,宪禁令于王之北宫,而纠其守",郑玄注:"守,宿卫者。""偏车守"即偏车之守卫者,或即偏车右。《玺汇》3471印文为"夋子",疑应读为"偏子",相当于馀子、枝子,指庶子。

（4）007：陷（郃－合）阳亩（廪）訠（胖－半）

首字印蜕作 ，照片作 （水平翻转），都不甚清楚,可以摹作 ,即"陷"字。战国"合"字一般作 （《集成》4292）,或在下部加"口"旁作 （《集成》1800）,"口"旁中间再加一横作 （《集成》2693.1）,省掉中间"口"旁作 （《集成》2693.2）,这种写法也可以看作是在第一形基础上加一横而成。印文右旁与最后一形写法相同,可见应释为"陷"。"陷阳"即"合阳"。《说文》邑部:"郃,左冯翊郃阳县。从邑,合声。《诗》曰:'在郃之阳。'"段玉裁注:"《大雅》文,今《诗》'郃'作'洽',《水经注》引亦作'郃'。按《魏世家》文侯时西攻秦,'筑雒阴、合阳',字作'合'。盖'合'者,水名。《毛诗》本作'在合之阳',故许引以说会意。秦汉间乃制'郃'字耳。今《诗》作'洽'者,后人臆加'水'旁。许引《诗》作'郃'者,后人所改。"[④]《集成》2693"合阳"作"合",可证段说可从。印文"合阳"字从"阜"作"陷",大概是受"阳"字影响而产生的类化偏旁,是一种特殊的文字现象。合阳战国时属魏。上揭《集成》2693二十四年合阳鼎,吴良宝定为魏惠王前元二十四年,属战国中期[⑤]。据此可知"合阳亩訠"印为战国时魏国印。"亩訠"习见于战国玺印文字,如"亩訠"（《玺汇》3327）、"厽郸亩訠"（《玺汇》2226）、"黍丘亩訠"（《玺汇》324）等,李家浩考证黍丘的国别属魏[⑥]。"合阳亩訠"印的国别也属魏,进一步说明"亩訠"是魏国特有的制度,可以作为判断器物国别的标准。印文"訠"字原作 ,据此可知,战国文字中的 （ ）（《集成》11329）[⑦]、 （《程训义古玺印集存》1－46）二字,一般分别释为"丛"和"宰"是不正确的,二字皆应改释为"訠"。这种写法的"訠"上部作"丵"字形,跟"辨"字异体 （郭店简《五行》37）、 （郭店简《五行》39）所从写法跟印文相近。李学勤认为"訠"字从"肉"、"辨"省声,读为"半",认为是量制单位[⑧]。董珊进一步认为,"半"应是"半齋"或"半升"之省[⑨]。"陷阳廪訠"印是烧制官府所用标准量器时所使用的戳印玺印,表明该量器是合阳城仓廪所使用的标准量器,容量为半齋或半升[⑩]。

（5）137：王射

第二字印蜕作 ,照片作 （水平翻转）,编者释为"弩"。此字作为偏旁亦见于古玺,吴振武分析为从"弩"从"矢",释为"射"字异体[⑪]。其说可从,唯所谓"女"应是"夬"字[⑫]。战国文字"射"一般从"弓"从"矢"作 （郭店简《穷达以时》8）,又从"弓"从"夬"作 （清华简《系年》64）,把两种写法揉和在一起就作 （清华简《赤鹄之集汤之屋》1）,"矢"旁不倒写则作 （清华简《祝辞》5）。印文此字与最后一形十分接近,唯夬戴在"又"形中间笔画上,稍有不同,显然也应释为"射"。古代有以"射"为名的,例如"李射、刘射"等⑬。

《盛世玺印录·续壹》34号著录一枚战国姓名私玺,首字作▨,其右旁编者也释为"弩"⑭。按此字右旁也是本文所释的"射"字,只是所从"夬"旁省掉上部一横,可以看作是借用边框为之⑮,则此字当释为"谢"。这是三晋文字中首次发现"谢"字。谢氏是古代常见姓氏。《通志·氏族略二》:"谢氏,姜姓。炎帝之裔,申伯以周宣王舅受封于谢……后失爵,以国为氏焉。鲁有谢息,汉有谢弘、谢弼、谢该。"

(6)144:埜(野)狢

首字作▨,习见于晋系文字,李家浩疑应释为"壄(野)"字省体⑯。晋系货币文字中有一个字作▨(《古钱大辞典》39),吴良宝也释为"壄(野)",他根据李家浩的意见,认为字从"土"、"予"声,"予"字所从两圆圈套写在一起,又与"土"之竖笔共用笔画,才变作"爪"字形⑰。不过赵平安认为其字应释为"冶",用作"野"是假借用法⑱。我们认为李、吴二位先生说法可从。"埜"字是"壄"字所从"林"旁省掉一个"木"、所从"予"省作"爪"字形的写法,货币文字"壄"是把"林"旁都省掉的写法,是"埜"字的简体⑲。古代有野氏,例如春秋时鲁国有野泄,见《左传·昭公二十六年》。

(7)145:覃(郭)畸   184:覃(郭)疾

145号首字原作▨,编者仅隶定作"夏",当作不识字。184号首字原作▨,编者释写作"棗",括注为"椁"。古文字"覃"作▨(《京都》3241)、▨(《集成》2830)等形,象城郭之形,是"郭"的本字。春秋战国时期形成地域特色,秦系文字作▨(《陕西新出土古代玺印》761)、▨(睡虎地秦简《为吏之道》8),下部作"十"字形,或加"邑"旁;齐系文字作▨(《集成》4644)、▨(《陶录》2·384·3),下部变作"甘"字形,即《说文》"亯"字;楚系文字作▨(上博简《曹沫之陈》18)、▨(清华简《系年》69)、▨(《玺汇》5601),下部变作类似"矢"字形、"干"字形或"牛"字形,与楚文字"覃"字相混,需要根据文义仔细辨析,有学者把后一形释为"椁"是不正确的;燕系文字作▨(《新收》1758)、▨(《玺汇》5672),下部左侧加一饰笔,变作"寸"字形,这一写法是李家浩释出的⑳;晋系文字作▨(《玺汇》2443)、▨(《玺汇》44),下部变作"木"字形,过去释为"椁"是不准确的㉑。145号印文写法与燕系文字"覃"极近,只是上部"宀"形笔画延伸到字形底端,略有不同;184号印文跟晋系文字"覃"写法相同;显然都应释为"覃"。"覃"在此用作姓氏,应该读为"郭"。

(8)156:畋歌(歌)

第二字原作▨,编者释为"歌"。按晋系文字"可、区"字形相近,例如"欧"字作▨(《玺汇》1132),"鸥"字作▨(《玺汇》2523),"何"字作▨(《玺汇》2547),"奇"字作▨(《玺汇》1684),"诃(謌)"字作▨(《玺汇》2741),二者区别在于"可"字一横在字形最顶部而"区"字不是。据此,编者把此字释作从"可",应该是可信的。但是认为此字是"歌"字异体,则可商。参照

《玺汇》2741"诃"为"謌"异体,此"訶"应为"歌"字异体。孔家坡汉简《日书》歌乐之"歌"皆作"訶",是其证。

　　附记:本文是教育部人文社科青年项目"出土文献参照下的《说文》释义牵合字形现象研究"(20YJC740021)成果。

（作者单位：江苏师范大学国际学院；

江苏师范大学语言科学与艺术学院、语言能力协同创新中心）

注：

① 〔日〕尾崎苍石、〔日〕和田广幸编著《匋玺室藏古玺印选》,西泠印社出版社2019年。

② 何琳仪《战国古文字典——战国文字声系》第232页,中华书局1998年。

③ 阙晓莹《〈古玺汇编〉考释》第278页,台湾师范大学2000年硕士学位论文。

④ 〔汉〕许慎撰,〔清〕段玉裁注《说文解字注》第286页,上海古籍出版社1988年。

⑤ 吴良宝《战国魏"合阳鼎"新考》,《考古》2009年第7期第61—63页。

⑥ 李家浩《战国官印考释三篇》,《出土文献研究》第6辑第16—21页,上海古籍出版社2004年。

⑦ 从拓本看,右旁也是"刃",摹本微误。

⑧ 李学勤《楚简所见黄金货币及其计量》附《释楚度量衡中的"半"》,《中国钱币论文集》第4辑第63—64页,中国金融出版社2002年。

⑨ 董珊《楚简薄记与楚国量制研究》,《考古学报》2010年第2期第181页。

⑩ 吴砚君主编《盛世玺印录·续贰》6印文也是"卥韵",该书缺释第二字(第12页,文化出版社2017年)。不过从字体来看,应为伪品无疑。

⑪ 吴振武《燕马节补考——兼释战国时代的"射"字》,中国古文字研究会第八届年会论文,江苏太仓,1990年。

⑫ 刘洪涛《形体特点对古文字考释重要性研究》第98—99页,商务印书馆2019年。

⑬ 罗福颐《汉印文字征》卷五页十二、十三,文物出版社1978年。

⑭ 吴砚君主编《盛世玺印录·续壹》第49页,文化艺术出版社2017年。

⑮ 从照片看,可能原有一横,被误剔。

⑯ 李家浩《二年梁令矛小考》,《古文字论坛》第1辑第118—125页,中山大学出版社2015年。

⑰ 吴良宝《野王方足布币考》,《江苏钱币》2008年第1期第1—4页。

⑱ 赵平安《谈谈战国文字中用为"野"的"冶"字》,徐刚主编《出土文献：语言、古史与文献》(《岭南学报》复刊第10辑)第49—55页,上海古籍出版社2018年。

⑲ 刘洪涛《晋系文字中的"棳"》,《简帛》第22辑第24—25页,上海古籍出版社2021年。

⑳ 李家浩《燕国"泃谷山金鼎瑞"补释》第78—79页,《中国文字》新24期,艺文印书馆1998年。

㉑ 朱德熙根据楚帛书"融"字作𣎴,把此字分析为从"木"从"畐"省,释为"槨",读为"郭"(《朱德熙古文字论集》第154—155页,中华书局1995年)。其说得到绝大多数学者的赞同。但是楚帛书"融"字作𣎴,朱先生所摹有误,其字跟楚文字常见的"畐"字写法相近,下部并不从"木"。因此,有一段时间我们怀疑晋系文字的𣕧并不是"畐"或从"畐"。仔细思考之后,觉得朱先生把二者联系起来还是有道理的。古文字横画与倒U形笔画经

常互作，因此晋系文字✱所从的所谓"木"实际上是楚文字✱所从的"牛"字形变过来的，其字就是"犀"字。楚文字"厚"字一般作✱（清华简《厚父》13），但《封许之命》8作✱（左塚漆梮有字作✱，或释为"梏"，恐非是，疑应释为"厚"之声符"昮"），下部即变作"木"字形。楚文字"暴"作✱（清华简《四告》2）、✱（清华简《治政之道》36）、✱（郭店简《唐虞之道》12）等形，可以看出下部逐渐变作"木"字形的过程。清华简《封许之命》6有字作✱，整理者分析为从"木"从"算"声，陈剑改释为从"竹"从"暴"声之字，所谓"木"是"暴"下部笔画之讹变（参看高佑仁《清华伍书类文献研究》第435—441页，万卷楼图书股份有限公司2018年）。此二例可作晋系文字之✱应释为"犀"的证据。另外，好蚤壶铭文有字作✱（《集成》9734），一般释为"榦"，参照楚系"軑"字下部写作"牛"字形作✱（清华简《系年》115），这个字也可能是"軑"字。

古文字研究(34): 529—532,2022

"伖月"小考

张振谦

《步黟堂古陶文集存·齐国》①卷三收录59方齐陶文,其第35方拓片如下:

此陶文也见于《齐陶文集成》②1.069.1,原释文为"大市伖月",这是正确的,但其未对释文作出详细说明,还有必要对释文作出进一步解释。

"伖"即"溺、尿"之异体字。《说文》:"伖,没也。"段注:"此沉溺之本字也,今人多用溺水水名字为之,古今异字耳。"《宋本玉篇》:"伖,奴的切。孔子曰:'君子伖于口,小人伖于水。'今作溺。"字形见于古文字,如《新甲骨文编》③收录下列"溺(伖)"字:(《合》137正)、(《合》557)、(《合》4305)、(《合》13887)、(《合》17959)、(《合》21418),字形像人遗尿之形,唐兰、李孝定等认为"伖"即为"尿"字④。刘钊进一步指出:"其实以往的考释诸家忽视了''字本来就是'尿'的本字,这个字见于甲骨文,作'',……如今看来应该是正确的。'溺''尿'音义皆同,本为一字之分化。"⑤极确。

"伖"字也见于战国文字,如《战国文字字形表》⑥收录下列楚系、晋系文字"伖":

《郭店·语二》36　　　《陶汇》6·81

对于上举郭店简字形,裘锡圭指出:"《说文·水部》:'伖,没也。从水从人。'即'溺'字。简文此字读为'弱'。"⑦此两"伖"字形体与齐陶文构形基本相同。

古文字有如下字形:

《集成》261.2王孙遗者钟　　《包山》177　　《包山》246

《郭店·老甲》33　　《珍秦》266　　《珍秦》99

郭沫若⑧、于省吾⑨等认为上述王孙遗者钟字形由"弓、彡、水"三个偏旁构成,廖名春将上述4例楚系文字皆释为"溺"⑩,刘钊认为上述2例秦印文字也是"溺"⑪。

上述字形释为"溺"字是正确的,但是其形体分析却仍有争议。廖名春不同意字形从"弓",他认为:"其实,'弱'字并非从'弓'从'彡',《说文》与段玉裁注都有问题。所谓'弓',乃人的侧身形象，战国文字中'人'作偏旁时与'弓'混，许慎将'人'误作了'弓'。所谓'彡'，乃尿水的形象。两人侧身站着撒尿，这就是'弱'字的本义。……所以，'休'也不过是'弱'省略了一个人而已。"

我们认为上述说法各有可取之处。结合前面对"休"的探讨，从字形上看，上述"溺"字形体应是由"水、弓、休"三部分组成的，可隶定为"㵟"。其字形的左上部，确实存在着从"弓"和从"人"两种写法。如前人所言，战国文字中"人"作偏旁时与"弓"混同，是一种常见现象。我们认为从"弓"者为正，从"人"者为讹。

首先，上举6例字形中，有5例从"弓"，1例（《包山》246）从"人"，在数量上好像从"弓"的字形占据绝对的数量优势，其实不然，因为我们并没有穷尽列举楚简"㵟"字形体。我们认为从"弓"的依据是：这6例字形分属楚、秦两系文字，分为金文、楚简、秦印三种字体，仅楚简文字有从"人"的，从区系写法占比、字体写法占比两方面统计，从"弓"都是主流写法。

其次，一般说来，楚简文字的"行书化"意味很浓，字形讹变的可能性较大，字体书写随意性较大；而金文、秦文字形体则相对保守、规范，字形的讹变可能性较小，字形具有较强的参考性。所以，我们倾向于"㵟"字左上部为"弓"旁。

第三，在目前见到的所有"㵟"形体中，其左上角无论是写作"弓"，还是写作"人"，都与右上角"休"旁的"人"形写法迥然有别。所以，即使左上角写成了"人"形，也不宜看作是"人"旁。

总之，"㵟"字当从"水"从"弓"，"休"声，释为"溺"。"㵟"字也可以分析为从"水""弜"声。"弜"即"弱"字，见于楚简，字形写作：

《清华三·祝辞》1

字形左侧偏旁为"弓"，与右侧的"人"旁区别尤为明显。《说文》："弱，桡也。上象桡曲，彡象毛牦桡弱也。弱物并，故从二弓。"段注："引伸为凡曲之偁。直者多强，曲者多弱。……'上象桡曲'，谓弓也。……曲似弓，故以弓像之。""弜"字从"弓"，即"弱"之初文，与"强"字从"弓"意同，表示弓弱无力，这是有其构形理据性的。由上知，小篆"弱"字从"弓"是源自战国文字的，或即"弜"之讹变。

将上清华简"弜"字形体与《说文》"弱"字小篆字形对比，可知"弱"字右侧的"弓"旁，应即"人"旁的讹变；"弱"字左侧的"弓"旁，应该是"弓"旁的类化。讹变的动因可能是字形追求左右对称而导致的偏旁间相互类化，这种类化讹变是符合汉字演变规律的。

所以，"弜"字从"弓""休"声，本义为弓弱无力。"㵟"字从"水""弜"声，为"休"之后起本字，即"休""㵟"为古今字。《说文》小篆"弱""溺"分别为战国文字"弜""㵟"之形体讹变。传抄古文"弱"[12]字写作：▨（碧）、▨（《汗》3.41）、▨（《四》5.23老）、▨（《四》5.23

老）、（《四》5.23华）、（《海》5.23）、（《海》5.23）；"溺"[13]字写作：（《海》5.8）、（《海》5.31）。可以看出，传抄古文"弱、溺"与战国文字"㞭"字形体基本一致，皆应为"㞭"之借体。由此可证，"㞭、弱、溺"三字有着密切关系。

《说文》："尿，人小便也。从尾从水。"就是说，许慎以为写作从"尸"的现代汉字"尿"本应从"尾"，小篆写作。这种小篆构形可能仅仅是汉代文字的写法，先秦"尿"字结构其实未必如此。从上面的梳理看，"尿"字形体皆写作"㞭"或"溺"，而从"尾"的古文字"尿"目前尚未发现，或许并不存在。汉代文字"尿"之形体，应为战国文字"㞭"的讹变。楚文字"㞭"或写作：

《清华四·筮法》48

从"尸"从"水"，当即"尿"字。前面说过，古文字"人、尸"两个偏旁容易混讹，此"尿"字应是战国文字"㞭"之讹体。除此之外，上举传抄古文"弱"字的第一个字形也有讹变为从"尸"旁的倾向。李孝定在谈到甲骨文"㞭"字时指出："（尿）字从尾无义，当是从尸从水会意。"[14]当属可信。

《说文》："溺，水。自张掖删丹西，至酒泉合黎，余波入于流沙。从水弱声。"段注："按今人用为㞭没字，溺行而㞭废矣。又用为人小便之尿字，而水名则皆作弱。"从上面所列"㞭、溺"字形演变关系看，段注是错误的，"溺、㞭"应皆为"尿"之异体，本义当为小便之尿字，非为假借。而便溺之"溺"与弱水之"溺"应为同形字，二者在字义上没有关系。《庄子·人间世》："夫爱马者，以筐盛矢，以蜄盛溺。"《史记·范雎蔡泽列传》："宾客饮者醉，更溺雎，故僇辱以惩后，令无妄言者。"《史记·扁鹊仓公列传》："中热，故溺赤也。"

齐陶文"㞭月"为齐月名，即"溺月"或"尿月"，月份或与便溺有关，具体为哪一月待考。目前见到的齐月名，除了"㞭月"外，还有"襫月（二月）[15]、冰月（十一月）[16]、弌日（一之日）[17]、春月（三月）、饭香月、馘月、鬶月"等。"从齐月名的用字看，齐人率真纯朴，月名口语化较强，浅显易懂……皆与日常生活息息相关。"[18]现在看来，齐人不仅性格率真纯朴，而且其月名用词更是通俗浅陋、粗鄙不羁。

附记：本文为国家社科基金专项"商周记时铭文资料的整理与研究"（2018VJX084）的阶段性成果。

（作者单位：河北大学文学院）

注：

① 唐存才《步黟堂古陶文集存·齐国》，2019年原拓本。

② 成颖春编著《齐陶文集成》，齐鲁书社2019年。

③ 刘钊、洪飏、张新俊编纂《新甲骨文编》第623页,福建人民出版社2009年。

④⑭ 于省吾主编《甲骨文字诂林》第20页,中华书局1996年。

⑤ 刘钊《古文字构形学》第271页,福建人民出版社2006年。

⑥ 徐在国、程燕、张振谦编著《战国文字字形表》第1530页,上海古籍出版社2017年。

⑦ 荆门市博物馆编《郭店楚墓竹简》第206页注9,文物出版社1998年。

⑧ 郭沫若《郭沫若全集(考古编)》第八卷第347—349页,科学出版社2002年。

⑨ 于省吾《双剑誃吉金文选》第110页,中华书局2009年。

⑩ 廖名春《出土简帛丛考》第145页,湖北教育出版社2004年。

⑪ 同注⑤第270—272页。

⑫ 徐在国编《传抄古文字编》第888页,线装书局2006年。

⑬ 同上注第1084页。

⑮ 刘心源《奇觚室吉金文述》卷六·三六,清光绪二十八年(1902)刻本。

⑯ 吴式芬《攈古录金文》卷二之三·四〇,清光绪二十一年(1895)刻本。

⑰ 何琳仪、高玉平《唐子仲濒儿匜铭文补释》,《考古》2007年第1期第64—69页;董珊《"弌日"解》,《文物》2007年第3期第58—61页。

⑱ 张振谦《齐月名初探》,《中国国家博物馆馆刊》2014年第9期第56页。

古文字研究（34）：533—538，2022

战国货币地名考辨二则

徐俊刚

战国时期的金属货币数量巨大、币文多样，其币文所记录的地名有些可与文献记载相合，有些则不见于史籍，是研究战国文字、战国历史、战国行政区划的重要资料。本文拟结合历史记载、战国文字通假现象和用字习惯、战国货币的形制特点等因素，辨析两例战国货币地名及相关问题。

一

《中国历代货币大系·先秦货币》2476号著录一种三孔布[①]，正面币文作 ，郑家相释为"文雁乡"[②]。裘锡圭指出左侧一字不当释"乡"，应是"即"，与榆次布的"即"一样读为"次"；右侧一字当从"鸟"、"产"声，隶定为"鳶"。"产"即"彦"字声旁，"彦、雁"都是疑母元部字，"鳶"是雁的异体。故该币文当为"雁即"，读为"雁次"，应为战国时赵国"雁门"的一个重要城邑[③]。何琳仪疑读为"安次"，又提及或说与"鸿上塞"有关[④]。黄锡全亦读为"安次"[⑤]。在币文的隶定上，我们同意"雁即"之说，但从已知的三孔布地名分布来看，将"雁即"置于"雁门"恐不妥当；读为"安次"有其道理。

目前已经发现的三孔布币文有30余种，均记有地名。从已经确认的地名来看，几乎都在赵国的东半部，而赵国西半部的地名则看不到，裘先生据此指出，三孔布很可能是在赵国的太原地区被秦攻取之后才铸行的，其时代不会早于秦庄襄王时代（前249—前247）[⑥]。张弛对三孔布的国别亦持相同看法，而认为其始铸年代不会超过赵悼襄王元年（前244）[⑦]。综合三孔布的各种因素考虑，三孔布是战国末期赵国铸币的说法应该比较可信[⑧]。我们对于"雁即"布的讨论，正是基于这样一个国别年代前提之下。

在以往研究的基础上，将三孔布可以确释的地名标注于地图，可以发现绝大多数地名都位于今河北省境内，如南行唐（今河北行唐县附近）、北九门（今河北藁城西北）、宋子（今河北赵县北）、安阳（今河北阳原县东南）、阿（今河北高阳县北）、狸（今河北任丘北）、上曲阳（今河北曲阳县西）、下曲阳（今河北晋州西）、下博（今河北深州市东）、平台（今河北平乡县东北）、妬邑（今河北石家庄市鹿泉区附近）、五陉（今河北无极县东北）、封斯（今河北赵县西北附近）、新处（今河北定州市东北）、扶柳（今河北衡水市冀州区西北）、武阳（今河北任丘附近），等等；少数几个则位于今山西省境内，如上艾（今山西平定县东南）、余吾（今山西屯留北）[⑨]、阏与（今山西和顺县西北）[⑩]，等等。在它们以西、今太原一带的大片赵国领土于前248年为秦

国攻取,即《史记·赵世家》所载,赵孝成王十八年[11]:

> 秦拔我榆次三十七城。

又见《秦本纪》秦庄襄王三年[12]:

> 攻赵榆次、新城、狼孟,拔三十七城。

位于今山西境内的这几处城邑没有同榆次、新城等三十七城一起为秦攻占,很可能与它们背倚太行山的地形优势有关。太行山脉位于今山西省与华北平原之间,纵跨北京、河北、山西、河南四省市,成为赵国抵挡秦国进攻的地理屏障。从三孔布地名的分布来看,这道地理屏障也是三孔布分布的"边界线"[13]。

赵国的雁门郡是赵武灵王时所置,据《史记·匈奴列传》[14]:

> 而赵武灵王亦变俗胡服,习骑射,北破林胡、楼烦。筑长城,自代并阴山下,至高阙为塞。而置云中、雁门、代郡。

秦、西汉时,雁门郡治所在善无县(今山西右玉县南),辖境相当于今山西河曲、五寨、宁武等县以北,恒山以西,内蒙古黄旗海、岱海以南。东汉移治阴馆县(今山西朔州市东南五十五里夏关城)[15]。从位置上看,雁门郡位于太行山脉以西,不在三孔布地名的主要分布区域之内。《汉书·地理志》载雁门郡下辖十四县[16]:

> 善无、沃阳、繁畤、中陵、阴馆、楼烦、武州、汪陶、剧阳、崞、平城、埒、马邑、彊阴。

其中除崞之外[17],善无、繁畤、楼烦、平城、埒等地名均见于尖足布币文,而不见有三孔布地名出现,将"雁即"与雁门系联,仅是因为二者都有一"雁"字而已,从地理位置和实际分布情况上讲其实是缺乏证据的。"雁即"的具体位置还应在太行以东、今河北省境内或附近寻找。我们怀疑"雁即"可能就是"安次"。

查检上古音,安是影纽元部字,雁是疑纽元部字[18],声纽相近,韵部相同。在出土文献中有两字可以相通假的例证,如《清华八·摄命》27:"亦余一人永膺才立。"整理者指出"膺"即"颜"字,读为"安"[19]。《银雀山汉墓竹简2·三十时》1779:"苍案夕鸣。""苍案"即"苍雁"。

关于"即"读为"次",裘锡圭已作了讨论[20],这里不再赘述。故"雁即"可以读为"安次"。《汉书·地理志》渤海郡有安次县,在今河北省廊坊市安次区,战国属燕。战国燕玺中有复姓私玺"安即生晨",复姓"安即"即"安次",是以地名为氏[21]。虽然史籍中没有安次曾经属赵的明确记载,但剖析史料我们发现,在战国晚期安次存在短时间归属赵国的可能。

战国时,赵燕接壤,至战国晚期,两国存在较多的领土争夺。据《史记·赵世家》载,赵孝成王十五年(前251),燕王喜派栗腹率军攻鄗,卿秦率军攻代。赵将廉颇"大破栗腹之军于鄗,禽栗腹、乐乘"[22],"于是乐閒奔赵,赵遂围燕。燕重割地以与赵和,赵乃解而去"[23]。其后几年间,廉颇、乐乘、延陵钧等多次帅军攻燕,略地拔城。赵悼襄王二年(前243),李牧攻燕,拔武遂(今河北省保定市徐水区西)、方城(今河北省固安县南)[24],六年(前239)赵攻燕,得上谷三十六县，与秦什一[25]。经过数年的征战，赵国已经深入至燕国腹地，安次与方城相距甚近，此时很有可能被赵国攻占，进而在此铸行货币。三孔布币文所见地名中，有一部分地名原本属燕，后来入赵，例如阿、狸等[26]，这说明占据城邑后铸行货币符合赵国的实际情况。燕作"安即"，赵作"雁即"，是同一地名在不同国别的不同写法。安次属赵的年限大约是前243年至前228年赵亡的十余年间。

二

黄锡全曾经公布一枚圆钱，并将币文释作"環夐"。他举例说明古文字中所见从皀之字，多可用为"泽"或从泽之字。又引《清华二·系年》19："赤翟王峜（留）唐起师伐卫，大败卫师于罻。"整理者注：卫师败绩之地，《左传》云"荧泽"，《纪年》云"洞〈泂〉泽"，"荧、泂"皆匣母耕部。简文作"罻"，属群母耕部，也是通假字。故将"環夐"读为"荧泽"，是卫国所铸圆钱[27]。以上论证，符合律例兼备的原则，但细细推敲起来却仍有一些疑问。

首先，东周时期货币铭文所记的地名都应是县名[28]。史书所载"荧泽"有两处，一处在今河南郑州市西北古荥镇北，又作荥泽，即《尚书·禹贡》"荥波既猪"之荥；一处在今河南浚县西，即《左传》闵公二年，狄人伐卫"战于荧泽，卫师败绩，遂灭卫"之"荧泽"。《系年》所载赤翟打败卫师是在河南浚县之荧泽。但以上两处"荧泽"均是湖泽之名，先秦从未见作为县邑名出现，既然"荧泽"是湖泽而非县邑，也就不会有铸行钱币的职能。

其次，就目前所见，魏国是晋系诸国最早铸造圆钱的国家，其"桼垣一釿"圆钱的铸造年代不晚于前332年[29]，而此时卫国国土仅剩濮阳、刚平等弹丸之地，原"荧泽"所在地早已为魏国所占据，故此圆钱是卫国所铸的可能性已经很小。魏、卫两国在战国文字分域体系中均属于晋系，但在晋系文字中，"荧"字却从不见以"環"字通假之例。战国时韩国有荥阳，因在荥水之阳而得名，出土材料中多见，如荥阳上官皿（《铭图》14085）[30]、荥阳仓器（《古玺汇考》第118页）[31]、荥阳氏马（《古玺汇考》第119页）、荥阳向陶（《古陶文汇编》6.108）[32]，秦陶文作"荧市"（《古陶文汇编》6.57），字或作"荥"或作"荥"或作"荧"，均与传世文献中记载的"荧／荥阳"相合，未见有辗转通假的情况，《系年》中以"罻"通作"荧"恐非是晋系的用字习惯。同样，"泽"字在三晋文字中从"睪"声，如韩兵有渡泽君戈（《铭三》1501）[33]，"渡泽"作"隻睪"。因而以"環夐"读为"荧泽"需要谨慎。

关于此币文的释读，我们这里提出一种想法。黄锡全指出，已见圆钱铭文相连者多为顺读，即顺时针读，此说不假，但通过分析晋系圆钱铭文的形态，我们发现：如"閺"（见图1）、"离石"（见图2）、"广平"（见图3）、"共屯赤金"（见图4）四种圆钱，币文均从右侧开始顺时针读，所有文字的方向走势一致，上字的下端接下字的上端。

閺

图1 《货系》4065

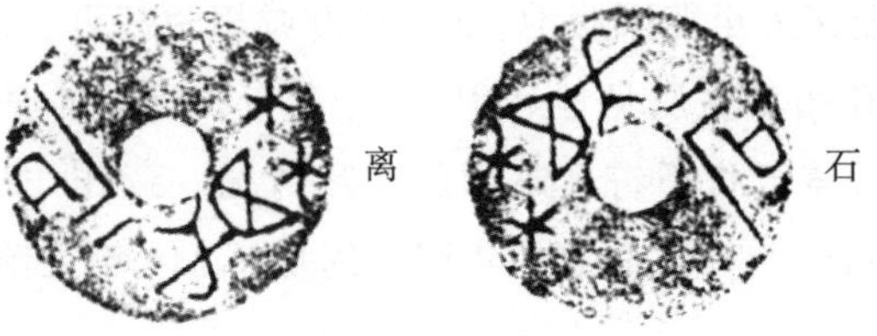

图2 《货系》4047

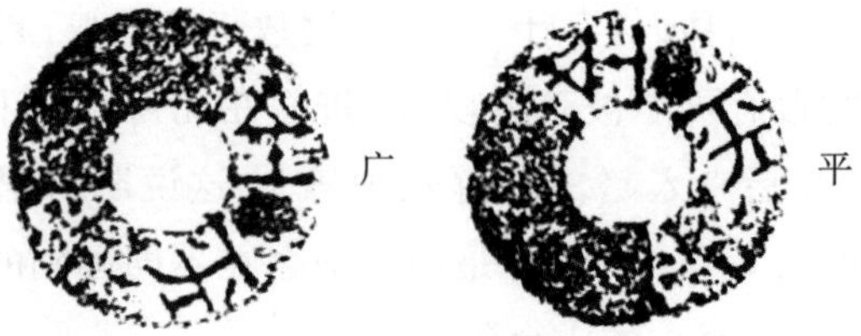

图3 《货系》4075

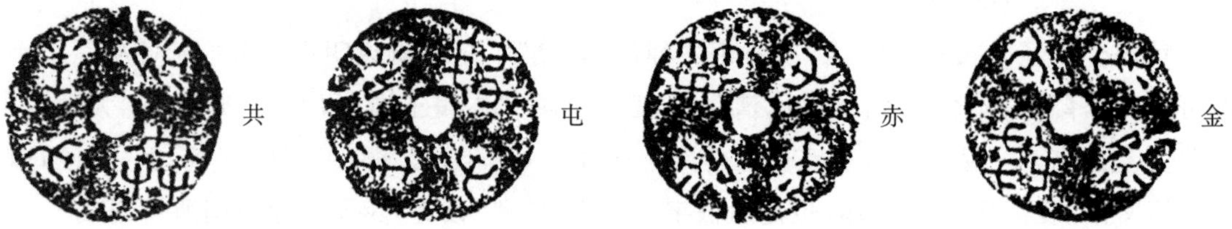

图4 《货系》4045

而两种四字圆钱“桼垣一釿”（见图5）、“桼睘一釿”（见图6），是从左侧开始顺时针读，当“桼”字正向时，“垣、睘”二字的方向与“桼”是相背的，即“桼”字的上端接“垣、睘”二字的上端。

图5 《货系》4055

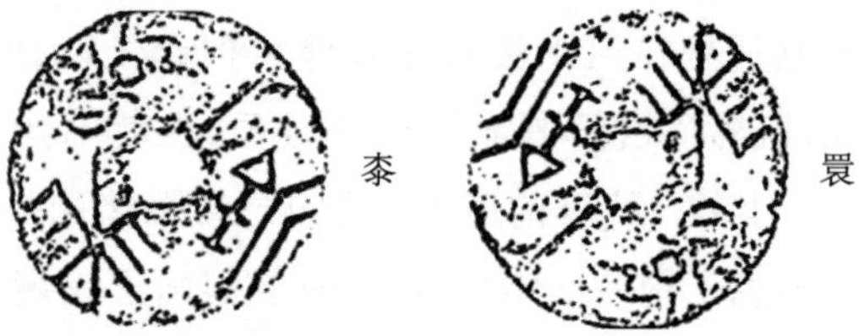

图6 《古钱大辞典》第832页[34]

由以上现象可见，字的方向是与持币者识读方向一致。“環𣪘”在左侧，如果顺时针读为“環𣪘”，其“𣪘”字方向很有可能应如“桼垣、桼睘”二圆钱一样，中心旋转180度，即与其实际书写方向相反，我们据上述特点模拟制作的读为“環𣪘”时应该呈现的写法如下（见图7）。

图7

所以，我们认为“環𣪘”的读法应该是逆时针读为“𣪘環”。晋系圆钱一字或二字铭文一般多铸在右侧，这种情况可能是一种特例，如“閔”字圆钱也有币文铸在左侧者（见图8）。

图8 《货系》4066

可以对比的是,战国货币币文虽然大多自右向左读,也有逆向自左向右读的情况:

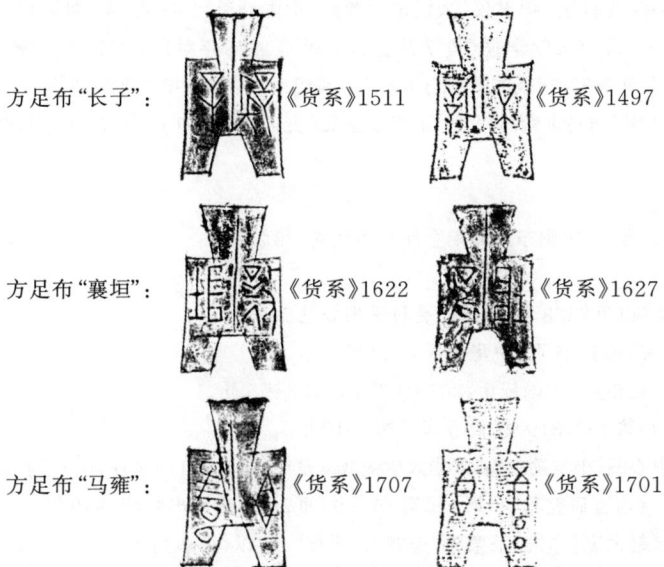

方足布"长子": 《货系》1511　 《货系》1497

方足布"襄垣": 《货系》1622　 《货系》1627

方足布"马雍": 《货系》1707　 《货系》1701

横向比较可见,币文"贪瞏"铸在圆钱左侧,从而反向逆时针读是有可能的。

战国时,东方各国多以"袁／瞏"声字通假为"县"[④]。我们怀疑"贪瞏"之"瞏"亦应读为"县","贪瞏"即"贪县"。当然也有可能如裘锡圭曾经假设的那样,与《货系》4067"半瞏"圆钱的"瞏"字同义[⑳],"贪瞏"即"贪"地所铸的圆钱。至于"贪"是与金文中用为地名、方国名的"贪"有关,还是通假为别字,还需更多的材料来印证。

（作者单位：中山大学中国语言文学系［珠海］）

注：

① 汪庆正主编,马承源审校《中国历代货币大系·先秦货币》,上海人民出版社1988年。本文简称"《货系》"。

② 郑家相《中国古代货币发展史》第145页,生活·读书·新知三联书店1985年。

③⑳ 裘锡圭《战国货币考(十二篇)》,《北京大学学报(哲学社会科学版)》1978年第2期第73页;收入裘锡圭《古文字论集》第434—435页,中华书局1992年。

④ 何琳仪《战国古文字典——战国文字声系》第977页,中华书局1998年。

⑤ 黄锡全《三孔布奥秘试探》，《先秦货币研究》第186页，中华书局2001年。

⑥ 裘锡圭《战国货币考(十二篇)》，《北京大学学报(哲学社会科学版)》1978年第2期第76页。

⑦ 张弛《三孔布币考辨》，《文物春秋》1990年第4期第41—50页。

⑧ 相关讨论可参见吴良宝《中国东周时期金属货币研究》第227—231页，社会科学文献出版社2005年。

⑨ 各地名考证及地理位置信息，参见裘锡圭《战国货币考(十二篇)》；郑家相《中国古代货币发展史》；朱华《山西朔县出土"宋子"三孔布》，《中国钱币》1984年第4期第7—10页；何琳仪《桥形布币考》，《吉林大学社会科学学报》1992年第2期第3—7页；裘锡圭《战国货币考(十二篇)》"编校追记"，见《古文字论集》第451—452页；汪庆正《货系·总论》；李家浩《战国於疋布考》，《中国钱币》1986年第4期第55—57页；黄锡全《三孔布奥秘试探》，《先秦货币研究》第179—201页；何琳仪《余亡布币考》，《中国钱币》1990年第3期第11—14页等。

⑩ 裘锡圭《战国货币考(十二篇)》，《北京大学学报(哲学社会科学版)》1978年第2期第76页。李家浩则释为"且居"，在今河北宣化县东南，参见李家浩《战国於疋布考》，《中国钱币》1986年第4期第57页。

⑪ 〔汉〕司马迁撰，〔宋〕裴骃集解，〔唐〕司马贞索隐，〔唐〕张守节正义《史记》第2201页，点校本二十四史修订本，中华书局2014年。

⑫ 同上注第275页。

⑬ 三孔布地名分布示意图可参见吴良宝《中国东周时期金属货币研究》第228页。

⑭ 同注⑪第3490页。

⑮ 史为乐主编《中国历史地名大辞典》第2528页，中国社会科学出版社2005年。

⑯ 〔汉〕班固著，〔唐〕颜师古注《汉书》第1621页，中华书局1962年。

⑰ 黄锡全《介绍一枚新见"郭"字三孔布》，《中国钱币》2013年第2期第3—5页。

⑱ 郭锡良《汉字古音手册(增订本)》第292、319页，商务印书馆2010年。

⑲ 清华大学出土文献研究与保护中心编，李学勤主编《清华大学藏战国楚简(捌)》第119页注46，中西书局2018年。

㉑ 施谢捷《古玺印文考释(十篇)》，《语言研究集刊》第6辑第75—93页，江苏教育出版社1999年。

㉒ 按，此从《史记·乐毅列传》说。《赵世家》作"破杀栗腹，虏卿秦、乐閒"，应以《乐毅列传》为是。

㉓ 同注⑪《乐毅列传》第2953—2954页。

㉔ 同注⑪《赵世家》第2203页。

㉕ 〔西汉〕刘向集录，范祥雍笺证，范邦瑾协校《战国策笺证》第460页，上海古籍出版社2018年。

㉖ 何琳仪《三孔布币考》，《中国钱币》1993年第4期第35页。"且居"即裘锡圭所释"阏与"，参见前文注释。

㉗ 黄锡全《解析一枚珍稀环钱——出土文献、传世文献、古币文字互证之一例》，《出土文献》第4辑第149—155页，中西书局2013年。

㉘ 吴良宝《战国文字所见三晋置县辑考》，《中国史研究》2002年第4期第11—20页。

㉙ 吴良宝《中国东周时期金属货币研究》第249页。

㉚ 吴镇烽编著《商周青铜器铭文暨图像集成》，上海古籍出版社2012年。本文简称"《铭图》"。

㉛ 施谢捷《古玺汇考》，安徽大学2006年博士学位论文。

㉜ 高明编著《古陶文汇编》，中华书局1990年。

㉝ 吴镇烽编著《商周青铜器铭文暨图像集成三编》，上海古籍出版社2020年。本文简称"《铭三》"。

㉞ 丁福保编《古钱大辞典》，中华书局1982年。

㉟ 李家浩《先秦文字中的"县"》，《文史》第28辑第49—58页，中华书局1987年；收入《著名中年语言学家自选集·李家浩卷》第15—34页，安徽教育出版社2002年。

㊱ 裘锡圭《战国货币考(十二篇)》，《北京大学学报(哲学社会科学版)》1978年第2期第69页。

古文字研究（34）：539—543，2022

武汉博物馆藏东汉《硕人》镜校读一则

萧　毅

　　现藏于武汉博物馆的《硕人》镜，背面沿顺时针方向刻有一圈铭文，中间是画像。画像中间是东王公像、西王母像，四方是青龙、朱雀、玄武、白虎像。四周铭文是《诗经·卫风·硕人》诗，从"石（硕）人姬姬（其颀）"到"河水洋洋，北流"止。

　　此镜陆续有照片和摹本发表。较为清晰的照片见于《中国青铜器全集》（见图1a）[①]，拓片见武汉博物馆展厅（见图1b），摹本则仅见徐鉴梅的摹本（见图1c）[②]。

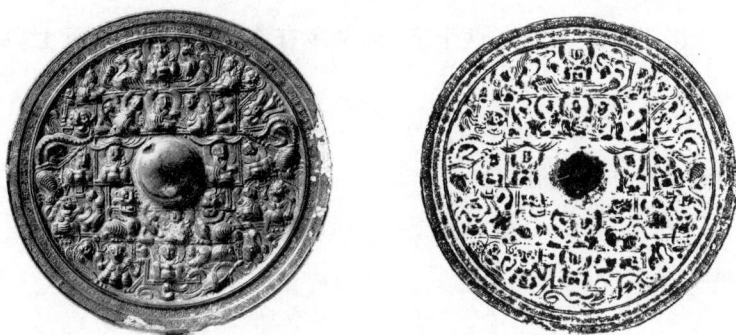

a　　　　　　　　　　　b

c

图1

此镜为东汉时物。罗福颐谓:"审其形制,镜鼻大是后汉特点,雕镂又与传世建安年号镜相仿。据史书记载,汉灵帝熹平四年石经碑始立,观视及摹写者,车乘日千余辆。熹平四年至献帝建安亦不过二十年,则此镜以诗为铭,殆受石经碑之影响。石经诗为鲁诗,则此镜为鲁诗无疑。"③

李学勤在《论〈硕人〉铭神兽镜》一文中称1978年在武汉市文物商店看到这方铜镜,并谓:"铜镜系一九七〇年拣选。径14.8厘米,扁球形钮。镜背饰浮雕状神兽纹,环以弦纹及铭文一周,计九十字。缘饰纽结的云纹。"④

文字释读除罗福颐、李学勤外,还有张吟午《毛诗、镜诗、阜诗〈硕人〉篇异文比较》⑤、陆锡兴《〈硕人〉镜考》⑥、周远斌《汉镜〈硕人〉铭文校勘》⑦、孙黎生《再谈武汉博物馆藏"诗经铭文重列式神兽镜"》⑧等专文研究。此外,其他一些论著中也涉及此镜,如陆锡兴《〈诗经〉异文研究》⑨、程燕《〈诗经〉异文辑考》⑩等。

与今本《毛诗》作"镳镳"对应的两个字,前贤多有论说(以下引文见上举各家论说,不再一一标注)。

罗福颐:

带□耕耕(毛诗作朱幩镳镳)。

张吟午:

朱□□□。

李学勤:

"猋",今作"镳",音同通假。字三"犬"骈列而有省简,不易辨识。

陆锡兴:

"洙□猋猋",罗"洙"释作"带",误。后二字罗释"耕耕",不从。《毛诗》作"朱幩镳镳",传:"盛貌。"《玉篇·人部》:"《诗》云'朱幩儦儦',盛貌也。"此《韩诗》。"洙"通"朱",朱色。李释后二字为"猋猋",谓三"犬"骈列而有省简,今作"镳"者,音同通假,可从。

周远斌:

洙朱井耕耕,《毛诗》作"朱幩镳镳"。按:"洙"、"朱",同音假借。"耕耕",与"镳镳"义相近,因义见用。《正字通·耒部》:"耕,凡致力不怠谓之耕。"耕耕,盛力貌。《诗集传》:"镳镳,盛貌也。""耕"是见母耕部字,"镳"是帮母宵部字,声韵不同亦不相近,应因义见用。

程燕:

镳,汉铜镜作"猋"。罗福颐释作"耕"。李学勤释作"猋","音同通假。字三犬骈列而有省简,不易辨识。"按,罗释误,李说可从。

笔者认为,除罗福颐把左边的部件隶定为"耒"可取外,于形多未安。

这两个字铜镜照片和摹本如图2所示。笔者认为,此字左半为耒。右边上部两竖和两

（或四）横向笔画，应该是"鹿"的简省；下部还有短斜笔，疑有四点，应即"火"旁；所以右半部分，很可能是"麃"。也就是说，这个字很可能是"糜"字。

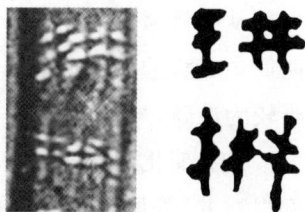

图2

早期鹿头形，鹿角部分较为复杂。稍晚，鹿角简化作∪形，较为常见。

秦汉文字中，常见∪形笔画下增一笔∪形或一横的形体，如陶文"庆"（图3a，《古陶文汇编》3.1129）、汉印"燔庆"（图3b，《印典》第2235页）、"鹿苍"（图3c，《印典》第2090页）、"鹿非子"（图3d，《伏庐藏印》第61页）、"麋虞·麋小青"（图3e，《增广百家姓印谱》第305页）。

图3

进一步的变化，是上部的∪形笔画拉直，作"开"形。如睡虎地秦简"廉"（图4a，《语书》12）、马王堆签牌"鹿"（图4b，三号墓签牌9）、马王堆签牌"鹿"（图4c，三号墓签牌10）、马王堆帛书"鹿"（图4d，《战国纵横家书》161）、马王堆帛书"麋"（图4e，《战国纵横家书》161）、居延汉简"庆"（图4f，《居延新简》EPT127：18）、汉印"淳于庆忌"（图4g，《印典》第2236页）。

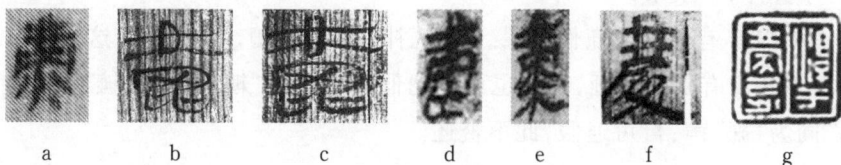

图4

再进一步，上部的∩形笔画中间断开，作"井"形。如马王堆竹简"鹿"（图5，一号墓遣册13、14、46、《十问》8等）、汉印"庆"见"王金·王庆忌"（图6，私人藏印）等。其中横向笔画有作四笔书写者，如一号墓遣册32、44（图7）。

图5

图6

图7

　　从铜镜照片看,这两个字的右上部都应该是作四笔书写的,与马王堆一号墓遣册32、44两简中"鹿"的上部近似。这样看来,摹本的两个字,前一个字的右半描摹失真,后一个字的右半较为准确。

　　这些变化中有一类情形值得关注,就是上部与中部的分离。这种变化为秦汉文字截取上部"彐、井"等形作为"鹿"的简体提供了可能。

　　秦汉文字所从"鹿"形极简者与镜文近似。

　　如秦印"王麤"(图8a,《古玺汉印集萃》第51页,人名字旧不识。陈光田以为楚玺[⑪],恐非)、马王堆帛书"尘"(图8b,《老子》乙本18上)、马王堆竹简"麤"(图8c—e,一号墓简262、263,三号墓简373)、居延汉简"麤"(图8f,《居延新简》EPT52:192A)等。

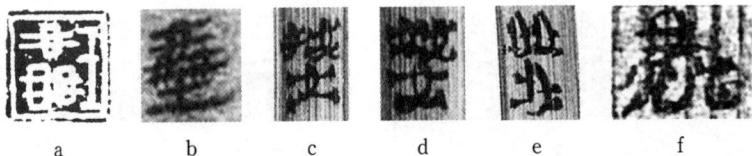

图8

　　从上面的分析可以看出,铜镜中的这两个字释为"穮"应该没有太大的问题。

　　《玉篇》耒部:"穮,耘也。"《广韵》宵韵:"穮,除田秽也。亦作穮。"《说文》禾部:"穮,耕禾间也。从禾麃声。《春秋传》曰:'是穮是袞。'"段注:"穮者,糫也,非耕也。"传抄古文"穮"字有作"穮"者,见杜从古《集篆古文韵海》(图9)。可见,"穮、穮"应该是一字异体,一从耒,一从禾。

图9

　　后世字书中"穮"有俗字从鹿作"穮",《字汇补》耒部:"穮,与穮同。"这样看来,如果铜镜中的两个字右下部没有别的笔画,我们也可以把他们隶定作"穮",作为"穮"字的简体。

　　"穮、镳"同为"麃"声,自可通假,此不赘述。

　　附记:本文得到国家社会科学基金重点项目"古玺集释"(14AYY012)资助,特此致谢!

(作者单位:武汉大学文学院古籍整理研究所)

注:

① 中国青铜器全集编辑委员会编《中国青铜器全集·第16卷·铜镜》第98页,文物出版社1998年。

② 徐鉴梅《东汉诗经铭文镜》,《江汉考古》1985年第4期第77页。

③ 罗福颐《汉鲁诗镜考释》,《文物》1980年第6期第80页。以下引文皆出于此,不再出注。

④ 李学勤《论〈硕人〉铭神兽镜》,《文史》第30辑第47—50页,中华书局1988年。

⑤ 张吟午《毛诗、镜诗、阜诗〈硕人〉篇异文比较》,《江汉考古》1986年第4期第92—93页。以下引文皆出于此,不再出注。

⑥ 陆锡兴《〈硕人〉镜考》,《学术集林》卷十七第324—343页,上海远东出版社2000年。

⑦ 周远斌《汉镜〈硕人〉铭文校勘》,《古籍整理研究学刊》2007年第1期第13—15、41页。以下引文皆出于此,不再出注。

⑧ 孙黎生《再谈武汉博物馆藏"诗经铭文重列式神兽镜"》,《武汉文博》2014年第1期第17—22页。

⑨ 陆锡兴《〈诗经〉异文研究》第110—125页,中国社会科学出版社2001年。以下引文皆出于此,不再出注。

⑩ 程燕《〈诗经〉异文辑考》第96—103页,安徽大学出版社2010年。以下引文皆出于此,不再出注。

⑪ 陈光田《战国玺印分域研究》第160页,岳麓书社2009年。

古文字研究(34):544—550,2022

汉镜铭讹混字研究

焦英杰　　徐正考

　　古文字中的文字讹混现象较为常见,对相关现象的研究有助于汉字构形学、异体字和汉字发展史的研究。迄今为止,有关文字讹混现象的研究取得了丰硕的成果,王慎行[①]、刘钊[②]等学者针对整个古文字阶段中的文字讹混现象进行了较为深入的研究;而陈炜湛[③]、李天虹[④]、李运富[⑤]等学者则针对某一时期某种载体的文字讹混现象进行了具体的辨析。两汉时期是文字形体发展的重要转折时期,文字形体间的讹混现象更为普遍,很多学者都注意到了这一现象,陈伟武[⑥]、毛远明[⑦]、黄文杰[⑧]等学者对两汉文字的讹混、同形现象进行了研究。

　　汉镜铭文字中讹混[⑨]现象亦较为常见,容易引起文字的误释。探讨汉镜铭讹混现象对了解汉镜铭文字的形体特点、汉镜铭异体字研究、汉镜铭文字的释读以及补充两汉文字的讹混字例都具有重要的意义,而迄今为止,尚未有学者对汉镜铭讹混字进行过系统的整理与研究。本文在借鉴已有研究成果的基础上,从汉镜铭讹混字形成原因的角度对汉镜铭讹混字进行了较为系统的整理和探讨。

一　讹写讹混

　　汉镜铭中的讹写讹混指的是在镜铭文字的铸刻过程中,在文字的笔画总数不变的前提下,由于讹写某些笔画所导致的与其他字形讹混的现象。汉镜铭文字中的讹写讹混例整理分析如下(表1):

表1　汉镜铭文字讹写讹混例

序号	楷书	一般形体	讹写形体	形体间讹混说明
1	丹			"丹"两竖笔缩短、框内的点画变横画的讹写形体与"月"的一般形体讹混。
	月			
2	市			"市"把竖笔与折笔写作弧形的讹写形体与"木"的一般形体易讹混。
	木			

序号	楷书	一般形体	讹写形体	形体间讹混说明
3	失			"失"最后一笔稍稍拉长讹写的形体与"先"的一般形体易混。
	先			
4	而			"而"折笔笔画缩短且竖笔变斜笔的字形与"天"的一般形体易混;"天"把横笔变折笔且撇捺两笔分离的字形与"而"的一般形体讹混。
	天			
5	天			"天"撇画往上延长贯穿两横笔的形体与"夫"的一般形体讹混。
	夫			
6	己			"己"最后一笔拉长变形的字形与"弓"的一般形体易混。
	弓			
7	乃			"乃"最后一笔进一步拉长延伸的讹写形体写得与"弓"的一般形体几无差别。
	弓			
8	王			"王"三横画等距离的讹写形体与"玉"的一般形体易讹混。
	玉			
9	士			"士"下部横笔写得比上部横笔稍长的讹写形体与"土"的一般形体讹混难辨。
	土			
10	在			"在"中竖笔缩短的形体与"左"的一般形体讹混;"左"中竖笔拉长的形体与"在"的一般形体易混。
	左			

二 简省讹混

简化是汉字发展的主要趋势,字形简化极易导致形体间的讹混。齐元涛提出:"形体简化是汉字发展中的重要现象。简化和区别是一对矛盾,形体简化会削弱甚至混淆字形间的区别特征,使原本相互区别的形体出现混同。"⑪刘钊强调:"当然随着文字符号化程度的越来越高,文字间的区别就越来越严格。可是文字的趋于书写便利简省和类化的影响,又为讹混提供了条件。"⑫

简省讹混主要指的是在汉镜铭文字中为了追求书写的便捷,通过减少笔画所形成的文字讹混现象。汉镜铭文字中的简省讹混例整理分析如下(表2):

表2　汉镜铭文字简省讹混例

序号	楷书	一般形体	简省形体	形体间讹混说明
1	雨			"南"省略笔画后的字形与"雨"的简省形体讹混。
	南			
2	宜			"食"字简省形体与"宜"字的简省形体易讹混。
	食			
3	乘			为了铸刻方便,"乘"中间部分直接省写为"田"形,与"東"的一般形体易讹混。
	東			
4	華			简写后的"華"的字形与"芊"的一般形体相近易混。
	芊			
5	金			"金"省略横画、点画的形体与"全"一般形体易讹混。
	全			
6	毋			"毋"简省笔画的形体与"田"的一般形体相似易混。
	田			

三　隶草讹混

隶变、草写讹混指的是在汉镜铭文字中,受隶变、草写或同时受二者的影响而形成的与他字形体相同或相近的字形现象。隶变使很多文字形体出现讹混。赵平安曾指出:"隶变以后,由于字形的剧烈变化,一些形似字严重混淆。如果单独拾出,已无法辨认。"[13] 黄文杰在研究汉简帛易混字形时也认识到了这一点。黄文杰认为:"由于本时期的简帛文字全面隶变,字形大量出现混同。"[14] 草写在一定程度上也加剧了文字形体的讹混。李洪财提出:"草书的简约特点,很容易导致字形混同。由于汉简草字笔画不定,繁简不一,出现了不少形近相混,甚至相混同形无法区别的现象。"[15] 关于两汉镜铭文字中的隶草讹混例整理分析如下(表3):

表3 汉镜铭文字隶草讹混例

序号	楷书	一般形体	隶草形体	形体间的讹混说明
1	朱			"朱"受隶变影响把上部折笔拉直的形体与"未"的一般形体混同不别。
	未			
2	告			"告"字受隶变影响把上部折笔拉直的形体与"吉"的一般形体讹混不分。
	吉			
3	柰			"柰"的草写形体与"来"的一般形体相近易混。
	来			
4	生			"生"上端笔画拉直且省写竖笔出头部分的形体与"王"的一般形体形近易混。
	王			
5	出			"出"下部折笔拉直的形体与"之"的一般形体相同易混。
	之			
7	出			"出"上、下部折笔皆拉直的形体与"土"的一般形体形近易混。
	土			
8	柰			"柰、棗、乘"三字不仅受隶变影响,也受草写因素的影响,三字字形写得较为简单,混同难分。
	棗			
	乘			

序号	楷书	一般形体	隶草形体	形体间的讹混说明
9	牙			受隶变影响，笔画多平直的"牙、耳、身"字形极易讹混。
	耳			
	身			

四　其他讹混

汉镜铭讹混字中除了以上所列举分析的讹写讹混、简省讹混、隶草讹混外，还有几种讹混类型需要我们注意。虽然这部分讹混字形所占比例不是很大，但对汉字形体研究、异体字研究、镜铭释读等仍具有十分重要的意义。由于篇幅的限制，我们仅举少量例子说明。

（一）繁写讹混

繁写讹混指的是在汉镜铭文字中，通过繁写的方式使字形间产生讹混的现象。在汉镜铭文字中，有通过添加点画繁写的"王"字：、；也有通过添加点画繁写的"玉"字：、、，以上所举"王、玉"的繁写形体易混。

（二）类化讹混

类化[16]讹混指的是在汉镜铭文字中，通过类化的方式所产生的文字形体讹混现象。在汉镜铭文字中"舆、兴"在书写时受趋简心理的影响，为了书写的便捷把二字的上半部分都用网格状形体进行类化替代，"舆"字写作、、形，"兴"字写作、形。以上所列"舆、兴"类化形体讹混难辨。此外，"游"字受"浮"字的类化影响写作、等形，与"浮"（）形近讹混。

（三）反书讹混

文字反书的写法在汉镜铭文字中较为常见。反书讹混主要指的是在汉镜铭文字中文字通过反书的写法所导致的与其他字形讹混的现象。如"才"字反书写作、、，与"下"字的一般形体、形近易混；"下"字反书写作、等形，与"才"字的一般形体易混。两汉镜铭文字中多反书的现象使得"才"与"下"的讹混变得更为复杂。

（四）铸刻方式讹混

铸刻方式讹混，主要指的是某些镜铭文字形体受特殊的铸刻方式影响写得与其他字形相同或相近的现象。在汉镜铭文字中常见的引起讹混的铸刻方式是把汉镜铭文字笔画末端铸刻为分叉状，在分析文字形体时往往把分叉状的部分误认为字形的原有笔画，以至与其他字形相混。例如"不"字笔画末端写作分叉状的形体有 、、、 等形,"而"字笔画末端分叉状的字形有 、、、 等形,受分叉笔形的影响,"不、而"易讹混。再如"之"字有的笔画末端呈分叉状写作 、、,与"出"字的一般形体相似易混。

五 余 论

在汉镜铭文字中还存在着偶然讹混的现象,有学者称之为临时讹混,如"井"字有的写作 ,"天"字有的写作 、,上举"天、井"形体易讹混。再如"天"字有的写作 ,为了刻写的方便,有的直接写成 ,此种写法与"王"的一般形体易讹混。由于偶然讹混现象只是临时的、个别的字形讹混现象,因此我们不再赘述。

在汉镜铭文字中,讹混字形很多,讹混类型也多种多样:有与同时期其他载体文字相同的讹混类型,如讹写讹混、简省讹混、隶草讹混;也有基本只见于汉镜铭文字的讹混类型,如铸刻方式讹混、反书讹混等。当然,不管是哪种讹混类型的字形,两个形体混同后,随着文字的使用,尤其是在汉镜铭文字的铸刻过程中,镜工更倾向于使用文字笔画较少、较易铸刻的字形,这在一定程度上又进一步加剧了字形的混同。汉镜铭字形讹混现象势必影响镜铭文字的字形、释读等多方面研究,对汉镜铭讹混现象进行系统的归类整理研究是十分有必要的。两汉镜铭讹混现象极为普遍,希望我们对汉镜铭讹混现象的系统整理和分析能对汉镜铭文字构形研究、异体字研究及两汉讹混字研究等产生一定的推动作用。

附记:本文为国家社科基金重大项目"出土两汉器物铭文整理与研究"(16ZDA201)的资助成果。

(作者单位:吉林大学)

注:
① 王慎行《古文字与殷周文明》第37—66页,陕西人民教育出版社1992年。
② 刘钊《古文字构形学(修订本)》第149—156页,福建人民出版社2011年。
③ 陈炜湛《甲骨文异字同形例》,《古文字研究》第6辑第227—250页,中华书局1981年。
④ 李天虹《楚简文字形体混同、混讹举例》,《江汉考古》2005年第3期第83—87页。
⑤ 李运富《楚国简帛文字构形系统研究》第41—42页,岳麓书社1997年。
⑥ 陈伟武《战国秦汉同形字论纲》,《于省吾教授百年诞辰纪念文集》第228—232页,吉林大学出版社1996年;
　陈伟武《简帛兵学文献探论》第151—160页,中山大学出版社1999年。
⑦ 毛远明《汉魏六朝碑刻异体字研究》第382—387页,商务印书馆2012年。
⑧ 黄文杰《秦至汉初简帛文字研究》第122—143页,商务印书馆2008年。
⑨ 本文关于讹混字的定义主要采用刘钊的定义,参本文注②第139页。

⑩　本文所列举的汉镜铭字形皆出自焦英杰《两汉镜铭异体字研究》，吉林大学2021年博士学位论文。

⑪　齐元涛《隋唐五代碑志楷书中的形体混同现象》，《古汉语研究》2004年第2期第48—52页。

⑫　参本文注②第156页。

⑬　赵平安《隶变研究》第65页，河北大学出版社2009年。

⑭　参本文注⑧第122页。

⑮　李洪财《汉简草字整理与研究》第92页，吉林大学2014年博士学位论文。

⑯　关于两汉镜铭文字的类化研究详参徐正考、焦英杰《汉镜铭文类化字研究》，《复旦学报（社会科学版）》2020年第4期第27—35页。

古文字研究（34）：551—553，2022

说左冢漆盘的"圣裕"

程少轩

2000年出土于湖北省荆门市沙洋县五里铺镇左冢村三号战国楚墓的左冢漆盘，是一件绘有多重方圆线图的髹漆方盘。该漆盘写有184个战国楚文字，内容为排列整饬的单音节或双音节词，共计112个。这些词均书写在各重方圆之栏线、十字线或对角线上，且多因其位置相邻或相对而有意义上的联系。

其中内起第4重栏线上写有一组位置呈对角关系的词，字形如图1、2。漆盘整理者黄凤春、刘国胜将它们释为"圣裕"和"智罜"，并读"罜"为"疏"①。这些意见都是正确的。或有学者将"罜"字形另释为从网从足，将"智罜（疏）"改读为"知足"②，此意见不妥。与漆盘"罜"同样的字形又见于清华简《治邦之道》、上博简《三德》《成王既邦》《李颂》等，字作图3

图1　　　　图2

形，并无一例可解释为从"足"，且《治邦之道》的"罜"根据文义可确定读为"疏密"之"疏"③。

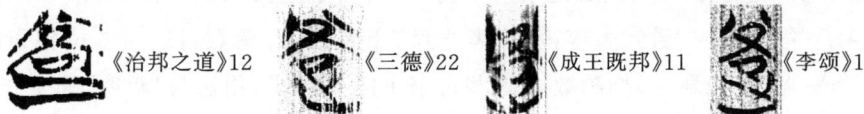
《治邦之道》12　　《三德》22　　《成王既邦》11　　《李颂》1

图3

"圣裕"一词经整理者径释后，并无多少学者提出新的看法，大家应该是默认该词当如字读④。

左冢漆盘中书写位置呈对角关系的词，多有意义上的关联。例如同一栏，呈同样位置关系的有"柽（权）"与"緪（绳）"。再如内起第三栏，与之位置类似的有"吾（五）强"与"吾（五）弱"、"厽（三）强"与"厽（三）弱"。"圣"与"智"显然也是意义密切相关的一组词，古书中常常对举。《墨子·七患》："君自以为圣智而不问事，自以为安强而无守备，四邻谋之不知戒，五患也。"《庄子·胠箧》："绝圣弃知（智），大盗乃止。"《庄子·在宥》："绝圣弃知（智）而天下大治。"郭店简《六德》简1："何谓六德？圣、智也，仁、义也，忠、信也。"清华简《殷高宗问于三寿》简13："何谓圣？何谓智？"郭店简与马王堆帛书《五行》皆以"仁、义、礼、智、圣"为"五行"，且均将"智、圣"并提。以马王堆帛书《五行》行26—28为例："未尝闻君子道，谓之不聪。未尝见贤人，谓之不明。闻君子道而不知其君子道也，谓之不圣。见贤人而不知其有德也，谓之不知（智）。见而知之，知（智）也。闻而知之，圣也。明明，知（智）也。壑壑（赫赫），圣。'明明在下，壑壑（赫赫）在上'，此之谓也。"作为可上升为意识形态的政治术语，"圣"与"智"都代表君子卓然的才能，而且都与今所谓"聪明"类似。若照《五行》所论，析而言之，"圣"代表听觉（"圣、听"本就是有共同来源的一组字词），侧重"聪"，"智"则代表视觉，侧重"明"。

　　既然"圣、智"关系如此密切，"裕"与"罟（疏）"的意义也应该有较密切的联系。然而，训为"丰饶"的"裕"与"罟（疏）"，虽也勉强可解释为"多"与"少"相对，但这种理解其实并不符合古人的表达习惯。古书中罕有将"裕、疏"对举的例子。"智疏"犹今人所言"才疏智浅"，意思并没有什么不妥，所以问题应该是出在对"圣裕"的解读上。我们认为，这里的"裕"不应径按字面理解，而当读成训为"密"的"数"。

　　《孟子·梁惠王上》"数罟不入洿池，鱼鳖不可胜食也。斧斤以时入山林，材木不可胜用也"，赵岐注："数罟，密网也。"朱熹集注："数，音促。"在训为"密"时，"数"读入声，古音属清母屋部。"裕"从屋部的"谷"得声。从"谷"得声的字，除属以母的"裕、欲"外，也有属精系的，如邪母的"俗"。因此"数、裕"的古音是很近的。《礼记·玉藻》"疾趋则欲发"，郑注："欲或为数。"陆德明音义："数，色角反。"此正是从"谷"声之字与入声的"数"相通之例。"裕"读为"数"，从音韵角度看没有问题。

　　训为"密"的"数"与"疏"是古书颇为习见的反义词。《周礼·夏官·大司马》："中春，教振旅……以教坐作、进退、疾徐、疏数之节。"《尉缭子·兵令上》："出卒陈兵有常令，行伍疏数有常法。"《墨子·备城门》："爵穴大容苴，高者六尺，下者三尺，疏数自适为之。"银雀山汉简《孙膑兵法·十阵》："五步积薪，必均疏数。"这些古书中的"疏数"，用法与"疏密"完全一致。

　　本文开头便已提到的清华简《治邦之道》简12文字为："贵贱之诸同爵者，毋有罟羃、远迩、小大，一之则无式心，伪不作。"其中"羃"字形如图4。整理者刘国忠指出，"罟羃"与"远迩、小大"并列，就是古书中的"疏数"，而且从网的"罟羃"就是专为"疏数"一词所造之字，"罟"是孔眼稀疏的网，"羃"是孔眼细密的网，即《孟子》中的"数罟"，形容词"疏数"系从名词引申而来[5]。

《治邦之道》12　　《曹沫》54

图4

　　虽然古人已经为训为"密"的"数"造了专字"羃"，但从有关资料来看，这个词的用字并不十分固定。《尔雅·释器》："緵罟谓之九罭。"《诗经·豳风·九罭》"九罭之鱼，鳟鲂"，毛传："九罭，緵罟，小鱼之网也。"陆德明音义："字又作総罟。"《诗经·小雅·鱼丽》"鱼丽于罶，鲿鲨"，毛传："庶人不数罟，罟必四寸，然后入泽梁。"孔颖达正义："庶人不摠罟，谓罟目不得摠之使小，言使小鱼不得过也。《集》本'摠'作'緵'，依《尔雅》。定本作'数'。义俱通也。""緵、総、摠"均为精系东部，与"数、羃、裕"诸字声母相近，韵母阳入对转，这些字都可以用来表示训为

"密"的"数"一词。文献中用"数"字更多一些,大概是由于"密"这个意义,是从"数"的"数量多"引申出"网眼数量多",继而引申出"网眼密"而来的。

"疏数"除了表示"疏密",还进一步引申出远近、广狭、疾徐等多种二元对立的意义。《谷梁传·隐公九年》"庚辰,大雨雪,志疏数也",范甯注:"谓灾有远近。远者为疏,近者为数也。"《仪礼·大射仪》"两楹之间,疏数容弓",敖继公集说:"疏数,犹广狭。"《淮南子·说林》"凡用人之道,若以燧取火,疏之则弗得,数之则弗中,正在疏数之间",高诱注:"疏,犹迟也。数,犹疾也。"

用"疏数"来形容"智、圣",无疑是更为贴切的。古书中描述思维心智,多用与"密"相关的词汇。《礼记·聘义》:"缜密以栗,知(智)也。"《潜夫论·相列》:"聪明慧智,用心精密。"《后汉书·祭祀志》引建武泰山刻石:"昔在帝尧,聪明密微。"今人犹言"心思细密、考虑缜密、思维严密"。《管子·霸言》:"夫权者,神圣之所资也;独明者,天下之利器也;独断者,微密之营垒也——此三者,圣人之所则也。"《韩诗外传》卷三:"知虑多当,未周密也……是笃厚君子,未及圣人也。"足见"周密"可以用来判断是否达到"圣"。左冢漆盘在与"智疏"对应的位置,写一个表示"聪明密微"意义的词,显然是恰切的。

综上所述,左冢漆盘的"圣裕",当读为"圣数","数"训为"密"。

附记:本文是国家社科基金课题20&ZD272、20VJXG043阶段性成果。

(作者单位:南京大学文学院)

注:

① 黄凤春、刘国胜《记荆门左冢楚墓漆梮》,《第四届国际中国古文字学研讨会论文集》第493—501页,2003年;黄凤春、刘国胜《左冢三号楚墓出土的棋局文字及其用途初考》,收入湖北省文物考古研究所编《荆门左冢楚墓》附录六,文物出版社2006年。

② 朱晓雪《左冢漆梮文字汇释》引单育辰说,《中国文字》新36期第141—168页,艺文印书馆2011年;黄杰"左冢漆梮的一点补释"的网络评论(署名"暮四郎"),武汉大学简帛网2013年7月3日,http://www.bsm.org.cn/forum/forum.php?mod=viewthread&tid=3116。

③ 清华大学出土文献研究与保护中心编,李学勤主编《清华大学藏战国竹简(捌)》第142页,中西书局2018年;刘国忠《释疏数》,"纪念中国古文字研究会成立四十周年国际学术研讨会暨中国古文字研究会第二十二届年会"会议论文,2018年。

④ 仅有董珊在其未刊稿《荆门左冢楚梮漆书初考》中提出别解,将"圣裕"读为"声裕",理解为"声名隆裕"。

⑤ 同注③刘国忠文。

古文字研究（34）：554—557，2022

战国秦汉文字中"俞"声字读为"降"补论

袁 莹

清华简《系年》中有如下文句：

楚师回（围）之于鄾，尽逾奠（郑）师与其四将军，以归于郢。（简131）①

王命平亦（夜）悼武君率师侵晋，逾邸，止滕公涉洹以归。（简133）②

两段简文中都有一个"逾"字，用法相似，整理者认为："逾，楚简中义多为'下'，有征服、战胜义，《逸周书·允文》：'上下和协，靡敌不下。'"③就文意来看，整理者对"逾"字含义的解释有一定的合理性。

整理者说"逾，楚简中义多为'下'"，大体不错，不过出土文字资料中义多为"下"的"逾"字不仅见于楚简。现略举数例具有"下"之类意思的"逾"字于下：

逾油（淯）、逾汉、逾夏、逾江。（鄂君启舟节）④

天地相合也，以逾甘露。（郭店简《老子》甲简19）⑤

载之专车以上乎，殹（抑）四航以逾乎？（《上博六·庄王既成》简3—4）⑥

择日于八月腿祭竞（景）平王以逾至文君。（新蔡简甲三201）⑦

这类"逾"字比较常见，经学者研究，应为"下"之类的意思⑧，现已为学界共识。

但是，"逾"字为什么会有"下"之类的意思呢？《说文》辵部："逾，越进也。"可见"逾"字的本义是"越过"的意思。"越过"的意思与"下"之类的意思，语义关系并不明显，所以"逾"字所具有的"下"之类的意思，很可能是假借而来⑨。

马王堆帛书《老子》甲本行159、乙本行248上"天地相合，以俞甘洛（露）"⑩之"俞"，今本《老子》作"降"。高亨《古字通假会典》认为此处的"俞"与"降"为通假关系⑪。

马王堆帛书《老子》中的"俞"，在郭店简《老子》中作"逾"（详上引文）。刘钊将"俞"和"逾"联系起来，都读为"降"⑫。并对"逾"与"降"的语音关系有所论证："古音'逾'在喻纽侯部，'降'在见纽冬部，而从'降'为声的'隆'、'癃'则在来纽冬部。'来'、'喻'二组为一系，'东'、'冬'古代关系非常密切，或谓古代东、冬不分。"⑬

上博简《武王践阼》简2中有这样的文句："逾堂几（阶），南面而立。"⑭其中的"逾"字，《大戴礼记》对应之字作"下"，该"逾"字显然是"下"之类的意思。刘钊、侯乃峰都将该"逾"字读为"降"⑮。侯乃峰甚至明确地指出，楚文字材料中的"逾"字，"凡是可以解释为'降'、'下'一类意思的，都应当读作'降'"⑯。

我们同意将上述"俞、逾"读为"降"的意见，现略为补论。

  上古音"俞、逾"都属余母侯部,"降"属见母冬部,两者古音相近。余母与见母关系密切,如:"尹"属余母,而从"尹"得声的"君"属见母;"矞"属余母,而从"矞"得声的"橘"属见母;"匀"属余母,而从"匀"得声的"均"属见母。侯部与冬部是旁对转关系,古书中分属于这两部的字有相通之例。《左传·昭公二十九年》"有烈山氏之子曰柱为稷"之"柱",《礼记·祭法》作"农"。"柱"属侯部,"农"属冬部。可见将"俞、逾"读为"降",在语音上不存在问题。

  《说文》阜部:"降,下也。"将具有"下"之类意思的"俞、逾"读为"降",在语义上显然也是没有问题。最重要的是,这一破读验之古书也多允洽。上揭马王堆帛书《老子》、郭店简《老子》中与"甘露"连言的"俞"和"逾",在今本《老子》中对应之字作"降"。而且古书中"甘露"之类的词多与"降"连言,如《左传·襄公十年》"水潦将降",《礼记·孔子闲居》"天降时雨",《管子·小匡》"时雨甘露不降",《吕氏春秋·贵信》"则膏雨甘露降矣",但"甘露"之类的词从不与"俞"或"逾"连言。上博简《武王践阼》"逾堂几(阶)"之"逾",表示从建筑物上走下来的意思,古书中类似的意思往往作"降",如《仪礼·士昏礼》"妇降堂",从不作"逾",刘钊认为"这也是必须将'逾堂阶'读为'降堂阶'的原因"[17]。可见,将上述"俞、逾"读为"降"是十分合适的。

  另外,《国语》中有一例与上述"俞、逾"用法相似的"蹸"字。《国语·吴语》:"乃令左军衔枚溯江五里以须,亦令右军衔枚蹸江五里以须。"该"蹸"字是向下游航行的意思[18],与上述"俞、逾"的核心语义相同。"蹸"与"逾"形旁相通,声旁相同,古书中多混用无别,一般认为它们是一对异体字[19]。该"蹸"字显然也应该读为"降"。

  将其他楚文字资料中的"逾"字读为"降",都可以很好地疏通文意,那么《系年》中的"逾"字可以读为"降"吗?《系年》中的"逾"字直接读为"下降"之"降",并不太合适,但稍微变通一下,将该"逾"字读为"降伏"之"降"就十分合适了[20]。众所周知,"降伏"之"降"与"下降"之"降"是一对同源词,"逾"可以读为"下降"之"降",自然也可以读为"降伏"之"降"。而且楚文字资料中"降伏"之"降"与"下降"之"降"用同一个字表示,与古书中这两个词用同一个字表示的习惯相合。

  "降伏"之"降"在古书中可以表示"降伏、使……投降、征服、攻克"之类的意思,如:

   秋七月,齐人降鄣。(《春秋经·庄公三十年》)

   晋降彭城而归诸宋,以鱼石归。(《左传·襄公二十六年》)

   燕既尽降齐城,唯独莒、即墨不下。(《史记·田单列传》)

   项羽已破秦,降章邯。(《史记·魏豹彭越列传》)

  《系年》中的第一个"逾(降)"字,我们认为就是"使……投降"的意思,"尽逾(降)郑师与其四将军",意思就是使"郑师"与其"四将军"都投降了。"逾(降)"的对象不只是"郑师",还有"四将军",整理者将"逾"训为"征服、战胜",不太允洽。第二个"逾(降)"字后面是地名,它应该是"攻克"之义。

马王堆帛书《战国纵横家书·苏秦谓陈轸章》行238—239中有如下文字[21]：

煮枣将榆，齐兵有（又）进，子来救［寡］人可也，不救寡人，寡人弗能枝（支）。

其中有一个"榆"字，整理者读为"渝"，训为变化[22]。上海古籍出版社1985年出版的《战国策》，其书后附有《马王堆汉墓出土帛书〈战国策〉释文》，也即《战国纵横家书》的释文，该释文将该"榆"字读为"逾"[23]，但限于体例没有作进一步的说明。萧旭将该"榆"字读为"揄、输"，训为抛弃、丢失[24]。

该"榆"字与《系年》中的"逾"字语境相似，而"榆"与"逾"声旁相同，都是"俞"，该"榆"字与《系年》中的"逾"字代表的当是同一个词，也应读为"降伏"之"降"[25]，训为"攻克"，"煮枣将榆"的意思就是煮枣将要被攻克。我们现在依然持这种观点。《史记·平原君虞卿列传》："秦急围邯郸，邯郸急，且降，平原君甚患之。"《史记·东越列传》："东瓯食尽，困，且降，乃使人告急天子。"这两个例子中的"降伏"之"降"，与该"榆"字语境极为相似，这也是将该"榆"字读为"降伏"之"降"的有利证据。

有些学者认同我们将《战国纵横家书》中的"榆"字与《系年》中的"逾"字联系起来、并训为"攻克"的意见，但将该"榆"字读为"逾"，或认为"逾"可以从其本义"越过"引申出"攻克"之类的意思[26]，或认为表示"攻克"之类意思的"逾"与义为堕坏的"输"是同源关系[27]。这些意见看起来都有些道理。但是，古书中表示"攻克"之类意思时，"降"字使用频率很高，而"逾"字或"俞"声字罕用。《淮南子·道应》："子发攻蔡，踰之。"其中的"踰"字表示的是"攻克"之义[28]。这是古书中较为罕见的"俞"声字表示"攻克"之义的用例。该"踰"字显然也应该为"降伏"之"降"，训为攻克。

（作者单位：河南大学文学院、语言科学与语言规划研究所）

注：

① ②　清华大学出土文献研究与保护中心编，李学勤主编《清华大学藏战国竹简（贰）》第196页，中西书局2011年。

③　同注①第199页。

④　中国社会科学院考古研究所编《殷周金文集成（修订增补本）》第6605—6606页12113号，中华书局2007年。

⑤　荆门市博物馆编《郭店楚墓竹简》第112页，文物出版社1998年。

⑥　马承源主编《上海博物馆藏战国楚竹书（六）》第245—246页，上海古籍出版社2007年。

⑦　宋华强《新蔡葛陵楚简初探》第416页，武汉大学出版社2010年。

⑧　刘和惠《鄂君启节新探》，《考古与文物》1982年第5期第61页；陈伟《〈鄂君启节〉之"鄂"地探讨》，《江汉考古》1986年第2期第88—90页；陈伟《楚东国地理研究》第224页，武汉大学出版社1992年；陈伟《郭店楚简别释》，《江汉考古》1998年第4期第67页；何琳仪《新蔡竹简选释》，简帛研究网2003年12月7日，又刊于《安徽大学学报（哲学社会科学版）》2004年第3期第4页；李家浩《包山卜筮简218—219号研究》，《长沙三国吴简暨百年来简帛发现与研究国际学术研讨会论文集》第195、第203页注71，中华书局2005年。

⑨ 李守奎认为"逾"是在甲骨文 （《合》27996）、金文 （麦方尊，《集成》6015）的基础上繁化而来的，甲骨、金文中的这类形体表示舟顺流而下，所以"逾"也表示舟顺流而下（参李守奎《"俞"字的阐释与考释》，《首届新语文学与早期中国研究国际研讨会论文集》第167—179页，澳门大学，2016年6月19—22日）。我们认为甲骨、金文中的这类字与"逾"形体差别较大，恐难认同。

⑩ 国家文物局古文献研究室编《马王堆汉墓帛书(壹)》释文注释第13、98页，文物出版社1980年。

⑪ 高亨纂著，董治安整理《古字通假会典》第13页，齐鲁书社1989年。

⑫ 刘钊《读郭店楚简字词札记》，《郭店楚简国际学术研讨会论文集》第76页，湖北人民出版社2000年。

⑬ 刘钊《郭店楚简校释》第16页，福建人民出版社2005年。

⑭ 马承源主编《上海博物馆藏战国楚竹书(七)》第152—153页，上海古籍出版社2008年；复旦大学出土文献与古文字研究中心研究生读书会《〈上博七·武王践阼〉校读》，复旦大学出土文献与古文字研究中心网2008年12月30日。

⑮ 复旦大学出土文献与古文字研究中心研究生读书会《〈上博七·武王践阼〉校读》文后"双刀客"（刘钊网名）的评论；侯乃峰《〈上博七·武王践阼〉小札三则》，复旦大学出土文献与古文字研究中心网2009年1月3日。

⑯ 同上注侯乃峰文。

⑰ 复旦大学出土文献与古文字研究中心研究生读书会《〈上博七·武王践阼〉校读》文后"双刀客"的评论。

⑱ 〔清〕于鬯《香草校书》下册第932—933页，中华书局1984年；陈伟《楚东国地理研究》第224页；李家浩《包山卜筮简218—219号研究》，《长沙三国吴简暨百年来简帛发现与研究国际学术研讨会论文集》第195页、第203页注71。

⑲ 王力《同源字典》第193—194页，商务印书馆1982年。

⑳㉕ 我们曾在网帖中提及这一观点，参思齐《清华简〈系年〉中的"逾"》，复旦大学出土文献与古文字研究中心网论坛2011年12月22日。

㉑ 国家文物局古文献研究室编《马王堆汉墓帛书(叁)》释文注释第71页，文物出版社1983年。

㉒ 同上注释文注释第72页。

㉓ 〔西汉〕刘向集录《战国策》第1359页，上海古籍出版社1985年。

㉔ 萧旭《马王堆帛书〈战国纵横家书〉校补》，复旦大学出土文献与古文字研究中心网2010年8月22日。

㉖ 王辉《释"卑隃"——兼谈"逾"有"降下、降服"义》，《辞书研究》2013年第4期第87—90页。

㉗ 湖南省博物馆、复旦大学出土文献与古文字研究中心编纂，裘锡圭主编《长沙马王堆汉墓简帛集成(叁)》第253页，中华书局2014年。

㉘ 李家浩《包山卜筮简218—219号研究》，《长沙三国吴简暨百年来简帛发现与研究国际学术研讨会论文集》第203页注71。

古文字研究（34）：558—564，2022

说 "昏"

孙 刚 李 瑶

　　"昏"字见于今传本《说文》，《说文》口部："昏，塞口也。从口、㕚省声。"篆文写作⿱㕚口，一般据其结构隶定作"昏"。随着文字形体的发展，从"昏"诸字在隶书、楷书中逐渐写作与"舌"同形。段玉裁已指出："凡昏声字隶变皆为舌，如括、刮之类。"[①]其说可信。《说文》从"昏"诸字如"适、话、刮、栝、活"等，所从"昏"都已经与"舌"同形。"昏"与"栝"又见于日本所藏时代相当于唐代的口部残页和莫友芝摹写木部残卷，篆文分别作⿱㕚口、⿰木⿱㕚口[②]，除后者右下部略有讹变外，二者在形体上与今本《说文》篆文大体相合。从结构上看，《说文》认为"昏"属于形声字，将其分析为"从口、㕚省声"。大徐本《说文》"㕚，音厥"，徐锴《说文解字系传》"㕚，古文厥字"，二者都认为"㕚"与"厥"字有关。后世学者大多信从《说文》的说法，认为此字从"㕚（厥）"得声，未有异议。

　　郭店楚简的公布为人们重新思考"昏"的构形提供了线索。《郭店·缁衣》简30"慎尔出⿱⿱㞢口"[③]对应今本《诗经·大雅·抑》"慎尔出话"，可证简文⿱⿱㞢口即"话"字。"话"按照《说文》本从"昏"声，但⿱⿱㞢口右上部明显从"㞢"不从"㕚（厥）"。根据这一线索，赵平安认为《说文》"昏"应从"㞢"声，并将甲骨文中旧释为"㞢、舌、㖕"的形体与《说文》从"昏"诸字相联系，进而将"舌、㖕"改释为"昏、栝"，并指出："作为祭名，㞢、舌都应读栝。作为用牲之法，㞢、舌、㖕都应读为刮。刮从刀，舌声，有'刮削'（《广韵·辖韵》）的意思。"[④]他还根据姑冯勾鑃铭文中的⿱㞢口旧释为"昏"的意见，列出了相关形体的演变序列：

甲骨文 — 金文话字偏旁 — 金文 — 小篆

其说已被学者所接受[⑤]。按，从其所列的文字演变情况可以看出，姑冯勾鑃铭文⿱㞢口这一形体是沟通甲金文及篆文"昏"的关键环节，是该序列能否成立的重要证据。姑冯勾鑃一般认为属于春秋晚期吴国或越国铜器，铭文中人名"姑冯（A）⿱㞢口（B）同"（《集成》424）作：

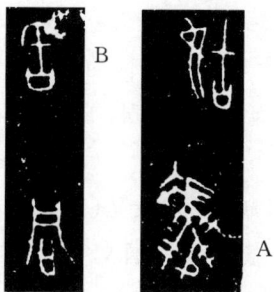

铭文"A"旧有释"冯、虞、虔"等意见,我们倾向于释"虔"的意见。清代翁心存《周句鑃歌并序》是较早讨论此勾鑃铭文的文献,此前鲜有人注意其意见。他在该文中引述了鲍份释"B"为"胡"、张承露释"舌"的意见,并将铭文"舌同"与《左传》中的"舌庸"相联系。他指出:"'舌庸',越大夫,见《吴语》。今《左传》讹作'后',而唐石经作'舌',知今本经后人妄改矣。《广韵》注:'舌,姓。'引越大夫为祖,是舌固越中世族也。……是鑃殆舌庸作。"⑥杨树达在未注意翁说的情况下,也提出了相同的意见⑦:

> 《左传》及《国语》之"舌庸",亦即此昏同也。《左传·襄公二十六年》云:"夏五月,叔孙舒帅师会越皋如舌庸(原注:今本误作后庸,此据《石经》及宋本《注疏》。)宋乐茷纳卫侯。"又二十七年云:"春,越子使舌庸来聘。"《国语·吴语》云:"越王勾践乃命范蠡、舌庸(原注:今本误作后庸,此据宋庠本。)率师沿海溯淮以绝吴路,败王子友于熊夷。"此舌庸之事见于二书者。昏字隶变作舌,与口舌之舌形同,刮括诸字所从是也,庸与同古音近。以铭文证之,《春秋内外传》之"舌庸"实是"昏同",不惟今本之"后庸"为误字,读"昏庸"之昏为口舌之舌,亦误。

杨说影响很广,学者多信从其说。赵平安在上引文中也认为此说"确不可易",并以此为基础,将勾鑃铭文 [字] 与《说文》"昏"篆文 [字] 相联系。可是,随着近年来相关研究的不断深入,人们对 [字] 即是《说文》"昏"的意见逐渐产生了怀疑。

翁心存、杨树达等将"舌庸"与勾鑃铭文"昏同"相联系,在文献学、历史学及文字学等层面其实都存在一定的问题。首先,他们根据《说文》"昏"后来变成"舌"形这一现象,进而逆推今本《国语》《左传》中的"舌庸"之"舌"本应作"昏",这一推论本身属于文献学上的"理校",并没有版本学上坚实的证据作为支撑,所以得出的结论也自然是在两可之间,不能作为定论。其次,从历史学角度看,李家浩已经指出传世文献中的"舌庸"或作"曳庸、洩庸、泄庸"及"渫庸"⑧,石小力也提到其与"范蠡"经常并称⑨,如:

> 于是越王句践乃命范<u>蠡</u>、<u>舌庸</u>率师沿海溯淮,以绝吴路。(《国语·吴语》)

> 大夫<u>舌庸</u>乃进对曰:"审赏则可以战乎?"王曰:"圣。"大夫苦成进对曰:"审罚则可以战乎?"王曰:"猛。"……大夫<u>蠡</u>进对曰:"审备则可以战乎?"(《国语·吴语》)

越王闻吴王伐齐,使范蠡、泄庸率师屯海通江,以绝吴路。(《吴越春秋·夫差内传》)

大夫曳庸曰:"审赏则可战也。审其赏,明其信,无功不及,有功必加,则士卒不怠。"……大夫范蠡曰:"审备则可战。审备慎守,以待不虞,备设守固,必可应难。"王曰:"慎哉!"(《吴越春秋·勾践伐吴外传》)

《清华三·良臣》有人名"大同"也与"范蠡"并称,简文作:"雫(越)王句践又(有)大同,又(有)軛(范)罗(蠡)。"⑩广濑薫雄据《说文》"達"或体从"大"作"达"及战国文字中某些"達"以"舌"为声的现象,指出《清华三·良臣》"大同"即"舌庸",传世文献"舌庸"之"舌"本为"口舌"之"舌",而非"昏"之讹⑪。后来公布的《清华七·越公其事》简61有人名"太庸":"此乃諨(属)邦政于夫_(大夫)住(种),乃命軛(范)罗(蠡)、太甬大鬲(历)雫(越)民。"整理者已经指出其与"大同"为同一人:"太甬,清华简《良臣》作'大同'。"⑫在此基础上,胡敕瑞⑬、石小力等都充分肯定了广濑薫雄所提出的"大同"即"舌庸"的意见。如石小力就明确表示:"《越公其事》之'太甬'和《吴语》之'舌庸'在越国的地位和职能是相同的,都是和范蠡一起率领越国的军队,可见二者确为一人。""现在根据楚简中,'舌庸'作大同、太甬,'舌'字皆作'大'声系之字,这进一步降低了姑虑句鑃的人名'昏同'为'舌庸'的可能性。"⑭其说可从。再次,从文字学角度考察,释"昏"的意见也存在很多问题。勾鑃铭文拓本曾见于多种著录书:

《集成》424 《周金》1.79 《小校》1.99 《攈古》3.2

上引B字右部存在锈蚀的情况,《周金》《小校》较《集成》所录拓本更为优良。通过考察各形体可知,该字释读的关键在于对右上偏下部 的认识。大致可有两种可能,一是其右上偏下部确有笔画,如《攈古》3.2摹写作 ,就是这样认为的。另一种可能是其右上偏下部确为锈蚀, 摹写准确⑮。如果第一种看法可信,据 立论,此字或可释为"旬",疑即"旬"字简省。如果第二种看法可信,据 形立论,通过下文讨论可知,春秋及战国时期"昏"所从下部皆为弯笔,与此形实际上并不相同,其字不能与《说文》"昏"相等同。翁心存在上引文中曾提出该字上部为"氏"字的意见,其说当可从。 很可能应分析作从"氏"族之"氏"、从"口"⑯,疑为"氏"之繁构或读为"氏"⑰,虽然也可以隶定作"昏",但其文字结构与《说文》"昏"并不相同,二者仅为同形关系。综上所论,勾鑃铭文 释"昏"并不可信,不能作为讨论 、 与 之间形体演变的证据,《说文》"昏"从何而来又是我们要重新思考的问题。

值得肯定的是,赵平安指出《说文》从"昏"诸字在古文字形体中写作从"舌"是十分正确的。除了上文所列举的"话"作 及赵先生所考释的相关形体以外,《清华三·良臣》简2"南宫适"之"适"形体作 ,"曾侯与钟"(《铭图续》1029)铭文"白(伯)篃"即"南宫适","篃"作 (),《清华八·摄命》简13"话"作 ,其基本声符都为"舌",上部确定无疑从"屮"。但 、 所从"舌"与篆文 在形体上确实有着不小的差距,彼此之间的关系需要重新思考。

通过对相关形体进行考察,我们认为《说文》"昏"篆文 ![字] 上部所从并非常见写法的"氒"字,而是"氒"字异体[18]。目前所见,古文字中明确的"氒"主要有两种写法,其一主要见于下列形体:

氒₁: ![形] 《合》5884 正　　　![形]《合》22239　　　![形]《怀特》1582

![形]《货系》2060　　　![形]《货系》2062　　　![形]《老子乙》简16

亳: ![形]《合》22145　　　![形]《合》22276

宅: ![形]《合》13563　　　![形]《集成》4201　　　![形]《玺汇》0211

厇: ![形]《货系》2511　　　![形]《齐币》58　　　![形]《货系》2628

鈬: ![形]《集成》102

昏: ![形]《合》27586　　　![形]《合》20115　　　![形]《合》32441

![形]《合》32335　　　![形]《玺汇》3663

袺: ![形]《合》22867　　　![形]《铭文选》1.142

话: ![形]《集成》3840　　　![形]《郭店·缁衣》30

适: ![形]《集成》4135　　　![形]《上博五·姑成家父》7　　　![形]《古陶》236

![形]《清华三·良臣》3　　　![形]《玺汇》5677　　　![形]《陶汇》3.337.3

![形]《包山》152

佸: ![形]《玺汇》4137　　　![形]《玺汇》3178

这种写法的"氒"较为常见,《说文》"氒"篆文 ![形] 即来源于此。从形体上分析,其写法或上部、下部皆作弯笔，如　、　、　；或上部直笔下部弯笔，如　、　、　；或上部弯笔下部直笔，如　、　、　。在汉代文字中，有些"乇"字上下部都已经写作直笔，逐渐与"古"同形[19]，无疑是在此类写法基础上的进一步讹变。如《北大汉简·老子》简147的"沽"，原整理者认为是今本"治"之讹写。此字帛书《老子乙》作"栝"，学者已经指出"沽"当为"活"字异体[20]。《北大汉简·老子》简100"勇于不敢则枯"，简文"枯"帛书本和今本分别作"栝"和"活"，整理者已经指出："'枯'或为'栝'之讹。"[21]传抄古文中"聏"或体作　、　[22]，所从"古"也应是这种写法的变体。

另一种写法的"乇"见于如下形体：

乇₂：　《玺汇》3278　　　　　　　　　　　　　　　《集成》10478　　　　　　　　　　　　　　　《集成》11758A

　　　　　　　《铭图》12406　　　　　　　　　　　　　　　《上博五·姑》简7　　　　　　　　　　　　《汗简》31b

宅：　《铭文选》880　　　　　　　　　　　　　　　　　　《汗简》51b

痣：　《玺汇》5661

囷：　《郭店·老子甲》23

紙：　《包山》227　　　　　　　　　　　　　　　　　　《包山》牍1A

鈓：　《包山》牍1A

这种写法的"乇"典型特点是左上部多出一笔，余者与第一种写法的"乇"形体变化情况完全相同。今本大徐本《说文》"昏"篆文作　，篆文首笔起笔处平直。但道光十九年影宋抄本《说文解字系传》及上文所引唐写本口部残卷，篆文分别作　、　，篆文首笔起笔处与　、　所从的"乇"很显然是高度相合的。首笔末端笔画的变化也可与下列形体相参照：

乇₂：　《上博五·姑》简7　　　　　　　　　　　　—　　　昏　昏

孛：　《集成》424　　　《集成》4649　　　　　　　—　　　孛　《说文》篆文

氏：　《集成》4527　　　　　　　　　　　　　　　—　　　氏　《说文》篆文

这种写法的"乇"由于其形体与"屰（屰）"相近，所以《说文》才误认为"昏"从"屰（屰）"省声。《武威汉代医简》84乙中的"活"作 （）[㉒]，其右部所从与上引 所从相合， 可以作为"昏"本从"乇₂"的强有力证据。由此，我们可知《说文》"昏"篆文 上部所从本为上引第二种写法"乇"字，"昏"上部写作从"氏"是形体讹变所致，其本从"乇₂"。楷书"活、括"等所从"舌"形，是"乇₂"末笔下部写作直笔的结果。第二种写法的"乇"，其来源我们还不是很清楚。或认为左侧竖笔为分化的结果，并认为"尺"字就是这种写法的"乇"分化字，其说当可信[㉔]。

赵平安在上引文中虽然将勾鑃铭文 与"昏"相联系并不可从，但他认为"昏"本从"乇"声，应是可信的，当然更准确的说法应该是从"乇"异体得声。他指出："甲骨文乇、舌、祜用法相同，是一个字的不同写法，其中乇为初形，舌、祜是乇的孳乳字。""舌（按：指昏）本是从口乇声的形声字，乇在铎部，舌在月部，两部字主要元音发音相同，读音相近，因此，乇可以作为舌的声符。"[㉕]值得注意的是，甲骨文中的"乇"和"舌"（即"昏"）后来分属铎部与月部，这属于声符与被谐声字不同韵部的现象。这种现象应是语音演变的结果，对此王力曾有过精辟的论述："此外还有个更重要的问题，就是谐声时代与《诗经》时代不可混为一谈。谐声时代至少比《诗经》时代更早数百年。'凡同声符者必同部'的原则，在谐声时代是没有例外的，在《诗经》时代就不免有些出入了。依《诗经》韵部看来，'求'入幽而'裘'入之，'夭'入宵而'饫'入侯，'奴'入鱼而'欧'入宵，'芹'入谆而'顉'入微，'镎'入谆而'敦'入微。诸如此类，不在少数。"[㉖]"乇"与"昏、活、括"之间的关系，可作为王先生相关论断的又一佐证。从相关材料来看，铎部的"乇"在读音上与"歌、月"等部字关系也是十分密切的。如郭店简《老子乙》简16"子孙以其祭祀不乇"之"乇"，《北大简·老子》简17、帛书乙本作"绝"，传世各本作"辍"。"绝、辍"皆为"月"部。《说文》"巫"（"垂"字声符）古文作 ，从"乇"得声。《上博七·凡物流形（甲）》简14中的 从"巫、乇"双声，简文宋华强读为"唾"[㉗]，其说可从，"巫、唾"等字都属于"歌"部[㉘]。

综上，我们认为《说文》将"昏"分析为从"屰省声"并不可信，"昏"篆文上部所从的"氏"形是由"乇"字的异体变来，"昏"本是"从口，乇声"的形声字。

附记：本文为2019年国家社科基金一般项目"出土文献与东周齐国史研究"（19BZS013）阶段性成果之一。

（作者单位：海南师范大学文学院）

注：

① 〔汉〕许慎撰，〔清〕段玉裁注《说文解字注》第61页，上海古籍出版社1981年影印本。

② 相关形体参看李宗焜编著《唐写本〈说文解字〉辑存》第42、62页，中西书局2015年。

③ 荆门市博物馆编《郭店楚墓竹简》第130页，文物出版社1998年。

④㉕ 赵平安《续释甲骨文中的"乇""舌""䛒"——兼释舌（舌）的结构、流变以及其他古文字资料中从舌诸字》，氏著《新出简帛与古文字古文献研究》第38—41页，商务印书馆2009年。

⑤ 参李学勤主编《字源》第95页，天津古籍出版社2012年。

⑥ 〔清〕翁心存《知止斋诗集》卷十二第五叶，清光绪三年（1877）常熟毛文彬刻本（《续修四库全书》第1519册）。

⑦ 杨树达《积微居金文说（增订本）》第126页，中华书局1997年。

⑧ 李家浩《关于姑冯句鑃的作者是谁的问题》，《传统中国研究集刊》第7辑第6页，上海人民出版社2010年。

⑨⑭ 石小力《据清华简（柒）补证旧说四则》，《简帛语言文字研究》第9辑第14—18页，巴蜀书社2017年。

⑩ 清华大学出土文献研究与保护中心编，李学勤主编《清华大学藏战国竹简（叁）》第157页，中西书局2012年。

⑪⑯ 广濑薰雄《释清华大学藏楚简（叁）〈良臣〉的"大同"——兼论姑冯句鑃所见的"昏同"》，《古文字研究》第30辑第417页，中华书局2014年。

⑫ 清华大学出土文献研究与保护中心编，李学勤主编《清华大学藏战国竹简（柒）》第145—146页，中西书局2017年。

⑬ 胡敕瑞《"太甫""大同"究竟是谁？》，复旦大学出土文献与古文字研究中心网2017年4月26日；又《民俗典籍文字研究》2018年第2期第113页。

⑮ 《缀遗》28.26将其摹写作 ，忽略了该形体右上部 的存在，是不准确的。

⑰ 从铭文格式来看，铭文"姑、"所处的位置应该为表语气的虚词。如果释"氏"可信，"氏"用作语气词的例子如今本《诗经·邶风·柏舟》"母也天只"，《安大简·诗经·柏舟》作"母可（兮）天氏"；《曹风·鸤鸠》"其仪一兮"，马王堆帛书《五行》、上博简《诗论》均作"氏"。"氏"的用法正符合铭文中 的用法。

⑱ 本文初稿完成于2018年4月，初稿完成以后曾提交冯胜君师、刘洪涛、孙超杰等先生指正，在此一并致谢。周波先生2019年10月出版的《战国铭文分域研究·燕文字研究》第309页，也认为"乇"的第二种写法是《说文》"昏"篆文 的来源，与拙说不谋而合，读者可参看。

⑲ 这种现象相关讨论详陶安、陈剑《〈奏谳书〉校读札记》，《出土文献与古文字研究》第4辑第400—401页，上海古籍出版社2011年。

⑳ 湖南省博物馆、复旦大学出土文献与古文字研究中心编纂，裘锡圭主编《长沙马王堆汉墓简帛集成（肆）》第208页，中华书局2014年。

㉑ 北京大学出土文献研究所编《北京大学藏西汉竹书（贰）》第140页，上海古籍出版社2012年。

㉒ 徐在国编《传抄古文字编》（下）第1189页，线装书局2006年。

㉓ 甘肃省博物馆、武威县文化馆编《武威汉代医简》第14页，文物出版社1975年。

㉔ 张世超《"尺"的字源考察与语源问题》，《汉字研究》第1辑第548—549页，学苑出版社2005年。

㉖ 王力《王力文集》第十七卷第119—120页，山东教育出版社1989年。

㉗ 宋华强《〈上博（七）·凡物流形〉札记四则》，武汉大学简帛研究中心网2009年1月3日。

㉘ 战国时期齐国铜器陈逆簠（《集成》4096）铭文中有形体作 ，一般将其释为"氏"。我们认为此字也应该释为"乇"，在铭文中似可读作"完"。"完"为元部字，与"歌、月"二部有着严格的对转关系。《周礼·考工记》"刮摩之工五"，郑玄注："故书刮作捖。郑司农云：'……捖读为刮，"《礼记·檀弓上》"华而睆"，郑玄注："说者以睆为刮节目，字或为刮。"传抄古文《集篆古文韵海》5.18"刮"古文作 ，即"捖"字。据《史记·田敬仲世家》："陈完者，陈厉公佗之子也。"陈完后来奔齐，其后代最终"陈氏代齐"。齐国陈氏（《史记》称田氏）都是陈完的后裔，将铭文释读为"陈乇（完）裔孙"也很圆通。

古文字研究（34）：565—572，2022

释"龀"

段　凯

　　典籍中常用"龀"字形容小孩换齿的状态，引申之又代指幼年以及年幼之人。这个字以及义项在先秦时期便已出现，并为后世所继承。

　　（1）《国语·郑语》："府之童妾未既**龀**而遭之，既笄而孕，当宣王时而生。"

　　（2）《周礼·秋官·司厉》："凡有爵者与七十者与未**龀**者，皆不为奴。"

　　（3）《管子·小问》："昔者吴、干战，未**龀**不得入军门。"

　　（4）《后汉书·董卓传》："其子孙虽在**髫龀**，男皆封侯，女为邑君。"

　　（5）《东观汉记·伏湛传》："**韶龀**励志，白首不衰。"

　　上引例（1）、（2）、（3）之"龀"即小孩换齿之义，如例（1）韦昭注："毁齿曰龀。"例（2）郑玄注："龀，毁齿也。男八岁女七岁而毁齿。"例（3）房玄龄注："龀，毁齿也。"而例（4）、（5）则用"髫/韶"和"龀"代指幼年以及年幼之人。

　　从典籍文献的文句、语义来看，"龀"字的字义大体如上所引，没有太多难解与歧义之处。然而，关于"龀"字的形、音历代著述和研究者却颇有不同记载和意见。

一　字书中关于"龀"字形音的记载

　　下面先看《说文》中的异文。"龀"字小篆作𪘑形，大徐本云："龀，毁齿也。男八月生齿，八岁而龀；女七月生齿，七岁而龀。从齿从七。"小徐本则云："龀，毁齿也。男八月生齿，八岁而龀；女七月生齿，七岁而龀。从齿七声。"对比大、小徐本，可知两个版本关于"龀"字的释义相同，唯最后大徐本云"从齿从七"，盖认为"龀"是一个从齿从七的会意字；而小徐本为"从齿七声"，则应认为"龀"是一个从齿从七声的形声或形声兼会意字。大、小徐本关于此字的唯一差异在于是否从"七"为声，《说文》"龀"字在其他文献的引文中也颇有差异。

　　（6）唐《玄应音义》卷四"《大方便报恩经》第七卷"下"童龀"条云："初忍反。古文音差贵反。毁齿曰龀。《说文》：'男八月生齿，八岁而为之龀；女七月生齿，七岁而毁齿。'字从齿从七声。《释名》云：'龀，洗也。毁洗故齿，更生新也。'"①

　　（7）唐《玄应音义》卷十"《菩萨善戒经》第三卷"下"童龀"条云："初忍反。旧音差贵反。毁齿曰龀。《说文》：'男八月生齿，八岁而龀；女七月生齿，七岁而毁齿。'字从七。"②

　　（8）元黄公绍、熊忠《古今韵会举要》上声第十二"谨"韵下"龀"字条云："初董切。《说文》：'毁齿也。从齿从七，七音化。男八月齿生，八岁龀；女七月齿生，七岁龀。'"③

（9）元周伯琦《六书正讹》上声第十二"吻韵"下"龀"字条篆作 形,云："龀,初堇切。毁齿也。从齿从匕。匕,古化字。男八月齿生,八岁龀；女七月齿生,七岁龀。"④

上引例（6）、（7）、（8）均标明出自《说文》,例（9）虽未有出处,但从例（9）的具体表述来看,与例（8）《韵会》所引《说文》几乎全同,可推测亦当引自《说文》。

历代研究者或《说文》学家的分歧基本从《说文》大、小徐本以及例（6）、（7）、（8）、（9）所引《说文》异文进行展开。各家的论述均有一定道理,也存在或多或少的问题。

二 "龀"字诸说平议

大徐本"从齿从七"会意之说最早为学者所抛弃,其中以王筠和张文虎的辩述最为一针见血。王筠在《说文系传校录》中指出："大徐从七,非也。若以女七岁而龀而从七,则男八岁而龀,不当以男统女而从八乎？"⑤张文虎在《舒艺室随笔》中亦指出："浅人不悟龀字之从匕（引者按,即《说文》"匕"部训为"变也"之"匕"字）,乃附会说解七岁而龀之文,改篆文从七,岂龀齿专属女子邪？"⑥《说文》云"男八月生齿,八岁而龀；女七月生齿,七岁而龀",既然自然界中男子、女子都会龀齿,为何"龀"字唯独从"七"会意？王筠、张文虎的诘问是很有道理的。

从清代《说文》学家的注释来看,基本认同"龀"是一个形声或形声兼会意字。因为存在上引例（6）、（7）、（8）、（9）的异文,所以研究者们各据异文展开讨论。从他们的解释来看,大体可分为"七"声说、"匕"声说和"匕"声说三种。

主张"七"声说的学者有钮树玉、姚文田、严可均、徐承庆等几家。其中以钮树玉所论最为详细,《说文解字校录》云："按《一切经音义》卷四'龀'引《说文》从齿从七声,则《系传》当不误。《释名》'龀,洗也。毁洗故齿,更生新也',是古读龀近洗,与七声相近。《韵会》所引未知何本,虽似近理,恐非本然。"⑦

主张"匕"声说的目前来看只有桂馥一家。桂馥《说文解字义证》云："'从七'者当为'匕声',与牝牡字同。《一切经音义》四引本书从齿匕声。"⑧

而主张"匕"的说法最为主流,段玉裁《说文解字注》将"龀"改篆为 形,云："今按其字从齿、匕。匕,变也。今音呼跨切,古音如货。《本命》曰：'阴以阳化,阳以阴变。故男以八月生齿,八岁而毁；女七月生齿,七岁而毁。'毁与化义同音近。玄应书卷五（引者按,当为"四"）'龀'旧音差贵切,卷十一（引者按,当为"十"）旧音羌贵切,然则古读如未韵之聚。盖本从匕,匕亦声,转入真至韵也。自误从七旁,玄应云初忍切,孙愐云初堇切,《广韵》乃初觐切,《集韵》乃初问、耻问二切。其形唐宋人又讹乱从乚,绝不可通矣。"⑨支持这种说法的有沈涛《说文古本考》、苗夔《说文解字系传校勘记》、徐灏《说文解字注笺》、林义光《文源》等。

这三种说法,"匕"声说问题最大。桂馥所引《一切经音义》的版本未知何据,但当时清人所用通行本所谓的"匕"多作"七"。正如王筠在《说文句读》中指出："桂氏曰：'七当为匕,与牝牡字同。小徐本、玄应引皆作匕声。'筠所见本皆作'七'声。"⑩桂馥所云"《一切经音义》四"即上引例（6），从目前存世的高丽本、日藏古写本、清刻海山仙馆本等来看，确实应作"七"形。如，例（6）"七"字高丽本作 **七**⑪，日本西方寺藏古写本作 **七**⑫，海山仙馆刻本作 **七**⑬；而例（7）高丽本作 **七**⑭，金刚寺藏古写本作 **七**⑮，海山仙馆刻本作 **七**⑯，显然均是"七"字，而不是"牝"字所从之"匕"。无论写本还是刻本中，"匕、七"形近，稍不注意便易致误。如，近出《一切经音义三种校本合刊》例（6）、（7）所在文句"七"均写作"匕"⑰。此书凡例云以高丽本为底本，而高丽本例（6）、（7）实作"七"，这两条均未出注或校勘记，盖亦误"七"为"匕"。可以断定，桂馥亦当误认"七"为"匕"。所以，桂馥此说颇有问题，亦不为更多学者相信。

　　从"七"声与从"匕"声两种说法，"匕"声说有《韵会》所引《说文》异文为证，且在会意的角度上颇为合适，在清代更为主流；而"七"声说则直接承袭《说文》小徐本，看起来也颇为直接。在目前已公布的出土古文字材料中暂未见有"䶪"字，无法从古文字的角度进行直接判断，而先秦亦未见有"䶪"字的韵文与通假材料，所以两种说法孰是孰非，难以遽定。古音学家唐作藩在《上古音手册》中将"䶪"字上古音拟为初母真部，可能就是根据《广韵》系"初谨、初靳、初忍"三个反切综合推测而来。但唐先生在注文中又强调："䶪，从匕（引者按，应即七字）声，有的古音学家归歌部。"⑱可见，《上古音手册》对于"䶪"字归部的讨论也在一定程度上反映了这种难以抉择的局面。要判定从"七"声与从"匕"声两种说法哪一种更为可靠，需要综合《说文》异文、中古反切以及传抄古文等材料进行交叉互证，并结合古文字学界最新的研究成果，才能得到一个更加接近真实的结论。

三　利用《说文》异文、反切及古文字材料交叉印证

　　历代字书中关于"䶪"字《说文》异文的记载前文已经列出讨论，此不赘述。下面先看"䶪"字的中古反切。"䶪"字在《广韵》有"初谨、初靳、初忍"三切，从这三个反切来看认为其来源于"七"声应该是有条件的，古音学家将"䶪"字上古音拟为齿音初母真部亦与《广韵》系反切相合。但是，在中古其他文献的反切材料中却反映了其另有来源。《经典释文·周礼音义·朝士》"亂（䶪）"字条反切为"初谨反，又勑谨反"⑲。再，《经典释文·春秋左氏音义》僖公传五年"童䶪"条记"䶪"字反切为"初问反，又耻问反"⑳。《集韵》㮇韵"亂，耻问切"可能就是承袭《释文》而来㉑。这几条材料所记录的"勑谨、耻问"二切都是舌音，可以切出上古舌音真部的音。中古韵书中"䶪"字有齿音和舌音两读，表明在上古时期"䶪"字的古音可能有两个来源，并非只能从"七"得声。

　　再从字形来看，传抄古文中"䶪"字作以下之形：

宋本《古文四声韵》"䶪"字

宋本《集古文韵》"齔"字㉒

上引两个传抄古文左旁从古文"齿"，右旁上部短横没有穿透竖笔，确实并非"七"形，而与段玉裁所改之篆形齔的"七"形更为相近。事实上在《汗简》和《古文四声韵》中，"七"作、、形，而从"七"之"愧、货"则分别作、、、形。对比上引几例形体可知，在传抄古文系统中，"齔"（、）所从之、与"七"有别，而与"愧、货"（、）等所从之、几乎相同。以《汗简》《古文四声韵》为代表的传抄古文字书保留了很多古文字形体，此为古文字学界的共识。虽出土古文字中暂未见有"齔"字，但上引两个传抄古文亦不妨作为考察"齔"字古文字字形的旁证。

既然《说文》小徐本认为"齔"从"七"声令人生疑，而传抄古文"齔"字所从又与"七"形更为相似，则《韵会》所引《说文》从"七"之说便很值得考虑了。段玉裁认为"齔"字"盖本从匕，匕亦声，转入真至韵也"，此说盖承袭《韵会》所引《说文》，但解释却颇为辗转。实际上《韵会》所引《说文》只说"齔"从"七"，并没有说从"七（音化）"得声㉓。《说文》云"七"像倒人之形，而在古文字中像"倒人"之形的却另有其字，并不音"化"（说详下）。唐兰曾云："古仅化字，两人相逆，盖象意而非形声，故未必有变七之匕字。"㉔所以，《说文》与"化"同音之"七"很可能只是为了方便字形分析割裂"化"字而来。

从最新的古文字研究成果来看，《说文》所云"倒人"形之字在《说文》和古文字中另有其字，即"㐱"字古文。《说文》中的字，唐兰最早指出是"颠"之初文，像人颠坠、颠落之形，后经谢明文和蒋玉斌进一步研究阐述，此说确不可移㉕。古文字中"颠"字初文作（《合》18446）㉖，与《说文》之形仅有左右向之别。在不影响会意的情况下，古文字字形的左右方向每每无别（为论述方便，暂将此形隶定为"ㄐ"）。如"颠"字异体从阜从ㄐ作（《合》10405正）、（《英藏》1694）形，其"倒人"形左向，与《说文》"㐱"字古文方向相同；亦可作（《合》18752）形，右旁所从"倒人"形则为右向。实际上在古文字系统中，从"ㄐ"之字更多为右向，如"真"字，《说文》云从"七"会意，实际从"ㄐ"声㉗，作（中方鼎，《集成》2752）、（伯真甗，《集成》870）、（真盘，《集成》10091）、（季真鬲，《集成》531）、（《先秦编》137）、（《清华五·厚父》简6）形，"颠"字则作（鱼颠匕，《集成》980）形，以上字形所从之"ㄐ"均为右向。值得注意的是，从古文字系统来看，"真"本从"ㄐ"，《说文》则云从"七"，而《韵会》引《说文》亦云"齔"从"七"。"齔、真"两字的情况可能并非巧合，证明在《说文》系统中已存在误"ㄐ"为"七"的情况，"齔"字本从"ㄐ"并非孤例。据此，我们认为"齔"字可能原本从齿，从"颠"字初文、"㐱"字古文"ㄐ"，并且是一个形声兼会意字。

首先从音韵来看，"齔"字中古有"勑谨、耻问"二切，可据此推测其上古为舌音真部字；而"ㄐ"字本为"颠陨"之"颠"的本字，上古便为舌音真部字。再从谐声偏旁来看，古文字"真"亦从"贝""丩"声，也是舌音真部字。据此，综合"丩、七"两字的谐声字以及"齔"字的中古反切来看，"齔"从"丩"声要比从"七"声更为合理。并且，以"齔"字中古舌音和齿音并存的反切异读为定点，结合《说文》"从匕"与"从七"的异文，可以推测"匕"与"七"的讹变路径，从"七"最可能是字形讹变后的结果。不然，若"齔"字原本从"七"得声，只有齿音真部的音，讹变为《说文》系统中音"呼跨切"的"匕"，无法解释"齔"字舌音真部音的来源。而反过来，若"齔"原本从"丩"得声，便可较为圆满的解释中古舌音和齿音异读并存的问题。《说文》系统中所谓"倒人形"的"匕"原本只是割裂"化"字而来，并非"变匕（化）"字。"倒人形"之"匕"实为"顛"字初文、"珍"字古文"丩"，恰好即为舌音真部字。"丩"讹为"七"后音随字转便产生了齿音真部的音。

再从训诂上来看，清代《说文》学家认为"齔"不从"七"而应从"匕"亦有释义上的考虑，如徐灏《说文解字注笺》云："谓七岁毁齿因取义于七，又用七为声，六书恐无此法，且何以解于八岁而齔乎？……当从匕为是。匕者，变化而生之义，谓齿落复生也。"[28]《说文》训"齔"为"毁齿也"，今知"丩"本为"顛陨、顛落"之"顛"的初文，《说文》又以"丩"为"珍"字古文，"珍"字便有毁灭义[29]。所以，"齔"从"丩"旁，在会意的角度上也是合适的。现将"齔"字分析为从"齿"从"丩"形声兼会意，徐灏的困惑也可得到一个圆满的解释。《说文》云"男八月生齿，八岁而齔；女七月生齿，七岁而齔"虽不符合人类成长发育的实际情况，但无论男女在孩童阶段乳齿掉落、换为恒齿的发育过程则为古今人熟知。"齔"字从"齿"从"丩"便是统言牙齿掉落，并不专属男、女，也就没有了"七岁毁齿因取义于七，又用七为声，六书恐无此法，且何以解于八岁而齔乎"的疑问。

据此，综合形音义三方面考虑，我们认为"齔"字当为从齿从丩，丩亦声的形声兼会意字。

如上所讨论，若"齔"果从"丩"，《说文》所云之从"七"是"丩"形之讹，其讹变的年代可借由古今文字试作探讨。李家浩在讨论《说文》所收篆文与古文字不合的时候认为，造成这种情况主要有两方面原因："一是《说文》在传抄、翻刻和整理的过程中，无意造成篆文字形的讹误或有意对篆文字形的篡改；一是许慎在编写《说文》时，他所收的篆文字形就已被篡改，甚至是根据隶书虚造的。"[30]从《韵会》引《说文》"齔"字"从匕"（如前面所述《说文》系统"倒人形"之"匕"实为"丩"）的异文以及中古"敕谨、耻问"二切来看，许慎在撰写《说文》时应该还没发生讹误。结合"齔"字字形（见表1），应该是隶楷以后"丩／匕"与"七"形混同，后人在传抄、翻刻和整理《说文》的过程中，有意无意地造成了篆文字形的讹误，进而音随字转。

表 1　古今文字中“齜、真、七”字形

	齜	真	七
古文字		〔字形〕6　〔字形〕7	〔字形〕13　〔字形〕14
传抄古文	〔字形〕1　〔字形〕2	〔字形〕8　〔字形〕9	〔字形〕15
秦篆	〔字形〕3	〔字形〕10	〔字形〕16
汉隶	〔字形〕4　〔字形〕5	〔字形〕11　〔字形〕12	〔字形〕17

　　1. 宋本《古文四声韵》“齜”字；2. 宋本《集古文韵》“齜”字；3.《珍秦斋藏秦印》207 号；4. 张家山汉简《奏谳书》199；5.《肩水金关汉简（肆）》73EJH1∶52㉚；6. 真盘，《集成》10091；7.《清华五·厚父》6；8.《说文》“真”字古文；9.《古文四声韵》“真”字；10. 石鼓文《銮车》；11. 马王堆《老子乙》236 行；12. 东汉《朝侯小子碑》；13. 此鼎，《集成》2822；14.《清华四·筮法》62；15.《古文四声韵》“七”字；16. 卅四年工师文曡，《铭图》13824；17. 张家山汉简《二年律令》174。

　　古文字中“七”形为了与“十”形相区别，一般写作横长竖短之形，并为秦篆和汉隶所继承。表 1 所示第 10 形石鼓文“真”字所从“ㄐ”与“七”差别明显，而第 3 形秦印中“齜”字所从“ㄐ”已与“七”形近似，但“ㄐ”形横竖几乎等长，且左侧横笔收缩，与正常写法之“七”仍稍有区别。到了汉隶阶段第 4、5 形“齜”字以及第 11、12 形“真”字所从之“ㄐ”与“七”已基本混同无别了。

　　据此可以判定，“齜”字所从“ㄐ”当在隶楷阶段与“七”形相混，后人误“ㄐ”为“七”，进而改造篆文。这也解释了“齜”字中古反切为何有舌音和齿音两读，因其本从“ㄐ”声，上古读入舌音，后误“ㄐ”为“七”，音随字转便有了齿音异读。《释名》：“齜，洗也，毁洗故齿，更生新也。”“洗”上古为齿音心母文部字，《释名》用“洗”声训“齜”，可知至迟在东汉末年“齜”字已有齿音一读㉜。

　　附记：本文为 2020 年度浙江省哲学社会科学规划课题青年项目《〈古文四声韵〉注释及疑难字考释》（20NDQN253YB）、2019 年上海市教委科创重大项目《古陶文编》（2019-01-07-00-05-E00048）中期成果。

（作者单位：中国美术学院汉字文化研究所）

注：

①⑪　〔唐〕释玄应《一切经音义》，《高丽大藏经》第57册第641页，线装书局2004年。

②⑭　同上注第58册第76页。

③　〔元〕黄公绍、熊忠《古今韵会举要》第251页，中华书局2000年。

④　〔元〕周伯琦《六书正讹》上声“吻韵”，明刻本。

⑤㉘　丁福保编纂《说文解字诂林》第2664页，中华书局2014年。

⑥⑩　同上注第2665页。

⑦　同注⑤第2663页。

⑧　同注⑤第2664—2665页。

⑨　同注⑤第2664页。按，徐灏《通介堂经说·卷十八·周礼三》已指出段注所引《一切经音义》“卷五”“卷十一”以及“羌”分别是“四”“十”“差”之误。复按正文例（7）高丽本《一切经音义》卷十所谓“羌”确为“差”。

⑫　〔唐〕释玄应《一切经音义》，《日本古写经善本丛刊》第1辑第1245页，国际佛教学大学院大学2006年。

⑬　〔唐〕释玄应《一切经音义》卷四第21b页，海山仙馆丛书道光乙巳年（1845）刊本。

⑮　同注⑫第200页。

⑯　同注⑬卷十第14a页。

⑰　徐时仪校注《一切经音义三种校本合刊（修订版）》第95、216页，上海古籍出版社2012年。

⑱　唐作藩编著《上古音手册（增订本）》第19页，中华书局2013年。

⑲　〔唐〕陆德明撰，黄焯汇校《经典释文汇校》第292页，中华书局2006年。

⑳　同上注第487页。《经典释文·春秋左氏音义》此条注音蒙沈奇石先生见示。

㉑　需要指出的是《经典释文·周礼音义·朝士》以及《集韵》焮韵之“亂”是“龀”的俗写。

㉒　中华书局影印出版的《〈汗简〉〈古文四声韵〉》中《古文四声韵》为宋刻配抄本，本文所引“龀”字所在部分为宋本，详见李零《出版后记》（《〈汗简〉〈古文四声韵〉》第167页，中华书局2010年）。《〈汗简〉〈古文四声韵〉》一书所附之《集古文韵》残卷则全为宋本，见李零《出版后记》（《〈汗简〉〈古文四声韵〉》第167—168页）和“袁克文题记”（《〈汗简〉〈古文四声韵〉》第155页）。

㉓　朱骏声《说文通训定声》云“龀”字“从齿从匕会意”，盖亦源于《韵会》所引《说文》，便不认为从“匕”得声。

㉔　唐兰《怀铅随录·释真／释阤》，《唐兰全集》第2册第529—531页，上海古籍出版社2015年。

㉕　唐兰《怀铅随录·释真／释阤》，《唐兰全集》第2册第529—531页；谢明文《释“颠”字》，《古文字研究》第30辑，中华书局2014年；蒋玉斌《释殷墟花东卜辞的“颠”》，《考古与文物》2015年第3期。

㉖　《甲骨文合集》简称《合》，《英国所藏甲骨集》简称《英藏》，《殷周金文集成》简称《集成》，《中国钱币大辞典·先秦编》简称《先秦编》，《清华大学藏战国竹简》第四、五册简称“清华四”“清华五”，《上海博物馆藏楚竹书》第一册简称“上博一”，《包山楚简》简称《包山》，《珍秦斋藏印·秦印篇》简称《珍秦斋藏秦印》，《商周青铜器铭文暨图像集成》简称《铭图》；以下径用简称。

㉗　唐兰《怀铅随录·释真》，《唐兰全集》第2册第529—531页；陈剑《释展》，《追寻中华古代文明的踪迹——李学勤先生学术活动五十年纪念文集》，复旦大学出版社2002年。

㉙　详参宗福邦、陈世铙、萧海波主编《故训汇纂》第1189页“殄”字条，商务印书馆2003年；《汉语大字典》编辑委员会编纂《汉语大字典（第二版）》第1484页“殄”字条，崇文书局、四川辞书出版社2010年。

㉚　李家浩《〈说文〉篆文有汉代小学家篡改和虚造的字形》，《安徽大学汉语言文字研究丛书·李家浩卷》第364

页，安徽大学出版社2013年。

㉛ 需要指出的是在《肩水金关汉简（贰）》中有一字作 （73EJT21：374A）形，原整理者（甘肃简牍保护研究中心等编《肩水金关汉简（贰）》第78页，中西书局2012年）释文作"亂"。"亂"为"斲"字俗写，但陈剑前已指出 实为从"劉（断）"省从"乚（乚）"声之字，应释为"斷"，在简文中读为"截"（《〈岳麓简（伍）〉"腏"字的读法与相关问题》，《纪念徐中舒先生诞辰120周年国际学术研讨会论文集》，四川大学2018年）。

㉜ 六朝碑刻中隶楷过渡阶段的"斲"字或作 、（毛远明《汉魏六朝碑刻异体字典》第89页，中华书局2014年）形，右旁所从与"七"形差别较大，而与汉隶"真"字 （北大汉简《老子》177）、（马王堆《五十二病方》117行）所从"刀/匕"形近似。若前者"斲"字所从"刀/匕"形确实来源于后者，则可以考虑中古阶段"斲"字从"刀/匕"和"七"在字形上也是并存的。

古文字研究（34）：573—577，2022

传抄古文特例浅说（一）

林志强

　　"古文"的传抄是汉字发展和传承的特殊过程，其中有许多特殊现象，最能激起探究的兴趣。本人在做传抄古文分类新编与源流疏证的过程中遇到了一些特殊字例，先行整理若干条，试作肤浅阐释，以就正于方家。

一　壹

　　"壹"字，《字汇》《正字通》《康熙字典》都录有"壴"形。《字汇》云："古壹字。"《正字通》云："同壹。秦诅楚文：两邦若壴，绊以婚姻。汉隶亦作壴。旧本省作壴，非。"按，从隶定的角度看，《正字通》认为"非"的壴，其实就是《摭古遗文》（以下简称《摭古》）所收篆体古文壴的对应隶定写法，也见于秦诅楚文，作壴，《陶汇》5·384也有壴字。

　　战国秦系"壹"字有多种写法，有作从壶吉声者，如商鞅方升作壹（《集成》10372），为《说文》所承；又始皇诏铜权六作壹、秦骃玉版作壴、睡虎地秦简作壹等，为减省之形[①]，《增广钟鼎篆韵》（以下简称《增韵》）等书录壴形，云出秦权，正可互证；而作壴者，也属秦系"壹"的另一种写法。秦文字用"壹"为"一"，如睡虎地秦简《日甲》111背："禹步三，勉壹步。"《日甲》59背："不出壹岁，家必有恙。"[②]

　　《正字通》将诅楚文该字隶定为壴，又以为见于汉隶，并说"旧本（按，当指《字汇》）省作壴，非"，其实是不对的。《康熙字典》云："《正字通》：壹，汉隶作壴。《字汇》讹作壴，非。"乃是承袭《正字通》之误。

二　天

　　"天"字，《集篆古文韵海》（以下简称《韵海》）作天，《六书统》作天，《六书精蕴》作天，《大明同文集举要》（以下简称《举要》）作天，《摭古》作天，《订正六书通》（以下简称《订六》）作天，《广金石韵府》（以下简称《韵府》）作天，《六书分类》（以下简称《分类》）作天，也可谓传承有序。

　　诸字形态各异，其共同点是，皆由三笔曲线重叠而成。《韵海》作天，最像古"气"字。后代之天、天，既有可能是天形的规整化，也有可能是"天"字作天形（见于《六书统》《摭古》等书）的进一步变写。林清源主张仍是"天"字，认为天形虽与"气"字古文写法颇为相似，但二者构形特征仍有细微差别，疑天形源自战国竹书天（《上博·孔》7）之类具有笔画平行倾向的写法；而《订六》![字形]一类写法，疑源自战国竹书![字形]（《郭店·唐》26）之类具有笔画弯曲倾向的写法③。不过从古人的想法来看，可能还是"气"字。古人对其形有所解释，如杨桓曰："乾体之大者，元气浑仑，斡旋造化，生成万物……象元气![字形]煴无穷之形。"④田艺蘅在《举要》卷二该字下也说："古文象积气成天覆下之形。"⑤可见，依古人的看法，此一序列当是古"气"字及其变写。以"气"为"天"，大概反映了古人的一种观念。《康熙字典》云："荀子曰：天无实形，地之上至虚者，皆天也。"⑥至虚者何？气也。俗字有以青气（或作"氣"）、青炁（或作"无"）为"天"字者，其字作"靝、靝"等形，即是此种观念的表现。若此，则此系列的"天"字乃是以"气"为天，属同义之字，而非"天"的本字。

三　帝

传抄古文有以古文"上"为"帝"者，见于《韵海》《增韵》和《六书索隐》，其字分别作![字形]、![字形]和![字形]，皆与"上"字古文同。《增韵》注出"盅和钟"，即秦公镈（《集成》270.1），来自薛尚功《历代钟鼎彝器款识》（以下简称《款识》）卷七，亦见《考古图》卷七，本作![字形]，《韵海》和《增韵》二书都把上横改成点，殆源于《考古图释文》的写法。《考古图释文》作![字形]，注云："杨南仲释此为帝。按此文云'不家上帝'，'上帝'字作'上![字形]'，则![字形]字当读为帝，盖古文省与上字同。"⑦从薛书看，其铭文作![字形]（《考古图》近同），释为"不坠上帝"，这是把![字形]当作"帝"的由来。比较1978年出土的秦公钟、秦公镈铭文，相应的位置都作![字形]，当释为"不坠于上"，![字形]仍然是"上"字。民国初年出土的秦公簋，相应的位置作![字形]，可隶定为"在帝之矴"。综合这些材料来看，可能是因为铭文剥泐，宋人把"于上"或"在帝"误摹为![字形]。无论如何，![字形]还是"上"字⑧，不是"帝"字。其实《增韵》卷七已注明"本'上'字"，说明宋人是知道它是"上"字的。之所以把它看成"帝"字，除了释铭文![字形]为"上帝"很顺畅之外，大概还因为借"上"表"帝"义也说得通。明代杨慎在《六书索隐》中引郑樵曰："古文'帝'作'二'，古文通用，未悉起自何代。"⑨并按云："'二'乃古文'上'字，'上'与'帝'皆君称也。'上'之为'帝'，义同音异。"⑩所以《增韵》把它归为假借字⑪。这样看来，以![字形]为帝，已是宋人的真实意见，或以为《韵海》"帝"下录![字形]形是因为书手抄录《汗简》走眼而误，其说非是⑫。

四　礼

"礼"字，《古文四声韵》（以下简称《四声韵》）作![字形]，《韵海》作![字形]、![字形]，《韵府》作![字形]，《分类》作![字形]，《古老子》作![字形]，皆是"礼"的篆体古文之最特异的写法。其右边所从，是"礼"的古体"豊"，来源最早。"豊"甲骨文作![字形]（《合》32557）、![字形]（《屯南》1255），从壴（"鼓"之初文），从双玉。金文相承作![字形]（麦方尊，《集成》6015）。王国维《观堂集林》云：豊"象二玉在器之形,古者行礼以玉"[13]。瓲及玉皆行礼所用,故以壴玉合为"礼"之初文,其字后来从"豆"乃"壴"之省变。"豊"与"豐"因构形相近,战国以降逐渐接近,以至于混同不别。顾蔼吉云:"豊,读与礼同……豐亦讹豊,相混无别。"[14]《六书统》卷八"礼"下收䜏形,注"敷戎切,豐盛也",此即"豐"字,又录䜏、䜏等形,后者即《说文》"豐"字古文,前者即其变写,也反映了"豊、豐"相混的事实。

上引"礼"字篆体古文的左边从𣲵或𠂆,或减省为𠂆,最为特殊。李春桃认为:"形体左面所从与'亡、歹'二旁近似,'示、歹'表义偶有交涉,然此类'礼'字于出土文献及传世字书皆未出现,其所据待考。"[15]林圣峰认为其左边为"㐱",因"祸"字有从示、从㐱替换之例,因此传抄者仿照其法而造字[16]。林清源也认同左边为"㐱",示、㐱可替换[17]。而段凯认为是传抄古文"心"字之讹[18],当不可信。今按,"示"旁古与"㫃"旁可通。徐灏《说文解字注笺》"示"字条云:"《周礼》神祇字皆作'示',是其音本与旗同。阮氏《钟鼎款识》古文'祈'作'䅊',则从示之字义通乎㫃。㫃者,旗斿也。"按,"祈"作"䅊"即𤕦(追簋盖,《集成》4222)之省"斤",又作"旂"即𣃗(郑公钘钟,《集成》102)、𣃸(洹子孟姜壶,《集成》9729),《摭古》作𣃹,所从之㫃作𠃛。又"旅、族、旗"等从㫃之字,其㫃旁在春秋战国时期也多有作𠃛者。𠃛与本序列"礼"字所从的𣲵或𠂆,应该是同一个偏旁,只是𣲵或𠂆的下部更多弯曲,这是传抄古文故作曲折的表现[19]。所以此序列之"礼"乃是从"㫃",与从"示"相通,均与神祇之义相关。当然,从㫃的"礼"字目前未见于出土古文字,传抄古文已注明者皆出《古老子》。

"礼"字的隶楷古文还有一个特殊的写法,即从爪从吕作𠈹,见于《龙龛手鉴》《篇海》《古俗字略》《字汇补》《康熙字典》等。《龙龛手鉴》爪部云:"𠈹,古文礼字。"其所从之"爪"为𠬜之特殊隶定,隶古定字形多见。《篇海》又作𠈺,"爪"旁似乎变成了从人从几(万历重刊本作𠈺,从人从几更为明显);《古俗字略》作𠈹,"爪"旁又近似于"瓜"。所从之"吕",或作"呂",写异。总之,此特殊写法的𠈹,是从示从吕。《龙龛手鉴》示部:"祖,音吕。"徐在国引张涌泉说云:"此字疑为'旅'的俗字。……'旅'与'吕'同音,故'祳'俗又作'祖'。《龙龛手鉴》卷二手部:'捛、捛,二俗;挔,正:音吕,师~也,与旅字同。'(212)'捛'等三字亦皆为'旅'的俗字,可以比勘。"[20]根据以上材料,从传抄古文的角度来说,此例是以俗字为古文,借"旅"之俗字为"礼"之古文。

五　祖

"祖"字,传抄古文作"且"、作"祖"皆属正常,比较特殊的是,《汗简》作𥘷,从示,卢声。从出土文字材料来看,此字见于楚简,作上下结构,如《包山》241作𥘽,《上博六·竞》8作𥘽。"祪"在战国文字中用为盟诅之"诅"。后世字书所载用法与战国文字材料基本相同,可谓相承有序。如《玉篇》示部"祪"字下注:"侧虑切。祝也。亦作诅。"《直音篇》示部:"祪,音诅,同呪褆。"《康熙字典》"褆"字下曰："《广韵》《集韵》并同'诅'。《前汉·五行志》：刘屈釐复坐祝褆要斩。师古注：褆，古诅字。"但在传抄古文中用作"祖"字，则与传世文献不同。不过汉碑也有以褆为"祖"之例。《隶辨》顾蔼吉按曰："《玉篇》'褆'与'诅'同，碑以为'诅'字。《孝女曹娥碑》'其先与周同褆'，亦以'褆'为'祖'，盖有自来。"[21]从传抄古文的角度来说，顾蔼吉的"盖有自来"是有根据的。以"褆"为"祖"大概可以算是传抄古文的一个用字特色。在"神"字条下，《四声韵》《订六》等书录 𥘹、𥘹 等形作为"神"字。按 𥘹 即为"褆"字之繁构，增一"又"符而已。以"褆"为"神"与以"褆"为"祖"，义正相关，可以进一步证明传抄古文的用字特色。

《撖古》《分类》和《订六》则录"盧"为"祖"。《撖古》盧 下注云："且，通作祖。"与《汗简》以"褆"为"祖"虽有不同，但亦相关："盧"为"褆"之声符，亦可视为"褆"之省体。《订六》来源于《撖古》，《分类》下注"刺公敦"，提供了一个出处。但从现有出土材料而言，"盧"字在甲骨文、金文和战国文字中皆用为人名、地名[22]，与传抄古文的用法也是不同的。

在隶楷古文的材料中，"褆"字"示"旁或讹作"衣"旁，如敦煌本《尚书》作褆；或近乎"木"旁，如岩崎本《尚书》作禥。"盧"旁的写法亦有差异，如上举二例即不相同，皆传抄之变。可见，"褆"之用作"祖"始于汉碑，还见于古本《尚书》，可为顾蔼吉"盖有自来"之说添一佐证。

另外，《分类》还记录了一个特殊的"祖"字，作𠆳，注曰"祖辛卣"。查《款识》卷三祖辛卣，"祖"字作△，无作𠆳者。另《款识》卷二有"亚人辛尊"，当即《集成》5612之"亚匕辛尊"。古文"人、匕"相混，所谓"人"字，《款识》作𠆳，《集成》作𠆳，当以释"匕"为是。《分类》之𠆳，可能来源于《款识》之𠆳而方向相左。"匕辛"即"妣辛"。《诗·小雅·斯干》"似续妣祖"，郑笺："妣，先妣姜嫄也。"顾炎武《日知录》卷一："古人自祖母以上通谓之妣，经文多以妣对祖而并言之。"从这些情况分析，《分类》把𠆳置于"祖"下，一种可能是纯粹的错字，另一种可能是把𠆳认为是"匕（妣）"字，因"妣、祖"同义而置于"祖"下。传抄古文有同义误置之例，以"匕（妣）"为"祖"，于例可通。至于其出处祖辛卣，或是误记，或是把"亚匕辛尊"记为"祖辛卣"。此系悬案，聊记以俟高明。

以上所列，"壹"字属于古文隶定的问题。以"气"为"天"，以"上"为"帝"，以"匕（妣）"为"祖"，即使是错误的字词关系，也反映了古人的认识问题，反映了古人的观念思想，更是体现传抄古文同义换用的用字特点。以 𥜨 为"礼"，反映的是偏旁通用的问题；而以 𥜨 为"礼"，则是正俗和通假的问题。以"褆"为"祖"，只见于特殊文本，则突出了传抄古文用字的特殊性。所以传抄古文与一般的文字材料，同中有异，值得以特殊的视角加以观察。

附记：本文为国家社科基金冷门"绝学"和国别史等重大研究专项项目"传抄古文资料全编与传

抄古文研究”（2018VJX081）和全国高校古委会项目“徐《笺》点校及与段《注》的比较研究”（2021）的阶段性成果。

（作者单位：福建师范大学文学院）

注：

① 参见王辉主编《秦文字编》第1595—1596页，中华书局2015年；张守中撰集《睡虎地秦简文字编》第162页，文物出版社1994年。

② “壹”字也偶见于楚简，《清华七·越公其事》简19有之，为楚文字首见。字作，与秦系写法也不一样。

③⑫⑰ 详见林清源《传抄古文“一”、“上”、“示”部疏证二十七则》，复旦大学出土文献与古文字研究中心网2020年10月5日。

④ 参见杨桓《六书统》卷一第5页，北京图书馆出版社2006年。按即古文“烟”字，《六书索隐》收“烟”字古文。“烟熅”即“氤氲”。

⑤ 田艺蘅《大明同文集举要》第211页，齐鲁书社1997年。

⑥ 张玉书等编纂《康熙字典》第183页，汉语大辞典出版社2002年。

⑦ 参见《考古图 续考古图 考古图释文》第283页，中华书局1987年。其中，“字当读为帝”，原作“字当读为帝”，应为之误。

⑧ 郭沫若释为“下”，云：“‘不豕才下’才下二字原有泐损，呈形，或释为上帝，或释为在上。今以毁铭校之，与此相当之语为‘在帝之坏’，坏与夏为韵，则此当是‘不坠在下’，下与夏为韵也。对天而言故为下，与‘竈又下国’相应。”见郭氏《周代金文图录及释文（三）》（即《两周金文辞大系图录考释》）第250页，台湾大通书局1971年。

⑨ 见郑樵《六书略·古今殊文图》，今本作：“古文帝作二（此古文常用者，未悉起自何代）。”（〔宋〕郑樵撰，王树民点校《通志二十略》第337页，中华书局1995年）

⑩《说文》即以“帝”字从“上（丄）”得义。自古即有“上帝”之称，如《合》30388：“上帝若王［受］有佑。”《天亡簋》：“事喜上帝。”以此推之，以“上”表“帝”义，当亦有所本。传抄古文有“因义近而误置”者，如以“袂（殃）”为“祸”字古文、以“若”为“顺”字古文等，参见徐在国《隶定古文疏证》“前言”第5—6页，安徽大学出版社2002年。

⑪ 见《增韵》卷七。该卷列“象形、假借、奇字、合字、会意”五类，下列若干字例。即列在“假借”类去声“帝”字之下。

⑬ 参见王国维《观堂集林》第291页，中华书局1959年。

⑭ 参见〔清〕顾蔼吉《隶辨》第212页，中华书局1986年。

⑮ 参见李春桃《古文异体关系整理与研究》第122页，中华书局2016年。

⑯ 参见林圣峰《传抄古文构形研究》第164页，中兴大学2013年博士学位论文。

⑱ 段凯《〈古文四声韵〉（卷一至四）校注》第643页，华东师范大学2018年博士学位论文。

⑲ 如“僊”字《韵府》作，其“人”旁第二笔也是故作屈曲，“之”字《韵府》或作、“厶”字《分类》或作也是如此。

⑳ 参见徐在国《隶定古文疏证》第15页；张涌泉《汉语俗字丛考（修订本）》第462页，中华书局2020年。

㉑ 同注⑭第94页。

㉒ 参见黄德宽主编《古文字谱系疏证》第1596—1597页，商务印书馆2007年。

古文字研究(34):578—581,2022

《篆隶万象名义》"𢻹,申字"新证

刘伟浠

　　《篆隶万象名义》(以下简称《名义》)是唐代日僧释空海编撰的一部汉语字书,中华书局于1995年影印了该书以嘉惠学林。学界一般认为该书是据南朝梁顾野王《玉篇》编撰的,其分部、收字、注释等多与现存唐写本《玉篇》残卷相当,其中有些文字与六国秦汉文字密切相关相承,对研究隶古定字有一定价值[①]。而有些字虽未明确注明"古文、籀文",但其来源也比较古老,如黾部多数"黿"字写作，似为《包山》简125 (" "字下部所从)类形体之直接隶定,战国文字"龟、黾"形同;又袁金平、李伟伟指出,日部"昆,昌字"条所录异构"昆"不见于后世字书,却屡见于居延汉简、银雀山汉简及流沙坠简等[②]。该书收录的这类古体为数不少,很值得我们注意。本文所讨论的"𢻹,申字"条亦属此例,下面结合出土先秦材料试作探索。

　　《篆隶万象名义》申部:"申,舒神反。呻也,身也,神也,重也。 ,申字。𢻹,申字。"吕浩径将𢻹校作"舅", 校作"昌"[③]。大柴慎一郎把𢻹列入待考字,并怀疑是《说文》"申"字小篆申之讹变[④]。按,宋本《玉篇》该句作"申,式神切。身也,伸也,重也。申申,容舒也。昌,籀文。串,古文",与《名义》略有差别,吕浩将𢻹校作"舅"大概是由于《玉篇》的"昌,籀文。舅,古文"与《名义》的" ,申字。𢻹,申字"对应。从形体来看,籀文"昌"与 倒有些接近,有可能是一形之变,但古文"舅"与𢻹形体差别很大,是否为同一字之变,在没有充分的字形演变环节的情况下就如此断定,就显得草率。对比《玉篇》,𢻹很可能与"舅"一样出自古文,即"传抄古文",传抄古文是指汉以后历代辗转抄写的古文字(主要指战国文字),分篆体、隶定两种[⑤]。《名义》的确收录一些古体,但未明确注明古文或籀文,以辵部为例[⑥],未标注的就已有十例,可与《说文》《汗简》《古文四声韵》《集韵》相比较,如表1所示:

表1 《名义》辵部未标注古文、籀文的字与其他字韵书的古文、籀文比较

	《名义》	其他字韵书的古文、籀文
退	，退字也。	《说文》籀文
述	，述字也。	《说文》籀文

续表

	《名义》	其他字韵书的古文、籀文
徙	（图）, 从（徙）字也。	（图）《汗》1·9 碧⑦
送	（图）, 送字也。	（图）《说文》籀文
败	（图）, 败字。	（图）《四》4·16 籀
遂	（图）, 遂字也。	（图）《四》4·5 崔
远	（图）, 远字。	（图）《说文》古文
源	（图）, 娱烦反, 源字。	（图）《汗》1·8 尚（"原"字）
遁	（图）, 遁字。	（图）《集韵》恨韵古体
挞	（图）, 他达反, 挞字。	（图）《四》5·11 崔

　　因此，对照《玉篇》并结合《名义》自身的注解特点，幻很可能是漏注了"古文"二字。若要探求幻之来源，还要从古文入手。研究古文应注重古文的体系性，其内部往往存在一些形体可以互相印证，李春桃曾说："文字形体之间是存在某种联系的，例如，一个独体字可以在另一个字中充当意符或声符；两个或多个字可以有相同的意符或声符，很少有不与其他形体发生联系而独立存在的字。古文形体也不例外，在研究或使用古文时，不应孤立地仅注意某一形体本身，还应关注其他与此形有联系的古文，着眼于全局。"⑧循着这思路，我们发现古文"麈"的一个形体所从部件与幻非常接近。《古文四声韵》1·31引《古老子》之"麈"字作：

（图）（下文用 A 表示）

A 形上部从"麈"，但下部奇诡，作（图），从"幺、刀"，古文"召"作（图）（《四》4·27 汗），唐上官婉儿墓志"昭"作（图），此二形所从的"刀"与 A 所从形近。段凯谓 A："上半部从一鹿头，两土，下半

部讹变严重难以确定。所以,古文可能是'靐'字讹变。"⑨A与"靐"写法距离较大,段说非是。徐在国、黄德宽对□亦有考证⑩:

> "□"应是"斤"字,"□"(或□)应与"□"所从的"□"同,并非是"幺",应是"申"字。……"□"可分析为从"申",从"言",从"斤",当隶作"�",释为"麈"。"�"字所从的"申""讠"均是声符。古音"申"属书纽真部,"麈"属定纽真部,声纽均属舌音,韵部相同,"麈"字可以"申"为声符。"讠"字属晓纽文部,真文旁转,故"麈"字也可以"讠"为声符。

楚简"斳"字多见,常用作"慎",但它所从的"幺"非"申"字,楚简及古文"申"分别作□(郭店简《忠信之道》简6)、□(《说文》),与楚简"斳"所从的"幺"构形及字迹仍有所差别,且"斳"字所从向来未写成典型的"申"形。陈剑对"斳"字已有深入的研究,他认为该写法源于番生簋的□(《集成》4236)等,所从的"□"即"质"的声符"所",并在《甲骨金文考释论集》编按中引裘锡圭说:"《上海博物馆藏战国楚竹书(二)·容成氏》简1、简39'斳'字左上方作'乡'形(原形分别作□、□),似可证成本文所说'斳'中的'幺'形系由□形中的'□'形讹变而来的推测。"⑪其说可从。不过,徐在国、黄德宽将楚简"斳"所从的"□"与□联系起来却是一条极富启发的思路,二者形体接近,"□"所从的"斤"讹成"刀"形,"斤、刀"不单意义接近,作意符可替换,如古文"断"从"斤"作□(《四》4·21尚),又从"刀"作□(《汗》6·82)、□(《四》4·21尚),而且其古文形体也讹混不清,如"斸"原作□(《汗》6·76义),或讹作□(《四》5·6义),"芹"则讹作□(《四》1·35老),此二字所从之"斤"均讹似"亻"(古文中"亻、刀"同形),又汉印中有"诉"讹从"刀"作□⑫。更重要的是用字习惯十分吻合,A注出《古老子》,用作"麈",检今本《老子》"麈"字仅见于第四章及第五十六章,且同出"和其光,同其麈"一句,A无疑也是出自该句,李学勤曾指出《古老子》来源于项羽妾冢所得的楚系《老子》简本⑬,是有可靠来源的。郭店简《老子》甲本简28对应作"赛(塞)其门,和其光,迵(同)其斳","斳"马王堆帛书乙本及今本作"麈"⑭。因此,古文A写成从"□"并非毫无依据,可分析为从"麈""□(所)"声,实际就是在"麈"的基础上再增加一声符。

厘清了A的形体来源,□的来源就很好理解了,该字为A下部所从,也是楚简"斳"的声符"□"之讹体。《名义》注为"申"字,实出古文,"申"与"□"古音很近,"斳"与"申"声字在楚简中也有通用之例,如上博简《容成氏》简1"神农氏"写作"斳戎是"。不过,目前出土材料未见古文A之写法,这还有待日后更多材料的公布得以检验。

总之,《名义》保留了一些古抄本的写法及用法,很值得文字学家去关注,汉唐以后字书所载俗体、异体及隶古定等对研究先秦古文字也并非毫无价值,因为汉字在历史的传承中可谓源远流长、绵绵不绝。

附记:本文的撰写得到2021年度福建省社科基金青年项目"宋以来字韵书传抄古文疑难字研

究"（FJ2001C050）、2017 年度国家社科基金重大项目"战国文字诂林及数据库建设"（17ZDA300）
和 2018 年度国家社科基金"冷门'绝学'和国别史等研究专项"项目"传抄古文资料全编与传抄古文
研究"（2018VJX081）的资助。

（作者单位：福建师范大学文学院）

注：

① 〔唐〕释空海《篆隶万象名义》，"出版说明"，中华书局 1995 年。

② 袁金平、李伟伟《〈篆隶万象名义〉"邑，昌字"条补证》，《辞书研究》2016 年第 1 期第 86—87 页。

③ 吕浩《〈篆隶万象名义〉校释》第 469 页，学林出版社 2007 年。

④ 大柴慎一郎《〈篆隶万象名义〉文字研究》第 253 页，中山大学 2006 年博士学位论文。

⑤ 徐在国编《传抄古文字编》"前言"第 4 页，线装书局 2006 年。

⑥ 同注① 第 94—97 页。

⑦ 本文所引《说文》《汗简》《古文四声韵》古文均源自徐在国编《传抄古文字编》。

⑧ 李春桃《传抄古文综合研究》第 164 页，上海古籍出版社 2021 年。

⑨ 段凯《〈古文四声韵〉（卷一至四）校注》第 246 页，华东师范大学 2018 年博士学位论文。

⑩ 徐在国、黄德宽《传抄〈老子〉古文辑说》，收入氏著《古老子文字编》第 435 页，安徽大学出版社 2007 年。

⑪ 陈剑《说慎》，收入氏著《甲骨金文考释论集》第 39—53 页，线装书局 2007 年。

⑫ 〔日〕佐野荣辉、蒹毛正雄编，王忻译《汉印文字汇编》第 608 页，西泠印社出版社 2020 年。

⑬ 李学勤《说郭店简"道"字》，《简帛研究》第 3 辑第 43 页，广西教育出版社 1998 年。

⑭ 湖南省博物馆、复旦大学出土文献与古文字研究中心编纂，裘锡圭主编《长沙马王堆汉墓简帛集成（肆）》第 27 页，中华书局 2014 年。

古文字研究（34）：582—589,2022

说叉

——兼谈衣物疏几种发饰

陈美兰

汉魏晋以下的衣物疏记录不少发钗，表示发钗之{钗}有叉、钗、权、扠等写法[①]，早期以叉字居多，后来才多写作钗。对于钗子的名称来源，乃是取发钗像叉子、树权之形，可固发，学者多无异议[②]。以"叉"字表示钗饰，取钗簪分歧两股的意思；至于从金、木、手三种形声字，不难理解书手的思维，从金、木表示材质，从手则表示戴钗的动作。裘锡圭探讨形声字的产生途径时曾指出，为明确字义而加注意符的现象可分三类：为明确假借义、引申义、本义而加注义符[③]。叉与钗、权、扠之间的关系属于哪种？此问题关乎"叉"字初形本义，第一小节先探讨"叉"字字源的问题，第二小节略论衣物疏所见钗、簪、导等发饰的性别使用现象。

一 "叉"字字源

"叉"是现代常用字，表示歧头义者如叉子、岔路等，表示交错义者如交叉、叉手等，今人对这些用法习以为常。"叉"字何以有歧头、交错义，我们追溯许慎《说文》对"叉"字的解释："彐，手指相错也。从又，象叉之形。"从小篆彐形联想到"手指相错"的样子，想要"察而见意"并不容易，后世学者可能也察觉出问题，故而段玉裁诠释如下[④]：

> 谓手指与物相错也。凡布指错物间而取之曰叉，因之凡歧头皆曰叉，是以首笄曰叉，今字作钗。

段注融合了交错与歧头两种意义，满足"叉"字两种常见义的来源，但是段注对字形的说明还是令人困惑，我们对《说文》"手指相错"的联想是：，与段注谓"手指与物相错"不太一样。然而不论"手指相错"或"手指与物相错"，从小篆看来也都不太好理解，林义光《文源》将叉形中的短画解为"手指错入之处"，林志强评注《文源》，进一步指出[⑤]：

> "叉"字未见于小篆之前的古文字材料。大徐本作"从又，象叉之形"。段注本"又"后补"一"，注云："此字今补，象指间有物也。"林氏则以为"一"象手指错入之处。按，此当为指事符号，表示手指交错之意。

林志强将"—"视为指事符号，则"叉"为指事字。洪成玉以旧说为基础，认为"叉"是象形字，"象手指叉开形"[⑥]，此析形似又与许慎、段玉裁不同，意谓五指张开不并拢貌。显然叉字的形义还有待深究。

小篆之前古文字材料究竟有没有叉字，学界有不同意见。香港中文大学制作之汉语多功能字库"叉"字下收录了甲金文 、、、、 等形，采取的说法是："甲金文从'又'从数点，画数点于手指之间，指示指叉之位置。本义是指缝，引申为交错、交叉。"[⑦]该字库所收的甲金文字形可能都未必是"叉"字，以下分别讨论。字库所收前两种甲骨文为摹形，拓本为 （《合》36901）、（《合》6450）等形，这类写法近来学者多释为"叉"，如黄天树释《花东》267为"叉（早）祭"[⑧]，字形编如李宗焜《甲骨文字编》、刘钊《新甲骨文编（增订本）》也都释为"叉"[⑨]。王子杨对此类字形进一步提出下列看法[⑩]：

> 卜辞确定无疑的"叉"字所从小点不止两个，且多位于手形指端部分（指端多呈钩形，类似"丑"，参看《合》23052、《花东》267诸形），指示指甲所在，也可能就象指甲之形。而黄组卜辞这个形体皆从两点，位于手指之间，在卜辞中皆用为地名，与出组二类、花东子卜辞的"叉"有别。

王先生的分析细致有理。象手指甲形的"叉"字，演变序列很清楚，指端部位的指示笔画本不离析，到东周才出现分离的写法[⑪]，如《清华拾·四告》简9"叉（爪）齼（牙）"字作 ，上面手指末端还保持连笔，底下两指的指示笔画与手形分离，到了秦骃玉版"吉叉"字作 ，两小短笔写在又形之间，与小篆无别[⑫]。不过，从又加上多点的写法究竟是不是确切无疑的"叉"字，或有讨论的空间。《花东》267 字所从"叉"形清晰可辨，黄天树读为"早"，音义可通，学者多从其说，但是像《合》13937 形之类的写法，除非是异体，否则与象手指甲形的"叉"字还是颇有区别，《新甲骨文编（增订本）》列在附录待考，是谨慎的做法[⑬]。

至于字库所引金文的写法，虽然目前尚有若干研究成果隶定为叉，但此类字形皆族氏文字，其"又"形之间的写法多作●形，而且●形所处位置也很一致——写在下二指形之间，与小篆写在上二指形间不同。族氏文字从"又"形者不少，何景成制作"族氏铭文资料汇编"，"又"部下收录121个与"又"形相关的族氏文字[⑭]，这类族氏文字的象形意味都很浓，"又"字所起的作用多是以手持各种器物，视而可识，而直观A210号 的写法，很难与叉字习见的歧头、交叉义联想，与其说是表示抽象意义的"叉"字，更像是表示手握球形物。裘锡圭结合汉印"奴、弩"等字的写法，认为金文此形"挐"的表意初文，像握物于掌中，其说可从[⑮]。此外，柞伯簋 字，也有学者主张是"叉"字，象以手指（食指、将指）挟取之形[⑯]，综观文字形义与铭文内容，我们认为陈剑释为"挲、擎"的表意初文是合理可信的[⑰]。

以上与"叉"字相关的讨论皆奠基于《说文》 形，对照古文字以"又"形为基础的字，如厷（肱）、叉、丑、又（挐）、攴（拇）、夬等，无论将叉字析为合体象形（复杂象物字）或指事（指示字），都不太容易理解，李守奎对"叉"字来源提出不同的思路，十分值得关注[⑱]：

> 指事字。《说文》："叉，手指相错也。"段玉裁认为意思是手与物相错，义即"叉取"的"叉"，引申为凡歧头的东西也叫"叉"。由于我们现在还未能确知"叉"字较原始的写法，姑

存旧说。但从"叉"的分化字"钗""杈"等来看,"叉"有可能是头部歧出"叉子"的"叉"的象
形字,手指相错反而是引申义。

李先生认为表示歧头、交叉、叉取等义的"叉"字,其字源可能来自叉子之形,此意见给我们相
当大的启发。王仁湘曾研究中国古代进食器具,兹先引两张与叉子有关的图:

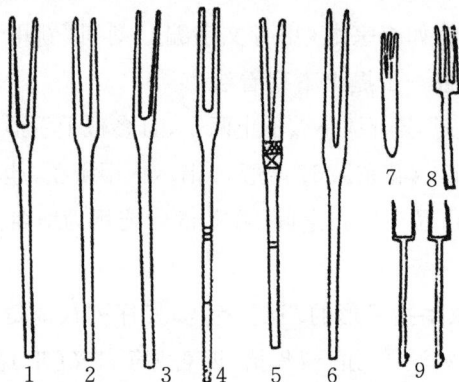

图一三　古代的餐叉

1—3.河南洛阳中州路(战国,见[136]图九八,1—3)　4.洛阳西工区(战国,见
[137]图五,15)　5.山西侯马西侯马村(战国,见[138]图四,7)　6.侯马牛村古
城(战国,见[141]图版四,6)　9.酒泉下河清(东汉,见[124]图17)

图1

图一六　《进馔图》画像和石灶拓本

1.陕西绥德大抓梁(见[151]图66)　2、3.甘肃嘉峪关(见[152]图版六一,1、
2)　4.陕西绥德延安岔(见[153]图四,1)　5.山东苍山城前村(见[154]图八,2)

图2

王先生指出，目前所见最早的餐叉出现在二里岗商代遗址，为骨质叉子（参图1—7），图1的叉形器之所以确定是餐叉，乃是透过同时出土的器物推断，或与骨匕同出，或与食器如铜簋、餐刀放在一起；图2则是汉魏时期的画像石，餐叉除了进食，还可串食烧烤，考证征实可信[19]。上引李守奎提出的"叉子"说，并未指实为餐叉，只是我们最熟悉的器物莫过此。再者，叉形器未必皆以"叉"字名之，但用来描述器物的特征，则不罕见，如：

《说文》："楎：六叉犁。"

《释名·释兵》："矢，指也，言其有所指向迅疾也。……其末曰栝，栝，会也，与弦会也。栝旁曰叉，形似叉也。"

《释名·释兵》："仇矛，头有三叉，言可以讨仇敌之矛也。"

《释名·释车》："轑，盖叉也，如屋构橑也。"

"六叉、三叉"指器物之歧头六分、三分；"栝旁曰叉"则是借叉子之形来描述箭的末端分歧形状，十分明确；"盖叉"谓车篷骨架，"叉"指歧出的支架。我们再看几个与"叉"有关的同源词，以下摘引殷寄明《汉语同源词大典》说明及书证：

钗　妇人首饰，由两股簪子交叉组成，"钗"之名寓交叉义。《玉篇》："钗，妇人歧笄也。"

杈　《说文》木部："杈，枝也。从木，叉声。"朱骏声《通训定声》："'叉'亦意。"

衩　衣衩，衣裙下侧开口处。《玉篇》："衩，衣衩。"

汊　水流的分支，即分岔、交叉处。《集韵》："汊，水歧流也。"

扠　引案：有交手相打、交叉两手作揖、手相交叉挟取等意义。

跁　岔路。《集韵》："跁，歧道也。"

諛　异言。《集韵》："諫，异言。或作諛。"

殷先生考证上列同源词核心语义为交叉义，很可能是受到《说文》"手指相错"的影响，我们认为歧头、分歧义更适合作为上列诸词的核心语义。杈、衩、汊、跁、諛各词皆有分歧义，不难判断；至于"钗"，虽说交叉两股簪子也可成为钗，但后世所见的钗比较接近《玉篇》所谓的"歧笄"，本来单股的笄制成双股的钗，因此有歧头、分歧义；还有"扠"，较早的记录见于汉代旧注，《周礼·天官·鳖人》"以时簎鱼鳖龟蜃"，郑玄注引郑众曰："簎，谓以扠刺泥中搏取之。"郑注所谓"扠"为刺取鱼鳖龟蜃的工具，虽然形制无可考[20]，既名之为扠，其形制极可能是歧头者。此外，洪成玉还列有"軓"字，軓又称鞴軓、步叉，《玉篇》："軓，箭室也。"《广雅·释器》："鞴軓，矢藏。"洪先生认为："因箭放入盛箭器中，露出器外部分，其形歧出如叉。故名。"[21]对照箙字的表意初文 凷、 凶 [22]，此说不言自明。综上所述，再加上分岔之"岔"，这些同源词的核心意义皆源自歧头、分歧义，洪先生认为叉是这组字的古字，也是根字，亦即词源——音义的来源，我们认为相当有道理[23]。

　　叉字关键问题在于：目前缺少明确可信的证据说明其初形本义。我们搜查古书似可得到一点线索,《仪礼·特牲馈食礼》"宗人执毕,先入",郑注:"毕状如叉。"彭林融合旧注对毕字说明如下:"祭器名,木制,前端分叉,指挥执事陈放器物时用。"[24]"毕状如叉"一句,形容生动,很难不令人联想到与毕字相关的古文字写法,明确可信的"毕"字见于周初:周原H11:45、《集成》4031、《集成》4205,田形底下即象有柄歧出的捕兽网[25],当然这只能印证毕与叉的形似,无法证明"叉"字来源,不过结合《仪礼》与古文字的讯息,加上传抄古文的叉字作二形[26],明显作歧头状,与许慎所谓"手指交错"状的篆文不同,这让我们对"叉"字可能本作叉状物的看法又增加一点信心。此外,甲骨文有几个未释读的字形:(《合》655正甲)、L(《合》35356)、(《合》4553)、(《小屯》4357)[27],这几个字形从又或卄,象以手持丫形物,此丫形物特征一目了然——叉状物[28],这几例卜辞都很难从文例判断其读法,我们不能对号入座将此类字形等同上文所讨论的"扠"字,但是结合上文王仁湘对进食器叉的考证,此类字形的确很可能表示手持叉状物——天然者如树杈,人为者如呈叉状的渔猎用具、农具、兵器、祭器等。小文受李守奎意见的启发,结合现有材料推论至此,有待来者。

最后,回应小文起始所提出的问题,衣物疏出现四种表示{钗}的写法:叉、钗、杈、扠,后三种形声字究竟是为了明确假借义、引申义还是本义而加注意符呢? 若依《说文》"手指交错"为叉字本义,则钗、杈、扠乃为明确引申义而加注意符的形声字;若据李守奎提出的看法——叉字是叉子的象形,则钗、杈、扠是为了明确本义而加注意符的形声字,如它/蛇、须/鬚、止/趾等[29]。

二　衣物疏所见几种发饰的性别使用观察

汉晋遣册、衣物疏的性别现象是学者关注的面向之一。上节所讨论的叉(钗),相较其他发饰,出现频率高,且绝大多数见于女性衣物疏,详见下表(表1)。

表1　汉晋衣物疏所见发钗

	衣物疏名	释文	时代
1	高荣衣物疏	金叉(钗)一枚	东吴前期
2	萧氏家族墓地 M2 衣物疏	银叉(钗)六枚 金叉(钗)四枚 突(玞)无(珷)叉(钗)三枚	248
3	赵阿兹衣物疏4	故叉(钗)二双	317
4	夏侯妙妙衣物疏5	故银叉(钗)一	317
5	前凉郭富贵衣疏6	故银钗一双 故鍮石钗一只	355

	衣物疏名	释文	时代
6	周芳命妻潘氏衣物疏3	故银钗二枚 故【璹】（玳）鉾（瑁）钗	361
7	盈思杂物种被疏	钗一枚，盈思故所有 鬓一枚，故所有	363
8	孙狗女衣物疏	故繻石叉（钗）三枚	370
9	赵宜衣物疏	故银叉（钗）一枚	378
10	桓眇亲衣物疏	等墨叉（钗）一双 桃支（枝）叉（钗）二双 黑角叉（钗）一双 兜石叉（钗）一双	

表中衣物疏资料来源如下：1. 高荣衣物疏墓主为丙棺男性，刘林《江西南昌东吴高荣墓的发掘》，《考古》1980年第3期；2. 田河《安徽南陵县麻桥东吴墓遣册考释》，《简帛研究2010》，广西师大出版社2012年；3. 寇克红《高台骆驼城前凉墓葬出土衣物疏考释》，《考古与文物》2011年第2期；4. 白须净真撰，裴成国译《晋建兴五年夏侯妙妙衣物疏初探》，《西域文史》第8辑，科学出版社2013年；5. 张立东《美国麦克林氏藏前凉郭富贵衣物疏》，《西域研究》2017年第2期；6. 李正光《长沙北门桂花园发现晋墓（晋升平五年）》，《文物参考资料》1955年第11期；7. 吴浩军《河西衣物疏丛考》，张德芳主编《甘肃省第二届简牍学国际学术研讨会论文集》，上海古籍出版社2012年；8—10. 张俊民《甘肃玉门毕家滩出土的衣物疏初探》，《湖南省博物馆馆刊》第7辑，岳麓书社2010年。

例10"眇"或作"妙"，此件无尾题，无法判断时代，故列最后。另，曹魏大墓石楬也有"六寸璹瑁叉（钗）"（M1:053）、"角叉（钗）"（M1:171），参史家珍等主编《流眄洛川：洛阳曹魏大墓出土石楬》第147、92页，上海书画出版社2021年。

上表以汉晋时期衣物为主，高荣墓为男1女2合葬，男性墓主高荣的衣物疏出现"金叉（钗）"，其他衣物疏的主人绝大多数为女性。出土实物部分，目前最早见到的实物为春秋时期的骨钗，东汉墓葬出金、银钗者，男女墓主皆有之，扬之水指出："古代男子也挽发，但通常是用笄或曰簪，钗便好像是女子专属了。"[30]目前所见的汉晋以后衣物疏也可证此观点[31]。

除了钗，衣物疏也有簪、导等发饰，如"顿（玳）牟（瑁）簪"（西郭宝2.2.2、尹湾M2：2.3.10、尹湾M6：2.2.4簪作蚕）、"顿（玳）茅（瑁）蚕（簪）""竹蚕""顿（玳）茅（瑁）横蚕（簪）"（青岛土山屯M147）、"道（导）"（尹湾M6：2：2：1）、"巢（导）"（高荣墓）、"犀（犀）巢（导）"（吴应衣物疏）等[32]，自现有衣物疏看来，这几例簪、导皆出于男性墓葬，实则实物笄、簪也见于女性墓葬[33]。至于"导"，马怡考证尹湾M6墓主师饶的随葬清单"道（导）"为首饰名，即《释名·释首饰》之"导"："所以导栎鬓发，使入巾帻之里也。或曰栎鬓，以事名之也。"其功能乃将束巾后的鬓发引到发巾内，"导"形如簪，又名"帻导、笄导、簪导"[34]。从文献记载观察，相较于后世钗子兼具实用装饰功能，导之为物似偏重实用，从上述导之又名可知，目前主要也见于男性使用，据《隋书·礼仪志第七》玉导最为贵重，天子独得用之。

附记：本文为科技部专题计划（108–2410–H–260–023–MY2）之部分研究成果，谨致谢忱。小文急就，感谢业师季旭升先生惠赐宝贵意见；同时也感谢我的学生殷丽雅同学在完成学位论文初稿后拨冗帮忙校对草稿。

（作者单位：台湾暨南国际大学中文系）

注：

① 叉、钗常见，参本文第二节表1。写作"杈"者，见吐鲁番出土北缺名衣物疏"桐杈一枚"，字作，参荣新江等主编《新获吐鲁番出土文献》第174页，中华书局2008年；写作"扠"者，见高昌阿茍母随葬衣物疏"故扠（钗）一枚"，字作，参中国文物研究所等编《吐鲁番出土文书（壹）》第116页，文物出版社1992年。表示发钗的杈、扠二字，与古书里表示权枝义的杈、挟取义的扠，当是同形字。

② 如吴娅娅《吐鲁番出土衣物疏辑录及所记名物词汇释》第60—61页，西北师范大学2012年硕士学位论文；赵国伶《甘肃河西地区十六国时期衣物疏整理与研究》第60页，西北师范大学2020年硕士学位论文。

③ 参裘锡圭《文字学概要（修订本）》第151页，商务印书馆2013年。

④〔汉〕许慎撰，〔清〕段玉裁注《说文解字注》第115页，上海古籍出版社1981年。

⑤ 林志强等评注《〈文源〉评注》第355页，中国社会科学出版社2017年。

⑥ 洪成玉《古今字字典》第50页，商务印书馆2013年。

⑦ 第一形为甲骨文，该资料库采用汉达文库／甲骨文文库提供的字形（所引出处为CHANT0909）。

⑧ 参黄天树《殷墟甲骨文白天时称补说》，原载《中国语文》2005年第5期，收入氏著《黄天树古文字论集》第228页，学苑出版社2006年。

⑨ 李宗焜编著《甲骨文字编》第316—317页，中华书局2012年；刘钊主编《新甲骨文编（增订本）》第164—165页，福建人民出版社2014年。

⑩ 参王子杨《甲骨文字形类组差异现象研究》第84页，中西书局2013年。

⑪ 详参季旭升《说文新证》第975页，艺文印书馆2014年。

⑫ 参清华大学出土文献研究与保护中心编，黄德宽主编《清华大学藏战国竹简（拾）》第31页，中西书局2020年；徐在国等编著《战国文字字形表》第391页，上海古籍出版社2017年。

⑬ 刘钊主编《新甲骨文编（增订本）》第948页（306、307号）。我们有一点不成熟的推想，姑记于此。早期研究甲骨的学者多主张此象澡手之形，如罗振玉、王襄、李孝定等（参《甲骨文字诂林》第886—887页，中华书局1996年），一如后世表示洗足的〔洗〕，甲骨文作（《合》4824）、（《合》6998）等形（详参《新甲骨文编（增订本）》第632—634页"洗"字头下），构造概念相似，此说不无道理。循此思维，卜辞还有一个可对照的写法，《新甲骨文编（增订本）》第165页列了一个从二叉的字头，收录字形为、、，三处都是专名，后两形颇似双手交错澡手，可惜都出于倪氏家谱刻辞的人名（《英》2674），无法推论。类字形的释读还缺乏有力的证据，从又从小点之形也未必只能表示澡手之形，也可能是从水又声的形声字，况且这若干小点是否也可能表示沙形呢？象手指置入沙中之形，有点贴近段玉裁对小篆"叉"字的说明："谓手指与物相错也。凡布指错物间而取之曰叉。"再往下推论，似乎就找到小篆形的来源了，叉、沙二字并属歌部，声母相近，一为初母、一为山母，沙字亦可起表音作用，初文象手置入沙中，表叉入、叉取之义，小篆则省略成一点，表示叉取义，歧头、交错则是后出引申义。当然，这个推论过程仍然缺乏坚实的证据，"叉"字来源还有待深究。

⑭ 何景成《商周青铜器族氏铭文研究》第318—319页,齐鲁书社2009年。

⑮ 据陈剑《柞伯簋铭补释》所言,此为裘先生未刊旧稿《释叉》,参《传统文化与现代化》1999年第1期第51页,又收入陈剑《甲骨金文考释论集》第4页,线装书局2007年。

⑯ 此说为冯时主张,参氏著《柞伯簋铭文剩义》,《古文字研究》第24辑第225页,中华书局2002年,又微改题为《柞伯殷铭文剩义》,收入氏著《古文字与古史新论》第288页,台湾书房出版社2007年。也有赞成此说者,如中国社会科学院考古研究所编著《殷墟花园庄东地甲骨》第六分册第1567页,云南人民出版社2003年。

⑰ 陈剑《柞伯簋铭补释》,氏著《甲骨金文考释论集》第6页。

⑱ 李学勤主编《字源》第220页,天津古籍出版社2012年。本条撰写者为李守奎。

⑲ 王仁湘《中国古代进食具匕箸叉研究》,《考古学报》1990年第3期第285—290页。

⑳ 孙诒让疑即"铦",见于《初学记》渔部引《纂文》:"铦,铁有钜,施竹头,以之掷鼋鼍。"(孙诒让《周礼正义》第306页,中华书局1987年)所刺取之物虽皆鼋鼍,但不知扠、铦是否一物,姑记此。

㉑ 洪成玉《古今字字典》第52页。

㉒ 参小学堂"汉字古今字资料库":"箷/葹/茄"。

㉓ 洪成玉《古今字字典》第52—53页。但洪先生将小篆分析为象手指叉开形,则有待商榷。

㉔ 彭林注译《仪礼》第401页,岳麓书社2001年。

㉕ 参江学旺《西周文字字形表》第161页,上海古籍出版社2017年。另,甲骨文 ⚹(𢏚,《合》156)、⚹(戟,《合》17387)、⚹(擎,《合》6384)、⚹(㷻,《合》21759)等形所从之𢏚,有禽(擒)、毕(毕之初文)二说,学者各执己见,实则古文字不乏同形字,从禽、毕二字演变看来,的确都与𢏚形相关,至少周初明确可信的"毕"字,其所从的华旁与甲骨文𢏚字同形,是无可否认的事实。

㉖ 刘建民《传抄古文新编字编》第162页,复旦大学2013年博士学位论文。

㉗ 李宗焜、刘钊的字形编皆未隶定,态度严谨。参李宗焜编著《甲骨文字编》第324页;刘钊主编《新甲骨文编(增订本)》第940、942页。为便于阅读,原拓之后附上李、刘二书的字形,标示L者为李书,其余为刘书。

㉘ 后世习见"丫叉"一词连用,字又作"桠杈",多指分歧义。

㉙ 参裘锡圭《文字学概要(修订本)》第151页。

㉚ 扬之水《中国古代金银首饰(上)》第23—24页,故宫出版社2014年。

㉛ 赵国伶认为,十六国时期发钗男女皆宜(参氏著《甘肃河西地区十六国时期衣物疏整理与研究》第60页)。不过,我们检视其论文"附录四:河西地区十六国时期衣物疏中所记载的非衣物类物品分类表",除了"周女敬衣物疏"无法判断墓主性别之外,其他都是女性墓主。

㉜ 连云港市博物馆《连云港市陶湾黄石崖西汉西郭宝墓》,《东南文化》1986年第1期;连云港博物馆等编《尹湾汉墓简牍》,中华书局1997年;彭峪、卫松涛《青岛土山屯墓群147号墓木牍》,复旦大学出土文献与古文字研究中心网2017年12月27日;刘林《江西南昌东吴高荣墓的发掘》,《考古》1980年第3期;江西省博物馆《江西南昌晋墓》,《考古》1974年第6期。

㉝ 如长沙马王堆M1墓主辛追/妾避,其发髻插着三支笄,材质分别为玳瑁、角、竹,参湖南省博物馆、中国科学院考古研究所编《长沙马王堆一号汉墓(上集)》第28页,文物出版社1973年。

㉞ 马怡《尹湾汉墓遣策札记》,李学勤、谢桂华主编《简帛研究2002、2003》第266—267页,广西师范大学出版社2005年。

古文字研究（34）：590—594，2022

汉字古今关系说略

——以"其、箕"楷书异体来源为例

商艳涛

先秦古文字与秦汉以后文字之间存在着错综复杂的关系，有些后出字形源于先秦古文字，或在其基础之上演变而来。下以"其、箕"后世出现的楷书异体字形为例加以说明。

一 "其、箕"字形演变

"其、箕"古本一字，后始分化为二。"其"字殷商甲骨文作 （《乙》7672[《合》9810]）（《乙》8685反[《合》21031反]），象畚箕之形，为"箕"字初文，至西周金文、战国文字、小篆一直都保留着这种原始的形体。商代晚期出现了下部加"一"的 （六祀邲其卣，《集成》5414），西周金文下部演变为丌形，作 （西周中期，犀父己尊，《集成》5953）、（西周晚期，虢季子白盘，《集成》10173），这种形体一直沿用到东汉时期。类写法的字形到战国直至秦汉时期变化较为多样，秦文字中尤其如此，汉代文字基本承秦文字而来，亦有多种形体。现代通行的"其"字大约出现于东汉时期，见于孔宙碑、张迁碑等。西周至春秋金文中还出现了加乳繁化的字形。战国时期字形简化或省上部作 （谷盨器，《集成》10579），或作 （子禾子釜，《集成》10374），战国文字中还出现了上加竹字头的 （《津艺》79）、（《珍秦》108）、（鼎盖，《集成》1799）、（《信阳》2.21）[①]。"其/箕"秦汉时期的隶书形体大都直接由古文字隶定而来，或稍有小异。后世文字亦有部分源于先秦古文字或由其演变而来。"其/箕"字形演变如图1所示。

二 "其、箕"楷书异体溯源

"其、箕"后世有多种楷书异体，《汉语大字典》第一版（以下简称《大字典》）及台湾《异体字字典》正式六版均有收录。《大字典》收字侧重各类字书，《异体字字典》则侧重碑刻文字。"其"字《大字典》异体字表中收录有3个异体，"箕"字收录有18个异体。由于篇幅所限，下面主要对《大字典》中所收录的"其、箕"字异体来源逐一进行考索，以此来说明古今文字之间的联系。

1."其"字楷书异体溯源

《大字典》共收录有"其"字3个异体，即丌、丌、亓，字形均来源于先秦古文字。

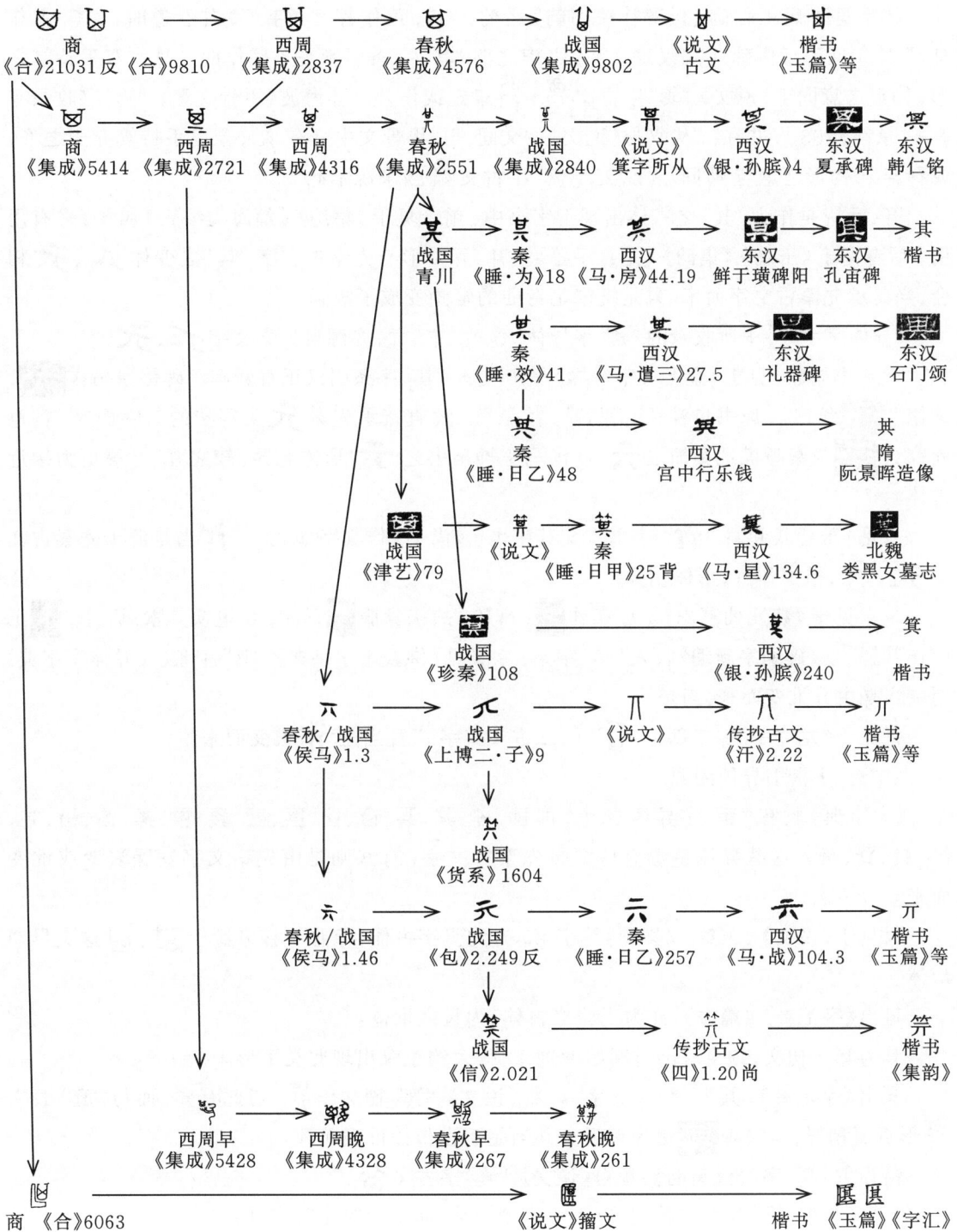

图1

亓字见于唐王仁昫《刊谬补缺切韵》之韵："其，正作亓。"《字汇》首卷遵时："其，古作亓。"亓亦见于汉代碑刻，《汉隶字源》平声之韵"其"字条引张平子碑作此。亓作双手持箕之形，构形之意同于《说文》"箕"字古文🔲，🔲隶定或作廾。孙海波《甲骨文编》"箕"字收录有🔲（《京都》263），并注："从収与《说文》古文同。"②甲骨文中又有🔲，象以手持箕弃子之形，或释弃③，构形之意与🔲同。《说文》"箕"字古文🔲当来源于此④。

丌、亓皆是作为"其"之古体出现于字书中，前者见于《集韵》《篇海类编》，《墨子》多有用例；后者见于《玉篇》《集韵》《龙龛手鉴》。丌、亓二形与先秦古文字"其"之变体🔲、🔲相合，当是承先秦古文字而来，只是把末笔弯曲的笔画变成了竖画。

《异体字字典》中所收录的"其"字异体丌、亓、卞、亓，亦源自先秦文字🔲、🔲。

兀字书未收，见于《金石文字辨异》平声支韵"其"字条引汉正直残碑。碑铭原拓作🔲，碑铭"🔲辞曰"，原书自注"兀即其"，甚是⑤。兀直接承先秦🔲类写法的其字而来，古意尚存。🔲与秦睡虎地秦简之🔲、西汉马王堆帛书之🔲形体无异，较之丌、亓等更为接近古体。

亣见《玉篇残卷》："🔲，字书古文其字也。《尚书》作其字如此。"🔲当是源于先秦古文字🔲、🔲，楷书作亣，形体稍异⑥。

卞字见于《魏元仙墓志》。原拓作🔲，碑铭"故宗党服🔲远大，乡里钦其素风"中，🔲正应作其解⑦。《碑别字新编》收入"其"字条，字又见《佛教难字字典》"其"字条。《异体字字典》谓卞当是由亓讹变而来，当是。

亓见于《龙龛手鉴》二部："🔲亓，二古文其字。"亓当是🔲讹变而来。

2."箕"字楷书异体溯源

《大字典》收有"箕"字异体18个，即甘、坉、其、其、㠱、㠱、匼、匴、𠥓、𠥓、𠥓、箇、𥰶、筙、竍、具、𥯼、𥯼。这些异体字形有些源自先秦古文字，有些则是由先秦文字发展演变或讹变而来。

甘见于《说文》《玉篇》《集韵》等字书，为"箕"字古体，字形直接来源于🔲、🔲这类早期形体。

坉出《字汇补》《篇海》，亦为"箕"之古体，为甘之讹体。

其为箕之初文，约至战国时期始增竹作箕，大约东汉出现此类字形。

其出《字汇补》，其为"籀文箕字"。然《说文》"箕"籀文作🔲，与此有异，而与"箕"篆文🔲形近而稍异，与汉碑🔲更为接近。其当是后世传抄讹误所致。

㠱为古"箕"字，出《集韵》，源自《说文》"箕"字古文🔲。

㠱出《字汇补》，为"箕"籀文，字形亦当源自🔲而上部隶定稍有讹变。

匼、匴实为一字，出自《说文》"箕"籀文🔲，似当源自商代甲骨文🔲。

叞、叜出《集韵》，叓出《字汇补》，皆为《说文》"箕"字古文✳之隶定字形而稍有小异。古文字𦥔作两手相对之形，隶变作収、廾、大、六等形体，这也是造成出现上述《说文》古文✳一字对应多个字形的原因之一。《异体字字典》又收录有叒、叕二体，分别见于《佛教疑难字典》《龙龛手鉴》，其下部皆是𦥔讹伪之形。

箇、㙦皆为"箕"字古文，前者出《玉篇》，后者见《龙龛手鉴》及《字汇补》。二者均当为✳省去下部丌之形，其下部均为廿之形体隶变之讹，㙦上部之巛又为竹之讹。高丽本《龙龛手鉴》㙦作㙦，下部较近原篆。

筭、竻字书中均为"箕"字古文，分别见于《集韵》与《龙龛手鉴》。筭来源于古文字形体✳，竻当为𥰑、𥰡类形体隶定形变，下部之丌讹变为门[8]。《异体字字典》另收录有笄（《龙龛手鉴》竹部）、笁（《佛教疑难字典》）、笁（《重订直音篇》箕部），均为筭字讹体[9]。

具字源自传抄古文𥄯（《汗》2.22说）、𥄰（《海》1.8）、𥄰（《四》1.20义），上部与《说文》"箕"古文✳构形相同[10]。

翼为箕之古文，见《龙龛手鉴》《集韵》，字似由传抄古文中𥄯（《汗》2.22说）、𥄰（《海》1.8）这类字形演变而来，上部"罒"因隶定讹变所致[11]。翼《玉篇》或作翼，《异体字字典》引作翼。

《大字典》第一版异体字表中"箕"字异体尚有"眞"字，但是从该字字形演变及使用情况看，"箕、眞"并非异体关系，应属于通假或通用关系，商周甲骨金文中之眞学界或读为箕[12]。

通过以上对"其、箕"字楷书异体溯源可以看到，有些异体字形直接源于先秦古文字（如亓、丌、亓、𠀔、筭、𠔁），有些稍有小异（如𠀠、㙦），有些差别较大（如㙦、笁、笁等）。总体来看，"其、箕"大多数楷书异体字都与先秦古文字有或多或少的联系，因此在研究中不能将先秦古文字与后世汉字（近现代）对立起来。先秦文字与近现代汉字虽然是汉字发展史上的不同阶段，但是二者关系密切，不能截然分开。近现代汉字对先秦文字既有继承又有新的发展，二者既有区别又有联系，如果没有认识到这一点，往往会得出不合事实的结论[13]。

附记：本文为国家社科基金重大项目"殷墟甲骨文译注与语法分析及数据库建设"（17ZDA299）、华南师范大学国际文化学院课题"古今同形字考释"阶段性成果。

（作者单位：华南师范大学国际文化学院）

注：

① 关于"其"字古文字形体演变可参刘钊《古文字构形学（修订本）》第123页，福建人民出版社2011年；"箕"字部分楷书异体字形来源可参邱龙升《〈五音集韵〉重文考辨》第63—66页，中国社会科学出版社2019年。

② 孙海波《甲骨文编》第206页，大化书局1982年。

③ 于省吾主编《甲骨文字诂林》第3册第2813—2814页,中华书局1996年。

④ 甲骨文中又有 (《前》2.18.6),唐兰释为棋,卜辞中用作地名。见《甲骨文字诂林》第3册第2813页引。

⑤ 汉正直残碑收录于《汉碑全集》(河南美术出版社2006年)第6册第1986页,该书释文"六",误。另,《金石文字辨异》平声支韵"其"字下有收录有汉韩勑碑"亓"变体"开",碑铭中作为姓氏。汉韩勑碑见《汉碑全集》第3册第797页,原铭作 ,该书释文作"開",甚误。毛远明校注《汉魏六朝碑刻校注》(线装书局2008年)第1册第201页释文作"开",第204页注释47云"开,音稽,姓"。虽有注释但未对"亓、开"之间的关系进行说明。董宪臣《东汉碑刻异体字研究》(九州出版社2018年)第339页之"东汉碑刻异体字表"中列入"亓"字异体。又,梁春胜《楷书部件演变研究》(线装书局2012年,第325页)、张永惠及张涌泉《〈汉魏六朝碑刻异体字典〉疏误举证》(《语言研究》2022年第1期第92页)亦均指出其非。

⑥ 此又与《说文》"大"字楷定字形同形。大字小篆作 ,隶定或与之同形。

⑦ 赵超《汉魏晋南北朝墓志汇编》(天津古籍出版社2008年)第134页、毛远明校注《汉魏六朝碑刻校注》第5册第188页直接释为"卜"而无说。

⑧⑪ 徐在国《隶定古文疏证》第104页,安徽大学出版社2002年。

⑨ 梁春胜《楷书部件演变研究》(第326页)也指出,隶楷文字中"亓"字或讹作"开",见汉韩敕碑、敦煌俗字等。又,《篇海》《五音集韵》中"亚"亦讹作"亞","笄"又讹作"筓",宁忌浮《校订五音集韵》(中华书局1992年,第8页)均已指出。

⑩ 黄锡全认为其当为"異"字,假为期。参《汗简注释》(台湾古籍出版有限公司2005年)第147页。

⑫ 王辉编著《古文字通假字典》第1页,中华书局2008年。

⑬ 如何琳仪《战国古文字典》中,很多原本属于古今同形关系的汉字被看作有先后继承关系,这类问题可参梁春胜《楷书部件演变研究》第82—93页。

古文字研究(34):595—601,2022

新见唐兰先生遗墨与《名始》创作思路探微

杨 安

　　唐兰先生1901年出生于浙江嘉兴,是我国著名的古文字学家、历史学家和考古学家,故宫博物院原副院长。唐先生是中国文字学理论的奠基人之一,有《古文字学导论》《殷墟文字记》《中国文字学》等著作存世,其大部分手稿作为学术史料被故宫博物院永久收藏。

　　2016年底,清华大学艺术博物馆举办《尺素情怀——清华学人手札展》,其中展出了唐先生的手稿三页,后又收录于同名展览图录中。在展览和图录中皆标注为"唐兰·《说文注》手稿"①。我们在看到手稿后,联系展览方,得知这批珍贵手稿为中央美术学院赵胥教授的藏品,又经与赵先生沟通,蒙其慨允,在清华大学艺术博物馆见到了手稿的全貌。

一

　　这批手稿由一册《唐立庵先生遗墨》(后简称《遗墨》)册页及三张散页组成,册页与散页用纸相同,内容相关,展览展出的正是这三张散页,册页没有展出。手稿内容均为唐兰先生三十年代初期的学术笔记,是非常珍贵的学术史料。

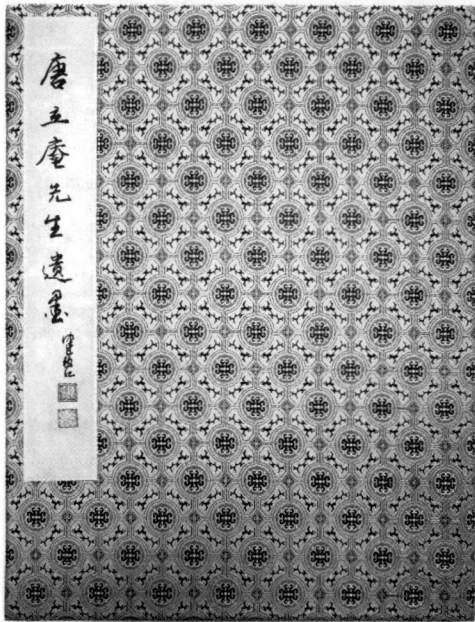

图1 《唐立庵先生遗墨》册页封皮

　　《遗墨》册页长47厘米,宽34厘米,版芯和散页长30厘米,宽23厘米。册页封皮有书画家陈佩秋先生手书"唐立庵先生遗墨"题签,并钤有"陈氏""健碧"两枚印章(见图1)。册页共10开,首开并排有张充和先生"立庵先生遗墨"、冯其庸先生"唐立庵遗墨"两个题签,最末一开有杨仁恺先生的跋语"故友唐立庵先生晚年从事文博事业,成就卓著,此册乃其文字学原稿,殊少珍也。龢溪仁恺题书盛京",跋语钤有"杨""仁恺所见"两枚印章,是页右下角钤有赵胥先生的"朴庐赵氏珍藏"印章。

　　手稿用纸左上侧有竖写"东北年鉴稿纸"字样,为三百字稿纸,上有一栏"篇名""题名""第张"的标题栏。从这个用纸来看,《遗墨》应是唐兰先生在沈阳时所创作的。

　　1931年,唐兰应金毓黻邀请,赴沈阳编辑《辽海丛书》并修校《东北年鉴》,同时应高亨之邀于东北大学讲授《尚书》。9月18日,日军发动侵占东北沈阳的战争。之后不久,唐先生返回北平。金毓黻日记《静晤室日记》中有对唐先生在沈阳活动的记载[②]:

　　　　1931年4月19日　　午间,东北学社例会,请唐君立庵演讲。立庵谓现代学者多重分析,而忽综合,虽亦有相当之成绩,而尝有过与不及之失。故有分析而无综合之结果,其理虽当,其用则鲜。吾国前代有所谓正统学派者,即为注重综合之表征,亦因中国一统之时多,故于学术亦呈综合之象,此又与今日异趣者。立庵所言虽简实当,其绩于学也可知。

　　从沈阳回京前,唐先生好友吴秋尘在《北洋画报》上发表文章《唐立厂拒金谢酒》,其中提到:“吾友唐立厂从政讲学于沈,东北事变起后,独留城中,未即西来,辄以所得供报章发表,盖有心有识人也。本报前刊沈阳消息以楚因为笔名者,即出唐氏手笔。”[③]其中提到的这篇文章就是《呜呼! 土肥圆的仁政》[④],这篇文章写的是日本关东军头子土肥原贤二在沈阳的暴政,于1931年9月27日寄出,说明此时唐先生还没有离沈。

　　在《古文字导论》中,唐先生也提到了在沈阳的活动[⑤]:

　　　　在九一八惨变那一年的春天,我在沈阳一家小旅馆里,创始用“自然分类法”来整理古文字。最先计划做《名始》一书来代替《说文》,第二年秋季后在北京大学等处教钟鼎文字,才实现这计划的一部分。

　　1932年1月,唐先生即出现在北平容庚先生的聚会上[⑥]。所以,唐先生在沈阳的活动时间,应该就是短短的半年时间,从《遗墨》所用“东北年鉴稿纸”看,这批手稿很可能是在这一时期创作的。

<h2 style="text-align:center">二</h2>

　　《遗墨》有三部分内容,一是类似字书的内容,也就是展览中所谓的《说文注》,这一部分共13页;二是对䙴、鞁两字的考释,共3页;三是释读甲骨的笔记,共4页。我们针对其第一部分作详细介绍。

　　前揭《遗墨》是唐先生在沈阳时创作,他在著作中数次提到在沈阳的活动,如在《古文字学导论》中说:“著者最先是治《说文》的,曾做过《说文注》四卷,未完成,稿本今陷在辽宁。”展览方很可能也正是因此才判定《遗墨》是《说文注》手稿的,但这显然是有问题的。《唐氏说文解字注》四卷,是他在学生时代的作品,大概创作于1921至1923年间。现存两卷已经整理收入《唐兰全集》,见《全集》第九册,而这部分手稿也已经被故宫博物院收藏。《说文注》的体例、样式也与此完全不同。所以,结合前面我们的分析,从种种迹象来看,《遗墨》中的这部分内容应与《名始》有着密切的联系。

　　《名始》是唐先生在20世纪30年代初期准备写的一部大书,是所谓“唐氏文字学七书”的

最终之作,甚至《古文字学导论》也都是为了创作《名始》而作的准备。他说[7]:

> 著者最先治《说文》的,曾做过《说文注》四卷,未完成,稿本今陷在辽宁。其后治金文,又后治甲骨文,又后十余年,始决采甲骨金文,六国文字及秦篆来作《名始》,用以代《说文》。又后两年,稿已略具,但自己觉得是失败的,因为把许多不同时代的材料,骤然合并,易致混乱,每一系文字没有经过严密整理,骤然论述,难免错误。因又改变方针,先将每一系文字单独研究,等获到结果后,再合并起来组成全部的历史,就是《名始》,因为《名始》里面所用的系统和方法大都是前人所没有知道的,所以想把《名始》里的体例,写出一部《古文字学导论》来放在最前。又因为《名始》里不能完全举出《说文》的得失,所以想另写一部《说文解字笺证》来搁在最后。

《名始》现在能见到的内容,有几处:一是讲义《中国文字发生史纲要》中的第五章“新的途径”,有《名始上篇》;二是《名始下篇部首》残稿;三是《名始分类大纲》残稿。

前两项,《中国文字发生史纲要》是1932年由北平聚魁堂装订讲义书局出版,与《遗墨》写作时间十分接近,应有着比较密切的关系;而《名始下篇部首》内容很少,无法系统论述;《名始分类大纲》题目为《全集》整理者拟定,其是否归属于《名始》还存在疑问。

《名始》的定名与创作,或多或少受到了孙诒让的影响,唐先生数次在著作中流露出他对孙诒让学术的敬佩:“余治古文字学,始民国八年,最服膺孙君仲容之术。”[8]孙诒让的大功绩就是“遗给我们的这精密的方法。(这种方法前人虽偶然用过,但完全用这种方法来研究古文字,却始于孙氏)有了这种方法,我们才能把难认的字,由神话的解释里救出来,还归到文字学里”[9]。“古文字研究到孙诒让才纳入正轨,他的精于分析偏旁,和科学方法已很接近了。”[10]

有学者指出,孙诒让“在考释具体的甲金文时,总是能够把一个具体的被释字放在汉字的演变系列中来观察,从繁简省变的历时角度来加以说明”[11]。唐先生的研究方法许多都是建立在孙氏的理论基础上而又加以发明的,唐先生将自己的著作定名为《名始》,也许有效仿或致敬孙氏之意。

孙诒让《名原》中侧面对“名”作了解释:“仓沮旧文,虽杂厕其间,而叵复识别,况自黄帝以迄于秦,更历八代,积年数千,王者之兴,必有所因于故名,亦必有所作于新名,新故相袭,变易孳益。”[12]

唐先生《古文字学导论》中有对“名”的说明[13]:

> 文字的起原是图画,而它的演变,大都是语言所促成的。当许多简单图形和语言结合而成为文字的时候,所谓文字,只是些实物的形状,所代表的语言,也只是实物的名字,所以我们把这种文字叫做“名”是最妥当不过的。

《名始》并不是要包含所有文字,唐先生想通过《名始》厘清象形、表意字在历史中的逻辑变化,所以,《名始》是没有形声字参与的。他认为:“从‘形声’字发达以后,差不多就规定了小篆了，这一段的变异，不算很多。可是形声字以前，才是文字的原始，而这一段历史是最难探考的。"⑭而研究中国文字的发展，如果抛开音韵的佐证，必须要有一套严密的逻辑推理，唐先生就是想建立这样的体系。

值得注意的是，《古文字学导论》中谈到文字演变的"三条大路"时，提到"归纳"一说："上古期文字分化的结果，使文字渐渐声音化，后世人们加以'归纳'，就创始了注音的方法。"⑮

我们怀疑，"归纳"这一名词的使用以及《名始》定名和整体的逻辑体系都与唐先生早年对"名学"即"逻辑学"有着比较深刻的理解有关。他在毕业论文之一《整理我国古代名学之方法》中举了一个"羊"的例子："呼之为羊，名也。求羊之角及毛，效也。因羊毛之长而柔，推知毛之长者多柔，推也。毛之长而柔者，皆名为毳，后起之名也。思想之法则大抵如此。"后又说："如《说文·序》言：'文者物象之本，字者孳乳而生，书者如也。'文即名也，字即效也，书即推也。六书之理明，则即有后起之名，是亦用此法则之显著者也。"我们从这篇论文中，似乎可以管窥20岁左右的唐先生对文字产生变化的理解。也许，唐先生开始思考文字学理论以及这种体系构架的基本思路可以追溯到20世纪20年代初期。

<h2 style="text-align:center">三</h2>

之前我们谈了《名始》的定名和基本创作思路，现在回归到《遗墨》中。将《名始》与《遗墨》进行对比，我们猜测，《遗墨》应是唐先生在编辑《名始》前的试验之作，正是在沈阳小旅馆里，"用'自然分类法'来整理古文字"的作品。我们将《遗墨》开篇（见图2）抄录如下：

释人 𠘧 𠨬

【形原】象人侧立，头身臂胫之形。

《说文》云："𠘧象臂胫之形"。又云："𠨬古文奇字人也。象形，孔子曰：'人在下，故诎诎。'"林义光曰："按此非孔子语，古与人同作𠘧，不诎诎"。兰按：林说非孔子语者固是矣。然《说文》此字篆体当作𠨬，则诎诎乃篆法之变，金文中数数见之，非必不诎诎也。𠘧、𠨬本是一字，特𠨬往往为合体象形字之下体，故许君别建部首耳。

【声原】人之声因仁起，《释名》曰："人仁也，仁生物也，故《易》曰：'立人之道，曰仁与义。'"兰按：《释名》微误，仁当为亲爱之义，人能相亲爱，故也。《中庸》曰："仁者人也"。注："读如相人偶之人"。《表记》曰："仁者人也"。注："谓施以人恩也"。《方言》卷十云："凡言相怜哀……九疑湘潭之间，谓之人兮。怜哀亦亲之也。"

变文

𠘨

比附之本字，象胫诘屈，附于地也。《易》曰："比辅也，下顺从也。"是其义。金文以为妣字，作 ✄（妣辛簋），亦作 ✄（妣己觚），盖妣本借匕，故《说文》妣下有籀文妣矣。妣者配父，犹附于父也。《曲礼》注："妣之言媲也"。《说文》："媲配也"。匕义引申为雌，故畜母为牝，禽母为雌。又引申为女阴，今世方俗犹存其音矣。又引申窍，故人脐为阰。《月令》："修键闭"，注："键牡，闭牝也。"

由上可见，《遗墨》以"释人"作为章节，开篇从"形原、声原"解释"人"字，其后字头分"变文、互文、合文"分别进行分析。"变文"就是"人"形本身发生变化的字，共8字[16]，有匕、卩、勹、弓、尸、勹、尸、匕；"互文"就是两个或多个"人"形或其变体的字，共9字，有北、卯、卬、匀、兔、色、卮、阰、邜；"合文"2字，有千、仁。

《遗墨》应是唐先生最早思考《名始》的一个具体的呈现，而这种思考轨迹延续到了《纲要》中的《名始》里，所以也可以说，《遗墨》的这种结构是《名始》中字头排列顺序的一个提纲和说明。

《名始》上篇开篇作"人部（子女附）"，首字依然是"人"，其后的字头为从、北、众、千、卂、氐、匕、尸、卩、勹等，且在"千"字下单列字头 ✄（二千）、✄（仁）、✄（三千）、✄（乴）、✄（四千）、✄（五千），"氐"字下列字头 ✄（胝），"匕"字下列字头 ✄（比），"卩"字下列字头 ✄（阰）、✄（卿）、✄（卯）。

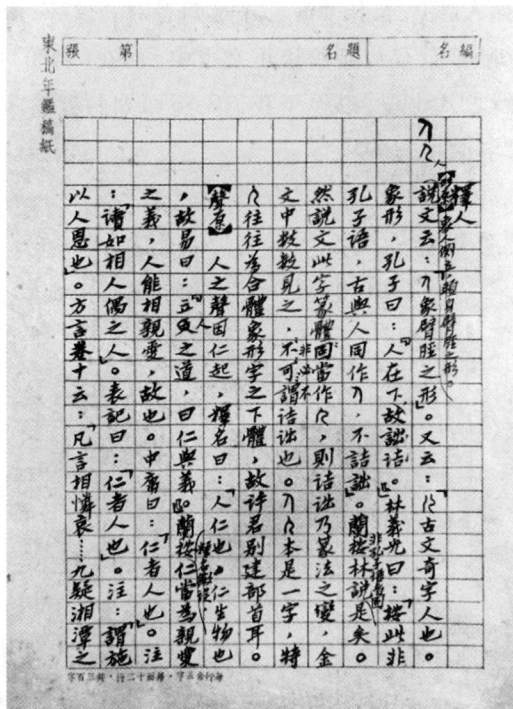

图2 《唐立庵先生遗墨》内页

唐先生在《名始》中希望通过"人"作为基本元素，不断变化，变化手段就是"变文、互文、合文"等。而从《遗墨》到《名始》的这种排列上和层次上的变化，则体现了唐先生对于文字系统分部、分支、分科的重新思考，这种思考他在《古文字学导论》中有着详细的论述[17]。

唐先生在《名始》中使用的方法虽然得到了实践，但是他自己似乎也看到了这种类似线性的文字发展观存在不小的问题，所以他说是"失败"的。韩宇娇曾总结："唐兰先生希冀能够由这种方法，一方面编纂古文字字形，一方面展示文字孳乳和演变的情形。但是，需要注意的是，汉字的产生发展并非如唐兰先生所认为的那样简单，文字产生时不是仅仅由绘画演变为象形文字这一种途径。"[18]唐先生的这种构想，即便是他晚年在用"自然分类法"归纳甲骨文时，也并未能完全贯彻始终。但是，《遗墨》以及《名始》对于文字学理论的早期构建还是有着重要意义的。

　　《名始》的编纂对于摆脱《说文》窠臼、更合理编纂古文字工具书也有着一定的启发。《遗墨》与《名始》对比，有两点区别值得注意，一是字头的书写字体不同。《遗墨》依然延续《说文》系统采用小篆作为字头，《说文》中没有的字，唐先生手写的字头也是类似于小篆的，如 🔲（尸）、🔲（色）、🔲（千）等；但是在《名始》中，字头基本都选用了当时能见到的最古的字形，如人作 🔲、长作 🔲 等。二是两者对古文字字形的处理方式也不同。《遗墨》中的古文字字形很少，或仅仅放到解说正文当中，而在《名始》中，每一字头下古文字字形书写得很大，说解以注释方式出现，以至于我们一望而知两者的区别——《遗墨》更像《说文》，而《名始》更像是一本"字编"⑲。

　　我们以"北"字为例：

《遗墨》：

　　　　🔲 北乃背反之本字，象二人相背之形。《说文》："㣇也。"《三国志·虞翻传》注："北，古别字。"则引申为㣇别之义也。背反者以背，故引申为脊背之名。人坐立多面明背暗，其为宫室亦然，故引申为南北之北。

《名始》：

　　　　🔲 北，《说文》："㣇也，从二人相背。"兰按：㣇背同义，故㣇古作 🔲 北白卣（北为国名，后世作邶。）

　　　　🔲 北白鬲　🔲 北白簋　🔲 北子簋　以上初周器。卜辞作 🔲、🔲 等形。

　　　　🔲 吴尊"北乡"穆王或龚王时。

　　　　🔲 小铜柱　六国时　🔲 北閶玺　🔲 北坙玺　🔲 北里五残匋

　　　　🔲 北北罿布　🔲 北羊布　🔲 北字化

　　《遗墨》《名始》也是唐先生对"自然分类法"的第一次尝试，虽然没有完成，但是已经能清晰看到这种分类方法的面貌，直到先生暮年，他依然没有放弃这种分类的方法，虽然有所改进，但基本框架并未改变。所以，他再次尝试利用"自然分类法"编纂甲骨文字书，也就是《甲骨文自然分类简编》，可惜也没能完成。

　　《名始》的创作被搁置，但是唐先生对于古文字系统的理解并未停止，直至他晚年发表《文字学规划初步设想》，其中提到了五十五篇已经发表或计划撰写的书目⑳，可以作为唐先生系统文字学思考的一个缩影和总结。

　　从《名始》现存的形式来看，我们可以推断，唐先生当时心目中那部大书的基本样式，应是以"自然分类法"为分类标准，以最古字形作为字头，下列说解，包括字书、文献以及出土材料中学界对该字形详细考证，最后列出古文字字形以及词例。就目前古文字类字典看，其所涉内容与唐先生的学生高明先生的《古文字类编》相似，结构与张世超先生的《金文形义通解》

较类似。可以想见，《名始》是一个非常庞大的工程，其规模之大、编纂难度之高，即便是古文字学大发展的今天，恐怕也是很难由个人完成的。

现今学术界，随着出土材料大爆炸式的出现，各种字编、集释、诂林等形式的著作层出不穷，已经成为研究古文字学必备的工具书，但也很难有一部书是唐先生理想中的那部"大书"的样子，当然也都没有超出那部"大书"的范围。

附记：感谢中央美术学院赵胥先生、清华大学艺术博物馆安凤女士慨允观摩唐兰先生手稿并撰写此文。另外，本文是刘雨先生提议撰写的，但至刘先生去世也未能成稿。今冀发表于此，以表示对先生深深的怀念。

（作者单位：故宫博物院）

注：

① 冯远《尺素情怀——清华学人手札展》第186页，清华大学出版社2016年。

② 金毓黻《静晤室日记》第2601页，辽沈书社1993年。

③ 秋尘《唐立厂拒金谢酒》，《北洋画报》1931年10月29日。

④ 《唐兰全集》第1册第207页（上海古籍出版社2015年）《呜呼！土肥圆的仁政》一文写作时间误作"1930年10月3日"。

⑤ 唐兰《古文字学导论》，《唐兰全集》第5册第287页。

⑥ 1932年1月18日，容庚先生筹划成立金石学社，约一众学者到中兴楼聚餐（见《容庚北平日记》第245页，中华书局2019年）。

⑦ 同注⑤第5册第6—7页。

⑧ 同注⑤第5册第11页。

⑨ 同注⑤第5册第188页。

⑩ 同注⑤第5册第191页。

⑪ 程邦雄《孙诒让文字学之研究》第152页，中华书局2018年。

⑫ 孙诒让《名原叙录》，见《契文举例 名原》第219页，中华书局2016年。

⑬ 同注⑤第5册第93页。

⑭ 同注⑤第1册第237页。

⑮ 同注⑤第5册第123页。

⑯ 因《遗墨》中有前后两页无法连接，所以怀疑中间遗漏了一页。

⑰ 同注⑤第5册第291—293页。

⑱ 韩宇娇《唐兰先生与自然分类法》，《故宫博物院院刊》2018年第3期第152页。

⑲ 《唐兰全集》在编排时，为了统一体例，原书形式有较大改动。

⑳ 同注⑤第4册第1857页。